CRRA
中国物资再生协会
架起企业沟通的桥梁
地址：北京市西城区月坛北街25号
邮编：100834
电话：010-68392876
传真：010-68573884
网址：www.crra.com.cn
邮箱：crra@crra.com.cn

2008创刊号
中国再生资源综合利用年鉴
中国物资再生协会编
2008《中国再生资源综合利用年鉴》
一部融政策性、导向性、实用性和史料性于一体的权威年刊，首次记录我国再生资源行业规划发展的政策、法规、统计数据以及企业综合信息，全面系统地反映再生资源的保护、管理、利用、进出口及地域发展状况，盘点我国再生资源行业发展历程，展现再生资源循环经济在社会主义现代化建设中所做出的贡献。
海纳百川　有容乃大
地址：北京市宣武区右安门内大街经济日报出版社年鉴编辑部（100054）
电话：010-51656834　传真：010-83545716
邮箱：crra@163.com　网址：www.rybook.net

2008创刊号

中国再生资源综合利用年鉴

中国物资再生协会编

经济日报出版社

图书在版编目(CIP)数据

中国再生资源综合利用年鉴.2008/中国物资再生协会编.—北京:经济日报出版社,2008.10

ISBN 978—7—80180—889—9

Ⅰ.中… Ⅱ.中… Ⅲ.再生资源—综合利用—中国—2008—年鉴 Ⅳ.F124.5—54

中国版本图书馆 CIP 数据核字(2008)第 126984 号

中国再生资源综合利用年鉴 2008 创刊号

编　　著:中国物资再生协会
责任编辑:周　敏
特约编辑:李煜萍
责任校对:闫海峰　李佳臻
美术编辑:付金正
出版发行:经济日报出版社
地　　址:北京市宣武区右安门内大街 65 号　(邮政编码:100054)
电　　话:010—51656834(编辑部)　51669382(发行部)
网　　址:www.edpbook.com.cn
经　　销:全国新华书店
印　　刷:北京市朝阳区小红门印刷厂
开　　本:成品 210×285　1/16
印　　张:39　彩色插页 32 面
字　　数:1000 千
版　　次:2008 年 10 月第 1 版
印　　次:2008 年 10 月第 1 次印刷
书　　号:ISBN 978—7—80180—889—9
定　　价:390.00 元

发展循环经济，建设资源节约型与环境友好型社会

坚持节约资源和保护环境的基本国策，关系人民群众切身利益和中华民族生存发展。改革开放以来，我国经济建设、政治建设、文化建设、社会建设取得了举世瞩目的成就，经济实力大幅提升，人民生活显著改善。进入新世纪新阶段，党中央立足社会主义初级阶段基本国情，总结我国发展实践，借鉴国外发展经验，适应新的发展要求，以科学发展观统领全局，提出要转变发展观念，创新发展模式，提高发展质量，把科学发展理念落实到“十一五”规划的各个方面和全过程，建设资源节约、环境友好、经济优质、自主创新、社会和谐的小康社会。发展循环经济、建设资源节约型与环境友好型社会，是我国社会经济发展的重要战略，反映了我国经济社会发展所面临的资源、环境、生态等新问题、新挑战、新要求，是当代中国进步的必然选择，是全面建设小康社会、加快现代化建设的必然选择。

再生资源回收利用是发展循环经济的有机组成部分，是提高资源利用效率、保护环境、节能减排、建立资源节约型社会的重要途径之一，资源综合利用的社会效益巨大。回收1吨废钢铁，可炼钢约0.8吨，节约铁矿石2～3吨，节约焦炭1吨，并减少废气排放86%、废水排放76%、废渣排放97%。回收1吨废纸能生产0.85吨新纸，节省3立方米的垃圾填埋空间。目前，我国再生资源回收利用品种已扩展到上百种，回收利用企业也逐步向规范化、法制化方向发展，涌现了许多上规模、上档次、集团化的大中型回收拆解企业，再生资源回收利用正朝着产业化、规模化的方向发展。

回首往昔，日月生辉。此次由中国物资再生协会和经济日报出版社联合编辑出版的《中国再生资源综合利用年鉴》，作为中国历史上第一部全面系统地反映再生资源的管理、回收、利用、进出口及地域发展情况的大型专业书籍，将成为再生资源行业大型索引类工具书，其内容丰富、包含面广、影响力大。《中国再生资源综合利用年鉴》集纪实性、实效性、指导性于一体，是客观完整记载中国再生资源行业发展的编年史，同时也是中国再生资源事业发展的见证！

目前，我国再生资源回收利用事业将进入一个新的发展阶段，面临着新的发展机遇。新的征程即将开启，机遇摆在面前，让我们携起手来，全力以赴推进再生资源回收利用行业发展，大力节约能源资源，保护生态环境，为建设资源节约型、环境友好型社会作出更大的贡献。

国家发展和改革委员会副主任　解振华

二〇〇八年七月

《中国再生资源综合利用年鉴》
编委会名单

《中国再生资源综合利用年鉴》特约联络员

左银宝	江西省经贸委处长
孙雅敏	江西省经贸委副调研员
陶建生	河南省商务厅副处长
周　遂	河南省商务厅副处长
王文军	湖北省商务厅副调研员
胡　俊	湖北省商务厅主任科员
张　燕	广东省经贸委调研员
余耀坤	广东省经贸委主任科员
葛　亮	深圳市贸易工业局主任科员
陈海忠	海南省商务厅调研员
余晓玲	重庆市商委副处长
吴朝森	贵州省商务厅处长
张劲军	贵州省商务厅主任科员
邓小丽	云南省商务厅副处长
张娅珊	云南省商务厅副主任科员
许海云	云南省经济委员会副调研员
任　森	西藏自治区商务厅副调研员
陈海瑞	西藏自治区商务厅副主任科员
任　宁	陕西省商务厅处长
殷红卫	陕西省商务厅副处长
张锦良	甘肃省经贸委处长
王旭斌	青海省经济委员会处长
陈崇军	宁夏回族自治区商务厅副处长
阿不都拉	新疆维吾尔自治区贸易行业管理办公室副处长

《中国再生资源综合利用年鉴》
撰稿人

（以姓名拼音为序）

阿不都拉	陈海忠	曹庆鑫	邓小丽	段　伟	高延莉
管建军	韩少芳	胡存彪	胡守仁	矫旭东	荆　彬
李　健	刘福中	刘坚民	刘　强	龙少海	罗健夫
马占峰	戎艳峰	宋树盛	陶建生	滕绍娟	万玉良
许海云	闫海峰	闫启平	杨向实	殷红卫	余晓玲
张娅姗	张艳会	张玉明	周朝君	周　敏	朱锦山

《中国再生资源综合利用年鉴》
编辑出版人员

主　　编：周　敏

副 主 编：闫海峰

特约编辑：李煜萍

编　　辑：王林贵

美　　编：付金正

广告校对：李佳臻

编写说明

一、2008《中国再生资源综合利用年鉴》(以下简称《年鉴》)是由中国物资再生协会主持编撰、经济日报出版社编辑出版的大型资料性工具书，是一部融政策性、导向性、实用性于一体的权威性年刊。它首次全面、系统地记录了我国再生资源行业规划发展的政策、法规以及企业综合信息，盘点了我国再生资源行业的发展历程，是我国再生资源综合利用的年度资料、信息和经验的总汇。

二、《年鉴》较全面地展示了再生资源行业的发展现状，全方位、多层次地收录了有关再生资源行业的统计信息和资料，数据及时、准确、翔实。《年鉴》共分重要文献篇、综合篇、行业篇、区域篇、企业篇、统计资料篇、政策法规篇、标准篇、附录等九篇，内容涵盖我国再生资源的保护、管理、利用、进出口及地域发展状况的各个方面，以丰富的资料信息为政府、行业服务，为广大企业服务。

三、《年鉴》中所使用的度量衡单位均为国际统一标准计量单位。对部分数据合计数或相对数由于单位取舍不同而产生的计算误差均未作机械调整。

四、《年鉴》中的全国性统计数据暂未包括港、澳、台地区的数据。其统计时间截至2007年末。

五、国家发展改革委、商务部等部委领导对《年鉴》的出版给予了极大的关注与无私的援助，谨此表达我们的谢意。同时，衷心感谢所有对本书提供过帮助和支持的兄弟协会，各省市厅局的领导、专家、学者和企业界的朋友。

六、《年鉴》编辑部尤其注重著作权，谨此对参与撰稿的作者表示感谢。同时，希望稿件被采用而未获通知的作者请及时与我们联系，索取稿酬。

七、本《年鉴》是创刊号，错误和疏漏在所难免。欢迎国内外广大读者对《年鉴》的编撰、出版提出宝贵意见，帮助我们在今后的工作中不断完善《年鉴》，使其更加科学、规范，符合读者的需求。

《中国再生资源综合利用年鉴》编辑部

二〇〇八年八月

目 录
CONTENTS

第一篇 重要文献篇

第二篇 综 合 篇

第三篇 行 业 篇

第四篇 区 域 篇

第五篇 企 业 篇

第六篇　统计资料篇

第七篇　法规政策篇

第八篇　标　准　篇

附　　录

第一篇

重要文献篇

胡锦涛总书记在党的十七大上的报告(摘要)

实现未来经济发展目标，关键要在加快转变经济发展方式、完善社会主义市场经济体制方面取得重大进展。要大力推进经济结构战略性调整，更加注重提高自主创新能力、提高节能环保水平、提高经济整体素质和国际竞争力。要深化对社会主义市场经济规律的认识，从制度上更好地发挥市场在资源配置中的基础性作用，形成有利于科学发展的宏观调控体系。

……

加快转变经济发展方式，推动产业结构优化升级。这是关系国民经济全局紧迫而重大的战略任务。要坚持走中国特色新型工业化道路，坚持扩大国内需求特别是消费需求的方针，促进经济增长由主要依靠投资、出口拉动向依靠消费、投资、出口协调拉动转变，由主要依靠第二产业带动向依靠第一、第二、第三产业协同带动转变，由主要依靠增加物质资源消耗向主要依靠科技进步、劳动者素质提高、管理创新转变。发展现代产业体系，大力推进信息化与工业化融合，促进工业由大变强，振兴装备制造业，淘汰落后生产能力；提升高新技术产业，发展信息、生物、新材料、航空航天、海洋等产业；发展现代服务业，提高服务业比重和水平；加强基础产业基础设施建设，加快发展现代能源产业和综合运输体系。确保产品质量和安全。鼓励发展具有国际竞争力的大企业集团。

……

加强能源资源节约和生态环境保护，增强可持续发展能力。坚持节约资源和保护环境的基本国策，关系人民群众切身利益和中华民族生存发展。必须把建设资源节约型、环境友好型社会放在工业化、现代化发展战略的突出位置，落实到每个单位、每个家庭。要完善有利于节约能源资源和保护生态环境的法律和政策，加快形成可持续发展体制机制。落实节能减排工作责任制。开发和推广节约、替代、循环利用和治理污染的先进适用技术，发展清洁能源和可再生能源，保护土地和水资源，建设科学合理的能源资源利用体系，提高能源资源利用效率。发展环保产业。加大节能环保投入，重点加强水、大气、土壤等污染防治，改善城乡人居环境。加强水利、林业、草原建设，加强荒漠化石漠化治理，促进生态修复。加强应对气候变化能力建设，为保护全球气候作出新贡献。

(新华社北京10月24日电)

温家宝总理在第十届全国人民代表大会第三次会议上的政府工作报告(摘要)

注重能源资源节约和合理利用。缓解我国能源资源与经济社会发展的矛盾,必须立足国内,显著提高能源资源利用效率。一要坚决实行开发和节约并举、把节约放在首位的方针。鼓励开发和应用节能降耗的新技术,对高能耗、高物耗设备和产品实行强制淘汰制度。二要抓紧制定专项规划,明确各行业节能降耗的标准、目标和政策措施。抓好重点行业的节能节水节材工作。鼓励发展节能环保型汽车、节能省地型住宅和公共建筑。三要大力发展循环经济。从资源开采、生产消耗、废弃物利用和社会消费等环节,加快推进资源综合利用和循环利用。积极开发新能源和可再生能源。四要加强矿产资源开发管理。整顿和规范矿产资源开发秩序。完善资源开发利用补偿机制和生态环境恢复补偿机制。五要大力倡导节约能源资源的生产方式和消费方式,在全社会形成节约意识和风气,加快建设节约型社会。

加强环境保护和生态建设。要抓紧解决严重影响人民群众健康安全的环境污染问题。以水污染防治为重点,加强工业和城市污染治理,加强农村面源污染治理,加强饮用水源地保护。实行严格的排污总量控制制度,加大环保监督和执法力度。大力推行清洁生产,发展环保产业。继续搞好天然林保护和草原建设,加强风沙源和水土流失治理。我们的奋斗目标是,让人民群众喝上干净的水,呼吸清新的空气,有更好的工作和生活环境。

积极推动区域协调发展。实施西部大开发,振兴东北地区等老工业基地,促进中部地区崛起,鼓励东部地区加快发展,是从全面建设小康社会和加快现代化建设全局出发作出的整体战略部署。实行符合各地特点、发挥比较优势、各有侧重又紧密联系的区域发展战略,体现了统筹协调发展的要求,既有利于充分调动各地区的积极性,又有利于东中西互动、优势互补、相互促进、共同发展。

(新华社北京 3 月 14 日电)

温家宝：高度重视　狠抓落实 进一步加强节能减排工作

2007年4月27日下午3时，在国务院小礼堂召开全国节能减排电视电话会议。国务院总理温家宝出席会议并讲话。国务院副总理曾培炎主持会议。

一、充分认识节能减排工作的重要性和紧迫性

"十一五"以来，全国上下加强了节能减排工作，国务院发布了加强节能工作的决定，制定了促进节能减排的一系列政策措施，各地区也相继作出了工作部署，加强了重点行业、重点企业和重点工程的节能工作，积极推进循环经济试点，加大重点流域和区域水污染防治力度，节能减排工作取得了积极进展。

必须清醒地看到，节能减排面临的形势仍然相当严峻。去年，全国没有实现年初确定的节能降耗和污染减排的目标，加大了"十一五"后四年节能减排工作的难度。我在十届全国人大五次会议上作的《政府工作报告》中郑重提出："'十一五'规划提出这两个约束性指标是一件十分严肃的事情，不能改变，必须坚定不移地去实现。"完成"十一五"规划目标任务，今年是关键。今年的节能减排任务完成得好，可以为今后几年的工作打下坚实的基础；今年的节能减排任务完成得不好，就会增加以后三年的工作压力。从一季度看，工业特别是高耗能高污染行业增长过快，占全国工业能耗和二氧化硫排放近70%的电力、钢铁、有色、建材、石油加工、化工等6大行业增长20.6%，同比加快6.6个百分点。同时，节能减排工作中存在认识不到位、责任不明确、措施不配套、政策不完善、投入不落实、协调不得力等问题。这种状况如果不及时扭转，今年节能减排难以取得明显进展，"十一五"规划目标也难以实现。

近几年，我国经济快速增长，各项建设取得巨大成就，但也付出了很大的资源和环境代价，经济发展与资源环境的矛盾日趋尖锐，群众对环境污染问题反映强烈。这种状况与经济结构不合理、增长方式粗放直接相关。不加快调整结构、转变增长方式，资源支撑不住，环境容纳不下，社会承受不起，经济发展难以为继。在这个问题上，我们没有任何别的选择，只有坚持节约发展、清洁发展、安全发展，才是实现经济又

好又快发展的正确道路。

进一步加强节能减排工作，也是应对全球气候变化的迫切需要。温室气体排放引起的全球气候变化，备受国际社会广泛关注。我国是以煤炭为主的能源生产大国和消费大国，减少污染排放，是我们应该承担的责任。

我们要把节能减排作为当前加强宏观调控的重点，作为调整经济结构、转变增长方式的突破口和重要抓手，作为贯彻科学发展观和构建和谐社会的重要举措，进一步增强紧迫感和责任感，下大力气、下真功夫，实现“十一五”规划确定的节能减排目标，履行政府向人民的庄严承诺。

二、重点工作和主要措施

(一)有效控制高耗能高污染行业过快增长

电力、钢铁、有色、建材、石油加工、化工等行业，占了全社会能源消耗和污染排放的大头。遏制这些高耗能高污染行业过快增长，是推进节能减排工作的当务之急，也是当前宏观调控的紧迫任务。要按照管住增量、调整存量、上大压小、扶优汰劣的思路，加大调控力度。一要严格控制新建高耗能项目。严把土地、信贷两个闸门，提高节能环保市场准入门槛。严格执行新建项目节能评估审查、环境影响评价制度和项目核准程序，建立相应的项目审批问责制。二要落实限制高耗能高污染产品出口的各项政策。继续运用调整出口退税、加征出口关税、削减出口配额、将部分产品列入加工贸易禁止类目录等措施，控制高耗能高污染产品出口。三要加大差别电价政策实施力度。全面落实差别电价政策，提高高耗能产品差别电价标准。鼓励地方在国家政策的基础上进一步提高差别电价标准，扩大实施范围。四要清理和纠正各地在电价、地价、税费等方面对高耗能高污染行业的优惠政策，严肃查处违反国家规定和政策的行为。

(二)加快淘汰落后生产能力

落后生产能力是资源能源浪费、环境污染的源头。淘汰落后产能是实现节能减排目标的重要手段。要大力淘汰电力、钢铁、建材、电解铝、铁合金、电石、焦炭、化工、煤炭、造纸、食品等行业的落后产能。抓紧制定淘汰落后产能分地区、分年度的具体工作方案，并认真组织实施。国务院有关部门每年向社会公布淘汰落后产能企业的名单和各地执行情况，接受社会监督。要建立落后产能退出机制，有条件的地方要安排资金支持淘汰落后产能。中央财政通过增加转移支付，对经济欠发达地区给予适当支持。

(三)全面实施节能减排重点工程

着力抓好节约和替代石油、燃煤锅炉改造、热电联产、电机节能、余热利用、能量系统优化、建筑节能、绿色照明、政府机构节能以及节能监测和服务体系建设等十项重点节能工程，“十一五”期间形成2.4亿吨标准煤的节能能力，其中今年形成5000万吨节能能力。认真实施燃煤电厂二氧化硫治理、城市污水处理厂及配套管网建设和改造、重点流域水污染治理等七项重点污染防治工程。同时，要加大其他重点领域的节能减排工作。交通领域要优先发展城市公共交通系统，控制高耗油、高污染机动车发展，严格实施机动车尾气排放标准。消费领域要推广应用高效节能产品，今年推广高效照明产品5000万支，中央国家机关率先更换节能灯。农村地区要大力发展户用沼气工程。要努力优化能源结构，大力搞好煤炭洗选等能源清洁利用工作，积极发展核电等清洁能源，加快开发利用水能、风能、太阳能、生物质能等可再生能源。

(四)突出搞好重点企业节能减排

国家已确定千家企业作为节能减排工作的重点，五年实现节能1亿吨标准煤，今年实现节能2000万吨。各级政府要加大对重点企业节能减排工作的检查和指导，今年要启动重点企业与国际国内同行业能耗先进水平对标活动，推动企业加大结构调整和技术改造力度，提高节能减排管理水平。

(五)推进节能减排科技进步

要组织实施节能减排科技专项行动，组建一批国家工程实验室和国家重点实验室，攻克一批节能减排关键和共性技术。积极推动以企业为主体、产学研相结合的节能减排技术创新与成果转化体系建设，增强企业自主创新能力。在电力、钢铁和有色冶炼等重点行业，推广一批潜力大、应用面广的重大节能减排技术。制定政策措施，鼓励和支持企业进行节能减排的技术改造，采用节能环保新设备、新工艺、新技术。

(六)大力发展循环经济

推进矿产资源综合利用、固体废物综合利用、再生资源循环利用，以及水资源的循环利用。深化国家循环经济试点，建成一批循环经济典型地区、典型企业、再生资源产业园区、生态工业示范园区，总结经验，逐步推广。全面推行清洁生产，制定和发布重点行业清洁生产标准和评价指标体系。积极推进垃圾资源化利用。

(七)完善体制和政策体系

要深化改革，消除制约节能减排工作的体制性机制性障碍，建立有效的激励约束机制。充分发挥市场机制作用，有效运用价格、收费、税收、财政、金融等经济杠杆，促进能源节约和环境保护。适时推进天然气、水、热力等资源性产品的价格改革方案。按照补偿治理成本的原则，提高排污收费标准。健全矿产资源有偿使用制度，建立生态环境补偿机制，制定和完善鼓励节能减排的税收政策。

(八)加大节能减排的投入

建立政府引导、企业为主和社会参与的节能减排投入机制。各级政府要加大对节能减排的投入，引导社会资金投资节能减排项目。鼓励和引导金融机构加大对循环经济、环境保护及节能减排技术改造项目的信贷支持。解决节能减排的资金问题，主要采用市场机制的办法，按照“谁污染、谁治理，谁投资、谁受益”的原则，促使企业开展污染治理、生态恢复和环境保护。

(九)切实加强节能减排法制建设

加快完善节能减排法律法规体系，提高处罚标准，切实解决“违法成本低、守法成本高”的问题。要制定和执行主要高耗能产品能耗环保限额强制性国家标准。要加大节能减排执法力度。中央和地方政府每年都要开展节能环保专项执法检查，坚持有法必依、执法必严、违法必究，严厉查处各类违法行为。近期，要严肃处理一批严重违反国家能源管理和环境保护法律法规的典型案件，追究有关人员和领导者的责任。

(十)强化节能减排监督管理

首先要建立和完善节能减排指标体系、监测体系和考核体系，确保统计数据真实。要认真解决管理松懈、监督不力的问题。一些地方污水处理厂建成后长期不能正常运行，一些企业的污染减排设备只是应付检查，这种状况必须迅速扭转。各地方、各部门、各单位在近期内都要认真开展资源使用、污染排放情况的检查，找出存在的问题和薄弱环节，认真整改，建立健全并严格执行各项规章制度。对重点用能单位和污染源要加强经常监督，对恶意排污行为实行重罚，严重的要追究刑事责任。

三、加强领导，狠抓落实

节能减排既是一项现实紧迫的工作，又是一项长期艰巨的任务。实现节能减排的目标任务和政策措施，关键在于加强领导，狠抓落实。不抓落实，再完善的方案也是一纸空文，再明确的目标也难以实现，再好的政策也难以发挥作用。为此，必须做到：

第一，统一思想认识。各地区、各部门、各单位一定要真正把思想和行动统一到科学发展观上来，统一到经济又好又快发展的要求上来，统一到中央关于节能减排的决策和部署上来。要正确处理经济增长速度和节能减排的关系，真正把节能减排作为硬任务，使经济增长建立在节约能源资源和保护环境的基础上。

第二，加强组织领导。为进一步加强对节能减排工作的组织领导，国务院决定成立节能减排工作领导小组，由我任组长、培炎同志任副组长。领导小组的主要任务是，部署节能减排工作，协调解决工作中的重大问题。地方各级政府也要加强对本地区节能减排工作的组织领导。

第三，全面落实责任。要建立健全节能减排工作责任制和问责制，把节能减排各项工作目标和任务逐级分解到各地和重点企业。加强对节能减排工作进展情况的考核和监督，国务院有关部门定期公布各地节能减排指标完成情况。要把节能减排指标完成情况纳入各地经济社会发展综合评价体系，作为政府领导干部综合考核评价和企业负责人业绩考核的重要内容。省级政府每年要向国务院报告节能减排目标责任的履行情况。国务院每年要向全国人大报告节能减排的进展情况，在“十一五”期末报告五年两个指标的总体完成情况。

第四，搞好协调配合。各部门都要切实履行职责，并要密切协调配合，形成工作合力。发展改革委、环保部门要抓好各项目标任务的分解落实和组织实施，加强指导监督，及时研究解决存在的问题。其他有关部门要尽快制定有关具体政策措施和贯彻落实意见。各地区、各中央企业要按照国务院的部署和要求，结合实际，抓紧制定贯彻落实的具体方案。

第五，广泛宣传动员。建设资源节约型、环境友好型社会是全社会共同的责任，需要动员全社会的力量积极参与。要让全体人民懂得，我国人口多、底子薄，节约能源资源、保护环境是一项长期而艰巨的任务，要在全社会形成节约资源、保护环境的良好风尚，每一个人都要负起责任，养成自觉节约资源、保护环境的意识。要进一步加强节约资源能源和环境保护的宣传舆论工作，宣传国家节能减排的方针政策，充分发挥舆论监督作用。

在迈向全面建设小康社会的进程中，节能减排任务艰巨，进一步做好节能减排工作意义重大。我们要在以胡锦涛同志为总书记的党中央领导下，以邓小平理论和“三个代表”重要思想为指导，坚定决心，知难而进，全面加强节能减排工作，为实现国家“十一五”节能减排的目标，促进经济社会全面协调可持续发展而努力奋斗。

国务院关于做好建设节约型社会近期重点工作的通知

国发[2005]21号

各省、自治区、直辖市人民政府,国务院各部委、各直属机构:

改革开放以来,特别是中央提出加快两个根本性转变以来,我国推进经济增长方式转变取得了积极进展,资源节约与综合利用取得一定成效。但总体上看,粗放型的经济增长方式尚未得到根本转变,与国际先进水平相比,仍存在资源消耗高、浪费大、环境污染严重等问题,随着经济的快速增长和人口的不断增加,我国淡水、土地、能源、矿产等资源不足的矛盾更加突出,环境压力日益增大。"十一五"是我国全面建设小康社会、加快推进社会主义现代化的关键时期,必须统筹协调经济社会发展与人口、资源、环境的关系,进一步转变经济增长方式,加快建设节约型社会,在生产、建设、流通、消费各领域节约资源,提高资源利用效率,减少损失浪费,以尽可能少的资源消耗,创造尽可能大的经济社会效益。

建设节约型社会的指导思想是,以邓小平理论和"三个代表"重要思想为指导,认真贯彻党的十六大和十六届三中、四中全会精神,树立和落实以人为本、全面协调可持续的科学发展观,坚持资源开发与节约并重,把节约放在首位的方针,紧紧围绕实现经济增长方式的根本性转变,以提高资源利用效率为核心,以节能、节水、节材、节地、资源综合利用和发展循环经济为重点,加快结构调整,推进技术进步,加强法制建设,完善政策措施,强化节约意识,尽快建立健全促进节约型社会建设的体制和机制,逐步形成节约型的增长方式和消费模式,以资源的高效和循环利用,促进经济社会可持续发展。为此,现就做好今明两年建设节约型社会重点工作通知如下:

一、加快建设节约型社会的重点工作

(一)大力推进能源节约

(1)落实《节能中长期专项规划》提出的十大重点节能工程。研究提出《十大重点节能工程实施方案》,明确主要目标、重点内容、保障措施、实施主体,以及分年度实施计划、国家支持的重点。2005年启动节约和替代石油、热电联产、余热利用、建筑节能、政府机构节能、绿色照明、节能监测和技术服务体系建设等七项工程。

(2)抓好重点耗能行业和企业节能。突出抓好钢铁、有色、煤炭、电力、石油石化、化工、建材等重点耗能行业和年耗能万吨标准煤以上企业节能,国家重点抓好1000家高耗能企业,提出节能降耗目标和措施,加强跟踪和指导。

(3)推进交通运输和农业机械节能。加快淘汰老旧汽车、船舶和落后农业机械。加快发展电气化铁路,实现以电代油。研究提出优先发展公共交通系统的具体措施。开发和推广清洁燃料汽车、节能农业机械。推动《乘用车燃料消耗量限值》国家标准的实施,从源头控制高耗油汽车的发展。按照国务院批准实施的试点工作方案,稳步推进车用乙醇汽油推广工作。

(4)推动新建住宅和公共建筑节能。抓紧出台《关于新建居住建筑严格执行节能设计标准的通知》。贯彻实施《关于发展节能省地型住宅和公共建筑的指导意见》和《公共建筑节能设计标准》,新建建筑严格实施节能50%的设计标准,推动北京、天津等少数大城市率先实施节能65%的标准。深化北方地区供热体制改革,推动既有建筑节能改造。开展建筑节能关键技术和可再生能源建筑工程应用技术研发、集成和城市级工程示范,启动低能耗、超低能耗和绿色建筑示范工程。

(5)引导商业和民用节能。推行空调、冰箱等产品强制性产品能效标志管理,扩大节能产品认证,促进高效节能产品的研发和推广,加快淘汰落后产品。在公用设施、宾馆商厦、居民住宅中推广采用高效节电照明产品。严格执行公共建筑夏季空调室内温度最低标准,在全社会倡导夏季用电高峰期间室内空调温度提高1~2度。在农村大力发展户用沼气和大中型畜禽养殖场沼气工程,推广省柴节煤灶。

(6)开发利用可再生能源。推进大型水电、风电基地建设;在西部电网未覆盖地区发展小水电和太阳能发电,在东部沿海地区和有居民的海岛大力推进海洋可再生能源开发利用;在农村地区推广风能、太阳能利用。组织生物质能资源调查及生物质能技术示范和推广;研究制定可再生能源配额、价格管理等配套规章和实施措施。大力推进能源林基地建设和开发利用。

(7)强化电力需求侧管理。落实电力需求侧管理及迎峰度夏工作的部署,加强以节电和提高用电效率为核心的需求侧管理,完善配套法规,制定有效的激励政策,推广典型经验,指导各地加大推行力度。

(8)加快节能技术服务体系建设。推行合同能源管理和节能投资担保机制,为企业实施节能改造提供诊断、设计、融资、改造、运行、管理一条龙服务。

(二)深入开展节约用水

(1)推动节水型社会建设。认真研究提出关于开展节水型社会建设的指导性文件,适时召开全国节水型社会建设工作会议。继续开展全国节水型社会建设试点工作,重点抓好南水北调东中线受水区和宁夏节水型社会建设示范区建设。研究提出水资源宏观分配指标和微观取水定额指标,推进国家水权制度建设。

(2)推进城市节水工作。积极开展节水产品研发,加大节水设备和器具的推广力度,指导各地加快供水管网改造,降低管网漏失率。推动公共建筑、生活小区、住宅节水和中水回用设施建设。推进污水处理及再生利用,加快城市供水和污水处理市场的改革。

(3)推进农业节水。继续推进农业节水灌溉,推广农业节水灌溉设备应用,大力推进大中型灌区节水改造，积极开展农业末级渠系节水改造试点。在丘陵、山区和干旱地区积极开展雨水积蓄利用，支持农村水窖建设，推广旱作农业技术，发展旱作节水农业，扩大节水作物品种和种植面积。开展农村、集镇生态卫生旱厕试点。

(4)推进节水技术改造和海水利用。推进高耗水行业节水技术改造、矿井水资源化利用。推进沿海缺水城市海水淡化和海水直接利用。

(5)加强地下水资源管理。严格控制超采、滥采地下水。防治水污染，缓解水质性缺水。

(三)积极推进原材料节约

(1)加强重点行业原材料消耗管理。严格设计规范、生产规程、施工工艺等技术标准和材料消耗核算制度，推行产品生态设计和使用再生材料，减少损失浪费，提高原材料利用率。

(2)延长材料使用寿命和节约木材。鼓励生产高强度和耐腐蚀金属材料，提高材料强度和使用寿命。加强木材节约代用，抓紧研究提出《关于加快推进木材节约和代用工作的意见》。

(3)研究实施节约包装材料的政策措施。重点研究禁止过度包装的政策措施，2005 年针对社会反映强烈的月饼等过度包装和搭售问题，从市场价格入手出台规范性意见。落实发展散装水泥的政策措施，从使用环节入手，进一步加大散装水泥推广力度。

(四)强化节约和集约利用土地

(1)实行严格的土地保护制度。修订和完善建设用地定额指标，完善土地使用市场准入制度。推进土地复垦。

(2)开展农村集体建设用地整理试点。指导村镇按集约利用土地原则做好规划和建设，促进农村建设用地的节约集约利用。启动“沃土工程”，加强耕地质量建设，提高耕地集约利用水平。

(3)研究提出节约集约用地的政策措施。重点研究提出城市建设节约利用和集约利用土地的政策措施，以及交通基础设施建设集约利用土地的意见。

(4)进一步限制毁田烧砖。认真实施《国务院办公厅关于进一步推进墙体材料革新和推广节能建筑的通知》(国办发[2005]33 号)，推动第二批城市禁止使用实心粘土砖。有关部门要适时联合召开全国推进墙体材料革新和推广节能建筑工作电视电话会议。

(五)加强资源综合利用

(1)推进废物综合利用。要以煤矿瓦斯利用为重点，推进共伴生矿产资源的综合开发利用。以粉煤灰、煤矸石、尾矿和冶金、化工废渣及有机废水综合利用为重点，推进工业废物综合利用。

(2)做好再生资源回收利用工作。以再生金属、废旧轮胎、废旧家电及电子产品回收利用为重点，推进再生资源回收利用。推进生活垃圾和污泥资源化利用。

(3)开展秸秆综合利用，推行农资节约。推广机械化秸秆还田技术以及秸秆气化、固化成型、发电、养畜技术。研究提出农户秸秆综合利用补偿政策，开展秸秆和粪便还田的农田保育示范工程。推广节肥、节药技术，提高化肥、农药利用率。鼓励并推广农膜回收利用。

二、加快节约资源的体制机制和法制建设

(一)加强规划指导和推进产业结构调整

把加快建设节约型社会作为编制国民经济

和社会发展“十一五”规划及各类专项规划、区域规划和城市发展规划的重要指导原则。编制《节水型社会建设“十一五”规划》、《海水利用专项规划》、《全国节水灌溉规划》、《全国旱作节水农业发展规划》、《资源综合利用规划》、《可再生能源中长期发展规划》、《农村沼气工程建设规划》、《保护性耕作示范工程建设规划》。加快出台《产业结构调整暂行规定》和《产业结构调整指导目录》，明确鼓励类、限制类和淘汰类产业项目，促进有利于资源节约的产业项目发展，淘汰技术水平低、消耗大、污染严重的产业。

(二)健全节约资源的法律法规

抓紧制定和修订促进资源有效利用的法律法规。配合全国人大财经委研究提出《中华人民共和国节约能源法》修订建议，重点研究建立严格的节能管理制度、明确激励政策、规范执法主体、加大惩戒力度等。配合全国人大环资委研究提出《中华人民共和国循环经济促进法》。修订《取水许可制度实施办法》，起草《节约用水管理条例》。抓紧出台废旧家电回收处理管理条例，完善回收体系，建立生产者责任制。加强石油节约、建筑节能、墙体材料革新、包装物和废旧轮胎回收等资源节约与综合利用法律法规建设，做好相关立法工作。

(三)完善资源节约标准

编制《2005～2007 年资源节约与综合利用标准发展计划》。制定风机、水泵、变压器、电动机等工业用能产品和家用电器、办公设备强制性能效标准，完善主要耗能行业节能设计规范。研究制定《轻型商用车燃料消耗量限值标准》。制定《绿色建筑技术导则》、《绿色建筑评价标准》、《建筑节能工程施工验收规范》。修订节水型城市考核标准和雨水利用标准，完善重点用水行业取水定额标准。加大农业节水灌溉设备国家标准的制修订和实施力度。制定和实施新的土地使用标准，建立土地集约利用评价和考核标准，完善村镇规划标准。研究提出重要矿产资源开发和综合利用行业标准，制定《矿山企业尾矿利用技术规范》。

(四)理顺资源性产品价格

加快资源性产品价格的市场化改革进程，逐步建立能够体现资源稀缺程度的价格形成机制。落实全国水价改革与节水工作电视电话会议精神，推进阶梯式水价制度和超计划、超定额用水加价收费方式。逐步推进农业水价改革试点，依法全面整顿农业供水末级渠系的水价秩序，取消水费计收中的搭车收费，制止截留挪用。加大实施峰谷分时、丰枯和季节性电价力度，扩大执行范围。对高耗能行业中国家淘汰类和限制类项目，继续实行差别电价。研究制定建立煤热价格联动机制的指导意见。改革天然气价格形成机制，理顺天然气与其他产品的比价关系。运用价格机制调控土地，提高土地使用效率。

(五)完善有利于节约资源的财税政策

研究制定鼓励生产、使用节能节水产品的税收政策，以及鼓励发展节能省地型建筑的经济政策。研究制定鼓励低油耗、小排量车辆的财税政策。调整高耗能产品进出口政策。积极研究财税体制改革，适时开征燃油税，完善消费税税制。加大公共财政对政府节约资源管理和政府机构节能改造的支持力度。逐步扩大节能、节水产品实施政府采购的范围。完善资源综合利用和废旧物资回收利用的税收优惠政策。在理顺现有收费和资金来源渠道的基础上，研究建立和完善资源开发与生态补偿机制。

(六)推进节约资源科学技术进步

国家科技计划继续加大对节约资源和循环经济关键技术的攻关力度，组织开发和示范有重大推广意义的共伴生矿产资源综合利用技术、节约和替代技术、能量梯级利用技术、废物综合利用技术、循环经济发展中延长产业链和相关产业链接技术、雨洪收集和苦咸水综合利用技术、高效节水灌溉技术和旱作节水农业技术、可回收利用材料和回收拆解技术、流程工业能源综合利用技术、重大机电产品节能降耗技术、绿色再制造技术以及可再生能源开发利用技术等，努力取得关键技术的重大突破。在中央预算内投资(含国债项目资金)中继续支持一批资源节约和循环经济重大项目，包括重大技术示范项目、重大资源节约技术开发和产业化项目等。贯彻实施《中国节水技术政策大纲》，修订《中国节能技术政策大纲》，编制重点行业发展循环经济先进适用技术目录。加大新技术、新产品、新材料推广应用力度。

(七)建立资源节约监督管理制度

建立高耗能、高耗水落后工艺、技术和设备强制淘汰制度。完善重点耗能产品和新建建筑市场准入制度，对达不到最低能效标准的产品，禁止生产、进口和销售；对公共建筑和民用建筑达不到建筑节能设计规范要求的，不准施工、验收备案、销售和使用；对矿山尾矿中资源品位严重超标的，要采取强制回收措施。在 2004 年有关部门联合开展资源节约专项检查的基础上，组织各地节能监察(监测)中心对年耗能万吨标准煤以上重点企业开展节能监督检查。对北方采暖地区、夏热冬冷和夏热冬暖地区建筑节能标准执行情况分别组织一次规模较大的专项检查。针对 2005 年 3 月 1 日起施行的强制性能效标志管理和 7 月 1 日起施行的《乘用车燃料消耗量限值》国家标准，组织全国性的国家监督抽查活动。继续开展禁止使用实心粘土砖专项检查。对检查中发现的各种浪费资源的做法和行为，要严肃查处。研究建立循环经济评价指标体系及相关统计制度。加强和完善能源、水资源以及节能、节水统计工作。

三、加强对资源节约工作的领导和协调

(一)切实加强组织领导

发展改革委、教育部、科技部、财政部、国土资源部、建设部、铁道部、交通部、水利部、农业部、商务部、国资委、税务总局、质检总局、环保总局、统计局、林业局、法制办、国管局、电监会、海洋局等有关部门要根据确定的建设节约型社会近期重点工作，按照职责分工，尽快制定具体政策措施，积极做好资源节约工作。为了加强各有关部门间的协调配合，由发展改革委负责做好组织协调，牵头建立由有关部门参加的部门协调机制，加强指导、协调和监督检查。组织实施资源节约的主要工作在地方，地方各级人民政府特别是省级人民政府要对本地区资源节约工作负责，切实加强对这项工作的组织领导，并建立相应协调机制，明确相关部门的责任和分工，大力推进资源节约工作。各地区、各部门在推进建设节约型社会工作中，要注重发挥人民团体和行业协会的作用。

(二)政府机构要带头节约

各级政府部门要从自身做起，带头厉行节约，在推动建设节约型社会中发挥表率作用。要制定《推动政府机构节能的实施意见》，建立政府机构能耗统计体系，明确能耗、水耗定额，

重点抓好政府建筑物和采暖、空调、照明系统节能改造以及公务车节能。落实《节能产品政府采购实施意见》，推行政府机构节能采购，优先采购节能（节水）产品和节约办公用品，降低费用支出。各级政府在认真做好机关节约工作的同时，更要抓好全社会的节约工作。为此，要抓紧建立科学的政府绩效评估体系，进一步健全干部考核机制，将资源节约责任和实际效果纳入各级政府目标责任制和干部考核体系中。

（三）组织开展创建节约型社会活动

要研究制定《创建节约型社会实施方案》，在“十一五”期间创建一批节约型城市、节约型政府机构、节约型企业、节约型社区，发挥示范作用，并探索出一条符合我国国情的资源节约的路子。要及时总结和推广节约型社会建设中的经验和典型。在冶金、有色、煤炭、电力、化工、建材、造纸、酿造等重点行业，在矿产资源综合利用、生物质能综合利用、废旧家电、废旧轮胎、废纸回收利用、绿色再制造等重点领域和产业园区及城市组织开展循环经济试点。通过试点探索发展循环经济的有效模式，确定发展循环经济的重大技术领域和重大项目领域，完善再生资源回收利用体系，提出按循环经济发展理念规划、建设、改造产业园区和建设节约型城市的思路。

（四）努力营造建设节约型社会的良好氛围

建设节约型社会涉及各行各业和千家万户，需要动员全社会的力量积极参与。2005年要围绕“大力发展循环经济，加快建设节约型社会”这一主题，继续开展“资源节约行”活动。要组织新闻媒体采访，集中宣传节约资源的先进典型，揭露和曝光浪费资源、严重污染环境的行为和现象。要在工矿企业职工中开展“我为节约做贡献”活动，在中小学校开展“珍惜资源、从我做起”活动，在宾馆开展“争创绿色饭店”活动，在社区开展“创建绿色社区”活动，在中央国家机关开展“做节约表率”活动，在全国质量月开展“降废减损兴质量”活动。要认真组织好全国节能宣传周、全国城市节水宣传周以及世界水日、土地日、环境日等宣传活动，开展节水型社会建设公益广告和征文活动。同时，要加强建设节约型社会的研讨和交流，2005年底在北京举办建设节约型社会展览会，择时组织开展节能节水和资源综合利用先进典型推广现场会及技术交流会。

各地区、各部门要从战略和全局的高度，充分认识建设节约型社会的重要意义，按照国务院的统一部署和建设节约型社会的各项工作安排，结合本地区、本部门实际，抓紧制订具体实施方案，精心组织，认真抓好落实，切实抓出成效。

国务院

二〇〇五年六月二十七日

国务院关于加快发展循环经济的若干意见

国发[2005]22号

各省、自治区、直辖市人民政府，国务院各部委、各直属机构：

改革开放以来，我国在推动资源节约和综合利用，推行清洁生产方面，取得了积极成效。但是，传统的高消耗、高排放、低效率的粗放型增长方式仍未根本转变，资源利用率低，环境污染严重。同时，存在法规、政策不完善，体制、机制不健全，相关技术开发滞后等问题。本世纪头20年，我国将处于工业化和城镇化加速发展阶段，面临的资源和环境形势十分严峻。为抓住重要战略机遇期，实现全面建设小康社会的战略目标，必须大力发展循环经济，按照“减量化、再利用、资源化”原则，采取各种有效措施，以尽可能少的资源消耗和尽可能小的环境代价，取得最大的经济产出和最少的废物排放，实现经济、环境和社会效益相统一，建设资源节约型和环境友好型社会。为此，提出如下意见。

一、发展循环经济的指导思想、基本原则和主要目标

（一）指导思想

以邓小平理论和“三个代表”重要思想为指导，树立和落实科学发展观，以提高资源生产率和减少废物排放为目标，以技术创新和制度创新为动力，强化节约资源和保护环境意识，加强法制建设，完善政策措施，发挥市场机制作用，促进循环经济发展。

（二）基本原则

坚持走新型工业化道路，形成有利于节约资源、保护环境的生产方式和消费方式；坚持推进经济结构调整，加快技术进步，加强监督管理，提高资源利用效率，减少废物的产生和排放；坚持以企业为主体，政府调控、市场引导、公众参与相结合，形成有利于促进循环经济发展的政策体系和社会氛围。

（三）发展目标

力争到2010年建立比较完善的发展循环经济法律法规体系、政策支持体系、体制与技术创新体系和激励约束机制。资源利用效率大幅度提高，废物最终处置量明显减少，建成大批符合循环经济发展要求的典型企业。推进绿色消费，完善再生资源回收利用体系。建设一批符合循环经济发展要求的工业（农业）园区和资源节约型、环境友好型城市。

（四）主要指标

力争到2010年，我国消耗每吨能源、铁矿石、有色金属、非金属矿等十五种重要资源产出的GDP比2003年提高25%左右；每万元GDP能耗下降18%以上。农业灌溉水平均有效利用系数提高到0.5，每万元工业增加值取水量下降到120立方米。矿产资源总回收率和共伴生矿综合利用率分别提高5个百分点。工业固体废物综合利用率提高到60%以上；再生铜、铝、铅占产量的比重分别达到35%、25%、30%，主要再生资源回收利用量提高65%以上。工业固体废物堆存和处置量控制在4.5亿吨左右；城市生活垃圾增长率控制在5%左右。（注：上述有关指标将根据“十一五”规划作相应调整）

二、发展循环经济的重点工作和重点环节

（五）重点工作

一是大力推进节约降耗，在生产、建设、流通和消费各领域节约资源，减少自然资源的消耗。二是全面推行清洁生产，从源头减少废物的产生，实现由末端治理向污染预防和生产全过程控制转变。三是大力开展资源综合利用，最大程度实现废物资源化和再生资源回收利用。四是大力发展环保产业，注重开发减量化、再利用和资源化技术与装备，为资源高效利用、循环利用和减少废物排放提供技术保障。

（六）重点环节

一是资源开采环节要统筹规划矿产资源开发，推广先进适用的开采技术、工艺和设备，提高采矿回采率、选矿和冶炼回收率，大力推进尾矿、废石综合利用，大力提高资源综合回收利用率。二是资源消耗环节要加强对冶金、有色、电力、煤炭、石化、化工、建材（筑）、轻工、纺织、农业等重点行业能源、原材料、水等资源消耗管理，努力降低消耗，提高资源利用率。三是废物产生环节要强化污染预防和全过程控制，推动不同行业合理延长产业链，加强对各类废物的循环利用，推进企业废物“零排放”；加快再生水利用设施建设以及城市垃圾、污泥减量化和资源化利用，降低废物最终处置量。四是再生资源产生环节要大力回收和循环利用各种废旧资源，支持废旧机电产品再制造；建立垃圾分类收集和分选系统，不断完善再生资源回收利用体系。五是消费环节要大力倡导有利于节约资源和保护环境的消费方式，鼓励使用能效标志产品、节能节水认证产品和环境标志产品、绿色标志食品和有机标志食品，减少过度包装和一次性用品的使用。政府机构要实行绿色采购。

三、加强对循环经济发展的宏观指导

（七）把发展循环经济作为编制有关规划的重要指导原则

各级政府及有关部门要用循环经济理念指

导编制“十一五”规划和各类区域规划、城市总体规划，以及矿产资源可持续利用、节能、节水、资源综合利用等专项规划，对资源消耗、节约、循环利用、废物排放和环境状况作出分析，明确目标、重点和政策措施。

（八）建立循环经济评价指标体系和统计核算制度

发展改革委要会同统计局、环保总局等有关部门加快研究建立循环经济评价指标体系，逐步纳入国民经济和社会发展计划，并建立循环经济的统计核算制度。地方各级人民政府有关部门要积极开展循环经济的统计核算，加强对循环经济主要指标的分析。

（九）制定和实施循环经济推进计划

地方各级人民政府要组织发展改革（经贸）、环境保护等有关部门，根据本地区实际，制定和实施循环经济发展的推进计划。国务院有关部门要研究制定矿产资源集约利用、能源和水资源节约利用、清洁生产，以及重点行业、重点领域发展循环经济的推进计划。

（十）加快经济结构调整和优化区域布局

加强宏观调控，遏制盲目投资、低水平重复建设，限制高耗能、高耗水、高污染产业的发展。大力发展高技术产业，加快用高新技术和先进适用技术改造传统产业，淘汰落后工艺、技术和设备，实现传统产业升级；推进企业重组，提高产业集中度和规模效益；大力发展集约化农业。发展改革委要抓紧制定《产业结构调整暂行规定》、《产业结构调整指导目录》以及加快服务业发展的指导意见，推进产业结构优化升级。同时，要根据资源环境条件和区域特点，用循环经济的发展理念指导区域发展、产业转型和老工业基地改造。开发区和重化工业集中地区，要按照循环经济要求进行规划、建设和改造，对进入的企业要提出土地、能源、水资源利用及废物排放综合控制要求，围绕核心资源发展相关产业，发挥产业集聚和工业生态效应，形成资源高效循环利用的产业链，提高资源产出效率。

四、加快循环经济技术开发和标准体系建设

（十一）加快循环经济技术开发

国务院有关部门和地方各级人民政府有关部门要加大科技投入，支持循环经济共性和关键技术的研究开发。积极引进和消化、吸收国外先进的循环经济技术，组织开发共伴生矿产资源和尾矿综合利用技术、能源节约和替代技术、能量梯级利用技术、废物综合利用技术、循环经济发展中延长产业链和相关产业链接技术、“零排放”技术、有毒有害原材料替代技术、可回收利用材料和回收处理技术、绿色再制造技术以及新能源和可再生能源开发利用技术等，提高循环经济技术支撑能力和创新能力。

（十二）抓紧制定循环经济技术政策

发展改革委要会同科技、环保等有关部门研究制定发展循环经济的技术政策、技术导向目录，以及国家鼓励发展的节能、节水、环保装备目录。支持引进国外发展循环经济的核心技术，加快新技术、新工艺、新设备的推广应用。

（十三）建立循环经济技术咨询服务体系

各地区、各部门要积极支持建立循环经济信息系统和技术咨询服务体系，及时向社会发布有关循环经济技术、管理和政策等方面的信

息，开展信息咨询、技术推广、宣传培训等。充分发挥行业协会、节能技术服务中心、清洁生产中心等中介机构和科研单位、大专院校的作用。

（十四）制定和完善促进循环经济的标准体系

要加快制定高耗能、高耗水及高污染行业市场准入标准和合格评定制度，制定重点行业清洁生产评价指标体系和涉及循环经济的有关污染控制标准。加强节能、节水等资源节约标准化工作，完善主要用能设备及建筑能效标准、重点用水行业取水定额标准和主要耗能（水）行业节能（水）设计规范。建立和完善强制性产品能效标志、再利用品标志、节能建筑标志和环境标志制度，开展节能、节水、环保产品认证以及环境管理体系认证。

五、建立和完善促进循环经济发展的政策机制

（十五）加大对循环经济投资的支持力度

各级投资主管部门在制定和实施投资计划时，要加大对发展循环经济的支持。对发展循环经济的重大项目和技术开发、产业化示范项目，政府要给予直接投资或资金补助、贷款贴息等支持，并发挥政府投资对社会投资的引导作用。各类金融机构应对促进循环经济发展的重点项目给予金融支持。

（十六）利用价格杠杆促进循环经济发展

调整资源性产品与最终产品的比价关系，理顺自然资源价格，逐步建立能够反映资源性产品供求关系的价格机制。发展改革委要积极调整水、热、电、天然气等价格政策，促进资源的合理开发、节约使用、高效利用和有效保护。逐步提高水利工程供水价格；完善农业水费计收办法；调整城市供水价格，合理确定再生水价格，大力推进阶梯式水价、超计划、超定额用水加价制度。扩大峰谷电价和丰枯电价执行范围，拉大差价，在有条件的地区加快实行尖峰电价和季节电价；对高耗能行业中淘汰类、限制类项目，严格执行按国家产业政策制定的差别电价政策。加大供热体制和供热价格改革力度，逐步建立基本热价和计量热价共同构成的热价形成机制，实行差别热价和煤热联动政策。逐步理顺天然气与其他产品的比价关系，建立天然气价格与可替代能源价格挂钩的机制。地方各级人民政府价格主管部门要研究制定并落实各项促进循环经济发展的价格政策。

（十七）制定支持循环经济发展的财税和收费政策

财政部门要积极安排资金，支持发展循环经济的政策研究、技术推广、示范试点、宣传培训等，并会同有关部门积极落实清洁生产专项资金。各级财政和环保部门要安排排污资金，加大对企业符合循环经济要求的污染防治项目的投入力度。有关部门要加快研究建立促进节能、节水产品和节能环保型汽车、节能省地型建筑推广的鼓励政策。继续完善资源综合利用的税收优惠政策，调整和完善有利于促进再生资源回收利用的税收政策，加快建立大宗废旧资源回收处理收费制度。适时出台燃油税，完善消费税制。积极研究以资源量为基础的矿产资源补偿费征收办法，进一步扩大水资源费征收范围并适当提高征收标准，优先提高城市污水处理费征收标准，全面开征城市生活垃圾处理费。研究完善限制国内紧缺资源及高耗能产品出口的政策。在理顺现有收费和资金来源渠道

的基础上，积极探索建立和完善企业生态环境恢复补偿机制。政府采购目录要优先考虑节能、节水和环保认证产品。

六、坚持依法推进循环经济发展

(十八)加强法规体系建设

要结合我国国情，加快研究建立和健全循环经济的法律法规体系。当前要抓紧制定节能、节水、资源综合利用等促进资源有效利用以及废旧家电、电子产品、废旧轮胎、建筑废物、包装废物、农业废物等资源化利用的法规和规章。研究建立生产者责任延伸制度，明确生产商、销售商、回收和使用单位以及消费者对废物回收、处理和再利用的法律义务。

(十九)加大依法监督管理的力度

各地区、各部门要认真贯彻落实《中华人民共和国节约能源法》、《中华人民共和国可再生能源法》、《中华人民共和国清洁生产促进法》、《中华人民共和国固体废物污染环境防治法》和《中华人民共和国环境影响评价法》等有关法律法规。依法加强对矿产资源集约利用、节能、节水、资源综合利用、再生资源回收利用的监督管理工作，引导企业树立经济与资源、环境协调发展的意识，建立健全资源节约管理制度。各级环境保护部门要将发展循环经济与环境保护工作紧密结合，严格执行环境影响评价和“三同时”制度，逐步实行排污许可证制度；严格控制污染物排放总量，加强对企业废物排放和处置的监督管理，降低排放强度；鼓励有条件的企业在自愿的基础上，开展环境管理体系认证。

(二十)依法推行清洁生产

认真实施《中华人民共和国清洁生产促进法》，加快企业清洁生产审核，积极实施清洁生产审核方案。对污染物排放超过国家和地方规定的标准或者总量控制指标的企业，以及使用有毒、有害原料进行生产或者在生产中排放有毒、有害物质的企业，要依法强制实施清洁生产审核，监督实施清洁生产方案。发展改革委、环保总局要在全国范围内组织开展创建清洁生产先进企业、环境友好企业活动，引导企业加快实施清洁生产。

七、加强对发展循环经济工作的组织和领导

(二十一)加强组织领导

各地区、各部门要从战略和全局的高度，充分认识发展循环经济的重大意义，增强紧迫性和责任感，结合本地区、本部门实际，抓紧制定具体的实施方案，采取切实有效措施，加快推进循环经济发展。发展改革委牵头，会同环保总局等有关部门建立健全推进循环经济发展的协调工作机制，做好组织协调和指导推动工作，及时解决推进循环经济发展中遇到的重大问题。有关部门要在各自的职责范围内积极落实各项政策措施，加快推动循环经济发展。地方各级人民政府要确定一位领导同志负责循环经济发展工作，明确有关部门的职责分工，做到层层有责任、逐级抓落实。

(二十二)开展循环经济示范试点

发展改革委要会同环保总局等有关部门和省级人民政府，在重点行业、重点领域、产业园区和城市组织开展循环经济试点工作，探索发展循环经济的有效模式。通过试点，提出发展循环经济的重大技术和项目领域，进一步完善

促进再生资源循环利用、降低污染排放强度的政策措施，提出按循环经济模式规划、建设、改造工业园区以及建设资源节约型、环境友好型城市的思路，树立一批先进典型，为加快发展循环经济提供示范。

（二十三）加强宣传教育和培训

各地区、各部门要动员社会各方面力量，大力开展形式多样的节约资源和保护环境的宣传活动，提高全社会对发展循环经济重大意义的认识，把节约资源、保护环境变成全体公民的自觉行为。要将树立资源节约和环境保护意识的相关内容编入教材，在中小学中开展国情教育、节约资源和保护环境的教育。要组织开展相关管理和技术人员的知识培训，增强意识，掌握相关知识和技能。编写消费行为导则和资源节约公约，引导合理消费，规范消费行为，开展多种形式的实践活动，逐步形成节约资源、保护环境的消费方式。

发展改革委要会同环保总局等有关部门，对各地推进循环经济发展的情况进行监督检查，重要情况要及时向国务院报告。

国务院

二〇〇五年七月二日

国务院关于加强节能工作的决定

国发[2006]28号

各省、自治区、直辖市人民政府，国务院各部委、各直属机构：

为深入贯彻科学发展观，落实节约资源基本国策，调动社会各方面力量进一步加强节能工作，加快建设节约型社会，实现“十一五”规划纲要提出的节能目标，促进经济社会发展切实转入全面协调可持续发展的轨道，特作如下决定：

一、充分认识加强节能工作的重要性和紧迫性

（一）必须把节能摆在更加突出的战略位置

我国人口众多，能源资源相对不足，人均拥有量远低于世界平均水平。由于我国正处在工业化和城镇化加快发展的阶段，能源消耗强度较高，消费规模不断扩大，特别是高投入、高消耗、高污染的粗放型经济增长方式，加剧了能源供求矛盾和环境污染状况。能源问题已经成为制约经济和社会发展的重要因素。要从战略和全局的高度，充分认识做好能源工作的重要性，高度重视能源安全，实现能源的可持续发展。解决我国能源问题，根本出路是坚持开发与节约并举、节约优先的方针，大力推进节能降耗，提高能源利用效率。节能是缓解能源约束、减轻环境压力、保障经济安全、实现全面建设小康社会目标和可持续发展的必然选择，体现了科学发展观的本质要求，是一项长期的战略任务，必须摆在更加突出的战略位置。

（二）必须把节能工作作为当前的紧迫任务

近几年，由于经济增长方式转变滞后、高耗能行业增长过快，单位国内生产总值能耗上升，特别是今年上半年，能源消耗增长仍然快于经济增长，节能工作面临更大压力，形势十分严峻。各地区、各部门要充分认识加强节能工作的紧迫性，增强忧患意识和危机意识，增强历史责任感和使命感。要把节能工作作为当前的一项紧迫任务，列入各级政府的重要议事日程，切实下大力气，采取强有力措施，确保实现“十一五”能源节约的目标，促进国民经济又快又好地发展。

二、用科学发展观统领节能工作

（三）指导思想

以邓小平理论和“三个代表”重要思想为指导，全面贯彻科学发展观，落实节约资源基本国策，以提高能源利用效率为核心，以转变经济增长方式、调整经济结构、加快技术进步为根本，强化全社会的节能意识，建立严格的管理制度，实行有效的激励政策，充分发挥市场配置资源的基础性作用，调动市场主体节能的自觉性，加快构建节约型的生产方式和消费模式，以能源的高效利用促进经济社会可持续发展。

（四）基本原则

坚持节能与发展相互促进，节能是为了更好地发展，实现科学发展必须节能；坚持开发与节约并举、节能优先、效率为本；坚持把节能作为转变经济增长方式的主攻方向，从根本上改变高耗能、高污染的粗放型经济增长方式；坚持发挥市场机制作用与实施政府宏观调控相结合，努力营造有利于节能的体制环境、政策环境和市场环境；坚持源头控制与存量挖潜相结合、依法管理与政策激励相结合、突出重点与全面推进相结合。

（五）主要目标

到“十一五”期末，万元国内生产总值（按2005年价格计算）能耗下降到0.98吨标准煤，比“十五”期末降低20%左右，平均年节能率为4.4%。重点行业主要产品单位能耗总体达到或接近本世纪初国际先进水平。初步建立起与社会主义市场经济体制相适应的比较完善的节能法规和标准体系、政策保障体系、技术支撑体系、监督管理体系，形成市场主体自觉节能的机制。

三、加快构建节能型产业体系

（六）大力调整产业结构

各地区和有关部门要认真落实《国务院关于发布实施〈促进产业结构调整暂行规定〉的决定》（国发［2005］40号）的要求，推动产业结构优化升级，促进经济增长由主要依靠工业带动和数量扩张带动，向三次产业协同带动和优化升级带动转变，立足节约能源推动发展。合理规划产业和地区布局，避免由于决策失误造成能源浪费。

（七）推动服务业加快发展

充分发挥服务业能耗低、污染少的优势，努力提高服务业在国民经济中的比重。要以专业化分工和提高社会效率为重点，积极发展生产服务业；以满足人们需求和方便群众生活为中心，提升生活服务业。大中城市要优先发展服务业，有条件的大中城市要逐步形成以服务经济为主的产业结构。

（八）积极调整工业结构

严格控制新开工高耗能项目，把能耗标准作为项目核准和备案的强制性门槛，遏制高耗能行业过快增长。对企业搬迁改造严格能耗准入管理。加快淘汰落后生产能力、工艺、技术和设备，对不按期淘汰的企业，地方各级人民政府及有关部门要依法责令其停产或予以关闭，依法吊销排污许可证和停止供电，属实行生产许可证管理的，依法吊销生产许可证。积极推进企业联合重组，提高产业集中度和规模效益。

（九）优化用能结构

大力发展高效清洁能源。逐步减少原煤直

接使用，提高煤炭用于发电的比重，发展煤炭气化和液化，提高转换效率。引导企业和居民合理用电。大力发展风能、太阳能、生物质能、地热能、水能等可再生能源和替代能源。

四、着力抓好重点领域节能

（十）强化工业节能

突出抓好钢铁、有色金属、煤炭、电力、石油石化、化工、建材等重点耗能行业和年耗能1万吨标准煤以上企业的节能工作，组织实施千家企业节能行动，推动企业积极调整产品结构，加快节能技术改造，降低能源消耗。

（十一）推进建筑节能

大力发展节能省地型建筑，推动新建住宅和公共建筑严格实施节能50％的设计标准，直辖市及有条件的地区要率先实施节能65％的标准。推动既有建筑的节能改造。大力发展新型墙体材料。

（十二）加强交通运输节能

积极推进节能型综合交通运输体系建设，加快发展铁路和内河运输，优先发展公共交通和轨道交通，加快淘汰老旧铁路机车、汽车、船舶，鼓励发展节能环保型交通工具，开发和推广车用代用燃料和清洁燃料汽车。

（十三）引导商业和民用节能

在公用设施、宾馆商厦、写字楼、居民住宅中推广采用高效节能办公设备、家用电器、照明产品等。

（十四）抓好农村节能

加快淘汰和更新高耗能落后农业机械和渔船装备，加快农业提水排灌机电设施更新改造，大力发展农村户用沼气和大中型畜禽养殖场沼气工程，推广省柴节煤灶，因地制宜发展小水电、风能、太阳能以及农作物秸秆气化集中供气系统。

（十五）推动政府机构节能

各级政府部门和领导干部要从自身做起、厉行节约，在节能工作中发挥表率作用。重点抓好政府机构建筑物和采暖、空调、照明系统节能改造以及办公设备节能，采取措施大力推动政府节能采购，稳步推进公务车改革。

五、大力推进节能技术进步

（十六）加快先进节能技术、产品研发和推广应用

各级人民政府要把节能作为政府科技投入、推进高技术产业化的重点领域，支持科研单位和企业开发高效节能工艺、技术和产品，优先支持拥有自主知识产权的节能共性和关键技术示范，增强自主创新能力，解决技术瓶颈。采取多种方式加快高效节能产品的推广应用。有条件的地方可对达到超前性国家能效标准、经过认证的节能产品给予适当的财政支持，引导消费者使用。落实产品质量国家免检制度，鼓励高效节能产品生产企业做大做强。有关部门要制定和发布节能技术政策，组织行业共性技术的推广。

（十七）全面实施重点节能工程

有关部门和地方人民政府及有关单位要认真组织落实“十一五”规划纲要提出的燃煤工业锅炉（窑炉）改造、区域热电联产、余热余压利

用、节约和替代石油、电机系统节能、能量系统优化、建筑节能、绿色照明、政府机构节能以及节能监测和技术服务体系建设等十大重点节能工程。发展改革委要督促各地区、各有关部门和有关单位抓紧落实相关政策措施，确保工程配套资金到位，同时要会同有关部门切实做好重点工程、重大项目实施情况的监督检查。

（十八）培育节能服务体系

有关部门要抓紧研究制定加快节能服务体系建设的指导意见，促进各级各类节能技术服务机构转换机制、创新模式、拓宽领域，增强服务能力，提高服务水平。加快推行合同能源管理，推进企业节能技术改造。

（十九）加强国际交流与合作

积极引进国外先进节能技术和管理经验，广泛开展与国际组织、金融机构及有关国家和地区在节能领域的合作。

六、加大节能监督管理力度

（二十）健全节能法律法规和标准体系

抓紧做好修订《中华人民共和国节约能源法》的有关工作，进一步严格节能管理制度，明确节能执法主体，强化政策激励，加大惩戒力度。研究制订有关节能的配套法规。加快组织制定和完善主要耗能行业能耗准入标准、节能设计规范，制定和完善主要工业耗能设备、机动车、建筑、家用电器、照明产品等的能效标准以及公共建筑用能设备运行标准。各地区要研究制定本地区主要耗能产品和大型公共建筑单位能耗限额。

（二十一）加强规划指导

各地区、各有关部门要根据“十一五”规划纲要，把实现能耗降低的约束性目标作为本地区、本部门“十一五”规划和有关专项规划的重要内容，明确目标、任务和政策措施，认真制定和实施本地区和行业的节能规划。

（二十二）建立节能目标责任制和评价考核体系

发展改革委要将“十一五”规划纲要确定的单位国内生产总值能耗降低目标分解落实到各省、自治区、直辖市，省级人民政府要将目标逐级分解落实到各市、县以及重点耗能企业，实行严格的目标责任制。统计局、发展改革委等部门每年要定期公布各地区能源消耗情况；省级人民政府要建立本地区能耗公报制度。要将能耗指标纳入各地经济社会发展综合评价和年度考核体系，作为地方各级人民政府领导班子和领导干部任期内贯彻落实科学发展观的重要考核内容，作为国有大中型企业负责人经营业绩的重要考核内容，实行节能工作问责制。发展改革委要会同有关部门抓紧制定实施办法。

（二十三）建立固定资产投资项目节能评估和审查制度

有关部门和地方人民政府要对固定资产投资项目（含新建、改建、扩建项目）进行节能评估和审查。对未进行节能审查或未能通过节能审查的项目一律不得审批、核准，从源头杜绝能源的浪费。对擅自批准项目建设的，要依法依规追究直接责任人的责任。发展改革委要会同有关部门制定固定资产投资项目节能评估和审查的具体办法。

（二十四）强化重点耗能企业节能管理

重点耗能企业要建立严格的节能管理制度和有效的激励机制，进一步调动广大职工节能降耗的积极性。要强化基础工作，配备专职人员，将节能降耗的目标和责任落实到车间、班组和个人，并加强监督检查。有关部门和地方各级人民政府要加强对重点耗能企业节能情况的跟踪、指导和监督，定期公布重点企业能源利用状况。其中，对实施千家企业节能行动的高耗能企业，发展改革委要与各相关省级人民政府和有关中央企业签订节能目标责任书，强化节能目标责任和考核。

（二十五）完善能效标志和节能产品认证制度

加快实施强制性能效标志制度，扩大能效标志在家用电器、电动机、汽车和建筑上的应用，不断提高能效标志的社会认知度，引导社会消费行为，促进企业加快高效节能产品的研发。推动自愿性节能产品认证，规范认证行为，扩展认证范围，推动建立国际协调互认。

（二十六）加强电力需求侧和电力调度管理

充分发挥电力需求侧管理的综合优势，优化城市、企业用电方案，推广应用高效节能技术，推进能效电厂建设，提高电能使用效率。改进发电调度规则，优先安排清洁能源发电，对燃煤火电机组进行优化调度，限制能耗高、污染重的低效机组发电，实现电力节能、环保和经济调度。

（二十七）控制室内空调温度

所有公共建筑内的单位，包括国家机关、社会团体、企事业组织和个体工商户，除特定用途外，夏季室内空调温度设置不低于26摄氏度，冬季室内空调温度设置不高于20摄氏度。有关部门要据此修订完善公共建筑室内温度有关标准，并加强监督检查。

（二十八）加大节能监督检查力度

有关部门和地方各级人民政府要加大节能工作的监督检查力度，重点检查高耗能企业及公共设施的用能情况、固定资产投资项目的节能评估和审查情况、禁止淘汰设备的异地再用情况，以及产品的能效标准和标志、建筑节能设计的标准、行业设计规范的执行等情况。达不到建筑节能标准的建筑物不准开工建设和销售。严禁生产、销售和使用国家明令淘汰的高耗能产品。要严厉打击报废机动车和船舶等违法交易活动。节能主管部门和质量技术监督部门要加大监督检查和处罚力度，对违法行为要公开曝光。

七、建立健全节能保障机制

（二十九）深化能源价格改革

加强和改进电价管理，建立成本约束机制；完善电力分时电价办法，引导用户合理用电、节约用电；扩大差别电价实施范围，抑制高耗能产业盲目扩张，促进结构调整。落实石油综合配套调价方案，理顺国内成品油价格。继续推进天然气价格改革，建立天然气与可替代能源的价格挂钩和动态调整机制。全面推进煤炭价格市场化改革。研究制定能耗超限额加价的政策。

（三十）加大政府对节能的支持力度

各级人民政府要对节能技术与产品的推广、示范试点、宣传培训、信息服务和表彰奖励等工作给予支持，所需节能经费纳入各级人民政府财政预算。“十一五”期间，国家每年安排一定的资金，用于支持节能重大项目、示范项目及高效节能产品的推广。

（三十一）实行节能税收优惠政策

发展改革委要会同有关部门抓紧制定《节能产品目录》，对生产和使用列入《节能产品目录》的产品，财政部、税务总局要会同有关部门抓紧研究提出具体的税收优惠政策，报国务院审批。严格实施控制高耗能、高污染、资源性产品出口的政策措施。研究建立促进能源节约的燃油税收制度，以及控制高耗能加工贸易和抑制不合理能源消费的有关税收政策。抓紧研究并适时实施不同种类能源矿产资源计税方法改革方案。根据资源条件和市场变化情况，适当提高有关资源税征收标准。

（三十二）拓宽节能融资渠道

各类金融机构要切实加大对节能项目的信贷支持力度，推动和引导社会各方面加强对节能的资金投入。要鼓励企业通过市场直接融资，加快进行节能降耗技术改造。

（三十三）推进城镇供热体制改革

加快城镇供热商品化、货币化，将采暖补贴由“暗补”变“明补”，加强供热计量，推进按用热量计量收费制度。完善供热价格形成机制，有关部门要抓紧研究制定建筑供热采暖按热量收费的政策，培育有利于节能的供热市场。

（三十四）实行节能奖励制度

各地区、各部门对在节能管理、节能科学技术研究和推广工作中做出显著成绩的单位及个人要给予表彰和奖励。能源生产经营单位和用能单位要制定科学合理的节能奖励办法，结合本单位的实际情况，对节能工作中作出贡献的集体、个人给予表彰和奖励，节能奖励计入工资总额。

八、加强节能管理队伍建设和基础工作

（三十五）加强节能管理队伍建设

各级人民政府要加强节能管理队伍建设，充实节能管理力量，完善节能监督体系，强化对本行政区域内节能工作的监督管理和日常监察（监测）工作，依法开展节能执法和监察（监测）。在整合现有相关机构的基础上，组建国家节能中心，开展政策研究、固定资产投资项目节能评估、技术推广、宣传培训、信息咨询、国际交流与合作等工作。

（三十六）加强能源统计和计量管理

各级人民政府要为统计部门依法行使节能统计调查、统计执法和数据发布等提供必要的工作保障。各级统计部门要切实加强能源统计，充实必要的人员，完善统计制度，改进统计方法，建立能够反映各地区能耗水平、节能目标责任和评价考核制度的节能统计体系。要强化对单位国内（地区）生产总值能耗指标的审核，确保统计数据准确、及时。各级质量技术监督部门要督促企业合理配备能源计量器具，加强能源计量管理。

（三十七）加大节能宣传、教育和培训力度

新闻出版、广播影视、文化等部门和有关社会团体要组织开展形式多样的节能宣传活动，广泛宣传我国的能源形势和节能的重要意义，

弘扬节能先进典型，曝光浪费行为，引导合理消费。教育部门要将节能知识纳入基础教育、高等教育、职业教育培训体系。各级工会、共青团组织要重视和加强对广大职工特别是青年职工的节能教育，广泛开展节能合理化建议活动。有关行业协会要协助政府做好行业节能管理、技术推广、宣传培训、信息咨询和行业统计等工作。各级科协组织要围绕节能开展系列科普活动。要认真组织开展一年一度的全国节能宣传周活动，加强经常性的节能宣传和培训。要动员全社会节能，在全社会倡导健康、文明、节俭、适度的消费理念，用节约型的消费理念引导消费方式的变革。要大力倡导节约风尚，使节能成为每个公民的良好习惯和自觉行动。

九、加强组织领导

（三十八）切实加强节能工作的组织领导

各省、自治区、直辖市人民政府和各有关部门要按照本决定的精神，努力抓好落实。省级人民政府要对本地区节能工作负总责，把节能工作纳入政府重要议事日程，主要领导要亲自抓，并建立相应的协调机制，明确相关部门的责任和分工，确保责任到位、措施到位、投入到位。省级人民政府、国务院有关部门要在本决定下发后2个月内提出本地区、本行业节能工作实施方案报国务院；中央企业要在本决定下发后2个月内提出本企业节能工作实施方案，由国资委汇总报国务院。发展改革委要会同有关部门，加强指导和协调，认真监督检查本决定的贯彻执行情况，并向国务院报告。

国务院

二〇〇六年八月六日

国务院关于印发节能减排综合性工作方案的通知

各省、自治区、直辖市人民政府，国务院各部委、各直属机构：

国务院同意发展改革委会同有关部门制定的《节能减排综合性工作方案》（以下简称《方案》），现印发给你们，请结合本地区、本部门实际，认真贯彻执行。

一、充分认识节能减排工作的重要性和紧迫性

《中华人民共和国国民经济和社会发展第十一个五年规划纲要》提出了"十一五"期间单位国内生产总值能耗降低20%左右，主要污染物排放总量减少10%的约束性指标。这是贯彻落实科学发展观，构建社会主义和谐社会的重大举措；是建设资源节约型、环境友好型社会的必然选择；是推进经济结构调整，转变增长方式的必由之路；是提高人民生活质量，维护中华民族长远利益的必然要求。

当前，实现节能减排目标面临的形势十分严峻。去年以来，全国上下加强了节能减排工作，国务院发布了加强节能工作的决定，制定了促进节能减排的一系列政策措施，各地区、各部门相继作出了工作部署，节能减排工作取得了积极进展。但是，去年全国没有实现年初确定的节能降耗和污染减排的目标，加大了"十一五"后四年节能减排工作的难度。更为严峻的是，今年一季度，工业特别是高耗能、高污染行业增长过快，占全国工业能耗和二氧化硫排放近70%的电力、钢铁、有色、建材、石油加工、化工等六大行业增长20.6%，同比加快6.6个百分点。与此同时，各方面工作仍存在认识不到位、责任不明确、措施不配套、政策不完善、投入不落实、协调不得力等问题。这种状况如不及时扭转，不仅今年节能减排工作难以取得明显进展，"十一五"节能减排的总体目标也将难以实现。

我国经济快速增长，各项建设取得巨大成就，但也付出了巨大的资源和环境代价，经济发展与资源环境的矛盾日趋尖锐，群众对环境污染问题反应强烈。这种状况与经济结构不合理、增长方式粗放直接相关。不加快调整经济结构、转变增长方式，资源支撑不住，环境容纳不下，社会承受不起，经济发展难以为继。只有

坚持节约发展、清洁发展、安全发展，才能实现经济又好又快发展。同时，温室气体排放引起全球气候变暖，备受国际社会广泛关注。进一步加强节能减排工作，也是应对全球气候变化的迫切需要，是我们应该承担的责任。

各地区、各部门要充分认识节能减排的重要性和紧迫性，真正把思想和行动统一到中央关于节能减排的决策和部署上来。要把节能减排任务完成情况作为检验科学发展观是否落实的重要标准，作为检验经济发展是否“好”的重要标准，正确处理经济增长速度与节能减排的关系，真正把节能减排作为硬任务，使经济增长建立在节约能源资源和保护环境的基础上。要采取果断措施，集中力量，迎难而上，扎扎实实地开展工作，力争通过今明两年的努力，实现节能减排任务完成进度与“十一五”规划实施进度保持同步，为实现“十一五”节能减排目标打下坚实基础。

二、狠抓节能减排责任落实和执法监管

发挥政府主导作用。各级人民政府要充分认识到节能减排约束性指标是强化政府责任的指标，实现这个目标是政府对人民的庄严承诺，必须通过合理配置公共资源，有效运用经济、法律和行政手段，确保实现。当务之急，是要建立健全节能减排工作责任制和问责制，一级抓一级，层层抓落实，形成强有力的工作格局。地方各级人民政府对本行政区域节能减排负总责，政府主要领导是第一责任人。要在科学测算的基础上，把节能减排各项工作目标和任务逐级分解到各市（地）、县和重点企业。要强化政策措施的执行力，加强对节能减排工作进展情况的考核和监督，国务院有关部门定期公布各地节能减排指标完成情况，进行统一考核。要把节能减排作为当前宏观调控的重点，作为调整经济结构、转变增长方式的突破口和重要抓手，坚决遏制高耗能、高污染产业过快增长，坚决压缩城市形象工程和党政机关办公楼等楼堂馆所的建设规模，切实保证节能减排、保障民生等工作所需的资金投入。要把节能减排指标完成情况纳入各地经济社会发展的综合评价体系，作为政府领导干部综合考核评价和企业负责人业绩考核的重要内容，实行“一票否决”制。要加大执法和处罚力度，公开严肃查处一批严重违反国家节能管理和环境保护法律法规的典型案件，依法追究有关人员和领导者的责任，起到警醒教育作用，形成强大声势。省级人民政府每年要向国务院报告节能减排目标责任的履行情况。国务院每年向全国人民代表大会报告节能减排的进展情况，在“十一五”期末报告五年两个指标的总体完成情况。地方各级人民政府每年也要向同级人民代表大会报告节能减排工作，自觉接受监督。

强化企业主体责任。企业必须严格遵守节能和环保法律法规及标准，落实目标责任，强化管理措施，自觉节能减排。对重点用能单位加强经常监督，凡与政府有关部门签订节能减排目标责任书的企业，必须确保完成目标；对没有完成节能减排任务的企业，强制实行能源审计和清洁生产审核。坚持“谁污染、谁治理”，对未按规定建设和运行污染减排设施的企业和单位，公开通报，限期整改，对恶意排污的行为实行重罚，追究领导和直接责任人员的责任，构成犯罪的依法移送司法机关。同时，要加强机关单位、公民等各类社会主体的责任，促使公民自觉履行节能和环保义务，形成以政府为主导、企业为主体，全社会共同推进的节能减排工作格局。

三、建立强有力的节能减排领导协调机制

为加强对节能减排工作的组织领导，国务院成立节能减排工作领导小组。领导小组的主要任务是部署节能减排工作、协调解决工作中的重大问题。领导小组办公室设在发展改革委，负责承担领导小组的日常工作，其中有关污染减排方面的工作由环保总局负责。地方各级人民政府也要切实加强对本地区节能减排工作的组织领导。

国务院有关部门要切实履行职责，密切协调配合，尽快制定相关配套政策措施和落实意见。各省级人民政府要立即部署本地区推进节能减排的工作，明确相关部门的责任、分工和进度要求。各地区、各部门和中央企业要在2007年6月30日前，提出本地区、本部门和本企业贯彻落实的具体方案报领导小组办公室汇总后报国务院。领导小组办公室要会同有关部门加强对节能减排工作的指导协调和监督检查，重大情况及时向国务院报告。

节能减排综合性工作方案

一、进一步明确实现节能减排的目标任务和总体要求

(一)主要目标

到2010年，万元国内生产总值能耗由2005年的1.22吨标准煤下降到1吨标准煤以下，降低20%左右；单位工业增加值用水量降低30%。“十一五”期间，主要污染物排放总量减少10%，到2010年，二氧化硫排放量由2005年的2549万吨减少到2295万吨，化学需氧量(COD)由1414万吨减少到1273万吨；全国设市城市污水处理率不低于70%，工业固体废物综合利用率达到60%以上。

(二)总体要求

以邓小平理论和“三个代表”重要思想为指导，全面贯彻落实科学发展观，加快建设资源节约型、环境友好型社会，把节能减排作为调整经济结构、转变增长方式的突破口和重要抓手，作为宏观调控的重要目标，综合运用经济、法律和必要的行政手段，控制增量、调整存量，依靠科技、加大投入，健全法制、完善政策，落实责任、强化监管，加强宣传、提高意识，突出重点、强力推进，动员全社会力量，扎实做好节能降耗和污染减排工作，确保实现节能减排约束性指标，推动经济社会又好又快发展。

二、控制增量，调整和优化结构

(三)控制高耗能、高污染行业过快增长

严格控制新建高耗能、高污染项目。严把土地、信贷两个闸门，提高节能环保市场准入门槛。抓紧建立新开工项目管理的部门联动机制

和项目审批问责制，严格执行项目开工建设“六项必要条件”（必须符合产业政策和市场准入标准、项目审批核准或备案程序、用地预审、环境影响评价审批、节能评估审查以及信贷、安全和城市规划等规定和要求）。实行新开工项目报告和公开制度。建立高耗能、高污染行业新上项目与地方节能减排指标完成进度挂钩、与淘汰落后产能相结合的机制。落实限制高耗能、高污染产品出口的各项政策。继续运用调整出口退税、加征出口关税、削减出口配额、将部分产品列入加工贸易禁止类目录等措施，控制高耗能、高污染产品出口。加大差别电价实施力度，提高高耗能、高污染产品差别电价标准。组织对高耗能、高污染行业节能减排工作的专项检查，清理和纠正各地在电价、地价、税费等方面对高耗能、高污染行业的优惠政策。

（四）加快淘汰落后生产能力

加大淘汰电力、钢铁、建材、电解铝、铁合金、电石、焦炭、煤炭、平板玻璃等行业落后产能的力度。“十一五”期间实现节能1.18亿吨标准煤，减排二氧化硫240万吨；今年实现节能3150万吨标准煤，减排二氧化硫40万吨。加大造纸、酒精、味精、柠檬酸等行业落后生产能力淘汰力度，“十一五”期间实现减排化学需氧量（COD）138万吨，今年实现减排COD62万吨（详见附表）。制订淘汰落后产能分地区、分年度的具体工作方案，并认真组织实施。对不按期淘汰的企业，地方各级人民政府要依法予以关停，有关部门依法吊销生产许可证和排污许可证并予以公布，电力供应企业依法停止供电。对没有完成淘汰落后产能任务的地区，严格控制国家安排投资的项目，实行项目“区域限批”。国务院有关部门每年向社会公告淘汰落后产能的企业名单和各地执行情况。建立落后产能退出机制，有条件的地方要安排资金支持淘汰落后产能，中央财政通过增加转移支付，对经济欠发达地区给予适当补助和奖励。

（五）完善促进产业结构调整的政策措施

进一步落实促进产业结构调整暂行规定。修订《产业结构调整指导目录》，鼓励发展低能耗、低污染的先进生产能力。根据不同行业情况，适当提高建设项目在土地、环保、节能、技术、安全等方面的准入标准。尽快修订颁布《外商投资产业指导目录》，鼓励外商投资节能环保领域，严格限制高耗能、高污染外资项目，促进外商投资产业结构升级。调整《加工贸易禁止类商品目录》，提高加工贸易准入门槛，促进加工贸易转型升级。

（六）积极推进能源结构调整

大力发展可再生能源，抓紧制订出台可再生能源中长期规划，推进风能、太阳能、地热能、水电、沼气、生物质能利用以及可再生能源与建筑一体化的科研、开发和建设，加强资源调查评价。稳步发展替代能源，制订发展替代能源中长期规划，组织实施生物燃料乙醇及车用乙醇汽油发展专项规划，启动非粮生物燃料乙醇试点项目。实施生物化工、生物质能固体成型燃料等一批具有突破性带动作用的示范项目。抓紧开展生物柴油基础性研究和前期准备工作。推进煤炭直接和间接液化、煤基醇醚和烯烃代油大型台套示范工程和技术储备。大力推进煤炭洗选加工等清洁高效利用。

（七）促进服务业和高技术产业加快发展

落实《国务院关于加快发展服务业的若干意见》，抓紧制定实施配套政策措施，分解落实任务，完善组织协调机制。着力做强高技术产业，落实高技术产业发展“十一五”规划，完善促进高技术产业发展的政策措施。提高服务业和高技术产业在国民经济中的比重和水平。

三、加大投入，全面实施重点工程

（八）加快实施十大重点节能工程

着力抓好十大重点节能工程，“十一五”期间形成2.4亿吨标准煤的节能能力。今年形成5000万吨标准煤节能能力，重点是：实施钢铁、有色、石油石化、化工、建材等重点耗能行业余热余压利用、节约和替代石油、电机系统节能、能量系统优化，以及工业锅炉（窑炉）改造项目共745个；加快核准建设和改造采暖供热为主的热电联产和工业热电联产机组1630万千瓦；组织实施低能耗、绿色建筑示范项目30个，推动北方采暖区既有居住建筑供热计量及节能改造1.5亿平方米，开展大型公共建筑节能运行管理与改造示范，启动200个可再生能源在建筑中规模化应用示范推广项目；推广高效照明产品5000万支，中央国家机关率先更换节能灯。

（九）加快水污染治理工程建设

“十一五”期间新增城市污水日处理能力4500万吨、再生水日利用能力680万吨，形成COD削减能力300万吨；今年设市城市新增污水日处理能力1200万吨，再生水日利用能力100万吨，形成COD削减能力60万吨。加大工业废水治理力度，“十一五”形成COD削减能力140万吨。加快城市污水处理配套管网建设和改造。严格饮用水水源保护，加大污染防治力度。

（十）推动燃煤电厂二氧化硫治理

“十一五”期间投运脱硫机组3.55亿千瓦。其中，新建燃煤电厂同步投运脱硫机组1.88亿千瓦；现有燃煤电厂投运脱硫机组1.67亿千瓦，形成削减二氧化硫能力590万吨。今年现有燃煤电厂投运脱硫设施3500万千瓦，形成削减二氧化硫能力123万吨。

（十一）多渠道筹措节能减排资金

十大重点节能工程所需资金主要靠企业自筹、金融机构贷款和社会资金投入，各级人民政府安排必要的引导资金予以支持。城市污水处理设施和配套管网建设的责任主体是地方政府，在实行城市污水处理费最低收费标准的前提下，国家对重点建设项目给予必要的支持。按照“谁污染、谁治理，谁投资、谁受益”的原则，促使企业承担污染治理责任，各级人民政府对重点流域内的工业废水治理项目给予必要的支持。

四、创新模式，加快发展循环经济

（十二）深化循环经济试点

认真总结循环经济第一批试点经验，启动第二批试点，支持一批重点项目建设。深入推进浙江、青岛等地废旧家电回收处理试点。继续推进汽车零部件和机械设备再制造试点。推动重点矿山和矿业城市资源节约和循环利用。组织编制钢铁、有色、煤炭、电力、化工、建材、制糖等重点行业循环经济推进计划。加快制订循环经济评价指标体系。

（十三）实施水资源节约利用

加快实施重点行业节水改造及矿井水利用重点项目。“十一五”期间实现重点行业节水31亿立方米，新增海水淡化能力90万立方米/日，新增矿井水利用量26亿立方米；今年实现重点行业节水10亿立方米，新增海水淡化能力7万立方米/日，新增矿井水利用量5亿立方米。在城市强制推广使用节水器具。

(十四)推进资源综合利用

落实《“十一五”资源综合利用指导意见》，推进共伴生矿产资源综合开发利用和煤层气、煤矸石、大宗工业废弃物、秸秆等农业废弃物综合利用。“十一五”期间建设煤矸石综合利用电厂2000万千瓦，今年开工建设500万千瓦。推进再生资源回收体系建设试点。加强资源综合利用认定。推动新型墙体材料和利废建材产业化示范。修订发布新型墙体材料目录和专项基金管理办法。推进第二批城市禁止使用实心粘土砖，确保2008年底前256个城市完成“禁实”目标。

(十五)促进垃圾资源化利用

县级以上城市(含县城)要建立健全垃圾收集系统，全面推进城市生活垃圾分类体系建设，充分回收垃圾中的废旧资源，鼓励垃圾焚烧发电和供热、填埋气体发电，积极推进城乡垃圾无害化处理，实现垃圾减量化、资源化和无害化。

(十六)全面推进清洁生产

组织编制《工业清洁生产审核指南编制通则》，制订和发布重点行业清洁生产标准和评价指标体系。加大实施清洁生产审核力度。合理使用农药、肥料，减少农村面源污染。

五、依靠科技，加快技术开发和推广

(十七)加快节能减排技术研发

在国家重点基础研究发展计划、国家科技支撑计划和国家高技术发展计划等科技专项计划中，安排一批节能减排重大技术项目，攻克一批节能减排关键和共性技术。加快节能减排技术支撑平台建设，组建一批国家工程实验室和国家重点实验室。优化节能减排技术创新与转化的政策环境，加强资源环境高技术领域创新团队和研发基地建设，推动建立以企业为主体、产学研相结合的节能减排技术创新与成果转化体系。

(十八)加快节能减排技术产业化示范和推广

实施一批节能减排重点行业共性、关键技术及重大技术装备产业化示范项目和循环经济高技术产业化重大专项。落实节能、节水技术政策大纲，在钢铁、有色、煤炭、电力、石油石化、化工、建材、纺织、造纸、建筑等重点行业，推广一批潜力大、应用面广的重大节能减排技术。加强节电、节油农业机械和农产品加工设备及农业节水、节肥、节药技术推广。鼓励企业加大节能减排技术改造和技术创新投入，增强自主创新能力。

(十九)加快建立节能技术服务体系

制订出台《关于加快发展节能服务产业的指导意见》，促进节能服务产业发展。培育节能服务市场，加快推行合同能源管理，重点支持专业化节能服务公司为企业以及党政机关办公楼、公共设施和学校实施节能改造提供诊断、设计、融资、改造、运行管理一条龙服务。

(二十)推进环保产业健康发展

制订出台《加快环保产业发展的意见》，积极推进环境服务产业发展，研究提出推进污染治理市场化的政策措施，鼓励排污单位委托专业化公司承担污染治理或设施运营。

(二十一)加强国际交流合作

广泛开展节能减排国际科技合作，与有关国际组织和国家建立节能环保合作机制，积极引进国外先进节能环保技术和管理经验，不断拓宽节能环保国际合作的领域和范围。

六、强化责任，加强节能减排管理

(二十二)建立政府节能减排工作问责制

将节能减排指标完成情况纳入各地经济社会发展综合评价体系，作为政府领导干部综合考核评价和企业负责人业绩考核的重要内容，实行问责制和“一票否决”制。有关部门要抓紧制订具体的评价考核实施办法。

(二十三)建立和完善节能减排指标体系、监测体系和考核体系

对全部耗能单位和污染源进行调查摸底。建立健全涵盖全社会的能源生产、流通、消费、区域间流入流出及利用效率的统计指标体系和调查体系，实施全国和地区单位GDP能耗指标季度核算制度。建立并完善年耗能万吨标准煤以上企业能耗统计数据网上直报系统。加强能源统计巡查，对能源统计数据进行监测。制订并实施主要污染物排放统计和监测办法，改进统计方法，完善统计和监测制度。建立并完善污染物排放数据网上直报系统和减排措施调度制度，对国家监控重点污染源实施联网在线自动监控，构建污染物排放三级立体监测体系，向社会公告重点监控企业年度污染物排放数据。继续做好单位GDP能耗、主要污染物排放量和工业增加值用水量指标公报工作。

(二十四)建立健全项目节能评估审查和环境影响评价制度

加快建立项目节能评估和审查制度，组织编制《固定资产投资项目节能评估和审查指南》，加强对地方开展“能评”工作的指导和监督。把总量指标作为环评审批的前置性条件。上收部分高耗能、高污染行业环评审批权限。对超过总量指标、重点项目未达到目标责任要求的地区，暂停环评审批新增污染物排放的建设项目。强化环评审批向上级备案制度和向社会公布制度。加强“三同时”管理，严把项目验收关。对建设项目未经验收擅自投运、久拖不验、超期试生产等违法行为，严格依法进行处罚。

(二十五)强化重点企业节能减排管理

“十一五”期间全国千家重点耗能企业实现节能1亿吨标准煤，今年实现节能2000万吨标准煤。加强对重点企业节能减排工作的检查和指导，进一步落实目标责任，完善节能减排计量和统计，组织开展节能减排设备检测，编制节能减排规划。重点耗能企业建立能源管理师制度。实行重点耗能企业能源审计和能源利用状况报告及公告制度，对未完成节能目标责任任务的企业，强制实行能源审计。今年要启动重点企业与国际国内同行业能耗先进水平对标活动，推动企业加大结构调整和技术改造力度，提高节能管理水平。中央企业全面推进创建资源节约型企业活动，推广典型经验和做法。

(二十六)加强节能环保发电调度和电力需求侧管理

制定并尽快实施有利于节能减排的发电调度办法，优先安排清洁、高效机组和资源综合利用发电，限制能耗高、污染重的低效机组发电。

今年上半年启动试点，取得成效后向全国推广，力争节能2000万吨标准煤，“十一五”期间形成6000万吨标准煤的节能能力。研究推行发电权交易，逐年削减小火电机组发电上网小时数，实行按边际成本上网竞价。抓紧制定电力需求侧管理办法，规范有序用电，开展能效电厂试点，研究制定配套政策，建立长效机制。

（二十七）严格建筑节能管理

大力推广节能省地环保型建筑。强化新建建筑执行能耗限额标准全过程监督管理，实施建筑能效专项测评，对达不到标准的建筑，不得办理开工和竣工验收备案手续，不准销售使用；从2008年起，所有新建商品房销售时在买卖合同等文件中要载明耗能量、节能措施等信息。建立并完善大型公共建筑节能运行监管体系。深化供热体制改革，实行供热计量收费。今年着力抓好新建建筑施工阶段执行能耗限额标准的监管工作，北方地区地级以上城市完成采暖费补贴“暗补”变“明补”改革，在25个示范省市建立大型公共建筑能耗统计、能源审计、能效公示、能耗定额制度，实现节能1250万吨标准煤。

（二十八）强化交通运输节能减排管理

优先发展城市公共交通，加快城市快速公交和轨道交通建设。控制高耗油、高污染机动车发展，严格执行乘用车、轻型商用车燃料消耗量限值标准，建立汽车产品燃料消耗量申报和公示制度；严格实施国家第三阶段机动车污染物排放标准和船舶污染物排放标准，有条件的地方要适当提高排放标准，继续实行财政补贴政策，加快老旧汽车报废更新。公布实施新能源汽车生产准入管理规则，推进替代能源汽车产业化。运用先进科技手段提高运输组织管理水平，促进各种运输方式的协调和有效衔接。

（二十九）加大实施能效标志和节能节水产品认证管理力度

加快实施强制性能效标志制度，扩大能效标志应用范围，今年发布《实行能效标志产品目录（第三批）》。加强对能效标志的监督管理，强化社会监督、举报和投诉处理机制，开展专项市场监督检查和抽查，严厉查处违法违规行为。推动节能、节水和环境标志产品认证，规范认证行为，扩展认证范围，在家用电器、照明等产品领域建立有效的国际协调互认制度。

（三十）加强节能环保管理能力建设

建立健全节能监管监察体制，整合现有资源，加快建立地方各级节能监察中心，抓紧组建国家节能中心。建立健全国家监察、地方监管、单位负责的污染减排监管体制。积极研究完善环保管理体制机制问题。加快各级环境监测和监察机构标准化、信息化体系建设。扩大国家重点监控污染企业实行环境监督员制度试点。加强节能监察、节能技术服务中心及环境监测站、环保监察机构、城市排水监测站的条件建设，适时更新监测设备和仪器，开展人员培训。加强节能减排统计能力建设，充实统计力量，适当加大投入。充分发挥行业协会、学会在节能减排工作中的作用。

七、健全法制，加大监督检查执法力度

（三十一）健全法律法规

加快完善节能减排法律法规体系，提高处

罚标准，切实解决“违法成本低、守法成本高”的问题。积极推动节约能源法、循环经济法、水污染防治法、大气污染防治法等法律的制定及修订工作。加快民用建筑节能、废旧家用电器回收处理管理、固定资产投资项目节能评估和审查管理、环保设施运营监督管理、排污许可、畜禽养殖污染防治、城市排水和污水管理、电网调度管理等方面行政法规的制定及修订工作。抓紧完成节能监察管理、重点用能单位节能管理、节约用电管理、二氧化硫排污交易管理等方面行政规章的制定及修订工作。积极开展节约用水、废旧轮胎回收利用、包装物回收利用和汽车零部件再制造等方面立法准备工作。

（三十二）完善节能和环保标准

研究制订高耗能产品能耗限额强制性国家标准，各地区抓紧研究制订本地区主要耗能产品和大型公共建筑能耗限额标准。今年要组织制订粗钢、水泥、烧碱、火电、铝等22项高耗能产品能耗限额强制性国家标准（包括高耗电产品电耗限额标准）以及轻型商用车等5项交通工具燃料消耗量限值标准，制（修）订36项节水、节材、废弃产品回收与再利用等标准。组织制（修）订电力变压器、静电复印机、变频空调、商用冰柜、家用电冰箱等终端用能产品（设备）能效标准。制订重点耗能企业节能标准体系编制通则，指导和规范企业节能工作。

（三十三）加强烟气脱硫设施运行监管

燃煤电厂必须安装在线自动监控装置，建立脱硫设施运行台账，加强设施日常运行监管。2007年底前，所有燃煤脱硫机组要与省级电网公司完成在线自动监控系统联网。对未按规定和要求运行脱硫设施的电厂要扣减脱硫电价，加大执法监管和处罚力度，并向社会公布。完善烟气脱硫技术规范，开展烟气脱硫工程后评估。组织开展烟气脱硫特许经营试点。

（三十四）强化城市污水处理厂和垃圾处理设施运行管理和监督

实行城市污水处理厂运行评估制度，将评估结果作为核拨污水处理费的重要依据。对列入国家重点环境监控的城市污水处理厂的运行情况及污染物排放信息实行向环保、建设和水行政主管部门季报制度，限期安装在线自动监控系统，并与环保和建设部门联网。对未按规定和要求运行污水处理厂和垃圾处理设施的城市公开通报，限期整改。对城市污水处理设施建设严重滞后、不落实收费政策、污水处理厂建成后一年内实际处理水量达不到设计能力60%的，以及已建成污水处理设施但无故不运行的地区，暂缓审批该地区项目环评，暂缓下达有关项目的国家建设资金。

（三十五）严格节能减排执法监督检查

国务院有关部门和地方人民政府每年都要组织开展节能减排专项检查和监察行动，严肃查处各类违法违规行为。加强对重点耗能企业和污染源的日常监督检查，对违反节能环保法律法规的单位公开曝光，依法查处，对重点案件挂牌督办。强化上市公司节能环保核查工作。开设节能环保违法行为和事件举报电话和网站，充分发挥社会公众监督作用。建立节能环保执法责任追究制度，对行政不作为、执法不力、徇私枉法、权钱交易等行为，依法追究有关主管部门和执法机构负责人的责任。

八、完善政策，形成激励和约束机制

（三十六）积极稳妥推进资源性产品价格改革

理顺煤炭价格成本构成机制。推进成品油、天然气价格改革。完善电力峰谷分时电价办法，降低小火电价格，实施有利于烟气脱硫的电价政策。鼓励可再生能源发电以及利用余热余压、煤矸石和城市垃圾发电，实行相应的电价政策。合理调整各类用水价格，加快推行阶梯式水价、超计划超定额用水加价制度，对国家产业政策明确的限制类、淘汰类高耗水企业实施惩罚性水价，制定支持再生水、海水淡化水、微咸水、矿井水、雨水开发利用的价格政策，加大水资源费征收力度。按照补偿治理成本原则，提高排污单位排污费征收标准，将二氧化硫排污费由目前的每公斤0.63元分三年提高到每公斤1.26元；各地根据实际情况提高COD排污费标准，国务院有关部门批准后实施。加强排污费征收管理，杜绝“协议收费”和“定额收费”。全面开征城市污水处理费并提高收费标准，吨水平均收费标准原则上不低于0.8元。提高垃圾处理收费标准，改进征收方式。

（三十七）完善促进节能减排的财政政策

各级人民政府在财政预算中安排一定资金，采用补助、奖励等方式，支持节能减排重点工程、高效节能产品和节能新机制推广、节能管理能力建设及污染减排监管体系建设等。进一步加大财政基本建设投资向节能环保项目的倾斜力度。健全矿产资源有偿使用制度，改进和完善资源开发生态补偿机制。开展跨流域生态补偿试点工作。继续加强和改进新型墙体材料专项基金和散装水泥专项资金征收管理。研究建立高能耗农业机械和渔船更新报废经济补偿制度。

（三十八）制定和完善鼓励节能减排的税收政策

抓紧制定节能、节水、资源综合利用和环保产品（设备、技术）目录及相应税收优惠政策。实行节能环保项目减免企业所得税及节能环保专用设备投资抵免企业所得税政策。对节能减排设备投资给予增值税进项税抵扣。完善对废旧物资、资源综合利用产品增值税优惠政策；对企业综合利用资源，生产符合国家产业政策规定的产品取得的收入，在计征企业所得税时实行减计收入的政策。实施鼓励节能环保型车船、节能省地环保型建筑和既有建筑节能改造的税收优惠政策。抓紧出台资源税改革方案，改进计征方式，提高税负水平。适时出台燃油税。研究开征环境税。研究促进新能源发展的税收政策。实行鼓励先进节能环保技术设备进口的税收优惠政策。

（三十九）加强节能环保领域金融服务

鼓励和引导金融机构加大对循环经济、环境保护及节能减排技术改造项目的信贷支持，优先为符合条件的节能减排项目、循环经济项目提供直接融资服务。研究建立环境污染责任保险制度。在国际金融组织和外国政府优惠贷款安排中进一步突出对节能减排项目的支持。环保部门与金融部门建立环境信息通报制度，将企业环境违法信息纳入人民银行企业征信系统。

九、加强宣传，提高全民节约意识

（四十）将节能减排宣传纳入重大主题宣传活动

每年制订节能减排宣传方案，主要新闻媒体在重要版面、重要时段进行系列报道，刊播节能减排公益性广告，广泛宣传节能减排的重要性、紧迫性以及国家采取的政策措施，宣传节能减排取得的阶段性成效，大力弘扬“节约光荣，浪费可耻”的社会风尚，提高全社会的节约环保意识。加强对外宣传，让国际社会了解中国在节能降耗、污染减排和应对全球气候变化等方面采取的重大举措及取得的成效，营造良好的国际舆论氛围。

（四十一）广泛深入持久开展节能减排宣传

组织好每年一度的全国节能宣传周、全国城市节水宣传周及世界环境日、地球日、水日宣传活动。组织企事业单位、机关、学校、社区等开展经常性的节能环保宣传，广泛开展节能环保科普宣传活动，把节约资源和保护环境观念渗透在各级各类学校的教育教学中，从小培养儿童的节约和环保意识。选择若干节能先进企业、机关、商厦、社区等，作为节能宣传教育基地，面向全社会开放。

（四十二）表彰奖励一批节能减排先进单位和个人

各级人民政府对在节能降耗和污染减排工作中做出突出贡献的单位和个人予以表彰和奖励。组织媒体宣传节能先进典型，揭露和曝光浪费能源资源、严重污染环境的反面典型。

十、政府带头，发挥节能表率作用

（四十三）政府机构率先垂范

建设崇尚节约、厉行节约、合理消费的机关文化。建立科学的政府机构节能目标责任和评价考核制度，制订并实施政府机构能耗定额标准，积极推进能源计量和监测，实施能耗公布制度，实行节奖超罚。教育、科学、文化、卫生、体育等系统，制订和实施适应本系统特点的节约能源资源工作方案。

（四十四）抓好政府机构办公设施和设备节能

各级政府机构分期分批完成政府办公楼空调系统低成本改造；开展办公区和住宅区供热节能技术改造和供热计量改造；全面开展食堂燃气灶具改造，“十一五”时期实现食堂节气20%；凡新建或改造的办公建筑必须采用节能材料及围护结构；及时淘汰高耗能设备，合理配置并高效利用办公设施、设备。在中央国家机关开展政府机构办公区和住宅区节能改造示范项目。推动公务车节油，推广实行一车一卡定点加油制度。

（四十五）加强政府机构节能和绿色采购

认真落实《节能产品政府采购实施意见》和《环境标志产品政府采购实施意见》，进一步完善政府采购节能和环境标志产品清单制度，不断扩大节能和环境标志产品政府采购范围。对空调机、计算机、打印机、显示器、复印机等办公设备和照明产品、用水器具，由同等优先采购改为强制采购高效节能、节水、环境标志产品。建立节能和环境标志产品政府采购评审体系和监督制度，保证节能和绿色采购工作落到实处。

附:"十一五"时期淘汰落后生产能力一览表

行 业	内 容	单 位	"十一五"时期	2007 年
电 力	实施"上大压小"关停小火电机组	万千瓦	5000	1000
炼 铁	300 立方米以下高炉	万 吨	10000	3000
炼 钢	年产 20 万吨及以下的小转炉、小电炉	万 吨	5500	3500
电解铝	小型预焙槽	万 吨	65	10
铁合金	6300 千伏安以下矿热炉	万 吨	400	120
电 石	6300 千伏安以下炉型电石产能	万 吨	200	50
焦 炭	炭化室高度 4.3 米以下的小机焦	万 吨	8000	1000
水 泥	等量替代机立窑水泥熟料	万 吨	25000	5000
玻 璃	落后平板玻璃	万重量箱	3000	600
造 纸	年产 3.4 万吨以下草浆生产装置、年产 1.7 万吨以下化学制浆生产线、排放不达标的年产 1 万吨以下以废纸为原料的纸厂	万 吨	650	230
酒 精	落后酒精生产工艺及年产 3 万吨以下企业(废糖蜜制酒精除外)	万 吨	160	40
味 精	年产 3 万吨以下味精生产企业	万 吨	20	5
柠檬酸	环保不达标柠檬酸生产企业	万 吨	8	2

"十一五"资源综合利用指导意见

《中共中央关于制定国民经济和社会发展第十一个五年规划的建议》明确提出，要把节约资源作为基本国策，发展循环经济，保护生态环境，加快建设资源节约型、环境友好型社会。开展资源综合利用，是实施节约资源基本国策、转变经济增长方式、发展循环经济、建设资源节约型和环境友好型社会的重要途径和紧迫任务。依据《中华人民共和国国民经济和社会发展第十一个五年规划纲要》、《国务院关于做好建设节约型社会近期重点工作的通知》(国发[2005]21号)和《国务院关于加快发展循环经济的若干意见》(国发[2005]22号)，特研究提出"十一五"资源综合利用指导意见。

一、资源综合利用现状

"九五"以来，在国家政策引导和扶持下，我国资源综合利用规模不断扩大、利用领域逐步拓宽、技术水平日益提高、产业化进程不断加快，取得了显著的经济效益、环境效益和社会效益，对缓解资源约束和环境压力、促进经济社会可持续发展发挥了重要作用。

(一)资源综合利用规模不断扩大

2005年，我国共生、伴生矿产资源实现综合开发的约占三分之一；黑色金属共伴生的30多种矿产中，有20多种得到了综合利用；有色金属共伴生矿产70%以上的成分得到了综合利用；煤矿矿井瓦斯抽放利用率为33%。2005年固体废物综合利用量为7.7亿吨，利用率达到56.1%，与"九五"末相比增加了4.3个百分点。其中，粉煤灰、煤矸石综合利用率分别达到65%和60%，分别增加7个百分点和17个百分点。2005年利用固体废弃物生产的新型墙体材料产量占我国墙体材料总量的40%，比"九五"末提高了11个百分点。

全国已形成遍布城乡的废旧物资回收网络及区域性废金属、废塑料、废纸等集散市场，我国钢、有色金属、纸浆等产品三分之一左右的原料来自再生资源，已成为资源供给的重要渠道之一。2005年，我国回收利用废钢铁6909万吨，废纸3500多万吨，废塑料1096万吨，均比"九五"末增加一倍以上。50%以上的钒，22%以上的黄金，50%以上的钯、鍗、镓、铟、锗等稀有金属来自于综合利用。利用林木三剩物生产人造板材已形成产业化，垃圾焚烧、填埋气利用和垃圾堆肥等也已开展起来。2005年利用禽畜粪便生产沼气80多亿立方米。

(二)资源综合利用技术水平日益提高

我国资源综合利用技术装备水平不断提高,产业化进程不断加快。新型高效预处理技术和浮选药剂的应用,促进了含金银多金属矿的综合回收。炉渣回收和磁选深加工技术的应用,使转炉钢渣、电炉炉渣等得到了广泛的综合利用;利废建材设备制造基本实现国产化,全煤矸石生产烧结砖技术装备已达到国际先进水平;粉煤灰综合利用向大掺量、高附加值方向发展;燃用煤矸石、煤泥等低热值燃料发电的循环流化床锅炉容量最大已达450吨/小时,不仅提高了废物利用效率和发电效率,也有效地降低了污染物排放。利用废动植物油生产生物柴油技术实现了产业化。废旧金属利用方法取得了新的突破,从以传统的回炉冶炼为主,转变为制成各种产品,直接利用的比重明显提高。

(三)资源综合利用取得了显著的经济、环境和社会效益

资源综合利用成为许多企业调整结构、提高经济效益、改善环境、创造就业机会的重要途径,成为新的经济增长点,更是煤炭行业发展接续产业的重点。全国已涌现出一大批综合利用产值和利润占企业总产值、利润过半的先进企业,实现了经济发展和环境保护双赢。2005年,水泥原料的20%、墙体材料的40%来自于工业固体废物,合计利用固体废物5亿多吨,减少占用土地15万亩,环境效益显著。2005年燃用煤矸石发电装机900万千瓦,可安排就业9万人以上。

(四)激励和扶持政策日趋完善

国家相继出台了一系列鼓励资源综合利用的政策,尤其是税收减免优惠政策,极大调动了企业开展资源综合利用的积极性。为贯彻落实国家资源综合利用的优惠政策,引导和规范企业开展资源综合利用和加强税收管理,开展了资源综合利用认定管理工作,并结合技术进步修订了《资源综合利用目录》,使国家在资源综合利用的税收、运行等方面的优惠政策真正发挥了引导和激励的作用。为抑制毁田烧砖,国家征收了墙体材料专项基金,推进以固体废弃物为原料的新型墙体材料生产,同时出台了对实心粘土砖生产的限制性政策,积极推动新型墙体材料的迅速发展,为资源综合利用产品创造了更大的市场需求。

(五)存在的主要问题

一是对资源综合利用重要性和紧迫性认识不足。长期以来一些企业对资源综合利用的重要性认识还有待于进一步提高,没有把资源综合利用看作是资源供应的重要来源,仅作为废物处理的措施,对资源综合利用的重要性和迫切性的认识亟待进一步提高。

二是法规不完善,政策落实难。我国缺乏资源综合利用的专项法规,虽然国家发布了一系列鼓励企业开展资源综合利用的规范性文件,但现有政策的连续性及政策的支持力度还不能适应形势发展的需要。部分地区还存在政策落实难、执行中有偏差等问题。

三是技术装备落后,创新能力不强。缺乏自主知识产权的技术和装备,具有重大带动作用的共性和关键技术开发不够,许多可再生利用的废物得不到应有的开发利用,一些综合利用产品的技术含量低,附加值不高,竞争力不强。

四是基础工作薄弱，能力建设滞后。在国民经济发展统计体系中缺乏对资源综合利用基础数据的统计，统计数据不完整、方法不统一，基础数据匮乏，信息交流不畅，难以作为宏观调控的基础材料。

二、面临的形势和任务

改革开放以来，中国经济发展取得了举世瞩目的成就。但粗放型的经济增长方式并没有根本转变，资源约束矛盾日益突出，环境压力越来越大。“十一五”是我国全面建设小康社会的关键时期，我们既面临前所未有的发展机遇，也面临来自各方面的严峻挑战，最突出的挑战就是资源、环境对经济发展的制约。随着人口增加和工业化、城市化进程加快，资源消费强度将进一步加大，必须加快转变经济增长方式，提高资源利用效率。与发达国家相比，我国资源综合利用水平差距较大。我国矿产资源总回收率和共伴生矿产资源综合利用率分别为30%和35%左右，比国外先进水平低20个百分点。我国木材综合利用率约60%，发达国家一般在80%以上。此外，我国大量的废旧家电及电子产品、废有色金属、废纸、废塑料、废玻璃、废旧木质材料等，还没有得到有效利用，既浪费了资源，又污染了环境。这也从另一方面说明，我国资源综合利用的潜力很大。

资源综合利用有利于保障资源的可持续利用，减轻环境污染的压力。据测算，到2010年，通过矿产资源综合利用和提高资源利用效率，每年可为国家提供的矿石产量为：煤炭2.5亿吨；煤层气32.5亿立方米；石油700万吨，其中利用低品位难利用储量开发500万吨，利用采残矿100万吨，利用非常规油页岩和油砂资源生产石油100万吨。我国固体废弃物综合利用率若提高1个百分点，每年就可减少约1000万吨废弃物的排放；粉煤灰综合利用率若能提高1个百分点，就可以减少排放近200万吨，并将使环境质量得到极大改善。

资源综合利用是落实科学发展观，实施节约资源基本国策，发展循环经济，提高资源利用效率，保护生态环境，建设资源节约型、环境友好型社会，实现可持续发展的重要措施，必须从战略和全局高度充分认识开展资源综合利用的重大意义。

三、资源综合利用的指导思想和发展目标

（一）指导思想

认真贯彻落实节约资源基本国策，以科学发展观为指导，坚持“因地制宜、鼓励利用、重点突破、全面推广”的方针，以提高资源利用效率和效益为目标，以技术创新和制度创新为动力，以企业为实施主体，加强法制建设，完善政策措施，逐步建立政府大力推进、市场有效驱动、全社会积极参与的适合我国国情的资源综合利用宏观管理体系，促进循环经济发展，建设资源节约型、环境友好型社会。

（二）基本原则

（1）坚持扩大利用、高效利用和清洁利用的原则。重点推进量大面广、资源化潜力大的废物回收与再生利用，合理延长产业链，开发高附加值的综合利用产品，减少二次污染，提高资源利用效率，实现经济效益、社会效益、环境效益的有机统一。

（2）坚持政策激励原则。继续发挥政策的鼓励和引导作用，完善相应鼓励政策，认真落实

现有政策，调动市场主体开展资源综合利用工作的积极性。

(3)坚持市场导向原则。充分发挥市场配置资源的基础性作用，使资源综合利用真正成为企业降低生产成本、提高资源利用效率、减少废弃物排放的重要措施，成为企业健康发展的驱动力。

(4)坚持技术促进原则。鼓励技术创新，提高研发能力，推进先进适用技术的推广应用，通过技术集成和产业化，促进资源综合利用产业发展的市场化、规范化和集约化。

(5)坚持全社会参与原则。企业主动承担资源综合利用的责任和义务；中介机构积极发挥桥梁纽带作用；公众改变不合理的消费方式，自觉参与废物的分类和回收；政府带头，发挥表率作用。

(三)发展目标

到2010年，矿产资源总回收率与共伴生矿产综合利用率在2005年的基础上各提高5个百分点，分别达到35%和40%。

工业固体废物综合利用率达到60%，其中粉煤灰综合利用率达到75%，煤矸石达到70%，尾矿达到10%，冶炼渣达到86%；硫石膏基本得到利用，磷石膏等化工废渣利用有明显增长。

主要再生资源回收利用量提高到65%，再生铜、铝、铅占产量的比重分别达35%、25%、30%。木材综合利用率由目前60%左右提高到70%左右。

到2010年，资源综合利用产业得到快速发展，资源利用效率有较大幅度提高，综合利用产品在同类产品中的比重逐步提高，形成一批具有一定规模和较高技术装备水平、资源利用率较高、废物排放量较低的综合利用企业。

四、资源综合利用的重点领域和重点工程

重点领域

(一)矿产资源综合利用

重点是大宗、短缺、稀贵金属等重要矿产资源的综合开发利用。

1. *能源矿产*

煤炭工业。积极推进煤系油母页岩、高岭土等共、伴生矿产资源的综合开发利用；大力发展煤层气地面钻井开采和井下矿井瓦斯的抽采以及煤层气(矿井瓦斯)的综合利用。

石油石化工业。发展水驱开采、聚驱开采，推进难利用储量的开发利用；发展油砂、油母页岩的工业化利用；推广循环流化床锅炉燃用高硫石油焦技术；推进油田和石油炼制过程中的火炬气、酸性气体等废气回收和综合利用。

2. *黑色金属矿产*

针对中低品位铁矿、低品位锰矿、硼镁铁矿、锡铁矿等难选呆滞资源，加大综合利用技术研究力度，重点突破鄂西鲕状赤铁矿、细粒难选金红石矿、含磷碳酸锰矿等选矿新工艺，研发复合力场选设备、大型多磁极永磁磁选机、超导磁选机、预选抛废等设备，发展生产过程自动控制与信息化技术，形成规模化、集成化技术，提高我国已探明储量的利用率。

3. *有色金属和稀贵金属矿产*

针对铜、镍、铅、锌、铝等国家紧缺矿产，研究开发独具特色的选冶工艺技术，综合开发利用有色金属共伴生矿产资源。重点开发高效、低成本、少污染的加压浸出技术、生物冶金技术、难处理矿选冶联合新技术、矿浆电解技术；开发新的矿物分离、富集与综合利用技术、工艺及设备。

加强稀土金属矿资源综合利用和复杂难处理贵金属共生矿在选矿和冶炼过程中的综合回收和综合利用。开发难处理贵金属矿循环流态化燃烧技术、无毒浸出药剂、难处理稀贵金属生物氧化技术、地下和原地溶浸技术。

4. 非金属矿产

发展共伴生非金属矿产资源的综合利用和深加工。合理利用盐湖资源，提高锂、硼、钾资源保障程度。加强磷矿、硼铁矿、滑石，以及石墨、萤石、石灰石、高岭土、石英等的综合利用。

(二)“三废”综合利用

重点是产生量大、存放量大、资源化潜力大的废弃物资源化利用。

1. 固体废物

重点发展从冶炼渣、矿山尾矿等回收价值高的金属，提高资源综合利用附加值。

发展煤矸石、煤泥发电；大力发展利用煤矸石、粉煤灰及各类化工渣生产新型墙体材料等为主的利废建材；发展粉煤灰、煤矸石等在筑路、回填、复垦等领域的利用。推广碱渣、电石渣等化工废渣在建材产品中应用技术。鼓励铬渣的综合利用。

积极推广电厂脱硫石膏、磷石膏等工业副产石膏替代天然石膏的资源化利用。

积极推进城市生活垃圾的综合处理，最大限度实现资源化。大力推广城市生活垃圾焚烧发电、堆肥等综合利用技术；推广建筑垃圾的重复使用、再生利用和无害化利用。

2. 废液(水)

发展造纸、食品酿造、印染、皮革、化工、纺织、农畜产品加工等行业废液的资源化利用，重点回收可利用的资源；推进工业废水循环利用；扩大再生水的应用；大力推进矿井水资源化利用。

3. 放散气以及余热、余压

对焦炉、高炉、转炉煤气进行回收和资源化利用；发展工业窑炉的余热余压发电和热的分级利用；对油田、炼油企业各种放散气体进行回收和综合利用；对生产过程中的二氧化碳进行资源化回收利用。

(三)再生资源回收利用

重点是完善再生资源回收体系，规范市场秩序，加快废旧资源加工利用的产业化。

1. 再生资源回收

重点规范国内再生资源回收领域的市场秩序，根据资源的不同特性，研究建立相应回收模式；从社区回收、再生资源集散加工市场等方面入手，推进再生资源回收体系建设试点，逐步建立规范完善的再生资源回收网络体系，培育再生资源集散加工基地，提高再生资源回收的有序性和规范性，使其健康发展。

2. 再生资源加工利用

以提高再生资源加工利用产业规模和利用水平为目标，重点推进再生资源集散加工基地建设和再生资源回收利用产业化。鼓励生产具有高附加值的综合利用产品。淘汰技术装备落后、污染严重的生产工艺。重点推进废旧家电、废旧轮胎、废塑料、废纸、包装物、废弃木制品、废弃油品回收利用的产业化进程。

3. 境外再生资源

对符合环境保护控制标准的资源性再生资源(如废钢、废有色金属、废纸等)，应从政策上鼓励利用境外市场。强化进口境外可再生资源的检验检疫及其监督管理，严防掺混“洋垃圾”，规范有序进口国外再生资源，合理规划布局，加强集中和系统处理，条件成熟时建立进口再生资源资源化示范园区。

(四)农林废弃物综合利用

重点发展农业废弃物(包括秸秆、农膜、畜禽粪便等)、农产品加工副产品、林木“三剩物”、次小薪材等资源化利用;发展木基复合材料和经济合理的代木产品,综合利用废弃资源开发利用生物质能源。

鼓励废旧木材及其废旧木制品的回收再利用。

发展木材改性、防腐、抗虫和阻燃技术,推进其产业化。

重点工程

1. 共、伴生矿产资源综合开发利用工程

继续支持攀枝花、白云鄂博、金川三大资源综合利用基地建设;在铁矿、铜矿、镍矿、油田等矿山建设综合利用示范基地;选择油砂、油母页岩储量大、含油率高的矿区,进行综合开发利用示范。以铁矿、铜矿、铝土矿、金矿、铅锌矿、钨矿为重点,建设若干个尾矿再选示范工程。以石油、铜矿、铁矿为重点进行残矿资源化回收利用。

2. 大宗固体废物资源化利用工程

重点发展煤矸石、粉煤灰、冶炼渣、化工渣等大宗工业固体废物的资源化利用。支持大掺量利用固体废物应用技术的产业化;发展规模化和产品多元化的利废建材企业。发展具有较高发热量的煤矸石、煤泥、石油焦等工业固体废物综合利用发电;对现有的煤矸石、煤泥等综合利用电厂进行技术改造。推进脱硫石膏、磷石膏、氟石膏等工业副产石膏生产建材产品并产业化。

3. 再生金属加工产业化工程

加快再生金属产业化建设项目,促进资源化利用上规模、技术上水平、产品上档次。建设若干30万吨以上的再生铜、再生铝、再生铅示范企业。

4. 废旧家用电器、废旧轮胎等再生资源产业化工程

组织实施废旧家用电器回收处理示范,建设若干示范基地,有步骤、有计划地推进其产业化;建设若干废旧轮胎、废润滑油、废塑料等再生资源加工利用产业化示范基地。

5. 再生资源回收体系建设示范工程

重点支持在24个城市建设回收体系试点,形成以城市社区回收站点为基础、集散市场为核心、加工利用为目的的三位一体的废旧物资回收网络体系,提高专业化、规模化水平。

6. 农业废弃物和木材综合利用工程

实施秸秆发电和畜禽粪便生产沼气等可再生能源工程;实施林木“三剩物”、木基复合材料、速生材等资源化利用工程;推广木材改性和木材保护产品。

五、保障措施

认真落实节约资源基本国策,把综合利用资源,发展循环经济贯彻到制定和实施发展战略、发展规划、产业政策、投资管理以及财政、税收、金融和价格等相关政策中。

(一)加强制度建设,推进依法行政

加快资源综合利用立法进程,逐步形成以《循环经济法》为核心、《资源综合利用条例》为基础,包括主要废物资源化利用管理专项法规相配套的资源综合利用法律法规体系,加大执法监督检查的力度,逐步将资源综合利用工作纳入法制化轨道,依法推进资源的综合利用,对应当开展而不开展资源综合利用的企业要加大处罚力度。建立相应的市场准入和环境准入制

度，防止二次污染，严厉处罚造成严重污染的企业。

完善资源综合利用标准体系。加大基础标准的制定力度，制定与国际接轨的技术标准，为资源综合利用提供统一的交流平台。

建立资源综合利用统计制度。将重要资源综合利用信息数据纳入国民经济统计体系，为国家宏观调控和企事业单位开展资源综合利用提供统一、权威的数据信息。

（二）加强规划指导，实施重点工程

各地区、各行业应根据实际情况，认真落实指导意见，编制本地区、本行业的资源综合利用规划，并纳入年度计划，按照规划重点和保障措施的要求，搞好规划的落实，保证目标的实现。

本着合理规划、突出重点、逐步推进的原则，组织资源综合利用重点工程建设，发挥引导和示范作用，带动资源综合利用的全面推进。各级政府对重点工程项目和重大技术开发给予投资和资金补助或贷款贴息支持。

（三）完善激励政策，抓好政策落实

进一步建立和完善适应市场经济体制的鼓励和扶持资源综合利用的政策措施。根据综合利用发展情况和技术进步的实际，适时调整和完善资源综合利用财政税收优惠政策。进一步完善和实施资源综合利用认定制度，落实好国家对资源综合利用的鼓励和扶持政策。研究建立和实施资源综合利用奖惩政策。

研究推行生产者责任延伸制度，充分考虑再生资源回收利用的驱动机制和环境外部成本，建立大宗废旧物品回收处理成本补偿制度，推动废弃电子电器、废旧轮胎等资源循环产业的形成。

各级政府应当优先采购使用再生资源或者一定比例再生资源为原料制成的商品。国家通过差别消费税等手段鼓励消费者购买再生利用产品。

（四）加强技术创新，推动技术进步

将资源综合利用纳入国家重大科技发展计划，组织相关领域的技术攻关。制订《中国资源综合利用技术政策》，及时向社会发布有关资源综合利用的政策、技术和管理等方面的信息。推动企业增强创新能力，引导企业有重点地开发和应用先进的资源综合利用技术。

加强资源综合利用领域的国际合作，借鉴国外的先进管理经验，引进先进适用的资源综合利用技术。

（五）加强宣传教育，提高全民意识

广泛、深入、持久地开展资源综合利用的宣传活动，不断提高全民的资源忧患意识、节约意识和责任意识。将资源综合利用纳入中小学教育、高等教育、职业教育和技术培训体系。新闻出版、广播影视、文化等部门和有关社会团体，要充分发挥各自优势，搞好资源综合利用宣传，宣传资源综合利用典型，曝光严重浪费资源、污染环境的现象。引导全社会树立正确的消费观，鼓励使用资源综合利用产品，逐步推行垃圾分类回收和利用，减少一次性产品的生产和使用，形成节约资源和保护环境的生活方式和消费模式。

（六）加强组织协调，扎实推进工作

资源综合利用是一项系统工程，涉及国民经济和社会发展的各个领域，需要有关部门的协调配合、共同推动。国家发展改革委将会同有关部门建立有效的协调工作机制，加强部门间的协调和配合，充分发挥行业协会及有关中介机构的作用，培育服务体系。地方各级人民政府有关部门、各企事业单位要加强对资源综合利用工作的领导，做到层层有责任，逐级抓落实，扎扎实实地推进资源综合利用工作的开展。

名词解释

1. 资源综合利用

主要是指在矿产资源开采过程中对共生、伴生矿进行综合开发与合理利用；对生产过程中产生的废渣、废水（液）、废气、余热余压等进行回收和合理利用；对社会生产和消费过程中产生的各种废物进行回收和再生利用。

2. 矿产资源总回收率

是指采矿、选矿和冶炼三个阶段中，矿产资源得到有效回收利用的程度，它是反映矿产资源综合开发利用水平的综合性评价指标。

矿产资源总回收率＝采矿回采率×选矿回收率×冶炼回收率

其中：采矿回采率是指采出资源储量占可采资源储量的百分比；选矿回收率是指精矿中的有用组分（或金属）的数量与原矿中有用组分（或金属）的数量的百分比；冶炼回收率指冶炼产品中所含被回收有用成分的重量占入炉精矿中该有用成分重量的百分比。

3. 工业固体废物综合利用率

是指每年综合利用工业固体废物的总量与当年工业固体废弃物产生量和综合利用往年贮存量总和的百分比。

4. 共生、伴生矿产

共生矿产是指在同一矿区（或矿床）内存在两种或多种符合工业指标，并具有小型以上规模（含小型）的矿产。

伴生矿产是指在矿床（或矿体）中与主矿、共生矿一起产出，在技术和经济上不具单独开采价值，但在开采和加工主要矿产时能同时合理地开采、提取和利用的矿石、矿物或元素。

5. 共伴生矿产综合利用率

是指采选利用的共伴生矿产量（矿物量）与开采动用的共伴生矿产资源的储量（矿物量）的百分比。

6. 木材综合利用率

指从原木——锯材——成品生产过程中对木材利用的比例，没有包括枝桠材的利用。

7. 资源综合利用三大基地

我国攀西地区钒钛磁铁矿、包头白云鄂博稀土铁矿和甘肃金川有色金属矿是含多种金属元素的共生矿，是闻名中外的矿石宝藏。在1978年3月召开的全国科学技术大会上，攀枝花、白云鄂博、金川被列为国家矿产资源综合利用三大基地。

8. 再生资源

是指生产、流通、消费等过程中产生的不再具有使用价值而以各种形态赋存，但可以通过不同的加工途径而使其获得使用价值的各种物料的总称。

9. 废旧物资

是指在性能、规格和款式等方面已经达不到该物品应当达到的要求，但其具有使用价值或价值的属性是明显的，是再生资源的一部分。

10. 林木“三剩物”

是指采伐剩余物（指枝丫、树梢、树皮、树叶、树根及藤条、灌木等），造材剩余物（指造材截头），加工剩余物（指板皮、板条、木竹截头、锯末、碎单板、木芯、刨花、木块、边角余料等）。

11.“次小薪材”

包括次加工材（指材质低于针、阔叶树加工用原木最低等级但具有一定利用价值的次加工原木)，小径材(指长度在2米以下或径级8厘米以下的小原木条、松木杆、脚手杆、杂木杆、短原木等)，薪材。

12. 木材改性

是用疏水性的基团取代木材成分中的亲水性羟基，或用树脂类化合物充胀木材细胞壁，从而减少木材对水的亲和力，在一定程度上提高木材的尺寸稳定性和抗微生物侵害能力。

国家发展和改革委员会

二〇〇六年十二月二十四日

可再生能源中长期发展规划

能源是经济和社会发展的重要物质基础。工业革命以来，世界能源消费剧增，煤炭、石油、天然气等化石能源资源消耗迅速，生态环境不断恶化，特别是温室气体排放导致日益严峻的全球气候变化，人类社会的可持续发展受到严重威胁。目前，我国已成为世界能源生产和消费大国，但人均能源消费水平还很低。随着经济和社会的不断发展，我国能源需求将持续增长。增加能源供应、保障能源安全、保护生态环境、促进经济和社会的可持续发展，是我国经济和社会发展的一项重大战略任务。

可再生能源包括水能、生物质能、风能、太阳能、地热能和海洋能等，资源潜力大，环境污染低，可永续利用，是有利于人与自然和谐发展的重要能源。上世纪70年代以来，可持续发展思想逐步成为国际社会共识，可再生能源开发利用受到世界各国高度重视，许多国家将开发利用可再生能源作为能源战略的重要组成部分，提出了明确的可再生能源发展目标，制定了鼓励可再生能源发展的法律和政策，可再生能源得到迅速发展。

可再生能源是我国重要的能源资源，在满足能源需求、改善能源结构、减少环境污染、促进经济发展等方面已发挥了重要作用。但可再生能源消费占我国能源消费总量的比重还很低，技术进步缓慢，产业基础薄弱，不能适应可持续发展的需要。我国《国民经济和社会发展第十一个五年规划纲要》明确提出：“实行优惠的财税、投资政策和强制性市场份额政策，鼓励生产与消费可再生能源，提高在一次能源消费中的比重。”为了加快可再生能源发展，促进节能减排，积极应对气候变化，更好地满足经济和社会可持续发展的需要，在总结我国可再生能源资源、技术及产业发展状况，借鉴国际可再生能源发展经验基础上，研究制定了《可再生能源中长期发展规划》，提出了从现在到2020年期间我国可再生能源发展的指导思想、主要任务、发展目标、重点领域和保障措施，以指导我国可再生能源发展和项目建设。

一、国际可再生能源发展状况

(一)发展现状

近年来，受石油价格上涨和全球气候变化的影响，可再生能源开发利用日益受到国际社会的重视，许多国家提出了明确的发展目标，制定了支持可再生能源发展的法规和政策，使可再生能源技术水平不断提高，产业规模逐渐扩大，成为促进能源多样化和实现可持续发展的重要能源。

1. 水电

水力发电是目前最成熟的可再生能源发电技术，在世界各地得到广泛应用。到2005年底，全世界水电总装机容量约为8.5亿千瓦。目前，经济发达国家水能资源已基本开发完毕，水电建设主要集中在发展中国家。

2. 生物质能

现代生物质能的发展方向是高效清洁利用，将生物质转换为优质能源，包括电力、燃气、液体燃料和固体成型燃料等。生物质发电包括农林生物质发电、垃圾发电和沼气发电等。到2005年底，全世界生物质发电总装机容量约为5000万千瓦，主要集中在北欧和美国；生物燃料乙醇年产量约3000万吨，主要集中在巴西、美国；生物柴油年产量约200万吨，主要集中在德国。沼气已是成熟的生物质能利用技术，在欧洲、中国和印度等地已建设了大量沼气工程和分散的户用沼气池。

3. 风电

风电包括离网运行的小型风力发电机组和大型并网风力发电机组，技术已基本成熟。近年来，并网风电机组的单机容量不断增大，2005年新增风电机组的平均单机容量超过1000千瓦，单机容量4000千瓦的风电机组已投入运行，风电场建设已从陆地向海上发展。到2005年底，全世界风电装机容量已达6000万千瓦，最近5年来平均年增长率达30%。随着风电的技术进步和应用规模的扩大，风电成本持续下降，经济性与常规能源已十分接近。

4. 太阳能

太阳能利用包括太阳能光伏发电、太阳能热发电，以及太阳能热水器和太阳房等热利用方式。光伏发电最初作为独立的分散电源使用，近年来并网光伏发电的发展速度加快，市场容量已超过独立使用的分散光伏电源。2005年，全世界光伏电池产量为120万千瓦，累计已安装了600万千瓦。太阳能热发电已经历了较长时间的试验运行，基本上可达到商业运行要求，目前总装机容量约为40万千瓦。太阳能热利用技术成熟，经济性好，可大规模应用，2005年全世界太阳能热水器的总集热面积已达到约1.4亿平方米。

5. 地热能

地热能利用包括发电和热利用两种方式，技术均比较成熟。到2005年底，全世界地热发电总装机容量约900万千瓦，主要在美国、冰岛、意大利等国家。地热能热利用包括地热水的直接利用和地源热泵供热、制冷，在发达国家已得到广泛应用，近5年来全世界地热能热利用年均增长约13%。

6. 海洋能

潮汐发电、波浪发电和洋流发电等海洋能的开发利用也取得了较大进展，初步形成规模的主要是潮汐发电，全世界潮汐发电总装机容量约30万千瓦。

(二)发展趋势

随着经济的发展和社会的进步，世界各国将会更加重视环境保护和全球气候变化问题，通过制定新的能源发展战略、法规和政策，进一步加快可再生能源的发展。

从目前可再生能源的资源状况和技术发展水平看，今后发展较快的可再生能源除水能外，主要是生物质能、风能和太阳能。生物质能利用方式包括发电、制气、供热和生产液体燃料，将成为应用最广泛的可再生能源技术。风力发电技术已基本成熟，经济性已接近常规能源，在今后相当长时间内将会保持较快发展。太阳能发展的主要方向是光伏发电和热利用，近期光伏发电的主要市场是发达国家的并网发电和发展中国家偏远地区的独立供电。太阳能热利用的发展方向是太阳能一体化建筑，并以常规能源为补充手段，实现全天候供热，提高太阳能供热的可靠性，在此基础上进一步向太阳能供暖和制冷的方向发展。

总体来看，最近 20 多年来，大多数可再生能源技术快速发展，产业规模、经济性和市场化程度逐年提高，预计在 2010～2020 年间，大多数可再生能源技术可具有市场竞争力，在 2020 年以后将会有更快的发展，并逐步成为主导能源。

(三)发展经验

多年来，世界各国为了促进可持续发展，应对全球气候变化，积极推动可再生能源发展，已积累了丰富的经验，主要是：

1. 目标引导

为了促进可再生能源发展，许多国家制定了相应的发展战略和规划，明确了可再生能源发展目标。1997 年，欧盟提出可再生能源在一次能源消费中的比例将从 1996 年的 6%提高到 2010 年的 12%，可再生能源发电量占总发电量的比例从 1997 年的 14%提高到 2010 年的 22%。2007 年初，欧盟又提出了新的发展目标，要求到 2020 年，可再生能源消费占到全部能源消费的 20%，可再生能源发电量占到全部发电量的 30%。美国、日本、澳大利亚、印度、巴西等国也制定了明确的可再生能源发展目标，引导可再生能源的发展。

2. 政策激励

为了确保可再生能源发展目标的实现，许多国家制定了支持可再生能源发展的法规和政策。德国、丹麦、法国、西班牙等国采取优惠的固定电价收购可再生能源发电量，英国、澳大利亚、日本等国实行可再生能源强制性市场配额政策，美国、巴西、印度等国对可再生能源实行投资补贴和税收优惠等政策。

3. 产业扶持

为了促进可再生能源技术进步和产业化发展，许多国家十分重视可再生能源人才培养、研究开发、产业体系建设，建立了专门的研发机构，支持开展可再生能源科学研究、技术开发和产业服务等工作。发达国家不仅支持可再生能源技术研究和开发活动，而且特别重视新技术的试验、示范和推广，经过多年的发展，产业体系已经形成，有力地支持了可再生能源的发展。

4. 资金支持

为了加快可再生能源的发展，许多国家为可再生能源发展提供了强有力的资金支持，对技术研发、项目建设、产品销售和最终用户提供补贴。美国 2005 年的能源法令明确规定了支持可再生能源技术研发及其产业化发展的年度财政预算资金。德国对用户安装太阳能热水器提供 40%的补贴。许多国家还采取了产品补贴和用户补助方式扩大可再生能源市场，引导社会资金投向可再生能源，有力地推动了可再生能源的规模化发展。

二、我国可再生能源发展现状

(一)资源潜力

根据初步资源评价，我国资源潜力大、发展前景好的可再生能源主要包括水能、生物质能、风能和太阳能。

1. 水能

水能资源是我国重要的可再生能源资源。

根据2003年全国水力资源复查成果，全国水能资源技术可开发装机容量为5.4亿千瓦，年发电量2.47万亿千瓦时；经济可开发装机容量为4亿千瓦，年发电量1.75万亿千瓦时。水能资源主要分布在西部地区，约70%在西南地区。长江、金沙江、雅砻江、大渡河、乌江、红水河、澜沧江、黄河和怒江等大江大河的干流水能资源丰富，总装机容量约占全国经济可开发量的60%，具有集中开发和规模外送的良好条件。

2. 生物质能

我国生物质能资源主要有农作物秸秆、树木枝桠、畜禽粪便、能源作物（植物）、工业有机废水、城市生活污水和垃圾等。全国农作物秸秆年产生量约6亿吨，除部分作为造纸原料和畜牧饲料外，大约3亿吨可作为燃料使用，折合约1.5亿吨标准煤。林木枝桠和林业废弃物年可获得量约9亿吨，大约3亿吨可作为能源利用，折合约2亿吨标准煤。甜高粱、小桐子、黄连木、油桐等能源作物（植物）可种植面积达2000多万公顷，可满足年产量约5000万吨生物液体燃料的原料需求。畜禽养殖和工业有机废水理论上可年产沼气约800亿立方米，全国城市生活垃圾年产生量约1.2亿吨。目前，我国生物质资源可转换为能源的潜力约5亿吨标准煤，今后随着造林面积的扩大和经济社会的发展，生物质资源转换为能源的潜力可达10亿吨标准煤。

3. 风能

根据最新风能资源评价，全国陆地可利用风能资源3亿千瓦，加上近岸海域可利用风能资源，共计约10亿千瓦。主要分布在两大风带：一是“三北地区”（东北、华北北部和西北地区）；二是东部沿海陆地、岛屿及近岸海域。另外，内陆地区还有一些局部风能资源丰富区。

4. 太阳能

全国三分之二的国土面积年日照小时数在2200小时以上，年太阳辐射总量大于每平方米5000兆焦，属于太阳能利用条件较好的地区。西藏、青海、新疆、甘肃、内蒙古、山西、陕西、河北、山东、辽宁、吉林、云南、广东、福建、海南等地区的太阳辐射能量较大，尤其是青藏高原地区太阳能资源最为丰富。

5. 地热能

据初步勘探，我国地热资源以中低温为主，适用于工业加热、建筑采暖、保健疗养和种植养殖等，资源遍布全国各地。适用于发电的高温地热资源较少，主要分布在藏南、川西、滇西地区，可装机潜力约为600万千瓦。初步估算，全国可采地热资源量约为33亿吨标准煤。

（二）发展现状

经过多年发展，我国可再生能源取得了很大的成绩，水电已成为电力工业的重要组成部分，结合农村能源和生态建设，户用沼气得到了大规模推广应用。近年来，风电、光伏发电、太阳能热利用和生物质能高效利用也取得了明显进展，为调整能源结构、保护环境、促进经济和社会发展作出了重大贡献。

2005年，可再生能源开发利用总量（不包括传统方式利用生物质能）约1.66亿吨标准煤，约为2005年全国一次能源消费总量的7.5%。

1. 水电

到2005年底，全国水电总装机容量达1.17亿千瓦（包括约700万千瓦抽水蓄能电站），占全国总发电装机容量的23%，水电年发电量为3952亿千瓦时，占全国总发电量的16%。其中小水电为3800万千瓦，年发电量约1300亿千瓦时，担负着全国近二分之一国土面积、三分之一的县、四分之一人口的供电任务。全国已建成653个农村水电初级电气化县，并正在建设400个适应小康水平的以小水电为主的电气化县。我国水电勘测、设计、施工、安装和设备制造均达到国际水平，已形成完备的产业体系。

2. 生物质能

(1)沼气。到2005年底，全国户用沼气池已达到1800万户，年产沼气约70亿立方米；建成大型畜禽养殖场沼气工程和工业有机废水沼气工程约1500处，年产沼气约10亿立方米。沼气技术已从单纯的能源利用发展成废弃物处理和生物质多层次综合利用，并广泛地同养殖业、种植业相结合，成为发展绿色生态农业和巩固生态建设成果的一个重要途径。沼气工程的零部件已实现了标准化生产，沼气技术服务体系已比较完善。

(2)生物质发电。到2005年底，全国生物质发电装机容量约为200万千瓦，其中蔗渣发电约170万千瓦、垃圾发电约20万千瓦，其余为稻壳等农林废弃物气化发电和沼气发电等。在引进国外垃圾焚烧发电技术和设备的基础上，经过消化吸收，现已基本具备制造垃圾焚烧发电设备的能力。引进国外设备和技术建设了一些垃圾填埋气发电示范项目。但总体来看，我国在生物质发电的原料收集、净化处理、燃烧设备制造等方面与国际先进水平还有一定差距。

(3)生物液体燃料。我国已开始在交通燃料中使用燃料乙醇。以粮食为原料的燃料乙醇年生产能力为102万吨；以非粮原料生产燃料乙醇的技术已初步具备商业化发展条件。以餐饮业废油、榨油厂油渣、油料作物为原料的生物柴油生产能力达到年产5万吨。

3. 风电

到2005年底，全国已建成并网风电场60多个，总装机容量为126万千瓦。此外，在偏远地区还有约25万台小型独立运行的风力发电机(总容量约5万千瓦)。我国单机容量750千瓦及以下风电设备已批量生产，正在研制兆瓦级(1000千瓦)以上风力发电设备。与国际先进水平相比，国产风电机组单机容量较小，关键技术依赖进口，零部件的质量还有待提高。

4. 太阳能

(1)太阳能发电。到2005年底，全国光伏发电的总容量约为7万千瓦，主要为偏远地区居民供电。2002～2003年实施的“送电到乡”工程安装了光伏电池约1.9万千瓦，对光伏发电的应用和光伏电池制造起到了较大的推动作用。除利用光伏发电为偏远地区和特殊领域(通讯、导航和交通)供电外，已开始建设屋顶并网光伏发电示范项目。光伏电池及组装厂已有十多家，制造能力达10万千瓦以上。但总体来看，我国光伏发电产业的整体水平与发达国家尚有较大差距，特别是光伏电池生产所需的硅材料主要依靠进口，对我国光伏发电的产业发展形成重大制约。

(2)太阳能热水器。到2005年底，全国在用太阳能热水器的总集热面积达8000万平方米，年生产能力1500万平方米。全国有1000多家太阳能热水器生产企业，年总产值近120亿元，已形成较完整的产业体系，从业人数达20多万人。总体来看，我国太阳能热水器应用技术与发达国家还有差距。目前，发达国家的太阳能热水器已实现与建筑的较好结合，向太阳能建筑一体化方向发展，而我国在这方面才开始起步。

5. 地热能

地热发电技术分为地热水蒸汽发电和低沸

点有机工质发电。我国适合发电的地热资源集中在西藏和云南地区，由于当地水能资源丰富，地热发电竞争力不强，近期难以大规模发展。近年来，地热能的热利用发展较快，主要是热水供应及供暖、水源热泵和地源热泵供热、制冷等。随着地下水资源保护的不断加强，地热水的直接利用将受到更多的限制，地源热泵将是未来的主要发展方向。

（三）存在问题

虽然我国可再生能源开发利用取得了很大成绩，法规和政策体系不断完善，但可再生能源发展仍不能满足可持续发展的需要，存在的主要问题是：

（1）政策及激励措施力度不够。在现有技术水平和政策环境条件下，除了水电和太阳能热水器有能力参与市场竞争外，大多数可再生能源开发利用成本高，再加上资源分散、规模小、生产不连续等特点，在现行市场规则下缺乏竞争力，需要政策扶持和激励。目前，国家支持风电、生物质能、太阳能等可再生能源发展的政策体系还不够完整，经济激励力度弱，相关政策之间缺乏协调，政策的稳定性差，没有形成支持可再生能源持续发展的长效机制。

（2）市场保障机制还不够完善。长期以来，我国可再生能源发展缺乏明确的发展目标，没有形成连续稳定的市场需求。虽然国家逐步加大了对可再生能源发展的支持力度，但由于没有建立起强制性的市场保障政策，无法形成稳定的市场需求，可再生能源发展缺少持续的市场拉动，致使我国可再生能源新技术发展缓慢。

（3）技术开发能力和产业体系薄弱。除水力发电、太阳能热利用和沼气外，其他可再生能源的技术水平较低，缺乏技术研发能力，设备制造能力弱，技术和设备生产较多依靠进口，技术水平和生产能力与国外先进水平差距较大。同时，可再生能源资源评价、技术标准、产品检测和认证等体系不完善，人才培养不能满足市场快速发展的要求，没有形成支撑可再生能源产业发展的技术服务体系。

三、发展可再生能源的意义

可再生能源是重要的能源资源，开发利用可再生能源具有以下重要意义：

（1）开发利用可再生能源是落实科学发展观、建设资源节约型社会、实现可持续发展的基本要求。充足、安全、清洁的能源供应是经济发展和社会进步的基本保障。我国人口众多，人均能源消费水平低，能源需求增长压力大，能源供应与经济发展的矛盾十分突出。从根本上解决我国的能源问题，不断满足经济和社会发展的需要，保护环境，实现可持续发展，除大力提高能源效率外，加快开发利用可再生能源是重要的战略选择，也是落实科学发展观、建设资源节约型社会的基本要求。

（2）开发利用可再生能源是保护环境、应对气候变化的重要措施。目前，我国环境污染问题突出，生态系统脆弱，大量开采和使用化石能源对环境影响很大，特别是我国能源消费结构中煤炭比例偏高，二氧化碳排放增长较快，对气候变化影响较大。可再生能源清洁环保，开发利用过程不增加温室气体排放。开发利用可再生能源，对优化能源结构、保护环境、减排温室气体、应对气候变化具有十分重要的作用。

（3）开发利用可再生能源是建设社会主义新农村的重要措施。农村是目前我国经济和社会发展最薄弱的地区，能源基础设施落后，全国还有约1150万人没有电力供应，许多农村生活能源仍主要依靠秸秆、薪柴等生物质低效直接燃烧的传统利用方式提供。农村地区可再生能源资源丰富，加快可再生能源开发利用，一方面可以利用当地资源，因地制宜解决偏远地区电力供应和农村居民生活用能问题，另一方面可以将农村地区的生物质资源转换为商品能源，使可再生能源成为农村特色产业，有效延长农业产业链，提高农业效益，增加农民收入，改善农村环境，促进农村地区经济和社会的可持续发展。

（4）开发利用可再生能源是开拓新的经济增长领域、促进经济转型、扩大就业的重要选择。可再生能源资源分布广泛，各地区都具有一定的可再生能源开发利用条件。可再生能源的开发利用主要是利用当地自然资源和人力资源，对促进地区经济发展具有重要意义。同时，可再生能源也是高新技术和新兴产业，快速发展的可再生能源已成为一个新的经济增长点，可以有效拉动装备制造等相关产业的发展，对调整产业结构，促进经济增长方式转变，扩大就业，推进经济和社会的可持续发展意义重大。

四、指导思想和原则

（一）指导思想

以邓小平理论、“三个代表”重要思想为指导，全面落实科学发展观，促进资源节约型、环境友好型社会和社会主义新农村建设，认真贯彻《可再生能源法》，把发展可再生能源作为全面建设小康社会和实现可持续发展的重大战略举措，加快水能、风能、太阳能和生物质能的开发利用，促进技术进步，增强市场竞争力，不断提高可再生能源在能源消费中的比重。

（二）基本原则

（1）坚持开发利用与经济、社会和环境相协调。可再生能源的发展既要重视规模化开发利用，不断提高可再生能源在能源供应中的比重，也要重视可再生能源对解决农村能源问题、发展循环经济和建设资源节约型、环境友好型社会的作用，更要重视与环境和生态保护的协调。要根据资源条件和经济社会发展需要，在保护环境和生态系统的前提下，科学规划，因地制宜，合理布局，有序开发。特别是要高度重视生物质能开发与粮食和生态环境的关系，不得违法占用耕地，不得大量消耗粮食，不得破坏生态环境。

（2）坚持市场开发与产业发展互相促进。对资源潜力大、商业化发展前景好的风电和生物质发电等新兴可再生能源，在加大技术开发投入力度的同时，采取必要措施扩大市场需求，以持续稳定的市场需求为可再生能源产业的发展创造有利条件。建立以自我创新为主的可再生能源技术开发和产业发展体系，加快可再生能源技术进步，提高设备制造能力，并通过持续的规模化发展提高可再生能源的市场竞争力，为可再生能源的大规模发展奠定基础。

（3）坚持近期开发利用与长期技术储备相结合。积极发展未来具有巨大潜力、近期又有一定市场需求的可再生能源技术。既要重视近期适宜应用的水电、生物质发电、沼气、生物质固体成型燃料、风电和太阳能热利用，也要重视未来发展前景良好的太阳能光伏发电、生物液体燃料等可再生能源技术。

（4）坚持政策激励与市场机制相结合。国家通过经济激励政策支持采用可再生能源技术解决农村能源短缺和无电问题，发展循环经济。同时，国家建立促进可再生能源发展的市场机制，运用市场化手段调动投资者的积极性，提高可再生能源的技术水平，推进可再生能源产业化发展，不断提高可再生能源的竞争力，使可再生能源在国家政策的支持下得到更大规模的发展。

五、发展目标

(一)总体目标

今后十五年我国可再生能源发展的总目标是:提高可再生能源在能源消费中的比重,解决偏远地区无电人口用电问题和农村生活燃料短缺问题,推行有机废弃物的能源化利用,推进可再生能源技术的产业化发展。

(1)提高可再生能源比重,促进能源结构调整。我国探明的石油、天然气资源贫乏,单纯依靠化石能源难以实现经济、社会和环境的协调发展。水电、生物质能、风电和太阳能资源潜力大,技术已经成熟或接近成熟,具有大规模开发利用的良好前景。加快发展水电、生物质能、风电和太阳能,大力推广太阳能和地热能在建筑中的规模化应用,降低煤炭在能源消费中的比重,是我国可再生能源发展的首要目标。

(2)解决无电人口的供电问题,改善农村生产、生活用能条件。无电人口地处偏远地区,人口分散,缺乏常规能源资源,而且许多地区不适合采用常规方式建设能源基础设施,采用可再生能源技术是解决这些无电人口供电问题的有效手段。农村人口众多,生活用能方式落后,影响农村居民生活水平的提高,特别是过度利用薪柴作为生活燃料对生态破坏严重。在农村就地利用可再生能源资源,可以实现多能互补,显著改善农村居民的生产、生活条件,对农村小康社会建设将起到积极的推动作用。

(3)清洁利用有机废弃物,推进循环经济发展。在农作物生产及粮食加工、林业生产和木材加工、畜禽养殖、工业生产、城市生活污水、垃圾处理等过程中,会产生大量有机废弃物。如果这些废弃物不能得到合理利用和妥善处理,将会成为环境污染源,对自然生态、大气环境和人体健康造成危害。利用可再生能源技术,将这些有机废弃物转换为电力、燃气、固体成型燃料等清洁能源,既是保护环境的重要措施,也是充分利用废弃物、变废为宝的重要手段,符合发展循环经济的要求。

(4)规模化建设带动可再生能源新技术的产业化发展。目前,除了水电、太阳能热利用、沼气等少数可再生能源技术,大部分可再生能源产业基础仍很薄弱,还不具备直接参与市场竞争的能力,因此,现阶段可再生能源发展的一项重要任务是提高技术水平和建立完善的产业体系。2010年之前,在加快可再生能源技术发展,扩大可再生能源开发利用的同时,重点完善支持可再生能源发展的政策体系和机构能力建设,初步建立适应可再生能源规模化发展的产业基础。从2010年到2020年期间,要建立起完备的可再生能源产业体系,大幅降低可再生能源开发利用成本,为大规模开发利用打好基础。2020年以后,要使可再生能源技术具有明显的市场竞争力,使可再生能源成为重要能源。

(二)具体发展目标

(1)充分利用水电、沼气、太阳能热利用和地热能等技术成熟、经济性好的可再生能源,加快推进风力发电、生物质发电、太阳能发电的产业化发展,逐步提高优质清洁可再生能源在能源结构中的比例,力争到2010年使可再生能源消费量达到能源消费总量的10%左右,到2020年达到15%左右。

(2)因地制宜利用可再生能源解决偏远地区无电人口的供电问题和农村生活燃料短缺问题,并使生态环境得到有效保护。按循环经济模式推行有机废弃物的能源化利用，基本消除有机废弃物造成的环境污染。

(3)积极推进可再生能源新技术的产业化发展，建立可再生能源技术创新体系，形成较完善的可再生能源产业体系。到2010年，基本实现以国内制造设备为主的装备能力。到2020年，形成以自有知识产权为主的国内可再生能源装备能力。

六、重点发展领域

根据各类可再生能源的资源潜力、技术状况和市场需求情况，2010年和2020年可再生能源发展重点领域如下：

(一)水电

考虑到资源分布特点、开发利用条件、经济发展水平和电力市场需求等因素，今后水电建设的重点是金沙江、雅砻江、大渡河、澜沧江、黄河上游和怒江等重点流域，同时，在水能资源丰富地区，结合农村电气化县建设和实施“小水电代燃料”工程需要，加快开发小水电资源。到2010年，全国水电装机容量达到1.9亿千瓦，其中大中型水电1.2亿千瓦，小水电5000万千瓦，抽水蓄能电站2000万千瓦；到2020年，全国水电装机容量达到3亿千瓦，其中大中型水电2.25亿千瓦，小水电7500万千瓦。

开展西藏自治区东部水电外送方案研究，以及金沙江、澜沧江、怒江“三江”上游和雅鲁藏布江水能资源的勘查和开发利用规划，做好水电开发的战略接替准备工作。

(二)生物质能

根据我国经济社会发展需要和生物质能利用技术状况，重点发展生物质发电、沼气、生物质固体成型燃料和生物液体燃料。到2010年，生物质发电总装机容量达到550万千瓦，生物质固体成型燃料年利用量达到100万吨，沼气年利用量达到190亿立方米，增加非粮原料燃料乙醇年利用量200万吨，生物柴油年利用量达到20万吨。到2020年，生物质发电总装机容量达到3000万千瓦，生物质固体成型燃料年利用量达到5000万吨，沼气年利用量达到440亿立方米，生物燃料乙醇年利用量达到1000万吨，生物柴油年利用量达到200万吨。

1. 生物质发电

生物质发电包括农林生物质发电、垃圾发电和沼气发电，建设重点为：

(1)在粮食主产区建设以秸秆为燃料的生物质发电厂，或将已有燃煤小火电机组改造为燃用秸秆的生物质发电机组。在大中型农产品加工企业、部分林区和灌木集中分布区、木材加工厂，建设以稻壳、灌木林和木材加工剩余物为原料的生物质发电厂。在“十一五”前3年，建设农业生物质发电(主要以秸秆为燃料)和林业生物质发电示范项目各20万千瓦。到2010年，农林生物质发电(包括蔗渣发电)总装机容量达到400万千瓦，到2020年达到2400万千瓦。在宜林荒山、荒地、沙地开展能源林建设，为农林生物质发电提供燃料。

(2)在规模化畜禽养殖场、工业有机废水处理和城市污水处理厂建设沼气工程，合理配套安装沼气发电设施。在“十一五”前3年，建设100个沼气工程及发电示范项目，总装机容量5万千瓦。到2010年，建成规模化畜禽养殖场沼气工程4700座、工业有机废水沼气工程1600座，大中型沼气工程年产沼气约40亿立方米，沼气发电达到100万千瓦。到2020年，建成大型畜禽养殖场沼气工程10000座、工业有机废水沼气工程6000座，年产沼气约140亿立方米，沼气发电达到300万千瓦。

（3）在经济较发达、土地资源稀缺地区建设垃圾焚烧发电厂，重点地区为直辖市、省级城市、沿海城市、旅游风景名胜城市、主要江河和湖泊附近城市。积极推广垃圾卫生填埋技术，在大中型垃圾填埋场建设沼气回收和发电装置。到2010年，垃圾发电总装机容量达到50万千瓦，到2020年达到300万千瓦。

2. 生物质固体成型燃料

生物质固体成型燃料是指通过专门设备将生物质压缩成型的燃料，储存、运输、使用方便，清洁环保，燃烧效率高，既可作为农村居民的炊事和取暖燃料，也可作为城市分散供热的燃料。生物质固体成型燃料的发展目标和建设重点为：

（1）2010年前，结合解决农村基本能源需要和改变农村用能方式，开展500个生物质固体成型燃料应用示范点建设。在示范点建设生物质固体成型燃料加工厂，就近为当地农村居民提供燃料，富余量出售给城镇居民和工业用户。到2010年，全国生物质固体成型燃料年利用量达到100万吨。

（2）到2020年，使生物质固体成型燃料成为普遍使用的一种优质燃料。生物质固体成型燃料的生产包括两种方式：一种是分散方式，在广大农村地区采用分散的小型化加工方式，就近利用农作物秸秆，主要用于解决农民自身用能需要，剩余量作为商品燃料出售；另一种是集中方式，在有条件的地区，建设大型生物质固体成型燃料加工厂，实行规模化生产，为大工业用户或城乡居民提供生物质商品燃料。全国生物质固体成型燃料年利用量达到5000万吨。

3. 生物质燃气

充分利用沼气和农林废弃物气化技术提高农村地区生活用能的燃气比例，并把生物质气化技术作为解决农村废弃物和工业有机废弃物环境治理的重要措施。

在农村地区主要推广户用沼气，特别是与农业生产结合的沼气技术；在中小城镇发展以大型畜禽养殖场沼气工程和工业废水沼气工程为气源的集中供气。到2010年，约4000万户（约1.6亿人）农村居民生活燃料主要使用沼气，年沼气利用量约150亿立方米。到2020年，约8000万户（约3亿人）农村居民生活燃气主要使用沼气，年沼气利用量约300亿立方米。

4. 生物液体燃料

生物液体燃料是重要的石油替代产品，主要包括燃料乙醇和生物柴油。根据我国土地资源和农业生产的特点，合理选育和科学种植能源植物，建设规模化原料供应基地和大型生物液体燃料加工企业。不再增加以粮食为原料的燃料乙醇生产能力，合理利用非粮生物质原料生产燃料乙醇。近期重点发展以木薯、甘薯、甜高粱等为原料的燃料乙醇技术，以及以小桐子、黄连木、油桐、棉籽等油料作物为原料的生物柴油生产技术，逐步建立餐饮等行业的废油回收体系。从长远考虑，要积极发展以纤维素生物质为原料的生物液体燃料技术。在2010年前，重点在东北、山东等地，建设若干个以甜高粱为原料的燃料乙醇试点项目，在广西、重庆、四川等地，建设若干个以薯类作物为原料的燃料乙醇试点项目，在四川、贵州、云南、河北等地建设若干个以小桐子、黄连木、油桐等油料植物为原料的生物柴油试点项目。到2010年，增加非粮原料燃料乙醇年利用量200万吨，生物柴油年利用量达到20万吨。到2020年，生物燃料乙醇年利用量达到1000万吨，生物柴油年利用量达到200万吨，总计年替代约1000万吨成品油。

(三)风电

通过大规模的风电开发和建设,促进风电技术进步和产业发展,实现风电设备制造国产化,尽快使风电具有市场竞争力。在经济发达的沿海地区,发挥其经济优势,在“三北”(西北、华北北部和东北)地区发挥其资源优势,建设大型和特大型风电场,在其他地区,因地制宜地发展中小型风电场,充分利用各地的风能资源。主要发展目标和建设重点如下:

(1)到2010年,全国风电总装机容量达到500万千瓦。重点在东部沿海和“三北”地区,建设30个左右10万千瓦等级的大型风电项目,形成江苏、河北、内蒙古3个100万千瓦级的风电基地。建成1～2个10万千瓦级海上风电试点项目。

(2)到2020年,全国风电总装机容量达到3000万千瓦。在广东、福建、江苏、山东、河北、内蒙古、辽宁和吉林等具备规模化开发条件的地区,进行集中连片开发,建成若干个总装机容量200万千瓦以上的风电大省。建成新疆达坂城、甘肃玉门、苏沪沿海、内蒙古辉腾锡勒、河北张北和吉林白城等6个百万千瓦级大型风电基地,并建成100万千瓦海上风电。

(四)太阳能

1. 太阳能发电

发挥太阳能光伏发电适宜分散供电的优势,在偏远地区推广使用户用光伏发电系统或建设小型光伏电站,解决无电人口的供电问题。在城市的建筑物和公共设施配套安装太阳能光伏发电装置,扩大城市可再生能源的利用量,并为太阳能光伏发电提供必要的市场规模。为促进我国太阳能发电技术的发展,做好太阳能技术的战略储备,建设若干个太阳能光伏发电示范电站和太阳能热发电示范电站。到2010年,太阳能发电总容量达到30万千瓦,到2020年达到180万千瓦。建设重点如下:

(1)采用户用光伏发电系统或建设小型光伏电站,解决偏远地区无电村和无电户的供电问题,重点地区是西藏、青海、内蒙古、新疆、宁夏、甘肃、云南等省(区、市)。建设太阳能光伏发电约10万千瓦,解决约100万户偏远地区农牧民生活用电问题。到2010年,偏远农村地区光伏发电总容量达到15万千瓦,到2020年达到30万千瓦。

(2)在经济较发达、现代化水平较高的大中城市,建设与建筑物一体化的屋顶太阳能并网光伏发电设施,首先在公益性建筑物上应用,然后逐渐推广到其他建筑物,同时在道路、公园、车站等公共设施照明中推广使用光伏电源。“十一五”时期,重点在北京、上海、江苏、广东、山东等地区开展城市建筑屋顶光伏发电试点。到2010年,全国建成1000个屋顶光伏发电项目,总容量5万千瓦。到2020年,全国建成2万个屋顶光伏发电项目,总容量100万千瓦。

(3)建设较大规模的太阳能光伏电站和太阳能热发电电站。“十一五”时期,在甘肃敦煌和西藏拉萨(或阿里)建设大型并网型太阳能光伏电站示范项目;在内蒙古、甘肃、新疆等地选择荒漠、戈壁、荒滩等空闲土地,建设太阳能热发电示范项目。到2010年,建成大型并网光伏电站总容量2万千瓦、太阳能热发电总容量5万千瓦。到2020年,全国太阳能光伏电站总容量达到20万千瓦,太阳能热发电总容量达到20万千瓦。

另外,光伏发电在通讯、气象、长距离管线、铁路、公路等领域有良好的应用前景,预计到2010年,这些商业领域的光伏应用将累计达到3万千瓦,到2020年将达到10万千瓦。

2. 太阳能热利用

在城市推广普及太阳能一体化建筑、太阳能集中供热水工程，并建设太阳能采暖和制冷示范工程。在农村和小城镇推广户用太阳能热水器、太阳房和太阳灶。到2010年，全国太阳能热水器总集热面积达到1.5亿平方米，加上其他太阳能热利用，年替代能源量达到3000万吨标准煤。到2020年，全国太阳能热水器总集热面积达到约3亿平方米，加上其他太阳能热利用，年替代能源量达到6000万吨标准煤。

（五）其他可再生能源

积极推进地热能和海洋能的开发利用。合理利用地热资源，推广满足环境保护和水资源保护要求的地热供暖、供热水和地源热泵技术，在夏热冬冷地区大力发展地源热泵，满足冬季供热需要。在具有高温地热资源的地区发展地热发电，研究开发深层地热发电技术。在长江流域和沿海地区发展地表水、地下水、土壤等浅层地热能进行建筑采暖、空调和生活热水供应。到2010年，地热能年利用量达到400万吨标准煤，到2020年，地热能年利用量达到1200万吨标准煤。到2020年，建成潮汐电站10万千瓦。

（六）农村可再生能源利用

在农村地区开发利用可再生能源，解决广大农村居民生活用能问题，改善农村生产和生活条件，保护生态环境和巩固生态建设成果，有效提高农民收入，促进农村经济和社会更快发展。发展重点是：

（1）解决农村无电地区的用电问题。在电网延伸供电不经济的地区，发挥当地资源优势，利用小水电、太阳能光伏发电和风力发电等可再生能源技术，为农村无电人口提供基本电力供应。在小水电资源丰富地区，优先开发建设小水电站（包括微水电），为约100万户居民供电。在缺乏小水电资源的地区，因地制宜地建设独立的小型太阳能光伏电站、风光互补电站，推广使用小风电、户用光伏发电、风光互补发电系统，为约100万户居民供电。

（2）改善农村生活用能条件。推广“小水电代燃料”、户用沼气、生物质固体成型燃料、太阳能热水器等可再生能源技术，为农村地区提供清洁的生活能源，改善农村生活条件，提高农民生活质量。到2010年，使用清洁可再生能源的农户普及率达到30%，农村户用沼气达到4000万户，太阳能热水器使用量达到5000万平方米。到2020年，使用清洁可再生能源的农户普及率达到70%以上，农村户用沼气达到8000万户，太阳能热水器使用量达到1亿平方米。

（3）开展绿色能源示范县建设。在可再生能源资源丰富地区，坚持因地制宜、灵活多样的原则，充分利用各种可再生能源，积极推进绿色能源示范县建设。绿色能源县的可再生能源利用量在生活能源消费总量中要超过50%，各种生物质废弃物得到妥善处理和合理利用。绿色能源示范县建设要与沼气利用、生物质固体成型燃料和太阳能利用相结合。到2010年，全国建成50个绿色能源示范县；到2020年，绿色能源县普及到500个。

七、投资估算与效益分析

（一）投资估算

要实现可再生能源发展目标，建设资金是必要的保障条件。根据各种可再生能源的应用领域、建设规模、技术特点和发展状况，采取国家投资和社会多元化投资相结合的方式解决可再生能源开发利用的建设资金问题。

从2006年到2020年，新增1.9亿千瓦水电装机，按平均每千瓦7000元测算，需要总投资约1.3万亿元；新增2800万千瓦生物质发电装机，按平均每千瓦7000元测算，需要总投资约2000亿元；新增约2900万千瓦风电装机，按平均每千瓦6500元测算，需要总投资约1900亿元；新增6200万户农村户用沼气，按户均投资3000元测算，需要总投资约1900亿元；新增太阳能发电约173万千瓦，按每千瓦75000元测算，需要总投资约1300亿元。加上大中型沼气工程、太阳能热水器、地热、生物液体燃料生产和生物质固体成型燃料等，预计实现2020年规划任务将需总投资约2万亿元。

（二）环境和社会影响

水力发电、风力发电、太阳能发电、太阳能热利用不排放污染物和温室气体，而且可显著减少煤炭消耗，也相应减少煤炭开采的生态破坏和燃煤发电的水资源消耗。可再生能源开发利用中的工业废水、城市污水和畜禽养殖场沼气工程本身就是清洁生产的重要措施，有利于环境保护和可持续发展。生物质发电排放的二氧化硫、氮氧化物和烟尘等污染物远少于燃煤发电，特别是生物质从生长到燃烧总体上对环境不增加二氧化碳排放量。因此，可再生能源开发利用可减少污染物和温室气体排放，并减少水资源消耗和生态破坏。

可再生能源开发过程对生态环境也可能产生不利影响，水电开发对所在流域的生态环境有一定影响，特别是会淹没部分土地，可能改变生物生存环境，造成泥沙淤积，施工过程对地貌和植被有一定影响。目前，水电施工技术和环保技术已可将不利影响减少到最小，许多水电工程建成后可有效改善生态环境。

风电建设要占用大面积的土地，旋转的风机叶片可能影响鸟类，在靠近居民区的地方可能产生噪音污染。目前大多数风电场是一种新的旅游景点，但随着风电建设规模的扩大，可能会出现一些环境问题，如噪音和影响自然景观等。生物质发电过程如果采取环保措施不当，将会排放灰尘等污染物，也要消耗水资源，需要采取严格的环保措施。多数可再生能源技术新，应用范围广，涉及千家万户，要严格安全技术标准，普及安全常识，保障安全生产和安全使用。

可再生能源资源分布广泛，大型水电资源集中在地理位置较为偏僻的高山峡谷地区，大量的风能资源处于戈壁滩、大草原和沿海滩涂地区，太阳能资源在西部地区最为丰富，生物质能资源主要在农业大县和林区。这些地区的可再生能源开发利用可以起到促进地区经济发展、加快脱贫致富、实现均衡和谐发展的作用。可再生能源开发利用，特别是生物质能开发利用可以促进农村经济发展、增加农民收入，对解决“三农”问题十分有利。

总体来看，可再生能源开发利用对环境和社会的影响利大于弊，坚持趋利避害的开发利用方针，有利于实现可持续发展，符合建设资源节约型、环境友好型社会及构建和谐社会的要求。

（三）效益分析

1. 能源效益

到2010年和2020年，全国可再生能源开发利用量分别相当于3亿吨标准煤和6亿吨标准煤，可显著减少煤炭消耗，弥补天然气和石油资源的不足。初步估算，可再生能源达到2020年的利用量时，年发电量相当于替代煤炭约6亿吨，沼气年利用量相当于240亿立方米天然气，燃料乙醇和生物柴油年用量相当于替代石油约1000万吨，太阳能和地热能的热利用相当于降低能源年需求量约7000万吨标准煤。可再生能源的开发利用对改善能源结构和节约能源资源将起到重大作用。

2. 环境效益

可再生能源的开发利用将带来显著的环境效益。达到2010年发展目标时，可再生能源年利用量相当于减少二氧化硫年排放量约400万吨，减少氮氧化物年排放量约150万吨，减少烟尘年排放量约200万吨，减少二氧化碳年排放量约6亿吨，年节约用水约15亿立方米，可以使约1.5亿亩林地免遭破坏。达到2020年发展目标时，可再生能源年利用量相当于减少二氧化硫年排放量约800万吨，减少氮氧化物年排放量约300万吨，减少烟尘年排放量约400万吨，减少二氧化碳年排放量约12亿吨，年节约用水约20亿立方米，可使约3亿亩林地免遭破坏。

3. 社会效益

到2020年，将利用可再生能源累计解决无电地区约1000万人口的基本用电问题，改善约1亿户农村居民的生活用能条件。农作物秸秆和农业废弃生物质的能源利用可提高农业生产效益，预计达到2020年开发利用规模时，可增加农民年收入约1000亿元。农村户用沼气池和畜禽养殖场沼气工程建设将改善农村地区环境卫生，减少畜禽粪便对河流、水源和地下水的污染。可再生能源开发利用将促进农村和县域经济发展，提高农村能源供应等公用设施的现代化水平。

能源林建设、林业生物质及木材加工废弃物的能源利用可促进植树造林和生态环境保护，预计林业领域生物质能利用达到2020年目标时，可增加林业年产值约500亿元。城市生活污水处理和工业生产废水处理沼气利用可促进循环经济发展。可再生能源开发利用、设备制造和相关配套产业可增加大量就业岗位，到2020年，预计可再生能源领域的从业人数将达到200万人。

可再生能源的开发利用将节约和替代大量化石能源，显著减少污染物和温室气体排放，促进人与自然的协调发展，对全面建设小康社会和社会主义新农村起到重要作用，有力地推进经济和社会的可持续发展。

八、规划实施保障措施

为了确保规划目标的实现，将采取下列措施支持可再生能源的发展：

1. 提高全社会的认识

全社会都要从战略和全局高度认识可再生能源的重要作用，国务院各有关部门和各级政府都要认真执行《可再生能源法》，制定相关配套政策和规章，制定可再生能源发展专项规划，明确发展目标，将可再生能源开发利用作为建设资源节约型、环境友好型社会的考核指标。

2. 建立持续稳定的市场需求

根据可再生能源发展目标要求，按照政府引导、政策支持和市场推动相结合的原则，通过优惠的价格政策和强制性的市场份额政策，以及政府投资、政府特许权等措施，培育持续稳定增长的可再生能源市场，促进可再生能源的开发利用、技术进步和产业发展，确保可再生能源中长期发展规划目标的实现。

对非水电可再生能源发电规定强制性市场份额目标：到2010年和2020年，大电网覆盖地区非水电可再生能源发电在电网总发电量中的比例分别达到1%和3%以上；权益发电装机总容量超过500万千瓦的投资者，所拥有的非水电可再生能源发电权益装机总容量应分别达到其权益发电装机总容量的3%和8%以上。

3. 改善市场环境条件

国家电网企业和石油销售企业要按照《可再生能源法》的要求，承担收购可再生能源电力和生物液体燃料的义务。国务院能源主管部门负责组织制定各类可再生能源电力的并网运行管理规定，电网企业要负责建设配套电力送出工程。电力调度机构要根据可再生能源发电的规律，合理安排电力生产及运行调度，使可再生能源资源得到充分利用。在国家指定的生物液体燃料销售区域内，所有经营交通燃料的石油销售企业均应销售掺入规定比例生物液体燃料的汽油或柴油产品，并尽快在全国推行乙醇汽油和生物柴油。

国务院建筑行政主管部门和国家标准委组织制定建筑物太阳能利用的国家标准，修改完善相关建筑标准、工程规范和城市建设管理规定，为太阳能在建筑物上应用创造条件。在太阳能资源丰富、经济条件好的城镇，要在必要的政策条件下，强制扩大太阳能热利用技术的市场份额。

4. 制定电价和费用分摊政策

国务院价格主管部门根据各类可再生能源发电的技术特点和不同地区的情况，按照有利于可再生能源发展和经济合理的原则，制定和完善可再生能源发电项目的上网电价，并根据可再生能源开发利用技术的发展适时调整；实行招标的可再生能源发电项目的上网电价，按照招标确定的价格执行，并根据市场情况进行合理调整。电网企业收购可再生能源发电量所发生的费用，高于按照常规能源发电平均上网电价计算所发生费用之间的差额，附加在销售电价中在全社会分摊。

5. 加大财政投入和税收优惠力度

中央财政根据《可再生能源法》的要求，设立可再生能源发展专项资金，根据可再生能源发展需要和国家财力状况确定资金规模。各级地方财政也要按照《可再生能源法》的要求，结合本地区实际，安排必要的财政资金支持可再生能源发展。国家运用税收政策对水能、生物质能、风能、太阳能、地热能和海洋能等可再生能源的开发利用予以支持，对可再生能源技术研发、设备制造等给予适当的企业所得税优惠。

6. 加快技术进步及产业发展

整合现有可再生能源技术资源，完善技术和产业服务体系，加快人才培养，全面提高可再生能源技术创新能力和服务水平，促进可再生能源技术进步和产业发展。将可再生能源的科学研究、技术开发及产业化纳入国家各类科技发展规划，在高技术产业化和重大装备扶持项目中安排可再生能源专项，支持国内研究机构和企业在可再生能源核心技术方面提高创新能力，在引进国外先进技术基础上，加强消化吸收和再创造，尽快形成自主创新能力。力争到2010年基本形成可再生能源技术和产业体系，形成以国内制造设备为主的装备能力。到2020年，建立起完善的可再生能源技术和产业体系，形成以自有知识产权为主的可再生能源装备能力，满足可再生能源大规模开发利用的需要。

国家发展和改革委员会

二〇〇七年八月三十一日

中国的能源状况与政策

前　　言

能源是人类社会赖以生存和发展的重要物质基础。纵观人类社会发展的历史，人类文明的每一次重大进步都伴随着能源的改进和更替。能源的开发利用极大地推进了世界经济和人类社会的发展。

过去100多年里，发达国家先后完成了工业化，消耗了地球上大量的自然资源，特别是能源资源。当前，一些发展中国家正在步入工业化阶段，能源消费增加是经济社会发展的客观必然。

中国是当今世界上最大的发展中国家，发展经济，摆脱贫困，是中国政府和中国人民在相当长一段时期内的主要任务。20世纪70年代末以来，中国作为世界上发展最快的发展中国家，经济社会发展取得了举世瞩目的辉煌成就，成功地开辟了中国特色社会主义道路，为世界的发展和繁荣作出了重大贡献。

中国是目前世界上第二位能源生产国和消费国。能源供应持续增长，为经济社会发展提供了重要的支撑。能源消费的快速增长，为世界能源市场创造了广阔的发展空间。中国已经成为世界能源市场不可或缺的重要组成部分，对维护全球能源安全，正在发挥着越来越重要的积极作用。

中国政府正在以科学发展观为指导，加快发展现代能源产业，坚持节约资源和保护环境的基本国策，把建设资源节约型、环境友好型社会放在工业化、现代化发展战略的突出位置，努力增强可持续发展能力，建设创新型国家，继续为世界经济发展和繁荣作出更大贡献。

一、能源发展现状

能源资源是能源发展的基础。新中国成立以来，不断加大能源资源勘查力度，组织开展了多次资源评价。中国能源资源有以下特点：

1. 能源资源总量比较丰富

中国拥有较为丰富的化石能源资源。其中，煤炭占主导地位。2006年，煤炭保有资源量10345亿吨，剩余探明可采储量约占世界的13%，列世界第三位。已探明的石油、天然气资源储量相对不足，油页岩、煤层气等非常规化石能源储量潜力较大。中国拥有较为丰富的可再生能源资源。水力资源理论蕴藏量折合年发电量为6.19万亿千瓦时，经济可开发年发电量约

1.76 万亿千瓦时，相当于世界水力资源量的12%，列世界首位。

2. 人均能源资源拥有量较低

中国人口众多，人均能源资源拥有量在世界上处于较低水平。煤炭和水力资源人均拥有量相当于世界平均水平的 50%，石油、天然气人均资源量仅为世界平均水平的 1/15 左右。耕地资源不足世界人均水平的 30%，制约了生物质能源的开发。

3. 能源资源赋存分布不均衡

中国能源资源分布广泛但不均衡。煤炭资源主要赋存在华北、西北地区，水力资源主要分布在西南地区，石油、天然气资源主要赋存在东、中、西部地区和海域。中国主要的能源消费地区集中在东南沿海经济发达地区，资源赋存与能源消费地域存在明显差别。大规模、长距离的北煤南运、北油南运、西气东输、西电东送，是中国能源流向的显著特征和能源运输的基本格局。

4. 能源资源开发难度较大

与世界相比，中国煤炭资源地质开采条件较差，大部分储量需要井工开采，极少量可供露天开采。石油天然气资源地质条件复杂，埋藏深，勘探开发技术要求较高。未开发的水力资源多集中在西南部的高山深谷，远离负荷中心，开发难度和成本较大。非常规能源资源勘探程度低，经济性较差，缺乏竞争力。

改革开放以来，中国能源工业迅速发展，为保障国民经济持续快速发展作出了重要贡献，主要表现在：

(一)供给能力明显提高

经过几十年的努力，中国已经初步形成了煤炭为主体、电力为中心、石油天然气和可再生能源全面发展的能源供应格局，基本建立了较为完善的能源供应体系。建成了一批千万吨级的特大型煤矿。2006 年一次能源生产总量 22.1 亿吨标准煤，列世界第二位。其中，原煤产量 23.7 亿吨，列世界第一位。先后建成了大庆、胜利、辽河、塔里木等若干个大型石油生产基地，2006 年原油产量 1.85 亿吨，实现稳步增长，列世界第五位。天然气产量迅速提高，从 1980 年的 143 亿立方米提高到 2006 年的 586 亿立方米。商品化可再生能源量在一次能源结构中的比例逐步提高。电力发展迅速，装机容量和发电量分别达到 6.22 亿千瓦和 2.87 万亿千瓦时，均列世界第二位。能源综合运输体系发展较快，运输能力显著增强，建设了西煤东运铁路专线及港口码头，形成了北油南运管网，建成了西气东输大干线，实现了西电东送和区域电网互联。

(二)能源节约效果显著

1980～2006 年，中国能源消费以年均 5.6%的增长支撑了国民经济年均 9.8%的增长。按 2005 年不变价格，万元国内生产总值能源消耗由 1980 年的 3.39 吨标准煤下降到 2006 年的 1.21 吨标准煤，年均节能率 3.9%，扭转了近年来单位国内生产总值能源消耗上升的势头。能源加工、转换、贮运和终端利用综合效率为 33%，比 1980 年提高了 8 个百分点。单位产品能耗明显下降，其中钢、水泥、大型合成氨等产品的综合能耗及供电煤耗与国际先进水平的差距不断缩小。

(三)消费结构有所优化

中国能源消费已经位居世界第二。2006 年，一次能源消费总量为 24.6 亿吨标准煤。中国高度重视优化能源消费结构，煤炭在一次能源消费中的比重由 1980 年的 72.2%下降到

2006年的69.4%，其他能源比重由27.8%上升到30.6%。其中可再生能源和核电比重由4.0%提高到7.2%，石油和天然气有所增长。终端能源消费结构优化趋势明显，煤炭能源转化为电能的比重由20.7%提高到49.6%，商品能源和清洁能源在居民生活用能中的比重明显提高。

(四)科技水平迅速提高

中国能源科技取得显著成就，以“陆相成油理论与应用”为标志的基础研究成果，极大地促进了石油地质科技理论的发展。石油天然气工业已经形成了比较完整的勘探开发技术体系，特别是复杂区块勘探开发、提高油田采收率等技术在国际上处于领先地位。煤炭工业建成一批具有国际先进水平的大型矿井，重点煤矿采煤综合机械化程度显著提高。在电力工业方面，先进发电技术和大容量高参数机组得到普遍应用，水电站设计、工程技术和设备制造等技术达到世界先进水平，核电初步具备百万千瓦级压水堆自主设计和工程建设能力，高温气冷堆、快中子增殖堆技术研发取得重大突破。烟气脱硫等污染治理、可再生能源开发利用技术迅速提高。正负500千伏直流和750千伏交流输电示范工程相继建成投运，正负800千伏直流、1000千伏交流特高压输电试验示范工程开始启动。

(五)环境保护取得进展

中国政府高度重视环境保护，加强环境保护已经成为基本国策，社会各界的环保意识普遍提高。1992年联合国环境与发展大会后，中国组织制定了《中国21世纪议程》，并综合运用法律、经济等手段全面加强环境保护，取得了积极进展。中国的能源政策也把减少和有效治理能源开发利用过程中引起的环境破坏、环境污染作为其主要内容。2006年，燃煤机组除尘设施安装率和废水排放达标率达到近100%，烟尘排放总量与1980年基本相当，单位电量烟尘排放减少了90%。2006年，全国建成并投入运行的脱硫火电机组装机容量达1.04亿千瓦，超过前10年的总和，装备脱硫设施的火电机组占火电总装机的比例由2000年的2%提高到30%。

(六)市场环境逐步完善

中国能源市场环境逐步完善，能源工业改革稳步推进。能源企业重组取得突破，现代企业制度基本建立。投资主体实现多元化，能源投资快速增长，市场规模不断扩大。煤炭工业生产和流通基本实现了市场化。电力工业实现了政企分开、厂网分开，建立了监管机构。石油天然气工业基本实现了上下游、内外贸一体化。能源价格改革不断深化，价格机制不断完善。

随着中国经济的较快发展和工业化、城镇化进程的加快，能源需求不断增长，构建稳定、经济、清洁、安全的能源供应体系面临着重大挑战，突出表现在以下几方面：

(七)资源约束突出，能源效率偏低

中国优质能源资源相对不足，制约了供应能力的提高；能源资源分布不均，也增加了持续稳定供应的难度；经济增长方式粗放、能源结构不合理、能源技术装备水平低和管理水平相对落后，导致单位国内生产总值能耗和主要耗能产品能耗高于主要能源消费国家平均水平，进一步加剧了能源供需矛盾。单纯依靠增加能源供应，难以满足持续增长的消费需求。

（八）能源消费以煤为主，环境压力加大

煤炭是中国的主要能源，以煤为主的能源结构在未来相当长时期内难以改变。相对落后的煤炭生产方式和消费方式，加大了环境保护的压力。煤炭消费是造成煤烟型大气污染的主要原因，也是温室气体排放的主要来源。随着中国机动车保有量的迅速增加，部分城市大气污染已经变成煤烟与机动车尾气混合型。这种状况持续下去，将给生态环境带来更大的压力。

（九）市场体系不完善，应急能力有待加强

中国能源市场体系有待完善，能源价格机制未能完全反映资源稀缺程度、供求关系和环境成本。能源资源勘探开发秩序有待进一步规范，能源监管体制尚待健全。煤矿生产安全欠账比较多，电网结构不够合理，石油储备能力不足，有效应对能源供应中断和重大突发事件的预警应急体系有待进一步完善和加强。

二、能源发展战略和目标

中国能源发展坚持节约发展、清洁发展和安全发展。坚持发展是硬道理，用发展和改革的办法解决前进中的问题。落实科学发展观，坚持以人为本，转变发展观念，创新发展模式，提高发展质量。坚持走科技含量高、资源消耗低、环境污染少、经济效益好、安全有保障的能源发展道路，最大程度地实现能源的全面、协调和可持续发展。

中国能源发展坚持立足国内的基本方针和对外开放的基本国策，以国内能源的稳定增长，保证能源的稳定供应，促进世界能源的共同发展。中国能源的发展将给世界各国带来更多的发展机遇，将给国际市场带来广阔的发展空间，将为世界能源安全与稳定作出积极的贡献。

中国能源战略的基本内容是：坚持节约优先、立足国内、多元发展、依靠科技、保护环境、加强国际互利合作，努力构筑稳定、经济、清洁、安全的能源供应体系，以能源的可持续发展支持经济社会的可持续发展。

（一）节约优先

中国把资源节约作为基本国策，坚持能源开发与节约并举、节约优先，积极转变经济发展方式，调整产业结构，鼓励节能技术研发，普及节能产品，提高能源管理水平，完善节能法规和标准，不断提高能源效率。

（二）立足国内

中国主要依靠国内增加能源供给，通过稳步提高国内安全供给能力，不断满足能源市场日益增长的需求。

（三）多元发展

中国将通过有序发展煤炭，积极发展电力，加快发展石油天然气，鼓励开发煤层气，大力发展水电等可再生能源，积极推进核电建设，科学发展替代能源，优化能源结构，实现多能互补，保证能源的稳定供应。

（四）依靠科技

中国充分依靠能源科技进步，增强自主创新能力，提升引进技术消化吸收和再创新能力，突破能源发展的技术瓶颈，提高关键技术和重大装备制造水平，开创能源开发利用新途径，增强发展后劲。

（五）保护环境

中国以建设资源节约型和环境友好型社会

为目标，积极促进能源与环境的协调发展。坚持在发展中实现保护、在保护中促进发展，实现可持续发展。

（六）互利合作

中国能源发展在立足国内的基础上，坚持以平等互惠和互利双赢的原则，以坦诚务实的态度，与国际能源组织和世界各国加强能源合作，积极完善合作机制，深化合作领域，维护国际能源安全与稳定。

中国共产党第十七次全国代表大会提出，要加快转变发展方式，在优化结构、提高效益、降低消耗、保护环境的基础上，实现人均国内生产总值到 2020 年比 2000 年翻两番。《中华人民共和国国民经济和社会发展第十一个五年规划纲要》明确提出，到 2010 年，单位国内生产总值能源消耗比 2005 年降低 20％左右，主要污染物排放总量减少 10％。

为实现经济社会发展目标，中国能源发展“十一五”（2006～2010 年）目标是：到“十一五”末期，能源供应基本满足国民经济和社会发展需求，能源节约取得明显成效，能源效率得到明显提高，结构进一步优化，技术取得实质进步，经济效益和市场竞争力显著提高，与社会主义市场经济体制相适应的能源宏观调控、市场监管、法律法规、预警应急体系和机制得到逐步完善，能源与经济、社会、环境协调发展。

三、全面推进能源节约

中国是人口众多、资源相对不足的发展中国家。要实现经济社会的可持续发展，必须走节约资源的道路。中国有计划、有组织地开展节能工作始于上世纪 80 年代初，通过贯彻“开发与节约并举，把节约放在首位”的方针，到上世纪末实现了经济增长翻两番、能源消费增长翻一番的目标。为继续深入推进能源节约，中国政府进一步提出把节约资源作为基本国策，发布了《国务院关于加强节能工作的决定》。中国政府始终将节约能源作为宏观调控的主要内容，作为转变发展方式、优化结构的突破口和抓手。在推进节能减排工作中，做到“六个依靠”：依靠结构调整，这是节能减排的根本途径；依靠科技进步，这是节能减排的关键所在；依靠加强管理，这是节能减排的重要措施；依靠强化法制，这是节能减排的重要保障；依靠深化改革，这是节能减排的内在动力；依靠全民参与，这是节能减排的社会基础。制定并实施了《节能中长期专项规划》，确定了“十一五”期间能耗降低目标，并将节能任务具体落实到各省、自治区和直辖市以及重点企业。中国正在完善国内生产总值和能源消耗指标体系，将能源消耗纳入各地经济社会发展综合评价和年度考核，实行单位国内生产总值能耗指标公报制度，实施节能目标责任制和问责制，构建节能型产业体系，促进经济发展方式的根本转变。

节约能源，是中国缓解资源约束的现实选择。推进能源节约，是中国经济社会发展长期而艰巨的战略任务。中国坚持政府为主导、市场为基础、企业为主体，在全社会共同参与下，全面推进能源节约。中国坚持以提高能源效率为核心，以转变经济发展方式、调整经济结构、加快技术进步为根本，构建能源资源节约型的产业结构、发展方式和消费模式。建立节能型的产业体系，落实节能目标责任制和评价考核体系。完善节能技术推广机制，鼓励节能技术和产品的研发。深化能源体制改革，完善能源价格形成机制，充分发挥财政税收等经济政策对节能的推动作用。

中国全面落实能源节约的措施是：

(一)推进结构调整

长期以来,中国能源效率偏低的主要原因是经济增长方式粗放、高耗能产业比重过高。中国坚持把转变发展方式、调整产业结构和工业内部结构作为能源节约的战略重点,努力形成“低投入、低消耗、低排放、高效率”的经济发展方式。中国加快产业结构优化升级,大力发展高新技术产业和服务业,严格限制高耗能、高耗材、高耗水产业发展,淘汰落后产能,促进经济发展方式的根本转变,加快构建节能型产业体系。

(二)加强工业节能

工业是中国能源消费的重点领域。中国坚持走科技含量高、经济效益好、资源消耗低、环境污染少、人力资源得到充分发挥的新型工业化道路,加快发展高技术产业,运用高新技术和先进适用技术改造传统产业,提升工业整体水平。重点加强钢铁、有色金属、煤炭、电力、石油石化、化工、建材等高耗能行业节能降耗。中国实施千家企业节能行动,重点加强年耗能万吨标准煤以上的工业企业节能管理。调整产品结构,加快技术改造,提高管理水平,降低能源消耗。支持一批节能降耗的重大及示范项目,带动工业提高能效水平。进一步完善工业行业能效标准和规范,强制淘汰落后的高耗能产品,完善能效市场准入制度。

(三)实施节能工程

中国正在实施节约替代石油、热电联产、余热利用、建筑节能等十大重点节能工程,支持节能重点及示范项目建设,鼓励高效节能产品的推广应用。中国大力发展节能省地型建筑,积极推进既有建筑节能改造,广泛使用新型墙体材料。实施节约和替代石油工程,科学发展替代燃料。加快淘汰老旧汽车、船舶,积极发展公共交通,限制高油耗汽车,发展节能环保型汽车。加快燃煤工业锅(窑)炉改造、区域热电联产和余热余压利用,提高能源利用效率。促进电机节能和能源系统优化,提高电机运行和能源系统效率。实施绿色照明工程,加快推广高效电器应用。加快推广农村省柴节煤炉灶、节能房屋技术,淘汰高耗能老旧农机、渔船,推进农业和农村节能。加强政府机构节能,发挥政府对社会节能的带动作用。加快节能监测和技术服务体系建设,强化节能监测,创新服务平台。

(四)加强管理节能

中国政府建立了政府强制采购节能产品制度,积极推进优先采购节能(包括节水)产品,选择部分节能效果显著、性能比较成熟的产品予以强制采购。积极发挥政府采购的政策导向作用,带动社会生产和使用节能产品。研究制定鼓励节能的财税政策,实施资源综合利用税收优惠政策,建立多渠道的节能融资机制。深化能源价格改革,形成有利于节能的价格形成机制。实施固定资产投资项目节能评估和审核制度,严把能耗增长的源头。建立企业节能新机制,实施能效标志管理,推进合同能源管理和节能自愿协议。建立健全节能法律法规,依法强化节能管理。加强节能管理队伍建设,加大执法监督检查力度。

(五)倡导社会节能

中国采取多种形式大力宣传节约能源的重要意义,不断增强全民资源忧患意识和节约意识。倡导能源节约文化,努力形成健康、文明、节约的消费模式。把节约能源纳入基础教育、职业教育、高等教育和技术培训体系,利用新闻出版、广播影视等媒体，大力宣传和普及节能知识。继续深入开展节能宣传周活动，动员社会各界广泛参与，努力建立全社会节能的长效机制。

四、提高能源供给能力

长期以来，中国主要依靠本国能源资源发展经济，能源自给率一直保持在90%以上，远远高于多数发达国家。目前，中国已经成为世界第二大能源生产国，具备了较强的能源生产供应基础。在全面建设小康社会的过程中，中国将首先立足于国内能源资源，着重优化能源结构，努力提高供应能力。

中国能源资源的开发潜力较大。煤炭已发现的资源量仅占资源蕴藏量的13%，可采储量占已发现资源量的40%。水力资源开发利用程度仅为20%。石油资源探明程度为33%，开始进入勘探中期，仍有较大潜力。天然气资源探明程度为14%，处于勘探早期，资源前景广阔。非常规能源资源尚处于开发利用初期，开发潜力较大。可再生能源开发利用刚刚起步，发展空间很大。资源节约、综合利用和循环利用等方面，也存在着很好的前景。

中国提高能源供应能力的措施是：

(一)有序发展煤炭

煤炭是中国的基础能源，增加供给能力、优化能源结构、保障煤矿安全、减少环境污染、提高资源利用效率、构建新型煤炭工业体系，是保障国民经济发展的迫切需要。中国加大煤炭资源勘查力度，支持大型煤炭基地的资源普查和地质详查，规范商业性勘探，提高资源保障程度，稳步推进大型煤炭基地建设。通过企业兼并和重组，形成若干产能亿吨级的大型企业集团。继续推进煤炭资源开发整合，调整改造中小煤矿，依法关闭淘汰不符合产业政策、不具备安全生产条件、浪费资源和破坏环境的小煤矿，进一步优化煤炭产业结构。促进与相关产业协调发展，鼓励实行煤电联营或煤电运一体化经营，延伸煤炭产业链。提高煤矿机械化水平和采煤综合机械化程度，推进煤炭的清洁生产和利用，鼓励洁净煤技术的研发和推广，加快替代液体燃料研究和示范。积极发展循环经济，加强环境保护，促进资源综合利用，加快煤层气产业化发展。加强煤炭运输体系建设，稳步提高运输能力。建立安全生产责任制，加大煤矿安全改造和瓦斯防治投入力度，不断提高安全生产水平。

(二)积极发展电力

电力是高效清洁的能源，建立经济、高效、稳定的电力供应体系，是保证国民经济和社会稳定发展的基本要求。中国坚持以结构调整为主线，优化电源结构。在综合考虑资源、技术、环保和市场等因素的基础上，优化发展煤电，建设大型煤电基地，鼓励发展坑口电站，重点发展大型高效环保机组。积极发展热电联产，加快淘汰落后的小火电机组。在保护生态、妥善解决移民问题的条件下，大力发展水电。积极推进核电建设。适度发展天然气发电。鼓励可再生能源和新能源发电。加强区域和输配电网络建设，扩大西电东送规模。实行电力统一规划和调度，建立健全电力安全应急体系，提高电力系统的安全可靠性。继续加强电力需求侧管理，实行节能调度，努力提高能源利用效率。

(三)加快发展油气

中国继续实行油气并举的方针，稳定增加原油产量，努力提高天然气产量。加大石油天然气资源的勘探开发力度，重点加强渤海湾、松辽、塔里木、鄂尔多斯等主要含油气盆地勘探开发，积极探索陆地新区、新领域、新层系和重点海域勘查，切实增加可采储量。深入挖掘主要产油区的发展潜力，加强稳产改造，提高采收率，延缓老油田产量递减。在经济合理的条件下，积极开发煤层气、油页岩、油砂等非常规能源。继续加快石油和天然气管网及配套设施建设，逐步完善全国油气管网。

(四)大力发展可再生能源

可再生能源是中国能源优先发展的领域。可再生能源的开发利用，对增加能源供应、改善能源结构、促进环境保护具有重要作用，是解决能源供需矛盾和实现可持续发展的战略选择。中国已经颁布《可再生能源法》，制定了可再生能源发电优先上网、全额收购、价格优惠及社会公摊的政策。建立了可再生能源发展专项资金，支持资源调查、技术研发、试点示范工程建设和农村可再生能源开发利用。发布了《可再生能源中长期发展规划》，提出到 2010 年使可再生能源消费量达到能源消费总量的 10%，到 2020 年达到 15%的发展目标。中国将推进水电流域梯级综合开发，加快大型水电建设，因地制宜开发中小型水电，适当建设抽水蓄能电站。推广太阳能热利用、沼气等成熟技术，提高市场占有率。积极推进风力发电、生物质能和太阳能发电等利用技术，将建设若干个百万千瓦级风电基地，以规模化带动产业化。积极落实可再生能源发展的扶持和配套政策，培育持续稳定增长的可再生能源市场，逐步建立和完善可再生能源产业体系和市场及服务体系，促进可再生能源技术进步和产业发展。

(五)加强农村能源建设

中国有 7.5 亿人口生活在农村，受经济和技术水平的限制，仍有多数农村地区依靠传统方式利用生物质能源。解决农村能源问题是全面建设社会主义新农村的必然要求，也是中国的一个特殊问题。中国政府坚持“因地制宜、多能互补、综合利用、注重实效”的原则，加强农村能源建设。中国通过实施“光明工程”、“农网改造”、“水电农村电气化”和“送电到乡”，同时充分利用小水电、风力和太阳能发电，改善了农村生产生活用能条件，解决了 3000 多万农村无电人口及偏远无电地区的用电问题，基本实现了城乡同网同价。中国将继续积极发展农村户用沼气、生物质能利用、太阳能热利用等，为农村地区提供清洁的生活能源。继续推广应用省柴节能灶炕、小风电、微水电等农村小型能源设施。继续增加农村优质化石能源的供应，提高农村商品能源的消费比重。继续加强农村电网建设，积极扩大电网覆盖范围。积极开展绿色能源示范县建设，加快推进农村可再生能源开发利用。

五、加快推进能源技术进步

科学技术是第一生产力，是能源发展的动力源泉。中国高度重视能源科技的发展，能源工业的技术水平与发达国家的差距进一步缩小，有效地促进了能源工业的全面发展。2005 年，中国政府制定了《国家中长期科学和技术发展规划纲要》，把能源技术放在优先发展位置，按照自主创新、重点跨越、支撑发展、引领未来的方针，加快推进能源技术进步，努力为能源的可持续发展提供技术支撑。

中国遵循科技发展规律和特点，积极开发和推广节约、替代、循环利用和治理污染的先进适用技术，为能源技术进步创造良好的政策环境。逐步建立企业为主体、市场为导向、产学研相结合的技术创新体系。大力组织先进能源技术的研发和推广应用，通过市场机制，引导企业加快技术进步，提高能源利用效率。大力加强能源科技人才培养，注重完善政策法规和技术标准，为能源技术发展创造良好条件。

(一)大力推广节能技术

中国把节能技术作为能源技术发展的优先主题，重点攻克高耗能领域的节能关键技术，大力提高一次能源和终端能源利用效率。实施节能技术政策大纲，引导社会投资节能技术应用。重点研究开发工业、交通运输、建筑等领域的节能技术与设备，以及可再生能源与建筑一体化、节能建材等应用技术。加强能源计量、控制、监督与管理，积极培育节能技术服务体系。

(二)推进关键技术创新

中国鼓励发展洁净煤技术，推进煤炭气化及加工转化等先进技术的研究开发，推广整体煤气化联合循环、超(超)临界、大型循环流化床等先进发电技术，发展以煤气化为基础的多联产技术。重点掌握第三代大型压水堆核电技术，攻克高温气冷堆工业实验技术。积极发展复杂地质油气资源勘探开发和低品位油气资源高效开发技术。鼓励发展替代能源技术，优先发展可再生能源规模化利用技术。稳步推进正负800千伏直流输电和1000千伏交流特高压输电技术，以及增强电网安全技术。

(三)提升装备制造水平

装备制造业是能源技术发展的基础。中国依托国家能源重点工程，带动装备制造业的技术进步。鼓励发展煤矿综合采掘设备，研制大型煤炭井下综合采掘、提升、运输和洗选设备，以及大型露天矿设备。鼓励发展大型煤化工成套设备，研制煤炭液化和气化、煤制烯烃等成套设备。鼓励发展大型高效清洁发电装备，发展煤电高效发电机组、大型水电及抽水蓄能机组、重型燃气轮机、先进百万千瓦级压水堆核电机组、大功率风力发电机组等，以及特高压输变电设备。鼓励发展石油天然气勘探、钻采装备，支持大型海洋石油工程设备、30万吨原油运输船、液化天然气运输船及大功率柴油机等配套设备。

(四)加强前沿技术研究

前沿技术是能源发展的潜力，能够引领能源产业和能源技术实现跨越式发展。中国重点研究化石能源、生物质能源和可再生能源制氢、经济高效储氢及输配技术，研究燃料电池基础关键部件制备及电堆集成、燃料电池发电及车用动力系统集成技术等。研究突破化石能源微小型燃气轮机等终端能源转换、储能及热电冷三联产技术。加快研发气冷快堆设计及核心技术。积极研究磁约束核聚变和天然气水合物开发技术。

(五)开展基础科学研究

基础研究是自主创新的源头，决定能源发展的实力和后劲。中国重点研究化石能源高效洁净利用与转化的基础理论，高性能热功转换、高效节能储能的关键原理，规模化利用可再生能源的基础技术，规模利用核能、氢能技术等基础理论。

六、促进能源与环境协调发展

气候变化是国际社会普遍关心的重大全球

性问题。气候变化既是环境问题，也是发展问题，归根到底是发展问题。能源的大量开发和利用，是造成环境污染和气候变化的主要原因之一。正确处理好能源开发利用与环境保护和气候变化的关系，是世界各国迫切需要解决的问题。中国是处于工业化初期的发展中国家，历史累计排放少，从 1950 年到 2002 年，中国化石燃料二氧化碳排放只占同期世界排放量的 9.3%，人均二氧化碳排放量居世界第 92 位，单位 GDP 二氧化碳排放弹性系数也很小。

中国作为负责任的发展中国家，高度重视环境保护和全球气候变化。中国政府将保护环境作为一项基本国策，签署了《联合国气候变化框架公约》，成立了国家气候变化对策协调机构，提交了《气候变化初始国家信息通报》，建立了《清洁发展机制项目管理办法》，制订了《中国应对气候变化国家方案》，并采取了一系列与保护环境和应对气候变化相关的政策和措施。中国提出“十一五”时期要实现生态环境恶化趋势基本遏制，主要污染物排放总量减少 10%，温室气体排放控制取得成效的目标。中国正在积极调整经济结构和能源结构，全面推进能源节约，重点预防和治理环境污染的突出问题，有效控制污染物排放，促进能源与环境协调发展。

(一)全面控制温室气体排放

中国加快转变经济发展方式，积极发挥能源节约和优化能源结构在减缓气候变化中的作用，努力降低化石能源消耗。大力发展循环经济，促进资源的综合利用，提高能源利用效率，减少温室气体排放。依靠科学技术进步，不断提高应对气候变化的能力，为保护地球环境作出积极贡献。

(二)大力防治生态破坏和环境污染

中国将更加重视能源特别是煤炭的清洁利用，并作为环境保护的重点，积极防治生态破坏和环境污染。加快采煤沉陷区的治理和煤层气的开发利用，建立并完善煤炭资源开发和生态环境恢复补偿机制。推进煤炭的有序开采，限制开采高硫高灰分煤炭、禁止开采含放射性和砷等有毒有害物质超过规定标准的煤炭。积极发展洁净煤技术，鼓励实施煤炭洗选、加工转化、洁净燃烧、烟气净化等技术。加快燃煤电厂脱硫设施建设，新建燃煤电厂必须根据排放标准安装并使用脱硫装置，现有燃煤电厂加快脱硫改造。在大中城市及近郊，严禁新建纯发电的燃煤电厂。

(三)积极防治机动车尾气污染

随着汽车工业的发展和人民生活水平的提高，中国机动车保有量迅速增加，防治机动车尾气污染成为环境保护的重要内容。中国正在积极采取有效措施，严格实施机动车排放标准，加强环保一致性检查，确保新生产机动车稳定达标；严格实施在用机动车环保年检制度；严格禁止制造、销售和进口超过排放标准的机动车；鼓励生产和使用低污染的清洁燃料机动车，鼓励生产混合动力汽车，支持发展轨道交通和电动公交车。

(四)严格能源项目的环境管理

加强对能源项目的环境管理，是实现能源建设与环境保护协调发展的有效措施。中国严格执行环境影响评价制度，通过严格环境准入制度抑制粗放型经济增长。新建、扩建和改建能源工程项目建设与环境保护设施同时设计、同时施工、同时投入使用。加强核电项目的安全管理，强化对已运行核电站、研究堆、核燃料循环设施的安全与辐射环境的监督管理，积极做好在建核电设施安全评审和监督工作。进一步加强水电建设中的生态环境保护，在满足江河流域综合开发利用的要求下，在保护中开发，在开发中保护，注重提高水资源的综合利用和生态环境效益。

七、深化能源体制改革

改善发展环境是中国能源发展的内在要求。中国按照完善社会主义市场经济体制的要求，稳步推进能源体制改革，促进能源事业发展。1998年实现了石油企业的战略性重组，建立了上下游一体化的新型石油工业管理体制。2002年按照电力体制改革方案，电力工业实现了政企分开、厂网分开。煤炭工业市场化改革后，2005年又按照国务院《关于促进煤炭工业健康发展的若干意见》深化改革和发展。中国正在按照观念创新、管理创新、体制创新和机制创新的要求，进一步深化能源体制改革，提高能源市场化程度，完善能源宏观调控体系，不断改善能源发展环境。

(一)加强能源立法

完善能源法律制度，为增加能源供应、规范能源市场、优化能源结构、维护能源安全提供法律保障，是中国能源发展的必然要求。中国高度重视并积极推进能源法律制度建设，《清洁生产促进法》、《可再生能源法》已经颁布实施，配套政策措施陆续出台；修订后的《节约能源法》已经公布；《能源法》、《循环经济法》、《石油天然气管道保护法》及《建筑节能条例》正在抓紧制订；《矿产资源法》、《煤炭法》和《电力法》正在抓紧修订。同时，正在积极着手研究石油天然气、原油市场和原子能等能源领域的立法。

(二)强化安全生产

中国在能源发展过程中，高度重视维护人民的生命安全，继续采取切实有效措施，坚决遏制重特大安全事故频发势头。中国坚持预防为主、安全第一、综合治理的原则，进一步加大煤矿瓦斯治理和综合利用力度，依法整顿关闭不具备安全生产条件的小煤矿。继续加大煤矿安全监管力度，引导地方和企业加强煤矿安全技术改造和安全基础设施建设。全面加强安全生产教育，增强安全责任意识。继续加强电力安全、油气生产安全，强化监督管理，实行国家监察、地方监管、企业负责的安全生产工作体系。进一步落实安全生产责任制，严格安全生产执法，严肃责任追究制度。

(三)完善应急体系

能源安全是经济安全的重要方面，直接影响国家安全和社会稳定。中国实行电力统一调度、分级管理、分区运行，统筹安排电网运行。建立了政府部门、监管机构和电力企业分工负责的安全责任体系，电网和发电企业建立应对大规模突发事故的应急预案。按照统一规划、分步实施的原则，建设国家石油储备基地，扩大石油储备能力。逐步建立石油和天然气供应应急保障体系，确保供应安全。

(四)加快市场体系建设

中国继续坚持改革开放，充分发挥市场配置资源的基础性作用，鼓励多种经济成分进入能源领域，积极推动能源市场化改革。全面完善煤炭市场体系，构建政企分开、公平竞争、开放有序、健康有序的电力市场体系，加快石油天然气流通体制改革，促进能源市场健康有序发展。

(五)深化管理体制改革

中国加强能源管理体制改革,完善国家能源管理体制和决策机制,加强部门、地方及相互间的统筹协调,强化国家能源发展的总体规划和宏观调控,着力转变职能、理顺关系、优化结构、提高效能,形成适当集中、分工合理、决策科学、执行顺畅、监管有力的管理体制。进一步转变政府职能,注重政策引导,重视信息服务。深化能源投资体制改革,建立和完善投资调控体系。进一步强化能源资源的规范管理,完善矿产资源开发管理体制,建立健全矿产资源有偿使用和矿业权交易制度,整顿和规范矿产资源开发市场秩序。

(六)推进价格机制改革

价格机制是市场机制的核心。中国政府在妥善处理不同利益群体关系、充分考虑社会各方面承受能力的情况下,积极稳妥地推进能源价格改革,逐步建立能够反映资源稀缺程度、市场供求关系和环境成本的价格形成机制。深化煤炭价格改革,全面实现市场化。推进电价改革,逐步做到发电和售电价格由市场竞争形成、输电和配电价格由政府监管。逐步完善石油、天然气定价机制,及时反映国际市场价格变化和国内市场供求关系。

八、加强能源领域的国际合作

中国的发展离不开世界,世界的繁荣需要中国。随着经济全球化的深入发展,中国在能源发展方面与世界联系日益紧密。中国的能源发展不仅满足了本国经济社会发展的需求,也给世界各国带来了发展机遇和广阔的发展空间。

中国是国际能源合作的积极参与者。在多边合作方面,中国是亚太经济合作组织能源工作组、东盟与中日韩(10+3)能源合作、国际能源论坛、世界能源大会及亚太清洁发展和气候新伙伴计划的正式成员,是能源宪章的观察员,与国际能源机构、石油输出国组织等国际组织保持着密切联系。在双边合作方面,中国与美国、日本、欧盟、俄罗斯等许多能源消费国和生产国都建立了能源对话与合作机制,在能源开发、利用、技术、环保、可再生能源和新能源等领域加强对话与合作,在能源政策、信息数据等方面开展广泛的沟通与交流。在国际能源合作中,中国既承担着广泛的国际义务,也发挥着积极的建设性作用。

中国积极完善对外开放的法律政策,先后颁布了《中外合资经营企业法》、《中外合作经营企业法》和《外资企业法》,努力营造公平、开放的外商投资环境。2002 年制定了《指导外商投资方向规定》,2004 年修订了《外商投资产业指导目录》和《中西部地区外商投资优势产业目录》,鼓励外商投资能源及相关的采掘、生产、供应及运输领域,鼓励投资设备制造产业,鼓励外商投资中西部地区能源产业。

(一)完善油气资源勘探开发的对外合作

中国在石油天然气资源领域,实行以产品分成合同为基础的对外合作模式。2001 年,中国公布了修订后的《对外合作开采海洋石油资源条例》和《对外合作开采陆上石油资源条例》,依法保护参与合作开采的外商合法权益。鼓励外商参与石油和天然气的风险勘探、低渗透油气藏(田)、提高老油田采收率等石油勘探开发领域的合作。鼓励外商投资输油(气)管道、油(气)库及专用码头的建设与经营。

（二）鼓励外商投资勘探开发非常规能源资源

2000年，中国发布了《关于进一步鼓励外商投资勘查开采非油气矿产资源的若干意见》，进一步开放非油气资源的探矿权、采矿权市场。允许外商在中国境内以独资或与中方合作的方式进行风险勘探。外商投资开采回收共、伴生矿、利用尾矿以及西部地区开采矿产资源的，可以享受减免矿产资源补偿费的优惠政策。进一步改善对外商投资勘查开采非油气资源的管理和服务。

（三）鼓励外商投资和经营电站等能源设施

中国鼓励外商投资电力、煤气的生产和供应。鼓励投资单机容量60万千瓦及以上火电、煤炭洁净燃烧发电、热电联产、发电为主的水电、中方控股的核电，以及可再生能源和新能源发电等电站的建设与经营。鼓励外商投资规模容量以上的火电、水电、核电及火电脱硫技术与设备制造。鼓励投资煤炭管道运输设施的建设与经营。

（四）进一步优化外商投资环境

中国政府信守加入世界贸易组织的有关承诺，在能源管理方面，清理了与世界贸易组织规则不一致的行政法规和部门规章。按照世界贸易组织的透明度要求，放宽了公益性地质资料的范围，并将进一步加强能源政策的对外发布，完善能源数据统计系统，及时公布能源统计数据，确保能源政策、统计数据以及资料信息的公开与透明。

（五）进一步拓宽利用外资领域

中国吸引外商投资开发利用能源资源，注重引进国外先进技术、管理经验和高素质人才，进一步实现从投资化石能源资源向可再生能源的转变，从注重勘查开发领域向更多地发展服务贸易转变，从主要依靠对外借贷和外国直接投资向直接利用国际资本市场方式转变。

在今后相当长一段时间内，国际能源贸易仍将是中国利用国外能源的主要方式。中国将积极扩大国际能源贸易，促进国际能源市场的优势互补，维护国际能源市场的稳定。按照世界贸易组织规则和加入世界贸易组织的承诺，开展能源进出口贸易，完善公平贸易政策。逐步改变目前原油现货贸易比重过大的状况，鼓励与国外公司签订长期供货合同，促进贸易渠道多元化。支持有条件的企业对外直接投资和跨国经营，鼓励企业按照国际惯例和市场经济原则，参与国际能源合作，参与境外能源基础设施建设，稳步发展能源工程技术服务合作。

能源安全是全球性问题，每个国家都有合理利用能源资源促进自身发展的权利，绝大多数国家都不可能离开国际合作而获得能源安全保障。要实现世界经济平稳有序发展，需要国际社会推进经济全球化向着均衡、普惠、共赢的方向发展，需要国际社会树立互利合作、多元发展、协同保障的新能源安全观。近年来，国际市场石油价格大幅波动，影响了全球经济发展，其原因是多重的、复杂的，需要国际社会通过加强对话和合作，从多方面共同加以解决。为维护世界能源安全，中国主张国际社会应着重在以下三个方面进行努力：

1. 加强开发利用的互利合作

实现世界能源安全，必须加强能源出口国与消费国、能源消费国之间的对话与合作。国际社会应该加强能源政策磋商和协调，完善国际能源市场监测和应急机制，促进石油天然气资源开发以增加供应，实现能源供应全球化和多元化，保证稳定和可持续的国际能源供应，维护合理的国际能源价格，确保各国的能源需求得到满足。

2. 形成先进技术的研发推广体系

节约能源，促进能源多元发展，是实现全球能源安全的长远大计。国际社会应大力加强节能技术研发和推广，推动能源综合利用，支持和促进各国提高能效。积极倡导在洁净煤技术等高效利用化石燃料方面的合作，推动国际社会加强可再生能源和氢能、核能等重大能源技术方面的合作，探讨建立清洁、经济、安全和可靠的世界未来能源供应体系。国际社会要从人类社会可持续发展的高度，处理好资金投入、知识产权保护、先进技术推广等问题，使世界各国都从中受益，共同分享人类进步成果。

3. 维护安全稳定的良好政治环境

维护世界和平和地区稳定，是实现全球能源安全的前提条件。国际社会应携手努力，共同维护能源生产国和输送国，特别是中东等产油国地区的局势稳定，确保国际能源通道安全和畅通，避免地缘政治纷争干扰全球能源供应。各国应通过对话与协商解决分歧、化解矛盾，不应把能源问题政治化，避免动辄诉诸武力，甚至引发对抗。

结 束 语

在全面建设惠及 13 亿人口的小康社会进程中，能源是事关中国经济社会发展的一个重要问题。以能源的可持续发展支持经济社会的可持续发展，是长期而艰巨的任务。中国政府将努力解决好能源问题，实现能源的可持续发展。

尽管中国能源消费增长较快，但人均能源消费水平还很低，仅相当于世界平均水平的四分之三，人均石油消费只相当于世界平均水平的二分之一，石油人均进口量也只相当于世界平均水平的四分之一，远低于世界发达国家水平。中国过去不曾、现在没有、将来也不会对世界能源安全构成威胁。中国将继续以本国能源的可持续发展促进世界能源的可持续发展，为维护世界能源安全作出积极贡献。

和平与发展仍然是时代主题，求和平、谋发展、促合作已成为不可阻挡的时代潮流。随着经济全球化深入发展，科技进步日新月异，生产要素流动和产业转移速度加快，世界各国各地区间的互联互动日益加深。国际社会需要加强合作，共同维护世界能源安全。中国政府将与世界各国一道，为维护世界能源的稳定和安全，为实现互利共赢和共同发展，为保护人类共有的家园而不懈努力！

中华人民共和国国务院新闻办公室

二○○七年十二月

第二篇

综合篇

中国物资再生行业发展状况及展望

物资再生行业是与发展中国循环经济密不可分的一项重要公益和环保事业，是国家实施节能减排和实现国家可持续发展的重要力量。党的十七大报告和国家“十一五”发展规划中，把大力发展循环经济，建设资源节约型、环境友好型社会作为国家“十一五”发展规划中的重点项目。大力发展循环经济的重要意义已得到全社会的广泛认同。

一、物资再生利用行业的发展历程

我国物资再生利用行业成立于上世纪50年代。1954年，时任政务院副总理邓小平同志亲自批准成立了国家物资金属回收局。之后，经过二三十年的发展进程，逐步形成了商业(供销)部门负责回收城镇居民废旧物品、物资部门负责回收生产企业废旧物资、各专业部门负责回收本系统内报废设备和材料的多渠道纵向回收系统，建立起了较完善的再生资源回收网络。20世纪70年代后，物资系统金属回收行业在各级政府主管部门的领导下，从省、市(地)到县，乃至乡(镇)都建立了回收网络，健全了回收体系；在全国六个大区，即：华北、东北、华东、中南、西南、西北地区设置物资回收管理处，并赋予一定的管理经营职能，这些管理处每年为国家回收、利用大量的再生资源。

改革开放以来，国家由计划经济转入市场经济，逐步撤销了各大区管理处，实施政企分离，取消了省、市、县金属回收公司的管理职能，但是，省、市(地)、县三级金属回收体系仍然健全。虽经历了市场经济初期的剧烈阵痛，近些年来，在国家多项优惠政策的扶持下，物资再生行业已走过了艰难的路程，不少企业已基本上走出困境，经营业绩和经营状况呈上升趋势，回收网络已逐渐健全和完善。

50多年来，物资再生企业由小变大，由弱到强，逐步发展到具备一定规模的大中型回收企业。目前，物资再生企业共有30000多家，回收网点9000多个，回收加工厂1300多家。其中，国有企业占40%，股份制企业占50%，个体企业占10%。到目前为止，物资再生企业再生资源回收量已突破5000万吨，年回收总值550亿元。随着物资再生行业的不断发展壮大，再生资源回收、再利用的种类不断增加，数量不断扩大，加工技术水平不断提高，除回收加工利用废旧金属、废有色金属、废旧家用电器、机电产品、报废汽车、军队退役报废装备外，回收范围和种类已向废塑料、废纸、麦秸秆、城市固体废弃物等领域拓展，其利用价值也已向更高层次迈进。一批符合环保要求的废料进口拆解加工基地和再生资源工业园已建成并投入使用，进口废料加工利用已达上千万吨。

二、物资再生行业为我国循环经济做出了积极贡献

(一)物资再生行业是国家循环经济的生力军

(1)我国废旧物资可再生利用的资源种类较多，但废金属回收利用始终是国家废旧物资回收领域的骨干行业，年回收废金属几万吨乃至几十万吨的企业遍及全国。废钢铁、废铜、废铝、废铅锌的回收再利用，一直源源不断地供应着各种类型的冶金企业。2007年，仅废钢铁回收量就达到4310万吨，比2006年增长13.4%，回收量逐年增长。其他废旧物资的回收利用弥补了我国的原生资源严重匮乏的局面。物资再生企业为国家实现循环经济发挥了重要作用。

(2)我国目前已经建立起完整的报废汽车回收拆解体系，并逐步向规范化方向发展。报废汽车回收拆解是汽车生产、流通、消费，及道路交通管理不可缺少的重要环节。目前，物资再生行业已经形成覆盖全国的报废汽车回收拆解网络。回收企业与政府职能部门紧密配合，共同承担着把符合报废标准的机动车全部交由回收企业拆解，实现节约能源、加强环保的功效，同时也减少了因报废汽车拼装上路而造成的交通事故，报废拆解体系为我国的循环经济和节能减排发挥了重要作用。

(二)一批具有一定规模的再生资源回收市场和加工园区已建立，并逐步完善

在经济发达、交通便利、适合国内外交流的区域，建立起再生资源回收市场和加工园区，已成为循环经济工作的迫切要求。为顺应物资再生行业的发展，将规划、试点、立法等作为加快推进再生资源回收体系建设进程的切入点，建立起了浙江台州废有色金属拆解加工基地、辽宁沈阳炉料市场、湖南废旧物资回收加工拆解市场、宁夏废旧物资回收加工拆解市场、山东临沂回收拆解市场、广州惠州再生资源回收加工基地、广西非金属回收加工市场和天津子牙工业园区，先后建立起了再生资源回收大市场和加工园区，将分散的回收企业进行整合，要求龙头企业自律、规范，集中管理，形成规模，促进企业作大作强。目前，上述市场和加工园区有的刚刚建成，有的已初具规模，开始发挥出具有典型性、规模化、环保型的作用，以此淘汰和取缔耗能多、污染重、浪费大、加工粗劣、作业野蛮的小作坊、拆解点及小企业。市场、园区的建立，已成为循环经济发展的一个亮点。

(三)再生资源回收、再利用的种类不断增加，数量不断扩大，加工技术水平不断提高

物资再生行业除回收加工废旧金属、有色金属、废旧家用电器、机电产品、军队退役报废装备外，回收范围和种类逐步向废塑料、废纸、麦秸秆方向发展。2007年，废钢铁、废有色金属、废塑料、废轮胎、废纸、废旧电子电器以及报废汽车等八大类的回收、拆解、利用，都比2006年有了较大提高。七大类别的主要再生资源回收总量高达8884.3万吨，比2006年的7591.4万吨增长了17.03%。废钢铁、废有色金属、废塑料、废纸、报废船舶等五个类别的再生资源共进口4076.7万吨，比2006年的3783.7万吨增

长293万吨，增幅为7.74%。利用废铜、废铝等再生资源的加工再制造技术生产工艺，产品质量具有较大的发展前景，为循环经济工作提供了很大的发展空间。

三、发展我国物资再生行业的几点思考

（一）发展目标

（1）按照“十一五”发展规划和国务院关于加快发展循环经济的若干意见精神，通过5年努力，以资源节约型、清洁生产型、生态保护型为重要特征的物资回收再生利用循环型产业取得明显成效。网络化、专业化程度高，便于规范自律，促进交流，合作洽谈，形成各地区、各区域以龙头企业带动的集约经营，有利于行业的健康发展。

（2）按照国家统一部署，在试点工作取得阶段性进展后，将废旧家用电器、废旧机电产品的回收、拆解、再利用工作在全行业逐步建立起来，力争做到有规划、有布局，此项工作在全行业的广泛开展，将成为本行业的又一特点。

（3）重点宣传和发展区域性的再生资源回收、拆解工业园区（回收拆解交易市场），以及加工示范园区（中心），提升产业能力、机械化能力与技术设备水平，从而带动全行业在管理水平上迈向规范化、法制化；生产能力上迈向机械化、科技化；内部管理上迈向清洁化、现代化、网络化。

（4）争取2年内建立起本行业的再生资源回收利用统计数据库，为循环经济工作提供有效数据。

（5）力争5年时间全面提高回收拆解企业的技术装备水平，改变肩扛手搬榔头敲的落后工艺，使全行业的机械化程度更高，人员素质及回收拆解技术大幅度提高；杜绝二次污染，全面实现清洁生产。

（二）工作重心

（1）对现有的回收拆解交易市场和加工示范园区进行进一步规范，提出更高的发展规划及要求，使之成为区域性的示范工业园，向着成熟发展的方向前进。

（2）对全行业的专业技术人员、企业管理人员进行培训，全面提升全行业的整体素质。

（3）加强行业自律，针对行业特点制定一些条例和规定，号召全行业自觉遵守，把行业自律提高到一个新的水平。同时，加强报废汽车回收拆解行业的规范自律，坚决杜绝报废汽车上路和倒卖“五大总成”等现象发生，打击违法违规行为。

（4）做好军队退役报废装备的接收工作，按照要求做好衔接工作。

（5）配合国家环保部搞好报废汽车空调氟利昂的回收工作，保护蓝天，保护我们赖以生存的人类空间，尽到我们的社会责任。

（6）开展广泛调查和政策研究工作，聘请一些业内专家做研究员，重点或定期研究一些行业内的重点、难点问题，达到理论先行，对行业起到预测、指导的作用，对有关政策部门起到建言献策的作用。

（7）物资回收、分选、加工和再利用的生产过程是一项变废为宝的过程，是循环经济中的一个重要环节。在这一生产过程中，不能对环境造成新的污染。因此，在全行业全面推进清洁生产。

（三）政策支持

（1）按照国务院有关精神，循环经济工作将

在“十一五”期间被大力宣传和推广，这必将赋予再生资源回收利用以重要责任与任务。因此，要加快立法工作，尽快出台相关法律法规。

(2)必须加强对再生资源回收利用的监督和管理，由政府职能推动市场机制发挥作用，改变管理混乱、无序竞争的局面和日渐增加的犯罪现象。

(3)国家应在政策上予以指导，给予实质性的扶持。例如：继续在财政税收政策上给予优惠。

(4)国家在资金上应给予支持。在上世纪70～80年代，国家财力比现在困难得多，可是每年仍拨款几千万元给予支持。现在联合国工发组织、联合国环境规划署在多边基金赠款方面，给予了我国一定的支持，此款项是用来支持我国改善环境的，因此惠及覆盖面应宽广，对重点行业有所侧重。

(5)废旧再生资源的回收根本是利用，应支持再制造产业发展。对旧矿山设备、机电设备、汽车零部件的再制造和再利用予以支持，促其发展。

(6)发挥现有行业体系的主力军作用，让其承担起再生资源回收利用的社会责任和服务于公益事业，为循环经济法发挥更大作用和热情。

(7)推动技术进步与推广，把国外、国内先进的、适合国情的先进技术，运用到再生利用产业上来。

(8)委托行业协会承担社会调查责任，对现有的再生利用回收企业作一个系统调查，为政府发展规划提供理论与实践上的依据。

目前，物资再生行业已作好了充分准备，一方面积极努力地做好原有的回收、拆解、加工和利用工作，另一方面承担起更加艰巨和繁重的任务，为我国循环经济的发展作出更大的贡献。

中国再生资源回收与利用情况

“十一五”规划明确提出，建设资源节约型、环境友好型社会，把节约资源和保护环境作为基本国策提到突出位置，纳入重要议事日程。倡导大力发展循环经济，提高资源利用效率，完善再生资源回收利用体系，落实节能减排约束性指标，逐步形成低投入、高产出、低消耗、少排放、能循环、可持续的经济社会发展格局。

2007年，在贯彻落实“十一五”规划纲要的进程中，全国再生资源回收利用工作有了很大进展，取得了明显成绩，为节能、降耗、减排、增效作出了应有的贡献。

一、2007年再生资源回收利用情况

(一)再生资源回收利用总量不断增加

2007年再生资源回收利用品种中，废钢铁、废有色金属、废塑料、废旧轮胎、废纸、报废汽车等再生品种的回收、拆解、利用，都比2006年有了较大提高(废旧船舶除外)。七个类别的主要再生资源回收总量高达8884.3万吨，比2006年的7591.4万吨增长了17.03%。其中，回收利用量增长较大的有废旧轮胎、废纸、报废汽车和废塑料，其回收增长率分别为25%、22.2%、20%和16%，废旧船舶国内回收拆解增长率为负值，见表1。

表1　　主要再生资源品种国内回收利用表

单位：万吨

序　号	类　别	2005年	2006年	2007年	增长率(%)
1	废钢铁	3675	3800	4310	13.4
2	废有色金属	205	214	257	20
3	废塑料	769	882	1023	16
4	废纸	1801	2263	2765	22.2
5	废轮胎	200	280	350	25
5－1	翻新轮胎(万条)	897	960	1027.2	7
5－2	翻新轮胎	24.8	26.6	28.5	7
5－3	生产再生胶粉	20	22	25	13.6
5－4	利用再生胶	131	165	220	33.3

续表

序号	类别	2005 年	2006 年	2007 年	增长率(%)
6	废旧船舶	—	—	—	—
6-1	数量(艘)	—	58	223	284
6-2	重量(万轻吨)	—	12.4	11.3	-8.9
7	报废汽车	—	—	—	—
7-1	数量(万辆)	65	70	84	20
7-2	重量	130	140	168	20
8	回收总量	6780	7591.4	8884.3	17.03

2007 年再生资源国内回收利用品种中，七个类别的主要再生资源社会回收价值总额为 2621.2 亿元，比 2006 年的 2125.8 亿元增长了 23.3%。2007 年主要再生资源国内回收利用分品种所占总回收量的比率及价值情况如图 2 所示：

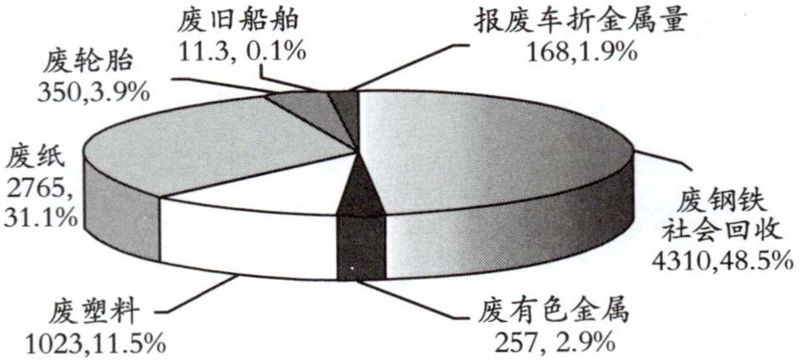

图 1　2007 年主要再生资源品种国内回收量(万吨)情况图

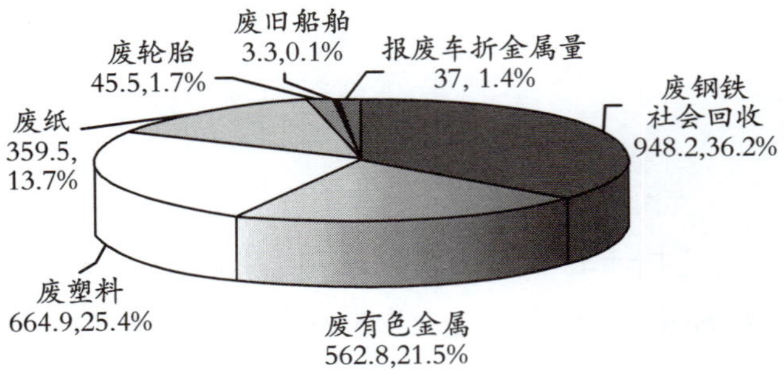

图 2　2007 年主要再生资源品种国内回收值(亿元)情况图

(二)再生资源进口量继续增长

2007 年，废钢铁、废有色金属、废塑料、废纸、废旧船舶等五个类别的再生资源共进口 4076.7 万吨，比 2006 年的 3783.7 万吨增加 293 万吨，增幅为 7.74%。其中，废塑料、废纸、废有色金属进口量比 2006 年均有着显著增加；而废钢铁、废旧船舶进口量同比有所下降。

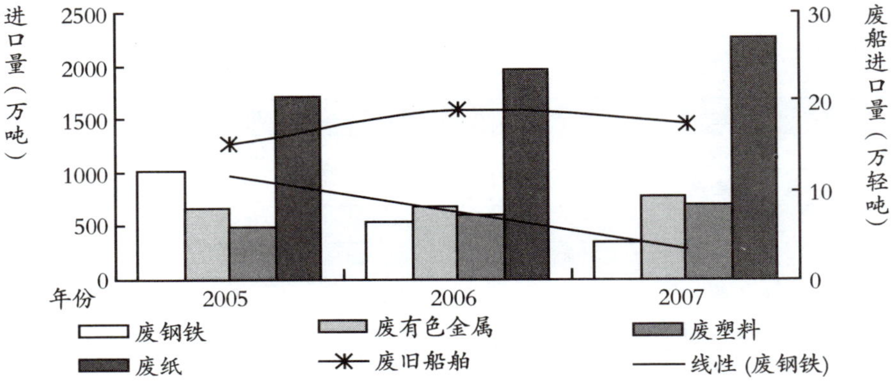

图 3　主要再生资源进口情况图

2007年主要再生资源进口情况如表2：

表2　　主要再生资源进口情况表

单位：万吨

序号	品种	2005年	2006年	2007年	增长率(%)
1	废钢铁	1014	538	339	-36.99
2	废有色金属	657.7	678.2	771.2	13.71
3	废塑料	495.7	586.4	693.1	18.2
4	废纸	1703	1962	2256	15
5	废旧船舶(万轻吨)	15.15	19.1	17.4	-8.9
6	合计	3885.55	3783.7	4076.7	7.74

二、再生资源回收利用的部分品种具体分析

(一)废钢铁供需市场的运行情况

1. 粗钢产量大幅增加，废钢铁供不应求

2007年全国粗钢产量为48924万吨，同比增长15.66%，生铁产量为46944万吨，同比增长15.19%。按照2006年全国平均吨钢消耗160千克废钢计算，2007年全国钢铁工业废钢需求总量为7828万吨，才能保持与粗钢同步增长。

但是由于废钢资源供给不足，实际用于炼钢的废钢消耗总量为6850万吨，同比增长1.9%，远远低于粗钢的增长幅度。其中钢铁企业自产废钢2201万吨，社会采购废钢4310万吨，进口废钢339万吨。由于废钢资源短缺，供应不足导致废钢单耗下降至140千克，为历史最低。

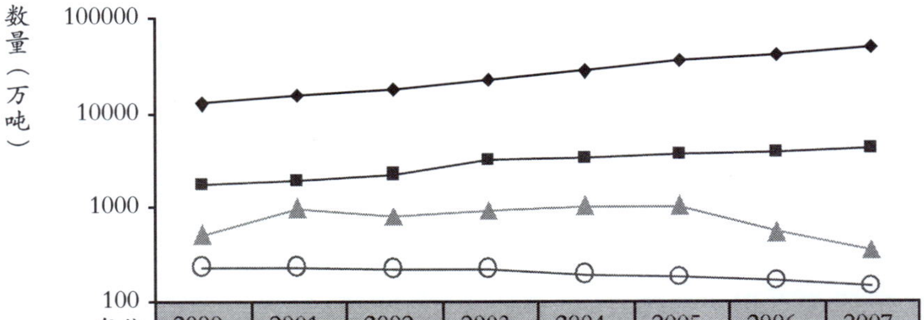

年份	2000	2001	2002	2003	2004	2005	2006	2007
粗钢产量	12850	15220	18225	22234	28291	35579	41878	48924
国内回收量	1770	1900	2284	3216	3350	3675	3800	4310
进口量	510	979	785	929	1023	1014	538	339
废钢单耗千克/吨	227	226	215	217	191	178	160	140

图4　历年钢产量及废钢铁消耗量情况图

进入21世纪以来，全国吨钢废钢单耗水平逐年下滑，从2000年的227千克降至2007年的140千克，下降38%。废钢资源供应不足增加了炼钢生铁的消耗，导致铁矿石进口量增加、价格暴涨。这种废钢资源消耗减少、原生资源消耗增加的资源配置发展趋向应引起钢铁行业的警惕。

2. 国内废钢市场价格一路上扬，采购困难

(1) 以重型废钢为例，元月份全国平均到厂价为2083元/吨，12月份涨至2901元/吨，上涨818元/吨，增长39.3%。为近几年来涨幅最大的一年。

同时，由于国家废钢税收政策调整迟迟没有出台，地方限制性措施的实施和省市之间、企业之间不平等贸易的愈演愈烈，使废钢市场正常贸易陷入十分困难的境地。

(2) 炼钢生铁，元月份全国平均到场价为2261元/吨，12月份涨至3550元/吨，上涨1289元/吨，增长57%，涨幅大于废钢，创历史新高。

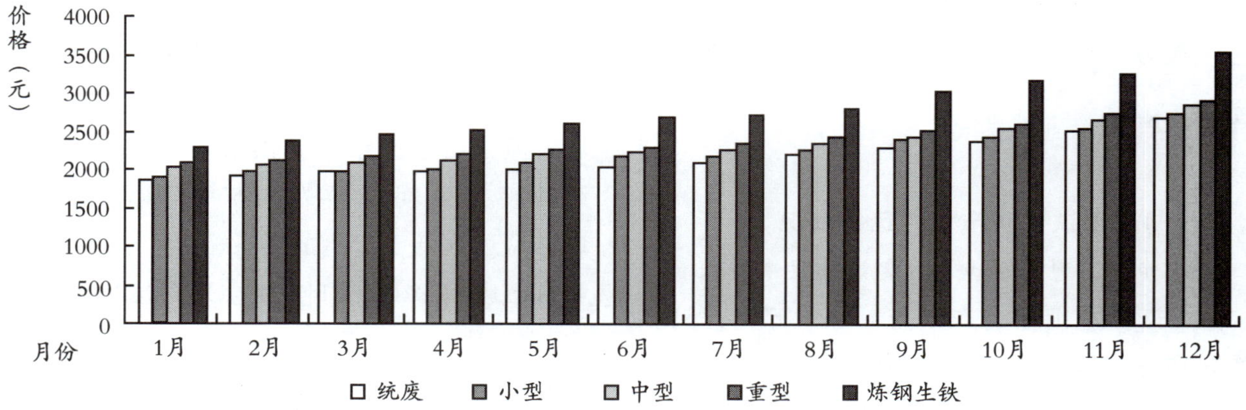

图5　2007年炼钢用废钢、生铁市场价格走向图

总之，2007年以来，国内废钢铁价格随着钢材市场的上扬和进口铁矿石连年涨价而一路上扬，废钢短缺，资源供不应求，但整个市场的发展基本稳定，没有大起大落。这说明全国的废钢铁市场逐步走向成熟和理性，低价应用废钢铁的时代已经过去，废钢在循环经济、节能减排中的应用价值逐步得到关注和提高。

3. 进口废钢价格居高不下，交易量锐减，市场低迷

2007年1～12月普通废钢到岸价平均由2006年12月份的419美元/吨涨至520美元/吨，上涨101美元/吨，增长24.1%。进口量为339万吨，其中普通废钢289万吨，同比下降了37%，是2005年进口量的33%。进口量的减少加剧了废钢供应紧张的局面。

(二)报废汽车回收拆解情况

全国汽车社会保有量增长迅速，2006年为4985万辆，2007年达5697万辆，同比增长14.28%。与此同时，汽车生产量也在快速提高，2006年生产728万辆，2007年达888万辆，同比增长22%。

目前，报废汽车回收拆解量发展较为缓慢，2006年实际回收拆解报废汽车70万辆，2007年为84万辆，同比增长20%，实际回收量仅为注册报废量的48%。

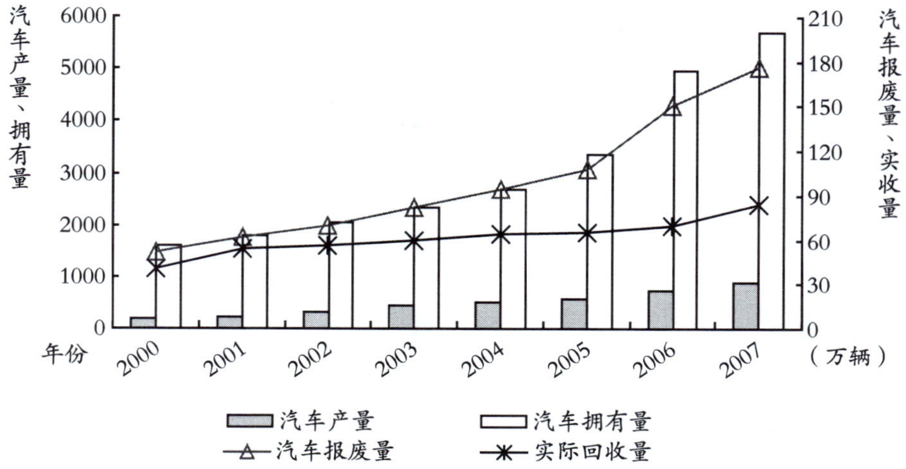

图 6 2002～2007 年汽车产生与报废情况图

（三）废旧船舶拆解情况

全国拆船业长期以来以进口废船拆解为主，近两年国内报废船只陆续增加。据中国拆船协会统计，2007 年会员企业共计拆解废船 312 艘 28.7 万轻吨（其中：进口废船 89 艘 17.4 万轻吨，国内废船 223 艘 11.3 万轻吨）。进口废船拆解吨位比 2006 年减少一成。2006 年，会员拆船企业共计拆解废船 124 艘，31.5 万轻吨，平均每艘 2540 轻吨，其中，进口废船 66 艘，19.1 万轻吨，国内废船 58 艘，12.4 万轻吨。

目前，会员拆解企业主要分布在长江三角洲、珠江三角洲及沿江、沿海共 11 个省市，共计有 64 个拆解企业，从业人数达 1 万人之多。拆船行业存在企业多、规模小、产能低、设施落后等问题，需要加强废船回收拆解规划布局和规范管理，需要提高废船拆解的规模化和集中度。

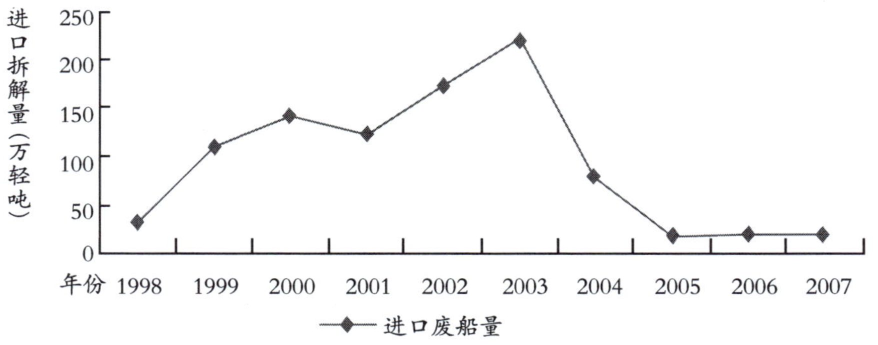

图 7 历年进口废船拆解情况图

（四）废有色金属回收情况

2007 年，受市场需求拉动，有色金属产品仍保持持续增长势头，价格继续高位振荡；进出口贸易总额大幅度增长，进出口总额同比增长 41.3%。其中进口增长 55.1%，出口同比大幅度下降，同比增长 16.3%。十种有色金属产量达2300万吨，同比增长25%，连续六年居世界第一位。其中：铜340万吨，增长18.9%；电解铝1200万吨，增长34.6%；铅288万吨，增长5.4%；锌364万吨，增长19.1%。相对应的是：2007年全国国内回收的四种主要废有色金属257万吨，同比增长20%。其中：废杂铜金属量72万吨、废杂铝金属量96万吨、废铅金属量46万吨、废锌金属量54万吨，与2006年相比，分别增长22%、28%、18%和8%。

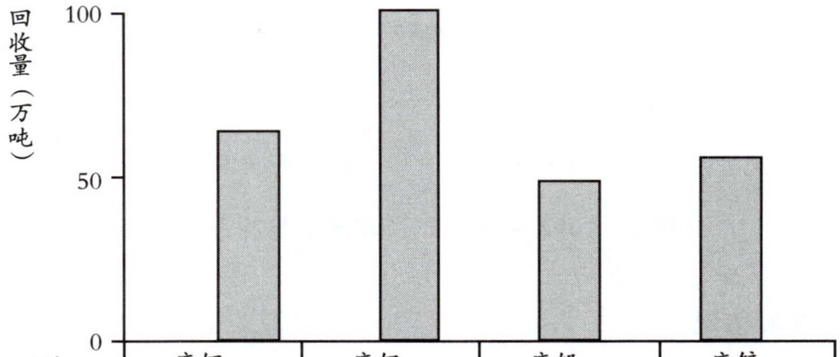

品种	废铜	废铝	废铅	废锌
系列1	61	96	46	54

图8　2007年四种常用有色金属国内回收量图

2007年，全国共进口有色金属废料771.2万吨（实物量），与2006年同期相比增长13.71%。其中进口含铜废料558万吨，含铝废料209万吨、含锌废料4.2万吨。与2006年同期相比分别增长12.96%、18.5%，含锌废料进口同比减少41.7%。自2005年以来，中国废旧有色金属进口量约占世界贸易量的1/3左右，成为废旧有色金属第一进口大国和集散地。

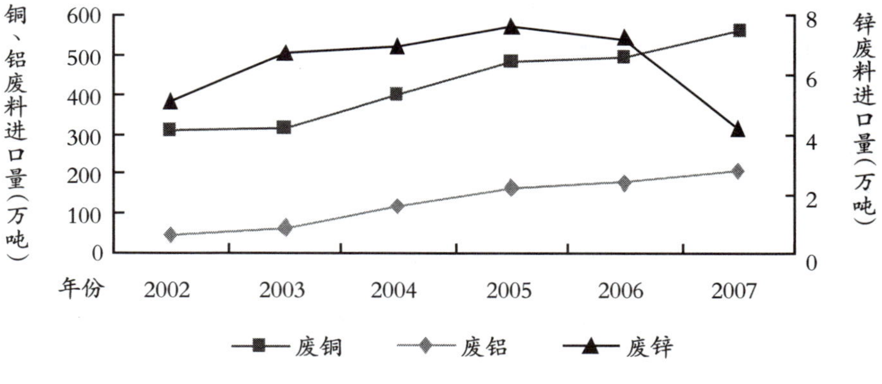

图9　历年三种有色金属废料进口情况图

(五)废塑料回收情况

2007年废塑料回收利用情况主要表现为国内回收量和进口量均有所增加。国内回收废塑料1023万吨,比2006年的882万吨增长16%;废塑料进口693.1万吨,比2006年的586.4万吨增长18.2%。

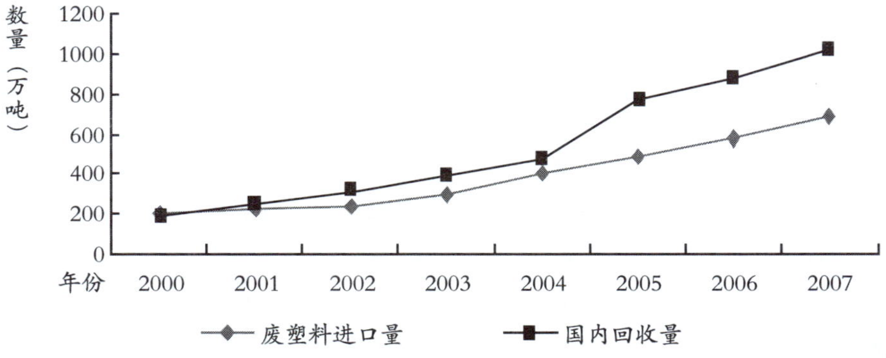

图10　历年废塑料国内回收量及进口量情况图

(六)废纸回收利用情况

1. 国内回收概况

2007年国内废纸回收量为2765万吨,较2006年的2263万吨增长22.18%。国内废纸自2000年以来废纸回收率和废纸利用率总体呈逐渐上升的趋势,2007年废纸回收率38%,较2006年上升3.7个百分点。

虽然几年来全国废纸回收率呈不断上升的趋势,但是与发达国家相比,全国的利用率还是比较低的,相较于墨西哥的90.1%、韩国的74.6%、英国的74.2%还有很大差距。

2. 进口情况

2007年进口废纸总量2256万吨,较2006年的1962万吨增长14.98%。废纸进口的主要来源地为美国、日本、香港、英国、荷兰等国和地区,废纸进口量占全国废纸进口总量的85%左右。

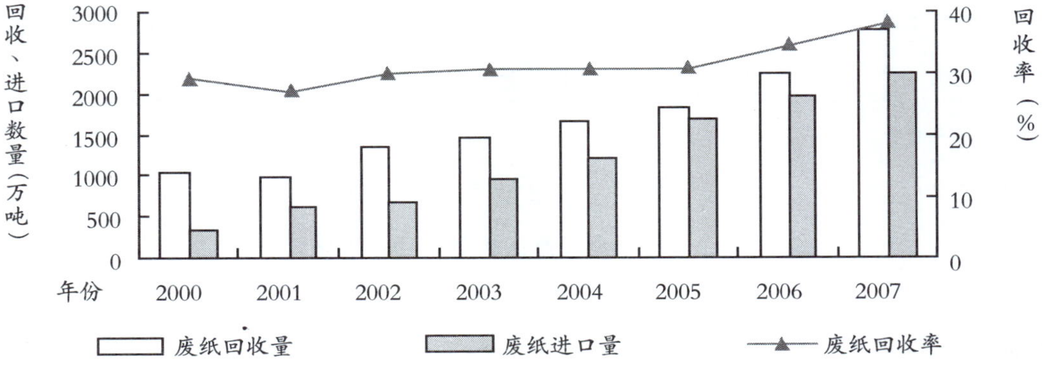

图11　废纸国内回收及进口情况图

(七)废旧轮胎回收利用情况

1. 废旧轮胎回收情况

全国废旧轮胎回收业迄今为止还未建立起全国规范的回收体系,废旧轮胎回收还处于民间个体回收经营,一些经营场所没有正规的法人营业执照,地方政府有关部门松散式管理。全国较大的轮胎集散地主要分布于各省市交界处,交通相对方便的地区。全国规模经营较大集散地主要集中在河北省唐山市玉田县窝洛沽镇、沧州地区、邯郸地区的曲周县,山西省汾阳市史家堡村、平遥地区,江苏南通地区,浙江省温州地区、宁波地区、台州市天台县,湖北省武汉市英山县,安徽省安庆市潜山县牛头山和巢湖,山东省的临沂与邹平,广东省的吴川、湛江与阳江,以及江西、黑龙江、福建等省市的中小型废旧轮胎集散地,到目前为止中小型的废旧轮胎回收批发点基本上覆盖各省市主要县市,年回收与销售废旧轮胎可达到350万吨以上。

2. 废旧轮胎的利用情况

再生橡胶,多少年来已经定位为橡胶工业中的主要原料之一,可以根据废橡胶的橡胶烃和不同的合成橡胶成分,分别生产出轮胎再生橡胶、胶鞋再生橡胶、杂品再生橡胶、浅色再生橡胶、彩色再生橡胶、无臭味再生橡胶、乳胶再生橡胶、丁基再生橡胶、丁腈再生橡胶和三元乙丙再生橡胶等,用于替代不同类型的橡胶满足橡胶工业的需要。2007年全国利用废橡胶仅生产220万吨再生橡胶,为橡胶工业弥补了70万吨以上的橡胶替代品,超出了海南、云南的全年天然橡胶产量,相当于全国天然橡胶全年产量的115%,同时减少了2007年当年近300万吨废橡胶垃圾的堆积。

利用旧轮胎翻新轮胎有利于节约资源、降低消费成本的有效途径。2007年,废旧轮胎再生利用行业共翻新轮胎1027万条,合计28.5万吨,较2006年的960万条(26.6万吨)增长了67万条,增幅7%。

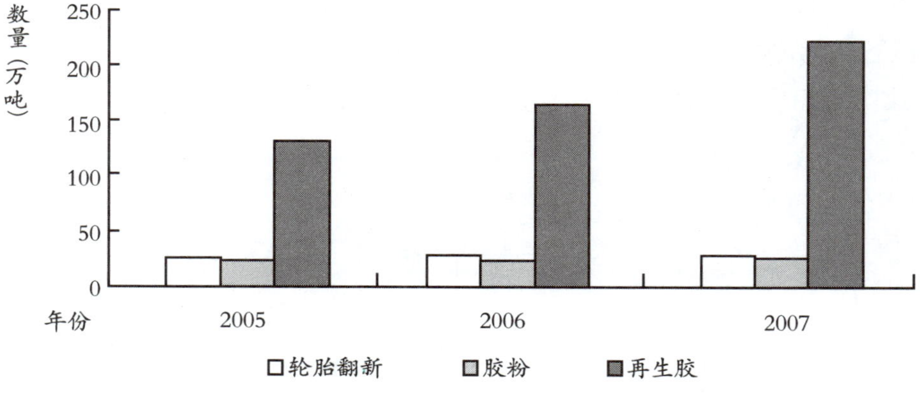

图12 历年全国废旧轮胎利用情况图

三、再生资源回收体系建设情况

2006年,国家商务部出台了《关于加快再生资源回收体系建设的指导意见》。2007年开始,对在全国确定的26个试点城市再生资源回收体系建设情况进行阶段性审核验收,并授权通过验收的相关项目使用再生资源回收体系标志,稳步推进再生资源回收体系建设。

再生资源回收体系建设是在充分利用、规

范和整合现有再生资源回收渠道的基础上，结合城市建设发展规划，统筹规划、合理布局、规划建设，形成以城市社区回收站点为基础、集散市场为核心、加工利用为目的，点面结合、三位一体的再生资源回收网络体系，逐步提高集散加工能力，促进再生资源行业的健康、有序发展。

通过构建再生资源回收体系，完善再生资源回收的法律、标准和政策，形成再生资源回收促进体系，建立回收企业和个人的从业资格培训体系，使城市90%以上的回收人员纳入规范管理，90%以上的社区设立规范的回收站点，90%以上的再生资源进入指定市场进行规范化交易和集中处理。

生产性再生资源形成集中回收——加工制造——再生循环的链条，争取到2010年，在试点城市建成布局合理、网络健全、设施适用、服务功能齐全、管理科学的再生资源回收体系，使再生资源主要品种回收率达到80%以上，实现再生资源回收利用产业化。

社区回收网点的主要建设和运行方式有两种：一是"政府统一规划回收网点，商务主管部门和街办比选回收企业授权经营、回收企业建社区回收网点并开展连锁经营"；二是"政府规划回收网点、市场投资建设业主建社区回收网点后，承包给回收企业、回收企业连锁经营"。为保障再生资源社区回收网点能够长效经营，采取"建设一个点，整治一大片"的办法，由政府相关执法部门配合街办对辖区内再生资源回收秩序进行综合整治。

中国进口再生资源简况

一、国家对再生资源进口的管理

(一)进口再生资源的管理法律、法规和规定

2007年,国家有关部门对进口再生资源的管理(即可用作原料的固体废物进口的管理)遵循《固体废物污染环境防治法》的有关规定,仍然具体执行1996年由原国家环保局、外经贸部、海关总署、国家商检局和国家工商局联合制定的《废物进口环境保护管理暂行规定》及其补充规定,主要规定包括:

(1)进口废物加工利用的单位必须对进口废物加工利用的过程的环境影响,进行环境风险评价;

(2)进口废五金、电机和电器产品的单位必须是国家环保总局核定的废物加工利用定点单位;

(3)进口废物的申请必须经加工利用单位所在地市、省环境保护部门审查,由国家环境保护总局审批并签发废物进口许可证;

(4)进口的废物必须符合国家相关的进口废物环境保护标准;

(5)批准进口的废物在境外装船前,对约定进口废物必须由中国商检机构或国家商检局指定或认可的其他检验机构实施装船前检验,检验合格后方可装运,以及进境时仍须检验;

(6)海关凭国家环保局签发的废物进口许可证和口岸所在地进出口商品检验机构的检验合格证明验放;

(7)进口废五金、电机和电器产品和废塑料的利用单位,必须在环保部门办理备案登记,和建立经营记录簿、填报《进口可用作原料的固体废物利用状况备案表》,报送备案机关。

(二)许可进口的再生资源

1. 限制进口类可用作原料的固体废物

进口限制进口类可用作原料的固体废物,必须经加工利用单位所在地市、省环保部门审查同意,国家环保总局批准、签发进口许可证。

在2006年限制进口类可用作原料的固体废物共24项的基础上(如表1),2007年7月又增加了“碳化钨废碎料”、“含铜大于10%的铜冶炼转炉渣”和“其他铜冶炼渣”为暂定限制进口类可用作原料的固体废物。

限制进口类可用作原料的固体废物中,禁止以加工贸易进口的再生资源包括:熔渣、浮

渣、氧化皮及其他废料、含五氧化二钒大于10%的矿灰及残渣、废汽车压件、以回收钢铁为主的废五金电器、沉积铜(泥铜)、以回收铜为主的废电机等、以回收铝为主的废电线电缆等和供拆卸的船舶及其他浮动结构体。

表1　限制进口类可用作原料的固体废物表

序号	商品编码	货物名称
1	1703.1000.00	甘蔗糖蜜
2	1703.9000.00	其他糖蜜
3	2619.0000.00	熔渣、浮渣,氧化皮及其他废料(冶炼钢铁所产生的(粒状熔渣除外))
4	2620.9990.10	含五氧化二钒大于10%的矿灰及残渣
5	3915.1000.00	乙烯聚合物的废碎料及下脚料
6	3915.2000.00	苯乙烯聚合物的废碎料及下脚料
7	3915.3000.00	氯乙烯聚合物的废碎料及下脚料
8	3915.9010.00	聚对苯二甲酸乙二酯废碎料及下脚料
9	3915.9090.00	其他塑料的废碎料及下脚料
10	6310.1000.10	新的或未使用过的纺织材料制经分拣的碎织物等(包括废线、绳、索、缆及其制品)
11	6310.9000.10	新或未使用过的纺织材料制其他碎织物等(包括废线、绳、索、缆及其制品)
12	7204.2100.00	不锈钢废碎料
13	7204.4900.10	废汽车压件
14	7204.4900.20	以回收钢铁为主的废五金电器
15	7401.2000.00	沉积铜(泥铜)
16	7404.0000.10	以回收铜为主的废电机等(包括废电机、电线、电缆、五金电器)
17	7602.0000.10	以回收铝为主的废电线等(包括废电线、电缆、五金电器)
18	8101.9700.00	钨废碎料
19	8104.2000.00	镁废碎料
20	8108.3000.00	钛废碎料
21	8908.0000.00	供拆卸的船舶及其他浮动结构体

2. 自动许可进口类可用作原料的固体废物

进口自动许可进口类可用作原料的固体废物,由利用单位直接向国家环保总局申请,由其批准、签发进口许可证。自动许可进口类可用作原料的固体废物共24项,如表2:

表2　自动许可进口类可用作原料的固体废物表

序号	商品编码	货物名称
1	0506.9011.10	含牛羊成分的骨废料
2	0506.9019.10	其他骨废料
3	4401.3000.00	锯末、木废料及碎片,不论是否粘结成团;木段、块、片或类似形状
4	4501.9000.00	软木废料;碎的、粒状的、或粉状的软木
5	4707.1000.00	回收(废碎)的未漂白牛皮纸或纸板及回收(废碎)的瓦楞纸和纸板
6	4707.2000.00	回收(废碎)的主要由漂白化学桨制未经本体染色的其他纸和纸板
7	4707.3000.00	回收(废碎)的主要由机械浆制纸或纸板(例如,报纸、杂志及类似印刷品)
8	4707.9000.00	回收(废碎)的其他纸及纸板,包括未分选的
9	5202.1000.00	废棉纱线(包括废棉线)
10	5202.9900.00	其他废棉
11	5505.1000.00	合成纤维废料
12	5505.2000.00	人造纤维废料
13	7204.1000.00	铸铁废碎料
14	7204.2900.00	其他合金钢废碎料
15	7204.3000.00	镀锡钢铁废碎料
16	7204.4100.00	车、刨、铣、磨、锯、挫、剪、冲加工过程中产生的钢铁废料,不论是否成捆
17	7204.4900.90	其他钢铁废碎料
18	7204.5000.00	供再熔的碎料钢铁锭(含废机床、废机车、废机车头等)
19	7404.0000.90	铜废碎料,不包括废五金电器、废电线电缆,废电机
20	7503.0000.00	镍废碎料
21	7602.0000.90	铝废碎料,不包括废五金电器、废电线电缆、废电机
22	7902.0000.00	锌废碎料
23	8002.0000.00	锡废碎料
24	8103.3000.00	钽废碎料

（三）进口废五金电器定点管理和加工园区管理

1. 进口废五金电器定点管理

2007年国家环保总局核定进口废五金电器、废电线电缆和废电机定点加工利用单位共503家，详见表3：

表3 各地定点数量表

省份	北京	天津	河北	山西	辽宁	吉林	黑龙江	上海	江苏	浙江	安徽	福建	江西	山东	河南	湖北	湖南	广东	广西	海南	重庆	四川	陕西	甘肃	青海	宁夏	云南	内蒙古	共计
数目	5	48	25	4	31	4	3	12	46	120	9	14	7	33	2	1	4	113	9	3	3	2	3	1	2	1	1	2	503

2. 进口废五金电器加工园区管理

2007年国家环保总局继续推动对进口废五金电器、废电线电缆和废电机等可用作原料的废物实行集中的“圈区管理”。2006年国家环保总局同意建设山东烟台、河北文安、广西梧州、广东江门和肇庆五个进口再生资源加工园区，之前已同意建设的有浙江宁波和台州、天津子牙、江苏太仓和福建漳州五个园区，共十个。2007年天津子牙废弃机电产品集中拆解利用处置区经过国家环保总局验收后，批准为进口废物“圈区管理”园区。2003年国家环保总局曾批准宁波再生金属资源加工园区，天津子牙是第二个被批准的园区。

（四）进口废物原料国内收货人实施登记管理

2007年国家质检总局开始对进口废物原料国内收货人实施登记管理，受理进口废物原料国内收货人的登记申请。进口废物原料国内收货人是指进口废物原料对外贸易合同的买方。自2007年9月1日起，未获得国家质检总局登记的国内收货人，入境口岸检验检疫机构不受理其废物原料的报检申请。为此，国家环保总局自2007年10月1日起要求申请进口可用作原料的废物的加工利用单位，必须提交进口废物原料国内收货人登记证书。如果自行进口，必须是经国家质检总局登记的进口废物原料国内收货人。如果委托他人代理进口，代理的加工利用单位必须是进口废物原料国内收货人登记证书中已登记的企业，并有代理合同。

（五）海关稽查

自海关总署2003年61号公告《部分废金属分类目录及报关方法修改表》发布以来，废金属的分类、质量描述、报关方法等得以明确，有效规范了废金属的进口秩序和企业的申报方式；但由于废金属成分复杂，监管难度大，仍有少数企业在废金属进口环节存在低报价格、瞒报重量等违法违规行为，扰乱市场秩序。从2007年4月份开始，海关部门先后对广东、浙江、上海、天津等地开展了废金属进口稽查活动，有效打击了少数企业的违法行为，进一步规范了废金属进口秩序。

二、进口再生资源简况

1. 批准进口再生资源的数量

2007年国家环保总局签发进口固体废物许可证36564份，是2006年的3.2倍，批准自动许可进口类固体废物7892万吨，限制进口类固体废物2683万吨，合计10575万吨，比2006年增加9.4%。批准进口量较大的是废纸、废钢铁、废五金电器、废塑料四类。

2. 进口总数量

上世纪90年代初，全国每年进口的废物

100 万～200 万吨，到中期 500 万吨，末期 1999 年为 1068 万吨，2005 年达到 3954 万吨。自 1991 年以来，我国进口废物约 3 亿吨。

2007 年全国进口再生资源总量为 4224 万吨，比 2006 年增加 8.4%。

表 4　　近五年我国进口再生资源数量表

时　间	2003	2004	2005	2006	2007
数量(万吨)	2975	3308	3954	3895	4224
同比增长(%)	29.7	11	19.5	−1.5	8.4

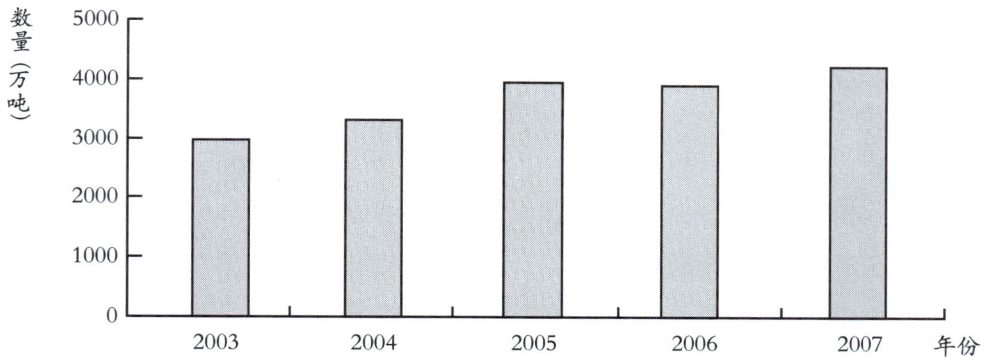

图 1　进口再生资源数量图

3. 进口的主要再生资源数量

进口废钢铁、废纸、废五金电器和废塑料共 4046 万吨，占进口总量的 95.7%，如下：

表 5　　进口主要再生资源数量表

种　类	废钢铁	废纸	废五金	废塑料
数量(万吨)	339	2256	767	691
同比增长(%)	−37	15	12.9	17.9

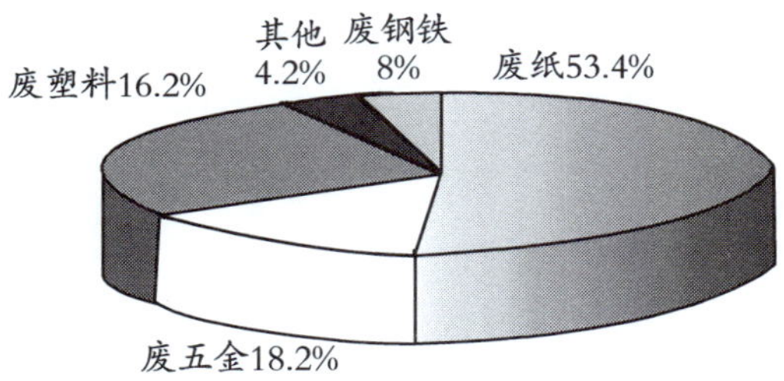

图 2　进口再生资源数量比例图

4. 进口再生资源状况分析

(1)废钢铁。在 2006 年进口废钢铁 538 万吨，比 2005 年下降 46.6%的形势下，2007 年进口废钢数量连续大幅度下滑，比 2006 年减少 37%，其主要原因是受国际价格上涨的影响。如 2007 年 8 月份废钢平均进口价格 491 美元/吨，同比上涨 66.56%，而国内中型废钢平均价为 2416 元/吨，虽然比上年底上涨 436 元/吨，增长 22%，但仍远低于国外，造成进口锐减。

(2)废有色金属。2007 年 4 月以后，废有色金属的进口有一段时间受一些因素的影响月进口数量减少，使国内市场供应紧张，暂时波动后，进口趋于正常，见表 6：

表 6　　废有色金属进口市场的波动表

单位：万吨

时　间	4 月	5 月	6 月	7 月	8 月	9 月
进口数量	85.96	66.80	64.80	51.42	70.18	78.37

全年进口的数量767万吨，比2006年增长14%。

(3)废纸。2007年国家环保总局规定申请进口废纸的企业必须生产工艺、设备符合国家产业政策、相关标准和要求，不属于应淘汰的年产3.4万吨以下草浆生产装置、年产1.7万吨以下化学制浆生产线或排放不达标的年产1万吨以下以废纸为原料的纸厂。

全国进口废纸2256万吨，价值40.4亿美元，分别比上年增长15%和47.1%。进口方式以一般贸易为主，加工贸易发展迅速。外商投资企业进口是主体，外商和私营企业进口增长，2007年我国外商投资企业进口废纸1448万吨，增长27%，占64.2%；私营企业进口366.1万吨，增长7.7%；国有企业进口272.6万吨，下降17.5%。见表7：

表7　进口废纸贸易和企业性质分析表

	进口性质		企业性质		
	一般贸易	加工贸易	外商	私营	国有
进口数量(万吨)	1682	573.9	1448	366.1	272.6
占比例(%)	74.5	25.5	64.2	—	—
同比增长(%)	6.4	51	27	7.7	−17.5

2007年从美国进口废纸932.5万吨，自欧盟进口703.1万吨，增长28%，两者合计占当年我国废纸进口总量的72.5%。2007年我国废纸累计进口平均价格179.2美元/吨，比2006年上涨27.9%。2007年1月份我国废纸单月进口均价为151.4美元/吨，至12月份高达209.3美元/吨，涨幅38.2%。

(4)废塑料。国家环保总局颁布了《废塑料回收与再生利用污染控制技术规范》，对废塑料从回收、包装、运输、贮存、预处理工艺污染控制、再生利用技术和再生利用污染控制、废塑料再生制品以及废塑料的回收和再生利用企业应制定并实施环境保护的相关管理制度，做了系统的规范，有力地促进了废塑料再生行业的发展。广东省是我国进口废塑料最多的地区，广东省环保局2006年制定了《广东省进口废塑料加工利用企业污染控制规范》，2007年该省的进口废塑料企业从经营、技术到管理都有较大的提升。2007年全国进口废塑料691万吨，同比增加17.9%。

2007年废塑料进口经检验发现不合格的批次约占进口再生资源总批量的55.6%，从前5大进口口岸，即广东、上海、天津、宁波和山东口岸进口的废塑料合计620万吨，占全国的进口量的90%，经检验发现不合格的废塑料仅占进口重量的0.231%，占检验总批次的0.45%。由此可见废塑料的不合格的数量还是很少的，对不合格的一般做了退运处理。

总之，2007年，是全国进口再生资源继续发展的一年，也是进口再生资源加工利用企业经营和环保治理水平普遍提升的一年。

中国再生资源产业园区发展状况分析

再生资源产业园区是发展循环经济、实现社会经济可持续发展的重要途径之一。再生资源产业园区能够实现区域内工业体系与生态环境协调发展，合理利用资源，减少环境污染，增强企业竞争力。在资源和生态环境承载力接近临界状态、粗放型经济增长方式难以为继的情形下，以“减量化、再利用和资源化”的“3R”原则为指导，根据资源条件和产业特点，运用循环经济发展方式建设再生资源产业园区，成为中国经济可持续发展的必然选择。

目前，全国已经建成和正在建设的再生资源加工园区大部分与协会建立了业务联系，并且纷纷提出要求由协会协助进行园区建设的策划和业务指导工作。为此，中国物资再生协会在充分调查、研究和总结园区建设的经验教训上，成立再生资源加工园区分会。

通过再生资源加工园区分会为各地的园区建设提供指导，减少了重复投资和资源浪费；为国家有关管理部门提供行业情况，制订了有关行业管理规范、标准；为再生资源加工园区的运行提供专业咨询、信息交流、行业展览、展销等，促进了园区的健康、持续发展。

一、循环经济与再生资源产业园区定义

（一）循环经济

循环经济是一种新型的经济形态，是“资源——产品——废弃物——再生资源”的反馈式循环过程，以尽可能小的资源消耗和环境成本，获得尽可能大的经济效益和社会效益，从而使经济系统与自然生态系统的物质循环过程相互和谐，促进资源永续利用。循环经济是由“动脉产业”和“静脉产业”组成的一个完整的物质流动体系。

1. 动脉产业

根据物质流动的方向，将承担“资源——产品——消费”过程的产业称为“动脉产业”。

2. 静脉产业

将承担废弃物收集运输、分解分类及再生资源化和无害化处理的产业称为“静脉产业”。

静脉产业是以保障环境安全为前提，以节约资源、保护环境为目的，运用先进的技术，将生产和消费过程中产生的废物转化为可重新利用的资源和产品，实现各类废物的再利用和资源化的产业，包括废物转化为再生资源及将再

生资源加工为产品两个过程。

(二)再生资源产业园区

再生资源产业(也称静脉产业)园区是国家倡导建立的一种新型工业园区,通过园区内以及园区外的中间产品和废旧物资的相互交换,实现物质的循环,通过能量、资源和信息系统的高度集成使用和基础设施共享的方式构建园区工业生态链,以此形成固废资源化和固体废物处理处置的特殊产业集群,从而使资源得到最佳配置,废物得到有效利用,从根本上解决经济发展与环境保护之间的尖锐冲突,是实现循环经济的有效手段。

二、我国再生资源产业园区发展现状

(一)政策支持

《国务院关于加快发展循环经济的若干意见》(国发[2005]22 号)指出:“推进绿色消费,完善再生资源回收利用体系。建设一批符合循环经济发展要求的工业(农业)园区和资源节约型、环境友好型城市。”

2007 年 4 月 27 日,国务院总理温家宝在全国节能减排电视电话会议上强调了再生资源产业园区的建设对于发展循环经济、建设资源节约型和环境友好型社会的重要性。他要求,“深化国家循环经济试点,建成一批循环经济典型地区、典型企业、再生资源产业园区、生态工业示范园区,总结经验,逐步推广。”

(二)圈区管理

1. 圈区管理的内涵

再生资源圈区管理是以循环经济和生态工业理论为指导,以充分回收利用资源、节约能源、保护环境为目标,统筹考虑上下游产业相衔接、同类型企业相聚集,按照功能建设原则,划分为商品交易区、分拣加工区、仓储配送区、商品展示区、配套服务区和培训中心,真正实现“废物入园——分拣分选——专业加工——物流配送——成品出园”的封闭式循环经济模式。

2. 实行圈区管理的意义

建设再生资源产业园区,对再生资源行业进行“圈区管理”是再生资源产业的发展方向。通过对再生资源加工利用行业的园区现代化管理,可顺利地实现现阶段再生资源加工利用行业的规范和整顿,有利于为高起点处理和管理国内再生资源作技术和管理上的准备,再生资源加工利用行业的“圈区管理”,是再生资源行业今后发展的必然趋势。

(1)现代化经营的再生资源加工园区可以减少由于企业分散经营对环境造成的污染,能够取得较好的经济效益,是大力发展循环经济,建设资源节约型、环境友好型社会和实现可持续发展的重要途径。

(2)集管理、加工、污水固废处理于一体的园区,既可资源共享,又可保护环境,有利于国家相关部门统一监管,促进绿色环保产业持续、健康、有序发展。

(三)国内主要再生资源产业园区发展状况

在国家政策的引导下,2007 年全国再生资源加工园区的建设工作逐步展开,一些再生资源加工园区开展了“圈区管理”试点工作,并取得了显著的成绩。

1. 烟台资源再生加工示范区

烟台资源再生加工示范区位于烟台经济技术开发区大季家办事处,规划面积 6.67 平方公里。烟台资源再生加工示范区于 2005 年 8 月由国家环保总局批复实施“圈区管理”，是全国第一家在建设阶段就获得环保总局批准“圈区管理”的专业化园区，是山东省唯一一家“圈区管理”试点园区，是烟台市循环经济试点示范园区。

2007年8月，烟台资源再生加工示范区通过国家环保总局验收，成为全国第一家通过国家级验收的“圈区管理”试点园区，标志着当地资源再生产业进入规范化的发展轨道。

2. 天津子牙环保产业园区

天津子牙环保产业园区是以经营废弃机电产品拆解加工利用再生资源为主的园区，是经国家批准的省级开发区之一，已被列入《天津市“十一五”发展规划纲要》。目前，园区占地面积1.17平方公里，投资总额10.62亿元，拥有入园企业88家，拆解工人2万人，年加工能力100万吨，每年可向市场提供原材料铜40万吨、铝15万吨、铁20万吨、橡塑材料20万吨、其他材料5万吨。到2010年，园区规划面积将达到4.87平方公里，年处理各种固体废物500万吨。

2007年10月，天津子牙环保产业园废弃机电产品集中拆解利用处置区通过了国家进口废物“圈区管理”园区的考核验收。

3. 肇庆市亚洲金属资源再生工业基地

肇庆市亚洲金属资源再生工业基地于2006年7月得到国家环保总局批复同意建设，总投资10亿元人民币。截至2007年10月，园区建设已累计完成投资4.53亿元，首批进驻园区的12家企业建设即将竣工，拥有每年150万吨进口废五金类的拆解加工生产能力，实现年300亿元以上工业总产值，成为华南地区最重要的再生金属资源供应基地、循环经济的示范基地和环境教育科研基地。

2007年11月16日，肇庆市亚洲金属资源再生工业基地通过国家环保总局验收，是继天津、烟台之后，国内第三家金属资源再生工业基地。

4. 山东临沂再生塑料产业园

山东临沂再生塑料产业园位于山东省临沂市河东区相公街道办事处驻地，是集废旧塑料回收、加工和综合利用为一体的环保型项目，也是先进性、环保性、科学性相结合的现代再生塑料工业园区。园区总体规划占地1000亩，投资8亿元人民币，分二期建设，其中一期占地600亩，投资3亿元人民币。项目规划坚持以“生产、生活、生态”三生一体，以“规范行业，环保至上，统筹兼顾，协调发展”为理念，规划建设市场交易区、初加工区、综合深加工利用区、行政服务办公区和固废集中处理区。

园区全部投入运营后，可容纳1000家经营业户入驻经营，实现年销售收入50亿元，具有良好的经济效益。项目的建设将整合市场秩序，规范交易行为，提高资源利用率，逐步形成回收、集中加工、综合利用三位一体的新型再生资源产业链条，最终实现“资源——产品——废弃物——再生资源”的循环经济模式。

5. 惠州市再生资源产业基地

惠州市再生资源产业基地位于广东省惠州市，已被列为惠州市和广东省2007年重点项目。项目总投资15亿元，总建筑面积66.7万平方米，首期64.7万平方米，由三大板块组成：惠州市再生资源回收网络体系、惠州市再生资源物流基地、惠州市再生资源综合利用基地。

基地按照国家环保总局静脉产业园标准建设，运用现代科技成果，遵照节能降耗和清洁生产的基本思路，削减资源、原料消耗，将生产和消费过程中产生的各种废物转化为可重新利用的资源和产品，力求打造全国大规模、高标准的静脉产业园区。

三、建设再生资源产业园区的重要作用

随着国家对再生资源加工利用行业的治理整顿，再生资源加工园区将越来越显示其优势和作用。对再生资源加工利用行业进行圈区管理，有利于实现现阶段再生资源加工利用行业的规范和整顿，有利于为高起点处理和管理国内废旧物资作技术和管理上的准备。

实行“圈区管理”、建设再生资源产业园区，是发展循环经济、实现经济和环境“双赢”的一项重要举措，是解决结构性污染和区域性污染、调整产业结构和工业布局、建设资源节约型社会和环境友好型社会的新型产业发展模式，是我国再生资源产业的发展方向。

(一)加快产业化聚集，提高资源利用率

目前，我国众多的再生资源回收利用、生产加工企业存在着管理粗放、布局分散、品种单一、生产经营规模小、二次污染比较重的问题，通过资源整合、企业重组，建立一批规模化、集群化、现代化、高效化的再生资源工业园区，能够加快产业化聚集，切实提高再生资源利用效率。

(二)扩大经营业务，增强国际竞争力

近年来，随着经济全球化进程的加快和我国对外开放的不断推进，再生资源领域内的对外经济合作也有了相当规模的发展，再生资源产业园区内许多企业经过有关部门的审查成为了固体废物进口利用定点单位，废料进出口、来料进料加工业务不断扩大，废钢铁、废有色金属、废塑料、废纸进口数量逐年增多，并形成了一定的规模。

园区内的企业一方面可降低资源消耗与污染治理成本，树立良好的社会形象，满足消费者的绿色需求，另一方面可通过环保的非关税壁垒，进入发达国家市场，获得国际竞争优势。

(三)减少废物排放，促进循环经济

再生资源产业园区中的企业通过改变污染处理方式，以加工利用全过程污染预防与控制为主，再辅以末端的污染治理方式，能最大限度地减少污染。再生资源产业园强调以生态为中心，工业体系与生态环境相协调，正好体现了循环经济思想。因此，再生资源产业园的建设有利于改善中国的环境状况，是中国在产业层面发展循环经济的重要载体。

四、推进再生资源产业园区发展的建议

(一)建立工作机制

再生资源产业园区建设是一项重要的战略举措，又是一项社会系统工程，涉及面广、工作量大。特别是开展园区试点工作、建设重点项目、支持骨干企业等，需要政府大力引导和推动，需要政府加强宏观调控，各有关部门要建立相应的工作机制，切实研究和解决再生资源产业园区建设工作的难点和热点问题，促进再生资源产业园区建设。

致力于建设再生资源产业园的地区，可考虑成立一个由当地主要领导挂帅，环保、公安、经济、财政等相关部门参加的领导小组或工作办公室，具体推动再生资源产业园区的建设进程。

(二)完善政策措施

(1)完善和落实再生资源产业园区建设的

鼓励和扶持政策，特别对再利用、再指导的企业，采用新工艺、新技术、新设备来提高再生资源利用效率，减少二次污染环境的应给予优惠政策。如：废家电及电子产品拆解分离、回收利用，废塑料及包装容器再生原料与制品，废旧轮胎翻新与再生原料等新兴产业。

(2)加快制定并实施生产者、销售者、消费者的责任延伸制度，促进再生资源产业园区建设。

(三)构建产业链条

从再生资源综合利用整体来看，回收是基础，利用是目的，节能、降耗、减排、增效是最大的综合效益。因此，以资源化、再利用、再循环企业为主体，构建专业化的再生资源回收利用产业链，再生资源供、产、销链，再生资源价值链是十分必要的。产业链既可以纵向延伸，又可以横向扩展；既可以跨区域，又可以跨国界。

再生资源产业园区建设，有利于再利用产业发展，是再利用产业发展的基础和保障；而再利用产业的发展有利于促进再生资源产业园区建设的整体提升，从而加快再生资源产业园区的建设进程。

(四)依靠科技进步

(1)采用先进适用技术，提高再生资源回收利用的技术水平，使再生原料和产品达到国家标准或国际标准，是再生资源产业园区的基本目标。

(2)以回收利用企业为主体，构筑产、学、研相结合的技术创新体系。瞄准再生资源产业园区建设过程中的共用技术、专用技术与核心技术进行研究改造、集成创新，为再生资源产业园区提供有力的技术支撑。

(3)适度引进国外先进技术与设备，加快再生资源产业发展步伐，在重点资源、重点产业上实行跨越式发展，尽快与国际水平接轨。要把引进技术作为切入点，着力进行消化、吸收、再创新，促进再生资源技术设备的国产化进程。

(4)加强再生资源行业的软科学研究。现在正处于工业化、城市化加速发展的现代社会，再生资源行业既是劳动密集型产业，又是知识技术密集型产业；既涉及生产力的范畴，又涉及生产关系的范畴。再生资源产业园区建设与发展需要探索体制机制，需要制定政策法规，需要编制规划和实施方案。因此，必须要加强软科学研究，为再生资源园区的发展战略、目标规划、政策制定、组织管理等提供科学的决策依据。

(五)推广试点经验

2007年全国主要地区再生资源产业园区建设试点工作正在抓紧进行，这对于大力推进循环经济发展、提高资源综合利用效率是十分重要的。对试点园区所取得的经验要学习推广，对试点园区所遇到的困难、问题以及解决的方法要很好地介绍，对试点园区产生的示范效应和带动作用要广泛宣传，推动全国各地大力开展再生资源产业园区建设，提高全民的节约意识和环保意识。

中国再制造产业发展状况及前景

一、前言

再制造是再生资源利用的高级形式，是实现循环经济“减量化、再利用、资源化”三原则中“再利用”原则的最为有效的途径，也是实现废旧机电产品循环利用的最重要的措施。发展再制造产业，有利于缓解资源不足的矛盾，对推进我国循环经济发展和加快建设资源节约型、环境友好型社会意义重大。2005年，国务院发布了加快发展循环经济的若干意见和做好建设节约型社会重点工作的通知，明确提出要积极支持废旧机电产品再制造。《国民经济和社会发展第十一个五年规划纲要》明确提出“十一五”期间要支持再制造等循环经济试点工程，建设若干汽车发动机等再制造示范企业。

二、再制造的定义及内涵

再制造是相对于制造而言。再制造是把到达使用寿命的产品通过修复和技术改造，使其达到甚至超过原型产品性能的加工过程。

再制造的内涵是以机电产品全寿命周期设计和管理为指导，以实现废旧机电产品性能提升为目标，以优质、高效、节能、节材、环保为准则，以先进技术和产业化生产为手段，对废旧机电产品进行修复和改造的一系列技术措施或工程活动的总称。

再制造的对象是广义的。它既可以是设备、系统、设施，也可以是其零部件；既包括硬件，也包括软件。

再制造包括以下两个主要部分：

1. 再制造加工

主要针对达到物理寿命和经济寿命而报废的产品，在失效分析和寿命评估的基础上，把有剩余寿命的废旧零部件作为再制造毛坯，采用表面工程等先进技术进行加工，使其性能恢复，甚至超过新品。

2. 过时产品的性能升级

主要针对已达到技术寿命的产品，或是不符合可持续发展要求的产品，通过技术改造、局部更新，特别是通过使用新材料、新技术、新工艺等，改善产品的技术性能，延长产品的使用寿命，使原产品的性能跟上时代的要求。

三、再制造的基本特征和作用

再制造以成型零件为毛坯，在不改变形状和本体材质的情况下恢复尺寸和性能，一般来说，再制造成本不超过新品的50%，节能60%，节材70%以上，资源节约和环境保护效益非常显著。主要有以下特征：

（1）再制造产品不是二手产品，应视为新品。

（2）再制造生产的对象为废旧机电产品。

（3）再制造还可以是一个对旧机型升级改造的活动过程。以旧机型为基础，不断吸纳先进技术、先进部件，可以使旧产品的某些重要性能提升并跟上时代的发展。

（4）再制造还可以影响、反馈到产品的设计、生产制造环节，促进产品的优化设计和生产。

（5）再制造不同于维修。维修是在产品的使用阶段为了保持其良好技术状况及正常运行而采取的技术措施，常具有随机性、原位性、应急性。维修多以换件为主，辅以单个或小批量的零（部）件修复。再制造是将废旧产品回收后进行彻底的全部拆卸（拆解到最小部件单元），利用清洗、检测等技术对其进行批量化修复、性能升级，所获得的再制造产品在技术性能上能达到甚至超过新品。

（6）再制造也不同于再循环。再循环是通过回炉冶炼等加工方式，得到低品位的原材料，而且回收中要消耗较多的能源，对环境有较大的影响。再制造是以废旧成形零部件为毛坯，通过有关技术加工获得不低于新产品质量的产品，消耗的能源少，最大限度地找回了废旧零部件中蕴含的附加值，且成本要远远低于新品。

四、再制造的起源

20世纪30年代，美国遭遇了大萧条，由于资金和资源缺乏，更多的汽车被实施再制造。1942年，美国参加第二次世界大战，商用车的生产受到控制，再制造成为轿车和货车维持运转的唯一方法。

从再制造的发展历史可以看出，在上个世纪，再制造是作为一种应急措施而得到发展。但是进入21世纪后，由于全球矿产资源短缺和对环境改善的高标准，再制造已成为具有战略意义的必然选择。

在工业发达国家中，废旧产品造成的危害暴露较早，因而相应的对策也被较早提出。20世纪90年代，美国基本建立了较完善的工业化3R体系（Reuse再利用、Recycle再循环、Remanufacture再制造），日本也从环境保护的角度制定了废旧资源利用的3R战略（Reduce减量化、Reuse再利用、Recycle再循环）。

再制造工程从诞生至今虽仅有50多年的历史，但其发展迅速，现已作为一个独具特色的新兴产业，成为制造业和服务业的重要组成部分。

以汽车零部件再制造中的汽车发动机再制造的社会效益、经济效益可以简单说明再制造的经济和社会效益。以年再制造5万台斯太尔发动机为例，与旧机回炉相比，再制造发动机可减少CO_2排放3千吨，再用金属3.825万吨，节电7250万度，创利税1.45亿元，节省购机费14.5亿元（再制造发动机的价格是新机价格的1/2），回收附加值16.15亿元，具体见图1。

汽车电机再制造国外已有70多年的历史，2003年美国总销售汽车电机1350万台，其中再制造电机945万台，占总销售量的70%左右。国外研究表明，再制造电机消耗的材料和能源也仅为新机制造的11.5%和12.5%，其能耗和原材料消耗对比图如图2、图3、图4所示。

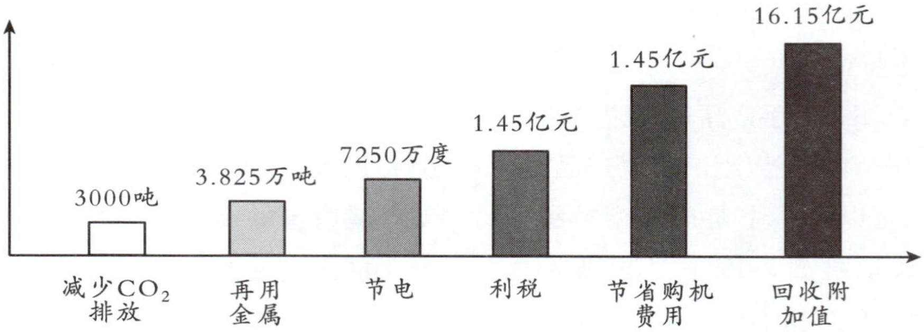

图1 再制造5万台发动机对循环经济的贡献图

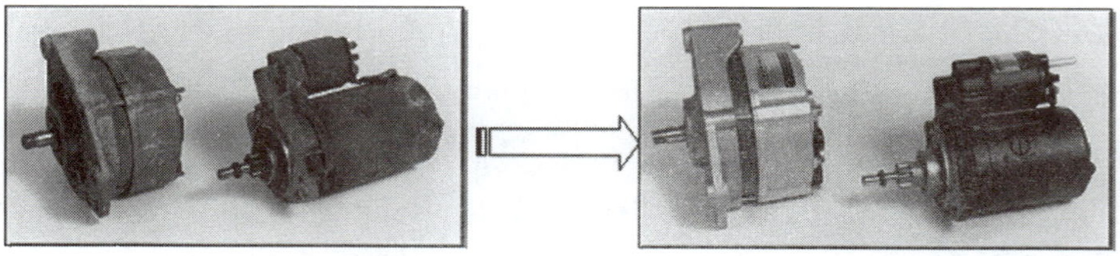

图2 电机再制造前后实物图

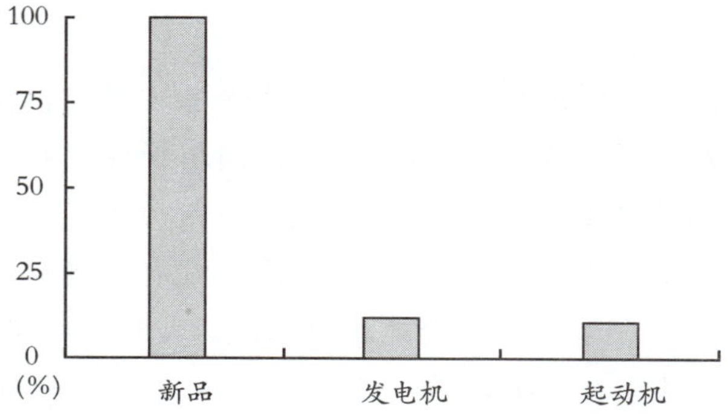

图3 材料消耗情况图

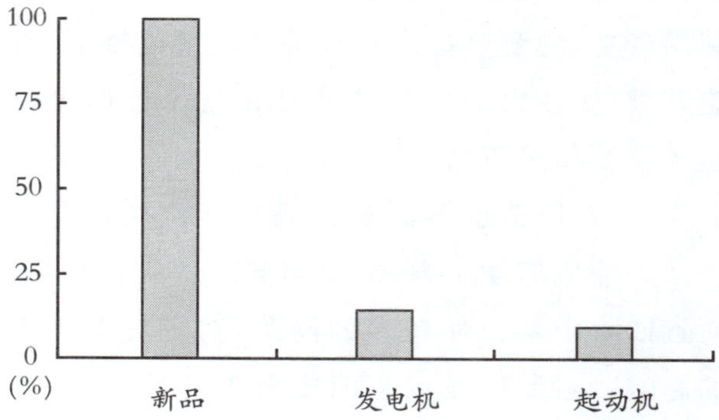

图4 能源消耗情况图

五、我国再制造产业发展基础

我国再制造产业发展相对较晚，仍处于起步阶段，与发达国家相比还有较大差距。上世纪90年代后期，随着国家确定了可持续发展战略目标，再制造工程已得到我国政府、学术界的高度重视，也开始得到部分企业界的认同与支持。

1. 再制造学术研究发展迅速

再制造工程在我国是由中国工程院院士徐滨士教授率先倡导提出的。徐滨士先后在1999年6月西安“先进制造技术国际会议”和2000年3月瑞典“第15届欧洲维修国际会议”上，提出在中国发展再制造工程的思想。

2000～2006年，中国工程院开展的咨询项目“绿色再制造工程及其在我国的应用前景”和“废旧机电产品资源化”对再制造的内涵、意义、关键技术、国内外情况、未来发展前景以及政策建议等进行了深刻地论述，中国工程院将咨询报告上呈国务院，国务院办公厅批转10个部委研究参阅，由此，再制造得到了国家政府机关的重视。

中国工程院咨询项目“建设节约型社会战略研究”将“机电产品的回收利用与再制造工程”列为支撑建设节约型社会的17项重大工程之一，中国工程院徐匡迪院长在上海“世界工程师大会”上作报告时指出：“我国构建循环经济应以‘4R’原则（Reduce减量化，Reuse再利用，Recycle再循环，Remanufacture再制造）为指导。”

国家自然科学基金委员会将“再制造工程技术及理论研究”列为“十五”机械学科发展前沿与优先资助领域，2002年国家自然科学基金委员会批准“再制造设计基础与方法”和“再制造基础理论与关键技术”为面上项目和重点项目。

2004～2005年，国家自然科学基金委员会多次召开“十一五”前沿及优先资助领域研讨会，再次将“资源循环型制造与再制造”列为“十一五”机械学科发展前沿与优先资助领域。

2007年“机电产品可持续性设计与复合再制造的基础研究”再次被批准为国家自然科学基金重点项目。

上述项目的开展，对再制造设计和再制造过程中的多项基础理论与关键技术进行了深入细致的研究。

2003～2004年，“国家中长期科学和技术发展规划战略研究”中第三专题“制造业发展科技问题研究”将“机械装备的自修复与再制造”列为子课题进行论证。再制造作为制造领域的优先发展主题和关键技术被列入《国家中长期科学和技术发展规划纲要（2006～2020年）》，这为再制造在中国的长远发展提供了决策性论据。为此，科技部于2006年将“汽车零部件再制造关键技术与应用”纳入“十一五”国家科技支撑计划中。

2004～2006年，国家发展和改革委员会专门立项“开展发动机再制造示范试点研究，促进循环经济发展”和“推进再制造产业发展实施方案研究”两项论证课题。

2004年，徐滨士在全国循环经济会议上作了题为《发展再制造工程，促进构建循环经济》的特邀报告，该报告引起国内外高度重视，美国再制造产业网站以“Global Competition: The Chinese Are Coming”（全球竞争：中国正在迎头赶上）为题专门介绍了报告内容和再制造在中国的发展状况，并预言中国将成为美国在再制造领域最强劲的全球竞争对手。

2005年，《国务院关于做好建设节约型社会近期重点工作的通知》（国发[2005]21号）和《国务院关于加快发展循环经济若干意见》（国发[2005]22号）文件中指出：国家将“支持废旧机电产品再制造”，科技部等部门也把“绿色再制造技术”列为“国务院有关部门和地方各级人民政府要加大经费支持力度的关键、共性项目之一”，“组织开发绿色再制造技术（等），提高循环经济技术支撑能力和创新能力”。再制造被列为国家第一批循环经济示范试点重点领域。

2. 再制造产业茁壮成长

2004年，由国家中长期科技发展前瞻领导小组汇总撰写的《中国技术前瞻报告2004》中，“废旧家电和汽车自动拆解、回收利用和再制造技术”经200余位专家无记名投票，在总共265项关键技术中，被评为“产业化前景最好的前20项技术”中的第6名。专家高度评价再制造，认为“绿色再制造属于综合考虑环境影响和资源效率的现代制造模式。”

2005年11月，国家发展和改革委员会等6部委联合颁布的《关于组织开展循环经济试点

（第一批）工作的通知》（发改环资［2005］2199号）文件公布了包括7个重点行业、4个重点领域、13个产业园区和10个省市的42个循环经济示范试点名单。其中再制造被列为4个重点领域之一，我国发动机再制造企业济南复强动力有限公司被列为再制造重点领域中的试点单位。

2006年4月，国家发展和改革委员会资源节约和环境保护司向国务院递交了《关于汽车零件再制造产业发展及有关对策措施建议的报告》，时任国务院副总理曾培炎同志作出重要批示："同意以汽车零部件作为我国再制造产业试点，探索经验，研发技术；同时要考虑适时修订有关法律法规。"

2006年9月，国家发展和改革委员会资源节约和环境保护司在上海主办了"汽车零部件再制造研讨会"，研讨加快推进中国再制造产业发展的对策措施，国家发展和改革委员会资源节约和环境保护司、产业政策司、工业司，以及国家商务部、公安部、交通部、国家质检总局等相关部门领导出席了会议。

2006年11月，中国物资再生协会再制造专业委员会成立，并于2007年6月，组织国内十余家主要汽车及零部件生产企业共同赴荷兰参加"2007欧洲国际汽车零部件再制造展览及研讨会"，考察参观了德国、法国等主要欧洲开展再制造，尤其是汽车零部件再制造的有关技术、设备及企业再制造生产经营等情况。

2007年1月，受国家发展和改革委员会委托，国内成立了以原机械工业部何光远部长和徐滨士院士为顾问的"汽车零部件再制造产业研究"课题组，以国内主要汽车制造企业和现有汽车零部件再制造企业为突破口，开展汽车零部件再制造试点研究和配套政策法规研究工作，以此推动国内再制造产业发展。

2007年9月，曾培炎副总理就组织开展汽车零部件再制造试点工作进一步做出重要批示："在试点的同时，抓紧修订有关法规。"

2007年10月，国家发展和改革委员会向各省、自治区、直辖市下发了《关于组织申报汽车零部件再制造试点企业的通知》（发改办环资［2007］2536号）。拟在全国选择有代表性、具备再制造基础的汽车整车生产企业，或汽车零部件再制造企业开展再制造试点工作。目前全国已有13个省市40余家企业申报，国内一汽、二汽、上汽、重汽集团等大型整车制造企业，以及潍柴、玉柴等发动机制造企业越来越关注汽车零部件再制造。

2007年12月，国家发展和改革委员会等六部委联合颁布的《关于组织开展循环经济试点（第二批）工作的通知》（发改环资［2007］3420号），文件对循环经济试点（第一批）工作进行了总结和回顾，并在通知中明确指出："资源综合利用领域选择装备再制造等有典型示范意义的相关企业和地方政府开展试点。"

2008年3月21日，国家发展和改革委员会在钓鱼台国宾馆召开我国汽车零部件再制造启动仪式会议。国家发展和改革委员会解振华副主任到会讲话，并宣布我国汽车零部件再制造试点工作正式启动。

据报道，从2005年开始酝酿、历时多年的国内首部《循环经济法》即将出台，法案中也将提到再制造的含义、再制造适用范围等多处有关"机电产品再制造"的相关条目和政策法规。如果这样的话，《循环经济法》作为国内首部倡导再制造的法律法规文件，在推进我国再制造产业发展的进程中，将拥有里程碑性质的意义，对于发展再制造产业将起到积极的促进作用。

再制造工程具有巨大的资源效益、环境效益、社会效益，已经成为国家可持续发展战略的重要实现手段和支撑技术。

六、再制造产业发展前景

我国作为装备使用大国，设备资产已达几万亿元，其中许多大型成套机械类设备，尤其是上世纪70年代末、80年代初引进的重大设备，从2001年开始将陆续到寿，面临报废，在2010年左右将达到最多数量。这些装备因到达技术寿命、经济寿命或环境寿命而被淘汰、报废，这为开展再制造研究提供了大量的资源。因此，大力开展再制造研究对降低装备全寿命周期费用，全面提升老旧装备性能和寿命，改善我国装备落后的状况，降低装备维修费用，节约资源、能源，减少环境污染等方面都具有重要意义。

通过国内大量的调研和专业研究团队的报告分析，全国在汽车零部件、工程机械、机床、大型工业装备、铁路设备、农用机械、国防装备、医疗设备、办公设备等领域发展再制造产业，将大有可为。

中国报废汽车回收与管理情况

报废汽车的回收利用是实现汽车产业可持续发展的重要一环，对报废汽车的回收、拆解、再利用既创造出了巨大的经济效益，同时又实现了节能环保、资源永续，产生了巨大的社会效益。报废汽车回收行业建立以来，我国相关政府部门陆续出台了多项政策，鼓励和支持老旧汽车更新，规范报废汽车的回收、拆解行为。目前，仍在指导我国报废汽车回收利用管理的重要法规是 2001 年颁布的《报废汽车回收管理办法》（国务院令第 307 号，以下简称《办法》）。《办法》实施以来，对进一步整顿经济秩序、规范报废汽车管理、打击非法拆解和交易、明确各部门的职责界限，具有很强的针对性和指导性。

一、中国报废汽车回收拆解业简要概述

我国报废汽车的市场管理始于 20 世纪 80 年代初期，当时汽车保有量刚刚超过 200 万辆。1980 年，为了节约能源，原国家计委、国家经委、国家能源委和交通部、国家物资总局遵照国务院关于“近期要把节能放在优先地位”“逐步更新耗能高的动力机具。明年（1981 年）先从载重汽车试点”、“以节约油料”的指示精神，联合发文《关于印发〈载重汽车更新试行办法〉的通知》（计综[1980]666 号），规定了汽车更新和回收手续，明确“回收部门接收旧车后，应及时解体作废钢铁处理。不得用旧零、部件拼装汽车变卖。”

1983 年，原国家计委、国家经委发出《关于加速老旧汽车更新改造的通知》（计机[1983]605 号），其中，决定成立全国老旧汽车更新改造领导小组，下设办公室，由国家物资局为主，负责日常工作。要求各地方物资部门要指定和适当增设回收、拆车的网点。随后，国家计委、国家经委及交通、公安、工商等政府有关部门多次发文，强调加强老旧汽车更新工作的组织领导，加快更新步伐，做好报废汽车的回收、拆解工作。同时制定了具体办法和规定，对加速老旧汽车更新实施了一系列鼓励政策措施。

1986 年，原国家经委等十部门联合下发了《关于加速老旧汽车报废更新的暂行规定》（经机[1986]560 号），首次制定了我国老旧汽车的报废标准，确定了各类车型的使用里程和使用期限。

我国政府对报废汽车回收行业给予了大力的财税支持，国务院 1985 年和 1990 年两次总

理办公会曾对汽车更新工作提出要求，强调加强汽车更新工作的组织领导，加快汽车报废更新工作步伐，加强对旧汽车交易市场的管理和做好报废汽车的回收、拆解工作。1986 年开始实施对报废更新车辆的单位，给予减半征收车辆购置附加费的优惠；1987 年实施了报废更新汽车补贴资金的优惠政策；对报废汽车回收经营企业给予免征增值税政策。

由于一些地区先后出现违反国家规定、无证无照擅自回收拆解报废汽车，甚至利用报废汽车“五大总成”和零配件拼装汽车、抬高报废汽车回收价格的现象，导致报废汽车回收拆解秩序混乱，1996 年，原国家经贸委、国内贸易部联合下发了《关于加强报废汽车回收工作管理的通知》（国经贸[1996]724 号），《通知》规定“实行报废汽车回收拆解企业的资格认证制度。”

1999 年，原国家国内贸易局、公安部和国家工商行政管理局联合下发了《关于做好报废汽车回收（拆解）企业管理工作有关问题的通知》（内贸局联发再字[1999]第 11 号），重申了报废汽车回收管理工作的重要性，要求认真做好认证工作，各地商品流通主管部门和报废汽车回收管理部门要加强对报废汽车回收（拆解）企业的管理，严禁拼装、倒卖报废汽车整车及五大总成流入市场。各地公安、工商行政管理部门也应在各自职责范围内加强对此项工作进行指导、检查和监督。

2001 年 6 月 16 日，国务院颁布了《报废汽车回收管理办法》（第 307 号令）（以下简称《办法》），其中明确了报废汽车车主和回收企业的行为规范及依法应予禁止的行为；明确负责报废汽车回收监督管理的部门及其职责分工；明确了地方政府对报废汽车回收工作的责任；明确了对违法行为的制裁措施等等。

同年，为了进一步贯彻落实全国整顿和规范市场经济秩序工作会议精神和《办法》，国务院办公厅以特急件发电《关于限期取缔拼装车市场有关问题的通知》；国家经贸委、监察部、公安部、国家工商行政管理总局联合下发了《关于贯彻〈办法〉的实施意见》；国家经贸委印发了《报废汽车回收企业总量控制方案》（国经贸资源[2001]773 号）。据此，国家工商行政管理总局迅速开展了严厉打击非法收购、拆解、拼装汽车经营行为，坚决取缔报废汽车拆解拼装市场的集中行动。公安部对公安机关依法强化报废汽车回收拆解行业的治安管理工作也提出了要求。经过几个月的努力，全国范围内查明的报废汽车非法拆解拼装市场被全部取缔，一大批拆、拼窝点被铲除，非法拆解、拼装汽车行为得到有效遏制，专项打击行动收到了明显成效。当然，我们也要看到，在一些地方，隐蔽、分散的报废汽车违法拆解、拼装行为依然存在，加强监管执法的任务仍然十分繁重。

二、近年来报废汽车回收行业发展状况

《办法》颁布后，经国家公告，全国报废汽车回收拆解资质企业 380 余家、回收网点 1000 余个、从业人员近 3 万人，年回收拆解能力 120 万辆。实际每年回收拆解报废汽车 80 万辆左右，占当年报废汽车产生量的 60%。每年可提供 200 余万吨汽车废钢、5 万吨有色金属，及可观的废橡胶、废塑料。

由于我国再生资源回收利用产业产生的历史原因和长期以来对该产业的意义、作用的认识上的偏差，在实际工作中对报废汽车回收拆解业的资金投入不多，报废汽车回收拆解的科技水平和技术含量较低。

(一)设施设备落后、拆解手段原始

目前，大多数报废汽车回收企业没有正规流水线设备，近几年环保部门以及地方商贸管理部门提高了回收、拆解场地和技术设备的要求，一部分企业能够按要求对场地进行硬化，并进行油污处理；但是尚有一部分企业拆解场地条件很差，很少有防渗漏处理，拆解设备也很落后，多以氧焊切割为主，技术装备落后，且多为手工操作，缺乏专用的设备、工具和专业技术培训，拆解生产效率较低。

(二)回收企业管理及技术水平较低

企业从业人员素质较低，中专业技术人员严重缺乏，临时从业人员较多，并且技术素质较低，技术创新及环境保护意识淡薄。技术更新改造能力薄弱，缺乏新工艺、新装备，技术储备及更新改造能力薄弱，缺乏对车用新材料、新零部件总成的回收利用能力。

(三)有害物质处理不当，环保要求低

在拆解过程中，对油液分类收集处理投资设施跟不上，产生的废油液没有有效的回收，在拆解场地地表存有大量明显油污，这样无疑造成了二次污染。对于车用空调中的氟利昂，虽然国家环保总局对报废汽车回收行业资格认证企业免费发放了CFC-12回收设备，但是，没有采取强制的收集利用，有一些企业在拆解过程中还是将氟利昂自然放掉。另外，对于拆解车内无法再生利用的针织物品或其他废弃物处理的随意性较大。

(四)对报废汽车上路的监管力度不够

目前我国交通事故居高不下，其中相当一部分事故是因为报废汽车、拼装车引起的。一方面，报废汽车、拼装车的技术状态严重恶化，在行驶过程中不能确保安全；另一方面，报废汽车、拼装车一般都非法运营，在使用过程中存在违章超载现象；再者，此类车辆在农村、偏远地区较多，而车主法律意识淡薄，经常有大量载客现象，容易造成群死群伤的恶性事故，而在这些地区由于条件所限，在监管上也存在困难。

经过多年的发展，目前我国报废汽车回收拆解业已经形成了一定规模，成为我国经济建设中一支不可或缺的重要力量。由于目前仍存在诸多因素影响，尚有一部分报废汽车流散于社会，未能及时回收拆解，成为交通安全和环境保护的隐患，也是再生资源的浪费。

三、报废汽车回收行业管理日趋规范

近年来，我国汽车产业及市场飞速发展，汽车保有量持续迅猛增长，2007年，我国汽车市场呈现稳步、快速发展态势，国产汽车产销量双双突破870万辆，销量比2003年翻一番。二手车增速高于新车，轿车仍为主力车型。据对339家二手车交易市场的统计，2007年二手车累计交易265.76万辆，同比增长27.88%。据有关数据统计，2007年全国汽车拥有量在5697多万辆。随着汽车保有量的迅速增加，汽车报废量也应随之增加。2007年，报废汽车量按2.5%的理论数字计算，应为142万辆；而报废汽车回收行业实际接收报废汽车84万辆，尚有58万辆报废汽车没有得到有效回收，实际回收率不足60%。

(一)目前尚无有效办法控制报废汽车的流失

众所周知，汽车使用达到报废车阶段，必须予以回收拆解，以推动汽车产业的科技进步，改进交通运营的车辆状况和减少交通隐患，保护

环境，节约能源和资源，保障资源循环利用。但是，由于《办法》在执行过程中出现了一些问题，管理部门缺乏有效的监督管理，加之我国地区间经济发展不均衡，贫富差距较大，同时有关部门又取消了“距机动车报废年限只剩一年不允许转卖和过户”的规定，使得机动车该报废时不报废，或者报而不废，一部分流入经济欠发达地区，百姓法律观念淡薄，或整车继续使用，或拆解拼装后上路行驶；另一部分转入二手车市场，办理过户手续后，又可以名正言顺地上路行驶。给交通安全、环境污染造成了极大的危害，给日趋贫乏的能源和资源造成了极大的浪费。另外，近年来废钢价格一路走高，经济发达地区报废汽车收购价格已远远高出其本身的原有价值，而其他地区收购价格偏低，这也是造成收车难的因素。面对汽车拥有量的迅速增长，报废汽车数量却在逐年减少，报废汽车回收行业收车难的问题，至今没有更好的解决方法。

(二)有关部门加强对报废机动车回收拆解进行修、制定工作

《办法》在制订之时，主要是从遏制拼装车和报废汽车上路、保障人民群众生命财产安全的角度来考虑。而近年来随着国内汽车工业发展及汽车管理实际情况的变化，原法规已在很大程度上制约了报废汽车回收产业的发展。建立具有前瞻性的报废汽车回收利用管理政策，以及与安全、环保、资源利用相适应的管理制度，就变得相当迫切。目前有关部门已经对《办法》的修订工作进入了征求意见阶段。同时，有关部门对行业进一步规范，相继制定和出台了《报废机动车回收拆解技术规范》、《报废机动车拆解环境保护技术规范》等。中国物资再生协会加强对报废汽车回收行业的规范自律，号召全行业自觉遵守《报废汽车回收行业行规行约》，履行承诺。

(三)报废汽车回收企业自身正在积极努力，逐步改善技术设备

一方面企业加强自律，严格依法办事；另一方面苦练内功，提高自身竞争能力。目前，60%以上的企业都在增加资金投入，对场地、设备进行改造，改善回收拆解环境，使企业的回收、拆解场地更趋合理，环境美化、环保安全程度越来越高。50%以上的企业对技术设备进行更新，加大机械化程度，部分企业还增加了机械化拆解设备。2005 年，中国物资再生协会配合国家环保部在上海市、江苏省对报废汽车空调设备回收 CFC-12(氟利昂)先行试点后，2007 年在国家环保部和商务部的大力支持下，全行业绝大多数回收企业都相继申领到了报废汽车 CFC-12 回收设备，并对回收技术人员进行了免费培训。目前企业在回收拆解报废汽车过程中，首要任务是回收报废汽车空调中的 CFC-12。随着企业环保意识的提高，全行业在为保护全人类赖以生存的环境积极地努力工作。

(四)加强教育和培训，努力提高职工素质

按照《报废机动车回收管理条例》(征求意见稿)和《报废机动车回收拆解技术规范》(征求意见稿)中的相关规定，自 2006 年开始，中国物资再生协会报废汽车专业委员会开始对从事报废汽车回收拆解工作的专业技术人员进行了培训。至今已经进行的十五期的培训，培训面基本上达到了 90%以上，凡是从事回收拆解工作的专业技术人员必须经过转业培训，持证上岗。同时，中国物资再生协会还从培养一支再生资源行业的高素质专业队伍入手，不仅为国家建立了再生资源专业人才体系，更切实维护了本行业的合法权益，从不同方面提高了技术和管理水平。根据人事部国家再生资源专家库的需要，拟定了入选国家级再生资源行业专家库的人员培训和考评工作规划，有计划、有目标地对报废汽车回收行业领导者进行培训再教育，为报废汽车回收行业进一步发展、提高行业素质和档次，提供后备力量。

四、报废汽车回收行业应当苦练内功，蓄势待发

随着党和国家大力发展循环经济，节约资源、能源，保护环境，创造优美和谐的社会环境等一系列重要措施的实施，2007年，各省市相继制定了本地区发展规划，对进一步发展再生资源回收利用工作作出了规划，为报废汽车回收行业了发展创造了一个良好的环境。

首先，政府管理部门应该借鉴国外的经验，根据中国的国情，深入实际调查研究报废汽车回收行业向什么方向引导和培育、回收行业的盈利模式是什么。这个行业要健康发展，必须是政府、消费者、汽车生产企业、报废汽车回收企业共同努力。

其次，报废汽车回收企业应清醒认识新形势下经济发展趋势。目前一些省级主管部门根据本省发展规划，有目标、有重点地批准成立了报废汽车回收企业或报废汽车回收网点，全国报废汽车回收企业和回收网点已经扩大到近500家。理性面对市场形成的压力，端正经营理念，尽早从前几年的孤身独占经营中回归，从沉湎于政策保护中回归，从对现状不满的抱怨中回归，保持良好的心态，是报废汽车回收拆解企业的必经之路。充分利用近年来积累的经验和市场占有率，苦练内功，专注自身，把眼光放远，把目标找准，重整山河、蓄势待发，已成为报废汽车回收企业的紧迫任务。

五、通过再制造，焕发报废汽车第二次生命

汽车再制造符合我国以科学发展观为指导，建设资源节约型、环境友好型社会的总体国策，是我国发展循环经济的重点领域工作。开展汽车零部件再制造是我国汽车行业贯彻落实科学发展观和发展循环经济的切实行动和实践。今年全国人大十一届一次会议代表提出“关于促进循环经济建设鼓励发展国内汽车零部件再制造的建议”。2008年3月21日，汽车零部件再制造试点正式启动，试点首批选取14家企业进行再制造。汽车零部件再制造是一项相当复杂的工作，是一个很精密的流程，需要非常先进的设备和技术，“某种意义上讲，再制造的技术精度不亚于生产一辆新车”。

报废汽车的价值远不止于废钢废铁。据测算，汽车上的钢铁、有色材料零部件90%以上都可以回收、利用，玻璃、塑料等的回收利用率也可达50%以上。再制造产品与新品比较，成本只是新品的50%，节能60%，节材70%。目前，在德国、法国、美国、日本等国家，报废汽车的再利用率均已达到80%以上。根据美国、欧盟的成熟经验和实践，完全可以允许多种形式的再制造企业主体同时存在，形成一个全社会开放的再制造体系。在我国，如果再制造仅仅局限于由汽车生产企业牵头开展，一是汽车零部件再制造产业很难得到充分发展；二是再制造零部件在市场流通方面将主要依托汽车生产企业的销售和售后服务系统形成一种封闭循环，社会上的广大消费者难于享受到再制造产品的真正实惠。

因此，国家应抓紧制定和加强有关汽车零部件再制造的管理办法和规定的出台，加强宏观管理和政策引导；抓紧修订不利于汽车零部

件再制造的有关法律法规，如《报废汽车回收管理办法》，尽快出台和完善汽车零部件再制造的整套管理办法和规章制度；为了促进再制造业的发展，国家应该鼓励有条件、有基础的有关单位结合各自的业务，尽快开展汽车零部件再制造的试点和探索工作。逐步形成汽车零部件再制造的社会化开放局面和良好态势。尤其是对需求量大的通用件、易损件产品，如电机、启动机等产品，报废汽车回收企业应该积极扩展经营能力，投入到再制造行列中来。

汽车报废回收再利用产业尚未形成，发展状况还不完善，还处于培育阶段。我们坚信，有党和国家的高度重视、各级政府主管部门的支持，经过报废汽车回收行业的积极努力，全行业一定能够规范经营、发展壮大。

发达国家报废汽车回收与管理情况

目前全世界拥有各型汽车近7亿辆，新车的年生产量约5000万辆，同时每年约有3000万辆旧车报废。在欧美、日本等国家，汽车换代比我国快。美国汽车的使用年限平均是7.1年；法国是9年；德国是5～6年；意大利规定是8年；日本汽车的平均使用年限一般在10～12年，但多数在6～8年就处理了，或卖给二手车经销商，或废弃。美国每年报废汽车1200多万辆，欧洲约900万辆，日本550万辆左右。由于制造汽车所用的材料中，优质钢等金属类占80%左右，从资源的可持续发展的角度来看，报废汽车是炼钢和有色金属冶炼工业的一个重要原料来源，因此，各国都很重视对报废汽车的回收拆解工作。如美国每年可从报废汽车回收产业中获利数十亿美元。除回收钢铁等金属外，还回收汽车零部件，其回收率80%以上。意大利每年也可从报废汽车中回收钢铁90多万吨，有色金属约8万吨。日本的废旧汽车回收率为75%，回收废钢铁等金属250万吨～300万吨。同时还出口废汽车压件给中国、朝鲜等国家。这些国家与我国的规定不同，汽车报废后并不要求所有总成和零部件都得报废回炉炼钢，而是从节约能源、降低材料消耗出发，尽可能地拆卸回收可再利用的总成及零部件，对其进行翻新处理并对翻新产品进行严格的性能检测，合格品允许进入本国汽车配件市场，供汽车维修用。有回收利用价值的主要是燃油及各种机油、发动机、变速箱、制动电机、启动电机、轮胎、玻璃、蓄电池等。

能源紧张、环境污染、原材料供应不足等经济、社会问题引起各国对报废汽车回收再利用的高度关注。特别是欧洲、美国、日本等经济发达和汽车保有量大的国家和地区，都在报废汽车的回收再利用方面制定了相对完善的制度，投入了大量研究工作，在整个产业链考虑汽车的回收利用问题，采用了先进设计技术、回收技术和设备，材料倾向选择轻量环保的可回收原料，到目前为止已经取得了显著的成效，并不断总结提高。

美国对报废汽车的回收处理完全基于市场作用，日本则突出政府部门的宏观管理，而欧洲的相关管理介于二者之间。

一、欧盟

欧盟作为世界上主要的汽车生产和消费地区之一，每年有大量汽车（900万～1000万辆）

成为报废车辆，如果作为废品处理每年将产生1000万吨左右的废品，这不仅浪费了资源，而且还污染环境。从20世纪90年代初期开始，欧洲联盟的一些成员国政府开始考虑对报废车辆的零部件和材料再使用、再利用和回收利用，以达到保护环境和节约资源的目的。首先是法国和荷兰，由政府和汽车工业界之间签订双边协议，确定报废车辆再利用和回收利用的目标。随后其他的欧盟成员国也纷纷仿效这一做法。2000年9月18日，欧盟发布技术指令2000/53/EC，开始将报废车辆的回收利用纳入法制化的管理体系，2000/53/EC规定欧盟各成员国自行采取必要的措施，不晚于2006年1月1日，使其所有的报废车辆的再使用和回收利用的比例至少达到85%，所有的报废车辆的再使用和再利用的比例至少达到80%。对于1980年1月1日以前生产的车辆，上述比例的限值指标可分别放宽为75%和70%。2000/53/EC还规定：不晚于2015年1月1日，所有的报废车辆的再使用和回收利用的比例至少达到95%；所有的报废车辆的再使用和再利用的比例至少达到85%。针对这一限值指标，2000/53/EC同时又规定，欧洲议会和理事会将修改欧盟的整车型式批准的框架性技术指令70/156/EEC，将报废车辆的再使用、再利用和回收利用纳入其整车型式批准框架中。

欧盟各成员国，按照欧盟指令2000/53/EC的要求，积极推动报废汽车的回收利用工作，并将有关要求转化为各自的法律法规等相关规定。为了提高汽车的回收利用率、减少报废汽车对环境的影响，大多数国家均采取了对汽车回收、拆解、粉碎等进行全面管理，各政府部门分工协作、各司其职的方式，主要是在政府主管部门的授权和指导下，由政府代理机构（如车辆检查机构、环保机构）实行对车辆检测、报废汽车回收、拆解和粉碎企业及有关工作流程的认可、监管，并且制定相应的具体标准法规。

欧洲报废车辆拆解、破碎材料的回收利用率为80%，废弃物的产生率达20%，其中60%用于再生能源加以利用，余量填埋处理。

（一）德国

1. 主管部门

德国汽车回收的管理和实施主要由德国当局、认证机构负责。政府的作用是制定法规和监管认证机构对汽车拆解企业的资格进行定期认证，经认证合格，发给资格证书。

2. 政策法规

1986年《废物限制和废弃物处理法》生效；1996年《循环经济和废物管理法》生效；2002年3月，政府批准了环境部提出的一项法律草案，即规定汽车生产厂商与进口商有义务免费回收废旧汽车以及在事故中完全损坏的汽车；在《环境影响评价法》、《环境担保赔偿法》等法规中，对废旧汽车拆解场所也有明确要求，如必须避免污染物渗透到地下污染地下水，否则将进行赔偿。

3. 基本情况

德国每年约有100多万辆废旧汽车申请报废。德国建立了全国废旧汽车回收网，有一批从事汽车回收行业的公司共同对废旧汽车的发动机、轮胎、蓄电池、保险杠、安全装置等分类进行全过程处理。德国现有汽车拆解企业4000多家，这些企业都有联邦议会发的执照。其中，汽车工业协会ARGE发执照的1400家。也有一些企业没有在协会登记，但也必须依法行事。有些企业因为缺乏经验，管理不当，或缺乏市场规划，造成业务量下降。另外，新法规要求建立计算机网络，这对只拥有地区市场的小企业而言，无疑会增加成本。德国共有20家破碎厂，5

家左右金属分离厂。

(二)英国

1. 主管部门

主要由贸易工业部负责管理,包括车辆的年检、制造商和销售商协会、回收及拆解企业等。英国环境、食品和乡村事务部通过其政府代理机构英国环境署(EA)实施车辆回收和拆解的资质认证、环保许可。

2. 政策法规

2005年发布了《报废车辆规定(制造商责任)》法规(2005法定文件第263号),明确了各部门、机构及相关组织的责任,该法规是对欧盟指令的具体化(如管理部门或者机构、制造商责任、回收网点要求等)。此前在英格兰和威尔士已经有2003/2635法定文件(法规)《报废车辆规定》、在苏格兰和北爱尔兰已经有类似法规(S. S. I. 2003/593 和 S. R. 2003/493),这些法规构成了对报废车辆及回收的整体要求。

3. 基本情况

英国汽车保有量达2900万辆,年销售和报废汽车约200万辆(销售量略高于报废量)。英国法规规定制造商建立回收网点和体系,或者与已有回收机构(预处理机构,AFT)签约(要求签约时间为10年),目前英国有大约900家AFT,估计今后可发展到1400家。但是根据制造商的要求及网点布置情况,预计最多有30%的AFT成为各制造商的签约机构。对于未与制造商签约的AFT,只要经过许可(达到场地及设备要求),可以独立开展回收拆解工作。目前拆解企业约有2000余家,多数拆解厂为小型家族公司。一些大型的拆解公司的雇员大约有1000人左右。由于拆解企业的设施及流程要求尚不详细,这些拆解企业中有些条件较差。英国粉碎公司共有37家,规模都较大,并且是资金密集型企业,可以处理大量的散装的轻型钢。

4. 报废汽车回收处理过程

回收企业在收到车辆后给车辆所有者发放销毁证书,并通知贸易工业部。

拆解企业是将零部件从车辆上拆除下来,并对车辆进行无害化处理,即清除燃油和液体、电池等,以进行后续的再利用或处理。在液体、气囊等吸取、引爆完成后,剩余的车辆残骸直接由挤压设备压成扁体。

粉碎企业将挤压后的车辆送入大型粉碎机,切成碎块后进行筛选、分类,以达到分别回收利用的目的。

二、美国

(一)主管部门

由美国环境保护总署针对汽车回收工业制定法律法规,由各州环境保护局对汽车回收工业实施管理和监督。

(二)政策法规

1991年美国出台了关于回收利用废旧轮胎的法律;1994年起,国家有关条例又规定,凡是国家资助铺设的沥青公路,必须含有5%用旧轮胎磨碎的橡胶颗粒;根据美国有关法律,汽车零部件只要没有达到彻底报废的年限,不影响正常使用,就可以再利用。

(三)基本情况

美国是世界上最大的汽车生产和消费国家,每年报废的车辆超过1000万辆。美国已成为世界上汽车回收卓有成效的国家之一,汽车回收行业一年获利达数十亿美元。据美国的一项调查，目前，美国从事汽车零部件再制造的企业有5万多家，产值达360亿美元。目前，美国大约有1.15万家汽车零部件回收商遍布各州，拆卸废旧汽车上的零部件，自行或送到专业的厂家对其中尚有使用价值的部分进行整修和翻新，然后运往修车厂重新使用。统计数字显示，汽车回收业每年向美国钢铁冶金行业提供的废钢铁占冶金业回收量的1/3还多。

据了解，美国再制造业已经确立了一系列经济增长目标：2007年雇员达到100万人，年销售额1000亿美元，75%的公司通过ISO认证；到2010年，100%再制造产品性能达到或超过原产品；到2020年，美国再制造业基本实现零浪费，并确保产品的质量和服务。

三、日本

（一）主管部门

经济产业省、环境省，主要负责制定报废汽车回收处理行业（主要是拆解企业及粉碎企业）的准入要求；国土交通省及其下属各地方陆运支局，负责汽车户籍管理；各地方政府，负责报废汽车回收处理行业的登记和准入审批；汽车回收利用促进中心（由经济产业省主管，日本自动车工业协会等九个相关部门于2000年11月成立），下设资金管理中心、信息中心、回收再利用支援中心，分别负责汽车回收处理中的资金管理、信息管理、对汽车生产商或进口商实施废物回收处理进行技术支持。

（二）政策法规

2002年7月日本国会通过了《关于报废机动车再资源化等的法律》（简称《汽车回收利用法》），于2005年1月1日起正式实施，在该法实施以前，日本报废汽车的处理依据《废弃物处理法》、《氟利昂回收破坏法》进行。

（三）基本情况

目前日本报废汽车回收企业约有85000家，氟利昂处理企业23000家，拆解企业5000家，粉碎企业1000家，相关法律对各类企业的经营项目及承担的责任做了明确规定（见表1）。2007年底汽车拥有量7899万辆，汽车的平均使用年限一般在10～12年，每年注销的车辆约550万辆，其中大约有355万辆作为报废车辆依法得到再生利用，135万辆作为二手车出口，60万辆作为二手车库存。

表1　《汽车回收利用法》规定的各类企业的责任表

企业类型	主营业务	责　任
回收企业	新车/二手车经营； 车辆维护保养； 报废车拆解。	判断汽车报废或作为二手车交易； 向汽车用户征收报废车处理费； 回收报废汽车并移交给氟利昂处理企业。
氟利昂处理企业	新车/二手车经营； 车辆维护保养； 报废车拆解。	回收氟利昂并将其移交给汽车生产商，同时将报废汽车移交给拆解企业。
拆解企业	报废车拆解。	拆下气囊或将气囊引爆，并交给汽车生产商；拆下尚可使用的零部件；对车辆妥善处理后移交给粉碎企业。
粉碎企业	报废车的轧固和粉碎。	粉碎车辆，回收其中的金属，将ASR和轧成块状的车身移交给汽车生产商。

（四）报废汽车回收处理过程

车辆用户将其报废汽车交给汽车回收企

业，然后报废车依次被转移到氟利昂回收企业、拆解企业、粉碎企业、汽车生产商(包括进口商，下同)进行回收处理；在此过程中各处理单位向日本汽车回收再利用促进中心发送接受、转移的信息报告。该中心核实汽车处理全部完成后，通过回收企业通知用户，用户根据所提供的车辆处理信息向国土交通省下属的各地陆运支局申请永久注销汽车登记，整个过程如图1所示：

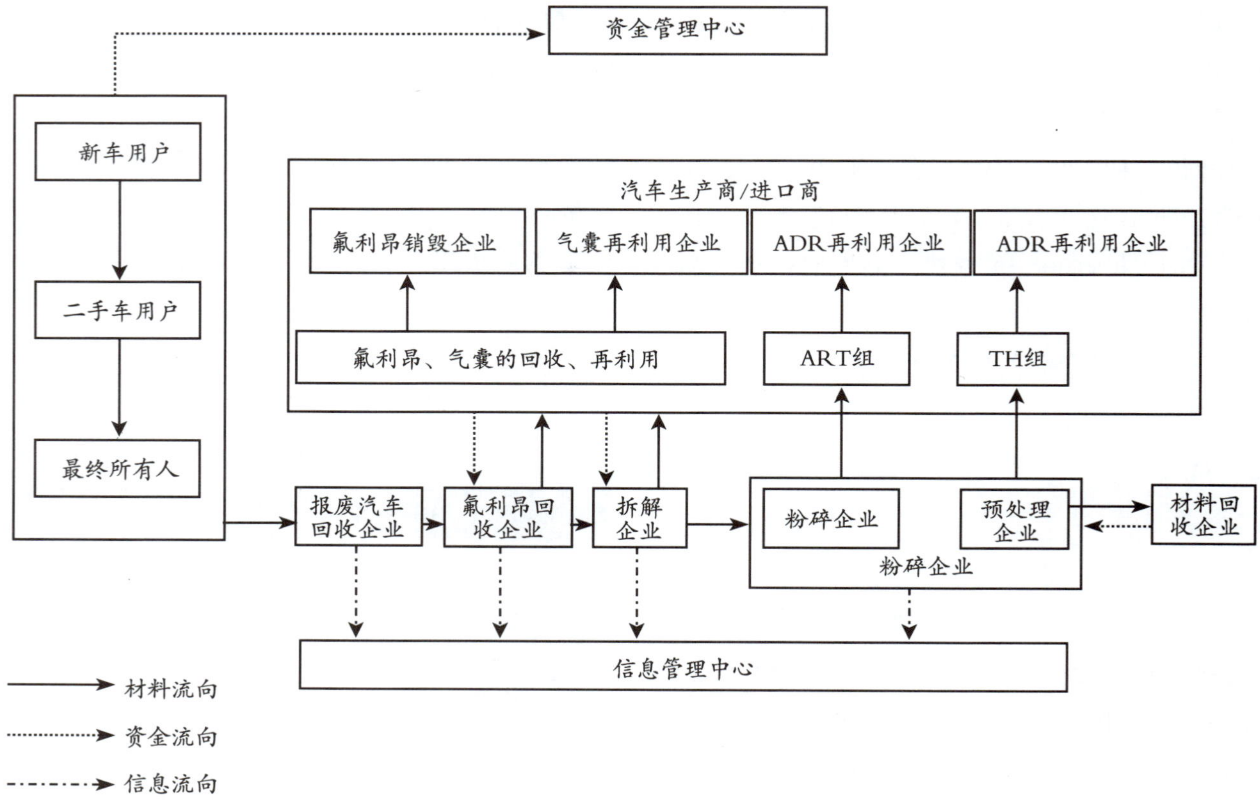

图1　日本报废汽车回收处理流程图

(五)日本报废汽车回收制度的特点

1. 汽车生产商在回收利用过程中承担重要责任

规定汽车生产商承担起氟利昂、气囊类和粉碎后ASR(指废渣)的回收再利用责任，处理费用由生产商根据ASR的回收处理方式、安全气囊的个数及拆卸难易程度、是否带有空调等具体情况确定，并体现在新车价格里(约占车价的0.5%～1%)，由此形成一个基于市场竞争并能持续发挥作用的社会环境，促使报废汽车被最大限度地回收利用。

2. 汽车回收利用促进中心在回收利用过程中起到核心作用

如图1所示，该中心在汽车回收利用过程中在资金管理、信息管理等方面发挥了主导作用。

3. 报废汽车的回收处理费用由车辆用户承担

报废汽车处理费用由用户在购买新车时预

缴给资金管理中心，在《汽车回收利用法》实施前购买的车辆在车检或报废时补缴。生产商完成相应的回收义务后从资金管理中心获取相应的处理费用。

4. 在报废汽车移交过程中实行电子清单制度

如图1所示，在汽车回收、拆解、粉碎的整个过程中实行电子清单制度。当处理单位接收到报废汽车后，向信息管理中心发送接收信息；在进行相关处理并转交到下一个处理单位后，向信息管理中心发送转移信息，由此，信息管理中心可以对报废汽车的数量以及回收利用的实施情况进行实时跟踪。

5. 拆解、粉碎企业实行准入制度

防止非法企业对报废汽车的不规范处理。

6. 车辆重量税的退税

日本重量税是一次征收两个年度，回收利用法实施后，车辆重量税可按实际使用日期退税，由此可见，政府部门从各个细节采取措施鼓励报废汽车的回收利用。

7. 在回收利用领域导入竞争机制

ASR（破碎废弃物）与氟利昂和安全气囊的回收利用设施相比较，由于数量较多，并且ASR的总量较大，其处理费用相对较高。为了降低ASR回收利用处理费，减轻汽车消费者的费用负担，日本政府在回收利用领域导入竞争机制：经济产业省和环境省要求汽车制造商讨论分组计划，最终形成了把所有厂商分成两组（ART组、AH组），各自进行ASR的回收利用，从而相互竞争的格局。

中国可再生能源产业发展情况

一、中国可再生能源概述

可再生能源是中国重要的能源资源，在满足能源需求、改善能源结构、减少环境污染、促进经济社会发展等方面发挥了重要作用。长期以来，我国政府重视可再生能源的开发利用，自上世纪 50 年代开始，水电得到蓬勃发展，80 年代以后，风电、太阳能、现代生物质能等技术研发应用和产业也在政府的支持下稳步发展，小水电、太阳能热水器、农村沼气、小风电等可再生能源技术和产业已经走在世界的前列。

进入新世纪以来，尤其是《中华人民共和国可再生能源法》颁布并实施以来，我国进入了可再生能源快速发展时期，水电建设大中小型并举，开发建设速度显著加快；通过采取特许权招标等措施，积极推进风电规模化发展；以送电到乡和解决无电人口生活用电为契机，发展太阳能光伏发电、小型风电，推动分散式可再生能源发电技术的发展；围绕改善农村环境卫生条件和增加农民收入，积极发展农村户用沼气；通过市场推动，大力推广普及太阳能热水器；以技术研发和试点示范为先导，积极推动生物质能发电和生物液体燃料开发利用。据不完全统计，2007 年，我国水电装机已达 1.17 亿千瓦（其中小水电 3800 万千瓦）；并网风电装机 260 万千瓦，同时每年还生产 30 千瓦以下的离网小型风电机组 3 万多台；生物质能发电 220 多万千瓦，农村户用沼气池已达 2200 万户，为 8000 万农民提供清洁生活燃料；大型沼气池 1500 多处，年产气 10 多亿立方米；光伏发电生产能力 2000 多兆瓦；太阳能热水器年生产量 1800 多万平方米；地热能年利用 4.45 亿立方米，地源热泵技术已在 3000 多万平方米的建筑中使用。

二、国家制定一系列可再生能源产业政策

根据可再生能源资源状况和技术发展潜力，在未来能源供应构成中可以占据举足轻重的地位。当前全球气候变暖和能源供应安全已成为世界各国共同关注的重大战略问题，随着我国经济的快速持续增长，能源资源环境已成为影响未来发展的严重制约因素。在这一新形势下，大力开发利用可再生能源不仅是世界能源发展的必然趋势，也是中国能源战略的必然选择。为支持可再生能源的高速发展，我国政府制定了一系列促进可再生能源发展的强制政策和经济激励政策，保证了可再生能源在市场

起步阶段的顺利发展。

2005年2月28日,《可再生能源法》颁布并定于2006年1月1日施行。《可再生能源法》明确提出,发展可再生能源是国家责任和全民义务,随后相继出台了相关配套政策。

根据《可再生能源法》的要求,制定了《可再生能源中长期发展规划》,提出了可再生能源中长期发展目标。

2007年8月,出台了《可再生能源中长期发展规划》。规划纲要中明确提出:力争到2010年使可再生能源消费量达到能源消费总量的10%,到2020年,可再生能源在我国能源结构中的比重将达到15%。

财税优惠政策:国家逐步加大对可再生能源的财政资金投入和税收优惠支持力度。制定了支持风电、垃圾发电的税收减免政策和发展生物液体燃料的财政补贴与税收优惠政策。中央和地方财政在无电地区电力建设、农村户用沼气建设和可再生能源技术产业化发展等方面给予了较大的资金支持。

科技专项和产业化专项支持:国家通过科技攻关计划、863计划、973计划和产业化计划,共安排10多亿元资金,支持光伏发电、并网风电、太阳能热水器、氢能和燃料电池等领域先进技术的研发和产业化。

三、可再生能源产业发展状况

1. 太阳能

太阳能是最丰富的可再生能源形式,是所有化石能源及多种可再生能源的源头。我国太阳能资源非常丰富,开发利用的潜力非常大。全国三分之二以上地区的年日照大于2000小时,年均辐射量约为5900兆焦耳/平方米,属于太阳能利用条件较好的地区。

目前,我国利用太阳能发电处于起步阶段,主要用于两个方面:

(1)太阳能发电。利用光伏发电为偏远地区和特殊领域(通讯、导航和交通)供电,以及建设屋顶并网光伏发电示范项目。自2004年以来,在国际光伏市场需求的拉动下,我国光伏产业迅速发展。2006年达到世界份额的10%以上,仅次于日本、欧洲,位居世界第三位,我国成为世界光伏产业发展最快的国家之一。据不完全统计,2007年我国太阳电池的生产能力1800兆瓦,实际生产约400兆瓦。

(2)太阳能热水器。太阳能热水器是我国可再生能源最早形成产业化规模的项目。到2007年底,我国太阳能热水器保有量9000万平方米,占世界总保有量的75.8%。按每平方米太阳能热水器每年替代120公斤标准煤计算,我国太阳能热水器每年可替代1080万吨标准煤。

2. 风能

风电是目前最具成本优势的可再生能源。根据全国900多个陆地气象站10米高度资料初步估算,全国可开发和利用的陆地上风能储量为2.53亿千瓦,近海可开发和利用的风能储量有7.5亿千瓦,共计约10亿千瓦。风力资源较好的地区的风力发电成本与燃油发电或燃气发电相比,已经具备成本竞争力。

我国的风电发展大体可分为三个阶段。第一阶段:1986~1990年是我国并网风电项目的探索和示范阶段。其特点是项目规模小,单机容量小。在此期间共建立了4个风电场,安装风电机组32台,最大单机容量为200千瓦,总装机容量为4.215万千瓦。平均年新增装机容量仅为0.843万千瓦。

第二阶段:1991~1995年为示范项目取得成效并逐步推广阶段。共建立了5个风电场,安装风电机组131台,装机容量为33.285万千瓦,平均年新增装机容量为6.097万千瓦,最大单机容量为500千瓦。

第三阶段:1996年后为扩大建设规模阶段。其特点是项目规模和装机容量较大,发展速度较快,平均年新增装机容量为60.13万千瓦,最大单机容量为1500千瓦。

2005年、2006年和2007年我国的风电装置容量增长速度分别为64.53%、107.16%和132.33%。尤其是2007年累计的风电装置容量已达6050兆瓦,较2006年增长133%,增速居世界之冠。2007年绝对增长量为3449兆瓦,位于世界第三名。目前,我国风力发电装机容量仅占我国可利用风力资源的0.1%,我国风机设备的国产化率仅有25%,对风电场招标有70%国产化率的要求,本土风机制造商面临巨大的市场空间。

3. 生物质能

生物质能利用是以农作物秸秆、畜禽粪便、林产废弃物、有机垃圾等农林废弃物和环境污染物为原料,通过生物质转化技术进行无害化和资源化处理加以利用。我国农业废弃物主要是:农作物秸秆,每年产量约7亿吨,可作为能源用途的约3亿吨,约折合1.5亿吨标准煤;工业有机废水和畜禽养殖场废水资源,理论上可以生产沼气800亿立方米,相当于5700万吨标准煤;薪炭林和林业及木材加工废物资源相当于3亿吨标准煤;城市垃圾发电每年可替代1300万吨标准煤;此外,一些油料、含糖或淀粉类作物也可用于制取液体燃料。初步估算,近期每年可以利用的生物质能源总量约为5亿吨标准煤。

目前,我国发展中的开发利用技术主要是通过热化学转换技术将固体生物质转换成可燃气体、焦油等,通过生物化学转换技术将生物质在微生物的发酵作用下转换成沼气、酒精等,通过压块成型技术将生物质压缩成高密度固体燃料。生物质发电尚处于产业化发展初期。根据统计,到2007年底,国内生物质发电装机容量为220万千瓦,其中蔗渣发电170万千瓦、碾米厂稻壳发电5万千瓦、城市垃圾焚烧发电40万千瓦。

4. 地热能

地球内部热源可来自重力分异、潮汐摩擦、化学反应和放射性元素衰变释放的能量等。放射性热能是地球主要热源。我国地热资源丰富,分布广泛,据国土资源部的资料,全国已有5500处地热点,地热田45个,地热资源总量约320万兆瓦。可开发利用的地下热水资源量每年约67亿立方米,折合3283万吨标准煤。目前,年利用地热能约为4.45亿立方米,居世界第一,而且以每年近10%的速度增长。

地热利用可分为发电和直接利用两个方面。发电的地热流体要求温度较高,资源分布主要集中在西藏、云南的横断山脉一线。目前,全国地热发电装机容量为32.08兆瓦,其中88%集中在西藏。地热的直接利用要求热水温度相对较低,地热资源遍布全国各地。主要用于采暖、洗浴、温室种植等。同时,近几年来,地源热泵技术作为一种高效节能的可再生能源技术引起了社会的重视。据不完全统计,我国地源热泵市场的年销售额已经超过亿元,并以每年20%的速度增长。

另外,我国的可再生能源形式还有水能、核能、海洋能和氢能等,近年来,这些可再生能源积极开发利用,产业也得到了快速的发展。

第三篇

行业篇

废钢铁回收利用情况

2007年,我国钢铁工业加快了技术升级和产业结构的调整,加快了钢铁大国向钢铁强国的转变。同时,粗钢产量快速增加到了4.89亿吨,进一步加剧了钢铁炉料资源供应的紧张局面。作为炼钢主要原料之一的废钢铁,继续延续了2000年以来供不应求的格局,且逐年加剧。预计2008年我国粗钢产量将继续大幅增长,对废钢的需求量将大幅增加,资源供应依然紧缺,市场将持续高价位运行,市场发展环境不容乐观。

一、2007年废钢铁供需市场运行情况回顾

(一)粗钢产量大幅增加,废钢铁资源供不应求

2007年,我国粗钢产量为48924万吨,同比增长15.66%,生铁产量为46944万吨,同比增长15.19%。按照2006年我国平均吨钢消耗160千克废钢计算,2007年我国钢铁工业废钢需求总量为7828万吨,才能保持与粗钢同步增长。

但是由于废钢资源供给不足,实际用于炼钢的废钢消耗总量为6850万吨,同比增长1.9%,远远低于粗钢的增长幅度。其中钢铁企业自产废钢2700万吨,社会采购废钢4310万吨,用炼钢的进口废钢120万吨。废次材外销及增加库存280万吨。由于废钢资源短缺,供应不足导致废钢单耗下降至140千克,为历史最低。

表1 2000～2007年我国吨钢废钢单耗统计表

单位:千克/吨钢

	2000	2001	2002	2003	2004	2005	2006	2007
废钢单耗	227	226	215	217	191	178	160	140

进入21世纪以来使我国吨钢废钢单耗水平逐年下滑,从2000年的227千克降至2007年的140千克,下降38%。废钢资源供应不足增加了生铁的消耗,导致铁矿石进口量增加价格暴涨。这种废钢资源消耗减少,原生资源消耗增加的资源配置发展趋向应引起钢铁行业的警惕。

(二)国内废钢市场价格一路上扬,采购困难

(1)以重型废钢为例,2007年元月全国平均到厂价为2083元/吨,12月涨至2901元/吨,上涨818元/吨,增长39.3%。为近几年来

涨幅最大的一年。

同时，由于国家废钢税收政策调整迟迟没有出台，地方限制性措施的实施和省市之间、企业之间的不平等贸易愈演愈烈，使废钢市场正常贸易陷入十分困难的境界。

(2)炼钢生铁，元月份全国平均到场价为2261元/吨，12月份涨至3550元/吨，上涨1289元/吨，增长57%，涨幅大于废钢，创历史新高。

表2　　2007年全国重点钢企废钢、生铁采购均价统计表

单位：元/吨

	重　型	中　型	小　型	统　废	炼钢生铁
1月	2083	2021	1881	1853	2261
2月	2115	2069	1961	1902	2378
3月	2159	2097	1969	1960	2459
4月	2183	2120	2000	1968	2520
5月	2254	2184	2088	1998	2620
6月	2272	2218	2158	2026	2657
7月	2319	2254	2149	2083	2684
8月	2421	2334	2241	2177	2785
9月	2510	2430	2387	2271	3040
10月	2616	2539	2425	2365	3155
11月	2722	2638	2550	2504	3252
12月	2901	2837	2719	2671	3550

总之，2007年来国内废钢铁市场随着钢材市场的上扬和进口铁矿石连年涨价一路上扬，废钢短缺，资源供不应求，但整个市场的发展基本稳定，没有大起大落。这说明我国的废钢铁市场逐步走向成熟和理性，低价应用废钢铁的时代已经过去，废钢在循环经济、节能减排中的应用价值逐步得到关注和提高。

(三)进口废钢价格居高不下，交易量锐减，市场低迷

2007年1～12月普通废钢到岸价平均由2006年12月份的419美元/吨涨至520美元/吨，上涨101美元/吨，增长24.1%。进口量为339万吨，其中普通废钢289万吨，同比下降了37%，是2005年进口量的33%。进口量的减少加剧了废钢供应的紧张局面。

2001年以后我国开始大量进口废钢以补充国内废钢资源的不足。到2004年进口量开始突破1000万吨。2006年由于国际废钢价格涨幅过大，与国内废钢形成倒挂，市场急转直下，成交量锐减。据海关统计，2004～2007年普通废钢全国平均到岸价2004年为216美元/吨，2007年为468美元/吨，上涨252美元/吨，增长117%，超出了我国一般钢铁企业的成本承受能力，使进口量逐年下降，资源缺口得不到补充。

表 3　　2007 年进口普通废钢统计表

	数量(万吨)	价格(美元/吨)
1	26.79	426
2	17.53	361
3	24.16	331
4	30.39	492
5	20.79	465
6	21.83	458
7	17.5	409
8	23.06	491
9	27.75	528
10	22.44	564
11	28.5	539
12	28.5	520
合　计	289.24	468

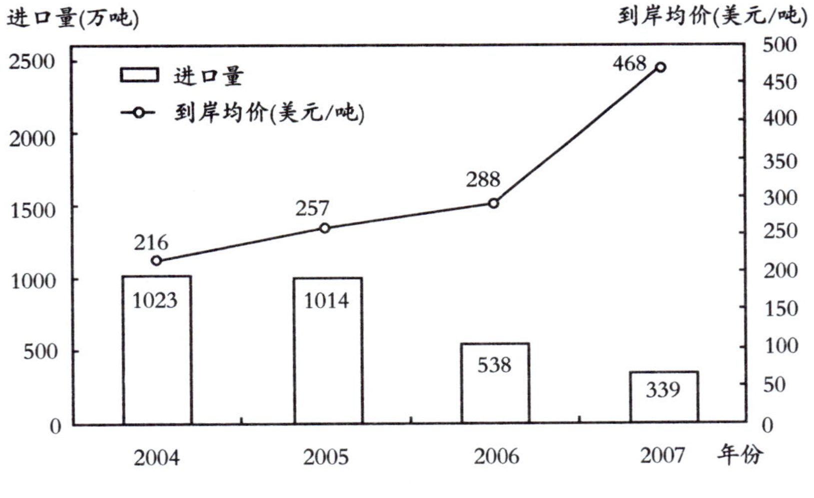

图 1　2004～2007 年进口普通废钢价量图

二、2008 年废钢铁资源市场预测

1. 废钢铁需求量

根据中钢协预测，2008 年我国粗钢产量为 5.2 亿～5.4 亿吨，按照 2007 年我国平均废钢单耗 140 千克计算，钢铁工业全年废钢需求总量为 7280 万～7560 万吨。

2. 废钢铁资源产生量

(1)自产废钢：我国钢铁业 2007 年自产废钢量为粗钢产量的 5.5%，据此计算 2008 年自产废钢应为 2860 万～2970 万吨，其中，废次材外销及库存增加按 400 万吨预测，那么用于炼钢的废钢资源为 2460 万～2570 万吨。

(2)社会废钢：2000～2007 年我国社会产废钢年平均增长量为 360 万吨，据此推算

2008年我国社会废钢产生量应为4670万吨左右。

2008年我国废钢铁资源产生总量预测为7100万～7200万吨。

(3)废钢资源缺口：考虑到铸造业、机械行业对废钢的需求量的增加，以及地方小钢厂对废钢资源的争夺，废钢资源缺口仍为1000万吨左右，如果国际废钢市场价格居高不下，继续和国内市场倒挂，进口市场不能尽快复苏，资源缺口得不到补充，2008年我国的废钢单耗水平将继续下滑。

三、2008年我国废钢铁市场的发展环境及其制约因素

(1)我国废钢资源缺乏不能自给自足。我国是一个发展中国家，钢铁工业自1949年以后才开始兴起，改革开放以后，得到快速发展，到2007年底我国粗钢积累量为40.32亿吨，社会废钢积蓄量约为13.8亿吨左右，年产生废钢仅4300万吨左右，还未进入废钢高产期，国内废钢资源还远远不能满足钢铁工业发展的需要。

(2)我国是一个铁矿石进口大国，由于国内资源较贫乏，且矿石品位较低，每年我国要从国外大量进口铁矿石来维持钢铁生产的需要。2007年进口铁矿石3.8亿吨，占我国铁矿石消耗的50%以上。从2005～2008年进口铁矿石长协价分别上涨71.5%、19%、9.5%、65%，四年增长了368.73%，进口铁矿石的连年涨价将进一步促使国内外废钢市场的上扬，加剧资源的紧张。

(3)我国废钢铁回收供应体制过散过乱，产业集中度不够。废汽车拆解业秩序混乱，非法倒卖旧零部件、非法拼装整车现象还相当严重，拆船业废钢改轧率有增无减，社会废钢回收近期不会有新的突破，还需要一个相当时期的改革整合，规范和提高。

(4)废钢加工装备水平较低，工艺普遍比较粗放，加工技术比较落后，废钢产品结构单一，二次污染控制能力较差，夹杂物的综合利用率不高，管理不规范。距离“精料入炉”、“科学配置”、“节能减排”的要求相差甚远。还不能满足“高精尖”钢铁产品，炼钢工艺的需要。

(5)进口废钢市场运行体系不能满足市场发展的需要，进口废钢市场的管理滞后，缺乏激励机制，缺乏统一规范，手续繁琐，松散无序，市场没有真正放开搞活，国内的钢铁企业或废钢供应商普遍缺乏稳定的采购渠道和自己的国外废钢基地，采购成本较高，价格居高不下，短期内进口市场价格还不能和国内市场接轨，市场复苏还有一个过程。

(6)国家对废钢回收利用的税收政策迟迟未能出台，全国税赋不统一、政策不一致、市场管理混乱、物流不畅，给废钢销售与采购造成很大的混乱和困境。近期国家财政部、税务总局正抓紧组织调整，即使上半年能出台，但今年已过去一半，因此2008年我国废钢市场发展及资源供应仍不容乐观。

总之，2008年我国废钢铁市场面临的发展形势仍然十分严峻，但是这些制约因素都在逐步化解，形势在好转，曙光在前。同时供不应求的资源形势虽然给钢铁生产造成诸多不利因素，却为我国废钢铁市场的发展带来了广阔的空间和良好的机遇，为市场的建设提供了一个初始整顿、协调、规范的过程空间。国家政策的扶持、行业的自律、市场的规范，将有利于缩短废钢市场由紧缺向繁荣转变的过程。

拆船业拆解利用情况

拆船业是对废旧船舶进行回收拆解加工、变废为宝、综合利用,并通过安全环保拆解,减少水域污染的资源环保型产业。拆船是造船的逆过程,是我国发展循环经济,建设资源节约型和环境友好型社会不可缺少的组成部分。

一、拆船业发展概况

中国拆船始于20世纪60年代,发展于20世纪80年代的改革开放初期。近30年来,国内拆船业一直把国内外可再生资源(废船)的循环利用作为重点,按照1988年国务院颁布的《防止拆船污染环境管理条例》的规定,在国家一系列政策支持下,有了一定的发展。截至2007年底,拆船行业共拆解2300余艘国内外废船,回收了2100万吨钢铁资源和20余万吨有色金属材料,其中2002~2006年期间,共计拆解国内外废船930余艘、550余万轻吨,回收了近500万吨钢铁资源和5万余吨有色金属材料。目前,中国拆船业已初步形成了以珠江三角洲和长江三角洲为主,部分沿江沿海地区少量拆船厂为补充的合理布局,产业集中度较高。64家会员企业中,国有企业12家,集体企业8家,股份制企业33家,中外合资企业3家,民营企业8家。其中100人以下企业38家;100人~500人企业21家,500人以上企业5家。在拆解规模、机械装备、工艺技术、安全生产、环境保护和工人健康等方面都取得了令人瞩目的成绩;所建成的拆船场地、拆解设备及环保设施在国际上处于领先地位。目前已有11家大中型骨干拆船企业获得ISO14001、OHS18001管理体系认证,有1家企业被列入国家第一批发展循环经济试点单位。中国拆船企业已经掌握了拆解除核动力船舶外的所有类型船舶的全部技术。企业拆解设施设备比较完善,机械化程度较高。在环保安全职工健康方面进行了大量的投入,较好地解决了石棉、PCBs及其他有害物质的处理问题,船舶拆解采用码头和船坞拆解法,禁止冲滩拆解,工人获得良好培训,安全健康、劳动保护、保险均得到保障。全行业废船年拆解能力达到300万~350万轻吨。

二、2007年拆解利用废船情况

2007年,中国拆船企业继续受国际、国内航运市场持续兴旺及国内钢材市场宏观调控等因素的影响,可供拆解的报废船舶上市量较少,价格居高不下,拆船企业开工明显不足。据统计，2007 年中国拆船会员企业共计拆解废船 312 艘、28.7 万轻吨（其中：进口废船 89 艘、17.4万轻吨，国内废船 223 艘、11.3 万轻吨）。废船拆解吨位比 2006 年减少一成。2007 年预计回收了近 26 万吨钢铁资源和 2 千余吨有色金属材料。共计上交税费约 6600 万元，比去年增长 27%。

报废船舶拆解加工将金属材料循环再利用是船舶报废后的最佳处置方法，它是变废为宝、资源循环利用、节约自然资源的有效途径。废钢船拆解后，可获得大量金属材料、机电设备等（详见图 1）。

同时，每拆解 1 轻吨报废船舶与铁矿石冶炼所得钢铁相比可节约 0.4 吨标准煤；节约2.66吨矿石和 0.891 吨焦炭；减少 10.3 吨废水排放；减少 5.04 吨固体废弃物排放；减少 0.02 吨二氧化硫的排放。

用拆船废钢代替矿石炼钢，可减少气体污染 86%、水污染 76%、耗水量 40%，同时减少采矿废弃物 97%。

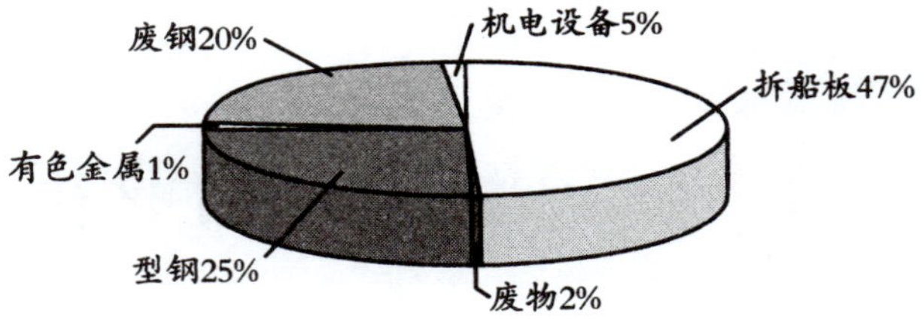

图 1 废船拆解金属比率图

说明：经测算，每拆解 1 轻吨废船，可回收金属 0.9 吨以上。

经初步估算，2007 年利用拆船行业所得再生资源比利用原生资源总节约量为 11.48 万吨标准煤，减少了 295.61 万吨废水的排放，降低了 144.65 万吨工业固体废弃物的排放，减少了 0.57 万吨二氧化硫气体的排放。

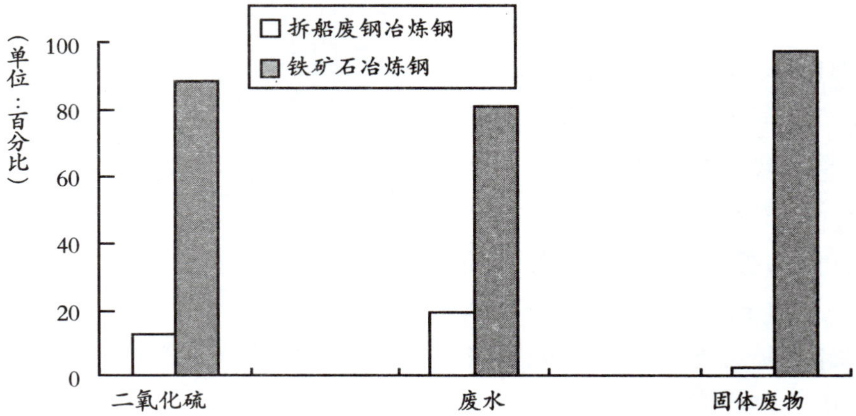

图 2 拆船废钢与铁矿石炼钢产生污染物对比图

三、政策法规、行业标准、国际公约

（1）2007 年 1 月，国家发展改革委发布了《“十一五”资源综合利用指导意见》。

（2）2007 年 2 月，财政部发出《财政部关于调整进口废船进口环节增值税先征后返政策的通知》(财关税〔2007〕29 号),《通知》核定了 2006 年和 2007 年度享受税收优惠政策的进口废船总量,确定了享优拆船企业名单。同年 4 月,海关总署发出《海关总署关于调整供拆解废船进口环节增值税先征后返政策有关问题的通知》(署税发〔2007〕174 号),确定了进口废船增值税先征后返实施方法。

(3)2007 年 7 月,国家发展和改革委员会办公厅印发了 2007 年行业标准修订、制定计划的通知(发改办工业〔2007〕1415 号),中国拆船协会提出的《废船拆解企业环境评估指标》、《拆船企业突发环境事件应急准则》和《拆船企业分类与评估指标》获得批准立项。

(4)2007 年 9 月,国家环境保护总局印发《国家环境技术管理体系建设规划》(环发〔2007〕150 号),批准中国拆船协会提出的建议,将"拆船业污染防治最佳可行技术导则"和"船舶回收利用技术政策"等列入该规划之中。

(5)2007 年 1 月,中国拆船协会正式印发了《拆船业发展"十一五"规划》。提出了拆船业"十一五"发展的指导思想和发展目标,明确了实现目标的九项措施。

(6)2007 年 5 月,欧盟委员会(EC)发布了《船舶拆解绿皮书》,在欧盟内征询意见。《绿皮书》引起中国拆船业的关注。

四、国际合作与交流

(一)协办国际海事组织地区拆船研讨会

2007 年 2 月 5～8 日,国际海事组织(IMO)地区拆船研讨会在广东省珠海市召开。来自国际海事组织、国际劳工组织、巴塞尔公约秘书处、国际海运协会、波罗的海海事理事会、挪威海事局、挪威环保局、英国环境食物与农业事务部、日本海事协会以及有关国家的航运公司和印度、孟加拉、土耳其、中国等主要拆船国家的代表共 59 人参加了会议。会议由国际海事组织主办,中国海事局承办,中国拆船协会协办。这是我国政府首次承办国际性拆船研讨会。

此次研讨会旨在讨论修改国际海事组织起草的《安全与环境无害化拆船国际公约(草案)》。研讨会上,国际海事组织、国际劳工组织、巴塞尔公约秘书处的代表分别讲解了本组织起草的拆船导则要点;中国、印度、孟加拉国和土耳其等国家的政府代表分别作了本国拆船业发展报告;挪威的代表介绍了起草《公约草案》过程及构思;英国、日本、波罗的海海事理事会等国家和组织的代表分别作了有关拆船防污及安全管理方面的专题讲座。

(二)中国荷兰废船拆解培训和教育项目完成

2007 年 4 月 6 日,国家环保总局污控司在北京召开由荷兰住房、规划和环境部资助,中国国家环保总局实施的为期三年的"中国废船拆解——培训和教育项目"总结审定会。国家环保总局污控司、国际司有关处领导于飞、钟斌和刘宁,荷兰王国驻华使馆二等秘书 Drabbe,国家环保总局固体废物管理中心副主任胡华龙,中国环境科学研究院研究员周炳炎,中国拆船协会谢德华、黄兆立和潘霞以及项目组负责人马鸿昌等出席会议。

会上,项目组负责人马鸿昌报告了项目实施和完成情况。国家环保总局污控司固体处于飞处长、荷兰驻华使馆官员 Drabbe 和中国拆船协会常务副会长兼秘书长谢德华在会议中作了发言。

(三)出席 BIMCO 举办的 2007'亚洲论坛

2007 年 6 月 4～6 日,应波罗的海国际海事公会(Baltic and International Maritime Conference,BIMCO)的邀请,中国拆船协会谢德华常务副会长兼秘书长出席了BIMCO在中国香港举办的2007'亚洲论坛。

BIMCO首次在论坛上设"船舶拆解"专场研讨会,并只邀请了中国拆船协会出席。BIMCO总秘书长Carsten Melchiors先生亲自主持了6月6日的"船舶拆解"专场研讨会。有来自近50个国家和地区的船东代表出席了研讨会。谢德华常务副会长兼秘书长就中国安全环保拆解实践和发展趋势作了发言,并回答了部分代表和新闻媒体记者的提问。

五、拆船业大事记

1.2007年8月,《中华人民共和国循环经济法》正式提交全国人大常委会审议

此前,全国人大环资委在听取中国拆船协会汇报后,在2006年11月拟定的《中华人民共和国循环经济法》(草案征求意见稿)中增加了船舶拆解的内容;同年6月,中国拆船协会参加由全国人大环资委主办的《循环经济立法框架研究》总结国际研讨会,谢德华常务副会长兼秘书长在发言中建议国家要明确对拆船业实施资质管理的法律要求,要把拆船业的规范管理纳入到循环经济法颁布后的政策管理体系建设中;同年9月,中国拆船协会就循环经济法(草案)的修改意见再次函复全国人大法律工作委员会。

2. 完成了拆船行业的相关报告

(1)完成国家发改委交办的由姜伟新副主任主编的《建设节约型社会》一书中有关拆船行业部分的起草工作;

(2)完成国家环保总局污控司交办的国内废船处理情况的调研报告——《国内废船拆解处理和污控现状调研报告》;

(3)完成国家商务部商改司组织编写的《2006年再生资源行业年度报告》有关拆船行业部分——《中国拆船业年度报告》;

(4)完成国防科工委主编的《2007年中国船舶工业年鉴——船舶拆解业》;

(5)完成《2006年中国拆船业环境报告》的文字起草、数字和照片采集工作。

3. 召开拆船协会理事会和享优企业座谈会

2007年5月,中国拆船协会第三届第二次理事会暨2007年度享优企业座谈会在浙江省乐清市召开。会议审议通过了《关于贯彻废船进口税收优惠政策的若干规定》、《关于加强拆船业宣传工作的几点意见》、《关于绿色拆船企业资格评审认定工作机构与基本原则方案》、《关于授予中国拆船基地称号的管理办法》(试行)等事项。

2007年12月,中国拆船协会在福建省宁德市召开第三届第三次理事会。理事会上报告了2007年工作情况;分析了当前国内拆船业发展的有利和不利因素;提出了2008年工作要点;通报了BIMCO对2006~2015年间国际拆船市场发展趋势的分析以及欧盟《船舶拆解绿皮书》要点及《关于简化会员入会审批程序的议案》《关于绿色拆船企业资格评审认定领导机构和专家数据库人员组成的议案》和IMO制定《国际安全与环境无害化拆船公约草案》的进展情况。

4. 拆船业相关技术导则、标准、政策列入国家规划

(1)国家发改委文件(发改办工业[2007]1415号),批准《拆船企业环境保护评估标准》、《拆船企业突发环境事件应急导则》和《拆船企业分类与评估指标》列入标准制定计划。

(2)国家环境保护总局印发《国家环境技术

管理体系建设规划》(环发〔2007〕150 号),批准中国拆船协会提出的建议,将“拆船业污染防治最佳可行技术导则”和“船舶回收利用技术政策”等列入该规划之中。

5. 批复国内第一个船舶拆解基地

2007 年 10 月,中国拆船协会在广东省江门市新会区人民会堂隆重举行“中国(新会)船舶拆解基地”授牌仪式。中国拆船协会严鹤鸣会长在授牌仪式上,向新会区吴振鹏区长授予“中国(新会)船舶拆解基地”牌匾。

6. 推进循环经济试点工作

2007 年 6 月,全国人大环资委委员刘海荣一行七人在广东省、江门市人大及有关部门领导陪同下,到国家第一批循环经济试点单位——江门市新会双水拆船钢铁有限公司考察工作,并对该试点单位工作进展予以肯定。

7. 积极协助中国海事局参与国际拆船公约的制定

8. 启动绿色拆船企业认证工作

成立了创建绿色拆船企业专家委员会和绿色拆船企业认证工作领导小组。

9. 加强行业宣传工作

已初步建立了信息员队伍;协会网站重新设计工作,已有初步运作方案;初步确定《中国拆船》简讯栏目,重点突出行业的特点,反映国内国际有关业内动态。加强与新闻媒体的交流、合作。

再生有色金属回收利用情况

一、我国再生有色金属回收利用发展概况

2007年，受市场需求拉动，有色金属产品仍保持持续增长势头，价格继续高位振荡；进出口贸易总额大幅度增长，进出口总额同比增长41.3%。其中进口增长55.1%；出口同比大幅度下降，同比增长16.3%。10种有色金属产量达2300万吨；同比增长25%，连续六年居世界第一位。其中：铜340万吨，增长18.9%；电解铝1200万吨，增长34.6%；铅288万吨，增长5.4%；锌364万吨，增长19.1%。

与此相对应的是：2007年，中国再生有色金属回收利用工作得到了快速发展，主要表现在国内有色金属产量上升、主要废有色金属国内回收量增加、主要废有色金属进口量上升、进口来源国和进口关区相对集中、再生有色金属在有色金属产业中所占比例增加。2007年我国国内回收的四种主要废有色金属257万吨，同比增长20%。其中：废杂铜金属量72万吨、废杂铝金属量96万吨、废铅金属量46万吨、废锌金属量54万吨，与2006年相比，分别增长22%、28%、18%和8%。

我国再生金属产业受到了全球的关注。作为世界上最大的铜、铝、铅生产大国，中国因素正成为全球有色金属价格的晴雨表。目前，我国废旧金属的进口量居世界第一位，全球三分之一的废旧金属进入我国，成为我国有色金属生产的一个最重要的原料来源。据海关统计，2007年我国进口废金属实物量达到771.75万吨，同比增长13.8%。其中进口含铜废料558.48万吨、含铝废料209.05万吨、含锌废料4.22万吨。

随着循环经济的日益深入，各地在废旧金属的集散市场建设和进口再生资源加工园区的建设也在加快，烟台再生资源进口加工示范区、河北文安东都环保产业园、广东肇庆亚洲金属再生资源进口加工区、广东清远再生资源示范基地等进口再生金属加工园区的规模得到进一步扩大。

二、我国再生有色金属回收利用运行特点

我国再生金属产业长期以来一直存在着企业规模小、企业数量多而且分散、产品质量低下、环境保护措施落后的弊端，最近几年来，随着循环经济建设和整个有色金属工业的快速发

展，再生金属产业在各方面因素的共同作用下出现了一些可喜的变化。其特点表现在：

(1)大型采选冶联合企业大规模进入再生金属领域，在资金、技术、市场、人才、装备等方面给再生金属产业带来了新的活力；

(2)国外企业纷纷投资中国的再生金属产业，在产业层次和管理等方面带动了产业的升级换代；

(3)我国循环经济建设的加快为政府管理的介入带来了新的契机；

(4) 国际经济一体化进程的加快使我国再生金属产业向着缩小与国际先进水平差距的方向发展；

(5)大型再生金属产业园区的发展为再生金属产业集中度的提高提供了社会环境和产业基础；

(6)原料和产品的两头在外，为提高再生金属的产业化进程，提供了产业环境和产品质量的要求。

三、我国有色金属再生资源利用现状分析

近几年再生有色金属的回收网遍布全国，还从国外大量进口废杂金属，废杂金属回收利用产业蓬勃发展，涌现出再生金属企业5000多家，形成了珠江三角洲、长江三角洲和环渤海地区再生金属利用中心。

(一)再生铜

废杂铜一般包括两部分：一是企业在生产过程中产生的边角废料，由于铜加工企业成材率比较低，一般综合成品率只有60%～70%，废料量很大，这部分废料在中国普遍返回生产系统循环使用，而工业发达国家却打包出售，自己处理较少。二是社会积蓄的废杂铜，这部分是国内回收的重点。目前全国再生铜企业约有3000多家，主要是中小型企业，以民营为主体，生产经营范围包括废杂铜收集、拆解、分类、冶炼、加工和销售。最近几年，再生铜产业发展迅猛，废杂铜进口量剧增，企业规模也有不断扩大的趋势，工艺技术水平显著提高，废杂铜加工利用水平和废金属资源利用率明显提高。目前再生铜产业主要分布在长江三角洲、珠江三角洲和环渤海地区，这些地区是我国经济最发达的地区，也是铜资源最紧缺的区域、铜需求和铜加工业最发达的地区，目前全国80%的铜加工厂集中在这里，每年回收利用了全国75%的废杂铜，并已形成了一条回收、进口拆解、拣选分类、加工利用的完整的产业链，形成广东南海、清远，浙江台州、宁波、永康，天津静海等地以进口废杂铜为主的加工利用地区，及山东临沂、湖南汨罗、河南长葛、辽宁大石桥等地以回收国内废杂铜为主的集散地20多处。

目前，年利用废杂铜10万吨以上的企业有2家，利用废杂铜5万～10万吨的企业有8家。再生铜产业的龙头企业宁波金田铜业(集团)股份有限公司全年直接利用杂铜40万吨，工业产值达200多亿元人民币。

(二)再生铝

我国再生铝产业起步较晚，20世纪70年代后期才初步形成，但当时工业基础薄弱，再生铝发展规模不大。直到80年代，在旺盛的铝需求拉动下，我国再生铝企业纷纷上马，数量众多的小型再生铝厂和家庭作坊如雨后春笋飞速成长。90年代以来，外资进入我国再生铝行业，废杂铝进口数量和再生铝产品出口规模也逐年扩大，我国再生铝产业开始加快了与国际再生铝产业接轨的步伐。

再生铝回收也包括两部分：一是加工企业生产过程中产生的边角废料，由于铝加工材综合成品率仅70%，废料量很大，我国一般都返回生产系统重新使用。二是社会积蓄的废杂铝。随着铝消费量增长，回收废杂铝数量也大幅度提高，“十五”期间年均递增率达到21.55%。目前国内废杂铝回收、拣选、分类、集散及再生铝加工利用区域20余处，主要分布在广东南海和清远、浙江台州和永康、江苏太仓、河北保定、辽宁大连和大石桥、上海和天津外围地区。这些地区靠近铝消费市场，又具备利用国外废杂铝资源便利条件。内地也形成几处以回收废杂铝为主的重要集散地，包括山东临沂、河南长葛、安徽亳州、湖南汨罗、新疆乌鲁木齐等地。目前，产量为5万吨以上的再生铝企业有4家，年产量为1万～5万吨的企业有30多家，年产量为0.5万～1万吨的企业是再生铝产业的主流。

废杂铝利用一般需要预处理，然后进行火法熔炼，脱去杂质。熔炼按规模大小采用转炉、反射炉或电炉。除少数大中型骨干厂外，绝大多数再生铝厂由于规模小、设备简陋、技术落后、造成烧损大、能耗高、金属回收率低。这点以处理铝制易拉罐最为突出。我国只能回收50%左右，而工业发达国家能回收80%以上。其次是质量不稳定，各种废料混杂处理，产品质量不高，得不到市场认同，难于进行深加工。这方面再生铝不如再生铜，再生铜质量与原生铜没有多大差别。

（三）再生铅

我国再生铅回收利用起步较早，原料来源较多，85%以上来自废旧铅酸蓄电池，少量来自电缆包皮、耐酸器皿衬里、印刷合金、铅锡焊料及轴承合金。长期以来，我国在蓄电池销售中采取“交旧买新”办法，废铅回收情况比较好，历年呈是逐渐增长趋势。

中国再生铅企业约有400余家，包括原生铅和再生铅冶炼厂、蓄电池制造厂等。再生铅企业中涌现出一批大中型骨干企业。

回收铅技术已有几座先进工厂，河南豫光金铅股份有限公司和河南凌冶股份有限公司均拥有先进的底吹熔炼——鼓风炉炼铅工艺，包括处理废杂铅在内，生产规模均为年产精铅10万吨。另外徐州春兴合金有限公司和湖北金洋冶金股份有限公司还掌握预处理分选的无污染再生铅新工艺技术。其他企业普遍采用常规的反射炉、鼓风炉等熔炼工艺，缺少分选处理技术。小型再生铅厂没有收尘设施，环境污染严重。

除了从废旧蓄电池中大量回收铅外，也从电缆包皮、耐酸器皿衬里、铅锑合金中回收铅，回收方法与废杂铜相似。预计今后再生铅回收量还会增加，可能接近原生铅生产水平。

（四）再生锌

锌的再生利用，比铜、铝、铅都困难。锌的几项重要应用领域：冶金产品镀锌、干电池、氧化锌和立德粉、铜材、压铸合金等，废杂锌都不容易回收，而且回收率很低，得不偿失，因而再生锌产量相对较少，统计也更为困难。

回收利用再生锌的原料主要有：热镀锌厂产生的浮渣和锅底渣，钢铁厂产生的含锌烟尘，废杂锌、锌合金零件，废镀锌产品及旧干电池。一般来说浮渣含锌80%以上，底渣含锌97%，热镀锌过程中浮渣产生率为23%，底渣产生率为10%。国内再生锌生产企业不多，包括家庭作坊在内的小冶炼厂约200余家。规模都不大，1万吨以上只有两家，其余大都只有几百吨到千余吨。

废塑料回收再生利用情况

塑料来自于石油资源，由于其质轻、经久耐用、易成形加工等特点而应用广泛、不断发展。塑料使用后还可以循环使用，为科技进步和经济发展作出巨大贡献。目前全球年塑料消费达2.6亿吨，只占石油资源消费的4%，其中中国2007年消费塑料达4578万吨，约占全球塑料消费的18%。

塑料加工是清洁生产过程，塑料回收再生利用是将废塑料转变为有效资源的过程，是循环经济的重要内容，有利于建设和推进资源节约型环保社会，符合“十七大”精神和国家产业发展政策。

胡锦涛总书记新疆行指出，塑料回收行业应积极实践；温家宝总理关心塑料回收再生行业并做了批示；国家发展改委革召开专题会议，鼓励废塑料回收再生利用；“十七大报告”中，积极倡导发展循环经济，为发展塑料回收再生利用行业提供了良好的外部环境。

一、塑料回收利用在国民经济中的地位和作用

目前，塑料回收再生行业市场繁荣，投资活跃，从以前的家庭作坊式自发回收再生模式向以市场需求为导向的园区管理模式转变，废塑料分类从手工简单机械分拣向半人工半机械自动化高级模式转变，发展成为回收加工集群化、市场交易集约化、完全以市场需求和价格驱动为导向的环保型产业经济。

(一)塑料回收再生是缓减资源短缺的有效途径

塑料回收再生利用是解决我国石油资源短缺的一个重大战略问题。我国石油消费50%依赖进口，塑料原料42%依赖进口，再生塑料便成为解决原料紧缺的捷径，而且来源丰富、成本低廉。2007年我国在利用国内再生塑料700万吨的基础上，消化进口废塑料约648万吨，成为全球废塑料进口和消费最多的国家。

(二)塑料回收再生是发展循环经济、保护环境的重要内容

再生资源回收利用是发展循环经济的必然选择，其战略目标是建立环境友好型经济和资源节约型社会。塑料加工成型是无污染排放、低消耗、高效率的过程，绝大部分使用后塑料能

被回收再利用，是典型的资源节约型环境友好型材料。再生塑料回收价值较大，再生利用前景广阔。塑料回收再生利用是当前建设和谐社会、用科学发展观指导循环经济发展的重要内容。

（三）塑料回收再生是利国利民的环保型朝阳产业

塑料回收再生利用不仅有利于地区经济增长，特别是为解决农村富余劳动力出路提供了重要途径，为城乡居民增加收入和就业提供比较理想的渠道，而且为国家实现资源循环利用、发展环境保护事业作出了巨大贡献，成为国民经济可持续发展不可忽视的环保产业。

二、塑料回收再生利用成效显著

塑料广泛应用于我国工业、农业、水利、交通等各部门，而且在信息、电子电器、汽车、航空航天、军事等部门发挥着重要作用。塑料是现代经济发展中实现“减量化、再利用、资源化”的重要材料。随着塑料工业的蓬勃发展，“十一五”期间我国塑料制品产量将以两位数不断增长，每年可再生利用的塑料也将相应递增，预计到“十一五”末国内塑料回收再生利用量将达到1000万吨。

（一）2007年塑料消费及行业概况

2007年我国塑料表观消费量达4578万吨，比上年增长12%，居世界第二位。2007年中国塑料制品行业规模以上企业14952个，共完成总产值8018.16亿元，同比增长27.06%，占轻工全行业总产值的10.54%；位居轻工行业第三位。2007年中国大陆塑料制品产量为3302.32万吨，同比增长9.4%，居世界第二位，但人均消费塑料只有22千克，远低于发达国家的水平。

（二）再生塑料消费量测算

我们在计算废塑料量时是以五大通用树脂（PE、PP、PVC、PS、ABS）为基数分析的，因为五大通用树脂在合成树脂中占主导地位，进口废塑料也是如此。如2007年国内五大通用树脂产量占合成树脂总产量的86.5%。

2007年五大通用树脂表观消费量为3957.7万吨，由此可推算出2007年国内塑料实际消费量约为3742.3万吨。再生塑料是一种具有高价值的再生资源，估计2007年回收再生利用的废塑料有800万吨左右（按年均增长15%估算），年创产值约400亿元（按5000元/吨计算）；回收量对实际消费量的回收率保持在21.5%的水平。2007年我国还进口废塑料648万吨，即国内消化的废塑料总量达1448万吨，占合成树脂年消费量的31.6%（见表1）。

（三）进口废塑料稳步增长

目前我国塑料原料的进口依存度达42%，进口废塑料是缓减资源短缺的重要补充，能够调节市场供求关系，促进国内塑料再生利用市场繁荣和技术进步。从发展趋势看，政府有关部门对进口废塑料秉持“鼓励进口，总量控制”原则，加强环境监控和进出口检验检疫管理，这对开拓再生塑料应用领域和技术进步起到一定的积极作用，使其在“十五”期间得到迅猛发展。

2007年进口废塑料达648.5万吨，同比增长9.6%，价值达390亿元（按均价6000元/吨计算），年创关税收入约42亿美元（近期海关关税费用估算约为650美元/吨），折合人民币约290亿元人民币。显然海关对废塑料核价日益上升，对企业税赋不断加大，企业在技术改造和环保设施投入的压力增大，后果会是适得其反（现在废金属和废纸的进口实行“零关税”政策，而废塑料进口没有实行此优惠政策）。

表1　　2003～2007年塑料回收量与回收率测算表

单位：万吨

	2003年	2004年	2005年	2006年	2007年	年均增长(%)
合成树脂表观消费量	3409.2	3813.3	3834.8	4084.1	4578.0	7.6
五大通用塑料消费量	2680.2	2954.2	3222.2	3549.85	3957.7	10.2
塑料制品产量	1650.5	1846.6	2198.6	2801.9	3302.32	
-塑料包装产量	550	635	707	893.34	1100	18.9
塑料制品出口量	879.3	1078.4	1228.5	896.5	1035.5	4.2
塑料制品进口量	164.1	178.1	173.9	143.1	172.4	1.2
废塑料进口量	302.4	409.6	495.7	586.0	648	21.0
国内塑料实际消费量	2264.4	2459.5	2658.9	3377.45	3742.3	8.1
回收量(预测)	387	482	600	700	800	20.0
回收率(%)(测算)	17.1	20.0	22.5	20.7	21.5	5.9

表2　　2007年按塑料制品产量测算的废弃塑料产生量表

单位：万吨

	2007年产量	废弃比例(%)	2007年废弃量
塑料制品	3302.32	53	1741.6
塑料薄膜 -农用薄膜	605.05 96.06	90 95	636.2
塑料型材、板片材	345.38	20	69.1
塑料管、棒材	331.75	15	49.8
塑料丝、编织品	404.16	80	323.3
人造革	105.02	20	21.0
合成革	62.49	10	6.2
泡沫塑料	138.10	80	110.5
塑料包装箱及容器	166.30	65	108.1
日用塑料制品	371.04	50	185.5
其他塑料制品	773.02	30	231.9

表 3　2000～2007 年废塑料进口量海关数据表

单位：吨

	2000	2001	2002	2003	2004	2005	2006	2007
PE 废料	197449	280395	529976	1628763	1431016	1323844	1739118	2132080
PS 废料	114317	142529	241468	231680	338247	380711	236520	188890
PVC 废料	110522	211135	144400	217278	624022	906530	1174925	1076448
PET 废料	—	—	—	—	—	667063	754596	1043448
其他废塑料	1584877	1591045	1541658	946366	1702439	1678380	1959337	2043859
废塑料总量	2007165	2225104	2457502	3024087	4095724	4956528	5864496	6484725

(四)废塑料来源

2007 年塑料包装消费量约 1100 万吨，据估计至少 80%的塑料包装制品在一年内被废弃，是再生塑料的主要来源。

聚酯(PET)瓶消费量以年均 15%的速度增长，在包装工业中占有重要地位，是回收率较高的一个品种。全球每年用于饮料瓶的 PET 消费量超过 1000 万吨。我国瓶用聚酯消费量 2005 年约为 175 万吨，其中 80%用作饮料瓶，约 140 万吨，据估计其回收率至少在 80%以上。

2007 年中国汽车产量为 889.24 万辆，同比增长 22%。目前我国汽车塑料平均使用量约为 90 千克，占车重的 10%～15%，年消费 80 多万吨。报废汽车塑料件的回收再生利用任务将越来越艰巨。

2007 年工程塑料在汽车、信息、电子电器领域的应用进一步拓展，年均增长仍保持 27%以上，年消费量 180 多万吨。随着这类产品逐渐进入大量报废期，成为废塑料的一个重要来源。

(五)废塑料应用

废塑料应用能有效降低产品成本，由塑料与木质纤维构成的塑木复合材料可有效大量利用废弃塑料，完全替代木材，避免树木砍伐带来的资源紧缺和生态危机，具有良好的综合性能和绿色环保特性，不仅在环保、再生资源综合利用方面存在优势，还有良好的市场推广应用价值。塑木制品由于其突出的性价比，是环保理念的载体，被广泛使用，前景非常广阔。

废塑料再生利用正在由低质量、高能耗向高质量、低能耗、多品种、高技术的方向发展。塑料再生利用企业通过分类、改性等技术创新，提升再生塑料在市场的竞争能力和企业生存能力。再生塑料回收再利用交易、加工市场通过市场作用不断规范经营，分工协作明确，逐渐由松散型向紧密型发展，产业聚集度增加，规模化发展条件成熟。

(六)废塑料回收再生事业得到政府支持和社会关注

积极倡导和发展循环经济，成为“十七大”报告的重要内容，循环经济法即将出台，为发展塑料回收行业提供了良好的外部环境。再生资源类产业的鼓励性优惠税收措施也即将出台。种种激励措施包括建立循环经济发展专项资金、对循环经济重大科技攻关项目实行财政支持等。

南海“洋垃圾”事件引来媒体和公众对塑料回收再生行业的强烈关注，塑料回收利用行业原本是不受瞩目的行业，在 2007 年成为社会关注的热点。

中国塑协塑料再生利用专委会应企业和行业发展需要，自 2005 年重组以来，举办了系列塑料回收再生应用技术培训班，推出多项行业信息产品，开展多个废塑料行业研讨会，组团赴欧洲、北美、日本考察市场，开展国际交流合作。第二届中国国际塑料回收和再生大会于 2007 年 11 月在广州召开，这是中国塑料回收再生行业近 30 年的历史上，第一次组织召开由国家主管部门、国际同业协会支持、参与的政策性国际化的行业盛会，旨在打造前瞻性的政策信息、国际化的供求专业平台。同期发布的中国塑料回收再生利用行业自律宣言，是反思行业新面临的问题、体现全行业的社会责任感、改变个别媒体对塑料回收行业偏见的一次重要活动。中国塑协塑料再生利用专委会将继续开展行业活动，积极搭建行业与政府交流的平台，宣传与行业有关的政策和法规，推动国际交流，为行业利益代言。

(七)减少和重复使用塑料袋

为实现塑料工业可持续发展，在材料制备和制品设计时就要考虑尽可能减少对材料的消耗，将消费后塑料对环境的影响控制到最小程度。减少塑料包装废弃物的产生，应当作为塑料包装的首选环境战略。其一，应当推动塑料包装的设计创新，在保证其基本功能的条件下，达到塑料包装的轻量化或薄壁化。其二，杜绝“过分包装”。其三，塑料包装的再次使用是减少包装废弃物源的重要途径。

中国塑料加工工业协会提倡减少和重复使用塑料袋，对一次性塑料制品首先加强回收利用，对不宜回收和难以回收的塑料袋、餐盒等塑料制品采取降解塑料替代的办法加以解决，遵循减量化、再循环、再利用原则，实现塑料工业的可持续发展。在工作中配合政府节能减排工作，宣传发展塑料的优势；宣传塑料袋的环保特性，改变塑料袋不环保的世俗观念；使政府有关部门认识到塑料袋的使用不是“罪魁祸首”，缺乏好的回收渠道和有效的垃圾处理方式等管理和手段方面的落后才是造成“白色污染”的根本原因。

三、再生塑料行业发展战略

塑料回收再利用市场发展表明，废弃塑料再生利用不单纯是技术和经济问题，它需要建立起全方位的、科学合理的综合回收处理体系，需要政府有关部门、企业及协会的共同努力。

国际成功经验是：政策引导，社区管理，引入市场机制，企业主体运作，协会组织协调，建立完善的社会化回收、处理、再加工产业链体系，融入社会主体经济。

(一)发展方向和重点

集群化、规模化、规范化、深加工将是本行业的发展方向，培育一批对行业发展有示范作用的规模化企业和规范化加工交易市场或者园区应当成为行业发展重点，特别是要达到回收过程集中化、处置过程规范化的要求。同时，要加强塑料再生行业从业人员素质，加强技术教育和培训；应加快研发、引进先进再生塑料处理装备，提升行业技术水平；全行业实现集约化、规模化经营，改变过去散、乱、差的局面等，达到综合治理的目的。

(二)发展目标

预计“十一五”期间塑料再生产业发展将面临重大结构调整。行业发展在快速发展中求稳定，着重于科技开发和市场引导，逐步走向规范化，回收利用量和回收率均有所增长。预计到2010年，国内塑料实际表观消费量将达到或超过4000多万吨，塑料回收量将达到1000万吨，回收率达25%。

(三)塑料再生行业发展对策和建议

“十一五”期间塑料回收再生利用行业发展建议和措施：

(1)在塑料制品进入市场前就采用塑料材料标志，标明其材料属性，便于回收时分类，这样能充分地利用其价值，并能提高效益、减少浪费；

(2)开发能适合不同种类塑料的专用配套设备，提升整个废塑料回收利用过程的技术水平，目的是充分利用和节约再生资源；

(3)加强技术研发，加大科技投入，开发新产品，拓宽应用领域，加强回收人员培训和素质；

(4)制(修)订再生塑料分类技术规范，推进塑料回收利用体系建设；

(5)扶持重点企业和示范产业园建设，以点带面，提升规范市场的示范作用；

(6)加强行业宣传和引导，促进行业健康发展；出台鼓励塑料回收利用减免税优惠的实质性政策。

今后，我们要走稳定型经济发展的道路，建设社会主义和谐发展模式；发展环保循环型经济，建设资源节约型社会。塑料是现代化经济发展中实现“减量化、再利用、资源化”的重要材料，随着塑料工业的蓬勃发展，在“十一五”期间塑料制品产量将以两位数大幅增长，塑料再生利用事业显得越来越重要。

废旧电子电器再生利用情况

一、中国废旧电子电器再生利用综述

(一)制定法规、规章,起草相关标准

中国是电子电器的生产大国、消费大国。表1示出2002～2007年中国主要电子电器的产量。表2示出2002～2006年中国城镇居民家庭平均每百户年底主要电子电器拥有量。

中国的电子电器从1980年开始进入城镇居民家庭。按照电子电器平均使用寿命10年～15年

表1　2002～2007年中国主要电子电器产量表

单位:万台

	2002年	2003年	2004年	2005年	2006年	2007年
电冰箱	1599	2207	3033	3106	4200	4416
房间空调器	3135	4812	6646	7469	7943	8992
洗衣机	1587	1942	2349	2953	3492	3856
彩色电视机	5200	6521	7329	8283	8375	8433
家用电脑	1239	3216	4300	8084	9336	12073

表2　2002～2007年中国城镇居民家庭平均每百户年底主要电子电器拥有量表

单位:台/百户

	2002年	2003年	2004年	2005年	2006年	2007年
电冰箱	87	89	90.15	90.72	91.75	95.00
房间空调器	51	64	69.81	80.67	87.79	95.10
洗衣机	93	94	95.90	95.51	96.77	96.80
彩色电视机	126	131	133.44	134.80	137.43	137.80
家用电脑	21	28	33.11	41.52	47.20	53.80

推算，目前早期在家庭中使用的电子电器已超过寿命期，从2003年起，进入了更新换代高峰期。

废旧电子电器中含有有用的资源，同时也有有毒有害物质。有用资源诸如有色金属、黑色金属、塑料、玻璃等，有毒有害物质如制冷剂、发泡剂使用的破坏臭氧层的氯氟烃物质，以及铅、润滑油、多氯联苯、含溴的阻燃剂等。

目前，中国对于废旧电子电器的回收利用是在利益驱动下进行的。主要回收方式是"走街串巷"的个体回收人员上门回收和商场"以旧换新"回收，回收来的废旧电子电器绝大部分进入了二手电子电器市场，经简单维修后出售，继续使用。修不好的废电子电器，拆件出售零部件或材料，没用的东西作为生活垃圾丢掉，或者填埋。有的回收处理者为了提取废电子电器的稀贵金属，采用酸泡、露天焚烧等方式，严重污染环境，且资源未得到有效利用。

为了规范废旧电子电器回收处理人员的行为，做到资源循环利用，保护环境，保障人体健康，中国政府有关主管部门加大了立法的力度。表3示出近3年发布、实施的与废旧电子电器再生利用有关的规章。

表3　　与废旧电子电器再生利用有关的规章表

序号	名称	发布单位	立法宗旨	实施日期
1	电子信息产品污染控制管理办法(第39号)	中华人民共和国信息产业部(现为中华人民共和国工业与信息化部)牵头起草，中华人民共和国信息产业部、国家发展和改革委员会、商务部、海关总署、工商行政管理总局、国家质量监督检验检疫总局、国家环境保护总局(现为环境保护部)联合发布	在设计、生产、销售、进口过程中，减少或消除电子信息产品中含有的有毒有害物质，以便控制和减少电子信息产品废弃后对环境造成污染	2007年3月1日
2	废弃家用电器与电子产品污染防治技术政策环发[2006]115号	国家环境保护总局	减少家用电器与电子产品的废弃量，提高资源再利用率，控制电子废弃物在再利用和处置过程中的环境污染	2006年4月27日
3	电子废物污染环境防治管理办法(国家环境保护总局令第40号)	国家环境保护总局	防治电子废物污染环境，加强对电子废物的环境管理	2008年2月1日
4	再生资源回收管理办法(商务部令2007年第8号)	中华人民共和国商务部并经发展改革委、公安部、建设部、工商总局、环保总局同意	为促进再生资源回收、规范行业发展、节约资源、保护环境、实现经济与社会发展	2007年5月1日

为了增加法规、规章的可操作性，相关的协会、研究院所着手起草与法规、规章配套的标准。表4示出配套国家标准、部颁标准制定情况。2005年7月20日组建了"全国电工电子产品与系统的环境标准化工作组"，下设环境意识设计工作组、有害物质检测工作组、材料声明工作组和回收利用特别工作组。

表 4　　配套国家标准、部颁标准制定情况表

标准号	标准名称	实施日期	起草单位
GB/T 21097.1—2007	家用和类似用途电器的安全使用年限和再生利用通则	2008 年 5 月 1 日	中国家用电器研究院 中国家用电器协会废旧电子电器再生利用分会等
GB/T 20861—2007	废弃产品回收利用术语	2007 年 9 月 1 日	中国标准化研究院等
GB/T 20862—2007	产品可回收利用率计算方法导则	2007 年 9 月 1 日	中国标准化研究院等
SJ/T 11363—2006	电子信息产品中有毒有害物质的限量要求	2006 年 11 月 6 日	信息产业部电子第五研究所等
SJ/T 11364—2006	电子信息产品污染控制标志要求	2006 年 11 月 6 日	中国电子技术标准化研究所等
SJ/T 11365—2006	电子信息产品中有毒有害物质的检测方法	2006 年 11 月 6 日	信息产业部电子第五研究所、中国电子技术标准化研究所等
SB/T 10398.1—2005	旧货品质鉴定 第 1 部分：通则	2006 年 3 月 1 日	中国旧货业协会等
SB/T 10398.2—2005	旧货品质鉴定 第 2 部分：旧家用电器鉴定要求	2006 年 3 月 1 日	中国旧货业协会等

（二）试点、示范、回收体系建设

为了探索适合中国国情的废旧电子电器回收处理模式，建立回收体系，测算回收处理成本，制定相关标准等，2003 年 12 月国家发展和改革委员会确定浙江省、青岛市为废旧家电及电子产品回收处理体系建设试点省市，试点单位分别为青岛海尔及杭州大地环保有限公司；此外，确定天津和昌资源循环科技园、北京华星环保公司为废旧电子电器回收处理示范单位。这些试点示范单位针对废旧电子电器研制了专用的拆解设备、工具，建成拆解处理线，进行了小批量的拆解、处理。山东省临沂市富而鑫电器回收公司在临沂组建了废旧家电拆解加工基地。

此外，信息产业部与天津市政府确定天津静海子牙环保产业园区为废旧电子电器回收处理示范基地，集中处理废旧电子电器。在上海由电子废弃物交投中心有限公司建立回收体系，处理电子废弃物。在北京的中国电子企业协会下设废旧手机综合利用工作委员会，从事废旧手机的综合利用。

在废旧电子电器回收体系建设方面，2008 年北京 8 个城区设置 1000 个网点回收废旧电子电器，指定北京华星环保公司为处置单位，用户只须拨打专用电话或登录专用网站，网点即上门回收。

青岛新天地生态循环科技有限公司是国家废旧家电回收及资源化综合应用示范工程项目单位。它们开通了向社区居民回收，向青岛家电销售商回收，向青岛家电制造商回收，向政府、银行等回收的 4 条废旧电子电器回收渠道。建立信息调度管理中心，探索回收处理管理模式，进行资金管理和全过程监管，定期向政府监管机构报告废旧电子电器回收情况、资金使用情况及废旧电子电器处理情况。

上海市确定新金桥工业废弃物管理有限公司为电子废弃物收集点，专门负责浦东政府部门电子废弃物的回收处理。

（三）废旧电子电器废弃量测算

图 1 示出 2002～2008 年中国 5 种电子电

器的实际废弃重量和预测实际废弃重量。图2示出2002～2008年中国5种电子电器的实际废弃量和预测实际废弃量。

预测步骤是：①从城镇、农村总人数，总户数及城镇、农村居民电子电器百户拥有量，求出电子电器社会保有量。②确定5种电子电器平均使用年限及平均重量。③求出理论报废量。④确定二手旧家电与废家电比例，用回收系数修正理论废弃量，得到实际废弃量和实际废弃重量。

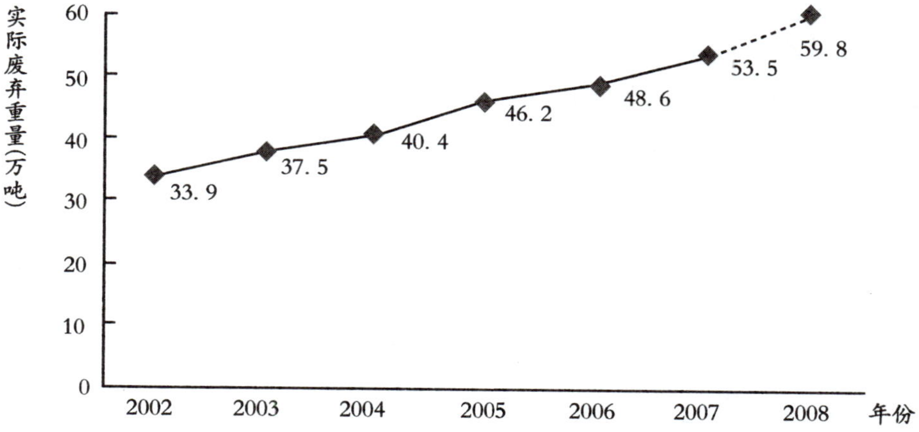

图1　2002年～2008年中国5种电子电器的实际废弃重量和预测实际废弃重量图

注：实线为实际废弃重量，虚线为预测实际废弃重量

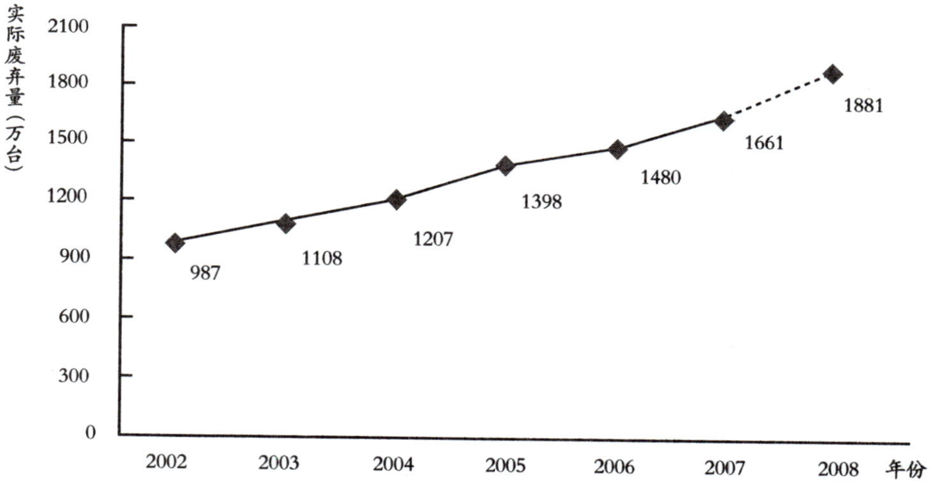

图2　2002年～2008年中国5种电子电器的实际废弃量和预测实际废弃量图

注：实线为实际废弃量，虚线为预测实际废弃量

(四)国家科技支撑计划列专项

为了适应国家环境友好和可持续发展的需要,本专项围绕着机电产品与材料,开展绿色制造的共性技术、绿色设计技术、绿色生产工业技术、绿色回收与再制造技术的研究,突破一批关键技术,开发一批具有自主知识产权的典型绿色工业和重点装备,实施示范应用工程。本专项为我国在"十一五"期间,在废旧电子电器领域开展的重大科技支撑项目,得到科技部的重点支持,采用产、学、研相结合的方式。本专项包括:绿色制造共性技术研究与应用、机电产品绿色设计技术与应用、机电产品绿色工业与装备、典型机电产品绿色回收处理关键技术及应用、典型机电产品再制造关键技术及应用、国际绿色贸易壁垒应对技术及应用,实施年限为3年,从2006～2008年。

二、国外废旧电子电器再生利用综述

(一)日本

1. 实施家电《再商品化法》

2001年4月1日日本实施《家电再商品化法》,规定4种家用电器的再生利用率,电冰箱≥50%,洗衣机≥50%,阴极射线管电视机≥55%,房间空调器≥60%。该法中明确规定了家用电器制造商、销售商、消费者或实业者以及政府部门的职责。

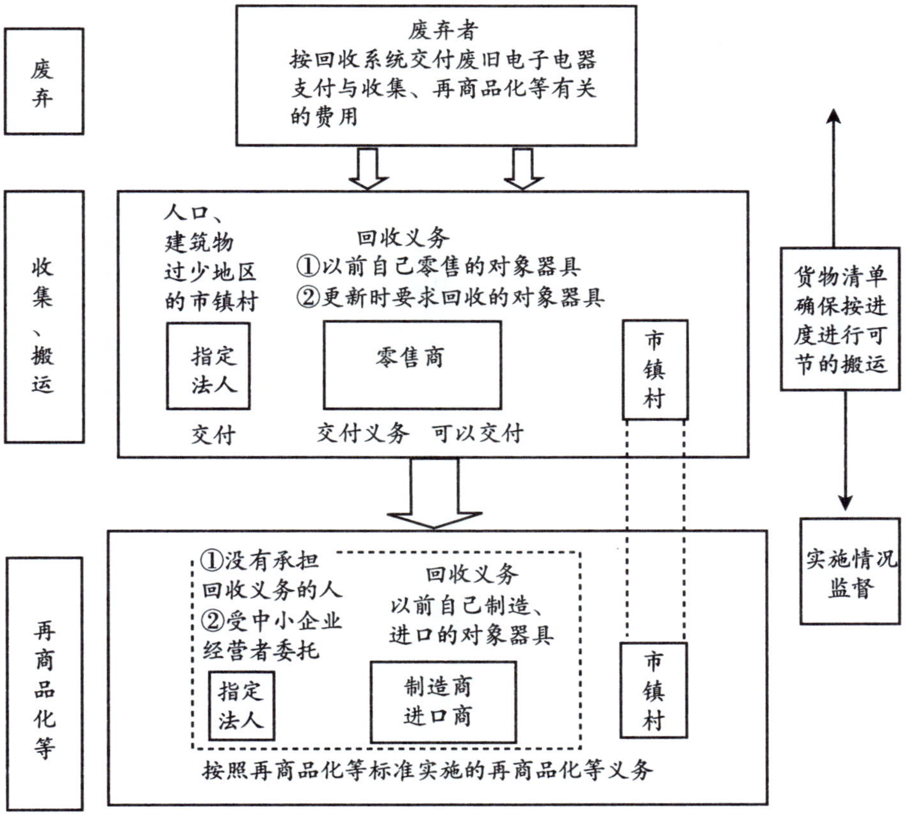

图3　日本废旧电子电器回收再利用流程及各方职责图

2. 建立回收系统，确定付费机制

按照家电再商品化法赋予各相关方的职责，制造商对废旧电子电器进行再商品化；改进设计，延长产品使用寿命，降低再商品化费用。销售商负责废旧电子电器回收、交付；消费者或实业者负责向收集、搬运者交付废旧电子电器，支付回收、再商品化所需费用；政府负责提供与废旧电子电器收集、搬运、再商品化等有关的信息，推进研究开发及成果普及等。

图 3 示出日本废旧电子电器回收再利用流程及各方职责。

至 2007 年 8 月，日本共建成 380 个回收站、48 个废旧电子电器再生利用厂，从事废旧电子电器的回收再生利用。

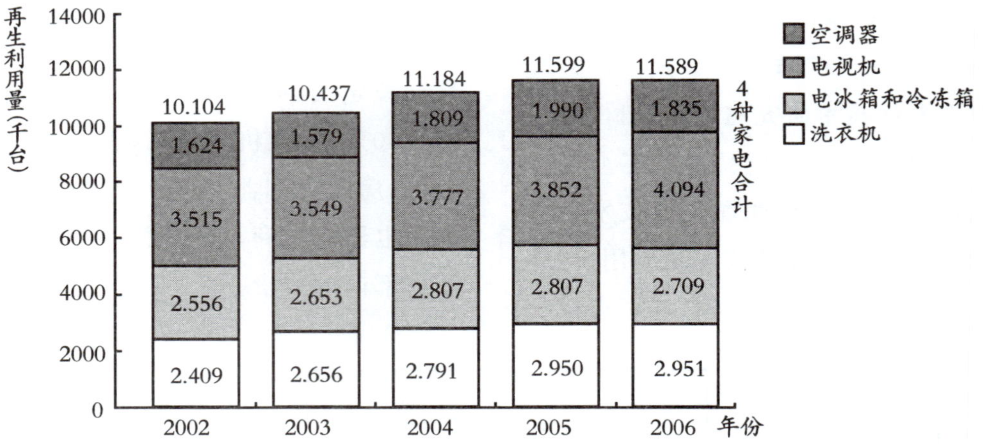

图 4　2002～2006 年日本 4 种废旧电子电器的再生利用量图

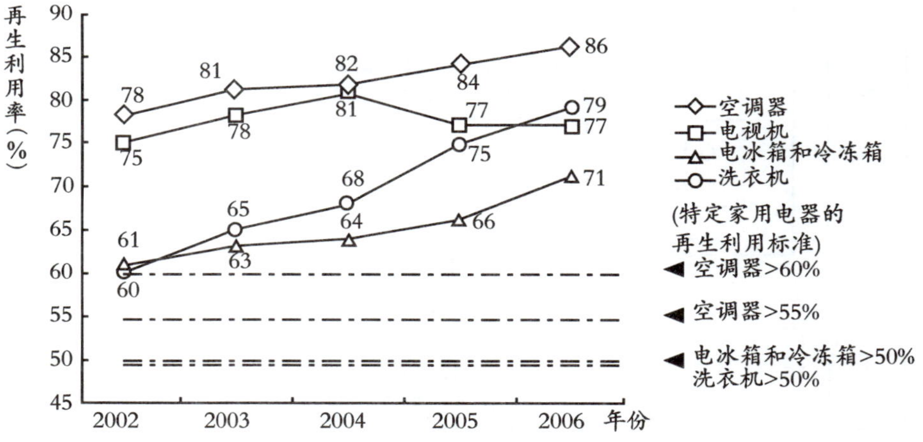

图 5　2002～2006 年日本 4 种废旧电子电器的再生利用率图

日本实行废弃者付费制，一台电冰箱收费 4600 日元，一台洗衣机收费 2400 日元，一台电视机收费 2700 日元，一台房间空调器收费 3500 日元，此外，每台还要加上 1000 多日元的运输、管理费。采用五联单（货物清单）进行管理。

3. 取得的成绩

(1)2002～2006 年日本 4 种废旧电子电器的再生利用量。

(2)2002～2006 年日本 4 种废旧电子电器的再生利用率。

(3)2002～2006 年日本 4 种废旧电子电器的材料再生利用量。

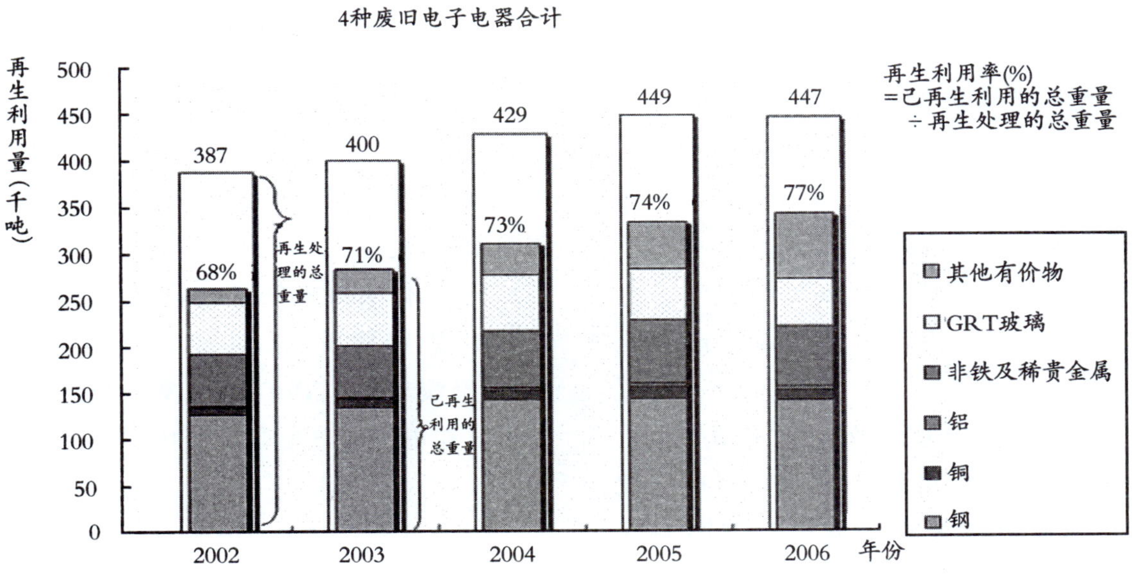

图 6 2002～2006 年日本 4 种废旧电子电器的材料再生利用量图

(二)欧洲

1. 发布、实施《报废电子电器设备指令》及《限制某些有害物质在电子电器设备中使用的指令》

2003 年 2 月 13 日欧盟发布《报废电子电器设备指令》(简称 WEEE 指令)和《限制某些有害物质在电子电器设备中使用的指令》(简称 ROHS 指令)。2005 年 8 月 13 日 WEEE 指令实施,2006 年 7 月 1 日 ROHS 指令实施。

(1)WEEE 指令

A. 适用的产品范围。WEEE 指令中涵盖了 10 大类电子电器,包括大家电;小家电;IT 及通讯器具;消费类设备;照明器具;电动工具(大型固定工业用工具除外);玩具、休闲和运动器械;医疗设备系统(所有被植入和被感染的产品除外);监控仪表;自动售货机。

B. 指标及时限。到 2006 年 12 月 31 日,平均每人每年分类回收 4 公斤 WEEE。

各类电子电器的回收利用指标见表 5。

表 5 欧盟报废电子电器的回收利用指标表

	回收利用率(%)	再使用率、再生利用率(%)
大家电(1 类) 自动售货机(10 类)	80	75
IT 和通讯器具(3 类) 消费类设备(4 类)	75	65
小家电(2 类) 照明设备(5 类) 电动工具(6 类) 玩具、休闲和运动器械(7 类) 监控仪器(9 类)	70	50

C. 对生产商/进口商的要求。2005年8月13日前建立或委托第三方建立收集系统，以回收、处理分类收集的WEEE。

承担收集点之后家用WEEE的收集、运输和处理费用。

2005年8月13日前投放市场的产品废弃时（历史废弃物）的管理费用，由现有生产商根据费用发生时的市场份额分摊。2005年8月13日后投放市场的产品，生产商要通过加入再生利用系统、保险或冻结银行账户等方式来保证对其产品废弃物承担责任。

2005年8月13日后投放市场的电子电器设备上应有材料、生产日期以及生产商的标志。

向消费者提供WEEE分类收集的标志、消费者可以使用的收集系统，以及电子电器设备中有害物质对人类和环境潜在的影响等信息。

向WEEE处理厂提供使用的元件和材料，有害物质或试剂的位置，用于产品维护、再使用、升级和翻新的手册等信息。

每年提供投放到本国市场的电子电器设备数量、种类、收集、再使用、材料再生利用WEEE的信息，以及出口电子电器设备的重量（或数量）信息。

保留WEEE、元件、材料处理和再生利用的记录。

对产品采用绿色设计，以便于再生利用。

（2）ROHS指令

A. 适用的产品范围。涉及8大类产品，即大家电；小家电；IT及通讯设备；消费类设备；照明器具；电动工具（大型固定工业用工具除外）；玩具、休闲和运动器械；自动售货机。

B. 禁用物质。禁止铅、汞、镉、六价铬、PBB（聚溴联苯）、PBDE（聚溴二苯醚）6种有害物质在电子电器设备中使用。（有例外的情况）

2. 2003年前欧洲已有的WEEE系统及达到的再生利用率

（1）已有的WEEE系统

表6示出2003年前欧洲已有的WEEE系统。

表6　2003年前欧洲已有的WEEE系统表

国家	WEEE系统名称	生产者责任组织的数目	建立时间
比利时	Recupel	4	2001年
丹麦	Municipal Targeted Tax	268 *	n/a *（1998法规）年
荷兰	ICT－Mileu	1	1999年
	NVMP	1	1999年
挪威	EI Retur	4	1999年
瑞典	EI Kretsen	20	2001年
瑞士	SWICO	1	1994年

* 市政或城市没有数据

（2）欧洲WEEE系统的再生利用率

表7示出欧洲WEEE系统的再生利用率。

表 7　　欧洲 WEEE 系统:公布的再生利用率表

国　家	系　统	再生利用率	能源回收	热分解	填　埋
比利时	Recupel	80%	—	—	—
丹　麦	Targeted Tax	80%	11%	—	9%
荷　兰	ICT Milieu	89%	—	—	11%
	NVMP	80%	—	—	—
挪　威	EI Retur(Elec-rtonikkretur)	74%	14%	3%	9%
	EI Retur (Hvitevareretur)	79%	2%	1%	18%
瑞　典	EI Kretsen	70%	20%	—	10%
瑞　士	SWICO	76%	21%	—	3%

(3)目前的情况

A. WEEE 指令

(a)WEEE 系统已在大多数欧盟国家建立并投入运行。

(b)设定收集和处理配额。

(c)拟为制造商采用的可再生利用设计提供奖励。

(d)各会员国的实施方式略有不同。

B. ROHS 指令

(a)ROHS 指令评审。

(b)评审时间表。

- 2007 年 5 月初步收集信息;
- 2008 年利益相关方协商;
- 2008 年立法建议。

(c)待考虑的问题。

- 是否包括第 8 类、第 9 类;
- 范围是否调整;
- 添加物质有无必要;
- 改进豁免申请程序。

废纸回收利用情况

一、2007年废纸回收利用发展概述

(一)2007年废纸回收利用概况

2007年我国国内废纸回收量为2765万吨,较2006年的2263万吨增长22.18%。国内废纸自2000年以来废纸回收率和废纸利用率总体呈逐渐上升的趋势,2007年废纸回收率38%,较2006年上升3.7个百分点。虽然近年来我国废纸回收率呈不断上升的趋势,但是与发达国家相比,我国的利用率还是比较低的,相较于墨西哥的90.1%、韩国的74.6%、英国的74.2%还有很大差距。

(二)我国废纸回收利用的运行特点

与一些国家废弃物须付费有偿清理不同,我国的家庭和工业废弃物中的可回收部分可以卖给回收中间商和需要者,可回收的废物可以"卖钱"的概念已经牢固地扎根在人们的心中。废纸回收成本的大部分是从商家和家庭购买废纸的费用,没有足够的进一步分拣加工的成本空间,分拣加工的升值部分不足以维持企业生存,使得一些在发达国家已成熟的回收方法和政策我国无法借鉴。因此,提高废纸回收分拣率的方法只能靠我国自己摸索出一条具有中国特色的路。

在"九五"和"十五"期间,随着我国造纸行业的发展和对环境保护力度的加强以及造纸行业原料结构调整的需要,我国开始逐步加快废纸使用的步伐,国内废纸的回收与利用还得到了政府有关部门的重视,并列入了《再生资源回收利用"十五"规划》。由于东西部经济基础的差距和市场需求因素,近年来我国新建的以废纸为原料的造纸企业主要集中在了东部沿海地区,特别是广东、福建、江苏、浙江、山东等东南沿海12个省(区)市发展速度很快。一些大中型企业的兴起,使废纸使用量和进口量迅速提高,带动了国内废纸回收率的迅速提高,使我国的废纸利用率大大高于回收率,特别是广东、浙江等省份的废纸浆比重已接近80%,废纸造纸渐渐进入了高速发展的时期。目前,国内废纸的回收分类,主要按造纸企业收购价格的不同而指导商贩的分类,按造纸企业的收购质量要求决定分类的标准,由于各地造纸企业对废纸的质量要求的不同而有所差别,废纸的价格由纸厂的收购人员现场按质定价,随意性很强,没有实行全国统一的质量指南作为统一标准,因

此，许多有用的小品种废纸因为来源分散，无法形成可规模处理的稳定批量，只能与其他废纸形成混合废纸，降级使用。由于没有形成行业规范，阻碍了国内废纸的利用，另一方面国外的一些小品种废纸则以较高的价格不断进口到我国。在废纸回收发达的国家，废纸回收经过了数十年的完善已形成了比较完整的产业链，而中国废纸的回收体系则才刚刚开始形成，分类粗、品种少，不利于纸厂使用，有相当部分优质废纸混在相对低档的废纸中，浪费了资源也给纸厂增加了处理难度。目前，美国回收废纸分成51类及33类特种废纸，欧盟回收废纸分成57类，日本回收废纸分成26类，而我国目前刚刚发布的回收废纸分类标准只分成11类，相当部分废纸混合处理，降级使用。除个别城市新建的少数几个打包厂以外，废纸的分拣加工还尚未形成产业。由于没有大范围、正规化的废纸分拣打包厂，大量废纸由个体回收商和小贩收购，造成混合废纸比重大，同时由于没有专业打包设备，散装运输使得运输效率低、成本高、运输半径小，另外加上“利益”驱动，还时有掺杂使假现象发生，造成了废纸资源的浪费。近年来，国内一些企业和国外的专业打包企业在国内试验性的建了几个类似国外的正规打包厂，但由于打包厂数量少，分拣出的各类废纸没有足够的其他打包厂配合，形成不了批量，无法向造纸厂批量连续供货，而且管理成本比小贩高许多，前景不是很乐观。

二、废纸市场供求状况

(一)国际市场废纸供求状况

由于各国都在努力提高废纸的利用率，预计今后5年～10年内各国可供出口废纸总量不可能会有很大的增加。以最大的废纸出口国美国为例，据美国专业机构预测，到2050年如果美国的纸张消费量达到15000万吨时，美国用于出口的废纸量可维持在1500万吨，按此机构推算45年后可用于出口的废纸也就是与现在相差无几，另外，欧盟负责废纸分析的专家在与中国造纸协会的交流中也提出，欧盟在2007年后废纸的进出口量将趋于平衡，无法增加废纸净出口量。目前国际上废纸的出口国主要集中在欧盟和北美，占到了国际贸易总量的三分之二以上，其他部分来自澳洲和日本等纸张消费大国及香港等地区。近两年来，由于国内废纸资源紧张，越来越多的国内废纸商主动到国外建废纸收购厂，开发新的来源地，另外还有一些来自中东、俄罗斯、东欧国家、北非国家的废纸也开始少量进入中国，这些地区的废纸资源量不大，不会对我国的造纸用废纸原料市场产生太大影响。鉴于许多国家已通过立法要求回收利用废纸，特别是纤维资源短缺的国家，各国废纸的回收率和利用率将进一步提高，可用于贸易的废纸量不会有大量的增加。据FAO(联合国粮农组织)预测，2010年世界纸及纸板消费量将达到4.8亿吨，废纸回收量约2.3亿吨。如果废纸可用于贸易量占消费量的比例仍为现有的10%左右，那么2010年全球废纸可用于贸易的总量约4800万吨，其中美国纸张消费量若以2%速度递增，到2010年其消费量达到1.126亿吨，届时如果回收率为50%，则有废纸5629万吨，如果仍有1/4左右出口，则可供出口的废纸量约有1400万吨，与目前相差不大，因此，可以说国外废纸资源的进口潜力是在逐年缩小。

(二)国内市场废纸供求状况

随着造纸企业规模的不断扩大和生产量的

不断增加，以及进口木浆和废纸的大量使用，使得国内废纸质量有了较大提高，这在一定程度上也提高了造纸企业使用国内废纸的积极性。到2007年国内用于造纸的废纸回收量已达2765万吨，比2006年提高502万吨，另外，随着技术与装备的进步，目前国内回收废纸也可用于一些大型纸机并生产一些高档产品。从2007年废纸供应情况上看，国内废纸供应量在增加，市场价格随国际废纸价格的上升略有提高。但仍存在诸多问题，尤其是国内废纸的回收和采购随着由计划经济向市场经济的转变，过去国有的废品回收公司体制和遍布城乡的回收站已基本消失，取而代之的是规模庞大、人数无法统计的主要由流动人口组成的流动回收大军、私人回收站和回收公司，由于人员流动大、素质低，回收站和回收公司规模小、数量多、分布广，几乎无法对其经营情况进行管理和统计，回收的废纸的质量和分类也无法统一和控制，大量废纸资源被降级使用，用来生产比原来质量更低的产品，在一定程度上制约了国内废纸的使用，增加了造纸企业使用国内废纸的难度。

三、2007年废纸进出口分析

2007年，中国内地共从60个国家和地区进口废纸2256万吨，价值40.4亿美元，分别比去年同期增长15%和47.1%。据海关统计，废纸进口的主要来源地为美国、日本、香港、英国、荷兰等国家和地区，废纸进口量占我国废纸进口总量的85%左右。其主要特点表现在：

(1)平均价格大幅上扬。2007年我国废纸进口平均价格为179.2美元/吨，比去年同期价格140美元/吨上涨了27.9%。

(2)一般贸易进口为主，加工贸易进口增长迅速。2007年我国以一般贸易方式进口废纸1682万吨，增长6.4%，占同期我国废纸进口总量的74.5%；加工贸易进口573.9万吨，增长51%，占25.4%。

(3)外商投资企业是进口主体，国有企业进口下降。2007年我国外商投资企业进口废纸1448万吨，增长27%，占64.2%；私营企业进口366.1万吨，增长7.7%；国有企业进口272.6万吨，下降17.5%。

(4)主要自美国和欧盟进口。2007年我国自美国进口废纸932.5万吨，增长9%；自欧盟进口703.1万吨，增长28%。两者合计进口占同期我国废纸进口总量的72.5%。

(5)广东、浙江、山东、江苏、福建5省废纸进口均超100万吨。2007年广东进口废纸841.7万吨，增长22.6%；浙江进口431.1万吨，增长9.7%；山东进口335.2万吨，增长29%；江苏进口274.8万吨，增长27.4%；福建进口125.8万吨，微降0.9%。5省合计进口占同期我国废纸进口总量的89%。

废橡胶(含废旧轮胎)回收利用情况

一、基本情况

世界上废橡胶(含废旧轮胎)利用的方式很多,中国特色的废橡胶(含废旧轮胎)综合利用之路以生产再生橡胶为主。

随着中国橡胶工业的持续发展,我国废橡胶综合利用行业也呈蓬勃发展的态势。再生橡胶的生产与利用已成为废橡胶综合利用的生力军,轮胎翻新技术改造开始进步,胶粉的生产与利用开局良好。废橡胶综合利用企业积极发展深加工,产业链在向充分利用以再生橡胶与天然橡胶、合成橡胶并用生产橡胶制品的方向延伸。目前,我国废橡胶综合利用生产能力超过300万吨/年,据统计,2007年全国再生橡胶、硫化橡胶粉产量已达到245万吨左右,其中再生橡胶220万吨,胶粉产量达25万吨,除满足国内使用外还远销世界几十个国家和地区。

目前,我国是世界上最大的再生橡胶生产国,再生橡胶产量约占世界85%,企业数量达1000余家,主要集中在河北、山西、江苏、浙江、山东、河南、四川等地。近年来,随着中国橡胶工业的快速发展,废橡胶综合利用行业也得到迅速壮大;以质量求生存,以品种求发展,以精品创效益理念深入人心。走中国废橡胶循环利用之路,以再生橡胶生产为主,适度发展胶粉,扩大后加工及应用,成为全行业共识。

2002~2007年全国再生橡胶、硫化橡胶粉产品产量情况参见表1。

表1 2002~2007年全国再生橡胶、硫化橡胶粉产量表

单位:万吨

	再生橡胶	硫化橡胶粉	总产量	比上一年 ±%
2002年	110	15	125	—
2003年	120	18	138	10.40
2004年	130	22	152	10.14
2005年	145	22	167	09.86
2006年	170	22	192	14.97
2007年	220	25	245	27.60

从表1可以看出，2003年、2004年、2005年三年，每年均比上一年增长幅度约为10%，2006年比上一年增长幅度约为15%；2007年比2006年增长幅度为27.6%；2007年我国再生橡胶的产量与2002年相比，整整翻了一番。

二、发展进程

在20世纪80年代末，当时负责行业规划与发展的化工部橡胶司和中国橡胶工业协会，针对行业再生橡胶生产工艺落后、环境污染严重的现象，进行了决策性的工艺革命，组织和领导了废橡胶综合利用再生橡胶的研发创新。没有走引进国外高温、高压、高价、高投资的脱硫再生工艺，而是组织企业申报、国家立项、政策资金支持、再组织行业会战等各项多元化努力，经三年奋战终获成功，自此开创了动态脱硫的新天地，即组织行业全国推广，淘汰了油法、水油法这二种落后、污染的再生橡胶生产工艺。我国橡胶工业的发展，加速了我国推广和应用动态脱硫生产再生橡胶的进程，使动态脱硫成为生产再生橡胶的唯一选择。动态脱硫的效率高、节能明显、投资回收期短，从根本上促进了再生橡胶的飞跃发展，使我国的再生橡胶产量在短短的几年内翻了一番。

由中国自主研发、具有中国特色的再生橡胶动态脱硫新工艺是废橡胶利用行业的科技进步，这项成果奠基了废橡胶综合利用的中国特色。中国的这项再生橡胶工艺技术，已迈出国门，被泰国、马来西亚、越南、印度等国引进。

中国的橡胶工业发展离不开废橡胶循环利用行业，中国的废橡胶循环利用行业的发展同样离不开中国橡胶工业的发展。追溯历史，我国再生橡胶产业工艺的演变，由解放前的油法工艺，到新中国成立后的水油法工艺；改革开放后，行业自主创新，目前98%以上的再生橡胶企业正在使用动态法工艺。油法、水油法、动态法这三种工艺展示了我国废橡胶循环利用的三个阶段性发展历史，同时也展现了这三个不同阶段产量与质量的发展进程。

2007年度行业47家企业经济指标完成情况参见表2。

表2　　2007年度行业47家企业经济指标完成情况表

单位：万元

现价工业总产值		出口交货值		工业增加值		实现利润总额	
1～12月	去年同期	1～12月	去年同期	1～12月	去年同期	1～12月	去年同期
331241	264860	5750	46615	69831.17	54506.4	18111.03	11457.98

从表2分析，2007年行业47家企业与2006年同期相比，产值增长25%以上；出口交货值增加23.5%以上；工业增加值增加28.1%以上；实现利润总额增长58%以上。

三、行业现状

（一）再生橡胶情况

再生橡胶，多少年来已经定位为橡胶工业中的主要原料之一，不仅具有良好的工艺性能，而且有较好的物理机械性能，根据橡胶烃和其特有的合成橡胶成分的恢复含量以一定比例与天然橡胶和合成橡胶并用。我国可以根据废橡胶的橡胶烃和不同的合成橡胶成分，分别生产出轮胎再生橡胶、胶鞋再生橡胶、杂品再生橡胶、浅色再生橡胶、彩色再生橡胶、无臭味再生橡胶、乳胶再生橡胶、丁基再生橡胶、丁腈再生橡胶和三元乙丙再生橡胶等，用于替代不同类型的橡胶满足橡胶工业的需要。

当年，我国发展再生橡胶的初衷就是为了改进橡胶的加工性能，而且还可以弥补橡胶资源的不足。依据我国橡胶资源现状，以 3 吨再生橡胶替代 1 吨天然橡胶的现实仍将延续。建国以来，废橡胶综合利用行业为国家消除废橡胶产生的固体废弃物 3000 多万吨，回收利用废橡胶 2000 多万吨，累计为社会创造产值 500 多亿元，节约橡胶 600 多万吨。应该说，再生橡胶在解决“黑色污染”和橡胶工业的循环经济中功不可没。

2007 年我国利用废橡胶仅生产 220 万吨再生橡胶，就为橡胶工业弥补了 70 万吨以上的橡胶替代品，超出了海南、云南的全年天然橡胶产量，相当于我国天然橡胶全年产量的 115%，同时减少了 2007 年当年近 300 万吨废橡胶垃圾的堆积，而支撑这一产业发展的正是我国具有独立知识产权的自主创新技术，“动态脱硫”再生橡胶生产技术。

（二）高温动态脱硫技术特点和使用情况

高温动态脱硫技术是我国废橡胶利用行业“九五”期间重点推广技术，与原有的油法、水油法相比，脱硫其时间短、能耗低、生产的产品质量稳定。其特点是：

（1）再生橡胶生产技术以自主创新为主，具有自主的知识产权。大中型再生胶生产企业，都在自主创新，研制自己独特的工艺。如采用捏炼法工艺生产丁基再生橡胶，解决了世界上“丁基橡胶”再生工艺的难题。南通回力橡胶有限公司自主研发的废丁基橡胶高温连续再生工艺，还被国家发改委等列为 2005 年度重大产业技术开发专项和“国家鼓励发展的资源节约综合利用和环境保护技术”。

（2）再生橡胶产品种类呈多样化，科技含量进一步提高。如：采用高温高压工艺对全钢子午胎的胶粉进行再生，所生产的再生橡胶综合指标基本不变，而其拉伸强度则由 11MPa 提高到 14Mpa～16Mpa。目前我国已能生产卤化丁基橡胶再生橡胶、一般丁基再生橡胶、三元乙丙再生橡胶、特级轮胎再生橡胶、无味再生橡胶等大品种。

（3）环保技术日趋成熟，环保达标已成为多数大中型企业的自觉要求。再生橡胶生产过程中产生的尾气含有硫化氢、苯、甲苯、二甲苯等微量有害气体，若不治理，必然造成环境二次污染。多数大中型企业配置了新型专利的环保装置，脱硫工艺尾气的苯系物排放为零，硫化氢排放量不到国家标准的万分之一，处理后的废水达标并循环使用，实现了真正的闭合清洁生产。昆明理工大学和昆明凤凰橡胶有限公司联合研制开发的生物法废气净化技术、江西省国燕橡胶有限公司研制成功的“再生橡胶生产工艺尾气净化技术和成套装置”（发明专利证书专利号：ZL 02 1 47836.8），有效地解决了再生橡胶生产产生的尾气净化难题。目前，全国大中型再生橡胶企业，包括成扎堆的小型的再生橡胶企业，都已把结合企业实际，研制环保配套技术，治理尾气、环保达标列为促进企业生存发展的重要措施，并已取得了较好成效。

（4）再生橡胶生产设备不断创新，向高效、节能和专业性方面发展。如四川亚西橡塑机器有限公司、四川乐山亚联机械有限责任公司，常州三橡机械有限公司等机械设备企业专门为再生橡胶生产开发出采用高速比(1∶2.16)的高线速精炼机，其出片线速由29m/min提高到49m/min，电机配置由75kw减至55kw，单班再生胶精炼出片数增长70%，由120片增至170片，研制的XKN－450开放式捏炼机，前辊工作直径450㎜，后辊工作直径510㎜，辊筒速比1∶1.92，前辊线速比29.1m/min，功率55KW，该设备与普通450开放式炼胶机在功率不变的情况下，由于剪切力加大，提高了产品质量，在不增加设备和人员的情况下，产量提高40%，实现了节能高效生产。

(5)积极发展深加工，废橡胶综合利用产业链在向以再生胶为主原料生产橡胶制品的方向延伸。在橡胶制品生产过程中按一定比例加入再生橡胶，可降低生产成本，并且使其具有优异的加工性能，更重要的是，有一部分再生橡胶生产企业已开始用自产的再生橡胶深加工成各类橡胶制品，如南京金腾、河北京东、北京华腾、河北长城等公司生产的各类工业用橡胶板，唐山兴宇、莱芜福泉、山东时风、江苏三元、无锡万丰、江西国燕等企业，均利用企业自身生产再生胶的优势生产汽车垫带和内胎等橡胶制品。仅南京金腾1家企业利用废橡胶生产的再生橡胶生产的运动场专用橡胶垫，在2006年南京举办的十运会田径赛场，使用面积35000多平方米，这一运动场专用橡胶板产品研制成功，填补了国内空白。据了解，2008年北京奥运会很多场馆均采用了该公司利用再生橡胶生产的橡胶垫，在田径赛场使用的面积达29000平方米；乒乓球馆铺设的面积达16000平方米；水场馆铺设的面积19000平方米；网球场馆使用面积达15000平方米；射击场馆铺设的面积达12000平方米，总计使用各种橡胶垫面积达91000平方米。充分利用废橡胶生产再生橡胶进行深加工，既变废为宝又创造了财富。

(三)2007年再生橡胶生产出现了新的特色

行业对废旧钢丝子午胎粉碎技术和利用子午胎胶粉生产出高品质再生橡胶技术的突破，对丁基橡胶、丁腈橡胶、三元乙丙等废旧合成橡胶再生技术研究的突破，使再生橡胶家族增添了许多新的品种。目前我国废橡胶利用中再生橡胶的品种和结构已从低端通用型向高品质、高附加值加工利用转化。其中：轮胎高品质(特级)再生橡胶2007年生产量达到20000吨，较之2006年同期产量增加了600%，生产企业已有18家；内胎丁基再生橡胶约120000吨，复合丁基再生橡胶9000吨，比上年同期增长了300%，生产企业约22家；三元乙丙再生橡胶生产8400吨，比上年增长了160%，生产企业9家；丁腈再生橡胶8300吨，比上年同期增长了120% ，生产企业8家；氯丁再生橡胶生产220吨，比上年同期增长了500%，生产企业3家。

(四)再生橡胶生产开始使用环保型软化剂

再生橡胶生产逐步淘汰高污染的煤焦油软化剂，代之以植物油系列或石油系列等无污染软化剂。2007年作为行业“节能减排”的重要工作之一，已提上企业重要工作日程。目前行业内北京华腾、南京金腾、南通回力、上海肖友、昆明凤凰、仙桃聚兴、江西亚中等多家企业生产环保型再生橡胶，产品受到广大用户的青睐和欢迎，并已批量出口至欧美等发达国家。

(五)配套企业品牌提升

积极推荐和鼓励与再生橡胶生产配套的废橡胶加工装置和助剂企业，使一批与废橡胶综合利用配套企业的品牌、知名度有了明显提高。

1、助剂企业及其品牌产品

福建环科化工橡胶集团有限公司昂福牌松焦油；

蚌埠市淮河橡胶助剂厂金马牌 B—450 硫化橡胶再生活化剂；

吐鲁番国星橡胶工贸有限责任公司行星牌 WR510 高效再生活化剂；

上海胶特化工有限公司协兴牌无臭味松焦油、妥尔油、双戊烯。

2、废橡胶加工装置企业及品牌产品

四川亚西橡塑机器有限公司亚西牌废橡胶利用加工生产线成套设备；

四川乐山亚联机械有限责任公司亚联牌废橡胶利用加工装备；

乐山市公平机器有限公司公平牌废橡胶利用处理装备；

乐山市盛兴机器有限公司盛兴牌废橡胶利用处理装备；

上海华原橡胶有限公司华原牌节能型远红外脱硫罐；

常州市三橡机械有限公司三橡牌废橡胶利用加工生产线成套设备；

宜兴市第三工程设备厂绿叶牌常温橡胶精细粉碎机；

淮南市石油化工机械设备厂导热油加热、电加热高强力再生胶动态脱硫罐；

大连通用橡胶机械有限公司大通牌再生胶专用捏炼机系列；

江西省国燕橡胶有限公司国燕牌再生胶尾气净化、粉尘吸收环保专用装置；

昆明凤凰橡胶有限公司昆凤牌生物化学法净化有机废气环保装置。

四、行业展望

2008 年橡胶工业整体增长水平预计在 12%左右，轮胎增长幅度在 15%左右。全国废旧轮胎年产生量约在 1.5 亿条，继续以再生橡胶生产为主，走中国特色的废橡胶综合利用之路。

废橡胶综合利用的节能减排将更加突出。废橡胶利用行业将继续与设备制造企业联手技术攻关，在现有节能设备推广应用的基础上，研发新型节能设备。提高能源利用效率，在推广无味再生橡胶、合成胶再生橡胶及淘汰矿物油工艺的同时，研发新型环保节能再生技术，将继续加大环保处理和节能装置的研发，将加强能源的二次利用，在企业内部构建能源利用的闭路循环，确保各种能源得到充分利用。

2008 年废橡胶利用率争取达到 80%～85%。2008 年废橡胶利用产品再生橡胶、硫化橡胶粉的市场需求增长格局不会有大的变化，但增幅力度有可能降低，预计再生橡胶产量的增幅将不会突破 20%，即在 260 万～270 万吨；硫化橡胶粉产量的增幅将维持在 10%，即在 27 万～30 万吨；无味再生橡胶、合成再生橡胶、轮胎优级再生橡胶将成为发展重点；废橡胶利用行业的环保技术将更加日趋成熟，在有效解决再生胶生产排放尾气净化难题后，再生橡胶生产过程中产生的无组织气体排放集中回收净化处理已经获得成功，废橡胶利用行业正在走向清洁、文明，再生橡胶应用将更加广泛。

附件：

表3　　2007年行业再生橡胶产量前10名企业

排名	企业名称	产量(吨)
1	南通回力橡胶有限公司	73787
2	宁波华星轮胎有限公司	46051
3	南京金腾橡塑有限公司	42456
4	金轮橡胶(海门)有限公司	40179
5	福建环科化工橡胶集团有限公司	39500
6	京东橡胶有限公司	36500
7	莱芜市福泉橡胶有限公司	29013
8	四川隆昌海燕橡胶有限公司	24000
9	江西亚中橡塑有限公司	23710
10	无锡市万丰橡胶厂	23000

表4　　2007年行业销售收入前10名企业

排名	企业名称	销售收入(万元)
1	北京华腾橡塑乳胶制品有限公司	45261
2	南京金腾橡塑有限公司	39600
3	南通回力橡胶有限公司	36943
4	金轮橡胶(海门)有限公司	21067
5	唐山兴宇橡塑工业有限公司	18000
6	福建环科化工橡胶集团有限公司	16798
7	无锡市万丰橡胶厂	13500
8	京东橡胶有限公司	12860
9	宁波华星轮胎有限公司	11536
10	莱芜市福泉橡胶有限公司	9289

表5　　2007年行业实现利税总额前10名企业

排名	企业名称	金额(万元)
1	南通回力橡胶有限公司	6652
2	南京金腾橡塑有限公司	6358
3	金轮橡胶(海门)有限公司	1846
4	北京华腾橡塑乳胶制品有限公司	1811
5	无锡市万丰橡胶厂	1620
6	福建环科化工橡胶集团有限公司	1565
7	京东橡胶有限公司	1415
8	宁波华星轮胎有限公司	1100
9	唐山北方橡胶集团有限公司	804
10	仙桃市聚兴橡胶有限公司	765

表 6　　2007 年行业实现利润前 10 名企业

排名	企业名称	金额(万元)
1	南通回力橡胶有限公司	3929
2	南京金腾橡塑有限公司	3825
3	京东橡胶有限公司	1244
4	金轮橡胶(海门)有限公司	1214
5	北京华腾橡塑乳胶制品有限公司	1172
6	上海肖友橡胶有限公司	1000
7	福建环科化工橡胶集团有限公司	938
8	无锡市万丰橡胶厂	800
9	晋江华鑫塑料橡胶制品有限公司	535.64
10	仙桃市聚兴橡胶有限公司	401

表 7　　2007 年行业硫化橡胶粉产量前 10 名企业

排名	企业名称	数量(吨)
1	江阴市台联超细胶粉有限公司	7326
2	杭州新邦橡胶有限公司	4390
3	江西亚中橡塑有限公司	3550
4	湖北合得利橡胶有限公司	3500
5	南通回力橡胶有限公司	2995
6	南通宏达橡塑有限公司	1473
7	东风轮胎集团黄石橡胶有限公司	1450
8	海盐县华丰橡胶有限公司	650
9	重庆市南川区庆岩橡胶有限公司	203
10	仙桃市聚兴橡胶有限公司	158

第四篇

区域篇

北京市再生资源回收体系建设和报废汽车回收拆解情况

再生资源回收体系建设

在北京市政府的高度重视下，2006年8月，北京市商务局会同市发展改革委等11个部门联合研究制定了《推进我市再生资源回收体系产业化发展试点方案的实施意见》，明确了“规范站点、物流配送、专业分拣、厂商直挂”的工作思路和工作目标，以废旧报纸、纸制品包装物和废旧塑料三个品种的收购为切入点，首先在崇文、海淀、朝阳三个区开展试点。

一、基本情况

（一）回收站点

据各区县商务局统计，截至2007年底，全市18个区县共有再生资源回收站点4802个，固定站点2469个，占52%，流动站点2333个，占48%；其中，城八区共有回收站点1430个（固定915个，流动515个），占全市回收站点总数的30%；三个试点区共有回收站点960个（固定789个，流动171个），占城八区站点总数的67%，占全市站点总数的20%。

（二）从业人员

目前，北京市纳入规范体系的再生资源回收行业从业人员27997人，占全市回收行业从业人员总数的28%。其中，各区县回收公司管理的回收从业人员11507人，城八区有4822人，占回收从业人员的41%；三个试点区有3477人，占24%，从业人员95%为外地来京人员；全市已登记备案再生资源回收从业人员13526人。

（三）回收量和交易额

2007年全市再生资源回收量374.72万吨，交易额58亿元，同比分别增长51%和50%。三个试点区回收量72万吨，同比增长1.3倍。

二、大力推进试点工作

(一)因地制宜,探索创新

三个试点区结合本区实际情况,因地制宜,探索创新,逐步积累了很多很好的经验和做法。崇文区把再生资源回收体系纳入政府执行力考核体系,常务副区长主抓,23个部门各司其职,互相配合。他们明确再生资源回收经营主体,在天龙公司基础上,通过募集资金方式成立了天天洁再生资源回收利用有限公司,打造"天天洁"品牌,该品牌再生纸已被列为2008年北京市政府采购指定的唯一再生复印纸。朝阳区通过竞争机制,引入洲和洋再生资源开发公司从事社区回收,同时利用本区原有的东都中兴公司成熟的物流配送体系向产业前端延伸,与再利用企业挂钩,形成回收、配送、分拣、加工完整的产业链条。海淀区成立了由国有资本和社会资本相结合的北京开源建顺再生资源回收有限公司,采用新的运营机制统一运作全区的再生资源回收体系建设。

(二)"收编"人员,规范管理

截至目前,三个试点区累计"收编"社会回收人员750人。"收编"的同时,加大人员培训力度,提高素质,规范从业行为。崇文区对"收编"人员实行企业化管理方式,采取按月发放工资和奖金的形式计酬;海淀区和朝阳区对"收编"人员进行普通话、文明用语、器具使用、服务流程等岗前培训,考试合格后才能上岗。回收员有固定的上下班时间,不得随意脱岗、离岗。海淀区还为每一名回收员建立了详细的电子档案。

(三)部门协作,形成合力

政府各有关部门对再生资源回收体系产业化发展试点方案实施意见的贯彻落实给予了大力支持。市政管委积极推进再生资源回收与垃圾分类处理的结合与搭载;市公安局交通管理局为再生资源专用回收车增加了专用车证;市规划委编制的《北京市再生资源设施布局专项规划》已完成初稿;市财政局对试点区的资金支持全部落实到位;市发改委、环保局、工促局等部门联合公布了6家废旧纸张和废旧塑料再利用企业名单,加强"厂商直挂"对接;市工商局、城管执法局结合全市迎奥运城市环境整治、打击非法收购站点,仅在全市"清十黑"专项行动期间就取缔非法回收点460多个。部门联动,合力推进,为建立新的再生资源回收体系创造了良好的环境。

三、试点初见成效

(一)回收站点进一步规范

各区按照"统一标志、统一计量工具、统一人员服装、统一运输车辆、统一收购价格、统一培训"的"六统一"原则规范回收站点。

(二)物流配送量明显提高

三个试点区通过政府采购方式统一配备了133辆再生资源专用回收车,平均每辆封闭式货车可承担4~6个收购点的运输任务。海淀区对物流配送车统一编号,按指定路线划片配送。从去年10月正式开始物流配送至目前,回收量同比增长了62%;崇文区废旧纸张和废旧塑料的回收量已由每月30吨提高到每月150吨;朝阳区目前每月收购废旧纸张420多吨、旧塑料80多吨,同比提高了20%。

(三)分拣中心初具雏形

朝阳区东都中兴再生资源公司废旧纸张打

包分拣中心每月可打包废纸4000多吨。该公司与盈创再生资源有限公司共同建立的废旧塑料分类打包处理中心，每月可处理废旧塑料1000多吨；海淀区在韩家川建设的分拣中心（一期）已经运行，主要对废旧纸张进行分拣打包，目前每月可打包废纸3500吨左右；德通化纤公司在大兴区采育镇建成的废旧塑料分拣中心月处理废旧塑料已达1000吨。

（四）厂商直挂取得进展

朝阳区东都中兴再生资源公司与盈创再生资源有限公司签订了合同，实现厂商直挂，每月可送交废旧塑料1000多吨；崇文区的废旧塑料回收也实现了与盈创公司的厂商直挂，目前已送交废旧塑料100多吨；海淀区同德通化纤公司实现了厂商直挂，德通化纤公司对海淀区在建的分拣中心给予技术支持，并提供设备。崇文区和海淀区的办公废纸、纸制品包装物还与造纸七厂和鑫宏鹏纸业公司建立了厂商直挂。

（五）试点范围逐步扩大

鉴于三个试点区再生资源回收处理链条已经运转起来，产业化发展模式已初步形成，北京市商务局于2007年7月召开了现场会，进行试点推广，并于9月启动了东城、西城、宣武、丰台和石景山五个区的再生资源回收体系产业化建设工作。目前，五个区再生资源回收体系建设工作已经全面推开。在试点区的带动下，部分远郊区县也行动起来。顺义区将再生资源回收与垃圾规范化管理一体化运作，实现资源共享、功能互补和集约发展。目前，已在全区19个镇417个村建立了384个“村级分拣、统一回收、日收日清、封闭运输、循环利用、规范管理”的村镇再生资源回收站。昌平区制定了再生资源回收体系发展方案，按照500人以上建一个回收站的标准，将在7个镇223个居住小区和行政村建立社区和农村回收站点330个。目前，该区已在阳坊镇和南口镇率先启动了试点工作。

四、存在的问题和下一步工作重点

总体来看，在北京市领导的高度重视和领导下，在各有关部门的大力支持下，北京市再生资源回收体系产业化发展试点方案实施意见得到了较好的贯彻，产业化发展迈出了坚实的步伐。试点取得的经验为下一步深入推进工作奠定了良好的基础。但也存在一些问题，主要是已规范回收站点数量还不够多，各区工作进展还不平衡，需要进一步加大推进力度，进一步增加规范站点的数量，扩大试点工作的覆盖面。

下一步工作重点：

（一）继续整合资源

重点做好再生资源回收与具备条件的密闭垃圾清运站的搭载，完善社区回收网络以及协调再利用企业与垃圾分类处理中心的链接，实现资源利用最大化。同时，积极推进党政机关、窗口单位生活垃圾分类与再生资源回收，加大宣传推广，发挥带动和示范作用。

（二）加强统筹规划

配合北京市规委编制完成《北京市再生资源回收设施布局专项规划》，加大规划的贯彻落实力度，重点落实再生资源专业分拣中心建设，引导全市再生资源回收沿着规划的方向和目标持续健康发展。

（三）规范行业管理

抓住举办奥运的有利时机，各有关部门密切配合，继续清理非法回收站点和再生资源集散市场，规范行业经营秩序；按照《再生资源回收管理办法》，认真做好再生资源回收经营者备案工作，加强执法检查，促进行业健康发展。

（四）加大推进力度

进一步完善再生资源回收体系产业化建设各项措施，以新农村建设为出发点，启动远郊区县再生资源回收体系产业化建设。

（五）建立统计制度

将再生资源回收统计工作纳入商务部商业数据监测体系中，同时与北京市政管委加强再生资源回收与垃圾分类收集处理统计数据的对接，逐步形成行业统计的常规化，为行业的持续健康发展打好基础。

报废汽车回收拆解

一、背景情况

报废汽车回收拆解行业管理是由原北京市经委在2003年政府机构改革中划入北京市商务局的一项新的职能。

国务院307号令，以及国家经贸委《关于加强报废汽车回收拆解管理工作的通知》、《报废汽车回收企业总量控制方案》，国家经贸委、监察部、公安部、国家工商总局《关于贯彻〈报废汽车回收管理办法〉的实施意见》等有关文件发布后，原北京市经委根据文件要求，开展北京市报废汽车回收企业资格认定工作。国家经贸委《报废汽车回收企业总量控制方案》，下达给北京市汽车回收拆解企业控制数量为4个，而当时全市共有14家企业从事报废汽车回收拆解工作，这些企业全部具有合法的经营资格。因此，北京市经委采取招投标的方式确定企业的资质认定。2002年11月，北京市经委委托中国国际招标公司进行全市报废汽车回收拆解企业定点项目招标。全市共有10家企业（实际为11家，通达、华桑谷汽车解体厂联合参加招投标）参加了招投标，最后，按照《北京市报废汽车回收解体企业定点项目评标委员会评分汇总表》排序，前三名为：北京联合汽车解体厂、北京汽车解体厂和北京中物博汽车解体厂。首钢作为国家经贸委和北京市政府特批试点未参加此次招投标工作，直接进入四家候选企业名单。招投标工作基本完成后，由于“非典”、政府机构改革等原因，中标结果未向社会进行公告，只是向招投标中排名前三名企业下发了中标候选企业通知书（未发首钢），并向每家收取了10万元保证金。北京市商务局与北京市经委交接工作时，全市共有11家报废汽车回收拆解企业从事着报废汽车回收拆解工作。

二、现状

北京市商务局依据《报废汽车回收管理办法》，经请示商务部和北京市政府法制办，2006年3月，向社会公布了符合国务院307号令有关条件的9家报废汽车回收企业。其中朝阳区3家、丰台区1家、昌平区1家、房山区1家、大兴区2家、门头沟区1家，经营面积36.4万平方米，年拆解报废汽车3万多辆，在现有工艺技术水平下，年最大拆解量为12万辆以上，企业性质为全民所有制企业、股份制企业，员工总数540多人。具体情况见表1、图1。

表1　　北京市9家报废拆解企业情况一览表

序　号	所在城区	名　称	企业性质	面　积（平方米）	年最大拆解量（辆）
1	朝阳区	北京市联合汽车解体厂	全民所有制企业	52725	15000
2		北京市通达汽车解体厂	国有独资企业	15000	6000
3		北京华桑谷物资再生有限责任公司	股份制企业	30000	13000
4	大兴区	北京天交报废汽车回收处理有限责任公司	股份制企业	80646	20000
5		北京金属回收联营公司	国有联营企业	70000	2500～3500
6	昌平区	北京市解体厂有限公司	股份制企业	14674	30000
7	丰台区	北京中物博汽车解体中心	中央企业	28000	6000～7000
8	门头沟区	北京首特钢报废机动车综合利用有限公司	股份制企业	32000	20000
9	房山区	北京市大石河报废汽车解体厂	国有企业	40000	8000
合　计				363045	120500～122500

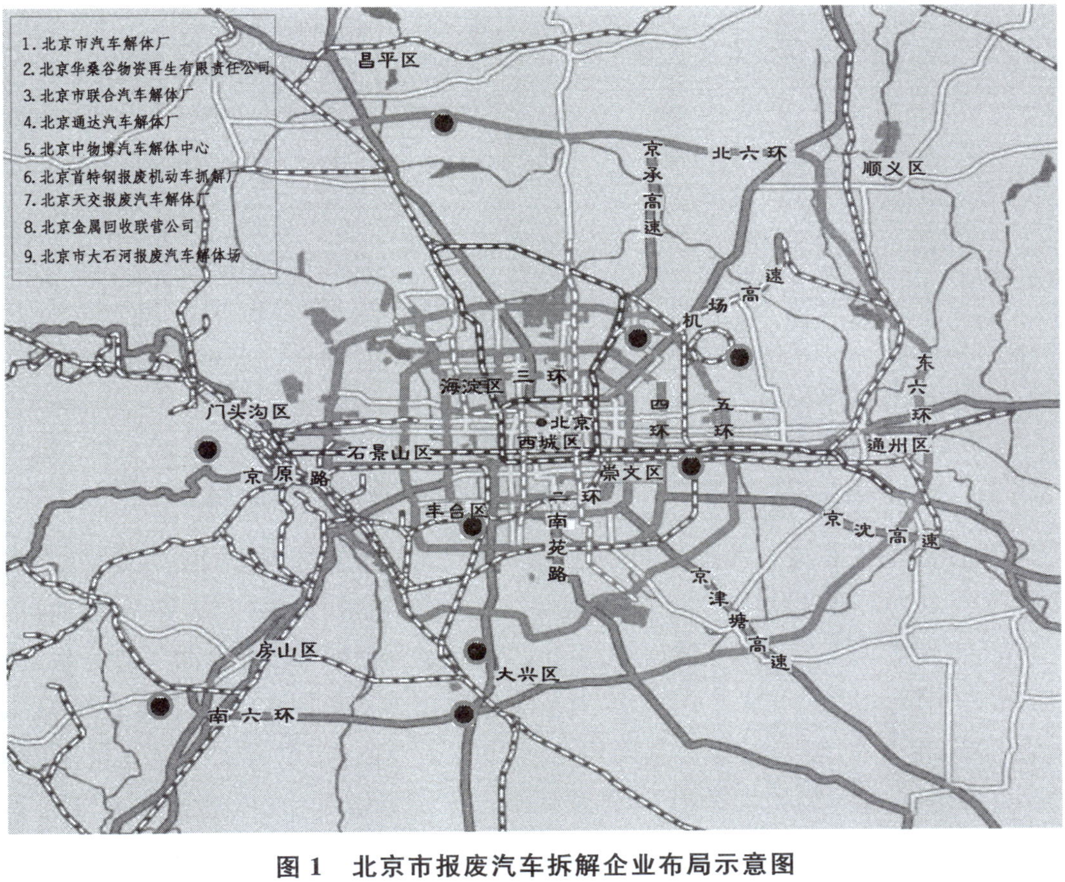

图1　北京市报废汽车拆解企业布局示意图

三、经营情况

北京报废汽车回收拆解数量从1995年至1997年呈平稳增长态势，从1998年开始到2005年进入快速增长期，2005年北京市报废汽车回收拆解数量达到历史最高值35453辆。然而，《中华人民共和国道路交通法》的出台和《二手车流通管理办法》的制定，对报废汽车回收拆解行业造成极大冲击。以北京为例，道交法出台前，北京明确规定，机动车到达报废起前一年不再允许过户，而新办法出台后，只要一天不到报废期就可以过户。受此影响，大多数车都流向了二手市场，拆解企业收车越来越难。

表2　　北京市拆解企业年报废汽车拆解情况表

单位：辆

	北京天交报废汽修和回收处理有限责任公司	北京市通达汽车解体厂	北京市解体厂有限公司	北京华桑谷物资再生有限责任公司	北京中物博汽车解体中心	北京金属回收联营公司	北京市联合汽车解体厂	北京市大石河报废汽车解体厂	北京首特钢报废机动车综合利用有限公司	年度合计
1995	未营业	768	1701	2412	1138	1053	631	未营业	未营业	7703
1996	未营业	1069	1662	1785	928	1541	568	406	未营业	7959
1997	未营业	1436	1775	1791	1135	2019	715	1005	未营业	9876
1998	未营业	3233	4180	2246	2000	982	737	2475	未营业	15853
1999	未营业	4212	3406	1326	3651	1021	541	1347	未营业	15504
2000	未营业	3501	1473	1457	4147	1273	491	2174	未营业	14516
2001	545	2651	1892	1239	4221	1059	567	1576	100	17095
2002	201	2667	2111	1294	4354	294	1217	1550	132	17379
2003	218	3508	2471	2409	4150	1323	1978	2588	234	22960
2004	1700	2723	2276	3121	5613	3031	2739	1803	1935	24941
2005	5484	5064	1609	5272	3428	2892	2800	2470	4396	35453
2006	6358	1522	1704	2987	2840	1458	2007	1423	2088	22428
2007	2139	446	1672	3246	3206	4143	1496	1462	1546	19356

四、补贴资金发放情况

2007年，北京市9家报废汽车回收拆解企业回收报废汽车19087辆，拆解19356辆。全市共发放2006年度老旧汽车报废更新补贴资金285.8万元。补贴发放工作从2007年5月28日开始至2007年7月28日结束。其间，共有632辆车主领取补贴，实际发放补贴资金285.8万元。

五、市场监管情况

北京市商务局会同市公安局公安交通管理局、公安局治安管理总队、市工商局机动车市场分局等部门对全市报废汽车回收拆解企业进行联合检查。在企业自查基础上，检查组自2007年1月30日至2月2日对全市九家报废汽车回收拆解企业进行了集中检查。检查重点包括：

（1）北京市报废汽车回收拆解信息系统使用情况。企业是否按照《关于启用北京报废汽车信息管理系统（试运行）通知》的要求，通过信息管理系统将每日收车、拆解、监销情况进行填报，填写的资料是否齐全、真实、准确；非监销车辆是否按照公安交管部门对监销车辆的要求上传照片。

（2）《报废汽车回收证明》管理情况。

（3）企业经营情况。依据国务院《报废汽车回收管理办法》的规定，报废汽车回收、拆解后报废汽车及总成流向等问题。

（4）监销车辆及治安管理情况。总的来看，绝大多数企业能够按照国务院307号令要求，开展报废汽车回收拆解业务。对检查中发现的问题，有关部门根据各自职能要求企业改正，对有些问题还将做进一步检查。

六、标准制定

针对报废汽车回收拆解行业缺乏规范体系和标准体系的问题，自2006年起，会同中国汽车技术研究中心，北京节能和资源综合利用协会在调研基础上，起草了北京市报废汽车回收拆解标准，并通过北京市质监局审核，并列为2006年度北京二类地方标准。经过修改和征求专家特别是拆解企业的意见，2007年初上报北京市质监局，并被列为北京市2007年度一类地方标准计划。2007年12月27日北京市质监局召开《报废汽车回收拆解企业技术规范》和《报废汽车回收拆操作规程》两个标准专家审查会，听取了起草小组的起草说明汇报。专家们对两个标准逐条进行了审议，并建议将《报废汽车回收拆解企业技术规范》更名为《报废汽车回收拆解企业技术条件》。专家们一致同意两个标准正式上报北京市质监局发布。2007年12月29日，两个标准的报批稿正式上报北京市质监局，将于2008年7月由北京市质监局正式发布实施。

天津市再生资源回收体系建设情况

天津市是四大直辖市之一，是中国北方最大的沿海开放城市，地处华北平原的东北部、海河流域下游，东临渤海，北依燕山，西靠首都北京，是海河五大支流南运河、子牙河、大清河、永定河、北运河的汇合处和入海口，素有“九河下梢”、“河海要冲”之称。

一、发展基础与优势

天津市是全国较早开展废旧资源综合利用的城市之一，多年来废旧资源综合利用水平一直处于全国前列，尤其近年来，天津市通过采取调控引导、实施科学管理、落实鼓励政策、推广先进技术以及支持重大项目等措施，全面推进各种废弃物的回收与加工利用，有力地推进了再生资源产业的发展，初步形成了比较完整的再生资源产业体系。

（一）基础条件日益完善

改革开放以来，生产力的发展和科技的进步，极大地丰富了废旧物资的经营内涵。同时随着天津市商贸流通和第三产业的发展，再生资源的回收利用和市场交易十分活跃，回收规模进一步扩大，初步形成了再生资源回收、加工、交易集散中心的市场网络。政府为再生资源行业发展提供了一定的政策、资金支持，并加大了城市综合治理力度，为建设再生资源回收利用系统工程提供了良好的环境和基础。

（二）物资资源得天独厚

天津市是我国冶金工业、轻工、化工、电子等重要工业基地之一。一是工业为拉动全市经济的主要力量，其中制造业规模企业已达到了3万多家，占到全市法人单位的32%，生产过程中产生的再生资源数量巨大；二是第三产业的蓬勃兴起，促进了批发零售业的发展，规模企业达到了2.37万家，占据全市法人单位的25.45%的份额，“大城市、小郊区”的区位格局，已形成了巨大的流通市场；三是随着人民生活水平的不断提高，所产生的再生物资也在逐年增加，这就从客观上保证了资源的持续性，也为再生资源回收体系建设带来广阔的发展空间。同时，年报废汽车达5万辆，大型家用电器（电视机、电冰箱、洗衣机、空调器、计算机等）近4万吨，且每年以10%～20%的速度递增。

（三）集散功能不断增强

天津是我国北方的重要港口城市，拥有以

铁路、公路(含高速公路)、水运、航空等现代交通为主体的规模庞大的综合运输体系,技术装备高、运输能力大、运输组织管理水平较高,是我国北方重要交通运输中心。预测今后十年,随着滨海新区的开发开放,天津市、环渤海地区经济带及“三北”地区废旧物资回收利用量将占全国再生资源市场总量近六分之一。

(四)行业队伍人才济济

多年来,天津市再生资源行业,已形成一定规模的集回收、加工、管理为一体的行业体系。集中了一批管理、加工、仓储、技术、开发等专业人才。目前,这支力量仍在全市整合社区回收网络,规范集散市场建设,完善再生资源回收体系建设中发挥着重要作用。

二、行业模式现状

(一)回收模式现状

目前的回收模式是,居民向各类收购网点和社会流动游商交售家庭废旧物资,收购网点和流动游商以合适的价格转售中间商或回收公司,中间商或回收公司再经过集散市场交易后,分拣、打包,转运交售给本市或外地的再利用企业。

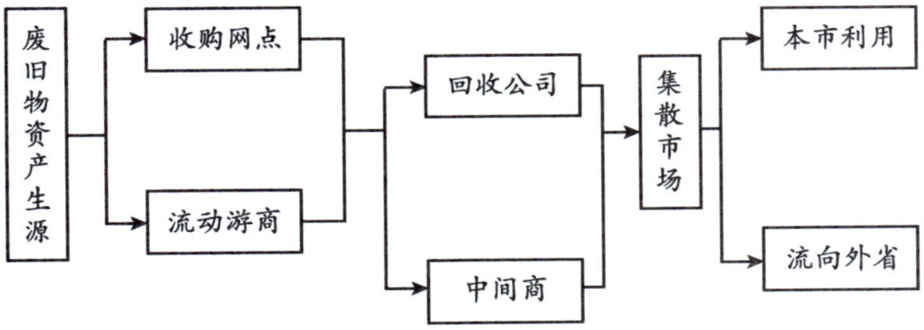

图 1 天津市物资回收流通链图

表 1 天津市主要废旧物回收量增长统计表

单位:万吨

	2003 年	2004 年	2005 年	2006 年	2007 年
废旧物资量	123	168	294.5	388	540.8
废钢铁	72	100	200	240	300
废有色金属	3.5	4.5	6	10	15
废不锈钢	2	4	6	9	10.8
废纸	25	30	40	69	100
废塑料	6.5	8	15	25	35
废橡胶	2	1.8	2.5	5	10
其 他	12	20	25	30	60

(二)回收网点现状

现有较规范的回收网点管理模式主要有四类:

一是供销社系统回收公司管理的社区回收点。现在通常做法是回收公司通过与居委会或物业签署协议,在社区内择地建设回收亭进行收购。市社系统绿天使公司开设了绿天使再生资源在线回收网(www.tjlts.com),居民坐在家里就可以实现“在线预约,上门收废”。

二是街道授权的回收点。通常由街道授权,选择有可靠身份、信誉的外来人员担负辖区内的再生资源回收任务。这种管理模式能确保三个固定：固定的回收区域、固定回收人员、固定回收车辆。

三是物业授权的回收点。通常由物业授权，选择固定人员担负物业辖区内区域的再生资源回收工作。也有街道和物业一体化管理的，回收人员有些是小区的保洁人员或保安。

四是社会组织的回收点。残联等社会组织系统也有少量回收点，主要为了照顾残疾人和困难群众生活。

据不完全统计，截至2007年6月，全市共有回收站点2810个。这些站点有的申办了营业执照，有的挂靠在有执照的废品回收站，还有相当部分处于“散兵游勇”的状态。

表2　天津市各区(县)回收站、点分布情况表

单位：个

区(县)	回收站点	区(县)	回收站点	区(县)	回收站点
和平区	24	河东区	59	河西区	64
南开区	44	河北区	61	红桥区	44
东丽区	307	西青区	204	津南区	263
北辰区	244	塘沽区	255	汉沽区	70
大港区	164	武清区	137	宝坻区	292
蓟　县	206	宁河县	200	静海县	172

自取消行政审批后，非法再生资源回收站、点迅速蔓延，经多方调查仍无法准确掌握全市现有规模。非法回收站、点所占土地主要是城市边缘地带乡镇或村租借给一些企业或主办人，由于都是摊群市场，设施简陋，外地人聚集居住，市场管理和控制难度较大。

(三)从业人员现状

1. 分工

从专业分工看，完成废品回收产业链的共有六类人群：背着大包或编织袋拣拾废品的；蹬三轮车或平板车沿街收购废品的；开着卡车在固定地点等人交易废品的；自办废品收购站的；在分拣加工中心租赁摊位交易废品的；在垃圾堆放场和转运站拾拣废品的。

2. 年龄

我们对200名回收从业人员进行了调查，其中：30岁以下的20人，占10%；30～45岁的120人，占60%；46～60岁的60人，占30%。其中男多女少。

3. 籍贯

在200个调查对象中，安徽籍占35%；河南籍占30%；河北籍占15%；山东籍占10%；天津籍占1%；其他省市占9%。

4. 从业原因

他们主要是来自贫困地区的农民，贫穷是他们前往城市拾荒的主要原因；其次是因为回收行业门槛较低，技术含量低。

5. 收拣地点

拣拾废品一般在居民区、马路边、火车站、拆迁地、旅游景点、施工单位、垃圾场等地。回收废品大都在居民区、垃圾收集站、集贸市场、旧货交易市场、写字楼下、商场、学校及其他企事业单位。

6. 收拣种类

明着收的废品包括报纸、塑料油桶、易拉罐、矿泉水瓶、玻璃瓶、纸壳、纸箱、旧书、旧家电、旧自行车、废金属及各商场、宾馆单位库存积压、折旧各种产品等可细分至几十类。只要能卖钱的都收。

暗着收的废品包括电线、电缆、井盖、站牌、消防水枪等城市公共设施及钢材、脚手架等施工工地的建筑材料。只要能赚钱的都收。

(四)废旧物资流向

通常废旧物资由社区回收网络到分拣加工

中心及集散交易市场后分拣、打包转运交售给本市或外地再利用企业。塑料类的废品运到河北（文安）、山东以及南方等地；纸类包装运到山东、河北（保定、唐山）等地；金属废钢类运到河北（唐山、霸县）等地；胶皮类运到河北（定州、玉田）、山东等地。

另外，有一些旧家电、旧家具等旧物，回收站视新旧程度来处理。如果旧物旧到没有使用价值，就把旧物中有价值的零件——如冰箱里的压缩机——拆卸下来，单独卖钱。这样往往比卖一台旧冰箱价格还要高。如果旧物在五成新以上，一般把旧物"乔装"处理后卖给单位或市民。如电风扇重新上漆、自行车经拆卸组装后可卖给个人，建筑材料重新整理后卖给施工单位。

对于"暗收"物品的处理，一般化整为零卖给物资回收公司。如下水井盖、护花铁栏、交通指示牌等，收购人员多是将其毁坏，按废铁处理给物资回收部门。

三、对存在问题的分析

由于再生资源回收利用行业涉及资源性、公益性和流通性等多种行业属性，这个行业是不能完全市场化的，而目前市场完全放开，引发了许多新的问题。主要表现在以下方面：

（一）网点无序，经营秩序混乱

近年来由于回收行业经营的开放，回收市场出现了无序化经营的局面。首先表现在行业发展缺乏规划、网点设置不合理，造成了回收网点无序发展。一部分回收摊点已成为流动人口的聚居点、环境卫生的脏乱点、城市管理的空白点。再一个是经营者缺乏规范，经营秩序混乱，容易引发大量社会治安问题，不仅给城市环境综合治理带来困难，同时也导致大量低效益再生资源流失。

（二）回收率低，资源浪费严重

目前再生资源回收还只限于传统的几大类，许多可以回收利用的废弃物没有实现资源化。而且普遍存在着回收企业只注重经济效益而忽视社会效益的"利大抢收，利小少收，无利不收"现象。对废钢铁、废铜、废铝、废纸等获利大的品种积极回收；对废玻璃、废杂骨等获利小的品种无人愿意收购，基本上是随垃圾丢弃；大量应当和可以回收的废家用电器、电脑等电子产品白白流失，既浪费了资源，又污染了环境。

（三）法制化和标准化程度低

政府多个职能部门都涉及到再生资源，再生资源只能是兼管；一些政策法规政出多门，缺乏配套的法规和政策的扶持，在管理上存在着相互交叉，出现了管理真空，管理难度加大。同时，由于回收行业门槛较低，特别是生产性废旧金属收购取消了特种行业许可后，大量个体民营企业加入到这个行业中来，导致回收渠道混乱，电力生产和城市公用设施被盗案件时有发生，有些回收网点甚至成为收赃销赃的场所。

标准化程度低的问题也很突出。当前我国还没有废旧物资分类标准及技术规范，没有各类再生资源企业生产技术标准。如废纸的加工，由于没有统一的分类和再生质量标准，再生纸的质量无法保证。现有的废钢铁分类标准和有色金属分类标准也因管理问题和技术工艺问题无法实施，并且不能与国际接轨，亟待修订和制定。

（四）技术落后，行业发展缓慢

再生资源回收由于缺乏资金和技术投入，行业技术落后的问题比较突出。目前再生资源回收企业仍以手工劳动为主;大件废钢铁解体仍采用氧割和锤砸;废有色金属回收利用及对废家用电器、电脑中贵金属的回收,工艺流程落后。同时由于科技投入低,加之行业的经营与“破烂”相关,行业内的科技人员比重远远低于其他行业。

(五)交易价格混乱,难以形成产业运作

再生资源回收行业进入门槛低,缺乏成本和资质要求。为了多收废品,收购人员往往走价格路线,抬高收购价格,互相压价、杀价,竞争激烈。为了取得更高的利润,许多废旧物资收购从业人员在产品销售上唯利是图。当前,在废纸中大量掺水是公开的行业“秘密”,致使厂家在库存阶段因纸张大量发霉而报废;在一吨塑料瓶片中掺一片废料,就可能使整吨产品报废。下游厂商对于这个行业的“假冒伪劣”行为,可以说是深受其苦,有的只能通过自建废品回收公司,或自行分拣等办法保证货源质量。

(六)社会认同度低

社会对再生资源回收利用的意义认识不足,认同度低,至今仍然把再生资源回收利用当作“拾破烂”来对待,严重忽视它的资源意义和环保意义。在社会经济活动中,它或遭排斥,或遭鄙视,资金投入少,城市规划排不上,社会地位低。种种偏见阻碍这个行业的发展。

四、2007年重点建设情况

为加快再生资源回收体系建设,促进循环经济发展,天津市政府高度重视再生资源回收体系建设,成立了市级领导小组,召开专题会议进行部署,并将再生资源回收工作纳入天津市发展循环经济的重要内容之一。2007年,根据商务部和市政府的工作部署,进一步完善了《天津市再生资源回收体系试点建设实施规划》和《天津市再生资源回收体系试点建设实施方案》。转发了商务部等六部委发布的《再生资源回收管理办法》,并在全市开展了再生资源回收经营者备案登记工作。市政府转发了《关于加快我市再生资源回收体系建设的指导意见》(津政办发〔2007〕79号)。起草了《再生资源回收体系建设促进政策》(草案),并与市发改委等部门进行了讨论。确定了20家从事再生资源回收利用企业为天津市再生资源回收体系建设项目首批试点企业。以社区回收网络、初级分拣加工中心、专业再生资源集散加工中心建设为重点,深入推进再生资源回收体系试点项目建设,取得了明显效果。

(一)社区回收网络建设全面铺开

按照统一规划、合理布局的原则,天津市绿天使再生资源回收利用有限公司、天津市万家利家政服务有限公司等社区回收企业已在市内六区及塘、汉、大滨海三区建成社区废旧物资回收亭、点101个,整合流动回收车4160辆,严格按照“七统一、一规范”(统一规划、标志、着装、价格、计量、车辆、管理及经营规范)的要求进行建设。并对社区回收从业人员进行统一培训,持证上岗。为做大社区网络规模,2007年5月又与中国再生资源开发公司签署合作协议,对天津市绿天使再生资源回收利用有限公司增资扩股,注册资金1000万元,以绿天使再生资源回收公司为载体,共同打造本市社区再生资源回收网络,由整合回收队伍逐步向整合资源转变,实现再生资源企业规模扩张和优化升级。预计用三至五年时间使市内六区、新四区及滨海三区90%社区设立规范的回收站、点、车,90%的社区回收人员纳入规范化管理。

(二)初级分拣加工中心建设显现成效

为建设与社区回收网络相适应的社区回收资源集散枢纽，天津市政府《关于加快我市再生资源回收体系建设的指导意见》明确提出，在市区东、南、西、北城郊结合部及塘沽、汉沽、大港区建设7个标准化的再生资源回收初级分拣加工中心。每个初级分拣加工中心占地面积40亩以上，建设隔离、封闭式大棚，并设置必要的分拣加工设备和完善的消防设施。采取统一标准、统一标志的封闭运输车辆，实现社区回收网络与初级分拣加工中心对接。

2007年底，占地40亩的西青区分拣加工中心已建设完毕并投入运营；占地117亩的北辰区分拣加工中心经过四年多的运作和完善，已成为天津市重要的废旧物资集散地，废塑料、废纸、废旧家电等加工集散已辐射我国北方大部分地区；塘沽区再生资源初级分拣加工中心自2005年投入运营后，现有民用废旧物资分拣、加工、储存摊位40个，对口全区80多个回收站点和部分社区回收亭，实现了回收与分拣的对接。为提升功能，2007年又在原址上进行改造，拟建设统一标准的独立式分拣、加工、储存单层罩棚，总投资额706万元。滨海新区废旧物资调剂加工中心，由塘沽区供销合作社和广州市万绿达物资回收有限公司共同投资，在塘沽区建设一个集回收、加工、交易、服务、科研于一体的示范型、研究型、环保型再生资源产业基地，目前基础设施建设正在紧张进行。各占地40余亩的津南区、汉沽区分拣加工中心目前正在抓紧改建；东丽区、大港区分拣加工中心已完成选址和项目规划；为进一步促进再生资源的开发和利用，完善回收体系建设，有效集散资源，加快再生资源回收利用产业化进程，拟在天津市北辰区新建一个占地1000亩的再生资源回收利用示范园区，总投资4亿元，用3～5年时间完成，目前已完成选址和项目规划。

(三)专业再生资源集散加工中心已具规模

英驰集团公司投资1760万元扩建北方不锈钢交易市场三期暨废旧不锈钢加工、集散中心工程已经完工。扩建后，该中心回收、加工区占地面积已达15000平方米，并增添了16台不锈废钢加工设备和两座30吨磅房，是目前北方地区最大的不锈废钢回收、加工、集散中心。项目建成后，年不锈钢化料交易量将突破30万吨，不锈钢成材年营销额突破50亿元。2007年底，英驰集团公司又在津南区西泥沽购置107亩土地，建设不锈钢、不锈废钢、废纸加工处理中心基地，与北方不锈钢交易市场本部对接，形成市场交易与仓储配送基地联动互补的废钢炉料、废旧纸张集散——交易——物流配送供应链，推动再生资源回收加工向规模化、连锁化、产业化发展。

红桥汇鑫公司投资1000万元在刘家房子建设的废钢集散加工中心运行顺利，效益显著。该公司旧物交易中心项目扩建工程已经过半，中心共建旧物交易摊位220个，目前，一期120个交易摊位已建成并投入运营，其余100个交易摊位和生活服务区、货物存放罩棚正着手建设。

由供销商社投资建设的天津市废钢炉料集散中心项目正在紧锣密鼓地加快建设，目前，20个生产加工区建设完成过半，招商工作已经启动。该中心建成后，通过有形市场引入经营商户，聚合社会资源，成为本市最大的金属炉料集散交易场所。此外，废旧轮胎回收利用、废旧纸张循环利用等项目也都在进行改扩建。

（四）龙头企业培育及教育培训逐步走向正规

在推进再生资源回收体系建设中，注重充分发挥骨干企业的带动作用，精心培育龙头企业。2007 年天津市确定了 20 家从事再生资源回收利用企业为全市再生资源回收体系建设项目首批试点企业。

表 3　天津市再生资源回收体系建设项目首批试点企业表

企业名称	承担项目
天津市绿天使再生资源回收利用有限公司	社区回收网络
	（西青）分拣加工中心
天津市万家利家政服务有限公司	社区回收网络
北方国际集团有限公司	（东丽）分拣加工中心
天津市津南区物资回收公司	（津南）分拣加工中心
天津市辰兴工贸有限公司	（北辰）分拣加工中心
	再生资源集散加工交易中心
天津市再生资源回收利用塘沽公司	（塘沽）分拣加工中心
	滨海新区废旧物资调剂加工中心
天津市汇贤达商贸有限公司	（汉沽）分拣加工中心
天津市大港物资回收总公司	（大港）分拣加工中心
天津国能投资有限公司	废钢加工配送中心
天津市供销商社	金属炉料集散加工交易中心
天津市英驰不锈钢有限公司	废旧不锈钢集散加工中心
天津新源物华机动车回收经营有限公司	报废机动车拆解加工处理中心
天津市津煤达物资综合利用有限公司	报废机动车拆解加工处理中心
天津世纪再生资源开发有限公司	废旧电器集散加工中心
天津市东丽区再生资源回收利用公司	废旧钢铁回收加工中心
天津市宏桥汇鑫商贸中心	废钢集散加工中心
天津海泰环保科技发展有限公司	废旧轮胎回收加工利用中心
天津市军超橡胶制品有限公司	废旧轮胎回收加工利用中心
天津市西青区天马纸业福利厂	废旧纸箱回收加工利用中心
天津市再生资源行业协会	电子信息网络中心

英驰集团公司、红桥物回公司、供销商社、绿天使公司、军超橡胶制品有限公司、天马纸业福利厂、国能投资集团等龙头企业已成为再生资源回收体系建设中重要力量，这些骨干企业已投资近 5000 万元实施再生资源回收体系建设，辐射带动作用明显提升，为加快天津市再生资源回收体系建设做出了重要贡献。截至 2007 年底，其中市供销社系统在推进再生资源回收体系建设中，总计投资已达 5200 万元。其中，利用国家扶持资金 1300 万元，企业自筹资金和其他渠道融资 3900 万元。

在培训方面，结合商务部等六部委发布的《再生资源回收管理办法》，专门组织各项目建设单位进行统一学习、培训，起草了《再生资源回收经营者备案登记工作办法》和培训方案，并在全市开展了再生资源回收经营者备案登记工作，草拟了《再生资源回收分拣加工中心建设标准》、《再生资源回收从业人员标准》。各再生资源企业也纷纷开展多种形式的培训，提高从业人员技能和水平。如，绿天使公司整合收编的从业人员均需接受从业技能培训，达到要求方能上岗。三年来，绿天使公司先后培训人员近 4000 人；万家利公司先后培训人员 700 余人。

五、主要成果和经验

在商务部、天津市政府的领导和支持下，天津市再生资源回收体系建设取得了一定成绩，也积累了一些经验。如2003年，天津在总结学习外省市经验的基础上，在全国首次提出以社区回收站点为基础、分拣加工中心为枢纽、集散交易市场为平台的民用再生资源社区回收体系建设设想，并编制了《天津市再生资源回收利用系统工程建设发展规划》，得到了国家和天津市发改委的高度重视和大力支持。尤其是绿天使公司积极打造"绿天使"品牌，构建社区回收网络的做法，得到了商务部及中国再生资源行业协会等专家的肯定。三年来，仅社区回收网络建设就提供就业岗位3800个。其中，安置"4050"下岗职工300余人，妥善安置残疾人80余名，并帮助30多个特困户脱贫解困。2004年5月，天津市政府将物回进社区作为商业设施进社区的重要任务之一，使绿天使公司成为本市承担物回进社区工作唯一的社区商业连锁企业，并被天津市政府列为2005～2006年改善城乡人民生活20件实事之一。构建的社区回收网络，一方面实现了资源的有效集中，提高了资源综合利用率，另一方面有效缓解了环境污染问题，维护了社会治安，使城区整体形象大大提升。2007年，银川、福州、广州、珠海、合肥、沈阳、赣州、武汉、南昌等十几个省、地、市有关单位先后来津，考察学习天津市社区废旧物资回收网络建设及再生资源体系建设重点项目，共同探讨再生资源回收体系建设的思路和做法，同时对天津市再生资源回收体系建设的做法和经验给予了充分肯定和高度评价。

六、意见与建议

天津市再生资源体系建设虽然取得一定成果，但也在建设过程中遇到一些困难和问题。一是建设资金存在缺口。项目建设单位普遍感到建设资金不足。二是在规划布局中，购置或承租土地成本逐步加大，使企业难以承受。三是综合配套政策不完善，国家扶持力度还有待加强。

(1)建议国家有关部门加大对再生资源回收利用体系建设的扶持力度，特别是资金扶持力度，充分调动建设单位和经营者的积极性，使其按照高标准进行操作，推动再生资源回收体系建设健康发展。

(2)进一步完善再生资源回利用收税制改革，支持骨干企业用好用足国税政策。

(3)加大财政对重点项目和技术开发支持，对列入循环经济、环境保护的重点项目和回收利用研发新产品、新技术及体系建设创新模式的应用、推广应给予资金补贴，并在信贷等方面给予必要支持。

(4)加大宣传力度，提高全社会节约资源、保护环境的意识，形成全社会理解、支持和自觉参与再生资源回收的浓厚氛围。

河北省报废汽车回收拆解情况

一、基本情况

自2001年我国实行报废汽车定点回收拆解以来，河北省报废汽车回收拆解企业在省市两级商务主管部门的具体指导下，在有关部门的支持配合下，结合当地实际情况，充分发挥自身优势，不断挖掘企业潜力，通过推行企业改制、强化内部管理、建立激励机制、扩展回收网络、拓宽经营业务等举措，使报废汽车回收拆解量逐年增长，企业实力逐步增强，企业效益明显提高，在市场经济环境下探索出了一条节约、环保、竞争、效益的成功之路。

到2007年底，全省报废汽车回收拆解企业共17家（见表1），回收网点67个，基本覆盖了全省汽车保有量较大的县（市）区。

表1　　2007年河北省报废汽车回收拆解企业一览表

地区	企业名称		
邯郸	邯郸市金汇再生资源有限公司	邯郸市第一物资再生利用总公司	
邢台	邢台市金属回收总公司		
石家庄	石家庄废旧汽车有限责任公司	河北隆鑫报废汽车拆解有限公司	
保定	保定市报废汽车专营有限公司		
廊坊	廊坊市亚通报废汽车回收有限公司	中国物资再生利用燕郊有限公司	廊坊市天成再生利用有限公司
张家口	张家口市金汇环保产业有限公司		
承德	承德市奥联资源再生利用有限公司		
秦皇岛	秦皇岛市废旧机动车拆解中心	秦皇岛市宏盛报废汽车回收拆解有限公司	
唐山	唐山市冀东报废汽车回收拆解中心		
衡水	河北省衡水市物资回收公司		
沧州	沧州市物资再生利用总公司		
定州	定州市废旧汽车拆解有限公司		
合计	17家		

2001～2007年，全省报废汽车回收拆解企业共回收各类机动车167743辆，年均增长23.87%；共拆解各类机动车161802辆，年均增长23.64%，拆解率达96.46%。2003～2007年，全省共回收载客汽车32729辆，年均增长49.55%；载货汽车69218辆，年均增长13.85%；其他车辆40782辆，年均增长12.86%。详细情况见表2。

表2　2001～2007年河北省老旧汽车回收拆解基本情况统计表

年份	回收总计(辆)		载客汽车(辆)		载货汽车(辆)		其他车辆(辆)		拆解总计(辆)	
合计	167743	同比增长(%)	32729	同比增长(%)	69218	同比增长(%)	40782	同比增长(%)	161802	同比增长(%)
2001	11211	—	—	—	—	—	—	—	11073	—
2002	13803	23.12	—	—	—	—	—	—	13439	21.37
2003	21186	53.49	3250	—	11070	—	6866	—	19732	46.83
2004	24255	14.19	7465	129.69	11329	2.34	5461	－20.46	22912	16.12
2005	26528	9.37	5114	－31.49	12759	12.62	8655	58.49	25006	9.14
2006	31605	19.14	5963	16.60	15625	22.46	10017	15.74	31080	24.29
2007	39155	23.89	10937	83.41	18435	17.98	9783	－2.34	38560	24.07

二、补贴资金发放使用情况

商务部、财政部自2003年开始下达老旧汽车报废更新补贴资金，在发放补贴资金过程中，面对市县两级机构改革的紧要阶段和时间紧、任务重、点多面广等困难，河北省做到了“四个坚持”。一是坚持在发放补贴资金之前，对各个企业进行调查摸底，掌握准确情况；二是坚持与省财政厅沟通协商，尽快将补贴资金发放各设区市；三是坚持对各设区市资金落实情况进行实时督导，甚至到设区市现场办公，协调部门与企业通力合作；四是坚持资金发放过程全程审核，确保补贴资金发放准确无误、足额到位。经过几年来的积极努力，全省报废汽车补贴资金的申领和发放工作进展顺利，并为以后争取国家资金和做好发放工作积累了经验、奠定了基础。

(一)2003～2004年补贴资金发放使用情况

2003～2004年，国家共下达全省老旧汽车报废更新补贴资金4935.2万元，接近全国报废汽车补贴资金的1/6。其中补贴载货汽车9545.5辆，资金3818.2万元；载客汽车2792.5辆，资金1117万元。实际完成补贴资金4843.2万元，其中载货汽车9398辆，资金3759.2万元；载客汽车2710辆，资金1084万元。结转补贴资金92万元，其中载货汽车59万元，载客汽车33万元。详细情况见表3。

(二)2005年补贴资金发放使用情况

2005年，国家共下达全省老旧汽车报废更新补贴资金5539.2万元，占全国报废汽车补贴资金的1/5强，加上年结转资金92万元，共计5631.2万元。其中补贴载货汽车8428辆，资金3371.2万元；载客汽车5650辆，资金2260万元。实际完成补贴资金5626.4万元，其中载货汽车8100辆，资金3240万元；载客汽车5966辆，资金2386.4万元。结转补贴资金4.8万元。详细情况见表4。

表 3

2003～2004 年河北省老旧汽车报废更新补贴资金实施情况统计表

	国家下达补贴数(辆)			完成补贴数(辆)			下达补贴资金额(万元)			完成补贴金额(万元)			补贴资金结余(万元)		
	合计	货车	客车	合计	货车	客车	合计	货车	客车	合计	货车	客车	合计	货车	客车
合　计	12338	9545.5	2792.5	12108	9398	2710	4935.2	3818.2	1117	4843.2	3759.2	1084	92	59	33
邯郸市	2232	1966	268	2231	1965	266	892.8	786.4	106.4	892.4	786	106.4	0.4	0.4	—
邢台市	411	265	146	411	265	146	164.4	106	58.4	164.4	106	58.4	—	—	—
石家庄	1145	862	283	920	719	201	458	344.8	113.2	368	287.6	80.4	90	57.2	32.8
保定市	1004	651	353	1004	651	353	402	260.4	141.2	401.6	260.4	141.2	—	—	—
廊坊市	1067.5	967.5	100	1064	964	100	427	387	40	425.6	385.6	40	1.4	1.4	—
张家口	252.5	222	30.5	252	222	30	101	88.8	12.2	100.8	88.8	12	0.2	—	0.2
承德市	1194	1019	175	1194	1019	175	477.6	407.6	70	477.6	407.6	70	—	—	—
秦皇岛	923	663	260	923	663	260	369.2	265.2	104	369.2	265.2	104	—	—	—
唐山市	1754	1099	655	1754	1099	655	701.6	439.6	262	701.6	439.6	262	—	—	—
衡水市	1195	960	235	1195	960	235	478	384	94	478	384	94	—	—	—
沧州市	1160	871	289	1160	871	289	464	348.4	116.6	464	348.4	115.6	—	—	—

表 4　　**2005 年河北省老旧汽车报废更新补贴资金实施情况统计表**

	国家下达补贴数（辆）			国家下达补贴资金（万元）			上年结余资金（万元）			完成补贴车辆数（辆）			完成补贴金额（万元）			结转补贴资金（万元）		
	合计	大型货车	大型客车	合计	大型货车	大型客车	合计	大型货车	大型客车	合计	大型货车	大型客车	合计	大型货车	大型客车	合计	大型货车	大型客车
合　计	14078	8428	5650	5539.2	3371.2	2201	92	33	59	14066	8100	5966	5626.4	3240	2386.4	4.8	4	0.8
邯　郸	2508	1812	696	1002.8	724.8	278	0.4	—	0.4	2507	1812	695	1002.8	724.8	278	0.4	—	0.4
邢　台	414	248	166	165.6	99.2	66.4	—	—	—	414	166	248	165.6	66.4	99.2	—	—	—
石家庄	1577	718	859	540.8	254.4	286.4	90	32.8	57.2	1577	718	859	630.8	287.2	343.6	—	—	—
保　定	560	361	199	224	144.4	79.6	—	—	—	560	361	199	224	144.4	79.6	—	—	—
沧　州	917	435	482	366.8	174	192.8	—	—	—	917	435	482	366.8	174	192.8	—	—	—
衡　水	1208	905	303	483.2	362	121.2	—	—	—	1208	905	303	483.2	362	121.2	—	—	—
廊　坊	1179	863	316	470.2	345.2	125	1.4	—	1.4	1179	863	316	471.6	345.2	126.4	—	—	—
唐　山	1758	996	762	703.2	398.4	304.8	—	—	—	1758	996	762	703.2	398.4	304.8	—	—	—
秦皇岛	795	415	380	318	166	152	—	—	—	795	415	380	318	166	152	—	—	—
张家口	999	74	925	399.4	29.4	370	0.2	0.2	—	998	74	924	399.2	29.6	369.6	0.4	—	0.4
承　德	1562	1240	322	624.8	496	128.8	—	—	—	1562	1240	322	624.8	496	128.8	—	—	—
定　州	601	361	240	240.4	144.4	96	—	—	—	591	115	476	236.4	46	190.4	4	4	—

(三)2006年补贴资金发放使用情况

2006年,国家共下达全省老旧汽车报废更新补贴资金4075万元,加上年结转资金4.8万元,共计4079.8万元。其中补贴载货汽车5822辆,资金2328.8万元;载客汽车2108辆,资金843.2万元;城市公交车602辆,资金903万元。实际完成补贴资金2973.4万元。结转补贴资金1220.8万元,其中载货汽车579万元,载客汽车296.8万元,城市公交车345万元。详细情况见表5。造成2006年补贴资金结余较大的主要原因,一是国家缩小了补贴范围,各市仍按原标准上报,导致部分车辆超出国家补贴范围;二是在发放过程中,各市加大了审核力度,将单位自用的通勤车和运输企业在市郊营运的大客车予以剔出。

(四)2007年补贴资金发放使用情况

自2005年财政部、商务部发布调整报废汽车补贴资金有关事宜后,补贴标准由原来的载货汽车4.5吨以上、载客汽车19座以上提高为载货汽车12吨以上、载客汽车30座以上且车长9米以上,全省符合标准的车辆大幅下降。2007年,全省11个设区市和定州市共申报补贴车辆3852辆,同比下降54.85%,申请补贴资金1833.4万元,同比下降55.06%。目前,财政部、商务部尚未下达2007年补贴资金数额。

2003～2006年四年间,国家共下达河北省补贴资金14549.4万元,补贴报废汽车34215辆,其中载货汽车23010辆,载客汽车10603辆,城市公交车602辆。全省每年资金补贴数额平均占全国总量的1/6～1/5,表明了财政部和商务部对河北省报废汽车回收拆解工作的充分肯定和大力支持。这些资金的发放落实,对全省报废汽车回收拆解行业发展起到了积极的促进作用。

三、主要工作情况

经过几年来的不断努力,全省报废汽车回收拆解行业取得了长足进展,各地各部门积极探索、勇于实践,采取了一些行之有效的做法,积累了许多有益的经验。

(一)疏堵并举,有序竞争

按照国务院令第307号《报废汽车回收管理办法》和原国家经贸委《关于印发〈报废汽车回收企业总量控制方案〉的通知》(国经贸资源[2001]773号)的有关规定,每个地级市原则上设置1家回收拆解企业,计划单列市及省会城市1～2家。使得报废汽车回收企业长期处于独家经营的垄断地位,在一定程度上阻碍了整个行业的健康发展。为了保持行业的持续、健康、快速发展,河北省始终坚持"统一规划、合理布局、疏堵并举、就近便民"的原则,按照城市商业网点规划总体布局,根据各设区市GDP总量、汽车保有量、地域分布和报废汽车回收率等情况,有计划地在报废汽车数量较大的地区布设回收企业,帮助有资质的企业完善回收网点的规划布设工作。2004年提出了"在有效规范企业经营行为的前提下,按照'适度放开、有序竞争'的原则,在全省报废汽车回收拆解行业中,试点引入和建立竞争机制"的指导意见。2006年正式下发了《关于规划发展报废汽车回收行业的指导意见》,提出在城市商业网点规划基础上,原则上每个设区市(含扩权县)可规划发展报废汽车回收企业2家,较大设区市不超过3家(含现有企业)。继续鼓励和支持有国家

表 5

2006 年河北省老旧汽车报废更新补贴资金实施情况统计表

	2006 年国家下达补贴资金数（万元）				2005 年结余补贴资金（万元）				2006 年实际完成补贴资金数（万元）				2006 年结余补贴资金数（万元）			
	合计	大型货车	大型客车	城市公交车	合计	大型货车	大型客车	城市公交车	合计	大型货车	大型客车	城市公交车	合计	大型货车	大型客车	城市公交车
合　计	4075	2328.8	843.2	903	119.2	28	91.2	—	2973.6	1778	637.6	558	1220.8	579	296.8	345
邯郸市	584.2	306	131.2	147	0.4	—	0.4	—	584.6	306	131.6	147	—	—	—	—
邢台市	192.8	16	44.8	132	—	—	—	—	192.8	16	44.8	132	—	—	—	—
石家庄市	178.4	120.8	57.6	—	—	—	—	—	172.8	115.2	57.6	—	5.6	5.6	—	—
保定市	123.8	52	26.8	45	24	24	—	—	25.5	16.4	1.6	7.5	122.3	59.6	25.2	37.5
沧州市	428.8	166	184.8	78	90.4	—	90.4	—	96.2	26.8	48.4	21	423	139.2	226.8	57
衡水市	239.2	184.8	54.4	—	—	—	—	—	239.2	184.8	54.4	—	—	—	—	—
廊坊市	266.6	201.2	14.4	51	—	—	—	—	198	172	14	12	68.8	29.4	0.4	39
唐山市	717.2	473.6	81.6	162	—	—	—	—	549	332.4	81.6	135	168.2	141.2	—	27
秦皇岛市	344.4	59.6	80.8	204	—	—	—	—	123.5	59.6	44.4	19.5	220.9	—	36.4	184.5
张家口市	486.4	347.2	139.2	—	0.4	—	0.4	—	440.4	300.8	139.6	—	46.4	46.4	—	—
承德市	411.2	305.2	22	84	—	—	—	—	245.6	147.6	14	84	165.6	157.6	8	—
定州市	102	96.4	5.6	—	4	4	—	—	106	100.4	5.6	—	—	—	—	—

公告资格的报废汽车回收企业，在汽车保有量较大、距离偏远的县（市）区布设回收网点。此举既打破了垄断经营局面，引入了适度竞争机制，又有效控制了企业数量，避免了恶性竞争，实现了报废汽车回收率的有效增长。

（二）加强监管，优化服务

报废汽车回收行业政策性强、覆盖面广，河北省针对所存在的问题，要求各设区市商务局建立和完善四项工作制度：信息统计日报制度、定期检查制度、重大事项报告制度、监管工作责任制度，不断加强对回收企业的监督管理。一是建立健全定期检查制度，不断加大巡查力度，督促企业完善内部管理制度、履行企业职责、遵守经营规范，加强对回收网点的监督管理，从严查处企业违规经营及恶意竞争行为；二是认真组织年度报废汽车补贴资金的调查统计和申请上报，做好补贴资金发放落实工作；三是切实做好年检工作，对回收企业经营行为及补贴资金发放情况进行严格审查，确保企业规范经营、遵纪守法。在监管工作中，始终坚持为企业办实事、办好事的原则，想企业所想、急企业所急，主动帮助企业排忧解难，努力提高服务质量，赢得了企业的支持和信赖。始终坚持依法行政、廉洁执政，努力使工作程序和办理结果公开、公正、透明，保证了全行业的健康稳定发展。

（三）通力合作，协调联动

在规范整顿报废汽车回收市场活动中，全省各级政府高度重视、周密部署，商务、公安、工商等有关部门通力合作、协调联动，连续几年对辖区内非法拆解、拼装、销售报废汽车及“五大总成”等违法违规行为进行严厉查处打击，有效地规范了市场秩序，净化了市场环境。尤其是2004年，全省商务、公安、工商、监察等部门联合出击，对无极县郝庄、陈村一带非法拆解、拼装报废汽车活动进行严厉、彻底打击，共取缔非法拆解摊点20余处，收缴报废汽车整车及拼装车数十辆，零部件百余吨，使该地区历史上传统的非法拆解报废汽车市场得到了有效遏制。

（四）交流经验，总结提高

为引导企业尽快适应市场经济，树立竞争意识，创新发展思路，提高经营效益，全省每年组织各设区市相关部门召开报废汽车回收拆解工作会议，适时召开现场经验交流会，并邀请创新能力强、经济效益好的典型企业介绍先进经验，各有关部门和企业互相交流，共同提高。2006年在张家口市召开的“全省报废汽车回收行业现场经验交流会议”上，张家口市金汇环保产业有限公司、邯郸市第一物资再生利用总公司、承德市奥联再生利用有限公司等三个企业分别就企业改制、开展多元化经营和延长产业链等方面作了典型发言，对企业立足主业、发展循环经济、全方位搞活经营起到了很好的启发作用和借鉴意义，对企业及时更新经营思路、转变经营战略起到了很大的促进作用。

四、存在的主要问题

（一）企业竞争能力不强

有些企业习惯了独家经营的垄断局面，不思进取、得过且过、安于现状，缺乏基本的市场竞争意识和创业精神。有些企业内部管理不规范，经营机制不健全，规章制度形同虚设，违规现象时有发生。这些企业不是在健全企业制度、改善经营管理、扩大经营范围、整合现有资源上下功夫，而是对可能出现的竞争局面百般阻挠，极力维护自己的垄断经营地位，客观上阻碍了整个行业的健康发展和报废汽车回收率的稳步提高。

(二)报废汽车流失严重

据河北省统计资料显示,2003～2005 年全省报废汽车回收率始终徘徊在 10%左右,远远低于一些省市 25%～30%的指标。据石家庄市统计资料显示,2002～2004 年全市应报废汽车分别为 16447、21054、21142 辆,实际回收车辆分别为 2838、3426、4053 辆,回收率分别为 17.26%、16.27%、19.17%。造成这种情况的主要原因有:一是回收企业和经营网点的主要回收对象是机关和企事业单位,对众多的社会报废车辆无力收缴;二是现有回收企业和网点数量较少,不能有效覆盖辖区内所有县(市)做到"就近便民"回收车辆;三是一些农村和偏远地区无照行驶现象较为普遍,以及个别部门和单位擅自购买和使用报废车的现象时有发生,给报废汽车的流失提供了便利条件;四是部分企业回收价格过低,导致车主不愿意将报废汽车出售给回收企业;五是因责任重、罚金多、处理时间长、存车费用高等诸多原因无人认领,导致无法回收拆解。

(三)非法回收拆解现象时有发生

经过连续几年专项治理整顿,全省回收拆解市场明显好转,但在巨大的经济利益驱使下,非法经营行为屡禁不止,收购和拆解报废汽车的摊点更加趋于隐蔽化、分散化,形成了"你查我走,你走我收"的拉锯态势,给监管工作带来很多困难。

(四)报废汽车更新补贴范围过小

根据财政部、商务部发布的 2005 年第 3 号公告,现行的老旧汽车报废更新补贴资金范围仅限于 12 吨以上的载货汽车和 30 座以上且 9 米长的载客汽车。这一规定使大量适用于城乡的 4.5 吨载货汽车和 19 座客车不能得到补偿,不利于鼓励汽车报废更新,也是导致这类报废车辆流入社会、超期营运的原因之一。

五、推进报废汽车回收拆解行业新发展

近些年来,随着社会经济的持续、快速、健康发展和人民群众收入水平的不断提高河北省汽车保有量以每年 20%以上的速度递增,并将继续保持强劲的发展势头,报废汽车回收拆解行业将随着汽车保有量特别是私家车的迅猛增长而迅速发展。正确认识和把握政策导向和社会发展趋势,抓住机遇,以改革的思路求生存、谋发展,尽快适应市场经济条件下的竞争机制和发展环境,是今后几年中河北省报废汽车回收拆解行业面临的主要任务。

2008 年全省报废汽车回收拆解行业将在商务部的指导下,继续以提高经济效益为中心,以进一步完善现代企业制度为重点,以加大激励机制为手段,以强化管理、节约挖潜为保障,以调整经营结构为重要抓手,全面提高行业运行质量,努力实现主营业务的新突破,延伸业务的新发展,资产规模的新增长和管理水平的新提高。各级商务部门和有关职能部门要进一步按照国家的有关政策,做好行业规划发展及监管工作。一是加强对报废汽车回收拆解行业的宣传引导,通过多种渠道把国家有关政策法规深入贯彻到广大人民群众之中;二是继续加强对报废汽车回收企业的资格认定审批和回收网点的规划建设工作,特别考虑在偏远地区设立回收网点,使其具有回收拆解职能;三是深入开展监管工作,进一步创新监管思维,优化监管方式,加大监管力度,增强服务意识;四是进一步加大政府领导力度,加强各有关部门的协同配合,真正形成合力,切实加大联合执法力度,进一步净化市场环境,确保报废汽车回收拆解行业规范有序,健康发展。

内蒙古自治区报废汽车回收拆解情况

一、内蒙古自治区报废汽车回收拆解产业基本情况

2004年1月份，原内蒙古自治区经贸委将报废汽车回收拆解工作移交内蒙古自治区商务厅市场体系建设处，共有报废汽车回收拆解企业13家。2004年7月1日《行政许可法》实施以后，内蒙古自治区人民政府以内政字[2004]225号文件，取消了“报废汽车回收企业资格认定”的行政许可。一些私自开展报废汽车回收拆解业务的企业和个人数量猛增，由此造成的报废汽车拼装、改装车也呈上升趋势，报废汽车“五大总成”的再使用及流向构成了潜在的安全事故隐患。私自设立的非法收车点对报废汽车回收拆解市场形成了强烈冲击，严重扰乱了市场秩序与合法企业的正常经营。为了保障道路交通秩序和人民生命财产安全，规范报废汽车回收工作，加强对报废汽车的管理，自治区商务厅和自治区工商局、公安厅、交通厅根据《报废汽车回收管理办法》(国务院307号令)和《中华人民共和国道路交通安全法》的有关规定制定了《关于进一步加强报废汽车回收拆解企业监督管理工作的通知》(内政商建字[2005]94号)。由于近几年回收拆解报废汽车数量增大，申请设立报废汽车的企业不断增加，自治区商务厅严格执行国务院307号令和自治区四厅局联合制定内政商建字[2005]94号文件，统一规划，总量控制。截至目前，有报废汽车回收拆解企业18家，比2000年增加5家：呼和浩特市森源报废汽车回收拆解有限公司、内蒙古环城资源再生移用有限公司、包头市红泉地物资贸易有限公司报废汽车回收分公司、赤峰军威拆车有限责任公司。全省18家企业已转为股份制企业。

(一)行业规模

内蒙古自治区报废汽车回收拆解企业的综合规模是，职工1034余名，专业技术人员217人，占地面积411925平方米，各类设备426台(辆)及相关必备的辅助设施，2003～2007年回收拆解各类报废车辆61928辆，其中：2003年8978辆，2004年9157辆，2005年16277辆，2006年15394辆，2007年12122辆。

(二)行业区域结构

1. 分地区回收情况

我区地域辽阔，东西跨度大，有12个盟市，

2个计划单列市(满洲里市 、二连浩特市),呼和浩特、呼伦贝尔、通辽等10个回收拆解企业在72个旗县(区)设有72个回收点。2007年报废汽车回收12122辆,其中:客车4196辆,载货车5097辆,摩托车1079辆。

2. 分地区企业效益

从全区2003～2006年18个企业的经济效益来看,总体是盈利的,但从地区效益情况来看,呼和浩特市、赤峰市、兴安盟、锡林郭勒盟、满洲里市是亏损的。2007年,产品销售收入为37950.47万元,利润总额为1209万元。

(三)废钢铁等产出情况

2007年,内蒙古报废汽车回收拆解企业产出各类废旧物品总量132503吨,主要有:废钢铁约129952吨,废铜150.4吨,废铝273.5吨,废橡胶802.6吨,废玻璃619.7吨,其他废旧物品705.1吨。

二、2003年至今补贴资金发放使用情况及其对行业的影响

自2003年国家实行对报废汽车进行补贴的政策以来,报废汽车补贴资金的发放,有利于车辆报废更新,促进我国汽车的生产和消费;有利于报废车辆的规范回收和拆解,遏止社会车辆转籍现象的蔓延;有利于减少环境污染,节约能源,促进废钢资源回收利用;特别是减轻了公交企业在购置新车时的经济负担,加快了公交企业高污染车的报废工作,推进了国Ⅲ排放发动机、高等级车辆在公交企业的占有率,提高了公交企业的整体形象。2007年,内蒙古符合报废更新补贴的车辆总计为712辆,补贴资金368万元,其中:大型载货车为311辆,补贴资金124万元,大型载客车为325辆,补贴资金130万元,城市公交车76辆,补贴资金114万元。

2003～2005年大货车在4.5吨以上,大客车在19座以上;2006年大货车在12吨以上,大客车在30座以上,城市公交车长在9米以上。

2006年国家下达补贴资金120.2万元(261.4万元,减去2003年结余6.8万元,减去2004年结余5.2万元,减去2006年结余129.2万元)。

三、存在的主要问题

(1)少数地方报废汽车回收拆解市场非法拆解严重,亟待整治规范。部分盟市存在一些没有资质却从事报废汽车回收拆解的企业,这些企业冲击了报废汽车回收拆解市场,致使有资质的企业遭受损失,又无能力解决。

(2)现行的老旧汽车报废更新补贴资金范围,不适合自治区具体情况。2005年,财政部、商务部发布的第3号公告关于老旧汽车报废更新补贴资金事宜,规定的范围是12吨的载货车和30座以上且9米长的大客车。这一规定只适合大城市少量车辆,使大量适用于城乡的4.5吨、19座交通车未能得到补贴,不利于鼓励汽车更新,也是导致这些类型的报废车辆流入社会、超期营运的原因之一。作为城市主要交通工具的出租车和农用运输车也应列入老旧汽车补贴范围。

(3)停止增值税减免,使企业无利或微利,难以发展。

(4)老旧汽车报废更新补贴资金下达过于滞后。有一些车主拿到补贴资金才交车,致使企业先垫付款,很多企业无法垫付,导致车辆流失无法收回。近两年老旧汽车报废更新补贴资

金下达较晚，既影响了到期报废车辆回收，又影响了补贴资金发放使用管理工作。

(5)部分地区应报废汽车仍然上路行驶运营。由于地理位置偏远，地域经济不发达，致使到期的报废汽车仍然上路行驶运营。还有一些营运的出租车虽然没有达到报废年限，但因日夜营运、磨损情况严重、尾气严重超标，已经到了报废的程度，却由于没有科学的报废界定和规范性文件，无法对其进行回收拆解。车主将其转为非营运车或卖给乡镇苏木欠发达地区继续从事营运出租，给社会带来很大的安全隐患。

(6)有的报废汽车回收拆解定点企业，设备老化，场地简陋，消防、环保不符合有关规定要求，需更新改善。

四、建议

(1)建议4.5吨货车、19座以上客车仍给予补贴2000～3000元，否则影响回收率。

(2)建议4.5吨货车、19座以上客车至30座客车、12吨货车之间按档次分别补贴，否则会超期营运。

(3)建议公安交警、交通运输管理部门，加大执法力度，彻底清理报废车到期不废上路营运，影响交通秩序，污染环境的现象发生。

(4)报废汽车回收拆解管理工作是涉及公安、工商等有关部门共同监督管理的一项综合性工作，按照国务院第307号令的规定，公安、工商部门在各自的职责范围内监督管理工作，而打击和查处社会报废汽车拆车点，又必须有公安、工商部门实施，如不能协调各有关部门的关系，就很难形成整体合力。由于我们作为报废汽车管理部门，执法需要多部门合作，缺少单独执法权，工作难度较大，必须加大联合执法和整治力度，抓好报废汽车回收拆解市场清理和整顿工作。

(5)2004年7月1日“报废汽车回收拆解资格认定”前置审批已取消，市场放开经营，报废汽车回收拆解企业不断增多，有利也有弊，原因：一是自治区地域辽阔，报废汽车分布较分散，可以增加报废汽车回收拆解数量；二是容易导致报废汽车回收拆解企业不正当竞争，抬高价格扰乱市场秩序，阻碍企业正常经营。国家及当地政府应及时地、有针对性出台一些补充政策法规。

(6)报废汽车补贴车辆类型少，全区大部分盟市反映小轿车和越野吉普车应列入报废更新补贴范围，大中城市在严格了这类车辆的排放标准后，此类车辆大量流入了边远落后地区，给用户经济上带来了负担，交通安全上带来了隐患，环境上带来了污染。

(7)制定报废汽车回收企业接收报废军车的相关政策。建议上级有关部门积极与部队协调，建立必要的协调机制，将执法部门查扣的达到报废标准的汽车，依法及时转交当地具有资质的回收企业处理。

辽宁省再生资源回收体系建设和报废汽车回收拆解情况

再生资源回收体系建设

再生资源回收利用是贯彻落实科学发展观、建设资源节约型社会的重要任务，随着国家从战略高度对资源节约和环境保护重视的不断提升，再生资源回收利用工作越显重要。据估算，全省每年产生废金属约900多万吨、废纸120多万吨、废塑料130万多吨、废旧轮胎28多万条、废家电及电子废弃物180万台(件)、报废汽车2万多辆。到2007年末，全省已在商业主管部门备案的再生资源经营网点(站、点)10098个，从业人员16.8万人，年回收量804万吨，年回收额198.6亿元。这些经营企业(个人)对拉动回收量的增长、促进再生利用发挥了重要作用。但由于人员构成复杂，法律意识淡薄，利益驱动过强，有些经营网点的收赃销赃现象依然存在；由于加工处理技术落后，回收废旧物资成为有选择的行为，许多难以处理的被乱堆乱放、随意处置，不仅没有发挥其应有的价值，也成为另类污染源，严重影响着人民正常的生活秩序，影响着社会的公共安全和城镇的形象与环境。针对这些问题，我们确实感到应梳理工作思路，从更深的层次、更宽的视野来研究、推动再生资源回收管理工作。

一、从实际出发，逐步打造“四位一体”的推进架构

发展再生资源产业重在构筑体系架构。

(一)建设回收利用体系

建设以规划回收网络、规范回收行为、培育龙头企业为基础，以建设交易市场、规划再生资源综合利用生态产业园区为核心，以废金属、废塑料、废橡胶、废纸张、废家电及电子废弃物为内容，以提高回收人员法律意识、环保意识、服务意识为依托，以提高综合利用率为目标，构建回收、交易、分拣、转运、加工利用、集中处理、再生产品开发为一体的再生资源综合利用体系。

在推进过程中，我们坚持政府推动与市场运作相结合的原则、促进发展与规范经营相结合的原则、资源节约与环境保护相结合的原则、示范带动与循序渐进相结合的原则。注意处理好回收方式与生活秩序、网点设置与社区环境、龙头企业与回收人员、分散收购与集中交易、分拣归集与加工利用等五个关系。按商务部和全省发展循环经济的设定目标，争取用3～5年时间，在90%以上社区建设绿色环保回收站；将90%以上回收人员纳入规范化管理；使80%以上再生资源得到回收并进入统一规划的市场交易；对70%以上再生资源实现无害化、产业化的加工利用。

(二)构建技术推广应用体系

加快资源节约与综合利用技术的开发和推广应用，以开发高产出、深利用、低污染、标准化的拆解处理、加工翻新技术为核心，促进企业与科研机构、国内外同行的交流与合作，制定行业标准，推进企业技术进步，造就一支有相当技术水准的人才队伍。各级政府应考虑在政策、机制、投入等方面采取有力措施，激励企业开发新技术，通过技术创新提高废旧物资的利用率，为再生资源产业长期发展注入持久活力。

(三)营造政策支持体系

加大对再生资源综合利用的政策支持力度，抓住国家把辽宁作为循环经济试点省的有利机遇，争取建设一批再生资源综合利用项目，加大对再生资源回收网点、交易市场、生态园区建设的投资力度，并在规划、用地、税收、治污等方面给予支持。

(四)推进法规完善体系

继续深入贯彻《再生资源回收管理办法》(商务部令2007年第8号)和全省商业、公安等部门联合下发的《实施意见》(辽商联发[2007]14号)，按各部门的职责分工，实施经常性的监督检查或阶段性专项整治，建立起长效监管机制。逐步打破条条限制，推行社会化运作，对铁路、电力、通讯、油田、水利、建筑、市政公用设施等专用废旧金属器材的回收，要进行资质审查，指定经营能力强、社会信誉好的企业实行定点挂牌收购。对回收企业设立程序、备案管理、变更管理、回收登记、运输处置、网点规划等依照《再生资源回收管理办法》进行严格管理。

二、明确方向、统筹兼顾，夯实再生资源回收利用的基础

再生资源回收利用是利在当代、功在千秋的伟业，对我国从高消耗、重污染、低产出的发展模式步入少投入、轻污染、高效益的可持续发展轨道意义十分重大，同时，也是与时代同步、造福人类的必由之路，无论从目前状况还是长远发展来看，都应高度重视、大力推进。为此，我们着力开展了以下几方面工作：

(一)整合发展回收网络

从城市改造、美化环境角度，着重整合回收利用系统。一是以新建、规范改造回收站(点)为重点，整合、规范低水平、低层次的回收网点，运用连锁经营、加盟经营等方式，在社区设立统一规划、统一标准的回收站。此项工作已在沈阳市率先实施并被商务部确定为再生资源回收体系建设试点城市。沈阳市拟在全市1296个社区建设500个“绿色”回收站，配备3000辆流动环保收购车，做到日收日清。目前，已建成回收站115个并投入使用，逐步减轻环境污染、美化社区环境，还居民一个绿色、舒心的生活空

间。二是对流动收购人员实施统一登记、统一着装、统一车辆、统一标志、统一培训的“五统一”管理，提高流动收购人员的法律意识、环保意识和组织化程度。禁止随意堆放和处置再生资源，要及时运送到合法设立的市场或企业进行交易和加工利用。2007 年 4 月，沈阳市的试点工作已通过商务部阶段性验收，其中 5 个项目被授权使用商务部统一设计的再生资源回收体系图徽标志。

(二)开发加工利用项目

从产业链条角度，着重拓展利用领域和空间。一是培育龙头企业。鼓励其广回收、深利用，积极开发和应用加工处理技术，提高回收效益和加工处理水平。二是规划建设标准化、资源化、无害化、产业化的加工处理项目。继续推进沈阳木塑复合材、大连开发区废纸利用和固体废弃物综合利用、调兵山废塑料利用、葫芦岛再生胶生产等项目建设，进一步扩大生产能力和技术含量。实现废旧物资—网络回收—加工利用—再生资源的循环发展。

(三)搭建回收利用平台

从辽宁中部城市群、五点一线等几大区域发展的角度，着重再生资源综合利用生态产业园区的规划建设，为回收利用搭建平台。一是筹建再生资源交易市场。加快沈阳、大连开发区再生资源交易市场的建设步伐，完善招商办法，增强鞍山、抚顺、本溪、铁岭等再生资源交易市场的吸纳能力和管理水平，处理好方便交售与城市环境的关系、集中交易与拆解处理的关系，健全集散、交易、储存、加工、治污、减废等管理制度，做到功能完备、技术过关、治污达标。二是规划再生资源综合利用生态产业园区。按照省政府《关于开展资源节约活动的实施意见》(辽政办发[2004]44 号)，借助全省发展循环经济的有利时机和相关政策，推动沈阳、大连、铁岭等地加速发展再生资源综合利用生态产业园区，提高再生资源回收利用率和对经济、社会发展的贡献率。

(四)提升行业管理水平

从依法管理角度，着重推进各地的立法进程，为强化行业管理提供保证。沈阳、抚顺、本溪、铁岭已相继在 2006 年和 2007 年颁布了本地区的《再生资源回收管理办法》，其他地区也在研究强化管理的措施和相关标准，再生资源回收行业管理的法治化、规范化局面正在逐渐形成。同时，筹备行业协会，加强行业自律。通过行业协会将浮游于社会而无行规约束的流动收购人员组织起来，进行不同层次的培训，促进从业人员遵守职业道德、提高职业技能和服务水平。

三、认真组织再生资源经营者备案工作

《再生资源回收管理办法》颁布后，商业厅会同发改委、经委、公安、工商、建设、环保部门于 2007 年 5 月 28 日下发了全省贯彻《办法》的实施意见，明确了工作职责，提出了贯彻要求，确定了监管重点，并积极争取将再生资源回收管理列入 2008 年省人大立法计划。为确保备案工作顺利实施，减轻回收企业负担，为各市的备案工作创造方便条件，主动向财政厅汇报再生资源经营者备案的重要性和必要性，积极争取支持。经过努力，财政厅同意将再生资源经营者备案登记证明列入省财政年度预算。年初，省商业厅统一印制了 15000 套(带封皮)备案登记证明，免费发放各市。目前，再生资源经

营者备案登记工作正在紧张进行，部分市完成了备案登记工作。

四、存在的问题和建议

再生资源回收管理是促进人与自然、人与社会和谐的重要环节，需要法规、政策、资金等有力支持和部门之间的通力合作，但就目前而言，仍存在一些不利因素和发展障碍。

(1)上位法缺失。虽然国家六部委出台了《再生资源回收管理办法》，但再生资源回收企业的设立并未作为行政许可事项，尚需上位法的有利支持。

(2)管理体制不顺。再生资源行业管理职能，有设在商业局的，有设在发改委的，有设在供销社的，电力设施回收由经委负责，难以形成统一协调、步调一致的推进局面，给行业管理工作带来一定难度。

(3)加工利用率低、利用技术落后。除废纸、废钢铁等可进入生产企业直接利用外，废电子产品、废轮胎等由于技术原因尚未得到充分利用。即使有回收利用的，也是采取手工拆解、简单压块等落后工艺，深加工技术、环保技术，特别是废家电拆解技术还应深入研发。

(4)再生资源交易市场、生态产业园区建设等没有引起各级政府的高度重视，作为具有公益属性的流通服务业予以重点支持。

(5)城市节点的重要作用未能很好发挥，在组织领导、管理体制、企业结构、优惠政策等方面没有形成完整的对策系统。

(6)目前准备实施的增值税政策对再生资源回收利用产业的发展形成严重阻碍，部分企业经营已经停摆。上述问题，各级政府及有关部门应与高度重视并加以解决。

报废汽车回收拆解

一、基本情况

(一)宣传力度加大，回收数量提高

2007年报废汽车回收企业，积极与有关部门配合，采取各种有效宣传措施，提高报废汽车回收量，取得了比较好的成绩。2007年，全省14家企业回收报废汽车21081辆，比上年增长43.64%。其中轿车5605辆，客车5192辆(大型1731辆、中型702辆、轻微型2759辆)，载货车3558辆(重型469辆、中型667辆、轻型1858辆、微型564辆)，摩托车6195辆，其他531辆。

(二)管理意识增强，发展思路明晰

省商业厅引导企业在注重加强企业管理，规范经营行为，改善回收拆解环境，加大回收宣传力度，提高回收量和经济效益方面下了很大的工夫，取得了明显的效果。如沈阳秋实报废汽车回收有限公司，不断开拓进取，加强企业内部管理，配合公安部门组织两次集中销毁报废汽车的专项行动，树立了沈阳秋实报废汽车回

收公司在社会上的良好形象；还主动协调相关部门，与市内大企业建立固定的回收渠道，缓解了长期以来与交通运输部门的矛盾，使交通局系统报废车辆的回收在本年有了较大幅度的增长；同时还注重在回收拆解场地、环保、消防等方面逐步改造升级，为企业发展奠定了良好的基础。鞍山市汽车回收有限公司，从建立规章制度入手，狠抓内部管理，划分7个科室，设立23个岗位，制定了223条岗位责任制，做到量化到人，细化到位，不留死角，档案管理形成一整套文字、图片、影像的现代化管理模式。抚顺市鹏泰报废汽车回收有限责任公司，在市商业局的指导下，主动与相关部门沟通、协调，争得政府管理部门的支持；同时，还树立市场经济意识，主动帮助交售报废车的单位协调、解决实际困难，保证交车单位在办理交车手续时随到随办，把优质服务作为扩大回收的重要手段。葫芦岛市再生资源利用有限责任公司，明晰做大做强的发展思路，在规范回收经营的基础上，准备在两年内投资500万元，扩建回收拆解场地，同时开发废旧家电等电子废弃物的回收业务，着手建立再生资源回收利用体系。

（三）推动汽车报废更新，发挥补贴资金作用

在推动老旧汽车报废更新工作中，依据商务部、财政部《报废汽车补贴公告》规定，做好符合条件的报废汽车补贴统计、申报工作。尤其是国家出台对城市公交车报废更新的补贴鼓励政策后，各报废汽车回收企业更加注重与当地运输管理部门的沟通与联系，把国家的鼓励政策及时向交车单位宣传，不仅扩大了回收量，交车单位从中也得到了补偿。2006年全省符合补贴条件的车辆1010辆，向国家申请补贴资金608.6万元。

二、存在的主要问题

通过企业自查和其他方面的了解，发现有的市局对报废汽车回收管理重视不够、检查不够、协调不够、服务不够。有些企业安于现状，缺乏创新的发展思路，企业内部管理比较松弛，遗留问题解决得不彻底。有的企业主动回收的意识不强，该回收的回收不上来，回收数量明显下滑，不仅影响了企业经济效益，还对企业的资格和发展产生了负面影响。企业经营业务比较单一，回收、拆解、废钢销售的一条龙经营模式没完全建立，废钢销售业务开展得不好。

三、下一步工作思路

（一）继续扩大回收量，增强企业活力

要认真研究本地机动车报废发展的趋势，加大国家鼓励政策的宣传力度，帮助回收企业协调相关部门做好回收管理工作。主动与公安、工商部门配合，加强报废汽车回收市场的经常性监督检查，并组织专项行动，加大对无证企业及私拆乱解的打击力度，建立长效监管机制。回收企业一要主动与主管部门经常沟通，主动与大企业、机关事业单位建立紧密的联系制度，把国家关于老旧汽车报废更新的鼓励政策及时宣传到大的厂矿和公交运输部门，为他们提供便利，帮助他们解决实际困难。二要拓展回收渠道，延伸回收触角，到县、乡及企业上门回收，加强对分支机构的监督管理，发挥分支机构的作用。特别要加大公交车、大型货车的回收力度，以得到更多的补贴资金。对凡是达到报废年限和环保检测不合格的车辆，要积极争取公安、环保部门的支持，强制予以报废。三要增加废钢销售，开发新的经营业务，开发废旧机电产品回收、金属包装物回收、报废汽车回收拆解一

体化等项目，逐步形成回收、拆解、利用一条龙的综合发展目标。

(二)加强企业管理，树立良好形象

各回收企业对未来发展趋势要有清醒的认识，把企业根基夯实，巩固多年来取得的成果和社会各界的认可，逐步发展成规范化、制度化、现代化、示范化的回收拆解企业。一要建立报废汽车回收管理信息系统，逐步实现与公安交通部门联网；二要完善报废汽车回收档案，健全收车、拆车台账，实现回收过程实时控制；三要严格管理《报废汽车回收证明》，绝不允许伪造和倒卖；四要健全规章制度，加强制度建设，重点是员工(包括进场拆解的外部人员)管理制度、出入库(包括门卫)管理制度、回用件销售管理制度、分支机构管理制度、奖惩制度等；五要实行服务承诺制，树立良好的企业形象。报废汽车回收企业是依法设立、政府授权的回收主体，得到了国家相关政策的扶持。因此，必须坚持企业效益与社会效益、社会责任并重的原则，增强法律意识，做到守法经营，严格自律。对回收拆解的车辆不能管理失控乃至出现管理真空，对以租赁场地形式进场的拆解户拆解的车辆要进行现场监督拆解，拆解后由企业统一处理，绝不能不闻不问、放任自流。要加强对业务员收车、交车行为的监督管理，进行经常性的法制教育和组织纪律教育，绝不让业务员与拆车户私下交易，损害企业形象。一经发现，要决不手软地严肃处理，确保企业在报废汽车行业及政府各部门的良好形象，为企业的长远发展奠定牢不可破的基础。

(三)加强统计报表工作，为补贴统计奠定基础

统计报表工作是企业最必需的基础工作，也是考核企业经营状况的重要指标。我们要组织企业结合2007年财政部、商务部第16号公告关于老旧汽车报废更新补贴资金的车辆补贴范围和标准，按报表项目，做好日常的统计上报工作，并作为年检的一项重要内容严格考核。

(四)依法加强报废汽车回收企业资格认定书的管理

《报废汽车回收企业资格认定书》是省商业厅对从事报废汽车回收企业核发的唯一的合法证明，也是企业合法身份的象征，必须严格管理、精心保护。

(1)报废汽车回收企业的认定是前置审批，需经省商业厅审核批准，取得《报废汽车回收企业资格认定书》即取得了报废汽车回收资格。企业凭批准的认定书到工商行政管理部门办理工商登记后，方可开展报废汽车回收业务。

(2)企业改变名称、地址、法定代表人及分立、合并等，必须先向省商业厅提出申请，重新办理《报废汽车回收企业资格认定书》，凭变更决定书和变更后的证书到工商部门办理营业执照的变更。

(3)《报废汽车回收企业资格认定书》遗失或损毁，报废汽车回收企业应当立即向省商业厅报告，并在当地新闻媒体及商业、公安、工商等部门声明后，方可申请补发。

(4)企业应按省商业厅要求提交年检报告、办理年检手续。年检不合格和不按期年检的，将收回《报废汽车回收企业资格认定书》。

黑龙江省报废汽车回收拆解情况

自 2001 年国务院发布《报废汽车回收管理办法》(国务院令第 307 号)以来,黑龙江省的报废汽车回收工作得到了快速发展。首先完成报废汽车回收企业网点布局,以主要城市为依托,在各县市级设立分支机构回收企业。遍布全省的报废汽车回收网络已经形成,企业的回收量、回收加工能力和发展潜力都有了进一步的提升。2005 年实施行政许可法以后,省商务厅经向省政府有关部门汇报请示后,依然将报废汽车回收企业的设立列为省级行政许可范围,保证了全省报废汽车回收行业的健康发展,可以说,黑龙江省报废汽车回收工作正在健康发展,前景看好。

一、全省报废汽车回收拆解行业的基本情况

目前,全省取得资格认证企业,基本上是按行政区域划分的,分别在本行政区域内回收报废汽车,同时,行政主管部门要求取得资质回收企业在本地区及所属县市,根据合理规划、就近收车的原则设立报废汽车回收分支机构企业,并报省商务厅备案。现有报废汽车回收网点 80 多个,从业人员 2000 多人,网点的回收能力和回收量正在逐年上升。全省报废汽车回收企业除大庆市外,所有企业均已改制为股份制企业。

(一)行业规模

从 2005 年到 2007 年的三年时间里,随着我国汽车工业的迅速发展,老旧汽车报废更新的速度也在加快。这三年来,报废汽车回收量虽然 2006 年比 2005 年有所减少,但三年的总体回收量是增加的,2007 年比 2006 年增加了 23%,比 2005 年增加了 6%左右。

表 1 2005~2007 年黑龙江省报废汽车回收情况表

单位:辆

	2005 年	2006 年	2007 年
一、轿车	3313	4172	5394
二、客车	5276	3972	5057
1. 大型	1562	722	1313
2. 中型	1922	1262	1360
3. 轻微型	1792	1988	2384
三、载货车	7074	5508	4972
1. 重型	1493	1511	1352
2. 中型	2474	1475	1515
3. 轻型	2354	1924	1418
4. 微型	753	598	686
四、摩托车	1513	1089	2467
五、其他	1861	1618	2254
合 计	19037	16359	20144

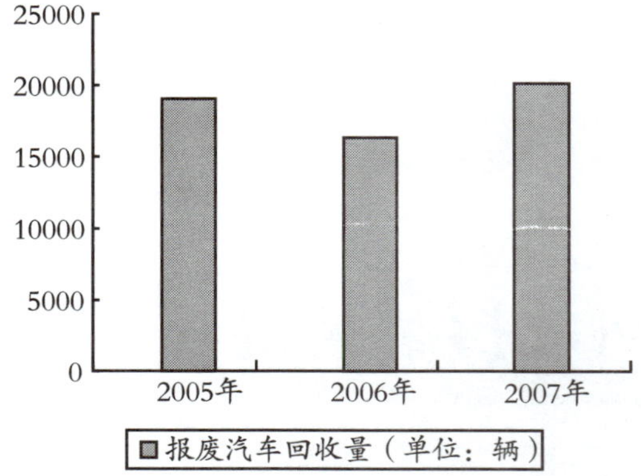

图 1　2005～2007 年黑龙江省报废汽车回收增长情况图

表 2　2005～2007 年黑龙江省报废汽车回收行业总体规模指标表

	2005 年	2006 年	2007 年
企业户数(户)	53	72	101
工业增加值(万元)	3100	3300	5600
资产合计(万元)	7300	7400	8200
从业人数(人)	2000	2620	3100

注：企业户数中含网点数。

(二)行业的发展速度

2005～2007 年，全省报废汽车回收行业得到了快速发展，回收量和回收能力有了显著提高，但发展不均衡，主要城市发展较快，林区、农垦等发展较慢，这也是全省区域的不同特点造成的。诸如全省工业基础好、实力雄厚的哈尔滨市、齐齐哈尔市、大庆市等就发展较快，报废汽车回收量增长幅度也较大；而边远地区的黑河市、伊春市、大兴安岭地区等受区域各方面条件的限制，增长幅度则相对较慢。从全省整体情况看，报废汽车回收行业三年来都程度不同地获得了较快发展。

表 3　2005～2007 年哈尔滨市报废汽车回收情况表

单位：辆

	2005 年	2006 年	2007 年
哈尔滨市	2278	2175	3688

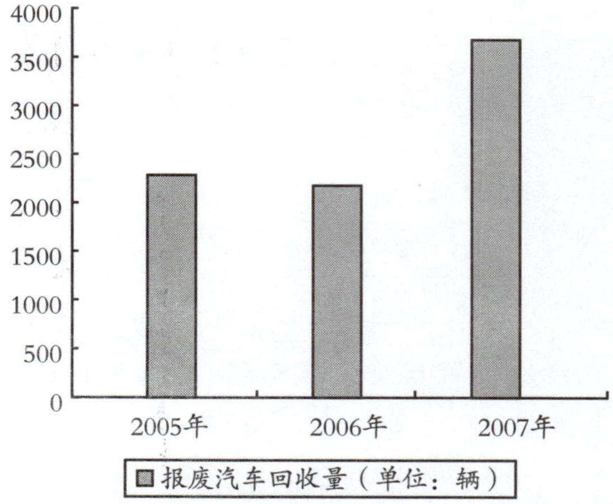

图 2　2005～2007 年哈尔滨市报废汽车回收增长情况图

表 4　2005～2007 年大庆市报废汽车回收情况表

单位：辆

	2005 年	2006 年	2007 年
大庆市	2939	2686	3901

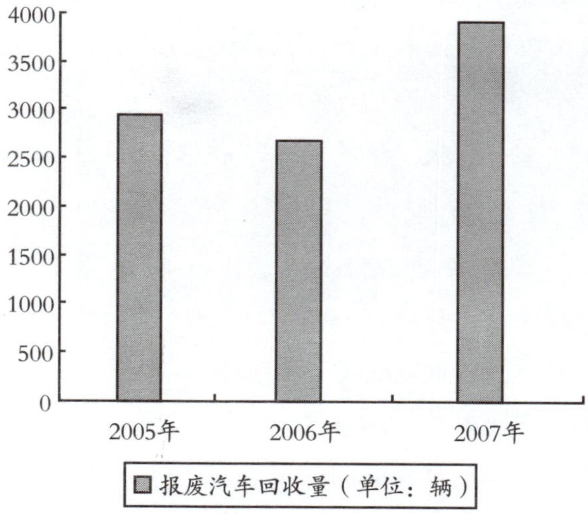

图 3　2005～2007 年大庆市报废汽车回收增长情况图

表 5　2005～2007 年主要城市报废汽车回收企业主要品种回收量表

单位：辆

	轿车	客车	载重车	摩托车	其他车辆	合　计
哈尔滨市	2297	2923	2256	222	443	8184
齐齐哈尔市	629	1025	1191	1279	354	4478
牡丹江市	807	925	1162	1039	16	3949
佳木斯市	1235	1107	2099	537	1203	6181
大庆市	2115	2406	3827	16	1162	9526
鸡西市	2713	915	1107	234	506	5475
鹤岗市	304	713	354	323	520	2214
双鸭山市	554	244	1171	5	672	2646
伊春市	62	351	639	—	40	1092
七台河市	1121	199	352	586	543	2801
绥化市	907	3028	2785	668	24	7412
黑河市	50	438	365	160	229	1242
大兴安岭地区	85	31	246	—	21	383
黑龙江省总计	12879	14305	17554	5069	5733	55540

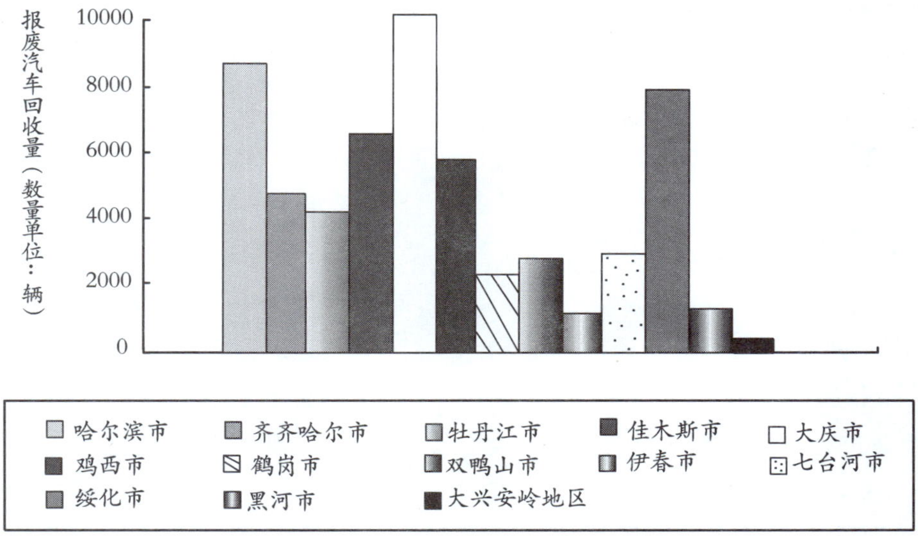

图 4　2005～2007 年黑龙江省各市（地）报废汽车回收情况比较图

（三）扶持行业发展，加强监管，规范秩序

黑龙江省报废汽车回收工作在 2005～2007 年的三年时间里得到了一定程度的发展，三年回收报废汽车总量为 55540 辆，特别是 2007 年报废汽车回收增长较快，比 2006 年增长了 23%，全省的主要经验和做法是：

1. 加强对全省报废汽车回收企业的管理

省商务厅和各市（地）商务局按照国家和省有关法规和文件要求，经常对报废汽车回收企业的回收、拆解、销售报废汽车可利用零配件情况进行检查，以促进企业守法经营；同时，加强服务意识，深入到报废汽车回收企业听取意见，改进工作，帮助企业出主意，想办法，使企业能够多收车，受到了企业的普遍好评。

2. 部门配合，打击非法行为

全省公安、工商、交通和商务部门密切配合，加大了打击私拆乱解报废汽车和拼装报废汽车等无路权车辆的力度。

2007年全省主要城市在专项整治行动中效果显著，仅哈尔滨市就查扣了1500多辆，已查实销毁报废汽车700多辆；齐齐哈尔市查扣了1000多辆；大庆市查扣了1600多辆。这些查扣的无路权车辆大都是报废汽车、拼装车，大部分已经进行了集中销毁。这项工作不仅消除了道路安全隐患，也净化了报废汽车回收市场。

3. 扶大扶强报废汽车回收企业

2005年黑龙江省提出了以振兴东北老工业基地为契机，结合全省工业布局的特点，确定了建设哈尔滨市、大庆市和齐齐哈尔市三点一线工业走廊的方针，对三市报废汽车回收企业在政策上给予了重点扶持。同时，结合国家提出的循环经济，再生资源回收利用的优惠政策，对大庆市报废汽车回收企业提出的报废汽车和机电设备配件再制造给予了积极支持，目前此项工作进展良好。

4. 全省报废汽车环境保护工作也取得了良好的发展

全省报废汽车回收企业都与国家环保总局外经办签订了回收报废汽车氟利昂项目承诺书，并有六家企业进行了企业环境影响评价，大大提高了报废汽车回收、拆解过程中的环境保护意识。

二、与报废汽车相关的行业及报废汽车资金补贴的情况

报废汽车回收拆解过程中产生的废钢铁、废有色金属、废橡胶和废塑料等都是可再生资源，市场供求形势的变化对报废汽车回收有重要影响。同时国家发放的老旧汽车报废更新补贴资金是国家鼓励回收报废汽车的一项重大政策，对促进报废汽车回收工作具有重大影响。

(一)废钢铁

报废汽车回收拆解后70%产生的是废钢铁，这些废钢铁作为一种再生资源，定向由钢铁冶炼企业消耗冶炼，钢铁企业对废钢铁的市场走向影响重大。2003～2007年黑龙江省钢铁企业钢产量大幅增加，但废钢消耗量却在减少，其主要原因就是废钢铁资源量减少，钢铁企业采购废钢铁困难，且废钢铁价格上涨较快，钢铁企业成本加大，难以承受。

1. 黑龙江省报废汽车回收企业废钢铁资源增长情况

2005～2007年的三年时间里，报废汽车回收量有所增长，废钢铁资源量也相应增加，但总量增长不大。其原因就是报废汽车品种结构发生变化，三年回收的报废汽车增长量最大的是小轿车，而小轿车产生的废钢铁资源量较低，在回收报废汽车拆解产生的废钢铁总量中所占比重较小，虽然三年来的报废汽车回收数量(台数)有所增加，但产生的废钢铁资源量增幅依然不大。由于近两年来社会废钢铁资源量减少，价格上涨较快，下游产品采购困难，使用量也在减少，废钢铁已无法稳定供应下游产品的需求。

表6　2005～2007年黑龙江省报废汽车回收企业产生废钢铁情况表

	2005年	2006年	2007年
废钢铁(万吨)	50750	48110	52180

2. 黑龙江省钢铁冶炼企业废钢消耗情况

黑龙江省作为国家老工业基地，在调整产业结构，加速企业破产重组方面，前些年拆除了大量的厂房和设备，废钢铁资源量相对增加，但

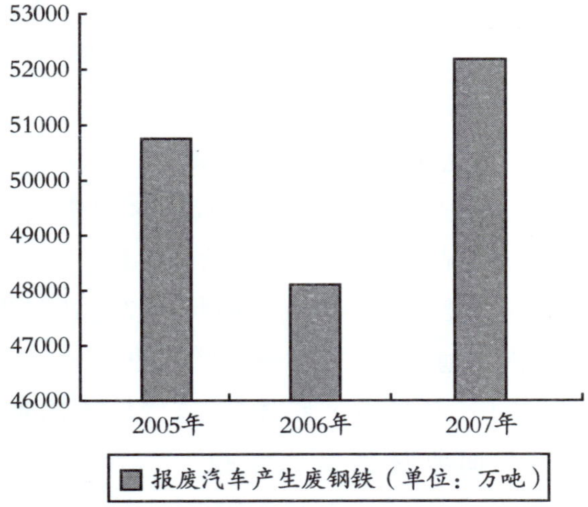

图 5 2005～2007 年黑龙江省报废汽车回收企业产生废钢铁资源情况图

近年来由于这部分资源已耗尽，再加上国际市场废钢铁资源紧缺、价格上涨等因素，钢铁冶炼企业为自身发展，加大了铁矿石和生铁的生产量和采购量，废钢铁的采购量下降幅度较大，以全省的西林钢铁集团为例，2003 年消耗废钢铁 87.6 万吨，产钢 110 万吨，到 2007 年消耗废钢铁 59.7 万吨，产钢 175 万吨，2007 年钢产量与 2003 年相比增长了 60%，消耗废钢铁却下降了 46%。

表 7 2003～2007 年西林钢铁集团废钢铁消耗情况表

	2003 年	2004 年	2005 年	2006 年	2007 年
废钢铁（万吨）	87.6	97.1	41.6	46	59.7

表 8 2003～2007 年西林钢铁集团钢产量情况表

	2003 年	2004 年	2005 年	2006 年	2007 年
钢铁（万吨）	110	120	121	148	175

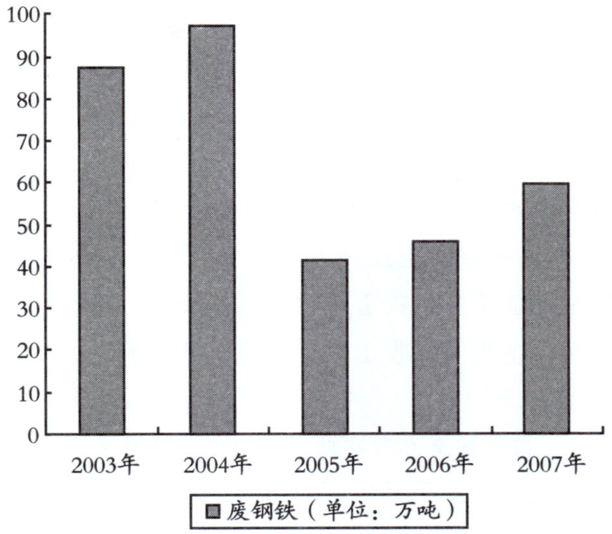

图 6 2003～2007 年西林钢铁集团废钢铁消耗情况图

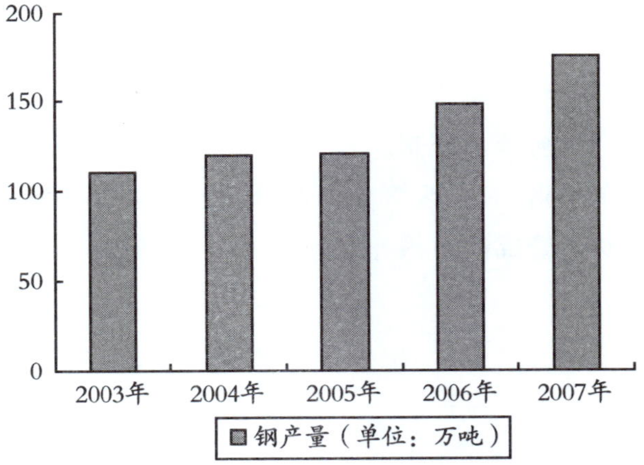

图 7 2003～2007 年西林钢铁集团钢产量情况图

（二）黑龙江省 2006 年老旧汽车报废更新补贴资金使用情况

2005 年以前，国家规定补贴标准为总质量 4500 千克以上的载货汽车和乘坐人数为 19 人以上的客车，每辆车补贴资金为 4000 元。从 2005年开始，国家把补贴标准改为总质量 1200 千克的载货汽车和载客量 30 人以上、车长 9 米以上的载客汽车每辆补贴资金4000元，车长9米以上、载客30人以上的城市公交车每辆补贴资金15000元。国家政策的变化一方面加快了城市公交车的报废更新速度，提升了城市公交车的形象，为市民出行提供了更加安全舒适的交通便利，另一方面也使得补贴资金面变窄，使报废汽车可享受补贴资金的数量逐年减少，对报废汽车回收企业的回收工作产生了不利影响。

表9　符合报废汽车补贴资金的车辆情况表

年　度	2005年	2006年	2007年
符合报废汽车补贴资金条件的车辆台数	6039	3318	2249

三、存在的主要问题

（一）法律法规有待健全

当前涉及到报废汽车回收管理的法律法规存在缺陷，对报废汽车回收环节缺乏强制措施，公安车管部门对汽车报废后的管理与报废汽车回收企业回收环节缺乏有效衔接，导致报废汽车流失严重，这已经是一个普遍性的现象。

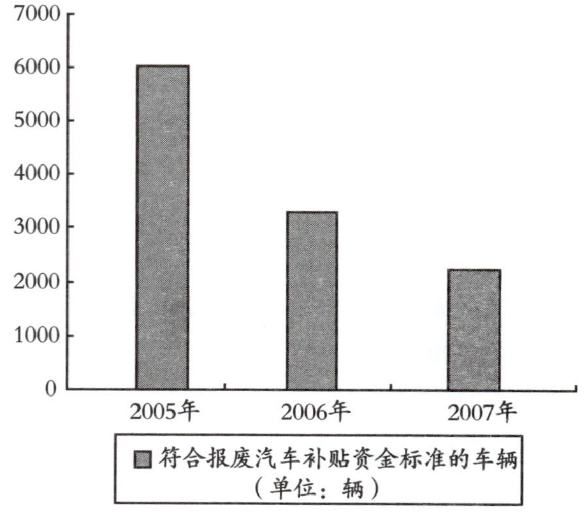

图8　2005～2007年黑龙江省符合报废汽车补贴资金的车辆情况图

（二）非法拆解亟待治理整顿

少数地方，特别是全省边远地区报废汽车非法拆解情况仍很严重，亟待治理整顿。

全省主要城市报废汽车回收量仅能达到当年报废汽车总量的20%～40%。边远地区由于地域较广，又是山区或林区，监管较为困难，报废汽车回收量仅占当年报废汽车总量的5%～10%，大部分应报废车辆流入社会非法拆解。几年来，虽然进行过多次治理，一时也能有所好转，但治理过后却依然如故，缺乏一个长效的治理机制。2008年全省将加大对私拆乱解报废汽车的打击力度，同时建立完善的报废汽车信息沟通管理机制和完善的联动打击机制，使报废汽车回收管理工作更加规范化。

（三）报废汽车回收企业的基础设施建设亟待加强

全省部分报废汽车回收企业场地简陋，设备老化，消防设施不完善。在2007年4月开始实施的中华人民共和国环境保护行业标准《报废机动车拆解环境保护技术规范》中，对报废汽车回收企业在回收、拆解过程中的程序、步骤和环保要求都做了明确规定，制定了具体标准，目前能达到行业标准要求的企业很少，因此，报废汽车回收企业要高度重视此项工作，按标准要求，尽快完善环保设施，制定出各项环保规章制度，以利于全行业的环境保护。

（四）现行的老旧汽车更新补贴资金范围不符合我国国情

现行老旧汽车更新补贴资金范围只适用于大城市中的少数车辆，而在城市和农村中普遍使用的各类机动车未能得到补贴资金，不利于鼓励机动车辆更新，应扩大补贴资金的涵盖面，使多品种的报废机动车都能享受到补贴资金。

另外，老旧汽车报废更新补贴资金下达过于滞后，当年报废的车辆在一年后才能得到补贴资金，时间太长，不但影响报废机动车所有人的积极性，也影响补贴资金发放使用的管理工作。

报废汽车回收管理是一个涉及政策面较广，需公安、工商、交通等各部门密切配合、联动的工作，在过去的三年里，黑龙江省报废汽车回收管理工作取得了较大成绩。2008年，黑龙江省商务厅作为报废汽车回收管理部门，将加大工作力度，按照国家和省有关政策法规的要求，结合全省报废汽车回收的实际情况，从抓好管理和体现服务两个方面，努力做好管理和协调工作，进一步把全省的报废汽车回收工作做好，为黑龙江省的经济建设服务。

上海市报废汽车回收拆解情况

一、上海市报废汽车回收拆解基本情况

(一)报废汽车回收拆解情况

自2001年我国实行报废汽车定点回收拆解以来,上海市为落实国务院关于《报废汽车回收管理办法》(国务院[2001]307号令)的精神,根据国家经贸委《关于确定上海市为国家报废汽车回收拆解管理改革试点的函》(资源[2001]027号)和《报废汽车回收企业总量控制方案的通知》(国经贸资源[2001]773号)的要求,结合本市实际,按照"收拆破碎分离、综合利用集中、信息网络管理、政府联手监管"的原则,确定了1个回收中心,4家拆车公司和1家破碎公司的"1+4+1"报废机动车回收拆解破管理模式,主要企业是:上海机动车回收服务中心、上海交运巴士拆车有限公司、上海华东拆车有限公司、上海莘庄拆车有限公司、上海宝钢钢铁资源有限公司(兼破碎企业)。其各自职责分别是:回收中心的职能是专业回收报废机动车及代办相关办证业务;协助政府相关部门监管报废机动车回收、拆解、破碎、综合利用的规范运作;定期向政府相关部门作报废机动车回收工作汇报。拆车公司的职能是上门拖运报废车,按车型专业拆解,净化拆解环境,提高可再利用件的综合利用率和经济含量,四家拆车公司分别专业拆解大客、大货、小客、小货车。破碎公司的职能是依法规将回收的"五大总成"破碎,防止其外流。

上海市报废机动车回收拆解破碎的综合规模是:450余职工(其中管理人员80人、中专学历以上技术人员190人),占地面积146413平方米,建筑面积13725平方米,各类设备105台(辆)及相关必备的辅助设施,年拆车能力13万吨,破碎能力2万吨。2007年可回收拆解各类报废车辆18483辆,其中摩托车8705辆。

表1 2003~2007年上海市报废汽车回收拆解统计表

单位:辆

		2003年	2004年	2005年	2006年	2007年
客车	(大型)	2121	1675	2379	4220	2803
	(中型)	3249	3307	3529	3748	2233
货车	(大型)	1480	1861	1625	1884	1608
	(中型)	5741	7280	6360	5920	3134
合计		12591	14123	13893	15772	9778
摩托车		12139	18150	16605	12200	8705

表 2　上海市报废汽车回收拆解企业总体规模、经济效益主要指标汇总表

单位：吨

	2003 年	2004 年	2005 年	2006 年	2007 年
资产合计（万元）	2774	4328.3	6000.2	6535.5	6008
从业人数（个）	206	320	328	332	314
产品销售收入（万元）	3317	5404.9	7871.78	7886.27	7193
利润总额（万元）	308.4	1115.6	1390.28	1639.8	1134.4

（二）废钢铁等产出情况

2007 年，上海市报废汽车回收拆解企业产出各类废旧物品总量 26479.86 吨，主要有：废钢铁约 25470.4 吨，废铜 66.15，废铝 390.48 吨，废橡胶 172 吨，废玻璃 242 吨，其他废旧物品 138.193 吨。（见表 3）

二、上海市报废汽车回收拆解管理模式

上海市报废汽车回收（拆解）管理模式主要有以下几个特点：

1. 管理体制的创新

根据国家经贸委关于《报废汽车回收企业总量控制方案的通知》（国经贸委资源[2001]773 号）的限定，将全市 14 家回收拆解企业按大客、大货、小客、小货等汽车类型，整合成 4 家专业定向拆车厂及 1 家“五大总成”破碎厂，同时设立回收中心作为报废机动车回收单位，形成“1＋4＋1”的报废汽车回收、拆解、破碎、综合利用的管理运作模式。回收中心在确保规范统一回收的基础上，在每个拆车厂派驻业务员，实地实车核验发动机号、车架号等主要信息，保障报废机动车的统一回收和拆解处置。

表 3　上海市报废汽车回收拆解企业废钢铁等产出情况统计汇总表

单位：吨

	2003 年	2004 年	2005 年	2006 年	2007 年
废钢铁	26002.53	28562.14	34089.62	35638.24	25470.4
废　铝	466.275	636.295	626.45	622.979	390.481
废　铜	33.332	95.445	93.331	82.595	66.15
废橡胶	170	119	162	272	172
废玻璃	338	205	265	361	242
其　他	79.03	83.207	507.852	107.355	138.193
合　计	27089.17	29701.08	35744.26	37084.16	26479.86

2. 操作流程的规范

规范报废车辆回收工作的操作流程，在收集到齐全有效的相关证件资料并确认“五大总成”证号相符后，将信息输入计算机数据库并打印出《上海市报废汽车回收证明》、《上海市机动车注销（报废）更新证明》、《验收 & 拖运单》，通知相关拆车厂核验拖运，由公安局车管所派驻窗口认证，办妥后将相关证件及残值送交车主，

再通知拆车厂拆解，“五大总成”等禁止利用件采用“条形码”管理方法，由拆车厂交付破碎厂破碎，回收中心负责将信息汇报政府相关部门，以便政府相关部门联手解决存在问题及提出指导意见时，具备可靠的依据。

3. 信息平台的建立

上海报废机动车回收工作的整个操作系统实行计算机网络指纹化管理。填单申报、盖章确认、统计结算、网上申请、信息跟踪、资料查询等，均在局域网内进行，实时监控流程进展，并经授权可远程操作。设立961968公共平台，提供信息咨询社会服务，并与市经委信息中心联网，为政府相关职能部门提供及时的数据信息。

4. 网络管理的规范

一是实行计算机网络指纹化管理。填单申报、盖章确认、统计结算、网上申请、信息跟踪、资料查询等，均在局域网内进行，实时监控流程进展，并经授权可远程操作。该系统数据库已连接市经委信息中心，为政府相关职能部门提供有价值的数据信息，保证了报废信息的零差错。二是建立报废信息电子档案，将每辆报废车三份纸质档案通过照相扫描后电脑储存，便于检索，避免遗失，不可更改，储量无限。保证了档案的零遗漏。三是运用条形码管理“五大总成”移交破碎。将条形码标志粘贴在“五大总成”上，公安民警凭电子扫描确认，破碎公司凭公安部门确认的信息在电脑中检索对应破碎，保证了“五大总成”移交破碎的零缺件。

三、报废汽车补贴资金使用情况及其对行业的影响

2003年国家实行对报废汽车进行补贴的政策以来，报废汽车补贴资金的发放，有利于车辆的报废更新，促进我国汽车的生产和消费；有利于报废车辆的规范回收和拆解，遏止社会车辆转籍现象的蔓延；有利于减少环境污染，节约能源，促进废钢资源回收利用；特别是减轻了公交企业在购置新车时的经济负担，加快了公交企业高污染车的报废工作，推进了国Ⅲ排放发动机、高等级车辆在公交企业的占有率，提高了公交企业的整体形象。2007年，上海市符合报废更新补贴的车辆总计为2596辆，其中城市公交车2480辆(其中1704辆为提前报废)，载货车为71辆，载客车为45辆。

表4　2003～2006年老旧汽车报废更新补贴资金实施情况统计表

		2003年	2004年	2005年	2006年
国家下达补贴数(辆)	合计	1012	147	1040	1263
	大货	497	97	184	50
	大客	515	50	856	16
	城市公交车	—	—	—	1197
完成补贴数量(辆)	合计	1001	128	876	1261
	大货	486	92	132	48
	大客	515	36	744	16
	城市公交车	—	—	—	1197
国家下达补贴资金金额(万元)	合计	404.8	58.8	416	1822.6
	大货	198.8	38.8	73.6	20.0
	大客	206	20.0	342.4	6.4
	城市公交车	—	—	—	1795.5
	其他(万元)	—	—	—	0.7
完成补贴金额(万元)	合计	400.4	51.2	350.4	1821.1
	大货	194.4	36.8	52.8	19.2
	大客	206	14.4	297.6	6.4
	城市公交车	—	—	—	1795.5

续表

		2003年	2004年	2005年	2006年
补贴资金结余(万元)	合计	4.4	7.6	65.6	1.5
	大货	4.4	2.0	20.8	0.8
	大客	0	5.6	44.8	0
	城市公交车	—	—	—	0
	其他(万元)	—	—	—	0.7

备注:(1)2003～2005年大货车在4.5吨以上,大客车在19座以上;2006年大货车在12吨以上,大客车在30座以上,城市公交车长在9米以上。

(2)2005年国家下达补贴资金416万元(404万元＋2003年结余4.4万元＋2004年结余7.6万元);2006年国家下达补贴资金1822.6万元(1757万元＋2005年结余65.6万元)。

四、上海市报废汽车回收拆解存在的主要问题

目前报废汽车回收拆解管理存在的主要问题有:

1. 不法分子钻法规空子,导致车辆“废而不报”

国家《机动车报废年限一览表》出台后,对各类机动车报废以前沿用的不等“报废年限”,现改为各类机动车报废不等的“强制报废年限”。这两个标准之间的年限展延差,导致车辆假转籍、假停驶的现象发生,使大量接近或已到报废标准的车辆通过“合理规避”废而不报。其主要形式:一是假转籍。不法分子利用报废期限延长的机会,将车辆通过专门为收购报废车辆而开设的“空壳公司”进行转籍到外省市,但实际不落户,采用拼装甚至整车,继续上路行驶。一旦肇事,根本查无此人此车此档案。而对这些“空壳公司”的审查执法取证较难,执法成本相当高。二是假停驶。不法分子利用国家对“停驶车辆免交养路费”的政策,将应该报废的车辆办理停驶手续,然后非法收购,继续上路行驶。

2. 地下拆车厂非法拆车猖獗

不少地下拆车厂采用“在农田临时作业”的办法,收购车辆进行非法拆解,有的甚至拼装或改装后出售,而政府相关部门管理难度也很大,亟待整治规范。

3. 报废汽车零部件综合利用水平有待提高

目前我们对报废汽车零部件的处理,只是停留在简单拆解和处理阶段,离综合利用相距甚远,还处于探索阶段,如华东拆车公司与上海交大联合建有再生资源综合利用实验室,并形成《废旧汽车回收零部件目录》和《报废汽车拆解工艺》两项科技成果及《汽车退役曲轴剩余疲劳寿命检测装置》一项国家发明专利申报。

五、工作建议

一是要制定与《机动车报废年限一览表》相适应的具体办法,防止报废机动车出现“废而不报”等情况,提高报废汽车回收率。二是继续做好报废汽车补贴工作。目前的补贴政策是导向性的,仅限对京沪等城市进行,建议在更大的范围推广。三是加大打击力度,政府部门要明确职责,禁止报废零部件及非法拼装车的倒卖行为。四是加大报废汽车零部件综合利用,促进循环经济发展。

福建省再生资源回收体系建设情况

一、福建省再生资源回收利用产业的发展现状

福建省再生资源回收体系建设和加工利用产业走过的历程不长，但也已初具规模，再生资源产业发展的实践中，也积累了一些有益的经验。

(一)再生资源回收体系初具规模

上世纪50年代，为解决社会物资严重匮乏的问题，政府就大力提倡勤俭节约、收旧利废，逐步形成了供销社负责回收城镇居民废旧物品、物资部门负责回收生产企业废旧物资、各专业部门负责回收本系统内报废设备和材料的多渠道纵向回收系统，建立起较完善的再生资源回收网络。近年来，随着我国社会主义市场经济发展，再生资源回收行业发生了根本性变化，2002年国家取消对废品回收的特种行业经营许可证审批制度，再生资源回收市场放开、个体、民营企业蓬勃发展，非公有制已成为再生资源回收行业的主体。据测算，目前全省再生资源回收企业600多家，回收网点近7000个，从业人员6万多人。2006年全省"三废"综合利用产值达18.28亿元，比上年增长22.7%。据有关部门统计，2006年全省工业固体废物综合利用率达73.1%，比上年提高4.2个百分点。全省每年回收利用废纸120多万吨、废钢200多万吨、废旧轮胎12万多吨。

全省再生资源的回收流通渠道主要有三种：一是家庭和社会零星生活废物，实行上门收购——集中打包——市场交易——加工利用，需二至三道经营环节；二是企事业大宗固体废物，实行上门收购——企业交易——加工利用，需经过一道经营环节，或产废企业与利用企业产销直挂；三是进口或省外调入——加工利用。近几年，再生资源回收行业逐步改变了过去那种"收进来、卖出去"的粗放经营模式，朝着"多拆解、细挑选、精加工、先利用、再回炉"的方向发展；采取了清洗、除油、去污、干燥、拆解、剪切、打包、破碎、分选、除杂等加工预处理手段，加工生产各类再生原料，并逐步向产业化方向发展。

为了补充原生资源的不足，全省积极开展再生资源的进口，主要类别有废纸、废塑料、废五金电器电机电线等三种。2005年，全省在册从事废物进口加工利用的企业39家，从业人员约5700人，企业总产值约11.56亿元，进口废

塑料18.73万吨、废五金电器电机电线11.3万吨。在解决富余人员就业和补充全省资源等方面体现了良好的社会效益和经济效益。

(二)再生资源利用产业方兴未艾

福建省再生资源加工利用产业虽刚刚起步,但在某些品种、某些行业、某些地区亮点频现,少数项目已初具规模,且达到先进水平,项目的经济效益、生态效益和社会效益相当可观。按资源循环的涉及广度,大致可分为企业内部再生型、企业之间互利型、行业内部消化型、行业之间对接型、多领域互惠型和国际大循环型等几种再生资源循环利用的主要形态:

1. 企业内部再生型

这种形态主要是本企业对生产过程中产生的废料、废渣、废水的回收再利用。福建冠福现代家用股份有限公司是国内产销规模排名前列的日用陶瓷和高耐热陶瓷的生产企业,把所有的报废陶瓷品一律再放回到原料车间,进行粉碎加工,与原料混合,除去铁质、杂质,再投放车间生产,提高了产品质量,每年因废品再利用就可为企业节约300多万元。精心设计出一个水循环系统,把含有大量精细泥、对水源造成严重污染的陶瓷生产废水置入沉淀池,沉淀下泥料,再收回炼泥车间,投入生产,沉淀后的清水抽回生产车间再利用,实现了生产用水再回流、废水回泼助燃、废瓷品回辗、粉尘泥渣再利用,有效节约了瓷矿资源,又有效避免环境污染。

2. 企业之间互利型

这种形态主要是指仅在两个企业之间的利用再生资源方面的互利合作。如厦门嵩能粉煤灰开发有限公司利用厦门嵩屿电厂产生的大量的灰、渣,生产粉煤灰,年产量27万多吨,产品成为大体积砼、码头、高速公路、砌筑砂浆及新型建材制品的理想建筑材料。嵩能公司已合作投产年产8000万块标准粉煤灰烧结砖的生产线,并着手设计兴建年产20万立方米加气砼砌块生产线。10年来,公司开展粉煤灰综合利用累计直接经济效益和可计算的社会环境效益已突破2亿元。"嵩能"牌粉煤灰还被福建省绿色建材推介委员会确定为"绿色环保建材"。

3. 行业内部消化型

这种形态不仅仅局限于某个企业,更可广泛适用于对同一行业众多企业产生的废料再利用,其产品往往与废弃物产生的行业具有替代关系。它可以从单独的企业间合作进一步推广演变而来,也可以在多个企业同时推行。德化陶瓷产业围绕陶瓷主业的废瓷器、废瓷土、废石膏、包装制品、保温材料再生利用产业蓬勃发展。由30多家石膏再生企业联合成立德化县石膏行业科学技术协会,大力发展再生石膏产业,年回收石膏加工模具22万吨,年节省资金6800万元;年可回收利用3万吨固废瓷,废瓷利用率达90%以上,年可节省瓷土成本1500多万元,创造陶瓷产值8000万元。

南安市石材企业每年产生石粉150万吨、碎石100万吨左右,现综合利用石粉、碎石的企业有上百家,年利用石粉碎石生产新型建材产品20万吨,用于建筑工程(包括房地产、公路等)100万吨。其中利用废弃板材边角料和薄板(复合板用料)辅助材料,生产石材马赛克、石材复合板的项目成为"福建省循环经济示范项目"。新引进的中节投、莱特等企业综合利用石粉项目的年设计能力达到100万立方米,这些项目已开始投产,至2008年元月份将全部投产,全部投产后每年石粉综合利用可达80万立方米,基本能消化南安市石材企业生产中产生的碎石、石粉,不仅能极大地消除石材产业造成的环境污染,解决发展中的瓶颈制约问题,而且能延伸石材产业链,提升产业的综合竞争力。

4. 行业之间对接型

这种形态存在于两个本来互不相干的行业，其中一个行业的废弃物被另一行业所利用。福建省万旗科技陶瓷有限公司依托福建省双旗山金矿技术中心开发的利用黄金尾矿生产的陶瓷色釉技术，用黄金尾矿分选出的有效矿物成分作为主要原料，添加适量显色矿物进行配制，开发出一种生产陶瓷色釉和陶瓷坯土的新技术，并以此为基础生产尾矿陶瓷制品。生产进程中无须添加大量的熔块及化学原料，釉料及坯土质量稳定、价格低廉。利用该釉料、坯土生产的陶瓷制品，具有颜色均匀稳定、光泽度好，远红外辐射率高，铅、镉溶出量低，无毒无害等特点。现已建成两条色釉陶瓷生产线，进入工业化规模生产。初步形成了年产值1000万元规模的生产能力，年消耗黄金尾矿1万吨以上，产品全部出口。至2006年底累计实现销售收入500万元，税收48万元，实现利润120万元，新增出口创汇100万美元。节约黄金尾矿库管理资金20万元，解决100多个劳动力的就业，减少了矿山固体废物的贮存量。生产的色釉陶瓷由于色泽亮丽深受海内外客商的青睐，并获得福建省科技进步三等奖。随着产品市场的成熟，成品釉料在2009年的销售量可达80吨，环保陶瓷坯土用量可达13000吨，两项预计新增直接利税约500万元。同时，对保护生态环境有着十分积极的意义。

漳州龙海多棱公司利用铁路上报废的钢轨，代替特殊钢做材料生产切割石材用的锯条，生产出来的产品不仅达到了国际先进水平，成本还更低，取得了竞争优势，把进口产品挤出了中国市场，还一举打进了海外市场。此外，利用生产钢砂、锯条和集装箱角件产生的铁粉和下脚料熔炼成钢丸，产品适用于造船和机械制造。

5. 多领域互惠型

这种形态涉及的行业并不单一，而可以是多行业，消化的废弃物既有来自生产领域，也有来自消费领域；不仅源于工矿生产过程，还可能源于农业生产；废弃物往往比较分散，要通过回收体系汇集到利用企业，其产品也不只涉及某个行业。泉州锦林环保高新材料有限公司每年回收废旧塑料2500吨、竹粉2000吨，利用复合材料的新技术将竹粉和废旧塑料有机结合，生产竹塑复合树脂、竹塑复合地板、竹塑公园桌、竹塑公园椅等，既能提高毛竹的经济价值，促进毛竹产业的发展，也有利于增加农民的就业，减少废塑料污染。产品使用后可100%回收。濠锦化纤（福州）有限公司公司利用回收的废旧塑料瓶，经过多道工序的加工、处理，生产具有高强度的性能优越的高新技术产品——再生涤纶短纤维，达到了资源的再利用目的，同时减少了白色污染，保护了环境。

福建圣农集团公司利用鸡粪直接燃烧发电，总装机容量为4.8万KW，项目全部建成后可年处理鸡粪50万吨以上，向当地电网供电约3亿多度，折标准煤18万吨，新增就业约100多人，发电后所产生的灰粉也是一种非常好的钾肥原料，实现养殖废弃物资源化与环境保护的“双赢”，成为满足自身生产电能需要的可再生能源项目。

福建省富龙铙山热能有限公司采用谷壳、烟杆等农林废弃物替代原煤做燃料供热发电，年可利用谷壳、锯末屑等废弃物20万吨，相当于节约原煤4万吨，减少SO_2、NO_2等排放1013吨左右，燃烧后的废渣可生产碳黑、白碳黑，是典型的节能环保及资源综合利用项目。

龙岩卓越新能源发展有限公司自主研发的“利用废动植物油生产生物柴油”技术，经省级科技部门鉴定认为生物柴油产品填补国内空白，技术达到国际先进水平。2002 年底建成了年产 2 万吨的生产线，率先在中国实现生物柴油产业化，成为了国内生物柴油生产领域的龙头企业。2005 年 12 月，生物柴油产品在北京展出，受到胡锦涛等党和国家领导人的高度重视与充分肯定。目前产能规模为 7 万吨，在我国可再生能源领域处于领先地位。目前全省共有 4 家以上生物柴油规模化生产企业，2006 年底已形成生产能力 20 万吨以上。

福建环科集团利用废旧橡胶轮胎采用高新技术研发生产橡胶粉、再生胶、汽车内胎、汽车垫带等产品，特别是 2005 年底高品质精细轮胎再生胶研制开发生产，使企业主导产品进一步得到突出，进一步提升公司在中国再生胶行业的地位。2006 年实现回收利用废旧橡胶轮胎 5 万吨，生产各类再生胶 4 万多吨，实现销售收入 1.3 亿元，利税 700 万元。随着生产规模的扩大，其废旧轮胎将依赖进口解决。

6. 国际大循环型

这种形态所涉及的再生资源，大部分或完全来自国外。源华卓越能源科技（福建）有限公司利用废动植物油脂生产生物柴油和民用洗涤剂原料，其主要原料采用东南亚国家进口的棕榈油残渣，国内地沟油、下脚料等的使用量大约占总量的 30%，预计未来两年收购餐饮废油 1.5 万吨，进口废油 2 万吨，其他 5000 吨。

又如我国最大的新闻纸生产商之一的“南纸股份有限公司”，年产新闻纸 30 万吨，废纸再生利用达 92%，每年可减少木材消耗 70 多万立方米，每年可创造效益 2000 多万元。该公司作为原料的废纸绝大部分从国外进口。

上列六种再生资源加工利用形态，只是为了便于辨析而进行相对划分，在具体企业、项目上面，这些形态的归类并不可能都那么泾渭分明、整齐划一的。各种形态并无高低之分，且也会因时间推移、市场环境条件变化而演进。

（三）全省再生资源产业发展历程的若干启示

上述各种形态，各有特点，但不难发现其中有着若干规律性的共同点，将对福建省再生资源产业的进一步发展，具有一定的启示：

1. 必须有足量的资源

废弃物必须达到一定的数量，利用该废弃物的产业才有可能产生规模效益和可持续性。由于废弃物的利用的运输成本原因，其利用产业多数首选在当地发展。这就要求我们在发展再生资源产业时，适应产业的区域性特点，把本地不断产生并且达到一定存量的再生资源上，作为首选的利用对象，作为产业的发展重点来抓。

2. 必须有相应的回收体系

当废弃物虽然有一定的数量，但不是集中地，而是分散地产生和存放，尤其是来自生产、消费等多领域时，建立相应的回收体系并通过回收体系把分散的废弃物集中起来，以适应加工利用必要的规模要求，就成为必不可少的了。

3. 必须强调技术含量

所有成功的再生资源回收利用项目，都有一个共同点，即有相应的技术作为支撑。这就要求我们进一步有针对性地加强再生资源回收利用产业相关的技术开发、应用。

4. 必须顺势助推

上述全省再生资源利用企业和项目的成功范例，大多都是在数年间兴起的。它们从无到有，从少到多，由小到大的过程，绝大部分是在 3～5 年内完成的。这种快速发展的客观事实，揭示了再生资源产业强劲的发展势头、广阔的发展前景，揭示出再生资源产业实际上是潜力巨大的朝阳产业。这就要求我们必须顺应潮流，增强信心，顺势力推。

5. 必须坚持市场导向

市场这只无形的手，在再生资源产业萌芽、成长过程中同样显示出其配置资源的基础性作用。经济和社会发展的客观需求，市场主体的利益驱动，是这一产业发展最根本的动因。只有迎合市场需求，再生资源产业才能做强做大。这就要求我们在再生资源产业发展过程中，必须坚持“市场导向、企业主体、政府推动”这一原则。

二、全省再生资源回收利用产业存在的问题及其成因

再生资源回收利用产业涉及多领域，具有专业性强、涉及面广以及二次原料的质量和数量难以界定和计算等特点，这就要求从事资源再生利用生产经营的企业应该具有较强的技术水平和较大的经营规模。但长期以来，我国再生资源产业存在着企业经营规模小、工艺技术落后等诸多问题，企业现代化、产业化程度在600个行业中都排在末位，与面上的情况大体相仿，全省再生资源回收利用产业仅仅处于初级阶段，存在着一系列不容忽视的缺陷。

（一）存在的问题表现为“四低”

1. 回收利用总值低

全省再生资源回收利用虽有了长足的发展，但与国内发达省份相比，还有很大差距，如广东省仅广州市再生资源回收网点就有5000多家，从业人员10万人，回收总值120亿元。广东省2004年进口再生资源502.9万吨，其中废塑料154.0万吨、废五金电器电机电线166.2万吨，分别是全省进口量的8.2倍和14.7倍。国家环保总局发布的2007年进口废五金电器废电线电缆废电机定点加工利用单位名单中，广东108家、浙江118家、江苏47家、天津48家。福建省从2004年的21家，降到14家。

2. 回收利用率低

当前，发达国家再生资源产业规模已达6000亿美元，同样资源匮乏的日本再生资源产业已达到4000亿美元，而我国再生资源利用总值估计只有1700亿元人民币。除废钢铁回收率较高外，废塑料的回收率为25%，废橡胶的回收率为32%，废纸的回收率为35%，废玻璃的回收率只有13%，废旧家电、电脑等电子废弃物回收处理还未完全开展起来，资源流失严重。全省再生资源回收情况总体上与全国水平相当，一些品种回收率比全国水平更低，就是再生资源回收开展较好的福州市，废纸回收率为30.5%，比全国水平低4.5个百分点，废玻璃回收率9.3%，比全国水平低2.7个百分点。

3. 产业化程度低

全省资源再生利用企业产业化、专业化、规模化经营程度低，没有形成一支专业化经营、生产团队，更缺乏一整套技术标准和技术规范，导致资源再生利用技术停留在手工劳动水平上、生产效率低下、产品的技术含量和附加值较低。同时，由于再生资源回收利用企业没有形成规模经营，对品类繁杂的废旧物资由于分拣和加工缺乏深度，只能粗放地“各取所需”，价值不高、难以提取的只好丢弃或焚烧，既极大地浪费了资源，又严重污染了环境。

4. 技术含量低

废物加工处理工艺落后，技术及装备水平较低，与资源综合利用和环境保护的要求差距甚远。特别是对环境影响大的蓄电池、干电池以及电脑、电视机、电冰箱等废旧物资的回收利用技术还比较落后，导致大量的电子“垃圾”不

能有效利用。相当部分再生资源回收利用企业无证经营，逃避相关部门的监管，环保设施不完善，造成“二次污染”。

（二）问题的成因

存在上述问题的主要原因，除了技术、经济实力等客观因素外，与主观上的诸多因素不无关系。

1. 认识偏差

目前我们还有一些人对再生资源回收利用产业发展存在认识误区，往往把回收利用再生资源与假冒伪劣、污染环境划等号；一些人不加区分地把进口废旧物资视为“洋垃圾”等。在国外，再生资源产业的从业人员被尊为“创造未来的工程师”，而在我国则称其为“破烂王”、“拾荒人”等，社会地位不高。一些地方还以回收废旧物资影响城市形象而取消“再生行业”，这些都严重阻碍着再生资源利用产业的发展。

2. 缺乏对资源再生利用市场的专业研究

产业目标市场局限在以报废汽车回收拆解、废钢铁和废有色金属等个别品种的市场，各级政府机构的条块分割，各自从自身利益出发，致使再生资源回收利用市场上形成了“有利品种大家抢，无利品种无人抓”的现象。

3. 缺乏规范和统筹

行业发展目标不明确，也在某种程度上限制了资源再生产业的发展壮大。全省至今仍没有成型的规范回收、拆解利用和无害化处理这三大系统构成的产业体系，基本还停留在过去民间“收破烂”、“拾垃圾”等粗放型生产方式，资源回收率和再加工能力较低。

4. 缺乏政府的扶持

由于政府扶持资金等措施较少，全省再生资源回收利用技术开发能力弱。由于认识上的不一致，有关部门在废物回收布点、用地等方面的仍存在意见分歧，从而成了项目操作过程中的障碍。

5. 缺乏促进产业快速发展的法规政策

在我国，鼓励再生资源利用产业发展的法规和政策不健全，现有的一些激励政策缺乏系统性、配套性和可操作性，对再生资源利用产业发展的激励作用有限。现行的《中华人民共和国固体废物污染环境防治法》侧重于防治固体废物污染环境的一面，而对固体废物的综合利用，只阐述了原则精神，并没有具体鼓励促进措施，而省里在有关政策制定方面自主权有限，这不仅导致资源再生利用产业无序化发展，而且使得企业和个人对产业的发展心存疑虑，信心不足，不敢投入太多资金扩大经营规模，提高技术水平。

三、加快发展福建省再生资源回收利用产业的若干建议

（一）统一认识，理清思路

全省党、政各级领导和有关部门都要从贯彻科学发展观的高度统一认识，围绕提前实现小康的目标，发展循环经济、构建节约型社会和保护生态环境，采取“市场导向、企业主体、政府推动”的原则，以利益为纽带，发挥市场基础性配置作用，形成再生资源发生、流通、利用的产业链，形成共生互惠机制；营造良好的舆论环境、投融资环境、政策环境、法制环境，发挥政府的引导、推动、服务、规范功能，形成再生资源回收利用产业的促进机制。

（二）广泛宣传，全面动员

充分利用广播、电视、互联网等现代化的宣传工具，进一步加大宣传力度，提高全社会的资

源意识和环境意识。通过宣传，使公众了解我国资源利用和环境保护的严峻现实及再生资源回收利用的重要意义，树立节约资源、保护环境的观念，尤其是要建立自觉利用再生品，愿意承担一部分废旧物资加工利用成本的意识，提高全社会对废弃物资源化重要性的认识，使全民都来理解、支持和自觉参与再生资源回收利用事业。调动社会各方面参与、促进再生资源产业的积极性、主动性和创造性。

（三）培育示范，典型引导

通过进一步组织深入调研、客观评估、科学论证，明确一批培育对象，集中一定的物力财力和人力等要素，着力加以推动，促其健康快速发展的同时，发挥典型示范带动作用。

（四）科学规划，合理布局

各级政府和有关部门组织编制城乡建设、土地利用、区域开发、产业发展规划，应当统筹考虑再生资源回收利用产业的发展，将再生资源回收利用发展规划作为国民经济和社会发展规划的重要组成部分，对再生资源回收利用发展战略目标、发展重点、主要任务及保证目标实现的措施进行科学筹划部署，统一规划、合理布局、规范建设。

（五）完善法规，保障发展

针对目前再生资源法规体系普遍薄弱的现状，通过中央和地方的共同努力，抓紧建立、完善再生资源回收利用促进的法律法规体系。一是对《中华人民共和国固体废物污染环境防治法》规定的“谁污染谁负责”的原则进一步延伸，实行固体废物生产者处理责任制。二是鼓励消费者以旧换新，零售商负责回收并将其交给制造商再商品化。三是制定出台侧重于促进再生资源产业发展的《再生资源产业促进法》。四是对现行的一些法律、法规进行修订，如修订《报废汽车回收管理办法》，鼓励发展旧发动机等重要部件的回收再利用。五是尽快出台《再生资源回收管理条例》。六是制修订再生资源技术标准，构建完善的法律法规和技术标准体系。

（六）政策扶持，促进发展

用足、用好国家已出台的一系列鼓励扶持政策，并在此基础上进一步研究出台支持再生资源回收利用的优惠政策，保障再生资源回收和加工利用项目用地，对再生资源回收市场、再生资源工业园区等地租给予优惠。各级财政设立再生资源回收利用专项促进资金，用于支持再生资源回收利用示范项目，对再生资源科研攻关的示范项目成果，给予奖励。

（七）开展攻坚，重点突破

加强产学研合作，大力开发和引进新技术、新设备，特别是经济效益低但社会效益显著、面广量大的再生资源回收利用领域要加快新处理工艺的采用。对再生资源科技开发、高新技术产业化等示范项目，特别是废家用电器、电脑的加工处理、铬镍电池无害化处理项目，要加强国际合作，促进相关技术的提高。

（八）分工协作，形成合力

发展再生资源回收利用产业，是一项复杂的社会系统工程，各级政府要注重加强组织领导协调，成立专门的协调机构，形成合力，协同解决再生资源回收体系建设和加工利用项目生成、落地过程中实际困难和问题。工业、城建、土地、财政、环保、质量、税收、工商、公安等各有关部门都应形成共识，积极、主动地从各自的职能范围内采取切实有效的促进措施，形成齐抓共促的产业促进机制，营造有利于再生资源产业全面、协调、可持续发展的环境。

（九）强化监管，规范发展

在落实国家商务部、发展改革委等六部门颁布的《再生资源回收管理办法》，做好再生资源回收经营者备案工作的基础上，从提高产业的水平、减少副作用的角度出发，对从事再生资源回收、利用的生产经营单位实行经营许可证制度。对废旧家电、电子垃圾、报废汽车等再生资源的回收、利用，分门别类设定专门的经营资格条件，包括技术水平、管理能力、环境保护措施、人力资源等。从业人员必须经过专门的培训，持证上岗；严格禁止不符合条件的企业和个人从事废旧物资的回收业务。

（十）行业自律，完善服务

发挥再生资源行业协会在行业管理和行业自律方面的作用，当好回收行业和政府部门的桥梁、纽带，为再生资源项目提供指导和咨询。同时，鼓励发展与再生资源回收利用产业相对应的环评、科研等的中介服务机构，为产业加快发展提供完善、高效的服务。

青岛市报废汽车回收管理情况

青岛市于1986年成立汽车更新领导小组及汽车更新办公室，负责全市报废汽车更新和报废汽车回收管理工作。近几年来，青岛市通过认真贯彻《报废汽车回收管理办法》和国家、省关于报废汽车更新和报废汽车回收管理的规定，建立健全了汽车更新管理机构，制定了一系列较完善的法规和政策，加强了青岛市报废汽车更新和报废汽车回收管理。对减少青岛市交通事故隐患、减轻环境污染、提高社会和企业效益产生了显著影响。由于工作成绩突出，连续多年被省汽车更新领导小组评为先进单位。

一、机构健全，职责明确

机构健全，职责明确，是做好工作的基础。目前青岛市及市属五市两区均设立了汽车更新领导小组及办公室，并建立健全了完整配套的管理机制和管理体制，做到机构、人员、职责的落实，使青岛市报废汽车更新和报废汽车回收管理工作得以稳定有序地开展。多年来，我们还根据形势、任务和人员的变化，及时调整和充实市汽车更新领导小组及办公室组成人员，修订完善汽车更新办公室的职责，不断加强组织机构建设，保持了工作的连续性和稳定性。

二、建章立制，规范管理

建章立制，规范管理，是做好工作的根本。为使青岛市报废汽车更新和报废汽车回收管理逐步走上规范化、法制化轨道，多年来，根据国家规定，结合青岛市实际先后出台了一系列政策、规定，指导青岛市报废汽车更新和报废汽车回收工作的顺利开展。

1992年，为适应市场经济的发展的需要，发布了经市政府批准的《青岛市汽车大中型拖拉机报废更新暂行规定》，把青岛市报废汽车更新和报废汽车回收纳入正规化管理。这是青岛市也是全省第一个有关汽车更新和报废汽车回收管理的法规性文件。

1994年，为了更好地贯彻实施《暂行规定》，市汽车更新领导小组以青经[1994]472号下发了《关于深入贯彻落实(青岛市汽车大中型拖拉机报废更新暂行规定)的通知》，进一步推动了全市汽车更新和报废汽车回收管理工作。

1997年，一些单位和个人为了自身利益，钻政策的空子，将已到期或接近报废期限的车转卖到外地，不仅造成青岛市资源流失，而且将交通安全隐患转嫁到外地，在社会上引起了很大的反响。针对这一问题，在调查研究的基础上，市政府以“青政发[1997]204号文”下发了《青岛市人民政府关于加强青岛市汽车更新和报废汽车回收管理工作的通知》，有效地控制了报废汽车回收市场秩序。

2000年，青岛市取消了城市增容费、社控附加费后，部分单位不办理车辆报废和更新手续，报废汽车不交到有资格认证的回收企业，私自交易、高价卖出、非法回收行为猖獗。针对这些问题，市经委等五部门联合下发《关于进一步加强报废汽车管理的通知》，进一步加大了管理力度，及时扭转了违法回收的混乱局面。

2001年，国家《报废汽车回收管理办法》出台后，为明确各职能部门的职责，加强报废汽车回收管理，市经委等四部门联合下发了《关于做好报废汽车回收(拆解)管理工作的通知》(青经交[2001]90号)，进一步理顺和规范了青岛市汽车报废更新工作的程序。

2006年针对报废汽车回收管理中出现的车主不交车、私自倒卖的问题，市发展改革委会同市监察局、公安局、工商局、市财政、交通局等汽车更新领导小组成员单位出台了《关于加强报废汽车管理的通知》，进一步规范了各项管理工作，加大了报废汽车回收力度，提高了报废汽车回收数量。据统计，2007年青岛市报废汽车回收达4900辆。

三、抓好优惠政策落实

为落实好国家报废汽车补贴资金，青岛市设专人负责这方面工作。为使符合条件车辆都享受到补贴资金，青岛市每年根据国家补贴范围，做好调查摸底统计工作，确保上报计划的准确性。在落实国家补贴资金的同时，还根据全市报废汽车实际情况，争取了多项优惠政策，鼓励汽车报废更新。如最初采取的，凡报废更新轿车、旅行车、工具车及微型封闭式货车等车型的单位和个人，给予享受社控附加费减半的优惠政策；1997～2000年，又采取了凡报废更新的车辆给予减免10%的城市增容费等优惠政策，大大提高了青岛市报废汽车回收量，促进了全市汽车更新换代。

为方便车主领取补贴资金，做好补贴资金兑现工作，青岛市汽车更新办、财政局、银行实施了一站式服务，使车主在一个部门就可以办完补贴资金领取手续，既减轻车主的负担又确保青岛市补贴资金的顺利完成。据统计，从1995年至今共为企业办理补贴资金达1500余万元，为维护企业利益作出了贡献。

四、加强报废汽车回收企业的管理

加强回收企业的管理，规范企业经营行为，是我们搞好报废汽车回收拆解的重要手段。多年来，我们根据回收企业的特点，本着加强领导、规范管理、遵纪守法、合法经营的基本思想，在加强回收企业管理中，坚持抓好三项制度。

(一)企业例会制度

每季度召开一次回收企业例会，组织学习国家有关报废汽车回收管理的政策和法律法规及各省市的先进经验和方法，及时掌握本行业的信息和动态，为企业相互学习、相互交流、共同提高，提供了一个平台，对进一步做好青岛市报废汽车回收工作起到了较好作用。

(二)回收企业年检制度

自1998年以来，每年由市汽车更新办牵头，组织有关部门对回收企业进行年检。年检的主要内容是，听取企业工作汇报；检查企业报废汽车回收、销毁、拆解、销售台账；检查企业的设备和设施及厂区的安全生产和环境，对年检的情况，及时总结并反馈于企业。对年检合格的单位，通过报纸向社会公示，以这种方式来鼓励企业、鞭策企业，使企业不断地改进和发展，真正达到国家认证条件；对存在问题的企业，提出整改意见，并限时落实，逐步规范企业的制度建设和经营行为。

（三）联合办公制度

自2002年以来，青岛市始终坚持由汽车更新办公室和公安车管部门联合办公，现场为企业和车主提供服务。同时，负责对回收企业回收的报废汽车监督销毁。2007年，是青岛市出租车集中报废的一年，为给车主提供方便，及时办理相关手续，市里在坚持联合办公的基础上，又与公安车管部门联合，抽出专人，集中一段时间，专门为出租车办理报废手续，得到了车主的欢迎。

为加强报废汽车的监督销毁，青岛市制定了《青岛市报废汽车回收、销毁、拆解、销售程序》，明确规定报废汽车销毁和拆解的程度和标准，五大总成在联合办公人员的监督下拆解、销毁和销售，从根本上保证了回收企业报废汽车的全部拆解，杜绝了报废汽车从回收企业流向社会的问题。

报废汽车更新和报废汽车回收管理是一项政策性强、涉及面广的工作，只有建立完整配套的管理体制、制定相应的配套政策、争取各职能部门的支持、加强回收拆解企业的管理，才能抓好报废汽车更新和报废汽车回收管理工作。

河南省报废汽车回收拆解情况

一、河南省报废汽车回收行业发展经历

全国汽车更新领导小组成立后，1983 年，河南省成立“河南省老旧汽车更新改造领导小组”，由省计委牵头，下设办公室（地点在省物资局，后改为物资厅，现为河南省物资集团公司）。随着机构改革，国家汽车更新领导小组调整成员后，河南省老旧汽车更新改造领导小组改由省经贸委牵头，相关厅局相关负责人为领导小组成员，河南省金属回收公司承担日常工作，各省辖市也成立了各地市的汽车更新领导小组，部分县（市）也成立了汽车更新办公室，负责报废汽车回收企业的日常管理和国家报废汽车更新补贴资金发放工作。

1997 年，国家经贸委、国内贸易部联合下发“内贸再联字（1997）第 53 号文”，对报废汽车回收拆解企业实行资格认证制度。1998 年初国家召开专门会议布置报废汽车回收企业资格认证工作。河南省汽车更新领导小组办公室会同河南省物资集团公司共同负责，对全省数十家报废汽车回收拆解企业进行初审，按国家标准推选出 20 家回收企业，经省政府同意，上报国家内贸局批准为河南省有资格的报废汽车回收企业。当时的报废汽车回收企业资格认证工作以物资系统为主。省汽车更新办会同省物资集团公司、公安厅等部门组成验收组，1999 年 8 月对获国家资格认证的 20 家报废汽车回收企业进行了检查验收。省公安厅核发了特种行业经营许可证。理顺了全省报废汽车回收渠道，促进了报废汽车回收行业的健康发展。根据国家“内贸再联字（1999）第 53 号”文件精神，从 2001 年始，省直相关部门组成年审小组，对获资格认证的报废汽车回收企业进行年审工作。

2001 年 6 月 16 日国务院第 307 号令《报废汽车回收管理办法》颁布后，根据原国家经贸委《报废汽车回收企业总量控制方案》的要求，以有利于报废汽车回收行业的规范管理，回收企业合理布局，和报废汽车集中拆解、机械化处理及规模化经营为原则，河南省积极宣传贯彻《报废汽车回收管理办法》，认真执行“报废汽车回收企业总量控制”的要求，规范、合并、整顿原有报废汽车回收企业，严厉打击取缔非法报废汽车回收市场和行为。

经省辖市报废汽车回收行政主管部门严格按标准推荐，省相关主管部门认定上报，国家相关主管部门于 2003 年 2 月认可公布了河南省

报废汽车回收拆解企业名单(共18家)。省会郑州市2家,其他17个省辖市16家(其中济源市为省批准的省辖市,未给指标)。原省经贸委牵头成立的“河南省汽车更新领导小组”,成员单位有省财政厅、省公安厅、省工商局、省质量技术监督局。为方便报废汽车的回收,省经贸委、公安厅、工商局研究出台了《关于规范布局报废汽车回收网点的意见》等,规范了全省报废汽车回收行业分布较远、经营秩序混乱、管理难度大的局面。

2003年12月,新成立的河南省商务厅接管报废汽车回收行业行政管理职能。“河南省汽车更新领导小组”变更为省商务厅牵头,领导小组办公室设在省商务厅市场体系建设处。2004年2月24日,省商务厅在郑州市召开了省商务厅成立后的第一次全省报废汽车回收行业工作会议。会议重点学习了国家商务部等9部委“关于汽车市场专项整治工作”的文件,听取了各省辖市报废汽车回收管理工作汇报,研究讨论布置了相关具体工作。

商务厅成立后,依据《报废汽车回收管理办法》(国务院307号令)和原国家经贸委、省经贸委关于报废汽车回收管理方面的规章制度,结合全省报废汽车回收行业状况,经商省公安、工商等部门,研究制定了《关于规范报废汽车回收管理工作有关问题的通知》、《关于报废汽车回收网点有关问题的通知》、《关于规范〈报废汽车回收证明〉管理工作的函》,与省监察厅、公安厅、工商局、交通厅联合出台了《关于印发〈河南省报废汽车回收管理暂行办法〉的通知》。这些文件结合河南报废汽车回收行业情况,细化了国家有关报废汽车的回收管理政策,使之具有更强的可操作性,也进一步规范、完善了河南省报废汽车回收行业的管理,规范了报废汽车回收企业的经营行为,方便了报废汽车的回收,促进了全省报废汽车回收行业的发展。2005年,河南省人民政府出台《关于确需保留的行政审批项目设定行政许可的通知》(豫政[2005]27号),保留报废汽车回收管理工作为行政许可项目,稳定和促进了全省报废汽车回收管理工作。

二、河南省报废汽车回收企业基本情况

截至2008年3月,河南省有经省认定的有资格的报废汽车回收企业23家:省会郑州市3家,洛阳市、商丘市、濮阳市各2家,其他地市各1家。全省有报废汽车回收网点44家,分布在全省44个县(市),形成了一定的报废汽车回收网络。报废汽车回收企业基本情况见表1:

表1 河南省报废汽车回收企业基本情况表

序号	企业名称	注册资本(万元)	职工人数(人)	专业人数(人)	年拆解能力(台)	占地面积(m^2)
1	河南省金回物资再生利用有限公司	100	45	30	5000	40000
2	河南省中联再生资源有限公司	1000	57	31	5000	56667
3	郑州市中原商再生资源有限公司	1000	30	2	5000	56667
4	焦作市宏源报废汽车回收有限公司	70	28	17	1500	20667

续表

序号	企业名称	注册资本（万元）	职工人数（人）	专业人数（人）	年拆解能力（台）	占地面积（m^2）
5	商丘市金属再生利用有限公司	50	30	7	1500	46620
6	开封市金属回收总公司	391	241	17	1500	37930
7	三门峡市金属回收有限责任公司	50	10	5	200	5000
8	平顶山市金属回收总公司	218	21	9	600	5500
9	许昌市金回物贸(集团)有限公司	500	23	5	900	16667
10	濮阳市金属回收总公司	356	24	8	2000	15000
11	鹤壁市金属回收总公司	132.9	26	10	600	12574
12	新乡市金属回收管理总公司	264	24	8	2500	19509
13	信阳中南金属回收有限责任公司	50	24	5	5000	5858.7
14	驻马店市物华再生资源有限公司	50	27	8	1000	17000
15	安阳市报废机动车回收(拆解)中心	50	28	8	2000	10000
16	周口市汇鑫报废汽车回收拆解有限公司	50	25	9	500	5500
17	漯河市物资再生利用有限公司	50	48	10	2000	8000
18	洛阳市金收报废汽车回收拆解有限公司	53	101	23	10000	26667
19	南阳市再生资源有限责任公司	100	38	8	4000	26600
20	济源市金属回收有限责任公司	50	40	28	850	7000
21	河南百通废旧车回收拆解有限公司	300	20	7	2000	13333
22	濮阳市天丰实业有限公司(报废汽车回收拆解厂)	500	20	5	3000	7380
23	河南省信达报废汽车回收有限公司	100	44	5	600	35000

三、河南省报废汽车回收量及报废汽车回收财政补贴资金情况

表 2　　河南省报废汽车回收数量表

	回收数量（台）	与 2003 年比增幅（%）
2003	12200	—
2004	12235	—
2005	14243	17
2006	19009	56
2007	20515	68

2007 年，河南省回收报废汽车 20515 台，比上年增长 68%；2006 年，河南省共向 1735 台报废汽车发放补贴金，补贴金额总计 934.9 万元。详见表 2、表 3。

表 3　　河南省补贴资金表

年　份	2003	2004	2005	2006
补贴车辆数（台）	4733	2808	1457	1735
补贴资金（万元）	1893.2	1123.2	714.8	934.9

四、河南省商务厅行业管理工作情况

（一）完善组织机构，明确工作职责

2004年2月，省商务厅协调省直相关部门，及时变更完善了河南省报废汽车回收行业管理工作机构“河南省汽车更新领导小组”及办公室。明确了省商务厅、工商局、公安厅等分管报废汽车回收工作的人员。有组织有人员，完善了报废汽车回收管理的组织保证工作。

（二）深入调研，了解掌握全省报废汽车回收行业状况

一是听取各市报废汽车回收工作汇报；二是召开全省报废汽车回收工作会议，座谈报废汽车回收工作情况、存在的问题、问题原因及解决办法；三是跑市地或企业现场调查，掌握一手材料。

（三）加强业务培训，尽快熟悉工作

2003年底省商务厅接手报废汽车回收管理工作时，全省各省辖市商务主管部门的机构还未理顺，直到2005年初绝大部分市地机构改革才到位，商务主管人员才接手报废汽车回收管理工作。省商务厅利用各种会议，或单一，或兼顾，或发文件，加强对市商务局分管人员关于报废汽车回收行业的政策和业务培训。组织各市商务局和报废汽车回收企业赴兄弟省市参观学习报废汽车回收工作管理经验和经营方式，引导大家尽快掌握报废汽车回收管理工作政策和相关规定程序，熟悉本市地报废汽车回收行业情况，尽快进入工作角色。

（四）健全完善报废汽车回收管理工作制度和程序

在依据国家政策和省内现状的基础上，积极会商省工商、公安相关部门，研究制定河南省规范报废汽车回收行业制度措施，以及落实制度措施的工作程序。使全省报废汽车回收管理工作政策化、制度化、规范化、程序化，以避免管理工作中的随意性，保证报废汽车回收管理工作的严肃性。

（五）提高服务意识，切实为市地和企业办实事

经过调研，河南省商务厅以解决地市商务局和企业实际困难为工作切入口做工作。一是狠抓商务主管部门自身对报废汽车回收有关政策和业务学习，不断提高业务管理水平。增强服务意识，为报废汽车回收企业搞好服务，指导报废汽车回收企业依法开展工作。二是为无报废车回收资格的济源市争取报废汽车回收资格。由于国家总量控制，造成全省济源市无分配到报废汽车回收企业资格，是报废汽车回收空白市。省商务厅成立后，积极向商务部汇报争取，会同省工商局同志前往外省调研学习，为济源市争取到了报废汽车回收企业资格，使济源市的报废汽车有企业回收，受到济源市政府的高度赞扬。三是针对报废汽车回收企业反映的国家报废汽车回收政策太宏观、不便操作，《报废汽车回收证明》原管理方式造成各市地商务局和企业来往郑州频繁、企业支出费用大等困难和问题，省商务厅积极研究解决办法，为企业解决实际困难。根据国务院《报废汽车回收管理办法》，研究制定了《河南省报废汽车回收管理暂行办法》，使报废汽车回收企业在回收报

废汽车时依据的政策更有操作性；针对报废汽车回收企业回收报废汽车所在地域的局限性，研究制定了报废汽车回收网点的设立和管理办法，使报废汽车回收企业的回收面更宽，报废汽车车主交售报废汽车更方便；出台了《关于规范〈报废汽车回收证明〉的函》，简化了《报废汽车回收证明》的办理手续，极大地减少了回收企业到郑州的来往次数，减少了企业开支，缩短了办理报废汽车回收的时间。四是积极向国家争取报废汽车补贴资金，支持全省报废汽车回收工作。2004年以来争取到国家报废汽车补贴资金4666.1万元，有力地促进了全省报废汽车回收行业的健康发展。报废汽车回收量由2003年的12200台增加到2007年的20515台，增幅68%。

（六）改革创新，积极探索报废汽车回收工作新路子

按照商务部《汽车贸易政策》“统筹规划，合理布局”的要求，依据全省各省辖市的区域特点、GDP总量、人口数量、汽车保有量、汽车报废量及各市意见，省商务厅、公安厅、工商局研究决定在洛阳、商丘、濮阳、周口等四个省辖市进行拓宽报废汽车回收工作试点，即在试点地区原规划一家报废汽车回收企业的基础上各增设一家报废汽车回收企业。2007年，河南省在原国家经贸委报废汽车回收企业总量控制的前提下，在洛阳、商丘、濮阳等三个省辖市各增设了一家报废汽车回收企业。打破垄断，引进竞争机制。目前三个市地的报废汽车回收行业稳定发展。

广东省报废汽车回收拆解情况

一、广东省报废汽车回收拆解产业基本情况

按照国家《报废汽车回收管理办法》(国务院 307 号令)规定,自 2001 年实行报废汽车定点回收拆解以来,广东省共有 25 家报废车回收拆解企业,其中:国有企业 16 家,股份制企业 6 家,其他 3 家。

(一)行业规模

近年来,广东省进一步加强报废车回收拆解行业管理。先后下发了《关于广东省〈报废汽车回收证明〉发放管理的通知》、《关于进一步加强报废汽车回收管理的通知》(粤经贸流通[2005]1054 号)、《关于重申加强报废车回收管理有关问题的通知》(粤经贸流通[2006]895 号)和《关于报废车回收网点备案管理工作的补充通知》(粤贸流通[2007]376 号),进一步规范全省《报废汽车回收证明》发放和使用的管理工作,规范全省报废车回收秩序,形成较为严谨、高效的报废车回收管理监控体系,全省报废车回收业呈健康有序发展。25 家报废车回收拆解企业制度完善,档案管理较为规范,无出售报废汽车、出售“五大总成”、拼装车等违法行为。企业对车辆回收、进场登记、破坏变形、拆解、废品销售整个流程都有严格程序和人员进行把关。如:中山市建立了报废车联席会议制度,通过建立网站等先进信息服务平台,对报废车实行联网监管,大大提高了车辆报废效率,实现政务公开和资源共享,进一步提高了机动车辆报废率。2007 年全省 25 报废车回收企业资产合计 28156.60 万元,共有员工 1183 人。2003～2007 年累计共回收报废车辆共 1103554 辆。其中:回收客车 70920 辆,回收载货车 81051 辆,回收摩托车 951583 辆。随着经济快速发展,2003 年以来,广东省机动车促有量迅猛增长,报废车的数量也与日俱增,2007 年全年共回收报废车辆 339122 辆,比 2003 年的 165041 辆增长 1 倍多。其中,受广州、东莞等地区禁摩影响,摩托回收数量剧增,2007 年共回收 310500 辆,比 2003 年的 133118 增长 133.25%。但是,受取消限制报废车辆到期前两年不得过户的规定的影响,部分车主受利益驱动,在车辆临报废前将车辆过户到落后地区,造成我省回收客车、载货车近两年有所下降。

表 1　2003～2007 年广东省报废汽车回收情况表

单位:台

	2003 年	2004 年	2005 年	2006 年	2007 年
客　车	13133	14476	13500	15676	14135
大　型	3613	4253	2936	2062	1204
中　型	3369	2963	2332	2350	2299
轻微型	5951	7060	8232	11264	10632
载货车	18790	16373	15631	15867	14487
大　型	2028	1138	851	1313	585
中　型	4672	3019	2474	2681	1858
轻　型	5664	6042	7191	5215	5406
微　型	6327	5980	5115	6658	6638
摩托车	133118	154658	153587	199720	310500
合　计	165041	185410	182718	231263	339122

表 2　2003～2007 年广东省报废汽车回收拆解行业总体规模主要指标表

	2003 年	2004 年	2005 年	2006 年	2007 年
企业户数(户)	25	25	25	25	25
资产合计(万元)	24351.28	31081.21	26949.24	27188.84	27952.60
从业人数(人)	1132	1158	1109	112	1183

表 3　2003～2007 年广东省报废汽车回收拆解行业企业经济效益主要指标表

	2003 年	2004 年	2005 年	2006 年	2007 年
产品销售收入(万元)	18951.97	26554.54	30018.83	37556.53	68186.76
销售费用(万元)	1656.47	2082.39	2054.39	2186.68	2626.71
管理费用(万元)	1602.2	1713.17	1748.48	2080.91	2382.33
财务费用(万元)	124.23	106.25	115.27	96.29	139.07
利润总额(万元)	741.03	1116.41	1223.59	1523.78	1852.88
亏损面(%)	28%	16%	24%	16%	8%

(二)行业区域结构

1. 分地区回收情况

分地区看,全省经济较发达的珠三角地区由于汽车保有量多,回收报废车辆也较多,2007 年,回收报废车辆(含摩托车)超万辆的有东莞 134323 辆、广州 72236 辆、中山 41068 辆、佛山 40773 辆。这四个地区回收车辆占全省的 85.1%。相反,经济欠发达地区回收车辆却相当不理想。2007 年正常回收车辆不到 1000 辆的仍有 6 个市。2007 年回收车辆(不含非正常报废车辆)不到 500 辆的有:汕头、河源、揭阳 3 个市。(注:非正常报废的车辆指的是执法部门罚没的车辆)

表 4　2003～2007 年广东省报废汽车回收拆解企业分地区回收情况表

单位:辆

	2003 年	2004 年	2005 年	2006 年	2007 年
广　州	30106	32011	24472	35435	72236
深　圳	1683	2299	2301	2751	2127
珠　海	457	859	1211	904	1275
汕　头	324	435	444	416	471
佛　山	41008	49396	47340	51903	40773
韶　关	11704	18064	3790	1762	2490
河　源	138	292	290	152	383
梅　州	553	1748	2660	2367	4541
惠　州	17050	4453	5966	11116	9011
汕　尾	1375	4453	7660	7622	2494
东　莞	22545	26463	35556	61761	134323
中　山	26635	31728	39711	33532	41068
江　门	2255	3178	2611	3780	4921
阳　江	2366	1074	2009	2444	3612
湛　江	567	513	513	605	576
茂　名	1163	525	988	1362	2553
肇　庆	1044	1674	1222	5616	9631
清　远	408	412	434	401	510
潮　州	3477	5448	3150	6274	5297
揭　阳	76	88	95	616	195
云　浮	299	297	295	289	502

2. 分地区企业效益

分地区看，全省报废车回收业经济效益较好的仍是经济较发达的珠三角地区。2007 年，利润总额达 100 万元以上的有深圳 545 万元、广州 470.12 万元、东莞 232 万元。以上 3 个地区的利润总额占全省报废车回收行业利润总额的 67.3%。而经济欠发达的东西两翼、粤北山区报废车回收企业经济效益相对较差，大多数处于维持生存状态，甚至有部分地区企业还处于亏损。据统计：2007 年，全省报废车回收行业亏损企业有 2 家，亏损面达 8%。利润不超过 10 万元的有 8 家。

表 5　2003～2007 年广东省报废汽车回收拆解企业分地区利润额表

单位：万元

	2003 年	2004 年	2005 年	2006 年	2007 年
广　州	116.83	138.63	197.72	309.46	470.12
深　圳	89	211	378	437	545
珠　海	−20	43	60	55	54
汕　头	−4	−2.47	27.15	16.79	12.96
佛　山	305	352	287	385	362
韶　关	4	32	2	22	3
河　源	−4	−1	−5	−3	3
梅　州	19.4	80.7	−21.7	−55	−38.7
惠　州	70	31	35	58	65
汕　尾	−1	3	3	3	2.5
东　莞	108	154	173	177	232
中　山	39	30	63	72	94
江　门	5.88	24.35	11.22	10.43	15.7
阳　江	0.5	0.4	−5	0.1	2
湛　江	−0.3	−2.3	−2.2	−1.4	−1.5
茂　名	−1	−1	−3	2	1
肇　庆	18	15	19	24	16
清　远	−1	1	6	3	2
潮　州	7.9	12.3	11.7	13.7	14.4
揭　阳	5.82	6.5	6.5	20.4	11.8
云　浮	1	3.3	−0.8	−1.7	2.6

注：梅州市因扩大场地，购地造成亏损。

二、报废车补贴资金发放使用情况

由于 2007 年国家报废车补贴通知单尚未发放广东省，广东省报废车 2007 年度补贴资金尚未发放。2006 年度报废车补贴资金发放如下：2007 年 4 月 29 日，广东省经贸委、财政厅联合下发《关于报送 2006 年老旧汽车报废更新补贴资金实施情况及 2007 年补贴资金申请的通知》（粤经贸流通[2007]373 号），要求各地级以上市经贸、财政部门上报广东省 2006 年老旧汽车报废更新补贴资金实施情况及 2007 年补贴资金申请。据统计：截至 2005 年底，全省报废汽车补贴资金共结余 6788 万元，其中省补贴资金结余 4884 万元，各地市补贴资金结余 1904 万元。2006 年全省各市（除深圳市外）完成 2005 年报废汽车补贴数共 1612 辆，其中：大客 609 辆、大货 199 辆、城市公交 804 辆。实际发放报废汽车补贴资金 1529.2 万元，其中：大客补贴 243.6 万元、大货补贴 79.6 万元、城市公交补贴 1206 万元。2006 年，省财政根据各市实际报送情况，共下拨 2534.8 万元给广州、肇庆、汕尾、阳江 4 个市用于报废汽车更新补贴。到目前为止，全省报废汽车补贴资金共结余 5258.8 万元，其中省补贴资金结余 2349.2 万元，各地市补贴资金结余 2909.6 万元。

从 2005 年全省老旧汽车报废更新补贴资金的发放情况看，全省各级经贸、财政部门严格按照国家有关法律法规进行老旧汽车报废更新补贴资金的管理和发放，得到了广大车主的认可和支持，达到了预期目的，社会效益明显。一是各地经贸、财政部门高度重视，广泛宣传，使广大车主对及时报废老旧汽车的必要性有进一步的认识。二是通过发放老旧汽车报废更新补贴资金，提高了车主将正常报废车辆交给有资质报废车回收公司的积极性，有效地防止了报废车辆流入社会，保证了道路交通安全和环境保护。

三、存在的主要问题

1. 报废量增长与经济发展水平不相适应

随着经济增长，全省汽车保有量逐年上升，但实际报废车辆（摩托车除外）却没有呈快速增长势头。究其原因，一是目前全省增加的车辆主要是私人自用的轿车，这部分车没有规定报废年限，大多数车主不会主动将车辆报废；二是目前法律法规没有限制临近报废期内的各种报废车辆过户，导致部分车主受利益驱动，将临近报废期的车辆过户到省外等落后山区继续行驶。

2. 车辆报废前私拆配件现象依然存在

目前，大多数车主为获取更多利益，在车辆报废送有资质报废车回收企业前，自行拆解并销售主要零部件或留用。待整部车剩下一堆烂铁时才移交报废车回收企业，还要求报废车回收企业按辆给予计价，给报废车回收企业经营带来压力，同时，自行拆解并继续使用零售件也给环境污染和交通安全带来隐患。

3. 个别地区执法部门没按规定处理罚没报废车辆

个别地区执法部门受利益驱动，对罚没的套牌、假牌以及走私进口汽车切割件的处理形式多种多样，没有将这些不能再上路的车辆按规定交售给报废车回收拆解企业进行处理，造成监管困难。

4. 提前报废汽车无法享受补贴导致车主积极性不高

提前报废的汽车主要是一些营运的大客车，由于这些汽车使用频繁、超时间运转，汽车提前报废已是必然。但国家对报废汽车的补贴政策中，明确规定了享受补贴车辆的初次登记日期范围，致使提前报废汽车无法享受补贴，车主的积极性不高，有些单位为了追求经济利益的最大化，就反复修理和使用应提前报废的汽车，这对于保证安全和环境保护是不利的。

5. 补贴标准过高不利于国家鼓励汽车报废更新

目前，国家对老旧汽车报废更新资金补贴车型范围要求：一是总质量在 12 吨以上货车及半挂牵引车；二是乘员 30 人以上且车长 9 米以上的载客汽车；三是车长 9 米以上且当年更新的汽车排放符合欧Ⅱ标准的汽车公交车。按目前情况，全省拥有以上车型号和符合补贴条件的车主较少，不具有报废大型汽车的代表性，也不利于国家鼓励汽车报废更新。

6. 缺乏发放经费影响了补贴工作的顺利开展

由于补贴资金的实施发放工作涉及面广、工作量大而繁琐，如：通过媒体进行公告、与有关部门协调配合、对每一辆车都必须严格核对等，需要有一定资金支持。

海南省报废汽车回收拆解情况

一、海南省报废汽车回收拆解行业基本情况

2000年9月前，海南省有2家国有企业：海南省物资再生利用公司、海南省物资再生利用公司三亚公司。随着全省体制改革步伐的加快和深入，按照海南省的国有企业改制方案，2000年10月，省政府批复了海南省物资再生利用公司、海南省物资再生利用公司三亚公司这2家国有企业改制为有限责任回收拆解企业——海南统原物资再生利用有限公司、三亚嘉越再生资源回收公司，负责全省报废汽车的定点回收拆解工作。

(一)行业规模

自2001年我国实行报废汽车定点回收拆解以来，海南省共有2家汽车回收拆解企业：海南统原物资再生利用有限公司、三亚嘉越再生资源回收公司。2003年～2007年全省报废汽车回收呈波浪式增长态势，从回收拆解车的种类、数量来看，以摩托车为多，大型客车为最少。依次排列为：摩托车、微型货车、中型客车、大型客车。从年度回收的数量来看，2004年同比增长164%，2005年同比增长1.3%，2006年同比递减82.4%，2007年同比增长103%。(详见表1)

表1　2003～2007年海南省报废汽车回收情况表

单位：辆

	2003年	2004年	2005年	2006年	200年
客　车	708	941	688	396	322
一大型	55	40	50	33	25
一中型	373	556	397	214	71
一轻微型	280	345	241	149	226
载货车	198	430	272	151	400
一大型	—	—	—	—	—
一中型	21	11	17	21	35
一轻型	59	141	111	43	174
一微型	118	278	144	87	191
摩托车	2156	7466	8420	7430	15870
合　计	3868	10208	10340	8524	17314

2003～2007年海南省2家报废汽车回收拆解行业总体规模：资产合资与从业人数都呈波浪式增加或递减，其中：资产合计2003年312万元，2004年同比递减6.99%，2005年同比增长15.1%，2006年同比增长13.1%，2007年同比递减9.6%；从业人数2003年48人，2004年同比增加1.3%，2005年同比增加

0.4%，2006年同比递减8.9%，2007年同比递减9%。（详见表2）

表2 2003～2007年海南省报废汽车回收拆解行业总体规模主要指标表

	2003年	2004年	2005年	2006年	2007年
企业户数(户)	2	2	2	2	2
资产合计(万元)	312	218	251	284	274
从业人数(人)	48	54	56	50	45

2003～2007年海南省2家报废汽车回收拆解行业企业经济效益：从产品销售收入与利润总额来看，也是呈波浪式增加或递减，其中：产品销售收入合计2003年190万元，2004年同比增加128%，2005年同比递减8.5%，2006年同比递减7.9%，2007年同比增加2.7%；利润总额2003年4.3万元，2004年同比增加79%，2005年同比递减8.8%，2006年同比增长40%，2007年同比增长86%。（详见表3）

表3 2003～2007年海南省报废汽车回收拆解行业企业经济效益主要指标表

	2003	2004	2005	2006	2007
产品销售收入(万元)	190	433	370	292	370
利润总额(万元)	4.3	7.7	6.8	9.5	17.7

(二)行业区域结构

1. 地区分布回收情况

全省2家报废汽车回收(拆解)企业分别设在北部和南部地区。海南统原物资再生利用有限公司主要负责北部的海口、琼海、文昌、万宁、定安、屯昌、临高、澄迈、儋州、洋浦(开发区)等10个市县的报废汽车回收；三亚嘉越再生资源回收公司主要负责南部的三亚、乐东、陵水、昌江、东方、白沙、琼中、五指山、保亭等9个市县的报废汽车回收。

海南省分地区2003～2006年报废汽车回收拆解情况：海南北部地区共计客车2421辆、载货车1002辆、摩托车17472辆；海南南部地区2003～2006年报废汽车回收拆解共计客车312辆、载货车68辆、摩托车7989辆。（见表4）

表4 2003～2006年海南省报废汽车回收拆解行业分地区主要品种回收量表

单位：辆

	客　车	载货车	摩托车
海南北部	2421	1002	17472
海南南部	312	68	7989

2007年海南回收企业报废汽车回收拆解情况：海南北部地区共计回收拆解客车186辆、载货车381辆、摩托车12029辆；海南南部地区报废汽车回收拆解共计客车136辆、载货车19辆、摩托车3841辆。（见表5）

表5 2007年海南省报废汽车回收拆解企业分地区主要品种回收量表

单位：辆

	客　车	载货车	摩托车
海南北部	186	381	12029
海南南部	136	19	3841

2. 地区企业效益

海南省分地区2003～2006年报废汽车回收拆解企业效益情况：海南北部地区产品销售收入1018万元，利润总额21万元，资产合计260万元；海南南部地区产品销售收入267万元，利润总额7.3万元，资产合计28万元。（见表6）

表 6　　2003～2006 年海南省报废汽车回收拆解企业分地区效益情况表

	产品销售收入（万元）	利润总额（万元）	资产合计（万元）
海南北部	1018	21	260
海南南部	267	7.3	28

海南省分地区 2007 年报废汽车回收拆解企业效益情况：海南北部地区产品销售收入 212 万元，利润总额 15 万元，资产合计 219 万元；海南南部地区产品销售收入 158 万元，利润总额 2.7 万元，资产合计 28 万元。（见表 7）

表 7　　2007 年海南省报废汽车回收拆解企业分地区效益情况表

	产品销售收入（万元）	利润总额（万元）	资产合计（万元）
海南北部	212	15	219
海南南部	158	2.7	28

（三）所有制结构

2007 年，海南省企业改制后的 2 家有资质的报废汽车回收拆解企业（海南统原物资再生利用有限公司、三亚嘉越再生资源回收公司）均属非国有企业。其销售收入 179.2 万元，销售费用 170.9 万元，管理费用 37.8 万元，财务费用 0.3 万元，利润 18.1 万元，从业人员 45 人。

表 8　　2007 年海南省报废汽车回收拆解企业利润指标表

续表

指　　标	数　　值
亏损面（%）	—
销售收入（万元）	179.2
销售费用（万元）	170.9
管理费用（万元）	37.8
财务费用（万元）	0.3
利润总额（万元）	18.1
出口交货值（万元）	—
从业人员（人）	45

二、2003～2007 年报废汽车补贴资金发放使用情况及其对行业的影响

（一）2003～2006 年报废汽车补贴资金发放使用情况及其对行业的影响

1. 补贴资金发放使用情况

2003～2004 年度：自 2003 年起国家下拨老旧汽车报废更新补贴以来，全省该年度共有 659 辆报废车获得国家补贴资金 263.6 万元，但实际完成 357 辆，发放补贴资金 142.8 万元，结余资金 120.8 万元。按“财建[2002]742 号文”第四条“补贴资金实行专款专用，年终结余可结转下年度继续使用”的规定，2003、2004 年度结余资金 120.8 万元。

2005 年度：全省向国家申请 703 辆报废车补贴款 281.2 万元。因全省 2003～2004 年度结余结转 120.8 万元，故实际上财政部该年度下拨 401 辆报废车补贴款 160.4 万元，合计 281.2 万元，指定用于补贴大型货车 76 辆、大型客车 627 辆。但实际完成 376 辆老旧汽车的补贴，发放补贴资金 150.4 万元（其中：发放 22 辆大型货车和 354 辆大型客车补贴，加上车主的原因无法将一辆车的车款补贴资金 0.4 万元转出），故 2005 年度结余结转补贴资金 131.2 万元。

2006 年度：财政部下达全省老旧汽车的补

贴资金230万元，加上2005年度结余结转资金131.2万元，本年度共有361.2万元，指定用于补贴大型载货汽车19辆、大型载客汽车449辆，及补贴城市公交车116辆。本年度全省实际发放补贴资金213.5万元（其中：补贴185辆大型载客车74万元，补贴93辆城市公交车139.5万元）。故2006年度结余补贴资金147.7万元。

2. 发放车补与存在的问题

在老旧汽车发放补贴工作中，全省商务、财政部门严格按照《财政部、国家经贸委关于发布〈老旧汽车报废更新补贴资金管理暂行办法〉的通知》（财建[2002]742号）及每一年度国家财政部、商务部发布车补公告的补贴条件及相关规章的规定执行，丝毫不放宽补贴条件，并严格车主申领车补资金的一系列手续，坚决做到：宣传遵守车补政策，严格办理程序，耐心做好车主不理解车补政策的解释工作。对手续齐全符合车补条件的车主，及时办理相关手续；对达不到国家规定条件的车主，耐心细致地讲解政策，使他们真正了解国家的车补政策。

这些年全省车补未能全额兑现给车主，其主要原因有五个方面：

（1）车主因手续繁琐而放弃车补。申请补贴必须符合国家当年度报废车补贴公告的条件，如申请补贴车辆必须是在规定的时间登记入户、报废车辆拆解的证明应在指定的年份、车辆的类型有严格的限定范围，以及需有齐全的相关证明等，方能向商务部门提出申请补贴（大客货车4000元/辆，报废新购公交车15000元/辆）。有些车主为了更换新车营运证，才按相关规定将车交给报废车拆解企业进行拆解，目的就是拿《报废汽车回收证明》到交通部门领取新的营运证。而车补实行一车一通知单制，先由车主将其符合条件的报废车辆的资料报经省商务部门审核，分管厅长签批盖章，再送省财政部门逐单审定签字盖章后，通过银行拨到车主的指定账户。如果遇到某个环节有问题，时间拖得很久才能领到补贴。因此，有些车主感到手续严格、繁杂，也就放弃了车补申请。

（2）车补实行跨年度补贴，有些车主因不慎造成车辆资料不全而无法申领补贴。由于办理车补不是当年进行，而是跨进第二年度才能申报，加之2003～2004年国家发布的车补公告滞后，车主在车辆报废后，不知是否符合申领车补的条件，对报废车辆时需出具的《报废汽车回收证明》及相关的材料保管不当而遗失，无法通过商务和财政部门的申请和审批。

（3）承包经营者因无正当手续，无法申请车补。前些年全省许多单位的车辆实行了承包经营，一些承包经营者期满后，未作产权界定，致使承包车辆到期报废后产权不明、一些符合条件的车辆无法办理车补手续。

（4）车辆转移手续欠缺，导致无法申报车补。由于部分车主的法律意识淡薄，转移车辆时未办理过户手续，有的车辆转移二手，甚至转移多达四手以上，在申办车补时无法印证与原车主对得上号的证明材料，故无法申请补贴资金。

（5）新官不认旧账，致使车主领不到车补。因有些单位领导易人，新领导不认原领导的账，也造成车补资金难以拨付的情况。如2005年“海南三亚市机动车驾驶培训学校”的一辆符合条件的报废车，在办理申请车补相关手续时，领导同意办理，并出具了证明介绍信，且通过了省商务、财政部门的审批手续，但在告知承办人拿账户转账时，却出现了“卡壳”。原因是前任领导已调任，新官不认旧账，致使该车的4000元补贴至今仍无法转出。政府部门虽尽到告知义务，但仍无结果。

3. 对行业的影响

(1)积极方面:一是增强了广大车主的法律法规意识。二是激发了符合补贴车主送车到有资质报废点报废拆解的积极性。三是影响面广,许多车主主动打听车补消息,主动交车的车主逐渐增多。

(2)不足方面:一是不符合车补条件的车主,无法享受车补政策,便以种种理由不把到期报废的车辆交到有资质的回收拆解企业进行回收拆解。二是一些车主唯利是图,不把车交给有资质的回收拆解拆解企业,或者卖给边远的山区乡镇。由于有汽车资质的回收企业与废旧金属等企业在收购价格上的差异,加之政府相关部门难以监管到位,他们便把车卖给汽车修理厂及相关企业私自拆解,造成车辆向社会各个角落扩散。

(二)2007年补贴资金发放使用情况及其对行业的影响

全省从2006年国家下拨老旧汽车补资金中总共结余147.7万元,用于指定2007年补贴城市公交车31辆、46.5万元,大型载客汽车3辆、1.2万元,实际累计发放补贴资金47.7万元。2007年度发放补贴资金后,尚存结转资金100万元。

海南省是个岛屿省,陆地面积3.39万平方公里,人口828多万。截至2007年12月31日,全省机动车1199832辆,其中,汽车238804辆,摩托车961028辆。由于人口分布、道路状况、城乡交通等情况的差异性,因此,在20多万辆汽车中,主要以中小型客货车往来于城乡之间进行客货运输为主,而符合城市公交和大型客车的数量少。因此,建议在车补方面,国家应适当放宽政策,增加车补范围,以利于报废车的回收拆解。

三、存在的主要问题及建议

(一)报废汽车回收拆解市场少数地方非法拆解严重,亟待整治规范

据调查,2007年全省有资质的企业报废汽车的回收拆解量只占当年汽车报废(不含摩托车)总量的0.03%。如三亚嘉越再生资源回收公司是海南省南部唯有的一家报废汽车回收拆解资质企业,2003年仅回收汽车87辆。2005年经过对全省报废汽车回收拆解市场进行清理整治,一时有所好转,但整治后有的地方死灰复燃、依然如故,暗地里甚至愈演愈烈。2006年仅回收拆解211辆汽车,成效不大,与应报废的数量相差甚远。大部分报废车流入社会,尤其是流入山区、城乡结合部等政府执法部门难以监管的地方。报废汽车回收拆解市场存在不平等情况:有资质的企业按行业部门及市场价格定价收购报废车,再将其当废铁交钢铁厂回炉,价钱兑现给车主的少;而一些非法回收拆解企业,高价收购报废车后,拆解"五大总成"进行变卖,兑现给车主的钱多,吸引了不少的车主,因此造成报废车扩散,非法回收、拆解、倒卖报废汽车的行为屡禁不止。

(二)现行的老旧汽车报废更新补贴资金范围,不符合全省省情

2005年,财政部、商务部发布的第3号公告关于老旧汽车报废更新补贴资金事宜,规定的范围是12吨的载货车和30座以上且9米长的大客车。这一规定只适合大城市少量车辆。大量适用于城乡间的4.5吨、19座的交通运输车辆未能得到补贴,这不利于鼓励汽车更新,也是导致这些类型的报废车辆流入社会、超期营运的原因之一。

（三）政府部门对报废汽车回收拆解监管有待进一步加强

一是加快《报废汽车管理条例》的出台，使对报废汽车的管理更加有章可循，更加有利于报废汽车的回收拆解。二是加大对报废汽车政策的宣传力度，在社会上广泛进行宣传，营造知法、守法的良好氛围。三是要有重点、有目的地对回收拆解市场进行检查和监管，严厉打击不法分子，降低报废车对人民生命财产的危害。四是要积极探索建立报废汽车监管的长效机制，调动社会各方面的积极性，形成政府监管部门与社会各界的联动机制，充分发挥对报废汽车市场强有力的监管作用。

重庆市再生资源回收体系建设和报废汽车回收拆解情况

再生资源回收体系建设

一、发展基础

(一)经济社会持续快速发展

重庆市地处较为发达的东部地区和资源丰富的西部地区的结合部,东邻湖北、湖南,南靠贵州,西接四川,北连陕西,幅员面积8.24万平方公里,辖区东西长470公里,南北宽450公里,以其得天独厚的地理条件发挥西部大开发的门户作用,具有区位、资源、直辖体制、工业经济、通讯、交通等方面的明显优势,是长江上游最大的经济中心、西南工商业重镇和水陆交通枢纽。

作为一个大城市与大农村的结合体,重庆以中心城区为依托,构成了大、中、小城市有机结合的组团式、网络化的现代城市群,是中国目前行政辖区最大、人口最多、管理行政单元最多的特大型城市。下辖40个行政区县(自治县、市),有19个区和21个县(自治县),其中有10个区县(自治县)地处三峡库区。有306个乡、595个镇、121个街道办事处、1992个居委会、9986个村委会。2006年末,全市居民总户数1030.66万户,总人口3198.87万人,其中非农业人口845.43万人。

近年来,重庆抓住直辖、三峡工程建设、西部大开发三大历史性机遇,大力调整经济结构,积极扩大开放,深化体制改革,加快基础设施建设,经济社会全面发展,综合实力进一步增强。2007年,胡锦涛总书记高瞻远瞩地为重庆新阶段发展作出了“314”总体部署,国务院批准重庆市城乡总体规划,国家批准重庆为全国统筹城乡综合配套改革试验区。这些新的重大历史性机遇,为重庆发展注入了强大动力。2007年,国内生产总值达到4112亿元,增长15.6%,近五年平均增长12.6%,比全国高2.0个百分点，人均地区生产总值超过2000美元，比2002年翻了一番，地方财政收入增长48.9%，城市居民人均可支配收入增长18.5%，农村居民人均纯收入增长22%。同时，基础设施建设提速，城乡面貌焕然一新。《重庆市城乡总体规划（2007～2020年）》获得国务院批准。城镇化率由2002年的39.9%提高到48.3%。城乡交通条件明显改善，实现了“8小时重庆”和“半小时主城”目标。

（二）政策促进体系逐步建立

市委、市政府高度重视再生资源回收利用工作，相继出台了《重庆市人民政府关于发展循环经济的决定》（重庆市政府令第179号）、《重庆市人民政府关于建设节约型社会近期工作的意见》（渝府发〔2005〕71号），批准发布了《重庆市再生资源回收利用体系建设规划》，按照统一规划、合理布局、方便群众、绿色环保的原则，把再生资源社区回收网络、集散交易市场建设纳入了规划。

（三）市场秩序逐步规范

近年来，市商委会同公安、工商等部门，按照《国务院关于进一步开展资源综合利用的意见》（国发[1999]36号）、《报废汽车回收管理办法》（国务院令第307号）、《国务院关于加快发展循环经济的若干意见》（国发[2005]22号）和《重庆市人民政府关于发展循环经济的决定》（渝府令[2005]179号）等文件精神，持续开展了再生资源回收行业清理整顿，进一步规范了再生资源收购市场秩序。

（四）龙头企业引领作用初步显现

原供销、物资系统回收企业改制后，逐步恢复了生机和活力。两大系统回收企业采取合资、联营、兼并、重组等方式，整合信息、网络及专业技术人才等优势资源，利用规模效应逐步成为引领行业发展的龙头企业。如，市和主城各区供销系统回收企业共同投资组建了重庆市新合再生资源开发有限公司，该公司利用其管理、资金、网络、人才优势，积极投资、规划建设再生资源社区回收网络、集散交易市场和回收处置中心。同时，民营企业不断发展壮大，成为推动行业健康发展的生力军。

二、行业情况

（一）基本情况

改革开放以来特别是重庆直辖以来，随着重庆经济社会的快速发展和人民生活水平的不断提高，生产和生活中产生的各类再生资源日益增多，全市再生资源回收行业发展迅速，回收企业及回收站（点）显著增加，从业人员队伍不断壮大。行业内竞争主体主要有三个方面：一是供销社系统各级物资回收专业公司（站）；二是物资系统金属回收企业；三是个体经营和私营企业。供销系统各级再生资源回收公司成立于20世纪50年代中期。改革开放特别是进入90年代以后，由于企业管理体制不顺、机制不活、观念落后、设备陈旧、负担沉重等问题，供销社系统再生资源回收企业出现大面积亏损，许多公司到了难以为继的地步，相继进行了以产权制度为核心的改革工作，绝大多数新组建了由当地供销社控股或参股的再生资源回收企业。物资系统金属回收企业诞生于70年代中期，主要业务是报废汽车、废钢铁、废有色金属的回收利用。随着市场经济的深入发展，金属回收企业也因管理体制僵化等问题运行困难、步履维艰，有的通过改制，成为国有资产相对控股或参股回收企业，有的改革后将职工妥善安置，实行解体，由职工自行组织经营活动。随着社会主义市场经济的迅速发展和两大系统回收企业的改制、改革，原来计划经济时期由物资部门和供销社系统垄断回收经营再生资源的状况发生了根本变化。大量的个体经营业主进入这个投入少、技术含量低的行业，个体私营、股份制企业蓬勃兴起，已逐步成为再生资源回收行业的主体，成为再生资源行业中的一支生力军。

据调查统计，2007 年全市有再生资源回收企业 550 个，个体经营户 5960 个，再生资源回收站点 8400 个，回收从业人员约 7 万人，以再生资源为原料的生产企业近 1000 家，各类再生资源回收总量 175 万吨，回收金额 40 亿元。

（二）存在的问题

近年来，重庆市商委会同公安、工商等部门，持续开展了再生资源回收行业清理整顿，取得了一定成效。但由于缺乏有效的监管手段，重庆市再生资源回收行业存在的问题仍然没有得到根本解决。

1. 法律法规建设滞后

因法律、法规建设滞后，再生资源管理缺乏相应的法律法规依据，政府及各职能部门缺乏宏观调控及监督管理手段，出现了管理真空，回收渠道混乱，严重影响公共安全。最突出的表现就是电力生产和城市公用设施被盗事件时有发生，有的借回收之名从事偷窃盗卖的违法活动；有的回收网点收赃销赃，成了不法分子偷盗电力、通讯、市政等公用设备销赃的窝点。

2. 行业发展无序

因没有相应的法律法规设定市场准入条件，没有行业标准及技术规范，再生资源回收行业没有任何进入障碍，各种经济成份各类人员自发地源源不断地涌入该行业，造成行业发展无序，经营管理水平低下，市场秩序混乱。据统计，2002 年，全市再生资源回收站（点）只有 2300 个，2007 年达 8000 多个，年均增长速度高达 30%。有的经营户在居民区、马路边随意乱设收购点，将收购的废品乱堆乱码，有的长时间露天存放，不仅影响市容和居民生活，给城市环境综合治理带来了困难，同时也导致大量可再生资源流失，更重要的是再生后的资源质量没有保证。

3. 回收利用率低

很多再生资源回收企业只注重经济效益而忽视社会效益，回收业务只限于传统的几大类，存在“利大抢收，利小少收，无利不收”的现象。如：对废钢铁、废铜、废铝、废纸等获利大的品种争抢收购；对废玻璃、废塑料等获利小的品种收购积极性不高；对废家用电器、电脑等电子产品，由于难度较大，基本上是随垃圾丢弃。导致大量应当和可以回收的再生资源白白流失，没有实现资源化，既浪费了资源，又污染了环境。全市各种废旧物资年产生量约 300 万吨，总价值约 65 亿元，而目前全市年回收总量仅为 175 万吨，占可回收总量的 58%，每年有 125 万吨的再生资源没有得到回收利用，资源浪费严重。

4. 回收处理不及时不规范

如生产生活产生的很多废轮胎、废塑料、废电池因没能及时充分回收作为垃圾填埋或焚烧而形成严重的“黑色污染”、“白色污染”、“化学污染”；有的回收站收购的废纸、废塑料等乱堆乱放长时间不处理，“脏、乱、差、臭”现象十分严重；有的回收站野蛮拆解，噪声扰民，有害物质没有得到有效处理，形成二次污染。

5. 组织化程度低

全市 550 家回收企业的回收站点仅占全市回收站（点）的 30%，平均 1 家企业不到 5 个回收站点，行业集中度及发展水平相当低，绝大多数单位经营规模小、经营管理水平差、技术发展水平低、经济效益低下。由于缺乏资金和技术投入，大部分回收经营单位仍然以手工劳动为主，回收、利用、拆解技术及工艺流程落后，回收利用的产业化程度低，产品技术含量和附加值低；加之缺乏必要的专业技术人员，行业发展速度缓慢、发展水平较低。

三、工作开展情况

2006年，重庆被商务部确定为全国再生资源回收体系建设试点城市之一。重庆市委、市政府及有关部门高度重视，积极作为，不断加强再生资源回收行业管理，加快推进再生资源回收体系建设，取得了一定成效。

(一)加强领导，建立完善工作机构

成立了市政府牵头的跨部门的再生资源回收体系建设领导小组，组织开展全市再生资源回收体系建设工作。领导小组由分管副市长任组长，市商委、市公安局、市民政局、市财政局、市劳动保障局、市国土房管局、市规划局、市交委、市市政委、市国税局、市地税局、市环保局、市工商局、市政府法制办、市供销总社等单位负责人为成员；领导小组办公室设在市商委，负责全市再生资源回收体系建设的日常协调及管理；市政府有关部门建立了相应的组织机构，落实了工作人员；各区县建立了本地区再生资源回收体系建设领导小组和协调管理机制；街道(镇、乡)和社区居委会结合文明社区建设和再就业工程，建立健全了相应的管理机构，形成了齐抓共管的工作格局。

(二)加快立法，建立法制保障体系

市政府、市人大常委会把《重庆市再生资源回收管理条例》列入了地方性法规立法计划。市商委会同公安、工商等部门，在广泛开展调查研究的基础上，起草了《重庆市再生资源回收管理条例》(征求意见稿)，正在征求有关方面意见。

(三)制定规划，加强宏观指导

市发改委会同市商委、市经委等部门，组织编制了全市再生资源回收利用体系建设规划，规划“十一五”期间重点建设统一规划、统一标识、统一着装、统一价格、统一衡器、统一车辆、统一管理、经营规范的“七统一、一规范”的社区回收站(亭)4000个，在南岸、大渡口、合川、大足、万州、涪陵、黔江、永川建设8个区域性的再生资源回收集散交易市场。黔江、涪陵、北碚等区县按照全市规划要求，制订了本地区再生资源回收体系建设布局规划。通过统筹规划、合理布局，引导行业健康有序地发展。

(四)完善政策，建立促进体系

经过反复调研、论证，市政府印发了《关于加快全市再生资源回收体系建设的意见》(以下简称《意见》)，《意见》提出了全市再生资源回收体系建设的目标和工作重点，明确了财政、税收、土地、工商管理、交通、劳动保护、技术改造及创新等推进再生资源回收体系建设的优惠扶持政策：

(1)对再生资源集散市场和社区回收网络建设项目，全市各级政府要给予资金补助或贷款贴息。

(2)对再生资源回收经营单位落实减免税费政策。对符合条件的再生资源回收经营单位销售其收购的废旧物资免征增值税；对社区回收网络公司通过连锁经营方式拓展的分支机构，符合由总部统一核算、统一管理，不设立银

行结算账户，不编制财务报表和账簿条件的，经主管税务机关认定后由总部向其所在地主管税务机关统一交纳企业所得税；再生资源生产企业增值税一般纳税人购入废旧物资回收经营单位销售的废旧物资，可按10%计算抵扣进项税额；对纳入再生资源回收体系的社区回收网络公司、新（扩）建的集散交易市场和回收处置中心，可在2010年年底前减按15%的税率征收企业所得税。

（3）把再生资源回收体系建设项目用地纳入城市规划，并在资金、用地上给予支持。对再生资源回收体系建设项目，包括市场、分拣等设施建设项目应优先保障用地，其用地和各种规费按照工业园区用地政策执行，免收配套费。土地出让金按照工业用地标准执行，其金额较大的经国土部门批准，可延期支付或分期交纳。

（4）对符合再生资源回收体系建设要求的社区回收站（亭）和集散交易市场的经营户，不收取个体工商户管理费和集贸市场管理费。

（5）对有统一标识的再生资源回收运输专用车按重庆市现行资源综合利用专用车辆减征养路费的政策执行。

（6）再生资源回收体系建设单位招用下岗失业人员、移民并符合有关规定的，可享受相关就业再就业扶持政策。

（7）对符合条件的再生资源回收体系建设试点项目、龙头企业回收技术升级项目，市级有关部门要及时向国家有关部门申报，争取资金支持。

（五）开展试点，抓好示范推广

在区县、企业申报的基础上，确定了黔江等10个工作开展比较好的区县作为试点区县，重庆市绿色再生资源回收网络有限公司等具有一定规模和实力、回收网络基础较好、积极参与再生资源回收体系建设的14个企业作为全市首批试点企业，分别作为标准化回收网点及分拣中心、专业集散交易市场、综合集散交易市场建设的龙头企业，指导、支持企业建立健全网点，推进规模化分拣和分级利用，逐步形成社区回收、市场集散、再加工利用三位一体的废旧物资回收利用循环系统，建成较为完善的再生资源回收利用体系。

（六）加大力度，培育龙头企业

对再生资源回收建设龙头企业给予政策、资金支持，支持、引导龙头企业按照市场规律，以资本或生产为纽带，整合和规范个体经营，整合网络资源；引导企业运用连锁经营的方式，在社区内设立统一规划、统一标识、统一着装、统一价格、统一衡器、统一车辆、统一管理、经营规范的回收站点，采取上门及网上收购等多种方式进行回收；支持企业开发应用废旧电子产品等再生资源回收加工处理技术；促进企业加强与国外同行的交流与合作，推动企业的技术进步，提高企业组织化和规模化程度。通过龙头企业的带动，不断提高再生资源回收效益和加工处理水平，加快推进再生资源回收行业的产业化。2007年，重庆市绿色回收网络有限公司已陆续开发整合建立了300多个“七统一、一规范”的回收站（亭），建成了1个回收分拣中心，配备了绿色运输专用车，对从业人员进行了统一的上岗培训及考核，正式开展了回收经营活动；大足、合川两个市场生意火爆。

（七）加强监管，规范市场秩序

针对再生资源回收行业无序发展、秩序混乱、收赃销赃等问题，重庆市商委会同公安、工商等部门，持续开展了再生资源回收行业清理整顿。截至2007年底，全市共出动执法人员20568人次，查处违法违规行为1353起，查处违法人员1133人，查处无照经营和收赃站点428个，吊销营业执照26个，没收非法所得275.6万元，罚款124.3万元，促进了再生资源回收行业秩序的好转。并结合再生资源回收经营者备案、年检等工作，建立了再生资源回收经营单位定期监督检查制度。

(八)加强培训，提高从业人员素质

依托重庆市再生资源回收行业协会，组织专家和有关专业技术人员编写了重庆市再生资源回收行业从业人员培训教材和培训方案，对再生资源回收从业人员分片区开展了教育培训。

报废汽车回收拆解情况

一、行业基本情况

截至2007年底，重庆市有报废汽车回收拆解企业4家，注册资金5980.8万元，拆解场地面积22.5万平方米，从业人员1604人。除重庆市钢铁(集团)有限公司和重庆金通报废汽车回收处理有限责任公司负责内部报废汽车回收拆解业务外，重庆市金属回收公司和重庆市物华报废汽车专营公司在各区县(自治县)设立回收拆解站(点)共计73个。

报废汽车回收行业主要存在以下问题：

1. 加工处理能力有待提高

报废汽车解体以手工劳动为主，主要采用人工氧割和锤砸，手段落后，效率较低，材料损耗率高。

2. 专业技术力量比较薄弱

对报废汽车零部件的鉴别能力不强，大部分报废汽车零部件作为废钢铁销售，没有很好再利用。

3. 存在非法回收、拼装报废汽车

部分边远地区废旧金属回收单位和汽车修理单位存在非法回收、拆解、拼装报废汽车现象，整治难度较大。

二、回收拆解情况

2003～2007年，全市累计回收报废汽车40729辆，拆解废钢量6.43万吨。2007年全市回收报废汽车8294辆，拆解废钢量1.49万吨，分别比上年增长12%、26%。

表1　2003～2007年重庆市报废汽车回收拆解情况统计表

单位：辆，%

2003年		2004年		2005年		2006年		2007年	
回收数	增　长	回收数	增　长	回收数	增　长	回收数	增　长	回收数	增　长
7343	12	8170	11	9523	17	7399	－22	8294	12

数据来源：回收公司。

表 2　　2003～2007 年重庆市报废汽车回收行业废钢拆解量统计表

单位:吨,%

2003 年		2004 年		2005 年		2006 年		2007 年	
拆解废钢量	增　长	拆解废钢量	增　长	拆解废钢量	增　长	拆解废钢量	增　长	拆解废钢量	增　长
11014.5	12	12255	11	14284.5	17	11838	-17	14929.2	26

数据来源:回收公司。

三、报废汽车补贴情况

2003～2007 年,全市实际补贴报废汽车总计为 1416 辆,其中:城市公交车 221 辆 ,大型货车为 445 辆,大型客车为 750 辆,累计发放补贴资金 809.5 万元,其中:城市公交车 331.5 万元,大型货车 178 万元,大型客车 300 万元。2007 年,全市实际补贴报废汽车为 190 辆,其中:城市公交车 181 辆 ,大型货车为 2 辆,大型客车为 7 辆,发放补贴资金 275.1 万元,其中:城市公交车 271.5 万元,大型货车 0.8 万元,大型客车 2.8 万元。

表 3　　2003～2007 年重庆市老旧汽车报废更新补贴资金实施情况统计表

单位:辆,万元

		2003 年	2004 年	2005 年	2006 年	2007 年
国家下达补贴报废汽车数	大型货车	176	120	774	181	97
	大型客车	535	0	610	189	141
	城市公交车	0	0	0	252	174
	合　计	711	120	1384	622	412
实际补贴报废汽车数	大型货车	176	57	194	16	2
	大型客车	391	13	334	5	7
	城市公交车	0	0	0	40	181
	合　计	567	70	528	61	190
国家下达补贴资金金额	大型货车	70.4	48	334.8	72.4	66
	大型客车	214	57.6	296.4	75.6	73.6
	城市公交车	—	—	0	378	318
	合　计	284.4	105.6	631.2	526	457.6
实际补贴金额	大型货车	70.4	22.8	77.6	6.4	0.8
	大型客车	156.4	5.2	133.6	2	2.8
	城市公交车	—	—	0	60	271.5
	合　计	226.8	28	211.2	68.4	275.1

续表

		2003年	2004年	2005年	2006年	2007年
补贴资金结余	大型货车	0	25.2	257.2	66	65.2
	大型客车	57.6	52.4	162.8	73.6	70.8
	城市公交车	—	—	0	318	46.5
	合　计	57.6	77.6	420	457.6	182.5

备注：

*2003年至2005年大型货车在4.5吨以上，大型客车在19座以上；2006年大型货车在12吨以上，大型客车在30座以上，城市公交车长在9米以上。

*2004年～2007年国家下达补贴资金为当年实际下达资金＋2003年起前各年度结余资金。

四、工作开展情况

为了规范报废汽车回收行业秩序，保障道路交通秩序和人民生命财产安全，促进报废汽车回收行业健康有序发展，近年来，在重庆市委、市政府领导下，重庆市商委、公安、工商等部门相互配合，加强协作，不断强化报废汽车回收管理。

（一）统筹规划

市政府办公厅于2007年12月11日以渝办发[2007]338号文印发了《关于加强报废汽车回收管理的意见》，根据“对报废汽车回收企业实行统一规划、总量控制”及合理布局、便民的原则，明确了报废汽车回收企业的规划数量及空间布局。

（二）严格准入

《重庆市人民政府办公厅关于加强报废汽车回收管理的意见》（渝办发[2007]338号）进一步细化了报废汽车回收企业设立的条件、程序，要求新设立报废汽车回收企业必须具有符合国家有关法律、法规、标准、规范和规划要求的报废汽车回收拆解站（点）。对新设立报废汽车回收企业及报废汽车回收企业设立分支机构，从场地、人员、城乡规划、环保要求等方面严格审查把关，避免盲目无序及低水平发展。

（三）强化监管

先后制订了《重庆市报废汽车回收（拆解）管理暂行办法》、《报废车辆监督解体规定》、《重庆市报废汽车回收管理暂行办法》等规范性管理文件，对报废汽车的回收、拆解等环节进行严密监管。商贸、工商、公安部门加强了对报废汽车回收拆解企业及其回收拆解站（点）的监督检查，开展了报废汽车回收行业清理整顿。商贸部门对回收企业上年度《报废汽车回收证明》、《报废汽车拆解（发动机）打眼登记表》填写情况层层审查，结合公安部门解体监督情况，严格控制发放《报废汽车回收证明》；公安部门对报废汽车的解体进行现场监督，督促回收企业对“五大总成”破坏解体，防止“五大总成”和拼装车流向社会；工商部门对报废汽车回收企业日常经营活动进行不定期检查。对有出售报废汽车整车、报废汽车“五大总成”及其零部件和拼装车，以及买卖或者伪造变造《报废汽车回收证明》等违法行为的单位和个人，依法予以严厉查处。取缔非法从事报废汽车回收活动的企业（个人）37个，查处出售未标明“报废汽车回用件”报废汽车零部件行为7起，查处出售报废汽车“五大总成”行为2起，查处违法案件2件。

（四）加强引导

积极引导、支持市金属回收公司、市物华再生资源有限公司牵头，会同重钢集团、市公交集团金通报废汽车回收处理有限责任公司联合组建重庆市报废汽车回收拆解集团。指导、督促企业通过结构调整、产业优化、技术改造等措施，开发应用先进的拆解技术与设备，提升企业的装备水平和技术水平，应用先进的信息管理技术，不断提高技术与管理水平，逐步实现专业化、规模化、信息化作业，推动行业规范化、规模化、产业化、信息化发展。督促、指导行业协会做好行业自律，及时反映存在的问题和要求，加强行业统计，加强信息的收集、整理、分析。

云南省再生资源回收体系建设和报废汽车回收拆解情况

再生资源回收体系建设

一、概况

云南省地处祖国西南边陲，自然资源丰富，素有“有色金属王国”之称。随着自然资源开发利用的不断深入，各级部门也开始探索走可持续发展道路的有效措施，积极开展再生资源回收利用的行动。根据国家相关政策标准，云南省已经初步建立起相对规范的再生资源回收利用体系，特别是针对废旧金属回收和报废汽车的统一收购和拆解进行了规范和整顿。

据不完全统计，云南省现有再生资源回收企业1600多户，其中国有及国家控股企业28户，集体企业10户，非公企业700户。企业注册资本金5万元以下的有1300多户，50万～100万元的有69户，100万～500万元的有25户，3000万元以上的有1户。纳入城市商业网点规划的企业85户。从业人员20000余人。

二、政策法规的出台和实施

(一)《再生资源回收管理办法》出台

2007年3月，商务部、发展改革委、公安部、建设部、工商总局、环保总局发布了2007年第8号令《再生资源回收管理办法》，规定从事再生资源回收管理的企业应当向各级商务主管部门进行备案。根据商务部的授权，省商务厅印制了《再生资源回收经营者备案说明》，授权各级商务主管部门对再生资源回收经营企业进行备案登记，有效地对行业进行了规范化管理，掌握了经营企业的基本情况。截至2008年3月，全省进行备案登记的企业共1200余户。

（二）研讨发布《云南省再生资源管理办法实施细则》

根据国家《再生资源回收管理办法》，省级各部门结合本省情况研讨制定并发布了《云南省再生资源管理办法实施细则》（试行）。

三、废旧金属回收规范整顿

2007年7月，根据《云南省集中整治废旧金属收购业专项行动方案》的部署，公安机关开展了专项整治行动。据不完全统计，专项整治开展以来，共清理废旧金属收购企业2889家、从业人员8863人，清理整治1806家；破获刑事案件86起，查处治安案件93起，摧毁犯罪团伙8个24人，抓获违法犯罪嫌疑人81人，收缴赃物赃款折价28万余元；排查登记流动收购人员747名（其中无证流动收购的303名），共清理165名，打击处理35名。通过这次整治，准确掌握了废旧金属收购业的底数及从业人员基本情况，完善了备案登记和各项管理制度，有效地打击了收销赃和盗窃等违法犯罪活动，并能不断建立健全和完善废旧金属收购业的管理机制，有效维护废旧金属收购业经营秩序。

四、旧机动车回收管理

（一）旧机动车市场规范

2005年8月29日商务部、公安部、工商总局、税务总局联合发布了《二手车流通管理办法》（2005年第2号令），云南省商务厅、云南省公安厅、云南省工商行政管理局、云南省国家税务局、云南省地方税务局根据办法提出了关于贯彻《二手车流通管理办法》、规范云南省二手车流通管理工作的实施意见，对全省二手车流通管理进行了规范化管理。

（二）网站建设

云南旧机动车流通网的建立，成为云南省报废车拆解和旧机动车交易行业唯一一个拥有独立知识产权的专业化信息网，全省各州市的报废车回收拆解和旧机动车交易业务都必须通过该流通网实现。新源再生公司于2004年6月和11月累计投资20多万元，先后两次在全省范围内对云南旧机动车流通网软硬件进行了全面改版、升级、维护和更新，一些政府的公告、政策文件、会议通知也通过云南旧机动车流通网向公众发布，提高了网络的安全性、可操作性和信息传输速度。

五、国家试点城市再生资源回收体系建设情况

2006年初，国家商务部把昆明市列入全国21个再生资源回收体系建设试点城市之一。昆明市经过大量调研，在全面了解再生资源整体情况的基础上制定了方案，将昆明逐步建成“3811”的再生资源回收网络（即300个社会回收站、8个社区回收分拣中心、10个以上集散交易市场、1个深加工综合利用产业群），达到“3928”工作要求（即通过建立再生资源回收网络体系，逐步提高回收集散加工能力，使城市90%以上回收人员纳入规范化管理，90%以上的再生资源进入制定市场进行规范化交易和集中处理，现有集散交易市场规范化、信息化率达到80%，再生资源主要品种回收率达到80%），逐步提高回收集散加工能力，促进昆明市再生资源回收利用体系健康、有序发展。

报废汽车回收拆解

一、云南省报废汽车回收拆解产业基本情况

自 2001 年我国实行报废汽车定点回收(拆解)以来，全省 16 家回收拆解企业，已有 15 家由国有企业改为股份制企业。

(一) 行业规模

全省现有报废汽车回收拆解企业 16 个，从事报废汽车业务人员近 600 人，拆解人员近 1000 人，企业总资产达 20000 万元左右，每年回收拆解各型车辆近 20000 辆。

表 1 2003～2007 年云南省报废汽车回收情况表

单位：辆

	2003 年	2004 年	2005 年	2006 年	2007 年
客 车	5417	3637	3525	4309	4603
—大型	725	871	421	405	485
—中型	2846	1718	2045	2438	2227
—微型	1846	1048	1059	1466	1891
载货车	3157	3143	2629	3275	3303
—大型	637	533	183	178	188
—中型	928	864	504	551	646
—轻型	1023	910	874	1226	1053
—微型	569	836	1068	1320	1416
摩托车	8193	1951	1085	2113	10303

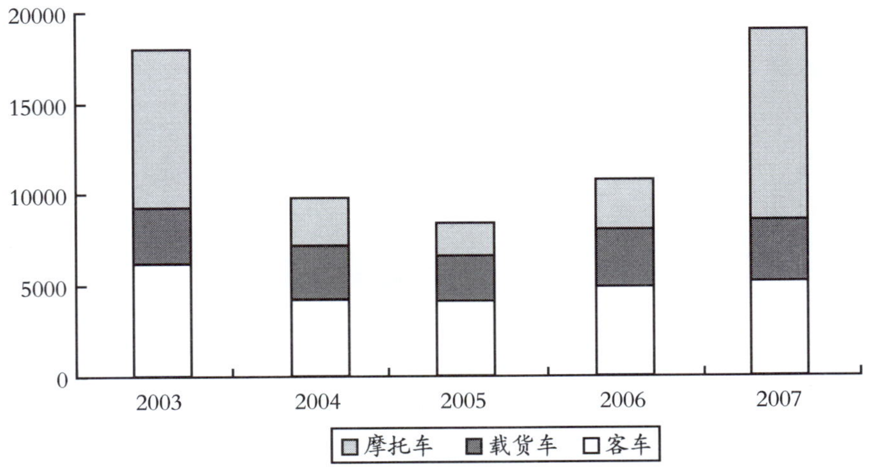

图 1 2003～2007 年云南省报废汽车回收情况柱状图

表 2　云南省报废汽车回收拆解行业总体规模主要指标表

	2003 年	2004 年	2005 年	2006 年	2007 年
企业户数（户）	19	19	19	19	19
工业增加值（万元）	3792	3942	3874	4032	4224
资产合计（万元）	8508	9350	10285	15000	18000
从业人数（人）	600	650	660	750	750

表 3　云南省报废汽车回收拆解行业企业经济效益主要指标表

	2003 年	2004 年	2005 年	2006 年	2007 年
产品销售收入（万元）	1850	2030	2200	2316	2300
利润总额（万元）	550	600	512	490	732
亏损企业数（户）	3	3	4	5	1
亏损面（%）	15.8	15.8	21	26.3	6.2

（二）行业发展速度

全省报废汽车回收拆解行业企业近 3 年来资产、人员、业务规模一般以 20%左右速度递增。企业效益处以微利状态，少数地区出现亏损。

1．分地区回收情况

表 4　2003 年～2007 年云南省报废汽车回收拆解企业分地区主要品种回收量统计表

	客　车	载货车	摩托车
云 南 省	14521	11706	13490
昆明地区	4836	6673	11264
滇南地区	3776	1291	737
滇东北地区	2199	1124	297
滇西北地区	3710	2618	1192

表 5　2007 年云南省报废汽车回收拆解企业分地区主要品种回收量统计表

	客　车	载货车	摩托车
云 南 省	4572	2645	10304
昆明地区	1279	1409	9502
滇南地区	1112	269	434
滇东北地区	799	229	71
滇西北地区	1382	738	297

2．分地区企业效益

表 6　2003 年～2006 年云南省报废汽车回收拆解企业分地区效益情况统计表

	产品销售收入	利润总额	资产合计
云 南 省	9350	1840	18000
昆明地区	4100	860	11000
滇南地区	2050	410	2600
滇东北地区	1300	190	2000
滇西北地区	1900	380	2400

(三)所有制结构

全省报废汽车回收拆解企业15家为股份制企业(有限责任公司),1家为国有企业。

表7 2007年云南省报废汽车回收拆解行业国有与非国有企业经营状况对比表

	国 有	非国有
亏损面(%)	—	6.2
销售收入(万元)	300	2000
销售费用(万元)	20	80
管理费用(万元)	35	205
财务费用(万元)	10	60
利润总额(万元)	10	722
从业人员(人)	32	568

(四)总体概括及2008年预测

1. 2007年总体情况

2007年全省报废汽车回收拆解工作在依法行政、日常监管、科学规划、更新补贴资金的发放、行业培训等方面做了大量的工作,全省共回收报废机动车21549辆,同比增长74.34%,拆解报废机动车18769辆,同比增长73.31%。报废汽车行业呈现健康、有序的发展态势。同时也存在少数企业或网点未履行职责开展回收报废汽车业务、违法设立报废汽车回收场地、对治安管理信息系统建设重视不够、企业技术装备和管理水平落后、环境污染较严重等问题。

2. 2008年预测

到2008年,预计全省报废汽车达5万辆左右,实际回收拆解2.5万辆;预计完成补贴车辆644辆、补贴资金310.4万元。

二、子行业供求及运行情况

1. 废钢及增长速度

全省废钢回收量年增长达10%左右。

2. 市场需求

近3年废钢需求量以每年20%以上递增。

废钢资源供不应求的背景下,全省废钢市场竞争将不断加剧并继续保持整体上扬的基本态势。废钢需求量预计将达到20%以上。

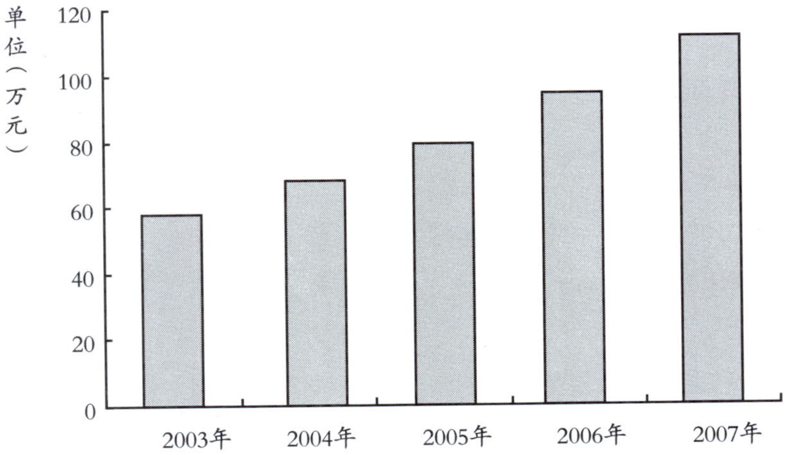

图2 2003~2007年废钢铁市场需求增长速度柱状图

三、2003年至今补贴资金发放使用情况及其对行业的影响

(一)2003～2006年补贴资金发放使用情况及其对行业的影响

补贴资金的发放对全省报废汽车回收起到了一定的促进作用,使部分老旧汽车的更新速度有所加快;但由于更新补贴发放的条件要求过严、发放面窄,使有限的补贴资金在发放的过程中很难按国家下达的车辆计划和资金计划完成,补贴资金应有的作用没有得到较好的发挥。

表8　2003年～2006年云南省国家计划及完成情况表

单位:辆,万元

	国家下达车辆计划	国家下达资金计划	实际完成车辆计划	实际完成补贴资金	完成计划
2003年	1235	494	931	372.4	75.38%
2004年	300	120	121	48.4	40.33%
2005年	1953	781.2	1722	688.8	88.17%
2006年	953	450.4	743	366.4	77.96%

(二)2007年补贴资金发放使用情况及其对行业的影响

2007年国家共下达全省补贴车辆764辆、补贴资金330万元;实际补贴车辆655辆、补贴资金286.2万元。完成计划85.73%。

四、存在的问题

报废汽车回收工作由于政策性强、涉及部门较多,衔接工作难度较大,任务十分繁重。

(一)现行法规滞后,给监管工作带来难度

《报废汽车回收管理办法》(国务院第307号令)已经实施7年,随着社会发展和形势的变化,新的问题和情况逐渐出现:报废汽车回收企业资格认定、总量控制原则虽在一定时期发挥了较好作用,但也存在一些问题。一是个别回收企业抱着垄断行业、独家经营的思想,不思进取;二是个别回收企业甚至知法犯法,违法设立拆解场地、报废汽车上路行驶、倒卖报废汽车"五大总成"等事件时有发生。因而要按市场规律办事,打破行业垄断,引进适当竞争机制,真正做到"严而不死、活而不乱"。

(二)非法收购、拆解拼装、销售报废汽车的现象依然存在

一是修理厂以修理名义非法收购报废车及"五大总成"进行拆解拼装;二是一些个人(中介)通过报刊、广告、信息、网络等不同方式,公开地、隐蔽地、游击式地进行收购拆解活动;三是废旧金属回收企业和个体工商户(收购点)高出正规回收企业收购价数倍的价格,收购、拆解、销售报废汽车及"五大总成"。

(三)执行法律、规章不严,钻政策空子,加大回收管理难度

一是有的相关职能部门,没有严格执行国家、省的有关规定,对没有《报废汽车回收证明》的车主办理相关手续。2006年全省的机动车保有量3390835辆,回收报废汽车12360辆,回收量仅占车辆保有量0.4%,低于全国平均水平4%。二是一些车主将使用过的汽车,在距离报废期限一年内办理"营转非"手续,延长使用年限或卖到异地,有的通过二手车交易市场,销往乡村及偏远地区,车籍转出后新车主又不到当地车管部门办理落户手续,这些车大部分

分散在矿山、林场、蔗区、石场、边远山区、乡村公路、铁路、水电、民航施工工地等继续使用,有的直接卖到境外。

(四)老旧汽车更新补贴政策资金范围小,不利于汽车报废更新

一是补贴政策资金下达时间较晚,给车主提出申请、主管部门及时拨付、兑现补贴资金带来不便。二是无专项工作经费,给开展发放补贴资金各项工作带来较大的难度。三是由于补贴车辆范围及标准的提高,使符合补贴标准的车辆减少,严重影响车主交售报废汽车的积极性。

陕西省再生资源回收体系建设和报废汽车回收拆解情况

再生资源回收体系建设

陕西作为西部的经济大省、西部大开发战略实施的桥头堡，随着全省国民经济的快速发展和人民生活水平的不断提高，生产和生活中产生的各种再生资源日益增多。但是，再生资源回收网络不健全、回收利用率低的情况，严重影响了城市的市容市貌、制约了陕西省的可持续发展。

一、陕西省再生资源利用基本情况

目前，陕西省有各类再生资源回收企业3000余家，回收网点2万多个，回收加工厂550多家，从业人员8万余人。据不完全统计，2007年陕西省再生资源回收总量突破200万吨，年回收总值近60亿元。废旧物资回收主要集中在西安、宝鸡、咸阳、汉中、安康、延安、榆林等大中城市，回收品种主要有废有色、废钢铁、废塑料、废纸、废橡胶等，一个遍布全省大中城市、网络纵横的再生资源回收已初具雏形。

近年来，陕西省再生资源回收企业基本摒弃了“收进来，卖出去”的传统经营模式，采取清洗、除油、去污、干燥、拆解、剪切、打包、破碎、分选、除杂等加工预处理手段，加工生产各类再生资源，并逐步向产业化发展。

二、再生资源回收量快速增长是未来时期的一个主要特征

近年来，我国针对再生资源回收业出台了一系列优惠政策，鼓励和扶持再生资源回收行业发展。随着国民经济持续稳定高速增长，再生资源回收量一年一个新变化，一年上一个新台阶。据不完全统计，2003年～2007年，全省再生资源回收量从50多万吨增长到65万吨，增长25%；废钢铁回收由25万吨增长到48万吨，增长92%。根据国家商务部再生资源网络体系建设的实施，全省再生资源回收网络将更加合理和完善，回收量将从现在的30%增加到90%。

三、2007年再生资源回收行业变化特点

虽然陕西再生资源回收利用取得了一定的成绩，但是计划经济形成的再生资源回收网络基本瘫痪，自发形成的回收体系布局不合理，管理不规范，经营环境脏、乱、差。经过近两年的发展，全省再生资源回收行业基本上已经形成了以龙头企业为主、各加盟企业及回收点为辅的新的再生资源回网络体系。特别是《再生资源管理办法》实施一年多来，全省已有五个市建立了再生资源回收网络体系，再生资源回收行业呈现出快速增长的发展趋势。

在《再生资源回收管理办法》出台后，全省再生资源回收行业出现了前所未有的发展势头，各市不同所有制回收企业按照《再生资源回收管理办法》的要求，积极参与当地再生资源回收网络建设。2007年5月和10月，陕西省先后通过了宝鸡市、延安市、咸阳市、汉中市的再生资源回收体系建设实施方案，按照"七统一、一规范"和便于居民交售的原则，城市每1000～1500户居民、乡镇每1500～2000户居民设置一个回收站点。对现有不合理、影响市容市貌的站点进行改造，对无站点的社区进行布点。依据城市的发展规划，在城市的不同区域设置再生资源交易市场。

报废汽车回收拆解

一、陕西省报废汽车回收拆解产业基本情况

自2001年我国实行报废汽车定点回收拆解以来，按照《报废汽车回收企业总量控制方案》要求，全省认定了11家报废汽车回收拆解企业，现已全部由国有企业改为股份制企业。

（一）行业规模

全省11家报废汽车回收拆解企业，拆解场地112670m²，专业从业人员174人。2007年回收报废汽车19267辆，比上年增长31.3%。其中轿车1506辆，增长24.8%；客车3995辆，增长25.2%；载货车4014辆，增长35.8%；摩托车1305辆，增长35.3%；城市公交420辆，66.2%；其他58辆，减少74.6%。

表1　2003～2007年陕西省报废汽车回收情况表

	2003年	2004年	2005年	2006年	2007年
客　车	2610	2522	2710	2988	3995
1. 大型	690	571	423	380	357
2. 中型	780	870	963	1184	1424
3. 轻微型	1130	1081	1324	1424	2214
载货车	3064	2819	2473	2578	4014
1. 大型	1277	580	212	166	212

续表

	2003年	2004年	2005年	2006年	2007年
2. 中型	830	621	808	711	1159
3. 轻型	655	1241	828	828	1303
4. 微型	302	377	630	639	1300
轿　车	609	579	678	1132	1506
城市公交	74	65	108	142	420
摩托车	228	259	1193	844	1305
其　他	292	179	72	229	58

(二)行业发展速度

随着我国汽车工业的发展,汽车贸易市场日益繁荣,全省汽车拥有量逐年增加。与此相应,报废汽车回收拆解量也呈逐年上升趋势。自2001年我国实行报废汽车定点回收拆解以来,全省11家回收拆解企业年回收拆解量由2003年的6877辆增加到2007年的39745辆,增长了82.7%。

(三)行业区域结构

1. 分地区回收情况

截至2007年,陕南865辆,比上年增长0.96%;陕北801辆,比上年减少0.25%;关中7667辆,比上年增长26.12%。

2. 分地区企业效益

2007年,陕南地区报废汽车回收经营总额达668.6万元,上缴利税5.1万元,实现利润4万元;陕北地区报废汽车回收经营总额221.4万,亏损8.97万元;关中地区报废汽车回收经营总额达1349.89万元,上缴利税30.65万元,实现利润7.47万元。

(四)所有制结构

截至2007年,全省11家报废汽车回收(拆解)企业,有9家企业由国有改为股份制企业,有2家企业改为非国有企业。

二、2003年至今报废汽车补贴资金发放使用情况及其对行业的影响

1. 2003年～2006年报废汽车补贴资金发放使用情况及其对行业的影响

国家实施《老旧报废汽车更新补贴》政策,在推动汽车更新工作中,起到积极的促进作用。自2003年实行《老旧报废汽车更新补贴》政策起,至2006年全省完成老旧报废汽车更新补贴资金406.6万元,对企业回收工作起到积极促进作用。

2. 2007年发放报废汽车补贴金资使用情况及其对行业的影响

2007年,全省完成老旧汽车报废更新的补贴资金501.7万元,其中城市公交车完成346.7万元。

三、存在的主要问题

(1)少数地方非法拆解严重,亟待整治。据调查,目前全省有资质的企业报废汽车的回收拆解量,只占当年报废汽车总量的21%～50%。渭南市的报废汽车回收拆解资质企业,2007年只回收到174辆,大部分流入社会。

(2)有的报废汽车回收拆解定点企业,设备老化,场地简陋,消防、环保不符合有关规定要求,需更新改善。

(3)现行的老旧汽车报废更新补贴资金范围,不符合我国国情。2005年,财政部、商务部发布的第3号公告关于老旧汽车报废更新补贴资金事宜,规定的范围是12吨的载货车和30座以上且9米长的大客车。这一规定只适合大城市少量车辆,大量适用于城乡的4.5吨、19座交通车未能得到补贴,这不利于鼓励汽车更

新，也是影响这些类型报废车辆流入社会、超期营运的原因之一。

老旧汽车报废更新补贴资金下达过于滞后。财政部和商务部每年 11 月中旬下达前年度补贴资金，12 月 31 日截止，省财政部门从接到公告到完成补贴资金，时间短、工作量大，影响了补贴资金发放使用管理工作。

(4)政府部门对报废汽车回收拆解监管有待进一步加强。

新疆维吾尔自治区报废汽车回收拆解情况

报废汽车是一种特殊商品，报废汽车回收拆解行业对于促进汽车工业和交通运输业的发展、节约能源、发展循环经济、减少环境污染、保证人民群众生命财产安全、提高经济效益和社会效益都具有十分重要的意义。长期以来，全区一直非常重视这项工作，不断加强报废汽车回收管理，规范市场秩序，建立和完善全区报废汽车资源循环利用体系和机制，并以报废汽车回收行业为支撑，辐射自治区废旧物资回收网点，提升废旧物资再生资源回收利用水平，不断促进报废汽车更新与回收利用，为自治区经济社会又好又快发展作出了贡献。

一、基本情况

全区地域辽阔（土地面积占全国的六分之一），交通线长，地区和地区之间、县与县之间相隔甚远、分布较散，与全国其他省区相比报废汽车回收行业有其天然的特殊性，报废回收管理工作在客观上具有一定难度。2001 年 6 月，国务院《报废汽车回收管理办法》颁布以后，全区各级贸易、工商、公安、农机等有关部门以高度负责的精神，依法加强报废汽车回收管理，各部门之间相互配合，采取堵疏结合的措施，协调行动，形成合力，共同开展专项治理，严厉打击违法违规行为，进一步规范了全区报废汽车回收拆解市场秩序。

按照《报废汽车回收管理办法》，对全区报废汽车回收企业进行资格认定，除取得报废汽车回收拆解资格的企业外，任何单位和个人不得从事报废汽车回收拆解活动；要求报废汽车拥有单位或个人及时将达到报废标准的汽车交售给有资格的报废汽车回收企业；禁止利用报废汽车的“五大总成”及其他零配件拼装汽车；禁止报废汽车整车、拼装车流入市场或以其他方式进行交易。

全区现有有资质的报废汽车回收企业 21 家，其中地方 16 家、兵团 5 家。地方 16 家企业分布在乌鲁木齐（2 家）、昌吉州、伊犁州、阿勒泰、博州、吐鲁番、哈密、巴州、阿克苏（2 家，1 家在阿克苏市，另 1 家在库车县离阿克苏市 250 公里处）、克州、喀什、和田、克拉玛依市、塔城等 15 个地州市；兵团 5 家企业分布在乌鲁木齐、兵团农一师（阿拉尔市）、农七师（奎屯市）、农八师（石河子市）、农九师（额敏）。2007 年，地方、兵团 21 家企业回收报废汽车 18000 辆、回收废旧金属 150 万吨。

全区现有15个地州市，他们分别是乌鲁木齐市、昌吉州、石河子市、伊犁州、博州、塔城地区、克拉玛依市、阿勒泰地区、吐鲁番地区、哈密地区、巴州、阿克苏地区、喀什地区、克州、和田地区。由于新疆地域辽阔、交通线长，绝大多数地区与地区之间都相隔甚远，为方便报废汽车拥有单位和个人交售报废汽车，在每个地区中心城市设立报废汽车回收企业是非常必要的。

全区从实际情况出发，以乌鲁木齐为中心，建设了15个地区级报废汽车回收市场；以各县(市)为网络，建设县级报废汽车回收网点，形成以省会城市为中心、地区城市为支撑、县(市)为网络的报废汽车回收利用体系。

目前，全区地区中心城市设立的报废汽车回收企业大都是原地区物资再生利用企业，这些企业担负报废汽车回收业务。其意义：一，这些企业对报废汽车回收业务熟、渠道通畅；二，发挥他们的骨干作用，辐射、联合地区的废旧物资回收站点，把地区废旧物资回收站点组织起来，提高地区废旧物资再生行业的组织化程度，扩大行业队伍，促进行业自律，引导当地行业发展。

全区现有86个县(市)，分布在全疆15个地州市，有重点地在部分县(市)由地区报废汽车回收企业设立回收网点，方便了当地报废汽车拥有单位和个人交售报废汽车。

二、今后行业发展的政策和措施

报废汽车回收行业有其特殊性，行业发展需要各方面的大力支持，才能健康、有序发展。

(一)继续整顿和规范报废汽车回收市场

全区各级经贸、工商、公安等部门要协调动作，相互配合，依据《报废汽车回收管理办法》和相关法律、法规，针对目前存在的问题，加大对报废汽车回收市场的监管，打击违法违规行为；加强对报废汽车回收企业的管理，真正做到严格自律、依法经营。相关部门要采取措施加大对报废汽车非法运营问题的治理。这项工作的难度较大，也是规范报废汽车回收市场的主要矛盾所在。

(二)加强依法行政，建立规范机制

根据国务院《报废汽车回收管理办法》有关规定，逐步建立与市场经济相配套，切合新疆实际的报废汽车回收行业监管体系。针对全区地方和兵团企业都在同一个市场上生存，企业及其分支机构在回收报废汽车方面有交叉设点、交叉经营的特点，地方和兵团行业主管部门建立工作联系制度，加强协调与沟通，围绕自治区统一市场，坚持统筹规划、合理布局的原则，依法规范对报废汽车回收企业及其分支机构的资格审批程序。严格执行每两年对报废汽车回收企业经营资格的复审，对不再具备报废汽车回收企业条件而违法违规行为严重的，取消经营资格，建立动态管理、优胜劣汰机制。

(三)培育和发展全区再生资源回收体系建设

报废汽车回收是再生资源回收利用行业的一部分，要将两者有机结合起来，相互促进、共同发展。可以报废汽车回收企业为骨干、以全区废旧物资回收站点为支撑，培育和发展再生资源回收利用市场，以市场为导向配置再生资源，并以市场为依托，建立自治区再生资源回收利用体系。

(四)加大政策扶持力度，增加科技投入

要推动全区报废汽车回收行业较快发展，

提升行业发展水平，必须依靠科技进步，增加相关项目的开发投入。积极引导企业拓宽经营领域、引进先进的生产工艺设备、提高技术水平，从而提升全区报废汽车回收企业的再生资源综合利用和深加工能力。自治区、各地有关部门要支持有影响、有带动作用的项目，如废塑料、废家电、废轮胎的处理，报废汽车一体化拆解等。摒弃“收进来、卖出去”的传统经营模式，由粗放型经营向集约型经营转变，提高经济效率和社会效益。

(五)发挥行业组织作用，推动行业自律

进一步发挥新疆物资再生行业协会的作用，维护企业利益，面向社会把报废汽车、废旧物资回收利用企业组织起来，加强为企业服务，通过开展信息咨询服务、业务技能培训，及组织经济技术交流、推广典型经验交流等活动，促进新疆再生资源回收利用行业的发展。

(六)加强研究培训，提高行业素质

加强研究，为再生资源利用奠定理论基础，加强理论研究和教育培训，提高行业素质。有计划地开展再生资源利用专业人才培养和引进工作，借助各类学校和培训机构，加大在职人员的继续教育力度，加快培养本地再生资源利用专业人才，引进国内外高素质的再生资源利用专业人才，促进全区再生资源回收利用行业的发展。

第五篇

企业篇

1

2 3 4

图片说明：

图一：公司董事长：蔡正汉

图二：公司领导班子

图三：中心大门

图四：湖北（武汉）ODS回收中心揭牌仪式

武汉市物资再生利用有限公司

简介 Introduction

武汉市物资再生利用有限公司是湖北（武汉）ODS回收中心的创建单位，是武汉地区从事废金属回收的大型专业企业，是获得国家资格认证的报废汽车回收企业——武汉鑫汇报废汽车回收有限公司的控股企业，也是中国物资再生协会副会长单位，迄今已有40余年历史。

公司占地面积8万平方米，废金属年回收、销售1万吨以上。公司集废金属回收、加工、利用，拆船，汽车销售，金属材料及矿产品经营，资本营运，自营和代理各类商品及技术的进出口，汽车货运，汽车租赁及氟利昂、废旧家电、废旧轮胎、电子产品回收于一体。数十年来，废金属回收、销售分别超过300万吨，因此多次被原国内贸易部、省物资厅、市计委、市物资局评为先进单位。公司党委于1998年、1999年分别被市工业工委评为“振兴杯”、“发展杯”先进党委。董事长蔡正汉先后获得市“五一”劳动奖章，省物资系统、市工委系统优秀共产党员及市第四届优秀青年企业家称号。公司在经营上以回收为基础，以加工为手段，以利用和满足市场需求为目的，每年向钢厂提供合格炉料10余万吨，为企业提供利用材，得到广泛好评。公司积极探索营销方式改革和资本营运的路子，开展多种经营，通过资本运作，先后并购、兼并四家企业。

为做好节能减排工作，公司在国家环保总局、市环保局的支持下自筹资金250万元建立了全国首家ODS（消耗大气臭氧层物质）回收中心——湖北（武汉）回收中心，至2007年底已回收氟利昂3100公斤。此项工作曾得到国家环保总局和联合国臭氧层秘书处及世界银行项目官员的肯定和好评。公司还自筹资金开发了利用废旧轮胎生产胶粉项目，为消除“黑色污染”作努力，已与加拿大某集团公司达成协议，积极筹建废旧家电回收、拆解项目。

公司决心抓住我国“中部崛起”的机遇，充分发挥武汉市作为特大城市的辐射作用，为资源的再生利用和循环经济作出我们的积极贡献。

地址：武汉市硚口区常码头441号　　邮　编：430034

电话/传真：027-83535565　　E-mail：whzs2006@tom.com

收拆破碎分离
信息网络管理

综合利用集中
政府联手监管

上海市报废汽车回收拆解破碎行业自 2002 年 10 月起，根据上海市经委确定的“收拆破碎分离、综合利用集中、信息网络管理、政府联手监管”的 24 字原则，按原国家经贸委规定的报废汽车回收企业控制总量，以 1 个回收中心、4 个拆车公司、1 个破碎公司的规模设置，简约为“1+4+1”体制模式。

一、推行“1+4+1”的体制框架。

上海机动车回收服务中心

地址：上海市闵行区宜山路 2016 号合川大厦一楼 A 区

企业规模：上海市全部报废机动车回收

电话：021-54225981

邮编：201103

上海交运巴士拆车有限公司

地址：上海市宝山区联谊路 388 号

公司规模：年拆车能力 30000 吨大型客车

电话：021-33700843

邮编：201907

上海机动车回收服务中心

Shanghai Motor Vehicle Recycle Service Centre

SMRS

上海莘庄拆车有限公司

地址：上海市闵行区顾戴路 3288 号

公司规模：年拆车能力 30000 吨各类中小型货车

电话：021-54885822

邮编：201100

上海宝钢钢铁资源有限公司（兼破碎公司）

地址：上海市宝山区铁山路 6 号

公司规模：年拆车能力 30000 吨各类中小型客车

年破碎（五大总成）能力 20000 吨

电话：021-56847183

邮编：200940

上海华东拆车有限公司

地址：上海市沪太路 4059 弄 198 号

公司规模：年拆车能力 30000 吨大型货车

电话：021-66621053

邮编：200436

回收中心的职能是统一回收报废机动车及代办相关办证业务；协助政府相关部门监管报废机动车回收、拆解、破碎、综合利用的规范运作；定期向政府相关部门作报废机动车回收工作汇报。

拆车公司的职能是上门拖运报废机动车，按车型专业拆解，净化拆解环境，提高可再利用件的综合利用率和经济含量。四家拆车公司分别专业拆解大客、大货、小客、小货车。

破碎公司的职能是按法规将回收的“五大总成”破碎，禁止外流。

上海市公安局交警总队车管所在回收中心派设办证窗口现场办证；在“五大总成”破碎公司派驻民警现场凭“条形码”核验“五大总成”；在各拆车公司全部作业点安装摄像系统监控。

二、形成“ 四个统一 ”的管理模式。

一是体制上执行统一的布局。回收中心作为上海市唯一的报废机动车回收单位单列，4 个拆车公司按大客、大货、小客、小货等汽车类型专业定向拆解，1 个破碎公司统一破碎全部按法规上交的“ 五大总成 ”。回收中心在每个拆车公司派驻业务员实地核验发动机号和车架号等主要信息，极力保证报废机动车回收的零差错。

二是流程上严肃统一的形式。其主要特点是整个运作过程始终处于有效监控状态。回收中心在收集到齐全合法的证件资料和车辆后，相关信息输入数据库并在“ 五大总成 ”上贴就“ 条形码 ”锁定；拆车公司的专职人员上门查验信息对号拖车并在四个工作日内将拆解的“ 五大总成 ”送交破碎；回收中心汇总资料送公安办证窗口办证并将信息在网上公布供社会查询和监督，极力保证按流程操作的零差错。

三是地域上布设统一的网点。50 多位汽车类业务员按区域和行业划定工作范围，强调上门服务、强调持证服务、强调 8 个工作日内办妥报废手续的守时服务；所有报废车由各拆车公司根据回收中心出具的拖运单统一上门拖运，一经委托，全程办理；在各区县设立 11 个摩托车和轻便摩托车回收点，极力保证服务范围的零差错。

四是信息上建立统一的平台。整个操作系统实行计算机网

络指纹化管理，填单申报、盖章确认、统计结算、网上申请、信息跟踪、资料查询等，均在局域网内进行，实时监控流程进展，并经授权可远程操作。设立961968公共平台提供社会信息咨询服务。极力保证报废信息的零差错。

三、凸现程序监管的执法力度。

回收中心坚守三个节点。一是收准车辆，业务员上门服务按相关证件核对实物，杜绝张冠李戴；二是贴妥条形码，将依法移交不得外流的“五大总成”以条形码一一对应的形式锁定；三是建立电子档案，将公安办妥报废手续的纸质档案以电子拍照的形式锁定，原始文档不可更改不遗失。

拆车公司坚守二个节点。一是依法移交“五大总成”，在规定的四个工作日内将条形码锁定的“五大总成”专车专人移交破碎公司，杜绝外流；二是依法在公安录像监控视线内作业，保证车辆拆解无一遗漏。

破碎公司坚守一个节点。依法将移交的“五大总成”破碎不流失。

公安部门坚守二个节点。一是派警员在破碎公司现场监销“五大总成”；二是派警员在回收中心现场办证。

政府部门坚守二个节点。一是通过信息平台对全部报废信息实时监控，二是通过行业例会对行业进行工作指导和信息交流。

BAOSTEEL 上海宝钢钢铁资源有限公司
Shanghai Baosteel Iron&Steel Resources Co., Ltd.

参与环保流通
共创绿色繁荣

厂区大门

绿色环保拆解线

上海宝钢钢铁资源有限公司成立于2002年10月，是国务院、上海市政府指定的报废车辆拆解企业，是宝钢集团宝钢资源有限公司的国有全资子公司。公司主要负责上海市内小型报废客车的回收拆解工作，同时还承担上海市内其他拆解企业“五大总成”的破碎任务。

公司投资1200万元兴建拆解厂房与环保拆解线，年设计拆解报废车辆20000辆，破碎五大总成2万吨。公司还投资20余万元购置了专业检测设备，对再利用汽配件进行有效检测后销售。公司实行零售及批量的销售模式，对零售的再利用汽配件实行定价销售，客户可以通过触摸屏进入自助查询系统，了解所需汽配件的型号、价格。生铝、铜等可利用材料销售给生产厂家和加工企业。

上海宝钢钢铁资源有限公司积极参与废旧车辆回收利用产业，为有效保护环境，促进资源回收利用，履行宝钢应尽的义务。

立体车架

翻转机

电器检测修复设备

销售电话：021-56847183

联系地址：上海市宝山区铁山路6号

公司网址：www.baosteelresources.com

门市部网址：bisrcc.zz91.com

上海华东拆车有限公司

中国物资再生协会常务理事单位

上海市汽车工程学会汽车回收利用技术专业委员会会员单位

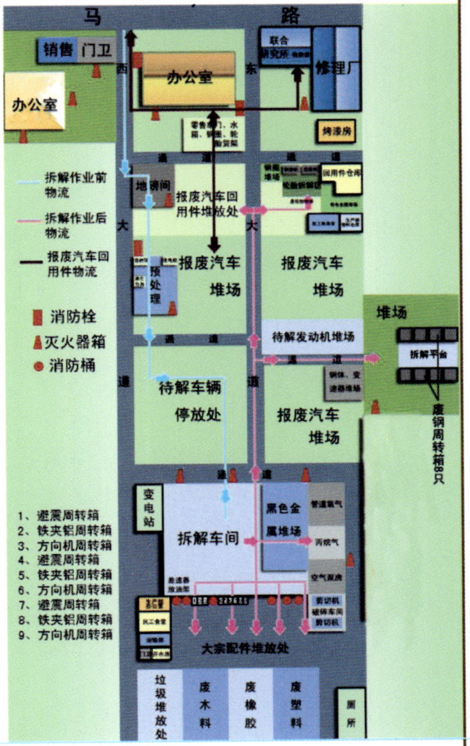

2001 年国务院发布 307 号令后，作为上海市废旧汽车拆解行业的试点，经重组、改制而成的股份制企业。

近几年来，在上海市科委的支持下，通过与上海交通大学“产、学、研”合作，初步建立了上海市报废汽车回收利用示范工程，并承担了科技部“十一五”科技支撑项目课题，建成了发动机零部件再制造中试生产线初步形成了可以推广的发动机再制造技术解决方案。

可持续：

从“中国制造”

到“中国再制造”

再制造：

回收利用的最佳形式

▲新会双水拆船钢铁有限公司办公楼

江门市新会双水拆船钢铁有限公司简介

江门市新会双水拆船钢铁有限公司成立于1984年，企业位于广东省江门市新会区双水镇工业开发区。经过20多年的不断发展，已由单一的拆船企业转变为集拆船、铸造箱角、轧制型材、生产无缝钢管于一体的多元化企业。目前全公司占地面积476平方千米，厂房建筑面积62.8平方千米，员工2315人，固定资产总值3.3亿元，年产值20亿元。

我公司成立以来，共拆解各类船舶350多万轻吨；为国家提供钢铁资源330多万吨，铜、铝等有色金属材料3.5万吨。从1998年企业进入快速发展时期至今，拆船产值共50亿元，上交税收超3亿元（包括海关税、国税、地税）。目前，公司拆解能力达100万轻吨，是全国最大的拆船企业；2003年实拆解量为70多万轻吨，在世界拆船企业中排名第一。我公司也是我国首家获得ISO14001和OSHM18001认证的拆船企业。近几年，为推动我国拆船业可持续发展，我们通过技术攻关，综合利用拆船废钢资源进行深加工，生产集装箱角铸件、集装箱内角柱和汽车配件等一系列高附加值产品。我们坚持“技术高起点，生产大规模”和“以质量为本，走向世界”的指导思想和经营策略，通过引进工艺及进行技术改良，在集装箱角铸件及集装箱内角柱产品的生产规模、产品质量和经营管理方面都上了一个新台阶。2005年11月被国家定为第一批循环经济试点企业。集装箱角铸件和内角柱于1996年先后取得法国、英国、德国、美国、中国、韩国和挪威等多家船级社的质量认证和工厂生产许可证书；于1998年又一次性通过了ISO9002国际质量管理体系认证，并于2003年6月复审，顺利通过ISO9001：2000认证；于2007年5月顺利获取ISO14001:2004环境管理体系及GB/T2800-2001职业健康安全管理体系认可证书。无缝钢管于2006年起先后获取压力管道特种设备许可证及ISO9001:2000质量管理体系认可证书。公司现有箱角生产线9条、型材生产线2条、50—90穿孔机6台，年产集装箱角铸件120万套、集装箱内角柱及各种规格型材30万吨、各种规格的无缝钢管10万吨。我公司拆船、箱角、型材三家企业是中国目前规模最大、设备最先进、品种最齐全的生产企业；连续多年成为全国同行业产销量冠军。

地　址：中国广东省江门市新会区双水镇工业开发区

邮　编：529153

电　话：0750-6411487　0750-6412416

传　真：0750-6411170

E-mail：sssb88@126.com

网　址：www.sbsteel.com

▲废水处理中心

▲建立绿色拆船基地

▲拆船物资三大循环示意图

▲江门市嘉能再生资源回收利用产业基地鸟瞰

江门市嘉能再生资源回收利用产业基地

江门市位于广东省沿海地区，是珠江三角洲经济区的中心城市之一，素有“中国第一侨乡”之美称，管辖“三区四市”（蓬江区、江海区、新会区、台山市、开平市、恩平市、鹤山市，简称“五邑”），土地总面积9541平方公里，常住人口410万人。其中市区面积1818平方公里，人口120万人。据统计，2007年全市完成GDP1095.33亿元，工业总产值2235.47亿元，实际利用外资7.83亿美元，实现进出口总额123亿美元，地方财政一般预算收入62.43亿元，在岗职工年人均工资收入19376元，农村居民年人均纯收入5887元。

江门市嘉能再生资源回收利用产业基地是华南地区规模最大的一个环保型再生资源回收利用示范基地，位于经济发达珠三角地带的著名侨乡广东江门，毗邻港、澳沿海。人民生活比较富裕，对日常生活用品特别是家电产品的需求不断提高，旧商品的淘汰和新商品的引进日益加速。再生资源回收利用蕴藏着巨大商机，正为有识之士青睐和挖掘。江门市嘉能再生资源回收利用产业基地正是顺应这一产业成长大势，遵照政府关于大力培育再生资源回收利用、发展循环经济、建设节约型社会的指示精神而诞生。

江门市嘉能再生资源回收利用产业基地在中国物资再生协会和江门市有关职能部门的支持下，由江门市嘉能再生资源回收市场有限公司独家投资兴建的大型再生资源回收、交易、科研、深加工综合示范基地。市场占地面积500余亩，首期开发200亩。主要经营范围为：废旧金属、废旧塑料、废旧电器电子产品（电脑、手机、冰箱、空调、音箱、VCD、录像机、洗衣机、传真机、复印机等）、废旧五金机械、废旧玻璃、废杂件、废杂电产品、废纸及其他生产性废旧金属、废旧物资及古董一条街等等。

▲功能规划

▲江门市嘉能再生资源回收利用产业基地

地址：广东省江门市蓬江区杜阮榭五指山　　邮编：529000
电话：0750-3093898/3661555　　传真：0750-3661555
网址：www.jnjrsc.com.cn　　邮箱：morepower@21cn.com

全心全意为客户提供优质的服务是我们永恒的宗旨

广东中南人防废旧物资回收公司

GUANGDONG ZHONGNANRENFANG WASTE MATERIAL RECYCLING COMPANIES

公司简介

广东中南人防废旧物资回收公司原系广州军区直属企业，主要回收拆解军队报废的汽车、坦克、飞机、舰艇、通信设备等装备。2000年移交地方政府，现隶属于广东省人民政府属下广晟国有资产经营管理公司，为国有独资企业，是广州市财政局国有资产报废设备回收指定单位。

公司位于广州市白云区钟落潭镇乌溪村105国道新扩段西侧，占地面积57000平方米，办公及拆解车间3000平方米，水泥地面8000平方米。经公安局消防部门和广州市环保研究所检验、评估，消防设施和环保条件均为合格。

公司现有职工53名，专业技术人员12名，技术力量雄厚。拖车、吊车、叉车及装载机、剪铁机、切割机、氟利昂回收储存装置等拆解设施设备一应俱全。

经过十多年的辛勤开拓，公司已形成了立足广州、深入全省、拓展全国和海外市场的战略格局，成为广东省单体回收拆解报废汽车规模最大的一家企业，先后为部队、武警、公安、公交运营单位及个体车主提供了优质的回收拆解报废汽车和“三无”车辆的服务。

联系方式

地　址：广州市白云区钟落潭镇乌溪村105国道西

邮　编：510545　　　　　　联系人：李兴飞

电　话：020-87446866

传　真：020-87480798

广东奥美特集团有限公司
GuangDong O'meet Group Co., Ltd.

奥美特集团是主要从事化工、环保科研、信息咨询、环境工程专项设计、环保工程专业承包施工、环境污染治理设施运营、危险废物综合处理利用、废旧物资回收加工等的高新科技型环保企业集团，先后成功为近千家企业完成了“三废”综合利用处理工程。

集团拥有回收网点500多个，现有员工5000多人，各类技术人员400多人，其中技术骨干（包括教授、专家及博士）80多人，同时，公司还积极开展对外技术合作与交流，先后与德国卡塞尔大学、中山大学、华南理工大学、湖南环保学院、长沙矿冶研究院等国内外知名院校、科研机构开展“产、学、研”全方位合作，并与华南理工大学合作建立了博士后工作站。

奥美特集团坚持贯彻国家可持续发展的战略方针，以落实科学发展观为目标，以建设绿色生态环境、保护人类共同家园为己任，组建了工程技术研发中心，对循环经济适用技术进行研发，切实推动我国循环经济的有效发展。

我集团下属企业惠州市奥美特环境科技有限公司以30名专业技术人员组成惠州市环保局唯一指定的环境突发事故应急小组，以保证惠州市环境保护部门紧急处理环境污染突发事件的能力，并为各类企业提供环境突发事故应急保障，被相关企业称为“环境突发事故消防队”。

目前，各下属公司已取得的资质证书有：“环境污染治理设施运营资质证书（甲级）”、“环境工程专项工程设计（乙级）”、“环保工程专业承包企业资质（三级）”、“危险废物经营许可证”、“七类进口废五金定点企业”、“剧毒化学品使用备案证”、“道路运输经营许可证”、“ISO14001环境管理体系认证”、“ISO9001质量管理体系认证”、“广东省高新技术企业单位”、“广东省民营科技企业单位”。

集团以“保护资源和环境就是保护生产力、改善资源的环境就是发展生产力”为企业发展宗旨，坚持“以信誉赢得客户，凭商德广交朋友”的经营理念，树立人与自然和谐相处的生态文明观，与社会各界真诚合作，利用环保科技造福人类，携手共创美好家园！

地　址：广东省惠州市江北云山西路双子星国际商务大厦B－19楼（邮编：516001）
联系人：郭伟　　电　话：0752－2839666　　传　真：0752－2866087
网　址：www.omeet.cc　　E-mail：omeet@omeet.cc

广钢 GISE 广州市金属回收公司

广州市物资再生协会会长、广州市金属回收公司总经理周锦标

赴山东同行企业交流经验

协会第三届理事会议

区县会员单位学习交流

广州市金属回收公司始建于1977年，是经国家、省、市审核认定的广州市属唯一合法的报废汽车回收（拆解）企业，是广州地区最早从事废旧金属、废旧物资、报废机械设备、报废机动车回收（拆解）加工的专业公司，是《中国资源综合利用》杂志协办单位、中国物资再生协会常务理事单位、广州市物资再生协会会长单位。

公司现有员工近300人,另聘用约200名技术及劳务人员。下设：贸易部及员村分公司、购销部、肖岗分公司、番禺报废汽车金属回收有限公司、花都区金属回收公司、从化市金属材料回收公司、增城市金属回收公司。经营范围主要包括：报废机动车、报废设备设施、废办公用品、废黑色金属、废有色金属等废旧物资的回收，以及生铁、焦炭等的贸易业务。公司生产经营面积20万多平方米，拥有铁路专用线、龙门吊、拯救车、汽车吊、运输吊装车、货车等大型运输设备以及剪切机、液压打包机、装载机、割具等加工设备；拥有一支经验丰富、业务素质高的业务员队伍和拆解车辆的专业技术人才队伍。公司秉承“顾客至上、服务第一”的服务宗旨，不断强化业务人员的服务意识，着力塑造优质服务的企业形象。在回收工作中提倡“三勤”、“三及时”的服务精神，即：勤下厂、勤宣传、勤回收，及时清扫、及时结算、及时运输。为办理报废汽车的车主提供“送表上门——免费拖车——验证——验车——办理报废车手续——代办更新补贴”的“一条龙”服务。

公司在广钢集团大力支持下，贯彻“做大做强主业”的战略决策，积极开拓新业务，形成了一业为主、多种经营并行发展的格局。我们以优质的服务、严格的管理、良好的信誉赢得了广大客户以及公安交警、海关等政府部门的信任和支持，享有良好的社会声誉。

广州市金属回收公司总部	地址：广州市越秀区纸行路148号	电话：020-81302627 / 81302484
番禺报废汽车金属回收有限公司	地址：番禺区沙头街北海村北津大道北6号	电话：020-84804825 / 84804805
花都区金属回收公司	地址：花都区新华镇107国道三华路段落	电话：020-86860717 / 86863081
从化市金属材料回收公司	地址：从化市鳌头镇棋杆岭南步美社元岗岭	电话：020-87985666 / 87982631
增城市金属回收公司	地址：增城市荔城镇莲园路2号	电话：020-82752315

海丰县皆富塑料有限公司

HELPFUL PLASTIC RECYCLING CP.,LTD.

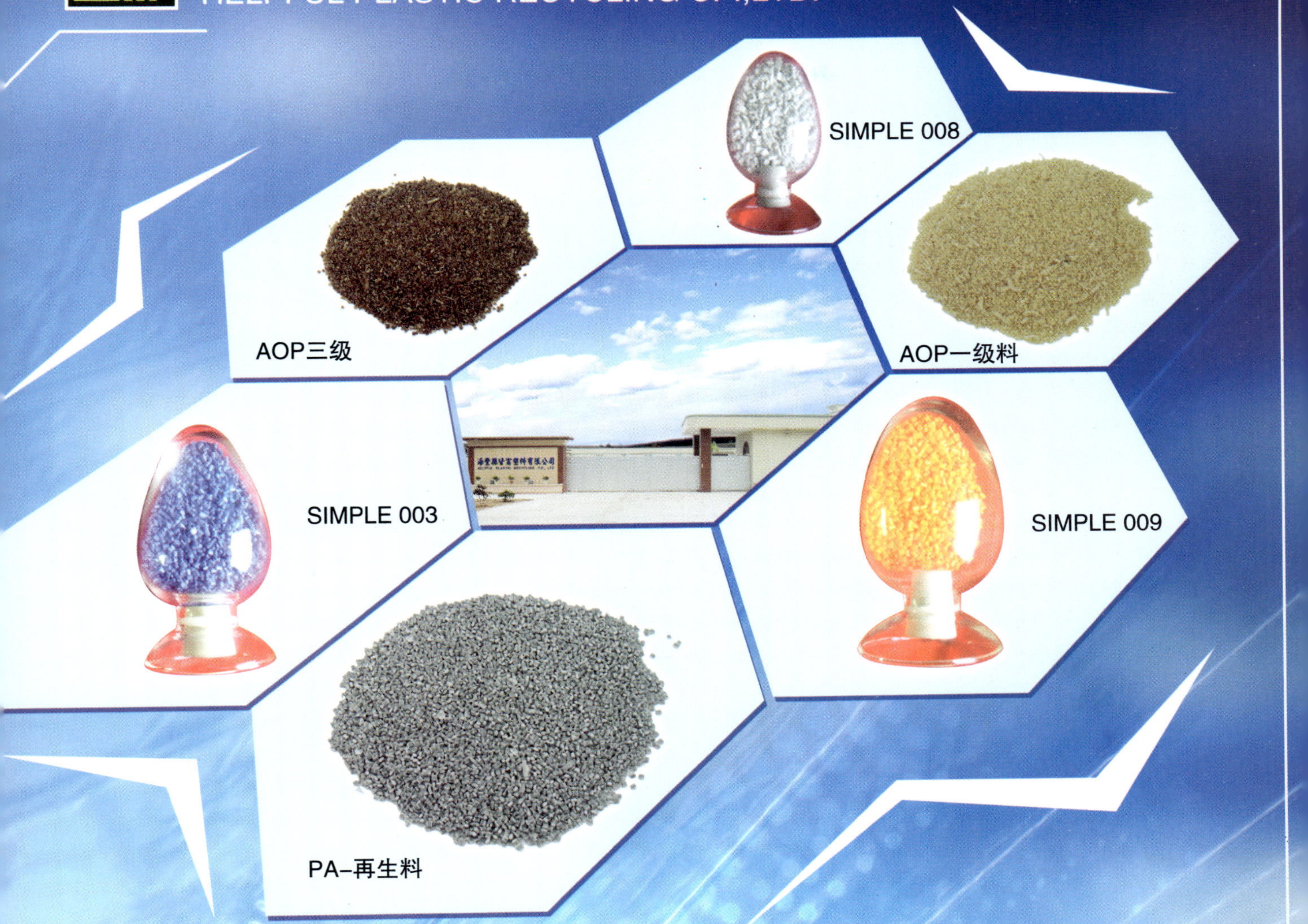

海丰县皆富塑料有限公司 简 介

海丰县皆富塑料有限公司成立于2005年5月，厂址在海丰县小漠镇工业区内，占地20000平方米，计划总投资2000万元人民币，目前，已建成具有环保概念、节能设计的新型厂房和办公综合楼各一幢，总面积3000多平方米。这里是汕尾市海丰县的西南边域，距制鞋名镇——黄埠、吉隆只有数公里，距离深汕高速公路白云仔出口和后门出口同为20多公里，距离香港国际机场约120公里、车程约3小时，距离深圳黄田机场约120公里、车程约2小时，距深圳盐田港国际货柜码头108公里，距汕尾港约40公里，人流、物流畅通便捷，环境优美，山青水绿，群山环抱。

公司始终贯彻“节能减排，降耗增效，循环利用，变废为宝”的十六字方针，以高度的社会责任感，超前的环保意识，积极、主动配合政府推行的环保措施和节能减排的号召，目标是要建成一家符合环保要求的废塑料回收再利用的一流企业，通过回收再利用，减少废弃物的排放，净化环境，也降低对新原料的需求，从而减少资源的无度采挖对环境造成的污染，树立回收企业的新形象。

公司在节能减排、降耗方面下了一番功夫，为绿色事业创造了两个亮点：（1）已在本行业内制造了第一台电磁热能挤出拉粒机组，节电率达40%。（2）研发了机械冷却水热交换系统。把冷却机械的热水，回收作日常用水，降低了用电的需求，达到了节能减排的目的。

“皆富”作为有高度社会责任感的一家企业，将为自然环境的绿化、人类生存环境的优化作出不懈的努力！

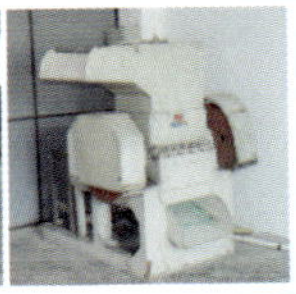

地址：广东省海丰县小漠镇工业区　邮编：516468

电话：0660–6723666　传真：0660–6723667

E–mail：kent@fareast.hk.cn

湖北金洋冶金股份有限公司

HUBEI JINYANG METALLURGICAL INCORPORATED CO. LTD

中央政治局委员、原湖北省委书记俞正声来公司视察循环经济发展工作

湖北金洋冶金股份有限公司成立于1985年，1994年改制为股份有限公司。位于道教圣地武当山东麓，历史文化名城襄樊和车城十堰之间的千年古镇---石花镇。公司占地面积4.5万平方米，现有员工232人。公司经营范围：生产销售铅及铅合金、废有色金属回收再生冶炼、加工，自营产品出口和经营所需原材料进口业务。是以回收废旧铅蓄电池、进口第七类废金属、生产铅及铅合金、铅制品产品为主，并综合回收塑料、锑、铝、铜等金属的综合性废金属再生冶炼企业。公司先后被授予：国家科技攻关项目“无污染再生铅技术”科技示范厂、“国家火炬计划谷城节能与环保产业基地骨干企业”、“全国守合同重信用企业”、“湖北省高新技术企业”、“国家循环经济试点单位（第二批）”、“湖北省循环经济试点单位”的荣誉称号，获得国家环保局核定的“第七类废物定点加工利用企业”、湖北省环保局颁发的“危险废物经营许可证”企业资质。通过了ISO9001、ISO/TS16949质量管理体系认证和ISO14000环境管理体系认证。

公司秉承“资源有限 创造无限”的企业发展理念，“十一五”期间以资源综合利用和环境净化保护为使命，创建资源节约型、环境友好型企业，到2010年铅、铝金属产量达20万吨、产值达20亿元。建成国内一流的废旧铅酸蓄电池综合利用和循环经济示范企业，力争成为国内质量、服务最优的亚洲最具有竞争力的再生金属综合利用企业。

●公司荣誉

“国家火炬计划谷城节能与环保产业基地骨干企业”
“全国守合同重信用企业”
“国家循环经济试点单位(第二批)”
“湖北省循环经济试点单位(第一批)”
“湖北省高新技术企业”

●企业资质

“第七类进口废物定点加工利用单位”
“湖北省危险废物经营许可单位”
“ISO9001：2000、ISO/16949：2002质量管理体系认证”
“ISO14000环境管理体系认证”

●发明专利

“铅基合金深度脱氧工艺”
“锑硒合金生产工艺”

●产品荣誉

“湖北省著名商标”
“湖北省地产最畅销产品”
“湖北省名牌产品”
“有色金属产品实物质量金杯奖证书”

●主要设备

预处理破碎分选、短窑冶炼、收尘系统、检测中心直读光谱仪

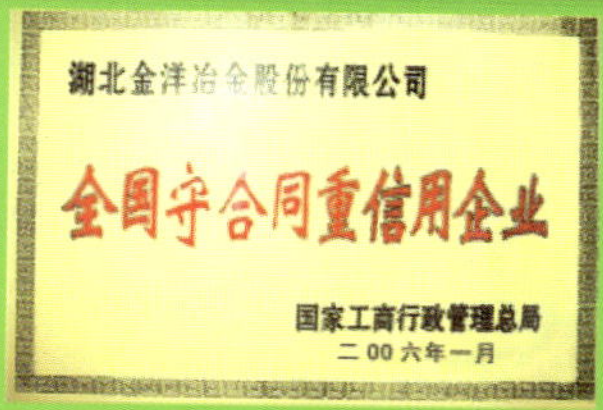

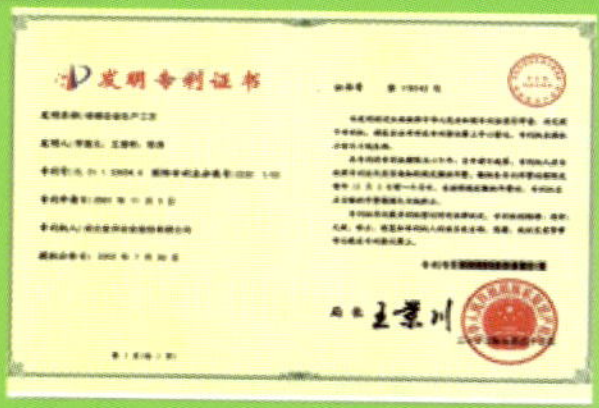

地址：湖北省谷城县石花镇武当路87号 邮编：441705
电话：0710-7611547 7611788
传真：0710-7611658
网址：www.hbjyyj.com
邮箱：jyyj@vip.163.com

园区介绍

▲监管仓库

▲危废处置中心

▲污水处理厂

▲国家级综合验收评审会现场

烟台资源再生加工区坐落于国务院首批批准的国家级开发区——烟台经济技术开发区内。2005年8月，国家环保总局批复园区“圈区”建设；2006年5月被烟台市政府确定为烟台市循环经济试点示范园区；2007年1月被山东省政府确定为山东省重点培育的循环经济型园区；2007年8月率先通过国家级综合验收，成为国家级进口废物“圈区管理”园区，这标志着烟台资源再生加工区从此成为境外废物的合法进口加工拆解区域，入园企业凡是达到国家环保部等有关部门规定的条件都能获得进口废物加工利用定点资质和进口废物许可证。

园区规划面积6.67平方公里，按功能划分成生产加工区、管理服务区、污染处理区三大区域；按废旧物资类别，分设不同的专属加工区，形成了上下游产业相关联、同类型企业相聚集的产业发展格局。

园区地理位置优越。与日本、韩国隔海相望，东邻绕城高速八角出口，西邻规划中的烟台机场、德龙烟铁路，南邻264省道，北邻亿吨深水大港，是公路、铁路、海运、空运的连接腹地，具有明显的区位优势和较强的市场辐射力，可为再生资源原料和产品的进出口提供广阔的海外市场。

园区基础设施配套完善。政府相继投资4亿多元，用于道路交通、水、电、暖等基础设施建设，已经实现了“七通一平”，一个高标准、现代化的资源再生加工示范区已形成。为规范管理、杜绝二次污染，园区分别建设了“圈区管理”的围挡、专门的进出通道、专用监管区、专用监管仓库、污水处理厂、危险废物处置中心、供水供电和雨污水输送管道及园区道路，安装了电子地磅系统、电子车牌识别系统、集装箱识别系统、视频监控系统、通道式放射性探测系统及其他查验辅助机械设备等，海关、商检、环保、税务、工商等部门联合提供一条龙式的监管服务，使入园企业在政府打造的国际一流的共享平台上又好又快地发展。

目前入园企业60多家，投资总额超过2.8亿美元，从业人数近万人，年加工拆解国内外各种废旧物资近百万吨。

资源有限、循环无限、和谐发展、造福全球，是园区建设的初衷和目的；政府搭台、企业唱戏、政府发展、企业发财，是烟台资源再生加工示范区管理局的工作宗旨；高起点规划、高标准建设、高效能管理，努力建成科技型、经济型、环保型的循环经济示范园区，打造中国资源再生产业的示范基地，是我们努力的方向。欢迎海内外有志之士前来投资兴业。

青岛市金属回收加工厂始建于1983年，占地80余亩，从事回收拆解经营业务20余年，是青岛市规模最大的报废汽车定点回收企业。公司连续多年被评为“青岛市文明单位”、城阳区“经济发展强企”、“思想政治工作先进单位”、“城阳区先进党支部”、“城阳区平安企业”、“ＡＡＡ级资信企业”。

▲董事长、党支部书记、总经理　庄游传

青岛市金属回收加工厂

为适应金属回收市场日渐放开、竞争愈加激烈的形势，公司在庄游传董事长的领导下，全体员工团结一心，奋力开拓，抓住机遇，用现代化的管理手段和经营理念拓展市场。在抓好废金属回收和车辆报废更新工作的同时，充分利用青岛市改革开放的大好机遇和自身丰富的土地资源及优越的环境条件，盘活固定资产，进行招商引资，在短短几年时间里建设多处通用厂房和网点，引进六家外资企业，带来了可观的经济效益，为企业的长远发展提供了资金保证，确保了回收工作的顺利开展，推动企业向多元化、规模化发展。经过短短几年的拼搏和努力，全厂固定资产由原来的122万元增加到3600万元，职工的各项保险和福利待遇逐年增加。现在我厂招商引资成果显著，已实现了招商引资的新局面，发展成为青岛市回收行业的龙头企业。

▲办公区一角

▲回收拆解货场

地　　址：青岛市城阳区流亭街道仙家寨

邮　　编：266108

电　　话：0532-66910071

传　　真：0532-66911221

华宏科技
Huahong Technology

简介

江苏华宏科技股份有限公司是江苏华宏集团下属的骨干企业，是国内废旧物资回收机械行业中的知名企业，是国内生产大型液压设备的专业厂商，是目前亚洲最大的液压打包机械生产基地。

公司位于长江金三角地区、全国百强县之首的江苏江阴市，境内有35公里长江黄金水道，京沪高速、沪宁高速、新长铁路纵横贯通。北枕长江、南临太湖、西接南京、东连上海，地理位置优越，交通十分便捷。

公司经过多年的发展壮大，至今已形成年产8000多台套大中型液压机械的生产能力，形成十大系列产品。截至目前，公司产品已拥有十余项国家专利，其中发明专利两项，并填补了国内空白。公司自行研发的金属打包液压机、液压废金属剪断机于2004年双双通过江苏省新技术产品和科技成果鉴定，被认定为“江苏省高新技术产品”，同年，企业被江苏省科学技术局认定为“江苏省高新技术企业”，公司产品被江苏省名牌战略推进委员会认定为“江苏省名牌产品”。

华宏牌液压机械在国内同类产品中，市场占有率达60%以上，并走出国门，远销亚、欧、美洲等30多个国家和地区。

志存高远、展望未来，华宏人将以不懈的努力赢得您的信赖和支持，华宏科技期待与您的真诚合作。

江苏华宏科技股份有限公司产品展示

客户热线：0510-86900661

地址：江苏省江阴市周庄工业园华宏区

http：//www.cn-huahong.com

http：//www.hhyyjx.com

E-mail：info@huahong-group.com

E-mail：info@hhyyjx.com

销售部电话：0510-86223534 / 86221734

传真：0510-86221534

外贸部电话：86-510-86239361

传真：86-510-86225301

中国资源综合利用

■《中国核心期刊（遴选）数据库》全文收录期刊 ■《中国学术期刊综合评价数据库》统计源期刊 ■《中国期刊全文数据库》收录

ISSN 1008-9500
CN 32-1332/TG

《中国资源综合利用》（月刊） 由国家发展和改革委员会环境与资源综合利用司指导，中国物资再生协会和物资再生利用研究所主办，固体废弃物资源化国家工程研究中心联办，具有理论指导性强，信息量多报道全面，实用性强等特点，系指导类综合性科技期刊，国内外公开发行。

国内邮发代号：28-174；国外邮发代号：DK32014；广告经营许可证号：3203004000013

《中国资源综合利用》面向政府资源综合利用与环境保护管理部门，面向工矿企业，科研单位及高等院校，涉及冶金，建材，造纸，塑料，橡胶，农业，污水处理，垃圾治理，废家电回收等诸多行业，是资源综合利用，环境保护，循环经济领域颇具影响力的刊物之一。

本刊订价为96元/年（含邮费），全年12期。

欢迎广大读者继续踊跃订阅，惠登广告。

地址：江苏徐州市黄河南路65号 电话/传真：0516-85736600 邮编：221006 E-Mail：crcu@pub.xz.jsinfo.net

江苏省物联再生资源利用产业集团有限公司

Jiangsu Wulian Recyclable Resources Utilization Industry Group Ltd.

简　介 | BRIEF INTRODUCTION

苏物联董事长兼总经理姚祥平(左一）陪同省供销社袁静波主任(右一)参观

江苏省物联再生资源利用产业集团有限公司（简称苏物联），是江苏省供销合作总社等多家股东投资设立的省级再生资源回收龙头企业，江苏省循环经济试点单位。经营范围包括：废旧物资（含生产性废旧金属）收购、加工、销售；报废汽车拆解；冶金炉料、生铁、金属材料、木材、石油制品、化工原料及产品、纺织原料及产品、棉花、农副产品、建筑材料、五金交电、日用杂品、有色金属、造纸原料、橡胶及产品、农业生产资料、焦炭销售；科研开发，商品信息咨询服务；自营和代理各类商品及技术的进出口业务。

为改变废旧物资回收行业存在的“组织散、秩序乱、管理差”状况，近年来，苏物联积极探索，致力于运用现代经营方式改造传统回收网络，取得了一定的成效。以货场为基础，开展了以“六个统一”为标准的连锁经营。目前，苏物联在全省拥有苏南、苏皖、苏润、东南、常州、沭阳、涟水、淮海、金银、华泰等10个专业废旧物资经营企业，1个设备调剂市场，主要经营废钢、废铜、废塑料、废纸等20多种各类废旧物资，年经营总量达300万吨。

“十一五”期间，苏物联将重点实施三大工程建设：一是“四个一”连锁网络体系建设工程，即一市（县）一场、一镇（乡）一站、一村（社区）一点、一人（流动收购人员）一卡，建立和完善新型城乡再生资源回收体系；二是集集散、交易、加工于一体的“三J”产业园建设工程，即以经济区域为中心，在苏北沭阳、苏中海安、苏南溧水等地规划建设再生资源循环产业园；三是网上在线收废工程，利用所创办的“中华再生资源网”和“江苏在线收废网”，探索“在线收废、电话收废、环保收废”，从而大大提高全省再生资源回收利用的规范化、组织化、现代化、网络化和产业化水平，为发展循环经济、建设节约型社会作出更大贡献。

全国供销合作总社和江苏省供销合作总社分别授予苏物联“文明服务示范单位”称号及“连锁网络建设先进单位”、“供销合作社二十强企业”、“创新创优先进单位”、“发展连锁经营先进单位”称号。

产业园区 | 3-FUNCTION INDUSTRY GARDEN

为了提高我省再生资源回收利用的产业化、规模化、无害化水平，促进循环经济发展，苏物联在交通方便的产业集群地带海安、沭阳、溧水等地规划建设了集散、加工、交易三位一体的再生资源“三J”产业园，先后与当地政府签订了合作协议，其中沭阳项目已被省发改委列入“省服务业重点项目”。

沭阳三J产业园鸟瞰图

多元经营 | MULTIRAIANT OPERATIONS

江苏省物联环保科技有限公司

江苏物联大新连锁货场

江苏物联铁心桥废纸打包场

江苏物联投资企业

江苏物联木塑产品

江苏物联茅山茶园

兰州东立物资再生利用有限公司
甘肃西部废金属专业市场有限公司

公司简介

兰州东立物资再生利用有限公司成立于1992年5月，位于兰州市七里河区西津西路968号，属兰州市商业贸易委员会主管。现从业人员148人，其中国有职工36人，大专以上学历40余人，公司设置党委、工会、人劳处、党政办公室、精神文明办、财务处、业务处、安检处、经济民警中队等处室，并下设甘肃西部废旧金属专业市场等分支机构以及13个收购网点。公司主要经营报废汽车拆解、各种废旧有色、黑色金属及各种废旧机电设备、旧货业的回收及销售。

公司自创办以来，2004、2005、2006年先后被中国市场委员会评为“先进单位”、“最具影响力奖”单位、“中国四星级商品交易市场”、“2006：全国十大旧货市场”，2007年被国家工商行政管理总局评为“守合同重信用企业”，并多次被兰州市人民政府、甘肃省工商行政管理局、甘肃省消费者协会、兰州市消费者协会等单位评为“最佳市场”、“先进单位”、“守合同重信用企业”、市级“文明单位”、“诚信单位”等荣誉称号。

公司自创建至今，经过十余年的发展，不但形成了自己的品牌特色，更为兰州乃至西北地区的废旧行业发展起到了领航作用。今天的东立公司，在消费者和经营者的心目中就是品牌与信誉的象征。为使企业不断发展壮大，更好地提升企业形象，寻求发展机遇，我公司全面调整市场布局，不断提高服务质量，用全新的管理理念，展现全新的企业形象，最终形成合理物流，获得了满意的经济效益和社会效益。

地　址：兰州市七里河区西津西路968号　　**邮编：**730050

联系人：保林　　**电　话：**0931－2581998/2502061

传　真：0931-2568303　　**E-mail：**xbdlfjs@126.com

江苏省无锡市金恒物资有限公司

▲无锡市金恒物资有限公司
董事长 总经理 何若秋先生

总部地址：无锡市中山路199号
联系电话：0510-82703077
传　　真：0510-82703512
联 系 人：办公室主任　罗尧均

江苏省无锡市金恒物资有限公司的前身是创建于1977年3月的无锡市金属回收公司。1998年6月，根据无锡市政府关于中小国有企业实施股份制改革的精神，在原有公司的基础上，成立了无锡市金恒物资有限公司。无锡市金恒物资有限公司是江苏省无锡市唯一获得废金属回收、报废汽车回收拆解资质证的专营公司。经营范围主要有：废金属回收、废旧物资回收、金属材料、炉料、汽车配件、报废汽车回收拆解等。公司一贯按照现代化企业的管理要求，始终坚持“发展、创新、高效、共赢”的办企业方针，以“诚信为本、规范经营、抓好主业、多元发展、资源共享、服务第一”为经营宗旨，以人为本，努力创建社会主义和谐企业。目前公司拥有员工105人，各类专技人员32人。公司办公大楼地处无锡市繁华市中心，面积1400平方米，生产经营场地及仓库36000平方米，注册资金350万元。凭借企业良好的声誉和高素质的专业队伍，依靠先进的经营理念、优良的品质、稳定的资源、畅通的销售渠道，公司日益强大。2007年公司全年回收废钢铁45000吨，金属材料年销售3000吨，年报废汽车回收拆解1050辆。全年销售总额达1.5亿元。

公司在无锡市具有良好的声誉，多次荣获无锡市文明单位，企业党组织曾获无锡市先进党组织荣誉称号，2006年被评为中国最具竞争力的再生资源综合利用企业。

在长期的经营中，公司认真执行国家的法律、法规，自觉守法经营，以诚待人，获得了众多企业单位的信赖和支持，并在业界树立了良好的口碑。

多年来，公司坚持多元化创新发展的思路，适应市场的变化和发展要求，全心全意为新老客户服务，不断开发市场信息资源，提高效益，降低成本，打造企业核心竞争力。面对新的机遇和挑战，我们愿和多方携手合作，开创更加辉煌的未来。

▲汽车拆车厂工场一

▲汽车拆车厂

▲露天钢材仓库

▲汽车拆车厂工场二

乘风破浪会有时
直挂云帆济沧海

徐州市物资再生利用有限公司

■公司简介

徐州市物资再生利用有限公司是主要从事废旧金属和报废汽车回收的专业公司，下设十二个回收分公司和回收站，年回收废钢10余万吨，销售超亿元。

公司在董事长庄荣福和全体职工的努力下，从一个开始仅有10万元流动资金，一度濒临兼并厄运的小企业，发展成为具有较大规模、较强实力的企业，曾多次获得徐州市“先进企业”、“文明单位”；江苏省、华东地区物资再生利用系统“先进企业”。内贸部、国家经贸委全国资源综合利用“先进企业”、“百强企业”等称号。公司董事长庄荣福被评为市劳动模范、优秀企业家、优秀共产党员、全国再生系统十佳企业家。在向市场经济体制转轨过程中，尤其是1993年以后，像其他物资企业一样，遇到了前所未有的困难为了尽快摆脱困难，公司认真分析形势，充分认识到只有改革，才是企业唯一出路。因此，果断决策对企业进行产权制度改革，着力进行经营机制转换。经营策略调整和市场开拓，公司自1997年10月实施改制以来，明晰了产权，创新了机制，增强了活力，壮大了实力，拓展了市场，企业面貌发生了根本变化。

目前，一企多制的格局已基本形成，特种行业的无形资产得到充分发挥、利用，企业的竞争力明显增强，市场占有率大大提高，企业找到了一条生存、发展的路子，走上了健康、平稳的发展轨道，物资销售收入、废金属回收量和市场占有率，实现了超历史、超周期发展。

企业在改革中得到了长足的发展，经营规模扩大，企业实力增强，职工队伍稳定，取得了社会效益和经济效益双丰收。

地　址：徐州市金山桥办事处北三楼　　**邮　编：**221004
联系人：庄荣福
电　话：0516-87793801
传　真：0516-87793801

亚星（太仓）再生资源开发有限公司

YAXING（TAICANG）RECYCLING DEVELOPMENT CO.,LTD

图一： 公司大门

图二： PE膜造粒

图三： 吹膜制袋车间

图四： 废水处理设备

地址：

江苏省太仓市浏河镇闸南工业区东元路18号

上海事务所：

上海市虹口区物华路288号爱家国际大厦4号楼801室

电话：021-63570907

传真：021-63570902

法人代表：

孙自强

E-mail：szq@188.com

行业地位：

中国物资再生协会副会长单位

中国塑协塑料再生利用专委会常务副会长单位

资质认证：

废塑料进口许可证

进口废物原料国内收货人登记

ISO14001认证

主要设备：

粉碎机6台，单螺杆造粒机8台，双螺杆造粒机1台，吹膜制袋机8台，树脂性能检测设备5种，废水处理装置1套

企业概要

日本独资企业，成立于1998年，占地10000m² 、厂房4000m²，每年进口边角料、块料、膜料、粉碎料等废塑料10000吨，具有分选、粉碎、清洗、造粒等加工能力，并用再生料生产黑色包装袋。主要产品为PP、PE、PET、ABS粉碎料和再生颗粒。

本公司讲求诚信和规范经营，具有良好的环保设施，清洗后的废水经处理装置实现循环使用。作为华东地区塑料再生加工行业的代表性企业，我们愿与同业合作，谋求双赢，回报社会。

联系人：

戴增荣　手机：13611736659

福建省龙岩市龙物报废汽车回收拆解有限公司

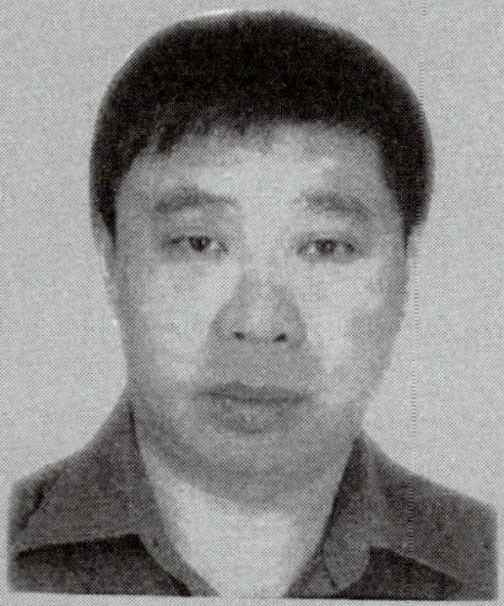

总经理 廖松

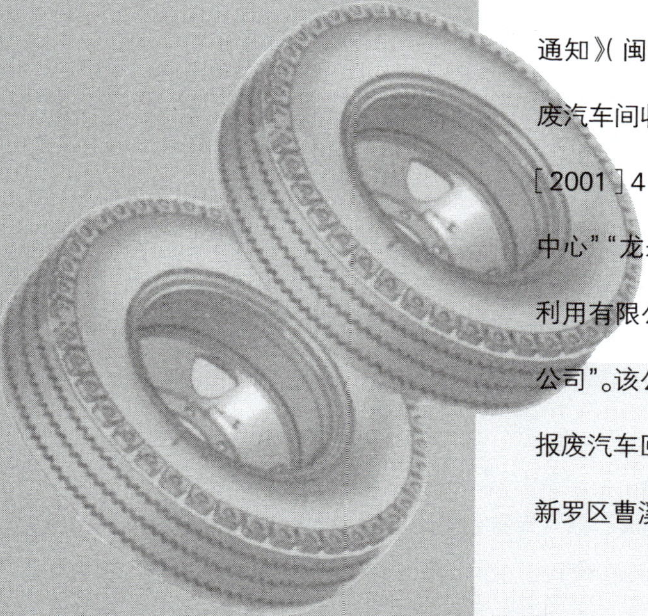

根据国务院《报废汽车回收管理办法》(国务院第307号令)、省经贸委《关于开展报废汽车回收企业重新认定工作的通知》(闽经贸贸管[2001]788号及龙岩市人民政府《关于报废汽车间收企业资格认定和整合工作协调会议纪要》(会议经要[2001]4号)精神，龙岩市已将原“龙岩市报废车辆回收拆解中心”“龙岩市供销汽车拆解有限公司”“龙岩市龙物物资再生利用有限公司”整合成为“龙岩市龙物报废汽车回收拆解有限公司”。该公司属龙岩市行政辖区内唯一取得资格认定的、经营报废汽车回收拆解业务的专业性公司，公司和定点拆解场设在新罗区曹溪镇月山村。

地　址：福建省龙岩市曹溪镇月山村

邮　编：364021

电　话：0597-2756435　2756855

传　真：0597-2756438

联系人：廖松

E-mail: lycj0597@163.com

承德市奥联资源再生利用有限公司

企业介绍

我公司是2002年原中二型国有企业——承德市物资再生利用总公司改制而成的股份制企业。企业注册资金200万元，总资产800余万。员工105人，其中技术人员22人。

公司现有设备：剪切机一台、装载机四台、压块机一台、地中衡一台、运输车20辆、汽车吊一台、汽割机数十把，公司现经营场地为2万平方米。

我公司是经国家商务部批准、河北省商务厅颁发资格证书的承德市唯一一家报废汽车合法经营企业，是经河北省商务厅批准并颁发废旧金属资格审核证的废旧金属合法经营企业。公司主要经营项目为报废汽车回收、废旧金属购销、废物物资交易市场、生铁冶炼加工、煤炭等业务。

联系信息

联系人：颜主任
电　话：0314-2258600　2258399
传　真：0314-2258600
邮　编：067000
地　址：承德市双桥区武阳花园小区1号办公楼五楼

廊坊市天成再生利用有限公司

企业介绍

进入河北省大厂县夏垫段102国道，您就会看到一座气势宏伟的仿古建筑大门和一排新颖别致的小楼，这就是1991年7月与中国物资再生利用北京公司联营的有限责任公司——廊坊市天成再生利用有限公司。初期总投资80万元，占地40亩，主营：回收部队退役报废的装备和旧金属、有色金属、工程机械、机电产品、金属材料。十四年创业，弹指一挥间。天成人凭借地处京、津、廊经济中心，交通便利，通讯发达的得天独厚的地理优势和“人为本、零起点、争第一”的企业精神，在市场经济风云中，赢得优秀的经营业绩，现已发展成拥有固定资产2500万元，占地100亩，下设配件公司、再生公司、有色金属回收公司、运输公司、旧机动车交易市场等四个公司和一个专业市场的企业。

联系信息

联系人：刘主任
电　话：0316-8861219　8861023
传　真：0316-8862547
邮　编：065301
地　址：廊坊市大厂县夏垫镇102国道南侧115号

廊坊市亚通报废汽车回收有限公司

企业介绍

廊坊市亚通报废汽车回收有限公司是于1999年3月经原经委批准的、专门从事我市报废汽车回收、拆解的专业公司。按内贸联发再字[1999]11号文件对报废汽车回收企业进行资格认定的要求，我公司于1999年10月取得了报废汽车回收、拆解企业资格；按国经贸资源[2001]773号文件、冀经贸资源[2002]190号文件对原有资格的报废汽车回收企业进行清理整顿和重新认定的要求，经省、市报废汽车回收企业资格认定委员会的检查验收，我公司于2002年10月取得我市报废汽车回收企业资格。

经营范围：报废汽车回收、生产性废旧金属回收。

联系信息

联系人：刘顺
电　话：0316-2612665　2616846　2616795
传　真：0316-2612665
邮　编：065000
地　址：廊坊市广阳区建设路4号

邢台市金属回收总公司

企业介绍

河北省邢台市金属回收总公司始建于1979年，位于邢台市新兴东大街18号，属国有企业。法人代表于建利，注册资金340万元。主要经营报废汽车回收与拆解，兼营报废电力器材、有色金属回收、钢材等。经营场地35000平方米。员工165人，有专业拆解人员30人。公司配有吊车3台、叉车4台、拆解工具16套。

我公司是经国家商务部批准、河北省商务厅颁发资格证书的邢台市唯一一家报废车合法经营企业。公司下设5个回收业务科室、10个报废汽车拆解科室。多年来我公司在实际工作中始终严守国家法规、政策，依法经营，积极参与市场竞争，为国家循环经济贡献力量。

联系信息

联系人：于经理
电　话：0319-3670795　3670781
传　真：0319-3670795
邮　编：054001
地　址：邢台市新兴东大街18号

北京华桑谷物资再生有限责任公司

企业介绍

北京华桑谷物资再生有限责任公司成立于1988年，是中国物资再生协会会员单位、北京市政府指定报废汽车回收企业9家之一。广泛从事再生资源业务，1998年至2002年为支持政府绿色申奥，在再生资源领域里协助政府工作，被政府授予“实施绿色奥运，共建绿色家园”贡献奖。公司董事长致力于发展循环经济和再生资源产业这个领域，有意在国内重点发展循环经济和再生资源产业。

联系信息

联系人：孟庆园
电　话：13311363888
邮　编：101302
地　址：北京市顺义区高丽营镇顺高公路南侧
E-mail：m2838@126.com

鄂尔多斯通九物资有限责任公司报废车辆回收拆解中心

企业介绍

公司位于鄂尔多斯市东胜铁西区车管所，占地约2万平方米，办公大楼建筑面积为3600平方米，是鄂尔多斯市唯一经营废旧物资开发利用的企业。

主要业务有：废旧物资购销、再生开发；报废车辆、拆解；钢窗、铝合金门窗加工、销售；废旧金属、有色金属收购、销售。

我们真诚欢迎各界人士光临指导、洽谈业务，与公司一起兴旺发达，和高速发展的鄂尔多斯一起腾飞。

联系信息

联系人：柴瑞斌
电　话：0477-8358077
传　真：0477-8358077
邮　编：017000
地　址：内蒙古鄂尔多斯市东胜铁西区车管所院内
E-mail：erdos_cl@sina.com

辽宁省营口市物资再生利用有限公司

企业介绍

我公司始建于1977年，是营口地区唯一获得国家认证的报废汽车回收（拆解）企业。

我市地处辽东半岛中部，是“辽宁中部城市群”的出海口，是辽宁“五点一线”沿海经济带的重点区域，具有广阔的发展前景，我公司愿与全国各地各个行业、各个领域的有识之士携手合作，共同发展。

联系信息

联系人：仲崇明
电　话：0417-2931278　2931277
传　真：0417-2931279
邮　编：115000
地　址：辽宁省营口市站前区金牛山大街南窑里
E-mail：574983133@qq.com

抚顺市鹏泰报废汽车回收有限责任公司

企业介绍

抚顺市鹏泰报废汽车回收有限责任公司，位于抚顺市新抚区，公司组建于2002年11月，是经国家批准认证的具有回收报废汽车资质，具有法人资格的企业。

公司主营报废汽车回收、拆解、回收废旧金属机电设备，兼营金属材料、建筑材料等。公司占地面积38000平方米，办公室、厂房、库房建筑面积5011平方米。现有员工42人，公司董事长兼总经理张忠义携全体职工诚信经营、优质服务，为办理报废车辆的单位和个人创造便利条件，具有良好的企业信誉。

联系信息

联系人：王树哲
电　话：0413-2432850
传　真：0413-2432858
邮　编：113008
地　址：辽宁省抚顺市新抚区浑河南路中段30-1号

苏州市物资再生有限公司

企业介绍

苏州市物资再生有限公司原名苏州市物资再生总公司，公司组建于1983年，原隶属苏州市物资局，并于2003年7月改制为现公司。

公司经营范围：回收、加工，供应废旧金属、报废汽车、普通机械、电机、锅炉、塑料、纸等废旧物资；金属材料、炼钢所用炉料、木材及制品、化工原料批发零售；提供普通机械、设备、金属构件的拆解服务。

联系信息

联系人：翁永钧
电　话：0512–68312298
传　真：0512–68312298
邮　编：215011
地　址：江苏省苏州市玉山路72号

常熟市物资再生利用有限公司

企业介绍

常熟市物资再生利用有限公司与常熟市贵金属材料有限公司为两家联合股份制企业，注册资金1000万元，是经国家认证的报废汽车回收拆解企业，。

经营范围：回收废旧金属及废旧机电产品，同时是镍都金川公司认定的镍、钴、铜及铂族类有色金属产品和有关化工产品在江苏的经销点；开设了金属材料的经营及储运市场。企业固定资产2345万元，占地50亩，经营用房4165平方米，仓库2500平方米，堆场25000平方米及相应的吊车运输、剪切等设备23台(套)。2007年销售额76153万元，纳税647.27万元。本企业资信等级AAA级，连续15年被苏州工商局确认AA重合同守信用企业，连续8年被常熟市政府授予“文明单位”等荣誉称号。

联系信息

联系人：姚建忠
电　话：0512–52301567
传　真：0512–52301567
邮　编：215533
地　址：江苏省苏州市常熟市古里新桥

福建省物资(集团)有限责任公司再生资源部

企业介绍

福建省物资(集团)有限公司系原省物资厅改制后的省属集团公司，再生资源部主营：回收销售废旧机械设备、生产性废旧金属材料、报废汽车、部队退役报废装备，进口废旧电器。

联系信息

联系人：陈国强
电　话：0591–87854164
传　真：0591–87854164
邮　编：350003
地　址：福建省福州市五四路239号五层
E-mail: fjwzzs@qq.com

福州物供再生资源有限公司

企业介绍

福州物供再生资源有限公司是福州唯一一家市级国有报废机动车回收拆解企业，公司负责回收拆解福州地区机关企事业单位、个人的报废机动车，执法部门罚没“三无”报废机动车及部队退役的报废机动车。公司在市中心(五一中路278号)设有报废机动车回收客户服务中心，在市郊(苍山区螺洲镇乾元村)设有大型报废机动车拆解场，在福州市八县(市)设有报废机动车拆解场、收购站，回收服务网络覆盖福州市五区八县(市)。

联系信息

联系人：张微
电　话：0591–83325847
传　真：0591–83325847
邮　编：350005
地　址：福建省福州市台江区群众路278号日月星花园A座6层
E-mail: fzwgzszy666@126.com

山东德利再生资源置业有限公司

企业介绍

山东德利再生资源置业有限公司是由中国德力西集团独家出资组建的一家从事再生资源物流基地开发建设的专业公司，主要经营业务：废旧物资收购、销售和进出口贸易；房地产开发、物业管理和市场开发等，现在山东省临沂市投资3亿元，建设了占地1000亩，集再生塑料回收、加工、利用、贸易、物流为一体现代化、多功能、环保型的德力西再生塑料产业园。

投资项目：德利西再生塑料产业园

联系信息

联系人：黄启挺
电　话：0539-8721215　8073608
传　真：0539-8721111
邮　编：276025
地　址：山东省临沂市河东区相公街道办事处大范庄村
E-mail: delicycle@163.com
http: // www.delicycle.com

广东合通资源再生有限公司

企业介绍

广东合通资源再生有限公司是广州地区最具实力的资源再生公司之一。厂区座落在广州市番禺区东涌镇马克村，占地面积7598平方米，标准厂房建筑面积5521平方米。具有废旧物品(不含危险废品)回收、加工、销售资质。在不断创新和积极进取过程中，已锤炼出一支懂经营、善推广、作风稳健、业务过硬的管理团队。现有员工120多人，其中外语外贸及专业技术人才20多人；各类加工机械64件，各类车辆20多台。目前，开展的业务有：国内贸易、国际贸易，废金属、废旧塑料回收、加工、销售等。

联系信息

联系人：熊凤娇　高流德
电　话：020-61288661　61288788
传　真：020-37653990
邮　编：510600
地　址：广州市越秀区寺右新马路15号人防大厦7层

佛山市高明晟灝塑料有限公司

企业介绍

公司成立于2007年10月22日，属有限责任公司，主营：塑料再加工，生产、销售塑料制品，塑料原材料，货物进出口，技术进出口。公司现有厂区面积8000平方米，其中厂房面积3400平方米，现有职工82人，其中管理人员及技术人员8人，公司主要加工设备有造粒机8台，辅机一批。全年加工废塑料为8000吨，公司是加工销售于一体的企业。

联系信息

联系人：黎雄杰
电　话：13902850038
传　真：0757-88808870
邮　编：528513
地　址：广东省佛山市高明区杨和镇独岗工业区

佛山市高明区金泽塑料有限公司

企业介绍

佛山市高明区金泽塑料公司成立于2000年9月，公司座落于佛山市高明区，是经营塑料再生加工、生产、销售塑料制品以及塑料原材料，经过8年多的努力和发展，已具一定的规模。我们拥有朝气蓬勃的管理团队，才华横溢的技术团体，勤奋敬业的员工，公司上下拥有共同目标，使我们团结一致，冲破每一道难关。保证了我们产品优越性。

我们恪守着创业的宗旨，以完善细致的科学体系，热情周到的销售服务，使我们公司拥有良好的声誉，并赢得广大客户的厚爱。展望未来，我们将继续秉承“质量求生存、信誉求发展”的宗旨，以科学、谨慎的态度研究生产，力求创出更好佳质。

联系信息

联系人：罗辉
电　话：13078449105
传　真：0757-88891668
邮　编：528521
地　址：佛山市高明区新街歌乐小学旧址
E-mail: FS-jinze@163.com

佛山市高明晟汇塑料有限公司

企业介绍

广东省佛山市高明晟汇塑料有限公司成立于2003年3月1日，属有限责任公司，主营：塑料再加工，生产、销售塑料制品，塑料原材料，货物进出口，技术进出口。公司现有厂区面积10000平方米，其中厂房面积3600平方米，现有职工96人，其中管理和技术人员10人，公司主要加工设备有造粒机10台，辅机一批。全年加工废塑料为10000吨，公司是加工销售于一体的企业。

联系信息

联系人：温国雄
电　话：13902852026
传　真：0757-88883891
公司地址：佛山市高明区沧江路56号（528500）
工厂地址：佛山市高明区杨和镇鹿美塘侧（528515）
E-mail: gmshsl@163.com

四会市高达塑胶五金材料有限公司

企业介绍

四会市高达塑胶五金材料有限公司是从事PP.PO.PE等废旧塑料再生加工的企业，诚心与国内外相关客户建立供求关系。

联系信息

联系人：邱星明
电　话：13929830323
传　真：0758-3309619
邮　编：526200
地　址：四会市贞山工业开发区新寨一村
E-mail: nhwl@21cn.com

中山市古镇供销社废旧物资回收公司永发回收站

企业介绍

本企业成立于1992年，位于广东省中山市古镇灯都，长期专业从事回收利用：铝心电缆、铝片、制作铝制品下来的边角料、铝屑、旧铝合金板等铝废料。价格合理，安全快捷。企业始终坚持重信誉，守承诺的原则，竭诚为广大客户提供高效、热情、周到的服务。

联系信息

联系人：李可鎏先生
电　话：13692101581 0760-22324230
传　真：962230-13692101581
邮　编：528421
地　址：广东省中山市古镇冈南工业区大道西一路7号
E-mail: 13692101581@139.com
http: // www.keliu.net.cn

深圳市金属回收公司

企业介绍

深圳市金属回收公司是中国企业家协会会员、深圳市环境保护产业协会会员单位。主营：废旧金属、旧机械、旧车辆、旧船舶及零部件、废旧造纸原料、废化工原料。注册资本1175.83万元人民币。经营进出口业务、物业管理。公司管理规范，真诚守信，多年被深圳市委、市政府评为“市文明企业”称号。

联系信息

联系人：卢学昌
电　话：0755-25867893/25867993
传　真：0755-25867992
邮　编：518023
地　址：深圳市罗湖区笋岗东路3002号万通大厦10楼

广西百色市再生金属回收有限公司

企业介绍

百色市再生金属回收有限公司是 2004 年 2 月成立的股份制企业，该公司具有广西报废汽车回收拆解企业资格证书和废旧物资回收企业资格证书。

经营范围：回收拆解各种报废汽车、船舶、机械、机电设备等。年回收拆解报废车 600 辆以上，回收销售各种废钢铁 2000 吨以上，取得较好的经济效益和社会效益。从业人员 29 人，其中具有初、中级以上技术职称的员工 15 人，持有劳动和社会保障部门颁发的拆解回收工（汽车）"职业资格证书"5 人，拥有国家环境保护总局统一组织培训合格的报废汽车空调制冷剂回收、储存技术人员 1 人。是百色市消费者协会授予的"诚信单位"称号企业。

联系信息

联系人：沈洪明
电　话：0776–2824547
传　真：0776–2852518
邮　编：533000
地　址：广西壮族自治区百色市右江区城北二路玉屏巷 9 号

青海省金属回收有限责任公司

企业介绍

青海省金属回收有限责任公司主营废钢铁（含部队退役报废装备）、有色金属(含铂族)、报废交通运输工具、机电设备、非金属物质的回收和销售及再生资源的深加工，公司注重创建"团结、求实、创新、勤奋"的企业精神，恪守"奉公守法、诚实守信、公平竞争、优质服务"的职业道德，致力于青海省再生资源的开发利用和环境保护，是青海省物资再生利用行业的支柱企业。

联系信息

联系人：刘虔民
电　话：0951–5505074
传　真：0951–5505074
邮　编：810008
地　址：青海省西宁市西川南路 97 号

贵州省黔西南州恒晟金属回收有限责任公司

企业介绍

贵州省黔西南州恒晟金属回收有限责任公司是贵州省 10 家取得报废汽车回收拆解资格企业之一，是黔西南州唯一合法的报废汽车回收拆解企业。

联系信息

联系人：李明祥
电　话：0859–3223589
传　真：0859–3223589
邮　编：562400
地　址：贵州省兴义市盘江路 103 号
报废汽车回收（拆解）中心：0859–3193197
汽车经营部：0859–3815858
顶效分公司：0859–3525582

第六篇

统计资料篇

2007年度中国报废汽车回收拆解情况汇总表

单位：辆

序号	省市	一季度		二季度		三季度		四季度		备注
		回收量	拆解量	回收量	拆解量	回收量	拆解量	回收量	拆解量	
1	北京	9658	8745	8281	5019	15070	14731	5999	6132	
2	天津	2865	2756	2963	2135	1754	1754	3356	3356	
3	河北	5632	5123	4852	4532	6123	5432	3144	2015	
4	山西	2968	2865	2277	1932	1492	1568	3121	1769	
5	内蒙古	3672	3501	2844	2683	1242	1186	2916	2771	
6	辽宁	5126	4521	4809	4668	3742	3576	9656	9881	
7	吉林	3462	2145	4563	4509	2168	2143	2236	2156	
8	黑龙江	9854	6500	9685	8963	9658	7896	7379	8369	
9	上海	5700	9307	5725	8386	5434	10615	7543	9037	
10	江苏	6214	5231	5291	4584	5334	4977	8006	6545	
11	浙江	12369	12001	8654	7658	15630	13443	18028	11816	
12	安徽	12336	10233	11577	10236	12388	11926	17977	17416	
13	福建	7265	6958	9836	7797	8386	7917	8646	8101	
14	山东	6587	4003	6952	5696	4572	3821	5690	13603	
15	江西	3689	2042	5582	4471	4443	4146	4946	3406	
16	河南	4625	4564	4211	4041	5384	4236	5853	3658	
17	湖北	6968	4156	5913	4374	6566	1568	5252	2365	
18	湖南	1958	1742	1849	1746	4340	3232	3652	3539	
19	广东	64821	63214	61703	61397	85460	83994	65731	64733	
20	广西	3215	3112	4425	4232	2003	1824	3809	3976	
21	海南	0	0	0	0	0	0	0	0	未上报
22	重庆	968	911	834	734	630	430	1013	1013	
23	四川	8856	5632	5033	5018	5015	2959	16099	6897	
24	贵州	4156	3626	4225	3369	3101	1028	2766	3473	
25	云南	2942	2654	4026	3549	3941	2719	3286	2278	

续表

序号	省市	一季度		二季度		三季度		四季度		备注
		回收量	拆解量	回收量	拆解量	回收量	拆解量	回收量	拆解量	
26	西藏	0	0	0	0	0	0	0	0	未上报
27	陕西	3625	2654	2949	1902	2831	1781	3303	2435	
28	甘肃	782	658	475	328	772	685	510	496	
29	青海	1452	1369	1325	507	528	511	1119	986	
30	宁夏	1958	1656	1735	705	279	240	608	420	
31	新疆	3562	2556	2109	527	2350	931	2127	1952	
32	新疆兵团	0	0	0	0	0	0	0	0	未上报
33	合计	207285	184435	194703	175698	220636	201269	223771	204594	
34	总计	回收量	846395			拆解量	765996			

注：此数字为不完全统计，尚有15%左右的企业未上报。
资料来源：中国物资再生协会。

2006年度工业固体废物产生及处理情况

单位：万吨

指标	2001	2002	2003	2004	2005	2006
工业固体废弃物产生量	88840	94509	100428	120030	134449	151541
#危险废物	952	1001	1170	995	1162	1084
工业固体废弃物排放量	2893.8	2635.2	1940.9	1762.0	1654.7	1302.1
#危险废物(吨)	20596	16972	2798	11470	5967	
工业固体废弃物综合利用量	47290	50061	56040	67796	76993	92601
#危险废物	442	391	427	403	496	566
工业固体废弃物贮存量	30183	30040	27667	26012	27876	22399
#危险废物	307.14	382.76	422.96	343.26	337.27	266.83
工业固体废弃物处置量	14491	16618	17751	26635	31259	42883
#危险废物	229.0	242.2	375.4	275.2	339.0	289.3
工业固体废弃物综合利用率(%)	52.1	52.0	54.8	55.7	56.1	60.2
"三废"综合利用产品产值(亿元)	344.6	385.6	441.0	573.3	755.5	1026.8

资料来源：国家统计局。

城市垃圾处理情况

国家和地区	截止年份	城市垃圾收集量(千吨)	城市垃圾填埋率(%)	城市垃圾焚烧率(%)	城市垃圾循环利用率(%)	城市垃圾堆肥率(%)
阿尔及利亚	2003	8500	99.9	—	0.1	—
澳大利亚	2003	8903	69.7	—	30.3	—
奥地利	2004	4588	6.7	21.1	26.5	44.7
白俄罗斯	2004	2661	100	—	—	—
比利时	2003	—	12.6	35.7	31.3	22.8
巴　西	2000	57563	62.7	0.3	1.4	4.1
保加利亚	2002	3199	99.7	—	—	—
加拿大	2004	13375	73.3	—	26.8	12.5
智　利	2005	5459	100	—	—	—
哥伦比亚	2005	20776	80.4	—	0.9	—
克罗地亚	2004	1079	96.1	—	2.5	1.4
古　巴	2005	4416	84.1	—	4.8	11.1
捷　克	2004	2841	79.8	14	1.3	3.2
丹　麦	2003	3618	5.1	54	25.6	15.3
芬　兰	2004	2374	59.9	9.9	30.1	—
法　国	2005	33963	36	33.8	15.8	14.3
德　国	2004	48434	17.7	24.6	33.1	17.1
希　腊	2003	4710	91.9	—	8.1	—
匈牙利	2003	4387	90.4	5.6	2.7	1.1
爱尔兰	2005	2847	66.1	—	33.9	—
以色列	2003	5527	79	—	21	—
意大利	2005	31677	54.4	12.1	—	33.3
日　本	2003	54367	3.4	74	16.8	—

资料来源：联合国统计司/环境规划署2001年，2004年和2006年对统计环境的调查问卷，垃圾部分。
经合组织/欧盟统计局2004年对统计环境的调查问卷，垃圾部分；经合组织环境数据，2006/2007年汇编，垃圾部分。

2006年度各地区工业固体废物产生和排放情况

地　区	工业固体废物产生量(万吨)	#危险废物	工业固体废物排放量(吨)
全　国	151541	1084	13020919
北　京	1356	12	1011
天　津	1292	15	—
河　北	14229	32	419579
山　西	11817	4	4357022
内蒙古	8710	42	282161
辽　宁	13013	44	246918
吉　林	2802	35	20509
黑龙江	3914	21	10269
上　海	2063	41	2414
江　苏	7195	99	270
浙　江	3096	44	51800
安　徽	5028	6	468
福　建	4238	8	33707
江　西	7393	5	83022
山　东	11011	121	4139
河　南	7464	15	32217
湖　北	4315	18	115310
湖　南	3688	41	387231
广　东	3057	130	135771
广　西	3894	35	227434
海　南	147	1	200
重　庆	1764	16	1221841
四　川	7600	26	848568
贵　州	5827	104	1376600
云　南	5972	57	995583
西　藏	9		73860
陕　西	4794	8	429068
甘　肃	2591	16	337345
青　海	882	76	3154
宁　夏	799	—	60178
新　疆	1581	12	1263270

资料来源：国家统计局。

2006年度各地区工业固体废物综合利用和处置情况

单位：万吨

地　区	工业固体废物综合利用量	#危险废物	工业固体废物贮存量	综合利用往年贮存量
全　国	92601	566	22399	2168.4
北　京	1095	6	63	113.2
天　津	1271	13		
河　北	8850	28	2722	120.8
山　西	5370	4	992	124.3
内蒙古	3891	11	2345	125.2
辽　宁	4958	22	2273	32.4
吉　林	1781	21	974	3.2
黑龙江	2851	9	859	71.6
上　海	1953	29	7	
江　苏	6966	74	197	210.4
浙　江	2855	18	90	14.5
安　徽	4123	5	419	22.8
福　建	3105	5	73	11.1
江　西	2637	5	560	7.9
山　东	10397	75	578	293.2
河　南	5268	14	704	324.9
湖　北	3150	16	891	40.0
湖　南	2716	34	673	33.7
广　东	2878	91	172	357.5
广　西	2293	14	896	55.2
海　南	113		34	0.1
重　庆	1331	21	235	40.9
四　川	4187	20	1125	9.1
贵　州	2108	11	1096	21.6
云　南	2463	6	1535	41.7
西　藏			1	

续表

地　区	工业固体废物综合利用量	#危险废物	工业固体废物贮存量	综合利用往年贮存量
陕　西	1825	2	683	11.2
甘　肃	723	7	808	78.5
青　海	260	—	623	1.6
宁　夏	432		156	1.1
新　疆	751	5	615	0.9

地　区	工业固体废物处置量（万吨）	#危险废物	工业固体废物综合利用率（%）	“三废”综合利用产品产值（万元）
全　国	42883	289.34	60.2	10267926.0
北　京	632	5.56	74.6	110528.6
天　津	20	1.92	98.4	171747.8
河　北	2850	3.76	61.7	561234.2
山　西	5198	0.29	45.0	225883.8
内蒙古	2578	20.92	44.0	83917.1
辽　宁	6048	24.72	38.0	305735.7
吉　林	53	18.40	63.5	207413.7
黑龙江	274	10.86	71.5	175473.4
上　海	103	14.10	94.7	97197.9
江　苏	249	25.22	94.1	1440509.3
浙　江	162	24.87	91.8	1497950.1
安　徽	509	1.24	81.6	232747.6
福　建	1070	3.02	73.1	182826.5
江　西	4197	0.10	35.6	252891.5
山　东	343	16.72	92.0	1074662.4
河　南	1831	1.45	67.6	444607.7
湖　北	303	2.28	72.3	559119.3
湖　南	305	3.75	73.0	373538.1
广　东	353	37.11	84.3	433236.6
广　西	886	19.87	58.1	312363.4
海　南		0.04	77.1	12714.2
重　庆	124	2.06	73.7	133994.4
四　川	2226	1.19	55.0	529852.3
贵　州	2510	26.79	36.0	152040.3

续表

地　区	工业固体废物处置量（万吨）	#危险废物	工业固体废物综合利用率（%）	"三废"综合利用产品产值（万元）
云　南	2014	8.11	41.0	377929.2
西　藏	—	—	—	169.3
陕　西	2260	2.96	38.0	98525.2
甘　肃	5469	8.99	27.1	104990.9
青　海	1	0.02	29.4	10369.2
宁　夏	226	0.04	53.9	36529.2
新　疆	90	2.98	47.5	67227.1

数据来源：国家统计局。

2006年度各行业工业固体废物产生和排放情况

单位：万吨

行　业	工业固体废物产生量	#危险废物	工业固体废物排放量
行业合计	142053	1084.73	1199.93
煤炭开采和洗选业	19352	18.29	374.15
石油和天然气开采业	119	10.09	10.74
黑色金属矿采选业	13680	2.01	115.82
有色金属矿采选业	18339	155.51	227.69
非金属矿采选业	1170	75.21	23.30
其他采矿业	107	—	0.68
农副食品加工业	1450	0.01	6.84
食品制造业	362	0.31	1.77
饮料制造业	811	0.01	6.59
烟草制品业	40	0.03	0.23
纺织业	679	9.70	2.89
纺织服装、鞋、帽制造业	64	1.80	0.99
皮革、毛皮、羽毛(绒)及其制品业	59	3.88	0.56
木材加工及木、竹、藤、棕、草制品业	134	0.02	0.41
家具制造业	33	0.05	0.04

续表

行　业	工业固体废物产生量	#危险废物	工业固体废物排放量
造纸及纸制品业	1596	8.27	6.84
印刷业和记录媒介的复制	8	0.45	0.03
文教体育用品制造业	4	0.27	0.03
石油加工、炼焦及核燃料加工业	1779	90.53	37.48
化学原料及化学制品制造业	10152	350.10	46.23
医药制造业	258	24.20	2.59
化学纤维制造业	376	26.13	1.85
橡胶制品业	96	0.38	0.41
塑料制品业	47	0.80	0.08
非金属矿物制品业		4224	2.67
黑色金属冶炼及压延加工业	29149	45.75	121.13
有色金属冶炼及压延加工业	5544	89.83	34.79
金属制品业	227	13.45	1.24
通用设备制造业	205	5.61	13.54
专用设备制造业	138	2.14	3.08
交通运输设备制造业	572	8.28	5.22
电气机械及器材制造业	43	5.99	0.36
通信设备、计算机及其他电子设备制造业	115	34.08	2.51
仪器仪表及文化、办公用机械制造业	46	8.44	0.02
工艺品及其他制造业	9	0.45	0.14
废弃资源和废旧材料回收加工业	40	0.15	0.01
电力、热力的生产和供应业	29135	21.23	54.78
燃气生产和供应业	112	0.20	0.13
水的生产和供应业	14	0.05	0.44
其他行业	1763	68.34	9.08

资料来源：国家统计局。

2006年度各行业工业固体废物综合利用和处置情况

单位：万吨

行　　业	工业固体废物综合利用量	#危险废物	工业固体废物处置量	#危险废物
行业合计	86304	565.566	41190.3	289.339
煤炭开采和洗选业	12337	0.857	5700.0	0.009
石油和天然气开采业	60	2.918	42.6	6.435
黑色金属矿采选业	2313		6888.9	2.005
有色金属矿采选业	4829	15.916	9284.5	32.895
非金属矿采选业	653	0.008	234.1	—
其他采矿业	60	—	32.4	0.001
农副食品加工业	1403	0.009	31.1	0.020
食品制造业	328	0.206	11.7	0.136
饮料制造业	778	0.004	26.6	0.114
烟草制品业	34	—	6.0	0.030
纺织业	634	5.988	41.8	4.285
纺织服装、鞋、帽制造业	61	0.717	3.0	1.081
皮革、毛皮、羽毛(绒)及其制品业	42	0.976	12.6	2.027
木材加工及木、竹、藤、棕、草制品业	128	0.005	3.2	0.059
家具制造业	32	0.001	0.3	0.044
造纸及纸制品业	1355	8.010	212.9	0.645
印刷业和记录媒介的复制	7	0.013	0.6	0.440
文教体育用品制造业	3	0.003	0.5	0.267
石油加工、炼焦及核燃料加工业	1529	66.631	187.4	23.651
化学原料及化学制品制造业	6676	216.985	1755.5	92.029
医药制造业	240	20.759	12.9	1.767
化学纤维制造业	363	26.309	7.4	1.525
橡胶制品业	94	0.049	1.3	0.355
塑料制品业	45	0.189	1.9	0.538
非金属矿物制品业	4283	1.020	165.4	2.224
黑色金属冶炼及压延加工业	20829	37.795	6744.9	8.252

续表

行业	工业固体废物综合利用量	#危险废物	工业固体废物处置量	#危险废物
有色金属冶炼及压延加工业	1975	45.497	6643.7	42.402
金属制品业	312	3.652	17.7	8.887
通用设备制造业	181	12.129	14.9	2.343
专用设备制造业	118	0.860	15.4	1.254
交通运输设备制造业	518	2.183	41.5	6.589
电气机械及器材制造业	37	3.084	6.2	2.939
通信设备、计算机及其他电子设备制造业	84	16.368	26.2	17.991
仪器仪表及文化、办公用机械制造业	41	5.939	4.8	2.575
工艺品及其他制造业	7	0.230	1.5	0.248
废弃资源和废旧材料回收加工业	37	0.110	3.2	0.138
电力、热力的生产和供应业	22153	5.013	2905.0	15.374
燃气生产和供应业	74	0.322	10.7	0.075
水的生产和供应业	12	0.002	1.7	0.042
其他行业	1638	64.808	88.2	7.651

行业	工业固体废物综合利用率(%)	“三废”综合利用产品产值(万元)
行业合计	59.8	10267926.0
煤炭开采和洗选业	62.2	291524.3
石油和天然气开采业	50.6	98109.9
黑色金属矿采选业	16.9	74515.4
有色金属矿采选业	26.3	35504.6
非金属矿采选业	55.2	29264.4
其他采矿业	56.4	23606.6
农副食品加工业	96.8	374100.6
食品制造业	90.5	126461.4
饮料制造业	95.9	163328.8
烟草制品业	84.2	3178.3
纺织业	93.4	88445.9
纺织服装、鞋、帽制造业	93.9	17360.3
皮革、毛皮、羽毛(绒)及其制品业	70.6	23332.5
木材加工及木、竹、藤、棕、草制品业	95.6	49599.8
家具制造业	98.9	8893.9

续表

行　　业	工业固体废物综合利用率（%）	“三废”综合利用产品产值（万元）
造纸及纸制品业	84.2	864692.5
印刷业和记录媒介的复制	89.7	16101.8
文教体育用品制造业	85.1	6963.4
石油加工、炼焦及核燃料加工业	84.7	672102.7
化学原料及化学制品制造业	65.3	1089273.0
医药制造业	93.1	88632.3
化学纤维制造业	95.5	94033.8
橡胶制品业	98.1	31158.9
塑料制品业	95.5	36770.4
非金属矿物制品业	95.7	2799413.9
黑色金属冶炼及压延加工业	71.3	1476290
有色金属冶炼及压延加工业	35.4	556061
金属制品业	93.8	66924.8
通用设备制造业	84.8	63151.7
专用设备制造业	85.8	28421.0
交通运输设备制造业	90.4	114790.5
电气机械及器材制造业	84.8	40724.8
通信设备、计算机及其他电子设备制造业	73.1	124601.8
仪器仪表及文化、办公用机械制造业	89.5	16928.8
工艺品及其他制造业	81.4	4868.5
废弃资源和废旧材料回收加工业	91.9	116555.1
电力、热力的生产和供应业	73.4	396257.5
燃气生产和供应业	66.4	10250.6
水的生产和供应业	84.0	316.2
其他行业	92.7	145414.3

资料来源：国家统计局。

2006年度主要城市工业固体废物产生、排放和综合利用情况

单位：万吨

城市	工业固体废物产生量	#危险废物(吨)	工业固体废物综合利用量	工业固体废物排放量(吨)	工业固体废物综合利用率(%)
北京	1356	116960	1095	1011	74.6
天津	1292	146238	1271		98.4
石家庄	893	137512	856	1700	95.8
太原	2121	28875	1085	482120	50.6
呼和浩特	349	28640	210	465	44.2
沈阳	614	36193	581	146205	91.9
长春	304	11699	301		99.0
哈尔滨	1238	9955	791		63.9
上海	2063	407871	1953	2414	94.7
南京	1277	230974	1175	120	88.5
杭州	546	61805	525	1500	94.3
合肥	188	11814	187		99.9
福州	209	10547	201		95.9
南昌	154	588	140	2898	90.5
济南	1003	86329	948	588	93.7
郑州	785	3574	522		66.4
武汉	954	6961	853	3674	88.1
长沙	112	945	103	44854	90.3
广州	632	184264	605	2598	91.1
南宁	285	207640	235	46328	82.4
海口	3	334	3		99.0
重庆	1764	162134	1331	1221841	73.8
成都	621	7374	606		97.6
贵阳	691	9186	343	7800	48.4
昆明	1428	5801	540	350411	37.8
拉萨	4			43400	
西安	155	1695	137	1332	88.7

续表

城　市	工业固体废物产生量	#危险废物(吨)	工业固体废物综合利用量	工业固体废物排放量(吨)	工业固体废物综合利用率(%)
兰　州	258	135740	182		70.3
西　宁	165	7173	77	1659	46.2
银　川	85		82	9929	95.0
乌鲁木齐	290	20880	192	14517	66.2

资料来源:国家统计局。

2006年度沿海城市工业固体废物产生、排放和综合利用情况

单位:万吨

城　市	工业固体废物产生量	#危险废物(吨)	工业固体废物综合利用量	工业固体废物排放量(吨)	工业固体废物综合利用率(%)
天　津	1291.7	146238.4	1271.2		98.4
秦皇岛	538.9	1042.2	507.4		91.9
大　连	272.6	51532.3	217.0	1074.0	78.7
上　海	2063.2	407871.2	1953.1	2413.5	94.7
连云港	271.2	4674.3	280.0		91.3
宁　波	618.1	78119.3	563.7	472.0	91.2
温　州	189.9	158771.5	166.3	17485.2	87.6
福　州	209.2	10547.4	200.5		95.9
厦　门	77.6	8631.4	78.6	210.9	93.4
青　岛	602.3	12101.8	631.6	510.0	97.0
烟　台	1363.9	192991.4	1202.6		88.2
深　圳	107.4	246723.7	87.8	500.0	81.8
珠　海	66.5	32401.5	57.0	1700.0	85.7
汕　头	73.9	5321.6	73.2	628.5	99.1
湛　江	154.2	932.2	139.6	12573.5	90.6
北　海	109.7	1352.1	46.6	1717.5	42.4
海　口	3.2	334.2	3.2		99.0

资料来源:国家统计局。

2006年度各地区城市环境基础设施建设投资情况

单位：亿元

地　区	投资总额	燃　气	集中供热	排　水	#污水处理	园林绿化	市容环境卫生	#垃圾处理
全　国	1314.92	155.05	223.59	331.52	151.73	429.01	175.75	51.77
北　京	126.67	10.89	22.43	3.91	1.73	19.33	70.11	1.66
天　津	17.90	3.89	5.67	4.85	1.20	3.19	0.29	0.02
河　北	84.63	12.27	23.97	17.46	8.59	24.45	6.47	4.28
山　西	13.70	1.24	7.01	1.44	1.21	2.89	1.12	1.04
内蒙古	57.46	2.91	25.07	13.86	8.44	14.71	0.91	0.05
辽　宁	77.30	4.54	38.88	20.48	2.51	10.28	3.13	1.35
吉　林	31.15	2.99	9.83	5.29	2.92	3.37	9.68	2.51
黑龙江	40.16	3.07	23.91	3.65	1.89	7.27	2.26	1.42
上　海	50.60	9.37		17.55	2.00	18.88	4.80	4.02
江　苏	161.42	11.55	6.02	24.95	10.20	97.76	21.15	6.99
浙　江	57.89	6.93	4.03	20.17	11.98	19.11	7.65	3.92
安　徽	36.59	6.58	0.96	12.55	5.04	14.24	2.26	0.87
福　建	24.94	2.29		5.78	4.43	11.09	5.78	5.22
江　西	23.98	7.44		7.12	5.11	7.88	1.54	0.78
山　东	160.50	19.64	34.26	38.67	20.13	60.19	7.75	2.49
河　南	47.43	6.09	6.37	16.87	7.13	15.95	2.16	1.20
湖　北	38.53	7.50	0.07	14.44	5.49	11.71	4.80	0.90
湖　南	28.71	5.38		9.58	7.99	9.34	4.41	0.79
广　东	62.56	10.72		31.54	28.49	13.28	7.03	6.54
广　西	25.55	2.56		12.55	3.80	8.36	2.08	1.69
海　南	3.51	0.71		0.10		1.96	0.74	
重　庆	32.75	2.64		19.85	1.03	9.17	1.10	0.51
四　川	31.47	3.30		8.40	1.65	16.41	3.36	0.69
贵　州	5.36			3.86	2.03	1.25	0.25	0.20
云　南	10.06	1.47		5.08	3.00	3.26	0.24	0.16
西　藏	1.71	0.02		0.58		1.05	0.07	0.07
陕　西	21.25	2.79	3.78	4.52	0.49	8.59	1.57	0.67
甘　肃	11.20	1.18	2.16	3.12	2.04	3.35	1.39	0.84
青　海	3.87	0.00		1.05	0.44	2.20	0.62	0.36
宁　夏	13.51	1.92	5.09	1.08	0.46	5.04	0.38	0.19
新　疆	12.55	3.16	4.08	1.17	0.29	3.48	0.65	0.34

资料来源：国家统计局。

2006 年度各地区农村可再生能源利用情况

地　　区	沼气池产气总量（万立方米）	#大中型沼气工程	太阳能热水器（万平方米）	太阳房（万平方米）	太阳灶（台）	生活污水净化沼气池（个）
全　　国	835993.3	17260.1	3941.0	1395.2	865238	130793
北　　京	575.6	268.7	48.8	10.5	2764	3
天　　津	289.8	80.1	22.9	0.4		
河　　北	65236.8	451.0	438.9	153.5	5206	43
山　　西	6457.4	272.2	374.2	0.5	353	96
内　　蒙	2518.3	68.1	14.6	157.8	12557	
辽　　宁	10313.1	305.2	108.7	401.6	891	1
吉　　林	1302.0	196.0	17.5	215.5	411	2
黑 龙 江	2187.2	18.0	21.4	175.2	296	
上　　海						120
江　　苏	8702.2	537.5	332.0	5.6	37	23973
浙　　江	5747.8	1975.1	280.7			25983
安　　徽	12105.3	46.0	224.5	0.8		891
福　　建	17651.0	3120.2	28.3			1909
江　　西	43099.4	617.3	32.9			1396
山　　东	21974.8	1678.5	575.8	19.9	12858	140
河　　南	72932.7	2386.4	146.5	1.3	10	1323
湖　　北	44881.2	255.7	99.9	0.2	147	843
湖　　南	77915.4	519.7	69.0			1146
广　　东	10143.0	1322.2	0.7	0.7	4	8
广　　西	113241.3	47.1	17.3			543
海　　南	15903.9	1653.5	392.7			3
重　　庆	22573.3	199.3	1.4			15137
四　　川	121912.4	1140.3	34.1	0.4	13595	55399
贵　　州	45892.7		361.8			1537
云　　南	83607.9	11.6	139.6			287
西　　藏					5864	
陕　　西	15446.4	2.3	66.4	12.9	5411	4
甘　　肃	6257.2	45.3	41.8	180.7	578023	6
青　　海	1018.7			42.1	110810	
宁　　夏	3030.7	17.2	16.2	6.1	114254	
新　　疆	3076.1	26.0	32.6	9.6	1747	

资料来源：国家统计局。

2006年度东中西部地区工业固体废物产生及处理情况

区域	地区	工业固体废物产生量	工业固体废物排放量(吨)	工业固体废物综合利用量	工业固体废物处置量	工业固体废物综合利用率(%)
	全国	151541	13020919	92601	42883	60.2
东部	东部小计	47684	648891	39483	5782	
	北京	1356	1011	1095	632	74.6
	天津	1292	—	1271	20	98.4
	河北	14229	419579	8850	2850	61.7
	上海	2063	2414	1953	103	94.7
	江苏	7195	270	6966	249	94.1
	浙江	3096	51800	2855	162	91.8
	福建	4238	33707	3105	1070	73.1
	山东	11011	4139	10397	343	92.0
	广东	3057	135771	2878	353	84.3
	海南	147	200	113		77.1
中部	中部小计	39705	4975270	23264	12343	
	山西	11817	4357022	5370	5198	45.0
	安徽	5028	468	4123	509	81.6
	江西	7393	83022	2637	4197	35.6
	河南	7464	32217	5268	1831	67.6
	湖北	4315	115310	3150	303	72.3
	湖南	3688	387231	2716	305	73.0
西部	西部小计	44423	7119062	20264	18384	
	内蒙古	8710	282161	3891	2578	44.0
	广西	3894	227434	2293	886	58.1
	重庆	1764	1221841	1331	124	73.7
	四川	7600	848568	4187	2226	55.0
	贵州	5827	1376600	2108	2510	36.0
	云南	5972	995583	2463	2014	41.0
	西藏	9	73860		—	

续表

区域	地区	工业固体废物产生量	工业固体废物排放量(吨)	工业固体废物综合利用量	工业固体废物处置量	工业固体废物综合利用率(%)
西部	陕西	4794	429068	1825	2260	38.0
	甘肃	2591	337345	723	5469	27.1
	青海	882	3154	260	1	29.4
	宁夏	799	60178	432	226	53.9
	新疆	1581	1263270	751	90	47.5
东北	东北小计	19729	277696	9590	6375	
	辽宁	13013	246918	4958	6048	38.0
	吉林	2802	20509	1781	53	63.5
	黑龙江	3914	10269	2851	274	71.5

资料来源:国家统计局。

第七篇

法规政策篇

中华人民共和国固体废物污染环境防治法

中华人民共和国主席令 第三十一号

《中华人民共和国固体废物污染环境防治法》已由中华人民共和国第十届全国人民代表大会常务委员会第十三次会议于 2004 年 12 月 29 日修订通过，现将修订后的《中华人民共和国固体废物污染环境防治法》公布，自 2005 年 4 月 1 日起施行。

中华人民共和国主席 胡锦涛

2004 年 12 月 29 日

第一章 总 则

第一条 为了防治固体废物污染环境，保障人体健康，维护生态安全，促进经济社会可持续发展，制定本法。

第二条 本法适用于中华人民共和国境内固体废物污染环境的防治。

固体废物污染海洋环境的防治和放射性固体废物污染环境的防治不适用本法。

第三条 国家对固体废物污染环境的防治，实行减少固体废物的产生量和危害性、充分合理利用固体废物和无害化处置固体废物的原则，促进清洁生产和循环经济发展。

国家采取有利于固体废物综合利用活动的经济、技术政策和措施，对固体废物实行充分回收和合理利用。

国家鼓励、支持采取有利于保护环境的集中处置固体废物的措施，促进固体废物污染环境防治产业发展。

第四条 县级以上人民政府应当将固体废物污染环境防治工作纳入国民经济和社会发展计划，并采取有利于固体废物污染环境防治的经济、技术政策和措施。

国务院有关部门、县级以上地方人民政府及其有关部门组织编制城乡建设、土地利用、区域开发、产业发展等规划，应当统筹考虑减少固体废物的产生量和危害性、促进固体废物的综合利用和无害化处置。

第五条 国家对固体废物污染环境防治实行污染者依法负责的原则。

产品的生产者、销售者、进口者、使用者对其产生的固体废物依法承担污染防治责任。

第六条 国家鼓励、支持固体废物污染环境防治的科学研究、技术开发，鼓励、支持推广先进的防治技术和普及固体废物污染环境防治的科学知识。

各级人民政府应当加强防治固体废物污染环境的宣传教育，倡导有利于环境保护的生产方式和生活方式。

第七条 国家鼓励单位和个人购买、使用再生产品和可重复利用产品。

第八条 各级人民政府对在固体废物污染环境防治工作以及相关的综合利用活动中作出显著成绩的单位和个人给予奖励。

第九条 任何单位和个人都有保护环境的义务，并有权对造成固体废物污染环境的单位和个人进行检举和控告。

第十条 国务院环境保护行政主管部门对全国固体废物污染环境的防治工作实施统一监督管理。国务院有关部门在各自的职责范围内负责固体废物污染环境防治的监督管理工作。

县级以上地方人民政府环境保护行政主管部门对本行政区域内固体废物污染环境的防治工作实施统一监督管理。县级以上地方人民政府有关部门在各自的职责范围内负责固体废物污染环境防治的监督管理工作。

国务院建设行政主管部门和县级以上地方人民政府环境卫生行政主管部门负责生活垃圾清扫、收集、贮存、运输和处置的监督管理工作。

第二章 固体废物污染环境防治的监督管理

第十一条 国务院环境保护行政主管部门会同国务院有关行政主管部门根据国家环境质量标准和国家经济、技术条件，制定国家固体废物污染环境防治技术标准。

第十二条 国务院环境保护行政主管部门建立固体废物污染环境监测制度，制定统一的监测规范，并会同有关部门组织监测网络。

大、中城市人民政府环境保护行政主管部门应当定期发布固体废物的种类、产生量、处置状况等信息。

第十三条 建设产生固体废物的项目以及建设贮存、利用、处置固体废物的项目，必须依法进行环境影响评价，并遵守国家有关建设项目环境保护管理的规定。

第十四条 建设项目的环境影响评价文件确定需要配套建设的固体废物污染环境防治设施，必须与主体工程同时设计、同时施工、同时投入使用。固体废物污染环境防治设施必须经原审批环境影响评价文件的环境保护行政主管部门验收合格后，该建设项目方可投入生产或者使用。对固体废物污染环境防治设施的验收应当与对主体工程的验收同时进行。

第十五条 县级以上人民政府环境保护行政主管部门和其他固体废物污染环境防治工作的监督管理部门，有权依据各自的职责对管辖范围内与固体废物污染环境防治有关的单位进行现场检查。被检查的单位应当如实反映情况，提供必要的资料。检查机关应当为被检查的单位保守技术秘密和业务秘密。

检查机关进行现场检查时，可以采取现场监测、采集样品、查阅或者复制与固体废物污染环境防治相关的资料等措施。检查人员进行现场检查，应当出示证件。

第三章 固体废物污染环境的防治

第一节 一般规定

第十六条 产生固体废物的单位和个人，应当采取措施，防止或者减少固体废物对环境的污染。

第十七条 收集、贮存、运输、利用、处置固体废物的单位和个人，必须采取防扬散、防流失、防渗漏或者其他防止污染环境的措施；不得擅自倾倒、堆放、丢弃、遗撒固体废物。

禁止任何单位或者个人向江河、湖泊、运河、渠道、水库及其最高水位线以下的滩地和岸坡等法律、法规规定禁止倾倒、堆放废弃物的地点倾倒、堆放固体废物。

第十八条 产品和包装物的设计、制造，应当遵守国家有关清洁生产的规定。国务院标准化行政主管部门应当根据国家经济和技术条件、固体废物污染环境防治状况以及产品的技术要求，组织制定有关标准，防止过度包装造成环境污染。

生产、销售、进口依法被列入强制回收目录的产品和包装物的企业，必须按照国家有关规定对该产品和包装物进行回收。

第十九条 国家鼓励科研、生产单位研究、生产易回收利用、易处置或者在环境中可降解的薄膜覆盖物和商品包装物。

使用农用薄膜的单位和个人，应当采取回收利用等措施，防止或者减少农用薄膜对环境的污染。

第二十条 从事畜禽规模养殖应当按照国家有关规定收集、贮存、利用或者处置养殖过程中产生的畜禽粪便，防止污染环境。

禁止在人口集中地区、机场周围、交通干线附近以及当地人民政府划定的区域露天焚烧秸秆。

第二十一条 对收集、贮存、运输、处置固体废物的设施、设备和场所，应当加强管理和维护，保证其正常运行和使用。

第二十二条 在国务院和国务院有关主管部门及省、自治区、直辖市人民政府划定的自然保护区、风景名胜区、饮用水水源保护区、基本农田保护区和其他需要特别保护的区域内，禁止建设工业固体废物集中贮存、处置的设施、场所和生活垃圾填埋场。

第二十三条 转移固体废物出省、自治区、直辖市行政区域贮存、处置的，应当向固体废物移出地的省、自治区、直辖市人民政府环境保护行政主管部门提出申请。移出地的省、自治区、直辖市人民政府环境保护行政主管部门应当商经接受地的省、自治区、直辖市人民政府环境保护行政主管部门同意后，方可批准转移该固体废物出省、自治区、直辖市行政区域。未经批准的，不得转移。

第二十四条 禁止中华人民共和国境外的固体废物进境倾倒、堆放、处置。

第二十五条 禁止进口不能用作原料或者不能以无害化方式利用的固体废物；对可以用作原料的固体废物实行限制进口和自动许可进口分类管理。

国务院环境保护行政主管部门会同国务院对外贸易主管部门、国务院经济综合宏观调控部门、海关总署、国务院质量监督检验检疫部门制定、调整并公布禁止进口、限制进口和自动许可进口的固体废物目录。

禁止进口列入禁止进口目录的固体废物。进口列入限制进口目录的固体废物，应当经国务院环境保护行政主管部门会同国务院对外贸易主管部门审查许可。进口列入自动许可进口目录的固体废物，应当依法办理自动许可手续。

进口的固体废物必须符合国家环境保护标准，并经质量监督检验检疫部门检验合格。

进口固体废物的具体管理办法，由国务院环境保护行政主管部门会同国务院对外贸易主管部门、国务院经济综合宏观调控部门、海关总署、国务院质量监督检验检疫部门制定。

第二十六条 进口者对海关将其所进口的

货物纳入固体废物管理范围不服的，可以依法申请行政复议，也可以向人民法院提起行政诉讼。

第二节 工业固体废物污染环境的防治

第二十七条 国务院环境保护行政主管部门应当会同国务院经济综合宏观调控部门和其他有关部门对工业固体废物对环境的污染作出界定，制定防治工业固体废物污染环境的技术政策，组织推广先进的防治工业固体废物污染环境的生产工艺和设备。

第二十八条 国务院经济综合宏观调控部门应当会同国务院有关部门组织研究、开发和推广减少工业固体废物产生量和危害性的生产工艺和设备，公布限期淘汰产生严重污染环境的工业固体废物的落后生产工艺、落后设备的名录。

生产者、销售者、进口者、使用者必须在国务院经济综合宏观调控部门会同国务院有关部门规定的期限内分别停止生产、销售、进口或者使用列入前款规定的名录中的设备。生产工艺的采用者必须在国务院经济综合宏观调控部门会同国务院有关部门规定的期限内停止采用列入前款规定的名录中的工艺。

列入限期淘汰名录被淘汰的设备，不得转让给他人使用。

第二十九条 县级以上人民政府有关部门应当制定工业固体废物污染环境防治工作规划，推广能够减少工业固体废物产生量和危害性的先进生产工艺和设备，推动工业固体废物污染环境防治工作。

第三十条 产生工业固体废物的单位应当建立、健全污染环境防治责任制度，采取防治工业固体废物污染环境的措施。

第三十一条 企业事业单位应当合理选择和利用原材料、能源和其他资源，采用先进的生产工艺和设备，减少工业固体废物产生量，降低工业固体废物的危害性。

第三十二条 国家实行工业固体废物申报登记制度。

产生工业固体废物的单位必须按照国务院环境保护行政主管部门的规定，向所在地县级以上地方人民政府环境保护行政主管部门提供工业固体废物的种类、产生量、流向、贮存、处置等有关资料。

前款规定的申报事项有重大改变的，应当及时申报。

第三十三条 企业事业单位应当根据经济、技术条件对其产生的工业固体废物加以利用；对暂时不利用或者不能利用的，必须按照国务院环境保护行政主管部门的规定建设贮存设施、场所，安全分类存放，或者采取无害化处置措施。

建设工业固体废物贮存、处置的设施、场所，必须符合国家环境保护标准。

第三十四条 禁止擅自关闭、闲置或者拆除工业固体废物污染环境防治设施、场所；确有必要关闭、闲置或者拆除的，必须经所在地县级以上地方人民政府环境保护行政主管部门核准，并采取措施，防止污染环境。

第三十五条 产生工业固体废物的单位需要终止的，应当事先对工业固体废物的贮存、处置的设施、场所采取污染防治措施，并对未处置的工业固体废物作出妥善处置，防止污染环境。

产生工业固体废物的单位发生变更的，变更后的单位应当按照国家有关环境保护的规定对未处置的工业固体废物及其贮存、处置的设施、场所进行安全处置或者采取措施保证该设施、场所安全运行。变更前当事人对工业固体废物及其贮存、处置的设施、场所的污染防治责任另有约定的，从其约定；但是，不得免除当事人的污染防治义务。

对本法施行前已经终止的单位未处置的工业固体废物及其贮存、处置的设施、场所进行安全处置的费用，由有关人民政府承担；但是，该单位享有的土地使用权依法转让的，应当由土地使用权受让人承担处置费用。当事人另有约定的，从其约定；但是，不得免除当事人的污染防治义务。

第三十六条 矿山企业应当采取科学的开采方法和选矿工艺，减少尾矿、矸石、废石等矿业固体废物的产生量和贮存量。

尾矿、矸石、废石等矿业固体废物贮存设施停止使用后，矿山企业应当按照国家有关环境保护规定进行封场，防止造成环境污染和生态破坏。

第三十七条 拆解、利用、处置废弃电器产品和废弃机动车船，应当遵守有关法律、法规的规定，采取措施，防止污染环境。

第三节 生活垃圾污染环境的防治

第三十八条 县级以上人民政府应当统筹安排建设城乡生活垃圾收集、运输、处置设施，提高生活垃圾的利用率和无害化处置率，促进生活垃圾收集、处置的产业化发展，逐步建立和完善生活垃圾污染环境防治的社会服务体系。

第三十九条 县级以上地方人民政府环境卫生行政主管部门应当组织对城市生活垃圾进行清扫、收集、运输和处置，可以通过招标等方式选择具备条件的单位从事生活垃圾的清扫、收集、运输和处置。

第四十条 对城市生活垃圾应当按照环境卫生行政主管部门的规定，在指定的地点放置，不得随意倾倒、抛撒或者堆放。

第四十一条 清扫、收集、运输、处置城市生活垃圾，应当遵守国家有关环境保护和环境卫生管理的规定，防止污染环境。

第四十二条 对城市生活垃圾应当及时清运，逐步做到分类收集和运输，并积极开展合理利用和实施无害化处置。

第四十三条 城市人民政府应当有计划地改进燃料结构，发展城市煤气、天然气、液化气和其他清洁能源。

城市人民政府有关部门应当组织净菜进城，减少城市生活垃圾。

城市人民政府有关部门应当统筹规划，合理安排收购网点，促进生活垃圾的回收利用工作。

第四十四条 建设生活垃圾处置的设施、场所，必须符合国务院环境保护行政主管部门和国务院建设行政主管部门规定的环境保护和环境卫生标准。

禁止擅自关闭、闲置或者拆除生活垃圾处置的设施、场所；确有必要关闭、闲置或者拆除的，必须经所在地县级以上地方人民政府环境卫生行政主管部门和环境保护行政主管部门核准，并采取措施，防止污染环境。

第四十五条 从生活垃圾中回收的物质必须按照国家规定的用途或者标准使用，不得用于生产可能危害人体健康的产品。

第四十六条 工程施工单位应当及时清运工程施工过程中产生的固体废物，并按照环境卫生行政主管部门的规定进行利用或者处置。

第四十七条 从事公共交通运输的经营单位，应当按照国家有关规定，清扫、收集运输过程中产生的生活垃圾。

第四十八条 从事城市新区开发、旧区改建和住宅小区开发建设的单位，以及机场、码头、车站、公园、商店等公共设施、场所的经营管理单位，应当按照国家有关环境卫生的规定，配套建设生活垃圾收集设施。

第四十九条 农村生活垃圾污染环境防治的具体办法，由地方性法规规定。

第四章 危险废物污染环境防治的特别规定

第五十条 危险废物污染环境的防治，适用本章规定；本章未作规定的，适用本法其他有关规定。

第五十一条 国务院环境保护行政主管部门应当会同国务院有关部门制定国家危险废物名录，规定统一的危险废物鉴别标准、鉴别方法和识别标志。

第五十二条 对危险废物的容器和包装物以及收集、贮存、运输、处置危险废物的设施、场所，必须设置危险废物识别标志。

第五十三条 产生危险废物的单位，必须按照国家有关规定制定危险废物管理计划，并向所在地县级以上地方人民政府环境保护行政主管部门申报危险废物的种类、产生量、流向、贮存、处置等有关资料。

前款所称危险废物管理计划应当包括减少危险废物产生量和危害性的措施以及危险废物贮存、利用、处置措施。危险废物管理计划应当报产生危险废物的单位所在地县级以上地方人民政府环境保护行政主管部门备案。

本条规定的申报事项或者危险废物管理计划内容有重大改变的，应当及时申报。

第五十四条 国务院环境保护行政主管部门会同国务院经济综合宏观调控部门组织编制危险废物集中处置设施、场所的建设规划，报国务院批准后实施。

县级以上地方人民政府应当依据危险废物集中处置设施、场所的建设规划组织建设危险废物集中处置设施、场所。

第五十五条 产生危险废物的单位，必须按照国家有关规定处置危险废物，不得擅自倾倒、堆放；不处置的，由所在地县级以上地方人民政府环境保护行政主管部门责令限期改正；逾期不处置或者处置不符合国家有关规定的，由所在地县级以上地方人民政府环境保护行政主管部门指定单位按照国家有关规定代为处置，处置费用由产生危险废物的单位承担。

第五十六条 以填埋方式处置危险废物不符合国务院环境保护行政主管部门规定的，应当缴纳危险废物排污费。危险废物排污费征收的具体办法由国务院规定。

危险废物排污费用于污染环境的防治，不得挪作他用。

第五十七条 从事收集、贮存、处置危险废物经营活动的单位，必须向县级以上人民政府环境保护行政主管部门申请领取经营许可证；从事利用危险废物经营活动的单位，必须向国务院环境保护行政主管部门或者省、自治区、直辖市人民政府环境保护行政主管部门申请领取经营许可证。具体管理办法由国务院规定。

禁止无经营许可证或者不按照经营许可证规定从事危险废物收集、贮存、利用、处置的经营活动。

禁止将危险废物提供或者委托给无经营许可证的单位从事收集、贮存、利用、处置的经营活动。

第五十八条 收集、贮存危险废物，必须按照危险废物特性分类进行。禁止混合收集、贮存、运输、处置性质不相容而未经安全性处置的危险废物。

贮存危险废物必须采取符合国家环境保护标准的防护措施，并不得超过一年；确需延长期限的，必须报经原批准经营许可证的环境保护行政主管部门批准；法律、行政法规另有规定的除外。

禁止将危险废物混入非危险废物中贮存。

第五十九条　转移危险废物的，必须按照国家有关规定填写危险废物转移联单，并向危险废物移出地设区的市级以上地方人民政府环境保护行政主管部门提出申请。移出地设区的市级以上地方人民政府环境保护行政主管部门应当商经接受地设区的市级以上地方人民政府环境保护行政主管部门同意后，方可批准转移该危险废物。未经批准的，不得转移。

转移危险废物途经移出地、接受地以外行政区域的，危险废物移出地设区的市级以上地方人民政府环境保护行政主管部门应当及时通知沿途经过的设区的市级以上地方人民政府环境保护行政主管部门。

第六十条　运输危险废物，必须采取防止污染环境的措施，并遵守国家有关危险货物运输管理的规定。

禁止将危险废物与旅客在同一运输工具上载运。

第六十一条　收集、贮存、运输、处置危险废物的场所、设施、设备和容器、包装物及其他物品转作他用时，必须经过消除污染的处理，方可使用。

第六十二条　产生、收集、贮存、运输、利用、处置危险废物的单位，应当制定意外事故的防范措施和应急预案，并向所在地县级以上地方人民政府环境保护行政主管部门备案；环境保护行政主管部门应当进行检查。

第六十三条　因发生事故或者其他突发性事件，造成危险废物严重污染环境的单位，必须立即采取措施消除或者减轻对环境的污染危害，及时通报可能受到污染危害的单位和居民，并向所在地县级以上地方人民政府环境保护行政主管部门和有关部门报告，接受调查处理。

第六十四条　在发生或者有证据证明可能发生危险废物严重污染环境、威胁居民生命财产安全时，县级以上地方人民政府环境保护行政主管部门或者其他固体废物污染环境防治工作的监督管理部门必须立即向本级人民政府和上一级人民政府有关行政主管部门报告，由人民政府采取防止或者减轻危害的有效措施。有关人民政府可以根据需要责令停止导致或者可能导致环境污染事故的作业。

第六十五条　重点危险废物集中处置设施、场所的退役费用应当预提，列入投资概算或者经营成本。具体提取和管理办法，由国务院财政部门、价格主管部门会同国务院环境保护行政主管部门规定。

第六十六条　禁止经中华人民共和国过境转移危险废物。

第五章　法律责任

第六十七条　县级以上人民政府环境保护行政主管部门或者其他固体废物污染环境防治工作的监督管理部门违反本法规定，有下列行为之一的，由本级人民政府或者上级人民政府有关行政主管部门责令改正，对负有责任的主管人员和其他直接责任人员依法给予行政处分；构成犯罪的，依法追究刑事责任：

（一）不依法作出行政许可或者办理批准文件的；

（二）发现违法行为或者接到对违法行为的举报后不予查处的；

（三）有不依法履行监督管理职责的其他行为的。

第六十八条　违反本法规定，有下列行为之一的，由县级以上人民政府环境保护行政主管管部门责令停止违法行为，限期改正，处以罚款：

（一）不按照国家规定申报登记工业固体废物，或者在申报登记时弄虚作假的；

（二）对暂时不利用或者不能利用的工业固体废物未建设贮存的设施、场所安全分类存放，或者未采取无害化处置措施的；

（三）将列入限期淘汰名录被淘汰的设备转让给他人使用的；

（四）擅自关闭、闲置或者拆除工业固体废物污染环境防治设施、场所的；

（五）在自然保护区、风景名胜区、饮用水水源保护区、基本农田保护区和其他需要特别保护的区域内，建设工业固体废物集中贮存、处置的设施、场所和生活垃圾填埋场的；

（六）擅自转移固体废物出省、自治区、直辖市行政区域贮存、处置的；

（七）未采取相应防范措施，造成工业固体废物扬散、流失、渗漏或者造成其他环境污染的；

（八）在运输过程中沿途丢弃、遗撒工业固体废物的。

有前款第一项、第八项行为之一的，处五千元以上五万元以下的罚款；有前款第二项、第三项、第四项、第五项、第六项、第七项行为之一的，处一万元以上十万元以下的罚款。

第六十九条 违反本法规定，建设项目需要配套建设的固体废物污染环境防治设施未建成、未经验收或者验收不合格，主体工程即投入生产或者使用的，由审批该建设项目环境影响评价文件的环境保护行政主管部门责令停止生产或者使用，可以并处十万元以下的罚款。

第七十条 违反本法规定，拒绝县级以上人民政府环境保护行政主管部门或者其他固体废物污染环境防治工作的监督管理部门现场检查的，由执行现场检查的部门责令限期改正；拒不改正或者在检查时弄虚作假的，处二千元以上二万元以下的罚款。

第七十一条 从事畜禽规模养殖未按照国家有关规定收集、贮存、处置畜禽粪便，造成环境污染的，由县级以上地方人民政府环境保护行政主管部门责令限期改正，可以处五万元以下的罚款。

第七十二条 违反本法规定，生产、销售、进口或者使用淘汰的设备，或者采用淘汰的生产工艺的，由县级以上人民政府经济综合宏观调控部门责令改正；情节严重的，由县级以上人民政府经济综合宏观调控部门提出意见，报请同级人民政府按照国务院规定的权限决定停业或者关闭。

第七十三条 尾矿、矸石、废石等矿业固体废物贮存设施停止使用后，未按照国家有关环境保护规定进行封场的，由县级以上地方人民政府环境保护行政主管部门责令限期改正，可以处五万元以上二十万元以下的罚款。

第七十四条 违反本法有关城市生活垃圾污染环境防治的规定，有下列行为之一的，由县级以上地方人民政府环境卫生行政主管部门责令停止违法行为，限期改正，处以罚款：

（一）随意倾倒、抛撒或者堆放生活垃圾的；

（二）擅自关闭、闲置或者拆除生活垃圾处置设施、场所的；

（三）工程施工单位不及时清运施工过程中产生的固体废物，造成环境污染的；

（四）工程施工单位不按照环境卫生行政主管部门的规定对施工过程中产生的固体废物进行利用或者处置的；

（五）在运输过程中沿途丢弃、遗撒生活垃圾的。

单位有前款第一项、第三项、第五项行为之

一的，处五千元以上五万元以下的罚款；有前款第二项、第四项行为之一的，处一万元以上十万元以下的罚款。个人有前款第一项、第五项行为之一的，处二百元以下的罚款。

第七十五条 违反本法有关危险废物污染环境防治的规定，有下列行为之一的，由县级以上人民政府环境保护行政主管部门责令停止违法行为，限期改正，处以罚款：

（一）不设置危险废物识别标志的；

（二）不按照国家规定申报登记危险废物，或者在申报登记时弄虚作假的；

（三）擅自关闭、闲置或者拆除危险废物集中处置设施、场所的；

（四）不按照国家规定缴纳危险废物排污费的；

（五）将危险废物提供或者委托给无经营许可证的单位从事经营活动的；

（六）不按照国家规定填写危险废物转移联单或者未经批准擅自转移危险废物的；

（七）将危险废物混入非危险废物中贮存的；

（八）未经安全性处置，混合收集、贮存、运输、处置具有不相容性质的危险废物的；

（九）将危险废物与旅客在同一运输工具上载运的；

（十）未经消除污染的处理将收集、贮存、运输、处置危险废物的场所、设施、设备和容器、包装物及其他物品转作他用的；

（十一）未采取相应防范措施，造成危险废物扬散、流失、渗漏或者造成其他环境污染的；

（十二）在运输过程中沿途丢弃、遗撒危险废物的；

（十三）未制定危险废物意外事故防范措施和应急预案的。

有前款第一项、第二项、第七项、第八项、第九项、第十项、第十一项、第十二项、第十三项行为之一的，处一万元以上十万元以下的罚款；有前款第三项、第五项、第六项行为之一的，处二万元以上二十万元以下的罚款；有前款第四项行为的，限期缴纳，逾期不缴纳的，处应缴纳危险废物排污费金额一倍以上三倍以下的罚款。

第七十六条 违反本法规定，危险废物产生者不处置其产生的危险废物又不承担依法应当承担的处置费用的，由县级以上地方人民政府环境保护行政主管部门责令限期改正，处代为处置费用一倍以上三倍以下的罚款。

第七十七条 无经营许可证或者不按照经营许可证规定从事收集、贮存、利用、处置危险废物经营活动的，由县级以上人民政府环境保护行政主管部门责令停止违法行为，没收违法所得，可以并处违法所得三倍以下的罚款。

不按照经营许可证规定从事前款活动的，还可以由发证机关吊销经营许可证。

第七十八条 违反本法规定，将中华人民共和国境外的固体废物进境倾倒、堆放、处置的，进口属于禁止进口的固体废物或者未经许可擅自进口属于限制进口的固体废物用作原料的，由海关责令退运该固体废物，可以并处十万元以上一百万元以下的罚款；构成犯罪的，依法追究刑事责任。进口者不明的，由承运人承担退运该固体废物的责任，或者承担该固体废物的处置费用。

逃避海关监管将中华人民共和国境外的固体废物运输进境，构成犯罪的，依法追究刑事责任。

第七十九条 违反本法规定，经中华人民共和国过境转移危险废物的，由海关责令退运该危险废物，可以并处五万元以上五十万元以下的罚款。

第八十条 对已经非法入境的固体废物，

由省级以上人民政府环境保护行政主管部门依法向海关提出处理意见，海关应当依照本法第七十八条的规定作出处罚决定；已经造成环境污染的，由省级以上人民政府环境保护行政主管部门责令进口者消除污染。

第八十一条 违反本法规定，造成固体废物严重污染环境的，由县级以上人民政府环境保护行政主管部门按照国务院规定的权限决定限期治理；逾期未完成治理任务的，由本级人民政府决定停业或者关闭。

第八十二条 违反本法规定，造成固体废物污染环境事故的，由县级以上人民政府环境保护行政主管部门处二万元以上二十万元以下的罚款；造成重大损失的，按照直接损失的百分之三十计算罚款，但是最高不超过一百万元，对负有责任的主管人员和其他直接责任人员，依法给予行政处分；造成固体废物污染环境重大事故的，并由县级以上人民政府按照国务院规定的权限决定停业或者关闭。

第八十三条 违反本法规定，收集、贮存、利用、处置危险废物，造成重大环境污染事故，构成犯罪的，依法追究刑事责任。

第八十四条 受到固体废物污染损害的单位和个人，有权要求依法赔偿损失。

赔偿责任和赔偿金额的纠纷，可以根据当事人的请求，由环境保护行政主管部门或者其他固体废物污染环境防治工作的监督管理部门调解处理；调解不成的，当事人可以向人民法院提起诉讼。当事人也可以直接向人民法院提起诉讼。

国家鼓励法律服务机构对固体废物污染环境诉讼中的受害人提供法律援助。

第八十五条 造成固体废物污染环境的，应当排除危害，依法赔偿损失，并采取措施恢复环境原状。

第八十六条 因固体废物污染环境引起的损害赔偿诉讼，由加害人就法律规定的免责事由及其行为与损害结果之间不存在因果关系承担举证责任。

第八十七条 固体废物污染环境的损害赔偿责任和赔偿金额的纠纷，当事人可以委托环境监测机构提供监测数据。环境监测机构应当接受委托，如实提供有关监测数据。

第六章 附 则

第八十八条 本法下列用语的含义：

（一）固体废物，是指在生产、生活和其他活动中产生的丧失原有利用价值或者虽未丧失利用价值但被抛弃或者放弃的固态、半固态和置于容器中的气态的物品、物质以及法律、行政法规规定纳入固体废物管理的物品、物质。

（二）工业固体废物，是指在工业生产活动中产生的固体废物。

（三）生活垃圾，是指在日常生活中或者为日常生活提供服务的活动中产生的固体废物以及法律、行政法规规定视为生活垃圾的固体废物。

（四）危险废物，是指列入国家危险废物名录或者根据国家规定的危险废物鉴别标准和鉴别方法认定的具有危险特性的固体废物。

（五）贮存，是指将固体废物临时置于特定设施或者场所中的活动。

（六）处置，是指将固体废物焚烧和用其他改变固体废物的物理、化学、生物特性的方法，达到减少已产生的固体废物数量、缩小固体废物体积、减少或者消除其危险成分的活动，或者将固体废物最终置于符合环境保护规定要求的填埋场的活动。

（七）利用，是指从固体废物中提取物质作

为原材料或者燃料的活动。

第八十九条 液态废物的污染防治，适用本法；但是，排入水体的废水的污染防治适用有关法律，不适用本法。

第九十条 中华人民共和国缔结或者参加的与固体废物污染环境防治有关的国际条约与本法有不同规定的，适用国际条约的规定；但是，中华人民共和国声明保留的条款除外。

第九十一条 本法自 2005 年 4 月 1 日起施行。

中华人民共和国可再生能源法

中华人民共和国主席令 第三十三号

《中华人民共和国可再生能源法》已由中华人民共和国第十届全国人民代表大会常务委员会第十四次会议于2005年2月28日通过，现予公布，自2006年1月1日起施行。

中华人民共和国主席 胡锦涛

2005年2月28日

第一章 总 则

第一条 为了促进可再生能源的开发利用，增加能源供应，改善能源结构，保障能源安全，保护环境，实现经济社会的可持续发展，制定本法。

第二条 本法所称可再生能源，是指风能、太阳能、水能、生物质能、地热能、海洋能等非化石能源。

水力发电对本法的适用，由国务院能源主管部门规定，报国务院批准。

通过低效率炉灶直接燃烧方式利用秸秆、薪柴、粪便等，不适用本法。

第三条 本法适用于中华人民共和国领域和管辖的其他海域。

第四条 国家将可再生能源的开发利用列为能源发展的优先领域，通过制定可再生能源开发利用总量目标和采取相应措施，推动可再生能源市场的建立和发展。

国家鼓励各种所有制经济主体参与可再生能源的开发利用，依法保护可再生能源开发利用者的合法权益。

第五条 国务院能源主管部门对全国可再生能源的开发利用实施统一管理。国务院有关部门在各自的职责范围内负责有关的可再生能源开发利用管理工作。

县级以上地方人民政府管理能源工作的部门负责本行政区域内可再生能源开发利用的管理工作。县级以上地方人民政府有关部门在各自的职责范围内负责有关的可再生能源开发利用管理工作。

第二章 资源调查与发展规划

第六条 国务院能源主管部门负责组织和协调全国可再生能源资源的调查，并会同国务院有关部门组织制定资源调查的技术规范。

国务院有关部门在各自的职责范围内负责相关可再生能源资源的调查，调查结果报国务院能源主管部门汇总。

可再生能源资源的调查结果应当公布；但是，国家规定需要保密的内容除外。

第七条　国务院能源主管部门根据全国能源需求与可再生能源资源实际状况，制定全国可再生能源开发利用中长期总量目标，报国务院批准后执行，并予公布。

国务院能源主管部门根据前款规定的总量目标和省、自治区、直辖市经济发展与可再生能源资源实际状况，会同省、自治区、直辖市人民政府确定各行政区域可再生能源开发利用中长期目标，并予公布。

第八条　国务院能源主管部门根据全国可再生能源开发利用中长期总量目标，会同国务院有关部门，编制全国可再生能源开发利用规划，报国务院批准后实施。

省、自治区、直辖市人民政府管理能源工作的部门根据本行政区域可再生能源开发利用中长期目标，会同本级人民政府有关部门编制本行政区域可再生能源开发利用规划，报本级人民政府批准后实施。

经批准的规划应当公布；但是，国家规定需要保密的内容除外。

经批准的规划需要修改的，须经原批准机关批准。

第九条　编制可再生能源开发利用规划，应当征求有关单位、专家和公众的意见，进行科学论证。

第三章　产业指导与技术支持

第十条　国务院能源主管部门根据全国可再生能源开发利用规划，制定、公布可再生能源产业发展指导目录。

第十一条　国务院标准化行政主管部门应当制定、公布国家可再生能源电力的并网技术标准和其他需要在全国范围内统一技术要求的有关可再生能源技术和产品的国家标准。

对前款规定的国家标准中未作规定的技术要求，国务院有关部门可以制定相关的行业标准，并报国务院标准化行政主管部门备案。

第十二条　国家将可再生能源开发利用的科学技术研究和产业化发展列为科技发展与高技术产业发展的优先领域，纳入国家科技发展规划和高技术产业发展规划，并安排资金支持可再生能源开发利用的科学技术研究、应用示范和产业化发展，促进可再生能源开发利用的技术进步，降低可再生能源产品的生产成本，提高产品质量。

国务院教育行政部门应当将可再生能源知识和技术纳入普通教育、职业教育课程。

第四章　推广与应用

第十三条　国家鼓励和支持可再生能源并网发电。

建设可再生能源并网发电项目，应当依照法律和国务院的规定取得行政许可或者报送备案。

建设应当取得行政许可的可再生能源并网发电项目，有多人申请同一项目许可的，应当依法通过招标确定被许可人。

第十四条　电网企业应当与依法取得行政许可或者报送备案的可再生能源发电企业签订并网协议，全额收购其电网覆盖范围内可再生能源并网发电项目的上网电量，并为可再生能源发电提供上网服务。

第十五条 国家扶持在电网未覆盖的地区建设可再生能源独立电力系统，为当地生产和生活提供电力服务。

第十六条 国家鼓励清洁、高效地开发利用生物质燃料，鼓励发展能源作物。

利用生物质资源生产的燃气和热力，符合城市燃气管网、热力管网的入网技术标准的，经营燃气管网、热力管网的企业应当接收其入网。

国家鼓励生产和利用生物液体燃料。石油销售企业应当按照国务院能源主管部门或者省级人民政府的规定，将符合国家标准的生物液体燃料纳入其燃料销售体系。

第十七条 国家鼓励单位和个人安装和使用太阳能热水系统、太阳能供热采暖和制冷系统、太阳能光伏发电系统等太阳能利用系统。

国务院建设行政主管部门会同国务院有关部门制定太阳能利用系统与建筑结合的技术经济政策和技术规范。

房地产开发企业应当根据前款规定的技术规范，在建筑物的设计和施工中，为太阳能利用提供必备条件。

对已建成的建筑物，住户可以在不影响其质量与安全的前提下安装符合技术规范和产品标准的太阳能利用系统；但是，当事人另有约定的除外。

第十八条 国家鼓励和支持农村地区的可再生能源开发利用。

县级以上地方人民政府管理能源工作的部门会同有关部门，根据当地经济社会发展、生态保护和卫生综合治理需要等实际情况，制定农村地区可再生能源发展规划，因地制宜地推广应用沼气等生物质资源转化、户用太阳能、小型风能、小型水能等技术。

县级以上人民政府应当对农村地区的可再生能源利用项目提供财政支持。

第五章 价格管理与费用分摊

第十九条 可再生能源发电项目的上网电价，由国务院价格主管部门根据不同类型可再生能源发电的特点和不同地区的情况，按照有利于促进可再生能源开发利用和经济合理的原则确定，并根据可再生能源开发利用技术的发展适时调整。上网电价应当公布。

依照本法第十三条第三款规定实行招标的可再生能源发电项目的上网电价，按照中标确定的价格执行；但是，不得高于依照前款规定确定的同类可再生能源发电项目的上网电价水平。

第二十条 电网企业依照本法第十九条规定确定的上网电价收购可再生能源电量所发生的费用，高于按照常规能源发电平均上网电价计算所发生费用之间的差额，附加在销售电价中分摊。具体办法由国务院价格主管部门制定。

第二十一条 电网企业为收购可再生能源电量而支付的合理的接网费用以及其他合理的相关费用，可以计入电网企业输电成本，并从销售电价中回收。

第二十二条 国家投资或者补贴建设的公共可再生能源独立电力系统的销售电价，执行同一地区分类销售电价，其合理的运行和管理费用超出销售电价的部分，依照本法第二十条规定的办法分摊。

第二十三条 进入城市管网的可再生能源热力和燃气的价格，按照有利于促进可再生能源开发利用和经济合理的原则，根据价格管理权限确定。

第六章　经济激励与监督措施

第二十四条　国家财政设立可再生能源发展专项资金，用于支持以下活动：

（一）可再生能源开发利用的科学技术研究、标准制定和示范工程；

（二）农村、牧区生活用能的可再生能源利用项目；

（三）偏远地区和海岛可再生能源独立电力系统建设；

（四）可再生能源的资源勘查、评价和相关信息系统建设；

（五）促进可再生能源开发利用设备的本地化生产。

第二十五条　对列入国家可再生能源产业发展指导目录、符合信贷条件的可再生能源开发利用项目，金融机构可以提供有财政贴息的优惠贷款。

第二十六条　国家对列入可再生能源产业发展指导目录的项目给予税收优惠。具体办法由国务院规定。

第二十七条　电力企业应当真实、完整地记载和保存可再生能源发电的有关资料，并接受电力监管机构的检查和监督。

电力监管机构进行检查时，应当依照规定的程序进行，并为被检查单位保守商业秘密和其他秘密。

第七章　法律责任

第二十八条　国务院能源主管部门和县级以上地方人民政府管理能源工作的部门和其他有关部门在可再生能源开发利用监督管理工作中，违反本法规定，有下列行为之一的，由本级人民政府或者上级人民政府有关部门责令改正，对负有责任的主管人员和其他直接责任人员依法给予行政处分；构成犯罪的，依法追究刑事责任：

（一）不依法作出行政许可决定的；

（二）发现违法行为不予查处的；

（三）有不依法履行监督管理职责的其他行为的。

第二十九条　违反本法第十四条规定，电网企业未全额收购可再生能源电量，造成可再生能源发电企业经济损失的，应当承担赔偿责任，并由国家电力监管机构责令限期改正；拒不改正的，处以可再生能源发电企业经济损失额一倍以下的罚款。

第三十条　违反本法第十六条第二款规定，经营燃气管网、热力管网的企业不准许符合入网技术标准的燃气、热力入网，造成燃气、热力生产企业经济损失的，应当承担赔偿责任，并由省级人民政府管理能源工作的部门责令限期改正；拒不改正的，处以燃气、热力生产企业经济损失额一倍以下的罚款。

第三十一条　违反本法第十六条第三款规定，石油销售企业未按照规定将符合国家标准的生物液体燃料纳入其燃料销售体系，造成生物液体燃料生产企业经济损失的，应当承担赔偿责任，并由国务院能源主管部门或者省级人民政府管理能源工作的部门责令限期改正；拒不改正的，处以生物液体燃料生产企业经济损失额一倍以下的罚款。

第八章　附　则

第三十二条　本法中下列用语的含义：

（一）生物质能，是指利用自然界的植物、粪便以及城乡有机废物转化成的能源。

(二)可再生能源独立电力系统，是指不与电网连接的单独运行的可再生能源电力系统。

(三)能源作物，是指经专门种植，用以提供能源原料的草本和木本植物。

(四)生物液体燃料，是指利用生物质资源生产的甲醇、乙醇和生物柴油等液体燃料。

第三十三条 本法自2006年1月1日起施行。

中华人民共和国节约能源法

中华人民共和国主席令 第七十七号

《中华人民共和国节约能源法》已由中华人民共和国第十届全国人民代表大会常务委员会第三十次会议于2007年10月28日修订通过，现将修订后的《中华人民共和国节约能源法》公布，自2008年4月1日起施行。

中华人民共和国主席 胡锦涛

2007年10月28日

第一章 总 则

第一条 为了推动全社会节约能源，提高能源利用效率，保护和改善环境，促进经济社会全面协调可持续发展，制定本法。

第二条 本法所称能源，是指煤炭、石油、天然气、生物质能和电力、热力以及其他直接或者通过加工、转换而取得有用能的各种资源。

第三条 本法所称节约能源（以下简称节能），是指加强用能管理，采取技术上可行、经济上合理以及环境和社会可以承受的措施，从能源生产到消费的各个环节，降低消耗、减少损失和污染物排放、制止浪费，有效、合理地利用能源。

第四条 节约资源是我国的基本国策。国家实施节约与开发并举、把节约放在首位的能源发展战略。

第五条 国务院和县级以上地方各级人民政府应当将节能工作纳入国民经济和社会发展规划、年度计划，并组织编制和实施节能中长期专项规划、年度节能计划。

国务院和县级以上地方各级人民政府每年向本级人民代表大会或者其常务委员会报告节能工作。

第六条 国家实行节能目标责任制和节能考核评价制度，将节能目标完成情况作为对地方人民政府及其负责人考核评价的内容。

省、自治区、直辖市人民政府每年向国务院报告节能目标责任的履行情况。

第七条 国家实行有利于节能和环境保护的产业政策，限制发展高耗能、高污染行业，发展节能环保型产业。

国务院和省、自治区、直辖市人民政府应当加强节能工作，合理调整产业结构、企业结构、产品结构和能源消费结构，推动企业降低单位产值能耗和单位产品能耗，淘汰落后的生产能力，改进能源的开发、加工、转换、输送、储存和供应，提高能源利用效率。

国家鼓励、支持开发和利用新能源、可再生能源。

第八条 国家鼓励、支持节能科学技术的研究、开发、示范和推广，促进节能技术创新与进步。

国家开展节能宣传和教育，将节能知识纳入国民教育和培训体系，普及节能科学知识，增强全民的节能意识，提倡节约型的消费方式。

第九条 任何单位和个人都应当依法履行节能义务，有权检举浪费能源的行为。

新闻媒体应当宣传节能法律、法规和政策，发挥舆论监督作用。

第十条 国务院管理节能工作的部门主管全国的节能监督管理工作。国务院有关部门在各自的职责范围内负责节能监督管理工作，并接受国务院管理节能工作的部门的指导。

县级以上地方各级人民政府管理节能工作的部门负责本行政区域内的节能监督管理工作。县级以上地方各级人民政府有关部门在各自的职责范围内负责节能监督管理工作，并接受同级管理节能工作的部门的指导。

第二章　节能管理

第十一条 国务院和县级以上地方各级人民政府应当加强对节能工作的领导，部署、协调、监督、检查、推动节能工作。

第十二条 县级以上人民政府管理节能工作的部门和有关部门应当在各自的职责范围内，加强对节能法律、法规和节能标准执行情况的监督检查，依法查处违法用能行为。

履行节能监督管理职责不得向监督管理对象收取费用。

第十三条 国务院标准化主管部门和国务院有关部门依法组织制定并适时修订有关节能的国家标准、行业标准，建立健全节能标准体系。

国务院标准化主管部门会同国务院管理节能工作的部门和国务院有关部门制定强制性的用能产品、设备能源效率标准和生产过程中耗能高的产品的单位产品能耗限额标准。

国家鼓励企业制定严于国家标准、行业标准的企业节能标准。

省、自治区、直辖市制定严于强制性国家标准、行业标准的地方节能标准，由省、自治区、直辖市人民政府报经国务院批准；本法另有规定的除外。

第十四条 建筑节能的国家标准、行业标准由国务院建设主管部门组织制定，并依照法定程序发布。

省、自治区、直辖市人民政府建设主管部门可以根据本地实际情况，制定严于国家标准或者行业标准的地方建筑节能标准，并报国务院标准化主管部门和国务院建设主管部门备案。

第十五条 国家实行固定资产投资项目节能评估和审查制度。不符合强制性节能标准的项目，依法负责项目审批或者核准的机关不得批准或者核准建设；建设单位不得开工建设；已经建成的，不得投入生产、使用。具体办法由国务院管理节能工作的部门会同国务院有关部门制定。

第十六条 国家对落后的耗能过高的用能产品、设备和生产工艺实行淘汰制度。淘汰的用能产品、设备、生产工艺的目录和实施办法，由国务院管理节能工作的部门会同国务院有关部门制定并公布。

生产过程中耗能高的产品的生产单位，应当执行单位产品能耗限额标准。对超过单位产品能耗限额标准用能的生产单位，由管理节能工作的部门按照国务院规定的权限责令限期治理。

对高耗能的特种设备，按照国务院的规定实行节能审查和监管。

第十七条　禁止生产、进口、销售国家明令淘汰或者不符合强制性能源效率标准的用能产品、设备；禁止使用国家明令淘汰的用能设备、生产工艺。

第十八条　国家对家用电器等使用面广、耗能量大的用能产品，实行能源效率标志管理。实行能源效率标志管理的产品目录和实施办法，由国务院管理节能工作的部门会同国务院产品质量监督部门制定并公布。

第十九条　生产者和进口商应当对列入国家能源效率标志管理产品目录的用能产品标注能源效率标志，在产品包装物上或者说明书中予以说明，并按照规定报国务院产品质量监督部门和国务院管理节能工作的部门共同授权的机构备案。

生产者和进口商应当对其标注的能源效率标志及相关信息的准确性负责。禁止销售应当标注而未标注能源效率标志的产品。

禁止伪造、冒用能源效率标志或者利用能源效率标志进行虚假宣传。

第二十条　用能产品的生产者、销售者，可以根据自愿原则，按照国家有关节能产品认证的规定，向经国务院认证认可监督管理部门认可的从事节能产品认证的机构提出节能产品认证申请；经认证合格后，取得节能产品认证证书，可以在用能产品或者其包装物上使用节能产品认证标志。

禁止使用伪造的节能产品认证标志或者冒用节能产品认证标志。

第二十一条　县级以上各级人民政府统计部门应当会同同级有关部门，建立健全能源统计制度，完善能源统计指标体系，改进和规范能源统计方法，确保能源统计数据真实、完整。

国务院统计部门会同国务院管理节能工作的部门，定期向社会公布各省、自治区、直辖市以及主要耗能行业的能源消费和节能情况等信息。

第二十二条　国家鼓励节能服务机构的发展，支持节能服务机构开展节能咨询、设计、评估、检测、审计、认证等服务。

国家支持节能服务机构开展节能知识宣传和节能技术培训，提供节能信息、节能示范和其他公益性节能服务。

第二十三条　国家鼓励行业协会在行业节能规划、节能标准的制定和实施、节能技术推广、能源消费统计、节能宣传培训和信息咨询等方面发挥作用。

第三章　合理使用与节约能源

第一节　一般规定

第二十四条　用能单位应当按照合理用能的原则，加强节能管理，制定并实施节能计划和节能技术措施，降低能源消耗。

第二十五条　用能单位应当建立节能目标责任制，对节能工作取得成绩的集体、个人给予奖励。

第二十六条　用能单位应当定期开展节能教育和岗位节能培训。

第二十七条　用能单位应当加强能源计量管理，按照规定配备和使用经依法检定合格的能源计量器具。

用能单位应当建立能源消费统计和能源利用状况分析制度，对各类能源的消费实行分类计量和统计，并确保能源消费统计数据真实、完整。

第二十八条 能源生产经营单位不得向本单位职工无偿提供能源。任何单位不得对能源消费实行包费制。

第二节 工业节能

第二十九条 国务院和省、自治区、直辖市人民政府推进能源资源优化开发利用和合理配置，推进有利于节能的行业结构调整，优化用能结构和企业布局。

第三十条 国务院管理节能工作的部门会同国务院有关部门制定电力、钢铁、有色金属、建材、石油加工、化工、煤炭等主要耗能行业的节能技术政策，推动企业节能技术改造。

第三十一条 国家鼓励工业企业采用高效、节能的电动机、锅炉、窑炉、风机、泵类等设备，采用热电联产、余热余压利用、洁净煤以及先进的用能监测和控制等技术。

第三十二条 电网企业应当按照国务院有关部门制定的节能发电调度管理的规定，安排清洁、高效和符合规定的热电联产、利用余热余压发电的机组以及其他符合资源综合利用规定的发电机组与电网并网运行，上网电价执行国家有关规定。

第三十三条 禁止新建不符合国家规定的燃煤发电机组、燃油发电机组和燃煤热电机组。

第三节 建筑节能

第三十四条 国务院建设主管部门负责全国建筑节能的监督管理工作。

县级以上地方各级人民政府建设主管部门负责本行政区域内建筑节能的监督管理工作。

县级以上地方各级人民政府建设主管部门会同同级管理节能工作的部门编制本行政区域内的建筑节能规划。建筑节能规划应当包括既有建筑节能改造计划。

第三十五条 建筑工程的建设、设计、施工和监理单位应当遵守建筑节能标准。

不符合建筑节能标准的建筑工程，建设主管部门不得批准开工建设；已经开工建设的，应当责令停止施工、限期改正；已经建成的，不得销售或者使用。

建设主管部门应当加强对在建建筑工程执行建筑节能标准情况的监督检查。

第三十六条 房地产开发企业在销售房屋时，应当向购买人明示所售房屋的节能措施、保温工程保修期等信息，在房屋买卖合同、质量保证书和使用说明书中载明，并对其真实性、准确性负责。

第三十七条 使用空调采暖、制冷的公共建筑应当实行室内温度控制制度。具体办法由国务院建设主管部门制定。

第三十八条 国家采取措施，对实行集中供热的建筑分步骤实行供热分户计量、按照用热量收费的制度。新建建筑或者对既有建筑进行节能改造，应当按照规定安装用热计量装置、室内温度调控装置和供热系统调控装置。具体办法由国务院建设主管部门会同国务院有关部门制定。

第三十九条 县级以上地方各级人民政府有关部门应当加强城市节约用电管理，严格控制公用设施和大型建筑物装饰性景观照明的能耗。

第四十条 国家鼓励在新建建筑和既有建筑节能改造中使用新型墙体材料等节能建筑材料和节能设备，安装和使用太阳能等可再生能源利用系统。

第四节 交通运输节能

第四十一条 国务院有关交通运输主管部门按照各自的职责负责全国交通运输相关领域的节能监督管理工作。

国务院有关交通运输主管部门会同国务院管理节能工作的部门分别制定相关领域的节能规划。

第四十二条 国务院及其有关部门指导、促进各种交通运输方式协调发展和有效衔接，优化交通运输结构，建设节能型综合交通运输体系。

第四十三条 县级以上地方各级人民政府应当优先发展公共交通，加大对公共交通的投入，完善公共交通服务体系，鼓励利用公共交通工具出行；鼓励使用非机动交通工具出行。

第四十四条 国务院有关交通运输主管部门应当加强交通运输组织管理，引导道路、水路、航空运输企业提高运输组织化程度和集约化水平，提高能源利用效率。

第四十五条 国家鼓励开发、生产、使用节能环保型汽车、摩托车、铁路机车车辆、船舶和其他交通运输工具，实行老旧交通运输工具的报废、更新制度。

国家鼓励开发和推广应用交通运输工具使用的清洁燃料、石油替代燃料。

第四十六条 国务院有关部门制定交通运输营运车船的燃料消耗量限值标准；不符合标准的，不得用于营运。

国务院有关交通运输主管部门应当加强对交通运输营运车船燃料消耗检测的监督管理。

第五节 公共机构节能

第四十七条 公共机构应当厉行节约，杜绝浪费，带头使用节能产品、设备，提高能源利用效率。

本法所称公共机构，是指全部或者部分使用财政性资金的国家机关、事业单位和团体组织。

第四十八条 国务院和县级以上地方各级人民政府管理机关事务工作的机构会同同级有关部门制定和组织实施本级公共机构节能规划。公共机构节能规划应当包括公共机构既有建筑节能改造计划。

第四十九条 公共机构应当制定年度节能目标和实施方案，加强能源消费计量和监测管理，向本级人民政府管理机关事务工作的机构报送上年度的能源消费状况报告。

国务院和县级以上地方各级人民政府管理机关事务工作的机构会同同级有关部门按照管理权限，制定本级公共机构的能源消耗定额，财政部门根据该定额制定能源消耗支出标准。

第五十条 公共机构应当加强本单位用能系统管理，保证用能系统的运行符合国家相关标准。

公共机构应当按照规定进行能源审计，并根据能源审计结果采取提高能源利用效率的措施。

第五十一条 公共机构采购用能产品、设备，应当优先采购列入节能产品、设备政府采购名录中的产品、设备。禁止采购国家明令淘汰的用能产品、设备。

节能产品、设备政府采购名录由省级以上人民政府的政府采购监督管理部门会同同级有关部门制定并公布。

第六节 重点用能单位节能

第五十二条 国家加强对重点用能单位的节能管理。

下列用能单位为重点用能单位：

（一）年综合能源消费总量一万吨标准煤以上的用能单位；

（二）国务院有关部门或者省、自治区、直辖市人民政府管理节能工作的部门指定的年综合能源消费总量五千吨以上不满一万吨标准煤的用能单位。

重点用能单位节能管理办法，由国务院管理节能工作的部门会同国务院有关部门制定。

第五十三条 重点用能单位应当每年向管理节能工作的部门报送上年度的能源利用状况报告。能源利用状况包括能源消费情况、能源利用效率、节能目标完成情况和节能效益分析、节能措施等内容。

第五十四条 管理节能工作的部门应当对重点用能单位报送的能源利用状况报告进行审查。对节能管理制度不健全、节能措施不落实、能源利用效率低的重点用能单位，管理节能工作的部门应当开展现场调查，组织实施用能设备能源效率检测，责令实施能源审计，并提出书面整改要求，限期整改。

第五十五条 重点用能单位应当设立能源管理岗位，在具有节能专业知识、实际经验以及中级以上技术职称的人员中聘任能源管理负责人，并报管理节能工作的部门和有关部门备案。

能源管理负责人负责组织对本单位用能状况进行分析、评价，组织编写本单位能源利用状况报告，提出本单位节能工作的改进措施并组织实施。

能源管理负责人应当接受节能培训。

第四章　节能技术进步

第五十六条 国务院管理节能工作的部门会同国务院科技主管部门发布节能技术政策大纲，指导节能技术研究、开发和推广应用。

第五十七条 县级以上各级人民政府应当把节能技术研究开发作为政府科技投入的重点领域，支持科研单位和企业开展节能技术应用研究，制定节能标准，开发节能共性和关键技术，促进节能技术创新与成果转化。

第五十八条 国务院管理节能工作的部门会同国务院有关部门制定并公布节能技术、节能产品的推广目录，引导用能单位和个人使用先进的节能技术、节能产品。

国务院管理节能工作的部门会同国务院有关部门组织实施重大节能科研项目、节能示范项目、重点节能工程。

第五十九条 县级以上各级人民政府应当按照因地制宜、多能互补、综合利用、讲求效益的原则，加强农业和农村节能工作，增加对农业和农村节能技术、节能产品推广应用的资金投入。

农业、科技等有关主管部门应当支持、推广在农业生产、农产品加工储运等方面应用节能技术和节能产品，鼓励更新和淘汰高耗能的农业机械和渔业船舶。

国家鼓励、支持在农村大力发展沼气，推广生物质能、太阳能和风能等可再生能源利用技术，按照科学规划、有序开发的原则发展小型水力发电，推广节能型的农村住宅和炉灶等，鼓励利用非耕地种植能源植物，大力发展薪炭林等能源林。

第五章　激励措施

第六十条 中央财政和省级地方财政安排节能专项资金，支持节能技术研究开发、节能技术和产品的示范与推广、重点节能工程的实施、节能宣传培训、信息服务和表彰奖励等。

第六十一条 国家对生产、使用列入本法第五十八条规定的推广目录的需要支持的节能技术、节能产品，实行税收优惠等扶持政策。

国家通过财政补贴支持节能照明器具等节能产品的推广和使用。

第六十二条 国家实行有利于节约能源资源的税收政策，健全能源矿产资源有偿使用制度，促进能源资源的节约及其开采利用水平的提高。

第六十三条 国家运用税收等政策，鼓励先进节能技术、设备的进口，控制在生产过程中耗能高、污染重的产品的出口。

第六十四条 政府采购监督管理部门会同有关部门制定节能产品、设备政府采购名录，应当优先列入取得节能产品认证证书的产品、设备。

第六十五条 国家引导金融机构增加对节能项目的信贷支持，为符合条件的节能技术研究开发、节能产品生产以及节能技术改造等项目提供优惠贷款。

国家推动和引导社会有关方面加大对节能的资金投入，加快节能技术改造。

第六十六条 国家实行有利于节能的价格政策，引导用能单位和个人节能。

国家运用财税、价格等政策，支持推广电力需求侧管理、合同能源管理、节能自愿协议等节能办法。

国家实行峰谷分时电价、季节性电价、可中断负荷电价制度，鼓励电力用户合理调整用电负荷；对钢铁、有色金属、建材、化工和其他主要耗能行业的企业，分淘汰、限制、允许和鼓励类实行差别电价政策。

第六十七条 各级人民政府对在节能管理、节能科学技术研究和推广应用中有显著成绩以及检举严重浪费能源行为的单位和个人，给予表彰和奖励。

第六章 法律责任

第六十八条 负责审批或者核准固定资产投资项目的机关违反本法规定，对不符合强制性节能标准的项目予以批准或者核准建设的，对直接负责的主管人员和其他直接责任人员依法给予处分。

固定资产投资项目建设单位开工建设不符合强制性节能标准的项目或者将该项目投入生产、使用的，由管理节能工作的部门责令停止建设或者停止生产、使用，限期改造；不能改造或者逾期不改造的生产性项目，由管理节能工作的部门报请本级人民政府按照国务院规定的权限责令关闭。

第六十九条 生产、进口、销售国家明令淘汰的用能产品、设备的，使用伪造的节能产品认证标志或者冒用节能产品认证标志的，依照《中华人民共和国产品质量法》的规定处罚。

第七十条 生产、进口、销售不符合强制性能源效率标准的用能产品、设备的，由产品质量监督部门责令停止生产、进口、销售，没收违法生产、进口、销售的用能产品、设备和违法所得，并处违法所得一倍以上五倍以下罚款；情节严重的，由工商行政管理部门吊销营业执照。

第七十一条 使用国家明令淘汰的用能设备或者生产工艺的，由管理节能工作的部门责令停止使用，没收国家明令淘汰的用能设备；情节严重的，可以由管理节能工作的部门提出意见，报请本级人民政府按照国务院规定的权限责令停业整顿或者关闭。

第七十二条 生产单位超过单位产品能耗限额标准用能，情节严重，经限期治理逾期不治理或者没有达到治理要求的，可以由管理节能工作的部门提出意见，报请本级人民政府按照国务院规定的权限责令停业整顿或者关闭。

第七十三条 违反本法规定，应当标注能源效率标志而未标注的，由产品质量监督部门责令改正，处三万元以上五万元以下罚款。

违反本法规定，未办理能源效率标志备案，或者使用的能源效率标志不符合规定的，由产品质量监督部门责令限期改正；逾期不改正的，处一万元以上三万元以下罚款。

伪造、冒用能源效率标志或者利用能源效率标志进行虚假宣传的，由产品质量监督部门责令改正，处五万元以上十万元以下罚款；情节严重的，由工商行政管理部门吊销营业执照。

第七十四条 用能单位未按照规定配备、使用能源计量器具的，由产品质量监督部门责令限期改正；逾期不改正的，处一万元以上五万元以下罚款。

第七十五条 瞒报、伪造、篡改能源统计资料或者编造虚假能源统计数据的，依照《中华人民共和国统计法》的规定处罚。

第七十六条 从事节能咨询、设计、评估、检测、审计、认证等服务的机构提供虚假信息的，由管理节能工作的部门责令改正，没收违法所得，并处五万元以上十万元以下罚款。

第七十七条 违反本法规定，无偿向本单位职工提供能源或者对能源消费实行包费制的，由管理节能工作的部门责令限期改正；逾期不改正的，处五万元以上二十万元以下罚款。

第七十八条 电网企业未按照本法规定安排符合规定的热电联产和利用余热余压发电的机组与电网并网运行，或者未执行国家有关上网电价规定的，由国家电力监管机构责令改正；造成发电企业经济损失的，依法承担赔偿责任。

第七十九条 建设单位违反建筑节能标准的，由建设主管部门责令改正，处二十万元以上五十万元以下罚款。

设计单位、施工单位、监理单位违反建筑节能标准的，由建设主管部门责令改正，处十万元以上五十万元以下罚款；情节严重的，由颁发资质证书的部门降低资质等级或者吊销资质证书；造成损失的，依法承担赔偿责任。

第八十条 房地产开发企业违反本法规定，在销售房屋时未向购买人明示所售房屋的节能措施、保温工程保修期等信息的，由建设主管部门责令限期改正，逾期不改正的，处三万元以上五万元以下罚款；对以上信息作虚假宣传的，由建设主管部门责令改正，处五万元以上二十万元以下罚款。

第八十一条 公共机构采购用能产品、设备，未优先采购列入节能产品、设备政府采购名录中的产品、设备，或者采购国家明令淘汰的用能产品、设备的，由政府采购监督管理部门给予警告，可以并处罚款；对直接负责的主管人员和其他直接责任人员依法给予处分，并予通报。

第八十二条 重点用能单位未按照本法规定报送能源利用状况报告或者报告内容不实的，由管理节能工作的部门责令限期改正；逾期不改正的，处一万元以上五万元以下罚款。

第八十三条 重点用能单位无正当理由拒不落实本法第五十四条规定的整改要求或者整改没有达到要求的，由管理节能工作的部门处十万元以上三十万元以下罚款。

第八十四条 重点用能单位未按照本法规定设立能源管理岗位，聘任能源管理负责人，并报管理节能工作的部门和有关部门备案的，由管理节能工作的部门责令改正；拒不改正的，处一万元以上三万元以下罚款。

第八十五条 违反本法规定，构成犯罪的，依法追究刑事责任。

第八十六条　国家工作人员在节能管理工作中滥用职权、玩忽职守、徇私舞弊，构成犯罪的，依法追究刑事责任；尚不构成犯罪的，依法给予处分。

第七章　附　则

第八十七条　本法自 2008 年 4 月 1 日起施行。

全国污染源普查条例

中华人民共和国国务院令　第508号

现公布《全国污染源条例》，自公布之日起施行。

总理　温家宝

2007年10月9日

第一章　总　则

第一条　为了科学、有效地组织实施全国污染源普查，保障污染源普查数据的准确性和及时性，根据《中华人民共和国统计法》和《中华人民共和国环境保护法》，制定本条例。

第二条　污染源普查的任务是，掌握各类污染源的数量、行业和地区分布情况，了解主要污染物的产生、排放和处理情况，建立健全重点污染源档案、污染源信息数据库和环境统计平台，为制定经济社会发展和环境保护政策、规划提供依据。

第三条　本条例所称污染源，是指因生产、生活和其他活动向环境排放污染物或者对环境产生不良影响的场所、设施、装置以及其他污染发生源。

第四条　污染源普查按照全国统一领导、部门分工协作、地方分级负责、各方共同参与的原则组织实施。

第五条　污染源普查所需经费，由中央和地方各级人民政府共同负担，并列入相应年度的财政预算，按时拨付，确保足额到位。

污染源普查经费应当统一管理，专款专用，严格控制支出。

第六条　全国污染源普查每10年进行1次，标准时点为普查年份的12月31日。

第七条　报刊、广播、电视和互联网等新闻媒体，应当及时开展污染源普查工作的宣传报道。

第二章　污染源普查的对象、范围、内容和方法

第八条　污染源普查的对象是中华人民共和国境内有污染源的单位和个体经营户。

第九条　污染源普查对象有义务接受污染源普查领导小组办公室、普查人员依法进行的调查，并如实反映情况，提供有关资料，按照要

求填报污染源普查表。

污染源普查对象不得迟报、虚报、瞒报和拒报普查数据；不得推诿、拒绝和阻挠调查；不得转移、隐匿、篡改、毁弃原材料消耗记录、生产记录、污染物治理设施运行记录、污染物排放监测记录以及其他与污染物产生和排放有关的原始资料。

第十条　污染源普查范围包括：工业污染源，农业污染源，生活污染源，集中式污染治理设施和其他产生、排放污染物的设施。

第十一条　工业污染源普查的主要内容包括：企业基本登记信息，原材料消耗情况，产品生产情况，产生污染的设施情况，各类污染物产生、治理、排放和综合利用情况，各类污染防治设施建设、运行情况等。

农业污染源普查的主要内容包括：农业生产规模，用水、排水情况，化肥、农药、饲料和饲料添加剂以及农用薄膜等农业投入品使用情况，秸秆等种植业剩余物处理情况以及养殖业污染物产生、治理情况等。

生活污染源普查的主要内容包括：从事第三产业的单位的基本情况和污染物的产生、排放、治理情况，机动车污染物排放情况，城镇生活能源结构和能源消费量，生活用水量、排水量以及污染物排放情况等。

集中式污染治理设施普查的主要内容包括：设施基本情况和运行状况，污染物的处理处置情况，渗滤液、污泥、焚烧残渣和废气的产生、处置以及利用情况等。

第十二条　每次污染源普查的具体范围和内容，由国务院批准的普查方案确定。

第十三条　污染源普查采用全面调查的方法，必要时可以采用抽样调查的方法。

污染源普查采用全国统一的标准和技术要求。

第三章　污染源普查的组织实施

第十四条　全国污染源普查领导小组负责领导和协调全国污染源普查工作。

全国污染源普查领导小组办公室设在国务院环境保护主管部门，负责全国污染源普查日常工作。

第十五条　县级以上地方人民政府污染源普查领导小组，按照全国污染源普查领导小组的统一规定和要求，领导和协调本行政区域的污染源普查工作。

县级以上地方人民政府污染源普查领导小组办公室设在同级环境保护主管部门，负责本行政区域的污染源普查日常工作。

乡（镇）人民政府、街道办事处和村（居）民委员会应当广泛动员和组织社会力量积极参与并认真做好污染源普查工作。

第十六条　县级以上人民政府环境保护主管部门和其他有关部门，按照职责分工和污染源普查领导小组的统一要求，做好污染源普查相关工作。

第十七条　全国污染源普查方案由全国污染源普查领导小组办公室拟订，经全国污染源普查领导小组审核同意，报国务院批准。

全国污染源普查方案应当包括：普查的具体范围和内容、普查的主要污染物、普查方法、普查的组织实施以及经费预算等。

拟订全国污染源普查方案，应当充分听取有关部门和专家的意见。

第十八条　全国污染源普查领导小组办公室根据全国污染源普查方案拟订污染源普查表，报国家统计局审定。

省、自治区、直辖市人民政府污染源普查领导小组办公室，可以根据需要增设本行政区域污染源普查附表，报全国污染源普查领导小组办公室批准后使用。

第十九条 在普查启动阶段，污染源普查领导小组办公室应当进行单位清查。

县级以上人民政府机构编制、民政、工商、质检以及其他具有设立审批、登记职能的部门，应当向同级污染源普查领导小组办公室提供其审批或者登记的单位资料，并协助做好单位清查工作。

污染源普查领导小组办公室应当以本行政区域现有的基本单位名录库为基础，按照全国污染源普查方案确定的污染源普查的具体范围，结合有关部门提供的单位资料，对污染源逐一核实清查，形成污染源普查单位名录。

第二十条 列入污染源普查范围的大、中型工业企业，应当明确相关机构负责本企业污染源普查表的填报工作，其他单位应当指定人员负责本单位污染源普查表的填报工作。

第二十一条 污染源普查领导小组办公室可以根据工作需要，聘用或者从有关单位借调人员从事污染源普查工作。

污染源普查领导小组办公室应当与聘用人员依法签订劳动合同，支付劳动报酬，并为其办理社会保险。借调人员的工资由原单位支付，其福利待遇保持不变。

第二十二条 普查人员应当坚持实事求是，恪守职业道德，具有执行普查任务所需要的专业知识。

污染源普查领导小组办公室应当对普查人员进行业务培训，对考核合格的颁发全国统一的普查员工作证。

第二十三条 普查人员依法独立行使调查、报告、监督和检查的职权，有权查阅普查对象的原材料消耗记录、生产记录、污染物治理设施运行记录、污染物排放监测记录以及其他与污染物产生和排放有关的原始资料，并有权要求普查对象改正其填报的污染源普查表中不真实、不完整的内容。

第二十四条 普查人员应当严格执行全国污染源普查方案，不得伪造、篡改普查资料，不得强令、授意普查对象提供虚假普查资料。

普查人员执行污染源调查任务，不得少于两人，并应当出示普查员工作证；未出示普查员工作证的，普查对象可以拒绝接受调查。

第二十五条 普查人员应当依法直接访问普查对象，指导普查对象填报污染源普查表。污染源普查表填写完成后，应当由普查对象签字或者盖章确认。普查对象应当对其签字或者盖章的普查资料的真实性负责。

污染源普查领导小组办公室对其登记、录入的普查资料与普查对象填报的普查资料的一致性负责，并对其加工、整理的普查资料的准确性负责。

污染源普查领导小组办公室在登记、录入、加工和整理普查资料过程中，对普查资料有疑义的，应当向普查对象核实，普查对象应当如实说明或者改正。

第二十六条 各地方、各部门、各单位的负责人不得擅自修改污染源普查领导小组办公室、普查人员依法取得的污染源普查资料；不得强令或者授意污染源普查领导小组办公室、普查人员伪造或者篡改普查资料；不得对拒绝、抵制伪造或者篡改普查资料的普查人员打击报复。

第四章　数据处理和质量控制

第二十七条 污染源普查领导小组办公室应当按照全国污染源普查方案和有关标准、技术要求进行数据处理，并按时上报普查数据。

第二十八条　污染源普查领导小组办公室应当做好污染源普查数据备份和数据入库工作，建立健全污染源信息数据库，并加强日常管理和维护更新。

第二十九条　污染源普查领导小组办公室应当按照全国污染源普查方案，建立污染源普查数据质量控制岗位责任制，并对普查中的每个环节进行质量控制和检查验收。

污染源普查数据不符合全国污染源普查方案或者有关标准、技术要求的，上一级污染源普查领导小组办公室可以要求下一级污染源普查领导小组办公室重新调查，确保普查数据的一致性、真实性和有效性。

第三十条　全国污染源普查领导小组办公室统一组织对污染源普查数据的质量核查。核查结果作为评估全国或者各省、自治区、直辖市污染源普查数据质量的重要依据。

污染源普查数据的质量达不到规定要求的，有关污染源普查领导小组办公室应当在全国污染源普查领导小组办公室规定的时间内重新进行污染源普查。

第五章　数据发布、资料管理和开发应用

第三十一条　全国污染源普查公报，根据全国污染源普查领导小组的决定发布。

地方污染源普查公报，经上一级污染源普查领导小组办公室核准发布。

第三十二条　普查对象提供的资料和污染源普查领导小组办公室加工、整理的资料属于国家秘密的，应当注明秘密的等级，并按照国家有关保密规定处理。

污染源普查领导小组办公室、普查人员对在污染源普查中知悉的普查对象的商业秘密，负有保密义务。

第三十三条　污染源普查领导小组办公室应当建立污染源普查资料档案管理制度。污染源普查资料档案的保管、调用和移交应当遵守国家有关档案管理规定。

第三十四条　国家建立污染源普查资料信息共享制度。

污染源普查领导小组办公室应当在污染源信息数据库的基础上，建立污染源普查资料信息共享平台，促进普查成果的开发和应用。

第三十五条　污染源普查取得的单个普查对象的资料严格限定用于污染源普查目的，不得作为考核普查对象是否完成污染物总量削减计划的依据，不得作为依照其他法律、行政法规对普查对象实施行政处罚和征收排污费的依据。

第六章　表彰和处罚

第三十六条　对在污染源普查工作中做出突出贡献的集体和个人，应当给予表彰和奖励。

第三十七条　地方、部门、单位的负责人有下列行为之一的，依法给予处分，并由县级以上人民政府统计机构予以通报批评；构成犯罪的，依法追究刑事责任：

（一）擅自修改污染源普查资料的。

（二）强令、授意污染源普查领导小组办公室、普查人员伪造或者篡改普查资料的。

（三）对拒绝、抵制伪造或者篡改普查资料的普查人员打击报复的。

第三十八条　普查人员不执行普查方案，或者伪造、篡改普查资料，或者强令、授意普查对象提供虚假普查资料的，依法给予处分。

第三十九条　污染源普查对象有下列行为之一的，污染源普查领导小组办公室应当及时

向同级人民政府统计机构通报有关情况，提出处理意见，由县级以上人民政府统计机构责令改正，予以通报批评；情节严重的，可以建议对直接负责的主管人员和其他直接责任人员依法给予处分：

（一）迟报、虚报、瞒报或者拒报污染源普查数据的。

（二）推诿、拒绝或者阻挠普查人员依法进行调查的。

（三）转移、隐匿、篡改、毁弃原材料消耗记录、生产记录、污染物治理设施运行记录、污染物排放监测记录以及其他与污染物产生和排放有关的原始资料的。

单位有本条第一款所列行为之一的，由县级以上人民政府统计机构予以警告，可以处五万元以下的罚款。

个体经营户有本条第一款所列行为之一的，由县级以上人民政府统计机构予以警告，可以处一万元以下的罚款。

第四十条 污染源普查领导小组办公室应当设立举报电话和信箱，接受社会各界对污染源普查工作的监督和对违法行为的检举，并对检举有功的人员依法给予奖励，对检举的违法行为，依法予以查处。

第七章 附 则

第四十一条 军队、武装警察部队的污染源普查工作，由中国人民解放军总后勤部按照国家统一规定和要求组织实施。

新疆生产建设兵团的污染源普查工作，由新疆生产建设兵团按照国家统一规定和要求组织实施。

污染源普查领导小组办公室、普查人员泄露在普查中知悉的普查对象商业秘密的，对直接负责的主管人员和其他直接责任人员依法给予处分；对普查对象造成损害的，应当依法承担民事责任。

第四十二条 本条例自公布之日起施行。

报废汽车回收管理办法

中华人民共和国国务院令 第 307 号

《报废汽车回收管理办法》已经 2001 年 6 月 13 日国务院第 41 次常务会议通过，现予公布，自公布之日起施行。

总理 朱镕基

2001 年 6 月 16 日

第一条 为了规范报废汽车回收活动，加强对报废汽车回收的管理，保障道路交通秩序和人民生命财产安全，保护环境，制定本办法。

第二条 本办法所称报废汽车（包括摩托车、农用运输车，下同），是指达到国家报废标准，或者虽未达到国家报废标准，但发动机或者底盘严重损坏，经检验不符合国家机动车运行安全技术条件或者国家机动车污染物排放标准的机动车。

本办法所称拼装车，是指使用报废汽车发动机、方向机、变速器、前后桥、车架（以下统称“五大总成”）以及其他零配件组装的机动车。

第三条 国家经济贸易委员会负责组织全国报废汽车回收（含拆解，下同）的监督管理工作，国务院公安、工商行政管理等有关部门在各自的职责范围内负责报废汽车回收有关的监督管理工作。

县级以上地方各级人民政府经济贸易管理部门对本行政区域内报废汽车回收活动实施监督管理。县级以上地方各级人民政府公安、工商行政管理等有关部门在各自的职责范围内对本行政区域内报废汽车回收活动实施有关的监督管理。

第四条 国家鼓励汽车报废更新，具体办法由国家经济贸易委员会会同财政部制定。

第五条 县级以上地方各级人民政府应当加强对报废汽车回收监督管理工作的领导，组织各有关部门依法采取措施，防止并依法查处违反本办法规定的行为。

第六条 国家对报废汽车回收业实行特种行业管理，对报废汽车回收企业实行资格认定制度。

除取得报废汽车回收企业资格认定的外，任何单位和个人不得从事报废汽车回收活动。

不具备条件取得报废汽车回收企业资格认定或者未取得报废汽车回收企业资格认定，从事报废汽车回收活动的，任何单位和个人均有权举报。

第七条 报废汽车回收企业除应当符合有关法律、行政法规规定的设立企业的条件外，还应当具备下列条件：

（一）注册资本不低于50万元人民币，依照税法规定为一般纳税人；

（二）拆解场地面积不低于5000平方米；

（三）具备必要的拆解设备和消防设施；

（四）年回收拆解能力不低于500辆；

（五）正式从业人员不少于20人，其中专业技术人员不少于5人；

（六）没有出售报废汽车、报废“五大总成”、拼装车等违法经营行为记录；

（七）符合国家规定的环境保护标准。

设立报废汽车回收企业，还应当符合国家经济贸易委员会关于报废汽车回收行业统一规划、合理布局的要求。

第八条 拟从事报废汽车回收业务的，应当向省、自治区、直辖市人民政府经济贸易管理部门提出申请。省、自治区、直辖市人民政府经济贸易管理部门应当自收到申请之日起30个工作日内，按照本办法第七条规定的条件对申请审核完毕；特殊情况下，可以适当延长，但延长的时间不得超过30个工作日。经审核符合条件的，颁发《资格认定书》；不符合条件的，驳回申请并说明理由。

申请人取得《资格认定书》后，应当依照废旧金属收购业治安管理办法的规定向公安机关申领《特种行业许可证》。

申请人持《资格认定书》和《特种行业许可证》向工商行政管理部门办理登记手续，领取营业执照后，方可从事报废汽车回收业务。

省、自治区、直辖市经济贸易管理部门应当将本行政区域内取得资格认定的报废汽车回收企业，报国家经济贸易委员会备案，并由国家经济贸易委员会予以公布。

第九条 经济贸易管理、公安、工商行政管理等部门必须严格依照本办法和其他有关法律、行政法规的规定，依据各自的职责对从事报废汽车回收业务的申请进行审查；不符合规定条件的，不得颁发有关证照。

第十条 报废汽车拥有单位或者个人应当及时向公安机关办理机动车报废手续。公安机关应当于受理当日，向报废汽车拥有单位或者个人出具《机动车报废证明》，并告知其将报废汽车交售给报废汽车回收企业。

任何单位或者个人不得要求报废汽车拥有单位或者个人将报废汽车交售给指定的报废汽车回收企业。

第十一条 报废汽车回收企业凭《机动车报废证明》收购报废汽车，并向报废汽车拥有单位或者个人出具《报废汽车回收证明》。

报废汽车拥有单位或者个人凭《报废汽车回收证明》，向汽车注册登记地的公安机关办理注销登记。

《报废汽车回收证明》样式由国家经济贸易委员会规定。任何单位和个人不得买卖或者伪造、变造《报废汽车回收证明》。

第十二条 报废汽车拥有单位或者个人应当及时将报废汽车交售给报废汽车回收企业。

任何单位或者个人不得将报废汽车出售、赠予或者以其他方式转让给非报废汽车回收企业的单位或者个人；不得自行拆解报废汽车。

第十三条 报废汽车回收企业对回收的报废汽车应当逐车登记；发现回收的报废汽车有盗窃、抢劫或者其他犯罪嫌疑的，应当及时向公安机关报告。

报废汽车回收企业不得拆解、改装、拼装、倒卖有犯罪嫌疑的汽车及其“五大总成”和其他零配件。

第十四条 报废汽车回收企业必须拆解回收的报废汽车；其中，回收的报废营运客车，应当在公安机关的监督下解体。拆解的“五大总成”应当作为废金属，交售给钢铁企业作为冶炼原料；拆解的其他零配件能够继续使用的，可以出售，但必须标明“报废汽车回用件”。

报废汽车回收企业拆解报废汽车，应当遵守国家环境保护法律、法规，采取有效措施，防治污染。

第十五条 禁止任何单位或者个人利用报废汽车“五大总成”以及其他零配件拼装汽车。

禁止报废汽车整车、“五大总成”和拼装车进入市场交易或者以其他任何方式交易。

禁止拼装车和报废汽车上路行驶。

第十六条 县级以上地方人民政府经济贸易管理部门依据职责，对报废汽车回收企业实施经常性的监督检查，发现报废汽车回收企业不再具备规定条件的，应当立即告知原审批发证部门撤销《资格认定书》、《特种行业许可证》，注销营业执照。

第十七条 公安机关依照本办法以及废旧金属收购业治安管理办法和机动车修理业、报废机动车回收业治安管理办法的规定，对报废汽车回收企业的治安状况实施监督，堵塞销赃渠道。

第十八条 工商行政管理部门依据职责，对报废汽车回收企业的经营活动实施监督；对未取得报废汽车回收企业资格认定，擅自从事报废汽车回收活动的，应当予以查封、取缔。

第十九条 报废汽车的收购价格，按照金属含量折算，参照废旧金属市场价格计价。

第二十条 违反本办法第六条的规定，未取得报废汽车回收企业资格认定，擅自从事报废汽车回收活动的，由工商行政管理部门没收非法回收的报废汽车、“五大总成”以及其他零配件，送报废汽车回收企业拆解，没收违法所得；违法所得在两万元以上的，并处违法所得2倍以上5倍以下的罚款；违法所得不足两万元或者没有违法所得的，并处两万元以上五万元以下的罚款；属经营单位的，吊销营业执照。

第二十一条 违反本办法第十一条的规定，买卖或者伪造、变造《报废汽车回收证明》的，由公安机关没收违法所得，并处1万元以上5万元以下的罚款；属报废汽车回收企业，情节严重的，由原审批发证部门分别吊销《资格认定书》、《特种行业许可证》、营业执照。

第二十二条 违反本办法第十二条的规定，将报废汽车出售、赠予或者以其他方式转让给非报废汽车回收企业的单位或者个人的，或者自行拆解报废汽车的，由公安机关没收违法所得，并处二千元以上二万元以下的罚款。

第二十三条 违反本办法第十三条的规定，报废汽车回收企业明知或者应知是有盗窃、抢劫或者其他犯罪嫌疑的汽车、“五大总成”以及其他零配件，未向公安机关报告，擅自拆解、改装、拼装、倒卖的，由公安机关依法没收汽车、“五大总成”以及其他零配件，处一万元以上五万元以下的罚款；由原审批发证部门分别吊销《资格认定书》、《特种行业许可证》、营业执照；构成犯罪的，依法追究刑事责任。

第二十四条 违反本办法第十四条的规定，出售不能继续使用的报废汽车零配件或者出售的报废汽车零配件未标明“报废汽车回用件”的，由工商行政管理部门没收违法所得，并处二千元以上一万元以下的罚款。

第二十五条 违反本办法第十五条的规定，利用报废汽车“五大总成”以及其他零配件拼装汽车或者出售报废汽车整车、“五大总成”、拼装车的，由工商行政管理部门没收报废汽车整车、“五大总成”以及其他零配件、拼装车，没收违法所得；违法所得在五万元以上的，并处违法所得2倍以上5倍以下的罚款；违法所得不足五万元或者没有违法所得的，并处五万元以上十万元以下的罚款；属报废汽车回收企业的，由原审批发证部门分别吊销《资格认定书》、《特种行业许可证》、营业执照。

第二十六条 违反本办法第十五条的规定，报废汽车上路行驶的，由公安机关收回机动车号牌和机动车行驶证，责令报废汽车拥有单位或者个人依照本办法的规定办理注销登记，可以处二千元以下的罚款；拼装车上路行驶的，由公安机关没收拼装车，送报废汽车回收企业拆解，并处二千元以上五千元以下的罚款。

第二十七条 违反本办法第九条的规定，负责报废汽车回收企业审批发证的部门对不符合条件的单位或者个人发给有关证照的，对部门正职负责人、直接负责的主管人员和其他直接责任人员给予降级或者撤职的行政处分；其中，对承办审批的有关工作人员，还应当调离原工作岗位，不得继续从事审批工作；构成犯罪的，依法追究刑事责任。

第二十八条 负责报废汽车回收监督管理的部门及其工作人员，不依照本办法的规定履行监督管理职责的，发现不再具备条件的报废汽车回收企业不及时撤销有关证照的，发现有本办法规定的违法行为不予查处的，对部门正职负责人、直接负责的主管人员和其他直接责任人员，给予记大过、降级或者撤职的行政处分；构成犯罪的，依法追究刑事责任。

第二十九条 政府工作人员有下列情形之一的，依法给予降级直至开除公职的行政处分；构成犯罪的，依法追究刑事责任：

（一）纵容、包庇违反本办法规定的行为的；

（二）向有违反本办法规定行为的当事人通风报信，帮助逃避查处的；

（三）阻挠、干预有关部门对违反本办法规定的行为依法查处，造成严重后果的。

第三十条 军队报废汽车的回收管理办法另行制定。

第三十一条 本办法自公布之日起施行。

国家鼓励的资源综合利用认定管理办法

发改环资〔2006〕1864号

各省、自治区、直辖市及计划单列市、副省级省会城市、新疆生产建设兵团发展改革委、经委(经贸委)、财政厅(局)、国家税务局、地方税务局、国务院有关部门:

根据《国务院办公厅关于保留部分非行政许可审批项目的通知》(国办发[2004]62号)精神,按照精简效能的原则,根据《行政许可法》有关精神,结合资源综合利用工作的实际,我们对原国家经贸委等部门发布的《资源综合利用认定管理办法》(国经贸资源(1998)716号)和《资源综合利用电厂(机组)认定管理办法》(国经贸资源[2000]660号)进行了修订。在此基础上,特制定《国家鼓励的资源综合利用认定管理办法》,现印发给你们,请认真贯彻执行。原国家经贸委等部门发布的《资源综合利用认定管理办法》和《资源综合利用电厂(机组)认定管理办法》同时废止。

资源综合利用是我国经济和社会发展中一项长远的战略方针,也是一项重大的技术经济政策,对提高资源利用效率,发展循环经济,建设节约型社会具有十分重要的意义。各地要加强对资源综合利用认定工作的管理,落实好国家对资源综合利用的鼓励和维持政策,促进资源综合利用事业健康发展。在执行中有何意见和建议,请及时报告我们。

国家发展和改革委员会
财政部
国家税务总局
2006年9月7日

第一章　总　则

第一条　为贯彻落实国家资源综合利用的鼓励和扶持政策,加强资源综合利用管理,鼓励企业开展资源综合利用,促进经济社会可持续发展,根据《国务院办公厅关于保留部分非行政许可审批项目的通知》(国办发〔2004〕62号)和国家有关政策法规精神,制定本办法。

第二条　本办法所指国家鼓励的资源综合利用认定,是指对符合国家资源综合利用鼓励和扶持政策的资源综合利用工艺、技术或产品进行认定(以下简称资源综合利用认定)。

第三条 国家发展改革委负责资源综合利用认定的组织协调和监督管理。

各省、自治区、直辖市及计划单列市资源综合利用行政主管部门(以下简称省级资源综合利用主管部门)负责本辖区内的资源综合利用认定与监督管理工作;财政行政主管机关要加强对认定企业财政方面的监督管理;税务行政主管机关要加强税收监督管理,认真落实国家资源综合利用税收优惠政策。

第四条 经认定的生产资源综合利用产品或采用资源综合利用工艺和技术的企业,按国家有关规定申请享受税收、运行等优惠政策。

第二章 申报条件和认定内容

第五条 申报资源综合利用认定的企业,必须具备以下条件:

(一)生产工艺、技术或产品符合国家产业政策和相关标准;

(二)资源综合利用产品能独立计算盈亏;

(三)所用原(燃)料来源稳定、可靠,数量及品质满足相关要求,以及水、电等配套条件的落实;

(四)符合环保要求,不产生二次污染。

第六条 申报资源综合利用认定的综合利用发电单位,还应具备以下条件:

(一)按照国家审批或核准权限规定,经政府主管部门核准(审批)建设的电站。

(二)利用煤矸石(石煤、油母页岩)、煤泥发电的,必须以燃用煤矸石(石煤、油母页岩)、煤泥为主,其使用量不低于入炉燃料的60%(重量比);利用煤矸石(石煤、油母页岩)发电的入炉燃料应用基低位发热量不大于12550千焦/千克;必须配备原煤、煤矸石、煤泥自动给料显示、记录装置。

(三)城市生活垃圾(含污泥)发电应当符合以下条件:垃圾焚烧炉建设及其运行符合国家或行业有关标准或规范;使用的垃圾数量及品质需有地(市)级环卫主管部门出具的证明材料;每月垃圾的实际使用量不低于设计额定值的90%;垃圾焚烧发电采用流化床锅炉掺烧原煤的,垃圾使用量应不低于入炉燃料的80%(重量比),必须配备垃圾与原煤自动给料显示、记录装置。

(四)以工业生产过程中产生的可利用的热能及压差发电的企业(分厂、车间),应根据产生余热、余压的品质和余热量或生产工艺耗气量和可利用的工质参数确定工业余热、余压电厂的装机容量。

(五)回收利用煤层气(煤矿瓦斯)、沼气(城市生活垃圾填埋气)、转炉煤气、高炉煤气和生物质能等作为燃料发电的,必须有充足、稳定的资源,并依据资源量合理配置装机容量。

第七条 认定内容

(一)审定申报综合利用认定的企业或单位是否执行政府审批或核准程序,项目建设是否符合审批或核准要求,资源综合利用产品、工艺是否符合国家产业政策、技术规范和认定申报条件;

(二)审定申报资源综合利用产品是否在《资源综合利用目录》范围之内,以及综合利用资源来源和可靠性;

(三)审定是否符合国家资源综合利用优惠政策所规定的条件。

第三章 申报及认定程序

第八条 资源综合利用认定实行由企业申报,所在地市(地)级人民政府资源综合利用管理部门(以下简称市级资源综合利用主管部门)初审,省级资源综合利用主管部门会同有关部门集中审定的制度。省级资源综合利用主管部门应提前一个月向社会公布每年年度资源综合利用认定的具体时间安排。

第九条　凡申请享受资源综合利用优惠政策的企业，应向市级资源综合利用主管部门提出书面申请，并提供规定的相关材料。市级资源综合利用主管部门在征求同级财政等有关部门意见后，自规定受理之日起在30日内完成初审，提出初审意见报省级资源综合利用主管部门。

第十条　市级资源综合利用主管部门对申请单位提出的资源综合利用认定申请，应当根据下列情况分别做出处理：

(一)属于资源综合利用认定范围、申请材料齐全，应当受理并提出初审意见。

(二)不属于资源综合利用认定范围的，应当即时将不予受理的意见告知申请单位，并说明理由。

(三)申请材料不齐全或者不符合规定要求的，应当场或者在五日内一次告知申请单位需要补充的全部内容。

第十一条　省级资源综合利用主管部门会同同级财政等相关管理部门及行业专家，组成资源综合利用认定委员会(以下简称综合利用认定委员会)，按照第二章规定的认定条件和内容，在45日内完成认定审查。

第十二条　属于以下情况之一的，由省级资源综合利用主管部门提出初审意见，报国家发展改革委审核。

(一)单机容量在25MW以上的资源综合利用发电机组工艺；

(二)煤矸石(煤泥、石煤、油母页岩)综合利用发电工艺；

(三)垃圾(含污泥)发电工艺。

以上情况的审核，每年受理一次，受理时间为每年7月底前，审核工作在受理截止之日起60日内完成。

第十三条　省级资源综合利用主管部门根据综合利用认定委员会的认定结论或国家发展改革委的审核意见，对审定合格的资源综合利用企业予以公告，自发布公告之日起10日内无异议的，由省级资源综合利用主管部门颁发《资源综合利用认定证书》，报国家发展改革委备案，同时将相关信息通报同级财政、税务部门。未通过认定的企业，由省级资源综合利用主管部门书面通知，并说明理由。

第十四条　企业对综合利用认定委员会的认定结论有异议的，可向原作出认定结论的综合利用认定委员会提出重新审议，综合利用认定委员会应予受理。企业对重新审议结论仍有异议的，可直接向上一级资源综合利用主管部门提出申诉；上一级资源综合利用主管部门根据调查核实的情况，会同有关部门组织提出论证意见，并有权变更下一级的认定结论。

第十五条　《资源综合利用认定证书》由国家发展改革委统一制定样式，各省级资源综合利用主管部门印制。认定证书有效期为两年。

第十六条　获得《资源综合利用认定证书》的单位，因故变更企业名称或者产品、工艺等内容的，应向市级资源综合利用主管部门提出申请，并提供相关证明材料。市级资源综合利用主管部门提出意见，报省级资源综合利用主管部门认定审查后，将相关信息及时通报同级财政、税务部门。

第四章　监督管理

第十七条　国家发展改革委、财政部、国家税务总局要加强对资源综合利用认定管理工作和优惠政策实施情况的监督检查，并根据资源综合利用发展状况、国家产业政策调整、技术进步水平等，适时修改资源综合利用认定条件。

第十八条 各级资源综合利用主管部门应采取切实措施加强对认定企业的监督管理，尤其要加强大宗综合利用资源来源的动态监管，对综合利用资源无法稳定供应的，要及时清理。在不妨碍企业正常生产经营活动的情况下，每年应对认定企业和关联单位进行监督检查和了解。

各级财政、税务行政主管部门要加强与同级资源综合利用主管部门的信息沟通，尤其对在监督检查过程中发现的问题要及时交换意见，协调解决。

第十九条 省级资源综合利用主管部门应于每年5月底前将上一年度的资源综合利用认定的基本情况报告国家发展改革委、财政部和国家税务总局。主要包括：

(一)认定工作情况(包括资源综合利用企业(电厂)认定数量、认定发电机组的装机容量等情况)。

(二)获认定企业综合利用大宗资源情况及来源情况(包括资源品种、综合利用量、供应等情况)。

(三)资源综合利用认定企业的监管情况(包括年检、抽查及处罚情况等)。

(四)资源综合利用优惠政策落实情况。

第二十条 获得资源综合利用产品或工艺认定的企业(电厂)，应当严格按照资源综合利用认定条件的要求，组织生产，健全管理制度，完善统计报表，按期上报统计资料和经审计的财务报表。

第二十一条 获得资源综合利用产品或工艺认定的企业，因综合利用资源原料来源等原因，不能达到认定所要求的资源综合利用条件的，应主动向市级资源综合利用主管部门报告，由省级认定、审批部门终止其认定证书，并予以公告。

第二十二条 《资源综合利用认定证书》是各级主管税务机关审批资源综合利用减免税的必要条件，凡未取得认定证书的企业，一律不得办理税收减免手续。

第二十三条 参与认定的工作人员要严守资源综合利用认定企业的商业和技术秘密。

第二十四条 任何单位和个人，有权检举揭发通过弄虚作假等手段骗取资源综合利用认定资格和优惠政策的行为。

第五章　罚　则

第二十五条 对弄虚作假，骗取资源综合利用优惠政策的企业，或违反本办法第二十一条未及时申报终止认定证书的，一经发现，取消享受优惠政策的资格，省级资源综合利用主管部门收回认定证书，三年内不得再申报认定，对已享受税收优惠政策的企业，主管税务机关应当依照《中华人民共和国税收征收管理法》及有关规定追缴税款并给予处罚。

第二十六条 有下列情形之一的，由省级资源综合利用主管部门撤销资源综合利用认定资格并抄报同级财政和税务部门：

(一)行政机关工作人员滥用职权、玩忽职守做出不合条件的资源综合利用认定的；

(二)超越法定职权或者违反法定程序做出资源综合利用认定的；

(三)对不具备申请资格或者不符合法定条件的申请企业予以资源综合利用认定的；

(四)隐瞒有关情况、提供虚假材料或者拒绝提供反映其活动情况真实材料的；以欺骗、贿赂等不正当手段取得资源综合利用认定的；

(五)年检、抽查达不到资源综合利用认定

条件，在规定期限不整改或者整改后仍达不到认定条件的。

第二十七条 行政机关工作人员在办理资源综合利用认定、实施监督检查过程中有滥用职权、玩忽职守、弄虚作假行为的，由其所在部门给予行政处分；构成犯罪的，依法追究刑事责任。

第二十八条 对伪造资源综合利用认定证书者，依据国家有关法律法规追究其责任。

第六章 附 则

第二十九条 本办法所称资源综合利用优惠政策是指：经认定具备资源综合利用产品或工艺、技术的企业按规定可享受的国家资源综合利用优惠政策。

第三十条 申请享受资源综合利用税收优惠政策的企业（单位）须持认定证书向主管税务机关提出减免税申请。主管税务机关根据有关税收政策规定，办理减免税手续。

申请享受其他优惠政策的企业，须持认定证书到有关部门办理相关优惠政策手续。

第三十一条 本办法涉及的有关规定及资源综合利用优惠政策如有修订，按修订后的执行。

第三十二条 各地可根据本办法，结合地方具体情况制定实施细则，并报国家发展和改革委员会、财政部和国家税务总局备案。

第三十三条 本办法由国家发展和改革委员会会同财政部、国家税务总局负责解释。

第三十四条 本办法自 2006 年 10 月 1 日起施行。原国家经贸委、国家税务总局发布的《资源综合利用认定管理办法》（国经贸资源〔1998〕716 号）和《资源综合利用电厂（机组）认定管理办法》（国经贸资源〔2000〕660 号）同时废止。

再生资源回收管理办法

商务部　国家发展和改革委员会　公安部　建设部
国家工商行政管理总局　国家环境保护总局
令　2007年第8号

《再生资源回收管理办法》已经2006年5月17日商务部第5次部务会议审议通过，并经发展改革委、公安部、建设部、工商总局、环保总局同意，现予公布，自2007年5月1日起施行。

部　长：薄熙来
主　任：马　凯
部　长：周永康
部　长：汪光焘
局　长：周伯华
局　长：周生贤
2007年3月27日

第一章　总　则

第一条　为促进再生资源回收，规范再生资源回收行业的发展，节约资源，保护环境，实现经济与社会可持续发展，根据《中华人民共和国清洁生产促进法》、《中华人民共和国固体废物污染环境防治法》等法律法规，制定本办法。

第二条　本办法所称再生资源，是指在社会生产和生活消费过程中产生的，已经失去原有全部或部分使用价值，经过回收、加工处理，能够使其重新获得使用价值的各种废弃物。

再生资源包括废旧金属、报废电子产品、报废机电设备及其零部件、废造纸原料（如废纸、废棉等）、废轻化工原料（如橡胶、塑料、农药包装物、动物杂骨、毛发等）、废玻璃等。

第三条　在中华人民共和国境内从事再生资源回收经营活动的企业和个体工商户（统称“再生资源回收经营者”）应当遵守本办法。

法律法规和规章对进口可用作原料的固体废物、危险废物、报废汽车的回收管理另有规定的，从其规定。

第四条　国家鼓励全社会各行各业和城乡居民积攒交售再生资源。

第五条　国家鼓励以环境无害化方式回收处理再生资源，鼓励开展有关再生资源回收处理的科学研究、技术开发和推广。

第二章 经营规则

第六条 从事再生资源回收经营活动，必须符合工商行政管理登记条件，领取营业执照后，方可从事经营活动。

第七条 从事再生资源回收经营活动，应当在取得营业执照后30日内，按属地管理原则，向登记注册地工商行政管理部门的同级商务主管部门或者其授权机构备案。

备案事项发生变更时，再生资源回收经营者应当自变更之日起30日内（属于工商登记事项的自工商登记变更之日起30日内）向商务主管部门办理变更手续。

第八条 回收生产性废旧金属的再生资源回收企业和回收非生产性废旧金属的再生资源回收经营者，除应当按照本办法第七条规定向商务主管部门备案外，还应当在取得营业执照后15日内，向所在地县级人民政府公安机关备案。

备案事项发生变更时，前款所列再生资源回收经营者应当自变更之日起15日内（属于工商登记事项的自工商登记变更之日起15日内）向县级人民政府公安机关办理变更手续。

第九条 生产企业应当通过与再生资源回收企业签订收购合同的方式交售生产性废旧金属。收购合同中应当约定所回收生产性废旧金属的名称、数量、规格，回收期次，结算方式等。

第十条 再生资源回收企业回收生产性废旧金属时，应当对物品的名称、数量、规格、新旧程度等如实进行登记。

出售人为单位的，应当查验出售单位开具的证明，并如实登记出售单位名称、经办人姓名、住址、身份证号码；出售人为个人的，应当如实登记出售人的姓名、住址、身份证号码。

登记资料保存期限不得少于两年。

第十一条 再生资源回收经营者在经营活动中发现有公安机关通报寻查的赃物或有赃物嫌疑的物品时，应当立即报告公安机关。

公安机关对再生资源回收经营者在经营活动中发现的赃物或有赃物嫌疑的物品应当依法予以扣押，并开列扣押清单。有赃物嫌疑的物品经查明不是赃物的，应当依法及时退还；经查明确属赃物的，依照国家有关规定处理。

第十二条 再生资源的收集、储存、运输、处理等全过程应当遵守相关国家污染防治标准、技术政策和技术规范。

第十三条 再生资源回收经营者从事旧货收购、销售、储存、运输等经营活动应当遵守旧货流通的有关规定。

第十四条 再生资源回收可以采取上门回收、流动回收、固定地点回收等方式。

再生资源回收经营者可以通过电话、互联网等形式与居民、企业建立信息互动，实现便民、快捷的回收服务。

第三章 监督管理

第十五条 商务主管部门是再生资源回收的行业主管部门，负责制定和实施再生资源回收产业政策、回收标准和回收行业发展规划。

发展改革部门负责研究提出促进再生资源发展的政策，组织实施再生资源利用新技术、新设备的推广应用和产业化示范。

公安机关负责再生资源回收的治安管理。

工商行政管理部门负责再生资源回收经营者的登记管理和再生资源交易市场内的监督管理。

环境保护行政管理部门负责对再生资源回收过程中环境污染的防治工作实施监督管理，依法对违反污染环境防治法律法规的行为进行处罚。

建设、城乡规划行政管理部门负责将再生

资源回收网点纳入城市规划，依法对违反城市规划、建设管理有关法律法规的行为进行查处和清理整顿。

第十六条 商务部负责制定和实施全国范围内再生资源回收的产业政策、回收标准和回收行业发展规划。

县级以上商务主管部门负责制定和实施本行政区域内具体的行业发展规划和其他具体措施。

县级以上商务主管部门应当设置负责管理再生资源回收行业的机构，并配备相应人员。

第十七条 县级以上城市商务主管部门应当会同发展改革（经贸）、公安、工商、环保、建设、城乡规划等行政管理部门，按照统筹规划、合理布局的原则，根据本地经济发展水平、人口密度、环境和资源等具体情况，制定再生资源回收网点规划。

再生资源回收网点包括社区回收、中转、集散、加工处理等回收过程中再生资源停留的各类场所。

第十八条 跨行政区域转移再生资源进行储存、处置的，应当依照《中华人民共和国固体废物污染环境防治法》第二十三条的规定办理行政许可。

第十九条 再生资源回收行业协会是行业自律性组织，履行如下职责：

（一）反映企业的建议和要求，维护行业利益；

（二）制定并监督执行行业自律性规范；

（三）经法律法规授权或主管部门委托，进行行业统计、行业调查，发布行业信息；

（四）配合行业主管部门研究制定行业发展规划、产业政策和回收标准。

再生资源回收行业协会应当接受行业主管部门的业务指导。

第四章　罚　则

第二十条 未依法取得营业执照而擅自从事再生资源回收经营业务的，由工商行政管理部门依照《无照经营查处取缔办法》予以处罚。

凡超出工商行政管理部门核准的经营范围的，由工商行政管理部门按照有关规定予以处罚。

第二十一条 违反本办法第七条规定，由商务主管部门给予警告，责令其限期改正；逾期拒不改正的，可视情节轻重，对再生资源回收经营者处五百元以上二千元以下罚款，并可向社会公告。

第二十二条 违反本办法第八条规定，由县级人民政府公安机关给予警告，责令其限期改正；逾期拒不改正的，可视情节轻重，对再生资源回收经营者处五百元以上二千元以下罚款，并可向社会公告。

第二十三条 再生资源回收企业违反本办法第十条第一、二款规定，收购生产性废旧金属未如实进行登记的，由公安机关依据《废旧金属收购业治安管理办法》的有关规定予以处罚。

第二十四条 违反本办法第十条第三款规定的，由公安机关责令改正，并处五百元以上一千元以下罚款。

第二十五条 违反本办法第十一条规定，发现赃物或有赃物嫌疑的物品而未向公安机关报告的，由公安机关给予警告，处五百元以上一千元以下罚款；造成严重后果或屡教不改的，处以一千元以上五千元以下罚款。

第二十六条 有关行政管理部门工作人员严重失职、滥用职权、徇私舞弊、收受贿赂，侵害再生资源回收经营者合法权益的，有关主管部门应当视情节给予相应的行政处分；构成犯罪的，依法追究刑事责任。

第五章　附　则

第二十七条　本办法所称“生产性废旧金属”，是指用于建筑、铁路、通讯、电力、水利、油田、市政设施及其他生产领域，已失去原有全部或部分使用价值的金属材料和金属制品。

第二十八条　本办法由商务部、发展改革委、公安部、工商总局、环保总局、建设部负责解释。

各省、自治区、直辖市商务、发展改革（经贸）、公安、工商、环保、建设、城乡规划主管部门可依据本办法，根据当地经济发展客观实际，制定实施细则。

第二十九条　本办法自 2007 年 5 月 1 日起施行。

电子废物污染环境防治管理办法

国家环境保护总局令　第40号

《电子废物污染环境防治管理办法》于2007年9月7日经国家环保总局2007年第三次局务会议通过。现予公布，自2008年2月1日起施行。

国家环境保护总局局长　周生贤

2007年9月27日

第一章　总　则

第一条　为了防治电子废物污染环境，加强对电子废物的环境管理，根据《固体废物污染环境防治法》，制定本办法。

第二条　本办法适用于中华人民共和国境内拆解、利用、处置电子废物污染环境的防治。

产生、贮存电子废物污染环境的防治，也适用本办法；有关法律、行政法规另有规定的，从其规定。

电子类危险废物相关活动污染环境的防治，适用《固体废物污染环境防治法》有关危险废物管理的规定。

第三条　国家环境保护总局对全国电子废物污染环境防治工作实施监督管理。

县级以上地方人民政府环境保护行政主管部门对本行政区域内电子废物污染环境防治工作实施监督管理。

第四条　任何单位和个人都有保护环境的义务，并有权对造成电子废物污染环境的单位和个人进行控告和检举。

第二章　拆解利用处置的监督管理

第五条　新建、改建、扩建拆解、利用、处置电子废物的项目，建设单位（包括个体工商户）应当依据国家有关规定，向所在地设区的市级以上地方人民政府环境保护行政主管部门报批环境影响报告书或者环境影响报告表（以下统称环境影响评价文件）。

前款规定的环境影响评价文件，应当包括下列内容：

（一）建设项目概况；

（二）建设项目是否纳入地方电子废物拆解利用处置设施建设规划；

（三）选择的技术和工艺路线是否符合国家产业政策和电子废物拆解利用处置环境保护技术规范和管理要求，是否与所拆解利用处置的电子废物类别相适应；

（四）建设项目对环境可能造成影响的分析和预测；

（五）环境保护措施及其经济、技术论证；

（六）对建设项目实施环境监测的方案；

（七）对本项目不能完全拆解、利用或者处置的电子废物以及其他固体废物或者液态废物的妥善利用或者处置方案；

（八）环境影响评价结论。

第六条 建设项目竣工后，建设单位（包括个体工商户）应当向审批该建设项目环境影响评价文件的环境保护行政主管部门申请该建设项目需要采取的环境保护措施验收。

前款规定的环境保护措施验收，应当包括下列内容：

（一）配套建设的环境保护设施是否竣工；

（二）是否配备具有相关专业资质的技术人员，建立管理人员和操作人员培训制度和计划；

（三）是否建立电子废物经营情况记录簿制度；

（四）是否建立日常环境监测制度；

（五）是否落实不能完全拆解、利用或者处置的电子废物以及其他固体废物或者液态废物的妥善利用或者处置方案；

（六）是否具有与所处理的电子废物相适应的分类、包装、车辆以及其他收集设备；

（七）是否建立防范因火灾、爆炸、化学品泄漏等引发的突发环境污染事件的应急机制。

第七条 负责审批环境影响评价文件的县级以上人民政府环境保护行政主管部门应当及时将具备下列条件的单位（包括个体工商户），列入电子废物拆解利用处置单位（包括个体工商户）临时名录，并予以公布：

（一）已依法办理工商登记手续，取得营业执照；

（二）建设项目的环境保护措施经环境保护行政主管部门验收合格。

负责审批环境影响评价文件的县级以上人民政府环境保护行政主管部门，对近三年内没有两次以上（含两次）违反环境保护法律、法规和没有本办法规定的下列违法行为的列入临时名录的单位（包括个体工商户），列入电子废物拆解利用处置单位（包括个体工商户）名录，予以公布并定期调整：

（一）超过国家或者地方规定的污染物排放标准排放污染物的；

（二）随意倾倒、堆放所产生的固体废物或液态废物的；

（三）将未完全拆解、利用或者处置的电子废物提供或者委托给列入名录且具有相应经营范围的拆解利用处置单位（包括个体工商户）以外的单位或者个人从事拆解、利用、处置活动的；

（四）环境监测数据、经营情况记录弄虚作假的。

近三年内有两次以上（含两次）违反环境保护法律、法规和本办法规定的本条第二款所列违法行为记录的，其单位法定代表人或者个体工商户经营者新设拆解、利用、处置电子废物的经营企业或者个体工商户的，不得列入名录。

名录（包括临时名录）应当载明单位（包括个体工商户）名称、单位法定代表人或者个体工商户经营者、住所、经营范围。

禁止任何个人和未列入名录（包括临时名录）的单位（包括个体工商户）从事拆解、利用、处置电子废物的活动。

第八条 建设电子废物集中拆解利用处置

区的，应当严格规划，符合国家环境保护总局制定的有关技术规范的要求。

第九条 从事拆解、利用、处置电子废物活动的单位（包括个体工商户）应当按照环境保护措施验收的要求对污染物排放进行日常定期监测。

从事拆解、利用、处置电子废物活动的单位（包括个体工商户）应当按照电子废物经营情况记录簿制度的规定，如实记载每批电子废物的来源、类型、重量或者数量、收集（接收）、拆解、利用、贮存、处置的时间；运输者的名称和地址；未完全拆解、利用或者处置的电子废物以及固体废物或液态废物的种类、重量或者数量及去向等。

监测报告及经营情况记录簿应当保存三年。

第十条 从事拆解、利用、处置电子废物活动的单位（包括个体工商户），应当按照经验收合格的培训制度和计划进行培训。

第十一条 拆解、利用和处置电子废物，应当符合国家环境保护总局制定的有关电子废物污染防治的相关标准、技术规范和技术政策的要求。

禁止使用落后的技术、工艺和设备拆解、利用和处置电子废物。

禁止露天焚烧电子废物。

禁止使用冲天炉、简易反射炉等设备和简易酸浸工艺利用、处置电子废物。

禁止以直接填埋的方式处置电子废物。

拆解、利用、处置电子废物应当在专门作业场所进行。作业场所应当采取防雨、防地面渗漏的措施，并有收集泄漏液体的设施。拆解电子废物，应当首先将铅酸电池、镉镍电池、汞开关、阴极射线管、多氯联苯电容器、制冷剂等去除并分类收集、贮存、利用、处置。

贮存电子废物，应当采取防止因破碎或者其他原因导致电子废物中有毒有害物质泄漏的措施。破碎的阴极射线管应当贮存在有盖的容器内。电子废物贮存期限不得超过一年。

第十二条 县级以上人民政府环境保护行政主管部门有权要求拆解、利用、处置电子废物的单位定期报告电子废物经营活动情况。

县级以上人民政府环境保护行政主管部门应当通过书面核查和实地检查等方式进行监督检查，并将监督检查情况和处理结果予以记录，由监督检查人员签字后归档。监督抽查和监测一年不得少于一次。

县级以上人民政府环境保护行政主管部门发现有不符合环境保护措施验收合格时条件、情节轻微的，可以责令限期整改；经及时整改并未造成危害后果的，可以不予处罚。

第十三条 本办法施行前已经从事拆解、利用、处置电子废物活动的单位（包括个体工商户），具备下列条件的，可以自本办法施行之日起120日内，按照本办法的规定，向所在地设区的市级以上地方人民政府环境保护行政主管部门申请核准列入临时名录，并提供下列相关证明文件：

（一）已依法办理工商登记手续，取得营业执照；

（二）环境保护设施已经环境保护行政主管部门竣工验收合格；

（三）已经符合或者经过整改符合本办法规定的环境保护措施验收条件，能够达到电子废物拆解利用处置环境保护技术规范和管理要求；

（四）污染物排放及所产生固体废物或者液态废物的利用或者处置符合环境保护设施竣工验收时的要求。

设区的市级以上地方人民政府环境保护行政主管部门应当自受理申请之日起20个工作

日内，对申请单位提交的证明材料进行审查，并对申请单位的经营设施进行现场核查，符合条件的，列入临时名录，并予以公告；不符合条件的，书面通知申请单位并说明理由。

列入临时名录经营期限满三年，并符合本办法第七条第二款所列条件的，列入名录。

第三章 相关方责任

第十四条 电子电器产品、电子电气设备的生产者应当依据国家有关法律、行政法规或者规章的规定，限制或者淘汰有毒有害物质在产品或者设备中的使用。

电子电器产品、电子电气设备的生产者、进口者和销售者，应当依据国家有关规定公开产品或者设备所含铅、汞、镉、六价铬、多溴联苯（PBB）、多溴二苯醚（PBDE）等有毒有害物质，以及不当利用或者处置可能对环境和人类健康影响的信息，产品或者设备废弃后以环境无害化方式利用或者处置的方法提示。

电子电器产品、电子电气设备的生产者、进口者和销售者，应当依据国家有关规定建立回收系统，回收废弃产品或者设备，并负责以环境无害化方式贮存、利用或者处置。

第十五条 有下列情形之一的，应当将电子废物提供或者委托给列入名录（包括临时名录）的具有相应经营范围的拆解利用处置单位（包括个体工商户）进行拆解、利用或者处置：

（一）产生工业电子废物的单位，未自行以环境无害化方式拆解、利用或者处置的；

（二）电子电器产品、电子电气设备生产者、销售者、进口者、使用者、翻新或者维修者、再制造者，废弃电子电器产品、电子电气设备的；

（三）拆解利用处置单位（包括个体工商户），不能完全拆解、利用或者处置电子废物的；

（四）有关行政主管部门在行政管理活动中，依法收缴的非法生产或者进口的电子电器产品、电子电气设备需要拆解、利用或者处置的。

第十六条 产生工业电子废物的单位，应当记录所产生工业电子废物的种类、重量或者数量，自行或者委托第三方贮存、拆解、利用、处置的情况等；并依法向所在地县级以上地方人民政府环境保护行政主管部门提供电子废物的种类、产生量、流向、拆解、利用、贮存、处置等有关资料。

记录资料应当保存三年。

第十七条 以整机形式转移含铅酸电池、镉镍电池、汞开关、阴极射线管和多氯联苯电容器的废弃电子电器产品或者电子电气设备等电子类危险废物的，适用《固体废物污染环境防治法》第二十三条的规定。

转移过程中应当采取防止废弃电子电器产品或者电子电气设备破碎的措施。

第四章 罚 则

第十八条 县级以上人民政府环境保护行政主管部门违反本办法规定，不依法履行监督管理职责的，由本级人民政府或者上级环境保护行政主管部门依法责令改正；对负有责任的主管人员和其他直接责任人员，依据国家有关规定给予行政处分；构成犯罪的，依法追究刑事责任。

第十九条 违反本办法规定，拒绝现场检查的，由县级以上人民政府环境保护行政主管部门依据《固体废物污染环境防治法》责令限期改正；拒不改正或者在检查时弄虚作假的，处二千元以上二万元以下的罚款；情节严重，但尚构不成刑事处罚的，并由公安机关依据《治安管理处罚法》处5日以上10日以下拘留；构成犯罪的，依法追究刑事责任。

第二十条 违反本办法规定，任何个人或者未列入名录（包括临时名录）的单位（包括个体工商户）从事拆解、利用、处置电子废物活动的，按照下列规定予以处罚：

（一）未获得环境保护措施验收合格的，由审批该建设项目环境影响评价文件的人民政府环境保护行政主管部门依据《建设项目环境保护管理条例》责令停止拆解、利用、处置电子废物活动，可以处十万元以下罚款；

（二）未取得营业执照的，由工商行政管理部门依据《无照经营查处取缔办法》依法予以取缔，没收专门用于从事无照经营的工具、设备、原材料、产品等财物，并处五万元以上五十万元以下的罚款。

第二十一条 违反本办法规定，有下列行为之一的，由所在地县级以上人民政府环境保护行政主管部门责令限期整改，并处三万元以下罚款：

（一）将未完全拆解、利用或者处置的电子废物提供或者委托给列入名录（包括临时名录）且具有相应经营范围的拆解利用处置单位（包括个体工商户）以外的单位或者个人从事拆解、利用、处置活动的；

（二）拆解、利用和处置电子废物不符合有关电子废物污染防治的相关标准、技术规范和技术政策的要求，或者违反本办法规定的禁止性技术、工艺、设备要求的；

（三）贮存、拆解、利用、处置电子废物的作业场所不符合要求的；

（四）未按规定记录经营情况、日常环境监测数据、所产生工业电子废物的有关情况等，或者环境监测数据、经营情况记录弄虚作假的；

（五）未按培训制度和计划进行培训的；

（六）贮存电子废物超过一年的。

第二十二条 列入名录（包括临时名录）的单位（包括个体工商户）违反《固体废物污染环境防治法》等有关法律、行政法规规定，有下列行为之一的，依据有关法律、行政法规予以处罚：

（一）擅自关闭、闲置或者拆除污染防治设施、场所的；

（二）未采取无害化处置措施，随意倾倒、堆放所产生的固体废物或液态废物的；

（三）造成固体废物或液态废物扬散、流失、渗漏或者其他环境污染等环境违法行为的；

（四）不正常使用污染防治设施的。

有前款第一项、第二项、第三项行为的，分别依据《固体废物污染环境防治法》第六十八条规定，处以一万元以上十万元以下罚款；有前款第四项行为的，依据《水污染防治法》、《大气污染防治法》有关规定予以处罚

第二十三条 列入名录（包括临时名录）的单位（包括个体工商户）违反《固体废物污染环境防治法》等有关法律、行政法规规定，有造成固体废物或液态废物严重污染环境的下列情形之一的，由所在地县级以上人民政府环境保护行政主管部门依据《固体废物污染环境防治法》和《国务院关于落实科学发展观加强环境保护的决定》的规定，责令限其在三个月内进行治理，限产限排，并不得建设增加污染物排放总量的项目；逾期未完成治理任务的，责令其在三个月内停产整治；逾期仍未完成治理任务的，报经本级人民政府批准关闭：

（一）危害生活饮用水水源的；

（二）造成地下水或者土壤重金属环境污染的；

（三）因危险废物扬散、流失、渗漏造成环境污染的；

（四）造成环境功能丧失无法恢复环境原状的；

（五）其他造成固体废物或者液态废物严重污染环境的情形。

第二十四条　县级以上人民政府环境保护行政主管部门发现有违反本办法的行为，依据有关法律、法规和本办法的规定应当由工商行政管理部门或者公安机关行使行政处罚权的，应当及时移送有关主管部门依法予以处罚。

第五章　附　则

第二十五条　本办法中下列用语的含义：

（一）电子废物，是指废弃的电子电器产品、电子电气设备（以下简称产品或者设备）及其废弃零部件、元器件和国家环境保护总局会同有关部门规定纳入电子废物管理的物品、物质。包括工业生产活动中产生的报废产品或者设备、报废的半成品和下脚料，产品或者设备维修、翻新、再制造过程产生的报废品，日常生活或者为日常生活提供服务的活动中废弃的产品或者设备，以及法律法规禁止生产或者进口的产品或者设备。

（二）工业电子废物，是指在工业生产活动中产生的电子废物，包括维修、翻新和再制造工业单位以及拆解利用处置电子废物的单位（包括个体工商户），在生产活动及相关活动中产生的电子废物。

（三）电子类危险废物，是指列入国家危险废物名录或者根据国家规定的危险废物鉴别标准和鉴别方法认定的具有危险特性的电子废物。包括含铅酸电池、镉镍电池、汞开关、阴极射线管和多氯联苯电容器等的产品或者设备等。

（四）拆解，是指以利用、贮存或者处置为目的，通过人工或者机械的方式将电子废物进行拆卸、解体活动；不包括产品或者设备维修、翻新、再制造过程中的拆卸活动。

（五）利用，是指从电子废物中提取物质作为原材料或者燃料的活动，不包括对产品或者设备的维修、翻新和再制造。

第二十六条　本办法自 2008 年 2 月 1 日起施行。

危险废物出口核准管理办法

国家环境保护总局令 第47号

《危险废物出口核准管理办法》已于2007年12月25日经国家环境保护总局2007年第四次局务会议审议通过。现予公布,自2008年3月1日起施行。

国家环境保护总局局长　周生贤

2008年1月25日

第一章　总　则

第一条　为了规范危险废物出口管理,防止环境污染,根据《控制危险废物越境转移及其处置巴塞尔公约》(以下简称《巴塞尔公约》)和有关法律、行政法规,制定本办法。

第二条　在中华人民共和国境内产生的危险废物应当尽量在境内进行无害化处置,减少出口量,降低危险废物出口转移的环境风险。

禁止向《巴塞尔公约》非缔约方出口危险废物。

第三条　产生、收集、贮存、处置、利用危险废物的单位,向中华人民共和国境外《巴塞尔公约》缔约方出口危险废物,必须取得危险废物出口核准。

本办法所称危险废物,是指列入国家危险废物名录或者根据国家规定的危险废物鉴别标准和鉴别方法认定的具有危险特性的固体废物。

《巴塞尔公约》规定的"危险废物"和"其他废物",以及进口缔约方或者过境缔约方立法确定的"危险废物",其出口核准管理也适用本办法。

第四条　国务院环境保护行政主管部门负责核准危险废物出口申请,并进行监督管理。

县级以上地方人民政府环境保护行政主管部门依据本办法的规定,对本行政区域内危险废物出口活动进行监督管理。

第二章　出口申请与核准

第五条　申请出口危险废物,应当向国务院环境保护行政主管部门提交下列材料:

(一)申请书。

(二)越境转移通知书(中、英文)。

(三)出口者与进口国(地区)的处置者或者

利用者签订的书面协议。

（四）危险废物的基本情况数据表、物质安全技术说明书（MSDS）或者化学品安全技术说明书（CSDS）。

（五）危险废物产生情况的说明文件，主要包括危险废物的产生过程、地点、工艺和设备的说明。

（六）危险废物在进口国（地区）处置或者利用情况的说明文件，主要包括危险废物处置或者利用设施的地点、类型、处理能力以及处置或者利用中产生的废水、废气、废渣的处理方法等。

（七）处置者或者利用者在进口国（地区）获得的有关危险废物处置或者利用的授权或者许可的有效凭证。

（八）危险废物运输突发环境污染事件应急预案。

（九）危险废物运输的路线说明文件，主要包括境内运输路线（包括途经的省、市、县）、离境地点、过境国（地区）过境地点、进口国（地区）入境地点以及进口国（地区）和过境国（地区）主管部门的联系方式及通讯地址等。

（十）出口者的书面承诺文件或者有效的保险文件。出具书面承诺文件的，应当承诺在因故未完成出口活动或者由于意外事故引发环境污染时，承担危险废物退运、处置、污染消除和损失赔偿等有关费用。

（十一）出口者的营业执照。出口者为危险废物收集者、贮存者、处置者或者利用者的，还需提交危险废物经营许可证。

（十二）危险废物国内运输单位危险货物运输资质证书及承运合同。

前款所列申请材料的复印件应当加盖申请单位印章。

第六条　国务院环境保护行政主管部门根据下列情况分别作出处理：

（一）申请材料齐全、符合要求的，予以受理；

（二）申请材料不齐全或者不符合要求的，应当当场或者在5个工作日内一次告知申请单位需要补正的全部内容。

第七条　国务院环境保护行政主管部门对符合下列条件之一的，应当自受理之日起15个工作日内，作出初步核准出口决定：

（一）进口国（地区）的利用者需要将该危险废物作为再循环或者回收工业的原材料，且有相应的技术能力、必要设施、设备和场所，能以环境无害化方式利用该危险废物；

（二）中华人民共和国没有以环境无害化方式处置该危险废物所需的足够的技术能力和必要的设施、设备或者适当的处置场所，且进口国（地区）的处置者有相应的技术能力、必要设施、设备和场所，并能以环境无害化方式处置该危险废物。

国务院环境保护行政主管部门对不符合前款所列条件的，应当自受理之日起15个工作日内，作出不予核准出口的决定，并书面通知申请单位。

国务院环境保护行政主管部门对受理的申请进行书面审查。需要现场核查的，应当指派两名以上工作人员进行核查。

第八条　对已作出初步核准决定的危险废物出口申请，国务院环境保护行政主管部门应当向进口国（地区）和过境国（地区）主管部门发出书面征求意见的函，并自收到同意进口和同意过境的书面意见之日起5个工作日内，作出核准出口的决定。

对进口国（地区）主管部门或者过境国（地区）主管部门不同意危险废物出口或者过境的，不予核准出口申请，并书面通知申请单位。

第九条　国务院环境保护行政主管部门应当自作出核准决定之日起10个工作日内，向申请单位签发危险废物出口核准通知单。

国务院环境保护行政主管部门根据危险废物出口者提供的境内运输路线说明文件，将核准结果通知危险废物所在地和境内运输途经地区的省级人民政府环境保护行政主管部门。

省级人民政府环境保护行政主管部门应当将核准结果通知本行政区域内有关设区的市级和县级人民政府环境保护行政主管部门。

第十条　有下列情形之一的，应当重新提出申请：

（一）改变或者增加出口危险废物类别或者数量的；

（二）改变出口者、进口国（地区）的处置者或者利用者的；

（三）改变进口国（地区）、过境国（地区）的；

（四）改变出口目的的；

（五）改变出口时限的。

第十一条　危险废物出口核准通知单的有效期限不超过一年。

第三章　监督管理

第十二条　危险废物出口者应当对每一批出口的危险废物，填写《危险废物越境转移一转移单据》，一式二份。

转移单据应当随出口的危险废物从转移起点直至处置或者利用地点，并由危险废物出口者、承运人和进口国（地区）的进口者、处置者或者利用者及有关国家（地区）海关部门填写相关信息。

危险废物出口者应当将信息填写完整的转移单据，一份报国务院环境保护行政主管部门，一份自留存档。

危险废物出口者应当妥善保存自留存档的转移单据，不得擅自损毁。转移单据的保存期应不少于五年。国务院环境保护行政主管部门要求延长转移单据保存期限的，有关单位应当按照要求延长转移单据的保存期限。

第十三条　国务院环境保护行政主管部门有权检查转移单据的运行情况，也可以委托县级以上地方人民政府环境保护行政主管部门检查转移单据的运行情况。被检查单位应当接受检查，如实汇报情况。

第十四条　在危险废物运输开始10个工作日之前，危险废物出口者应当填写《运输前信息报告单》，并将其连同填写的转移单据复印件，一并报送国务院环境保护行政主管部门，并抄送危险废物移出地和境内运输途经地区的省级、设区的市级和县级人民政府环境保护行政主管部门。

第十五条　自危险废物离境之日起10个工作日内，危险废物出口者应当填写《离境信息报告单》，并将其连同危险废物出口者和相关承运人填写的转移单据复印件和危险废物出口报关单复印件，报送国务院环境保护行政主管部门。

第十六条　自危险废物进口者接收危险废物之日起10个工作日内，危险废物出口者应当填写《抵达进口国（地区）信息报告单》，并将其连同危险废物出口者、相关承运人、危险废物进口者及过境国（地区）海关、进口国（地区）海关填写完毕的转移单据复印件，一并报送国务院环境保护行政主管部门。

第十七条　自危险废物处置或者利用完毕之日起40个工作日内，危险废物出口者应当填写《处置或者利用完毕信息报告单》，并将其连同危险废物出口者、相关承运人、危险废物进口者、进口国(地区)的危险废物处置者或者利用者及过境国(地区)海关、进口国(地区)海关填写完毕的转移单据原件,一并报送国务院环境保护行政主管部门。

第十八条 自危险废物出口核准通知单有效期届满之日起20个工作日内,危险废物出口者应当填写《危险废物出口总结信息报告单》,并报送国务院环境保护行政主管部门。

第十九条 危险废物出口者应当将按照第十五条、第十六条、第十七条和第十八条的规定向国务院环境保护行政主管部门报送的有关材料,同时抄送危险废物移出地省级、设区的市级和县级人民政府环境保护行政主管部门。

第二十条 禁止伪造、变造或者买卖危险废物出口核准通知单。

第四章 罚 则

第二十一条 违反本办法规定,无《危险废物出口核准通知单》或者不按照《危险废物出口核准通知单》出口危险废物的,由县级以上人民政府环境保护行政主管部门责令改正,并处三万元以下的罚款。

不按照《危险废物出口核准通知单》出口危险废物,情节严重的,还可以由国务院环境保护行政主管部门撤销《危险废物出口核准通知单》。

第二十二条 违反本办法规定,申请危险废物出口核准的单位隐瞒有关情况或者提供虚假材料的,国务院环境保护行政主管部门不予受理其申请或者不予核准其申请,给予警告,并记载其不良记录。

第二十三条 违反本办法规定,有下列行为之一的,由县级以上人民政府环境保护行政主管部门责令改正,并处以罚款:

(一)未按规定填写转移单据的;

(二)未按规定运行转移单据的;

(三)未按规定的存档期限保管转移单据的;

(四)拒绝接受环境保护行政主管部门对转移单据执行情况进行检查的。

有前款第(一)项、第(二)项、第(三)项行为的,处三万元以下罚款;有前款第(四)项行为的,依据《固体废物污染环境防治法》第七十条的规定,予以处罚。

有前款第(一)项、第(二)项、第(四)项行为,情节严重的,由国务院环境保护行政主管部门撤销《危险废物出口核准通知单》。

第二十四条 违反本办法规定,未将有关信息报送国务院环境保护行政主管部门,或者未抄报有关地方人民政府环境保护行政主管部门的,由县级以上人民政府环境保护行政主管部门责令限期改正;逾期不改正的,由县级以上人民政府环境保护行政主管部门处三万元以下罚款,并记载危险废物出口者的不良记录。

第二十五条 违反本办法规定,伪造、变造或者买卖《危险废物出口核准通知单》的,由公安机关依据《中华人民共和国治安管理处罚法》进行处罚。

第二十六条 以欺骗、贿赂等不正当手段取得危险废物出口核准通知单的,依据《中华人民共和国行政许可法》的规定,由国务院环境保护行政主管部门撤销危险废物出口核准通知单,并处三万元以下罚款。

第二十七条 危险废物出口未能按照书面协议的规定完成时,如果在进口国通知国务院环境保护行政主管部门和《巴塞尔公约》秘书处之后90日内或者在有关国家同意的另一期限内不能作出环境上无害的处置替代安排，出口者应当负责将废物退运回国，并承担该废物的运输与处置或者利用等相关费用。

第二十八条 负责危险废物出口核准管理工作的人员玩忽职守、徇私舞弊或者滥用职权的，依法给予行政处分；构成犯罪的，依法追究刑事责任。

第五章 附 则

第二十九条 从中华人民共和国台湾地区向其他《巴塞尔公约》缔约方出口危险废物的核准，参照本办法执行。

第三十条 本办法自2008年3月1日起施行。

关于制定大中型拖拉机报废标准的通知

[1992]物机字191号

各省、自治区、直辖市、计划单列市计委(计经委)、经委(经贸办)、物资厅(局)、老旧汽车更新改造领导小组办公室、公安厅(局)、交通厅(局)、劳改局、机械厅、农业(农机)厅，总后勤部：

根据国务院领导同志关于同意全国老旧汽车更新改造领导小组把拖拉机更新工作统管起来的批示，为搞好拖拉机报废工作，加快更新步伐，缓解大中型拖拉机老化日益严重的状况，经研究，制定了大中型拖拉机报废标准，具体如下：

根据我国具体情况，大中型拖拉机是指功率在20马力及以上的拖拉机，凡属下列情况之一的大中型拖拉机都应报废。

(1)大中型拖拉机使用年限超过15年(或累计工作1.8万小时)，经检查调整后，耗油率上升幅度超过出厂额定标准的20%的，功率降低值超过出厂额定标准15%的。

(2)由于各种原因造成机车严重损坏，无法修复或一次性修理费超过新车价格二分之一的。

(3)使用多年且无配件来源、车型老旧的进口拖拉机、国产非定型和淘汰的拖拉机。

以上报废标准请各有关部门在大中型拖拉机报废更新工作中严格把关，认真贯彻执行。执行中有什么问题，请随时向全国老旧汽车更新改造领导小组办公室反映。

一九九二年九月十九日

关于发布《汽车报废标准》的通知

国经贸经[1997]456号

各省、自治区、直辖市、计划单列市经贸委(经委、计经委)、计委、内贸(物资)厅(局)、供销合作社、冶金厅(局)、汽车更新领导小组办公室、机械厅(局)、交通厅(局)、公安厅(局)、环境保护局:

随着国民经济的发展,我国汽车保有量迅速增大,1986年制订的《汽车报废标准》已不适应汽车生产和交通运输发展以及交通安全、节能、环保等需要。经国务院领导同志同意,现将修订后的《汽车报废标准》印发你们,请遵照执行。

1997年7月15日

汽车报废标准

(1997年修订)

凡在我国境内注册的民用汽车,属下列情况之一的应当报废:

一、轻、微型载货汽车(含越野型),矿山作业专用车累计行驶30万公里,重、中型载货汽车(含越野型)累计行驶40万公里,特大、大、中、轻、微型客车(含越野型),轿车累计行驶50万公里,其他车辆累计行驶45万公里。

二、轻、微型载货汽车(含越野型),带拖挂的载货汽车,矿山作业专用车及各类出租汽车使用8年,其他车辆使用10年。

三、因各种原因造成车辆严重损坏或技术状况低劣,无法修复的。

四、车辆淘汰,已无配件来源的。

五、汽车经长期使用,耗油量超过国家定型车出厂标准规定值百分之十五的。

六、经修理和调整仍达不到国家对机动车

运行安全技术条件要求的。

七、经修理和调整或采用排气污染控制技术后，排放污染物仍超过国家规定的汽车排放标准的。

除19座以下出租车和轻、微型载货汽车（含越野型）外，对达到上述使用年限的客、货车辆，经公安车辆管理部门依据国家机动车安全排放有关规定严格检验，性能符合规定的，可延缓报废，但延长期不得超过本标准第二条规定年限的一半。对于吊车、消防车、钻探车等从事专门作业的车辆，还可根据实际使用和检验情况，再延长使用年限。所有延长使用年限的车辆，都需按公安部规定增加检验次数，不符合国家有关汽车安全排放规定的应当强制报废。

八、本标准自发布之日起施行。在本标准发布前已达到本标准规定报废条件的车辆，允许在本标准发布后12个月之内报废。本标准由全国汽车更新领导小组办公室负责解释。

关于调整轻型载货汽车报废标准的通知

国经贸经[1998]407号

各省、自治区、直辖市、计划单列市经贸委(经委、计经委)、计委、公安厅(局)、环境保护局、汽车更新领导小组办公室:

为了鼓励技术进步、节约资源、保护环境及公平竞争,现决定将《汽车报废标准》(1997年修订)中轻型载货汽车(含越野型)的行驶里程、使用年限及办理延缓的报废标准调整为:

一、累计行驶40万公里。

二、使用10年。

三、达到使用年限,汽车性能仍符合有关规定的,允许办理最长不超过5年的延缓报废。延缓报废的审定工作,按国经贸经〔1997〕456号文件的有关规定办理。轻型载货汽车是指厂定最大总质量大于1.8吨、小于等于6吨的载货汽车。

请遵照执行。

一九九八年七月七日

关于调整汽车报废标准若干规定的通知

国经贸资源[2000]1202号

各省、自治区、直辖市、计划单列市及新疆生产建设兵团经贸委(经委)、计委、公安厅(局)、环境保护局(厅)、汽车更新领导小组办公室:

为了鼓励技术进步、节约资源,促进汽车消费,现决定将1997年制定的汽车报废标准中非营运载客汽车和旅游载客汽车的使用年限及办理延缓的报废标准调整为:

一、9座(含9座)以下非营运载客汽车(包括轿车、含越野型)使用15年。

二、旅游载客汽车和9座以上非营运载客汽车使用10年。

三、上述车辆达到报废年限后需继续使用的,必须依据国家机动车安全、污染物排放有关规定进行严格检验,检验合格后可延长使用年限。但旅游载客汽车和9座以上非营运载客汽车可延长使用年限最长不超过10年。

四、对延长使用年限的车辆,应当按照公安交通管理部门和环境保护部门的规定,增加检验次数。一个检验周期内连续三次检验不符合要求的,应注销登记,不允许再上路行驶。

五、营运车辆转为非营运车辆或非营运车辆转为营运车辆,一律按营运车辆的规定报废。

六、本通知没有调整的内容和其他类型的汽车(包括右置方向盘汽车),仍按照国家经贸委等部门《关于发布〈汽车报废标准〉的通知》(国经贸经[1997]456号)和《关于调整轻型载货汽车报废标准的通知》(国经贸经[1998]407号)执行。

七、本通知所称非营运载客汽车是指:单位和个人不以获取运输利润为目的的自用载客汽车;旅游载客汽车是指:经各级旅游主管部门批准的旅行社专门运载游客的自用载客汽车。

八、本通知自发布之日起施行。

二○○○年十二月十八日

关于实施《关于调整汽车报废标准若干规定的通知》有关问题的通知

公交管[2001]2号

各省、自治区、直辖市公安厅、局，新疆生产建设兵团公安局：

根据国家经济贸易委员会等4部委《关于调整汽车报废标准若干规定的通知》(国经贸资源[2000]1202号)精神，现将实施调整后的汽车报废标准有关问题通知如下：

一、旅游载客汽车和9座以上非营运载客汽车达到报废标准后要求继续使用的，按照公安部《关于实施〈汽车报废标准〉有关事项的通知》(公交管[1997]261号)第二条规定审批。旅游载客汽车每年定期检验4次；9座以上非营运载客汽车每年定期检验2次，超过15年的，从第16年起每年定期检验4次。

二、9座(含9座)以下非营运载客汽车达到报废标准后要求继续使用的，不需要审批。每年定期检验2次，超过20年的，从第21年起每年定期检验4次。

三、上述车辆定期检验时，连续3次检验都不符合国家标准《机动车运行安全技术条件》(GB7258)规定的，公安交通管理部门应当收回机动车号牌和《机动车行驶证》，通知机动车所有人办理注销登记。

四、上述车辆达到报废标准后，公安交通管理部门不得办理注册登记和转籍过户登记。

五、2000年12月18日之前，应当按照原报废标准报废但未办理完毕注销登记的车辆，比照《关于调整汽车报废标准若干规定的通知》(国经贸资源[2000]1202号)规定执行。

六、右置方向盘汽车报废的管理，按照公安部《关于加强右置方向盘汽车管理的通知》(公交管[2000]183号)规定执行。

本通知未涉及的其他规定，按照公安部《关于实施〈汽车报废标准〉有关事项的通知》(公交管[1997]261号)执行。

本通知自发布之日起实施。

二〇〇一年二月六日

关于印发《农用运输车报废标准》的通知

国经贸资源[2001]234号

各省、自治区、直辖市、计划单列市及新疆生产建设兵团经贸委（经委）、计委、公安厅（局）、环境保护局（厅）、汽车更新领导小组办公室：

为保证道路交通和人民生命财产安全，鼓励技术进步、节约能源、保护环境，特制定《农用运输车报废标准》，现印发给你们，请遵照执行。

2001年3月13日

农用运输车报废标准

一、本标准适用于在中华人民共和国境内注册的农用运输车（包括三轮农用运输车和四轮农用运输车，下同）。

二、农用运输车有下列情形之一的应当报废：

（一）三轮农用运输车和装配单缸柴油机的四轮农用运输车，使用期限达6年的。

（二）装配多缸柴油机的四轮农用运输车，使用期限达9年的。

（三）装配多缸柴油机的四轮农用运输车，累计行驶里程达25万公里的。

（四）因各种原因造成农用运输车严重损坏或者技术状况低劣，无法修复的。

（五）长期使用后，整车耗油量超过企业定型车出厂标准规定值15%的。

（六）不符合国家标准《机动车运行安全技术条件》（GB7258－1997），经修理和调整后仍达不到要求的。

（七）排放污染物超过国家或地方规定的排放标准，经修理、调整或采用尾气污染控制技术后，仍不符合要求的。

三、达到报废年限或者累计行驶里程的农

用运输车，依据国家机动车安全、污染物排放有关标准检验合格的，可以适当延长使用年限，但最长不得超过3年。

延长使用年限的车辆，应当按照公安交通管理部门和环境保护部门的规定，增加检验次数，一个检验周期内连续两次检验不符合标准要求的，应当强制报废。

四、本标准自发布之日起实施。

在本标准发布时已达到本标准规定的报废条件的车辆，可以在本标准发布后12个月内报废。

五、本标准由国家经济贸易委员会负责解释。

摩托车报废标准暂行规定

国家经济贸易委员会 国家发展计划委员会 公安部 国家环境保护总局 令第33号

现公布《摩托车报废标准暂行规定》，自2002年10月1日起施行。

国家经济贸易委员会主任 李荣融
国家发展计划委员会主任 曾培炎
公安部部长 贾春旺
国家环境保护总局局长 解振华

2002年8月23日

第一条 为保障道路交通和人民群众生命财产安全，鼓励技术进步，节约能源，保护环境，根据《报废汽车回收管理办法》，制定本规定。

第二条 本规定适用于在中华人民共和国境内注册的摩托车。

本规定所称摩托车，是指轻便两轮摩托车、轻便三轮摩托车、两轮摩托车、边三轮摩托车、正三轮摩托车。

第三条 有下列情形之一的摩托车应当报废：

（一）累计行驶里程达到10万公里的轻便两轮摩托车、轻便三轮摩托车、两轮摩托车和边三轮摩托车，累计行驶里程达到8万公里的正三轮摩托车。

（二）使用年限达到8～10年的轻便两轮摩托车、轻便三轮摩托车、两轮摩托车和边三轮摩托车，使用年限达到7～9年的正三轮摩托车。具体使用年限由省、自治区、直辖市人民政府有关部门在以上使用年限内，结合本地实际情况确定。

（三）车辆严重损坏，无法修复的。

（四）摩托车燃油消耗量超过国家《公告》确定的相应排量定型车出厂标准规定值百分之二十的。

（五）经修理和调整仍达不到国家机动车运行安全技术条件要求的。

（六）经修理、调整或者采用排放控制技术后，排气污染物或噪音仍然超过国家或地方排放标准的。

第四条 摩托车达到使用年限或累计行驶里程后，依据国家机动车运行安全技术条件和国家机动车、污染物排放标准检验合格的车辆，可延长使用年限，但延长年限最长不超过3年。

对延长使用年限的车辆，应当按照公安交

通管理部门和环境保护部门的规定，增加检验次数，一个检验周期内连续三次检验不合格的，应当强制报废。

第五条 对符合报废条件的摩托车，由公安交通管理部门注销登记，并禁止上路行驶。

第六条 本规定自 2002 年 10 月 1 日起施行。在本规定施行前已经达到报废条件的车辆，应当自本规定施行之日起 12 个月内报废。

第七条 本规定由国家经济贸易委员会负责解释。

关于印发“十一五”十大重点节能工程实施意见的通知

发改环资[2006]1457号

各省、自治区、直辖市、计划单列市和新疆生产建设兵团发展改革委、经贸委（经委）、科技厅（科委）、财政厅、建设厅（建委）、质量技术监督局、环保局、机关事务管理部门，中共中央、国务院各部门机关事务管理部门（办公厅）：

十大重点节能工程是《节能中长期专项规划》的重要内容，已纳入《国民经济和社会发展第十一个五年规划纲要》，是实现“十一五”单位GDP能耗降低20%左右目标的一项重要的工程技术措施。为组织实施好十大重点节能工程，国家发展改革委会同科技部、财政部、建设部、国家质检总局、国家环保总局、国务院机关事务管理局、中共中央直属机关事务管理局等有关部门组织编制了《“十一五”十大重点节能工程实施意见》。现印发你们，请认真组织实施。

国家发展改革委
科　技　部
财　政　部
建　设　部
国家质检总局
国家环保总局
国　管　局
中直管理局
2006年7月25日

“十一五”十大重点节能工程实施意见

第一章 指导思想、原则和目标

为贯彻落实《国民经济和社会发展第十一个五年规划纲要》，实现单位GDP能耗降低20%左右的约束性目标，根据《节能中长期专项规划》，特制定本实施意见。

一、指导思想

以科学发展观为指导，落实节约资源基本国策，围绕实现“十一五”GDP能耗降低20%左右的目标，以提高能源利用效率为核心，以企业为实施主体，大力调整和优化结构，加快推进节能技术进步，建立严格的管理制度和有效的激励机制，加大政府资金的引导力度，充分发挥市场配置资源的基础性作用，调动市场主体节约能源资源的自觉性，尽快形成稳定可靠的节能能力，为实现国家节能目标奠定坚实的基础。

二、实施原则

(一)坚持企业为主实施与政府引导推动相结合。

(二)坚持节能与结构调整、技术进步与环境保护相结合。

(三)坚持发挥市场机制作用与政府宏观调控相结合。

(四)坚持依法强化管理与政策激励相结合。

(五)坚持突出重点、示范带动与统筹兼顾、分类指导相结合。

(六)坚持整体推进与分年度有效实施相结合。

三、工程目标

通过实施十大重点节能工程，“十一五”期间，可实现节能2.4亿吨标准煤(未含替代石油)，重点行业主要产品(工作量)单位能耗指标总体达到或接近本世纪初国际先进水平。

第二章 实施内容

一、燃煤工业锅炉(窑炉)改造工程

(一)现状和问题

工业锅炉

目前，全国在用工业锅炉保有量50多万台，约180万蒸吨/小时。燃煤锅炉约48万台，占工业锅炉总容量的85%左右，平均容量约3.4蒸吨/小时，其中20蒸吨/小时以下超过80%。113个大气污染防治重点城市中约有燃煤工业锅炉24万台，90万蒸吨/小时，均占全国的1/2。工业锅炉主要用于工厂动力、

建筑采暖等领域，每年耗原煤约4亿吨。

我国燃煤工业锅炉效率低，污染重，节能潜力巨大。锅炉设计效率为72%～80%，平均运行效率约60%～65%，平均运行效率比国外先进水平低15～20个百分点；每年排放烟尘约200万吨，二氧化硫约600万吨，是仅次于火电厂的第二大煤烟型污染源。

燃煤工业锅炉存在主要问题是：单台锅炉容量小，设备陈旧老化；锅炉平均负荷不到65%，“大马拉小车”；锅炉自动控制水平低，燃烧设备和辅机质量低；使用煤种与设计煤种不匹配、质量不稳定；缺乏熟练的专业操作人员；污染控制设施简陋，多数未安装或未运行脱硫装置，污染排放严重；节能监督和管理缺位等。

工业窑炉

工业窑炉每年消耗原煤约3亿多吨，主要集中在建材和冶金行业。水泥、墙体材料窑炉每年消耗煤炭约2.24亿吨，其中水泥窑约7800座，年耗煤1.6亿吨，平均能效比国外先进水平低20%以上；墙体材料窑炉约10万座，年耗煤6400万吨，平均能效比国外先进水平低30%以上。钢铁工业窑炉每年消耗煤炭约6600万吨，其中球团工序迴转窑生产线20多条，平均能效比国外先进水平低50%以上；石灰热工窑炉约350座，平均能效比国外先进水平低10%；耐火材料热工窑炉约1900余座，平均能效比国外先进水平低10%～20%。

工业窑炉存在的主要问题是：技术水平低，装备陈旧落后、规模小；能耗高，大部分缺乏污染控制设施，污染严重；运行管理水平低，管理粗放；缺乏能效标准和节能政策。

（二）主要内容

工业锅炉

1. 更新、替代低效锅炉：采用新型高效锅炉房系统更新、替代低效锅炉，提高锅炉热效率。

2. 改造现有锅炉房系统：针对现有锅炉房主辅机不匹配、自动化程度和系统效率低等问题，集成现有先进技术，改造现有锅炉房系统，提高锅炉房整体运行效率。

3. 建设区域煤炭集中配送加工中心：针对目前锅炉用煤普遍质量低、煤质不稳定、与锅炉不匹配、运行效率低的问题，主要侧重于北方地区，建设区域锅炉专用煤集中配送加工中心。

4. 示范应用洁净煤、优质生物型煤替代原煤作为锅炉用煤，提高效率，减少污染。

工业窑炉

1. 淘汰改造立窑、湿法窑及干法中空窑等落后水泥窑炉。

2. 采用低压旋风预热分解系统、保温耐用新型炉衬材料、高效燃烧器、高效熟料冷却机、生产过程自动控制与检测系统等技术对现有水泥生产线进行综合节能改造。

3. 采用节能型隧道窑、内燃烧砖节能、余热利用节能型干燥、稀码快烧、窑体改造等技术对落后的墙体材料窑炉进行改造。

4. 改造钢铁企业球团回转窑、石灰窑、耐火材料窑等。

（三）配套措施

1. 制定《锅炉节能技术监察规程》、《工业锅炉节能监测管理办法》，制定有关工业锅炉的能效标准及用煤质量标准，修订《评价企业合理用热技术导则》和《工业锅炉经济运行导则》等法规和标准。

2. 根据相关的节能法规和标准，限制落后锅炉的生产，淘汰在用落后锅炉，依法关停规模小于20万吨/年的水泥生产企业，加强与技术监督局、安全生产监督局工作配合。

3. 鼓励开发和应用工业锅炉、窑炉节能降耗新技术、新设备。

4. 建立锅炉信息平台，发布工业锅炉、窑炉节能信息，推行合同能源管理，建立社会化服务体系。

5. 加强锅炉管理和操作人员的培训。

(四)组织实施

1. 组织单位：国家发展改革委、国家质检总局、国家环保总局、科技部，各地发展改革委、经(贸)委、质量技术监督局、环保局、科技厅(科委)、"113个大气污染防治重点城市"多部门协调小组。

2. 实施主体：实施锅炉、窑炉改造的企业或单位。

3. 参与单位：煤炭科学研究总院、上海工业锅炉研究所、北京市劳动保护研究所、中国机械工业联合会、钢铁工业协会、建材工业协会、城镇供热协会、中国标准化研究院。

二、区域热电联产工程

(一)现状和问题

到2004年底，全国已建成6000千瓦及以上热电联产机组约2300台，装机容量4800万千瓦，占火电装机容量的15.6%，年供热16.6亿吉焦。热电联产与热、电分产相比，热效率提高30%，集中供热比分散小锅炉供热效率高50%。

我国热电联产总规模小，发展不均衡。北方采暖城市中集中供热普及率不到30%，其中热电联产仅占20%。在北方采暖城市、南方工业园区及一些工业企业，低效、污染重的小锅炉大量存在，大多数小锅炉应由热电联产机组替代。

(二)主要内容

1. 用热电联产集中供热为主的方式替代城市燃煤供热小锅炉，提高热电联产在供热中的比例，扩大集中供热范围。燃煤热电厂发展20万千瓦以上的大型供热机组，城市附近的30万千瓦以下纯凝汽发电机组改为供热机组，鼓励建设热电冷联供机组，北方小城市建设背压式供热机组热电厂。

2. 加强工业开发区热电厂的管理，工业生产用热尽量采用热电联产方式，以背压供热机组为主。

3. 建设分布式热电联产和热电冷联供。

4. 因地制宜建设低热值燃料和秸秆等综合利用热电厂。

(三)配套措施

1. 加快城市供热体制改革。

2. 适度超前建设城市集中供热管网，为热电联产创造条件。热网不落实的热电联产项目，不予核准。

3. 结合城市规划改造和工业园区建设，将现有供热机组改建为热电联产机组。

4. 修改完善《关于发展热电联产的规定》，研究热力和电力价格管理办法和税收政策，研究制定严格的以单位热力煤耗作为主要指标的热电联产技术经济考核指标，建立热电联产认证制度，对于达不到热电联产有关技术经济指标要求的项目要给予处罚。加强项目建设和运行监督管理，防止以热电联产名义建设火电项目，引导热电联产规范有序发展。

5. 各省级发展改革委做好工业热电联产发展规划和建设管理工作，组织落实各省（区、市）热电联产规划和法规。

6. 研究并完善有关天然气分布式热电联产的标准和政策。

（四）组织实施

1. 组织单位：国家发展改革委、建设部、国家质检总局、国家环保总局、科技部，有关省级发展改革委、经（贸）委，国家电网公司、南方电网公司、中央和地方发电企业。

2. 实施主体：实施热电联产建设与改造的企业或单位、中央和地方发电企业。

3. 参与单位：中国机械工业联合会。

三、余热余压利用工程

（一）现状和问题

我国钢铁、有色、煤炭、建材、化工、纺织等行业的余热余压以及其他余能没有得到充分利用，如钢铁企业的焦炉气、高炉气、转炉气，煤矿的煤层气，焦化企业的焦炉气等可燃副产气，大量放空，造成能源的严重浪费，同时也污染了环境。

我国钢铁行业 1000 立方米以上高炉约 110 余座，有 30 座以上尚未配套炉顶压差（TRT）发电设备；有大型转炉的企业 19 家，中型转炉的企业 42 家，只有 7 家使用转炉负能炼钢技术。我国焦化炉干熄焦比例较低，干熄焦产量仅占机焦总产量的 17.4%。低热值煤气燃气轮机可充分利用副产煤气，但一次性投资较大。我国现有日产 2000 吨以上新型干法窑水泥生产线 225 条，只有少数配装了余热发电装置。

（二）主要内容

冶金行业

钢铁：推广干法熄焦技术、高炉炉顶压差发电技术、纯烧高炉煤气锅炉技术、低热值煤气燃气轮机技术、转炉负能炼钢技术、蓄热式轧钢加热炉技术。建设高炉炉顶压差发电装置、纯烧高炉煤气锅炉发电装置、低热值高炉煤气发电——燃汽轮机装置、干法熄焦装置等。

有色：推广烟气废热锅炉及发电装置，窑炉烟气辐射预热器和废气热交换器，回收其他装置余热用于锅炉及发电，对有色企业实行节能改造，淘汰落后工艺和设备。

煤炭行业

推广瓦斯抽采技术和瓦斯利用技术，逐步建立煤层气和煤矿瓦斯开发利用产业体系。到 2010 年，全国煤层气（煤矿瓦斯）产量达 100 亿立方米，其中，地面抽采煤层气 50 亿立方米，利用率 100%；井下抽采瓦斯 50 亿立方米，利用率 60%以上。

建材行业

水泥：推广纯低温余热发电技术，建设水泥余热发电装置。推广综合低能耗熟料烧成技术与装备，对回转窑、磨机、烘干机进行节能改造，利用工业和生活废弃物作燃料。

玻璃：推广余热发电装置，吸附式制冷系统，低温余热发电——制冷设备；推广全保温富氧、全氧燃烧浮法玻璃熔窑，降低烟道散热损失；引进先进节能设备及材料，淘汰落后的高能耗设备。

化工行业

推广焦炉气化工、发电、民用燃气，独立焦化厂焦化炉干熄焦，节能型烧碱生产技术，纯碱余热利用，密闭式电石炉，硫酸余热发电等技术，对有条件的化工企业和焦化企业进行节能改造。

其他行业

纺织、轻工等其他行业推广供热锅炉压差发电等余热、余压、余能的回收利用，鼓励集中建设公用工程以实现能量梯级利用。

（三）配套措施

1. 研究制定鼓励利用余热余压发电、供热和制冷的优惠政策及电网准入标准和规定。在修订《节能法》时，作为重点内容予以考虑。

2. 制订新建钢铁、有色企业节能准入标准，制定《水泥厂余热发电、余热供热工程建设标准》和《水泥厂节能设计规范》，强制关闭污染严重的开放式小焦炉，禁止使用国家已明令淘汰的高耗能纺织设备。

3. 制定并实施钢铁行业及钢、焦炭、铁合金、碳素电极单位产品能耗定额标准，有色工业及铝、铜、锌、镁单位产品能耗定额标准，建材工业及水泥、玻璃、陶瓷单位产品能耗定额标准，重点化工产品合成氨、烧碱、纯碱、电石、黄磷单位产品能耗定额标准。

（四）组织实施

1. 组织单位：国家发展改革委、国家标准委，各省（自治区、直辖市）发展改革委、经（贸）委。

2. 实施主体：实施余热余压利用工程建设与改造的企业或单位。

3. 参与单位：中国钢铁工业协会、中国有色冶金工业协会、中国建材工业协会、中国石油化学工业协会、中国纺织工业协会、中国煤炭工业协会、中国电力工业联合会、中国机械工业联合会、中国节能协会、中国标准化研究院、中国化工节能协会、煤炭科学研究总院。

四、节约和替代石油工程

（一）现状和问题

2004年我国石油消费量3.17亿吨，国内生产量1.76亿吨，净进口量1.51亿吨，对外依存度为47.3%。

随着我国工业化、城镇化进程加快，特别是重化工业和交通运输的快速发展，石油消费高速增长，需要大量进口。目前，国际石油价格上涨，国内原油产量难以大幅度增加，必须大力节约降耗，发展石油替代产品，保证我国石油安全。

石油主要用于工业和交通运输行业。工业行业中电力、建材、化工等行业消耗大量燃料油，节代油潜力很大。石油开采、加工和利用效率低，损失大，浪费严重。我国交通运输工具油耗高，比国外先进水平高10%～25%。近年来，我国石油替代产品发展较快，但受环境、成本等条件制约，推广力度不够。

（二）主要内容

工业行业

1. 电力：推广气化小油枪和等离子无油点火、低负荷稳燃技术等，对燃油发电机组进行洁净煤或天然气替代示范改造，依法关闭规模小、技术落后的燃油发电机组。

2. 石油石化：在油气开采领域，推广采油系统优化配置技术，稠油热采配套节能技术，放空天然气和伴生石油气回收利用技术，以石油焦、洁净煤、伴生气及其他副产可燃气代替燃料油，高效洁净燃烧技术和设备，油气密闭集输综合节能技术等，降低油田自用油率。天然气资源供应可靠的地区适度发展天然气化工，替代石油化工。石油加工领域的节代油内容详见本实施意见"能量系统优化工程"。

3. 建材：有条件的地区以天然气、煤层气、水煤浆、乳化油、石油焦替代重油，推广玻璃熔窑富氧或全氧燃烧技术，有条件且煤价较低的建筑卫生陶瓷企业使用焦炉煤气代油，对大中型建材企业进行节代油改造。

4. 化工行业：以煤炭气化替代燃料油和原料油；在煤炭和电力资源可靠的地区，适度发展煤化工替代石油化工。

5. 其他行业：推广重油掺水、混合煤气发生炉节代油技术。

交通运输行业

1. 汽车节油：推广高效节油汽油机和柴油机生产技术，整车轻量化技术，电力电子传动系统，轿车和轻型汽车用柴油机，载重车用大功率节能柴油机，鼓励废油回收和再利用。

2. 清洁燃料汽车：开发生产燃气汽车及专用发动机；开发生产混合动力汽车的电池、发动机、电机、制动能量再生系统，改善电池能量密度、充电时间、循环寿命，先在城市公交车上应用，逐步推广到轿车。

3. 铁路运输：对牵引变电所进行节能改造；加快铁路电气化改造；引进、开发、推广高效交直交电力机车，提高用电效率；对客车实施机车向客车供电，逐步取消柴油发电车；实施内燃机车节油工程，提高内燃机车运行效率；推广柴油添加剂和各种节油装置。

4. 城市公共交通：大力发展直线电机轨道交通和大运量快速公共汽车系统；采取有效措施推动智能交通系统的发展和保留人行道、自行车道系统。

5. 水路运输：发展水路运输，改善航道条件；实现船舶大型化、规范化，推广使用标准化船型，淘汰挂桨机船；进一步减小船舶阻力，提高推进效率；船舶节能技术的推广应用和设备改造；改善燃油品质；提高船舶运输组织管理水平。

石油替代产品

煤炭液化生产石油产品；发展醇醚燃料代油，包括利用工业副产可燃气生产甲醇、二甲醚，非粮食类原料生产燃料乙醇等；鼓励发展生物质柴油。推广大比例甲醇催化燃烧技术和醇醚燃料尾气净化技术。

(三)配套措施

1. 制定实施《节约石油管理办法》及相应配套措施，研究提出鼓励、限制及淘汰的技术和产品目录。严格限制并加快淘汰燃油发电机组，严格限制小平拉玻璃，关闭淘汰敞开式和生产能力小于1万吨的小电石炉。

2. 加快煤层气、焦炉气等副产可燃气生产醇醚燃料的推广使用，研发大型煤制醇醚装置。研究解决车用甲醇热值低、遇水分层、低温启动性差、高温气阻、腐蚀和毒性防范等问题。鼓励发展非粮食原料的生物柴油和生物质化工。

3. 建立并严格实施完善的机动车燃油经济性标准及相应配套措施，实施包含有汽车燃料经济性指标的汽车市场准入制度，尤其是营运车辆的市场准入制度，研究建立国家统一的汽车能效标识管理制度，促进汽车制造企业提高技术水平，从源头上实现汽车节油。加强在用汽车的燃料经济性检测，建立并实施高油耗在用汽车的退出机制。规范节油型机油和燃油添加剂市场。不断总结研究新型汽车节油驾驶操作技术及检测维修工艺，推广汽车节能驾驶技术，实施完善的在用汽车技术状况检查、维修管理制度。

4. 制定鼓励公共交通及节能交通方式的政策、法规，鼓励使用燃气车，加强燃气网络和维修网络建设，鼓励使用醇醚燃料汽车。

(四)组织实施

1. 组织单位：国家发展改革委、财政部、建设部、铁道部、交通部、科技部、国家质检总局、国家环保总局、国务院机关事务管理局、国家认监委，各省(自治区、直辖市)发展改革委、经(贸)委。

2. 实施主体：实施节约和替代石油工程的企业或单位。

3. 参与单位：中国石油化学工业协会、中国电力工业联合会、中国汽车工业协会、中国建材工业协会、中国机械工业联合会、中国标准化研究院、中国汽车维修协会。

五、电机系统节能工程

(一)现状和问题

电机系统包括电动机、被拖动装置、传动控制系统及管网负荷。电机系统用电量约占全国用电量的60%，其中风机、泵类、压缩机和空调制冷机的用电量分别占全国用电量的10.4%、20.9%、9.4%和6%。

我国80%以上的电机产品效率比国外先进水平低2～5个百分点，虽然国产高效电机与国外先进水平相当，但价格高、市场占有率低；风机、泵、压缩机产品效率比国外先进水平低2～4个百分点，虽然设计水平与国外先进水平相当，但制造技术和工艺有差距；电机传动调速及系统控制技术差距较大，产品效率比国外先进水平低20%～30%。

电机系统量大面广，节电潜力巨大。全国现有各类电机系统总装机容量约4.2亿千瓦，运行效率比国外先进水平低10～20个百分点，相当于每年浪费电能约1500亿千瓦时。

电机系统存在的主要问题是：电动机及被拖动设备效率低，电动机、风机、泵等设备陈旧落后，效率比国外先进水平低2～5个百分点；系统匹配不合理，“大马拉小车”现象严重，设备长期低负荷运行；系统调节方式落后，大部分风机、泵类采用机械节流方式调节，效率比调速方式约低30%。

(二)主要内容

1. 更新淘汰低效电动机及高耗电设备：推广高效节能电动机、稀土永磁电动机，高效风机、泵、压缩机，高效传动系统等。更新淘汰低效电动机及高耗电设备；采用高效节能电机及系统相关节电设备新装电机系统。逐步限制并禁止落后低效产品的生产、销售和使用。对老旧设备更新改造，重点是高耗电中小型电机及风机、泵类系统的更新改造及定流量系统的合理匹配。

2. 提高电机系统效率：推广变频调速、永磁调速等先进电机调速技术，改善风机、泵类电机系统调节方式，逐步淘汰闸板、阀门等机械节流调节方式。重点对大中型变工况电机系统进行调速改造，合理匹配电机系统，消除“大马拉小车”现象。

3. 被拖动装置控制和设备改造：以先进的电力电子技术传动方式改造传统的机械传动方式，逐步采用交流调速取代直流调速。采用高新技术改造拖动装置，重点是大型水利排灌设备、电机总容量10万千瓦以上大型企业的示范改造等。

4. 优化电机系统的运行和控制：推广软启动装置、无功补偿装置、计算机自动控制系统等，通过过程控制合理配置能量，实现系统经济运行。

5. 重点改造领域：

电力：用变频、永磁调速及计算机控制改造风机、水泵系统，重点是20万千瓦以上火力发电机组。

冶金：鼓风机、除尘风机、冷却水泵、加热炉风机、铸造除鳞水泵等设备的变频、永磁调速。

有色：除尘系统自动化控制及风机调速。

煤炭：矿井通风机、排水泵调速改造及计算机控制系统。

石油、石化、化工：工艺系统流程泵变频调速及自动化控制。

机电：研发制造节能型电机、电机系统及配套设备。

轻工：注塑机、液压油泵的变频、永磁调速。

其他：企业空调和通风、楼宇集中空调的电机系统改造等。

(三)配套措施

1. 电机系统改造主要以企业自主改造为主，辅以政府引导、设备租赁、合同能源管理等方式。鼓励并扶持专业节能服务机构采用设备融资租赁、合同能源管理等市场机制推动电机系统节电改造。

2. 制定发布相关标准、政策。制定、修订电动机能效标准，电动机配套设备能效标准，电动机系统经济运行管理标准，变频调速和调压节能产品标准等。研究电机产品能效标识制度和高效电机产品认证制度，实施电机系统强制性淘汰更新制度，高能耗机电产品强制性淘汰制度。制定合理的电压等级标准，科学的谐波和电磁兼容(EMC)标准。

3. 改进电机系统的设计，组织编制实施电机系统优化配置的设计规范及标准。

4. 开展相关人员的培训。

(四)组织实施

1. 组织单位：国家发展改革委、科技部、国家标准委，各省(自治区、直辖市)发展改革委、经(贸)委。

2. 实施主体：实施电机系统优化工程建设与改造的企业或单位。

3. 参与单位：中国节能投资公司、中国电力企业联合会、中国钢铁工业协会、中国有色工业协会、中国建材工业协会、中国机械工业联合会、中国石油化学工业协会、中国石油集团公司、中国石化集团公司、中国纺织工业协会、中国煤炭工业协会、中国电器工业协会、全国节能监测管理中心、上海电器科学研究所(集团)有限公司、中国标准化研究院。

六、能量系统优化(系统节能)工程

(一)现状和问题

石化、化工、钢铁行业2004年共耗能5亿多吨标准煤，约占我国耗能总量的27%，能源利用效率与国际先进水平相比有较大差距，节能潜力较大。

从能量系统优化的角度分析，炼油、乙烯、合成氨和钢铁等行业在系统用能方面存在以下主要问题：

1. 具备热联合或热集成条件的装置（或生产单元）孤立运行，致使系统总体用能不合理。

2. 部分企业蒸汽管网布置不合理，蒸汽配送与装置不匹配，凝结水没有回收，管网和设备的保温性能差，运行参数控制不准确，致使蒸汽损耗大。

3. 部分企业余热、余压未能利用，致使一些换热网络、生产系统和装置能耗水平相对落后。

4. 由于生产建设滚动式发展，部分企业公用工程系统未进行整体能量系统优化设计，致使企业供能系统效率低。

5. 尚未采用模拟优化软件或先进控制技术，系统或装置的运行管理相对落后。

（二）主要内容

炼油

对炼油企业进行系统节能改造，包括：炼油生产全厂能量系统优化，含装置改造、热联合、热力系统优化、节能燃烧器等；催化裂化过程能量优化，含回收余热、热进料、减少生焦量、利用再生烟气能量、优化换热等；常减压过程能量优化，含优化流程、控制过汽化率、减少加热能耗、干式减压蒸馏、热联合等；蒸汽动力系统能量优化，含热电联产、凝结水回收、管网保温、安全控制等。

乙烯

对乙烯企业进行系统节能改造，包括：乙烯生产全厂能量系统优化，含优化原料、燃气轮机——发电机——裂解炉联合、优化蒸汽管网、提高收率、先进控制技术等；乙烯裂解炉节能优化，含更换短炉管、改造对流段等；低品位热量利用，含增设空气预热设施等。

合成氨

采用原料路线优化、回收发生炉煤气、回收造气炉余热、造气煤渣循环流化床锅炉、燃气轮机一空压机联合循环、联醇或二甲醚多联产、蒸汽自给或热电联产等技术对有条件的合成氨生产企业进行全厂系统节能改造；应用干粉煤加压气化、变压煤气化、多段炉碎煤气化、高效新型催化剂、新型转化炉管、新型烧嘴、高效换热器、新型保温材料等新技术对合成氨生产装置进行节能示范改造。

钢铁

钢铁企业能量系统优化工程包括：建立钢铁生产能源管理中心；建立炼铁高炉专家操作系统；建立副产煤气高效燃烧控制系统；原料准备工序系统节能工程；转炉炼钢综合节能工程；高效连铸连轧系统节能工程。主要推广技术有：高炉大型化、转炉大型化、利用废钢和二次资源、合理利用国内矿石、减少煤气放空量、蓄热式燃烧技术、干法熄焦技术、动力系统节能技术等。

（三）配套措施

1. 淘汰落后装置，关停小型炼油厂。

2. 制定并实施合成氨、乙烯和炼油装置的能效标准，以及能耗指标的计算、测试和监测标准。

3. 支持高耗能产业节能技术的研发与推广。

4. 在炼油、乙烯、合成氨和钢铁行业加快推行清洁生产，强化清洁生产审核。

（四）组织实施

1. 组织单位：国家发展改革委、国家标准委，各省（自治区、直辖市）发展改革委、经贸委。

2. 实施主体：中国石油集团公司、中国石化集团公司等具体实施能量系统优化工程的企业或单位。

3. 参与单位：中国钢铁工业协会、中国石油化学工业协会、中国化工节能技术协会、中国标准化研究院、大庆石油学院。

七、建筑节能工程

(一)现状和问题

截至2003年底，全国城乡房屋建筑面积为383亿平方米。城镇房屋建筑面积141亿平方米，其中住宅建筑面积89亿平方米。每年新竣工建筑面积18亿～20亿平方米。建筑用能占我国能源消费量的比例逐年上升，建筑节能已成为全社会节能的重点领域之一。

目前，初步建立了在1980年标准基础上节能50%为目标的建筑节能设计标准体系，加大了建筑节能监管力度，制定了建筑节能相关政策法规，开始了供热体制改革工作，组织了建筑节能技术攻关和试点示范。存在的主要问题：

1. 建筑用能效率低、污染严重。单位建筑面积能耗比气候条件接近的发达国家高2～3倍，建筑供暖造成的空气污染高2～5倍。

2. 新建建筑执行节能设计标准有待于进一步加强。2000～2004年，大城市新建居住建筑在施工图设计审查阶段执行建筑节能设计标准的比例，北方严寒和寒冷地区为90%，夏热冬冷地区为20%，夏热冬暖地区仅为11%。而实际按节能设计标准施工的建筑，北方地区为50%，夏热冬冷地区仅为14%。

3. 供热体制改革尚未全面启动，既有建筑节能改造进展缓慢。

4. 节能材料产品性能不能满足市场需求，节能建筑的质量还存在一定的隐患，节能运行管理薄弱。

5. 缺少建筑节能激励政策，相关法律法规不完善，政府监管不到位，宣传力度不够。

(二)主要内容

1. 新建建筑

新建建筑全面严格执行50%节能标准，四个直辖市和北方严寒、寒冷地区实施新建建筑节能65%的标准。采用新技术、节能建材、节能设施，建设低能耗、超低能耗及绿色建筑。新建建筑的节能要实行从规划、设计、施工图审查及施工、监理、验收和销售等全过程的严格监管，使节能设计标准得以切实实施。

2. 既有建筑

采用新技术对既有建筑的采暖、空调、热水供应、电气、炊事等方面进行改造。启动和实施供热体制改革，推行居住及公共建筑集中采暖按热表计量收费制。

3. 可再生能源城市级示范

开展再生能源技术城市级示范活动，探索推广机制和模式，包括太阳能利用、淡水源热泵、海水源热泵、浅层地能利用和可再生能源技术集成等。完善新建建筑设计规范，推行建筑物与可再生能源一体化进程。

4. 新型墙材和节能建材产业化

发展节能利废建材、聚氨酯、聚苯乙烯、矿物棉、玻璃棉等符合建筑节能标准和相关国家标准的新型墙材及建设节能建材产业化基地。

(三)配套措施

1. 加强项目管理，项目实施单位应按相关法规，确定责任人员，建立管理制度，按计划完成工程项目。

2. 制定和修订相关政策法规，制定供热价格管理办法，加快北方地区供热体制改革。

3. 建立健全技术标准体系和技术支撑体系，研究新型墙体材料节能利废和二氧化碳减排评价体系及指标，强化国家建筑能效检测检验和评估机制。

4. 推广建筑节能新技术、新材料、新设备。

5. 建立和完善建筑节能标准体系及实施监管机制；研究既有建筑节能改造激励机制。

6. 加强国际合作和宣传培训，引导农村和工业建筑节能。

（四）组织实施

1. 组织单位：建设部、国家发展改革委、科技部、国家标准委，各省（自治区、直辖市）建设厅（建委）、发展改革委、经（贸）委、科技厅（科委）。

2. 实施主体：实施建筑节能工程的企业或单位。

3. 参与单位：各省建筑节能和墙体材料革新办公室、建设部建筑节能中心、建设部政策研究中心、建设部信息中心、国家发改委能源所、中国标准化研究院、财政部财政科学研究所、建设部标准定额研究所、中国建筑科学研究院、中国建筑设计研究院、中国城市建设研究院、中国建筑材料科学研究院、上海市建筑科学研究院、四川省建筑科学研究院、重庆建设技术发展中心、深圳市建筑科学研究院、清华大学、同济大学、浙江大学、重庆大学、四川大学、哈尔滨工业大学、华南理工大学、北京工业大学。

八、绿色照明工程

（一）现状和问题

目前，照明用电占全国用电量的12%左右。采用高效节能灯替代普通白炽灯可节电60%～80%，节电潜力巨大。中国绿色照明工程实施10年来，取得了明显成效：一是高效照明产品市场占有率不断提高，2004年高效照明电光源产品国内销售量由1995年的5010万只增加到8.2亿只；二是推动照明电器产业规模不断扩大，产品结构趋于优化，2005年荧光灯与普通白炽灯的生产比例由1995年的1∶6.25上升到1∶1.5；三是行业技术装备水平逐步提高，产品质量不断改善，紧凑型荧光灯产品产量合格率由1998年的49.5%提高到95.1%，全国有40多家照明电器生产企业的600多个产品获得了中国节能产品认证；四是中国绿色照明工程应用推广了大宗采购、电力需求侧管理、合同能源管理、质量承诺等多种节能新机制。

存在的主要问题：照明电器行业整体技术水平不高；推广节能照明产品的激励政策不完善；照明产品市场不规范，一些劣质产品流入市场，影响了高效照明产品的推广；缺乏绿色照明宣传、推广资金，节能照明技术、产品信息尚不普及。

（二）主要内容

1. 节能照明产品生产线技术改造

以提高产品质量、降低生产成本、增强自主创新能力为主，进行节能灯生产技术设备改造，包括：紧凑型荧光灯自动化生产线改造；采用自动排气机、自动接桥机、自动封口机等关键设备，对紧凑型荧光灯生产线进行局部改造；直管荧光灯自动化生产线改造；金属卤化物灯生产线改造等。

2. 节能照明产品推广

采用大宗采购、电力需求侧管理、合同能源管理和质量承诺等市场机制和财政补贴激励机制，在政府机关、学校、宾馆饭店、商厦超市、大型工矿企业、医院、铁路车站、城市景观照明及城市居民小区等重点推广高效照明产品。

3. 采用半导体(LED)灯,改造大中城市交通信号灯系统。开展在景观照明中应用LED的示范。

(三)配套措施

1. 研究提出进一步加快推广绿色照明的意见。

2. 完善并实施照明产品能效标准,建立市场准入制度。修订单端荧光灯、高压钠灯和管型荧光灯镇流器能效标准,制定路灯灯具、格栅灯具、卤素灯及其镇流器、LED灯、磁感应无极灯能效标准。

3. 加快检测能力建设;各省区市对市场销售产品进行全面检测,建立照明产品能效数据库。

4. 加强照明产品节能认证,实施节能照明产品质量承诺制,选择自镇流荧光灯、双端荧光灯等产品进行国际认证试点。

5. 研究实施2～3个照明产品的能效标识制度。

6. 将公用建筑节能照明系统设计和施工的审查,纳入建筑节能审查制度。

7. 研究并建立废旧照明产品回收与再利用体系,制定并实施《照明器具回收管理办法》、《废旧荧光灯可回收和再利用设计规范》、《废旧荧光灯环境无害化处理技术规范》,研究废旧电子和电感镇流器、高压气体放电灯再利用标准。

8. 强化绿色照明公众宣传,增加政府对绿色照明宣传的投入,建立绿色照明宣传的政府支持机制。

(四)组织实施

1. 组织单位:国家发展改革委、国家质检总局、建设部,各省(自治区、直辖市)发展改革委员会、经(贸)委、建设厅(建委)。

2. 实施主体:实施绿色照明工程的企业或单位。

3. 参与单位:中国绿色照明工程办公室、国家发展改革委能源研究所、中国照明电器协会、中国标准化研究院、中标认证中心。

九、政府机构节能工程

(一)现状和问题

政府机构指依靠公共财政运行的各级政府机关、事业单位和社会团体(包括军队、武警、公共服务及其他公共财政支持的部门),其能源管理基础差,能耗高,节能潜力大,具体表现在:

1. 人均能耗高。据抽样调查,2002年人均电力消费量为2130千瓦时,人均用油量为240升,单位建筑面积能耗为27.3公斤标准煤/平方米,单位建筑面积用电量为55.5千瓦时/平方米,人均能源消费总量近1.9吨标准煤,人均建筑能耗为1.6吨标准煤,均高于社会平均耗能水平。

2. 用能设备能效水平低。如高效节能灯推广使用比例低,自备供暖锅炉普遍存在“大马拉小车”的现象等。

3. 节能意识有待加强。一些单位对开展节能工作缺乏重视,宣传教育还不够深入,建筑贪大求全,公务车规模大、效率低等浪费能源资源的现象依然存在。

4. 节能管理制度不健全,缺乏统一的宏观协调管理体制。没有统一的能源消耗定额和支出标准,没有专门的机构、人员,能源统计不健全,没有考核和奖惩制度等。

5. 节能新技术推广应用力度不大,缺乏鼓励政策,尚未推广合同能源管理、节能激励机制等节能新机制。

(二)主要内容

1. 既有建筑节能改造

针对不同建筑特点和能源消费类型，对既有建筑围护结构、中央空调、采暖、照明和用电设备等进行节能改造；更换照明、办公等高能耗产品和设备；开展中央空调系统节能清洗和改造工作。

2. 综合电效改造

对用电设备和电力分配系统进行系统性诊断和分析，加装节电设备，实现用电系统整体优化，提高电效。

3. 新技术、新能源和可再生能源应用试点

积极推广使用浅层地源热泵、太阳能等新技术、新能源，扩大可再生能源使用范围。

4. 推行节能产品政府采购

进一步落实节能产品政府采购制度，完善政府采购节能认证工作，扩大政府采购节能产品的范围，实施政府采购统计工作，构建节能产品政府采购管理网络平台，开展政府采购人员培训。

5. 公务用车节能

逐步压缩公务车辆规模，加强公务用车的日常管理，将车辆纳入节能产品政府采购范围，加强成品油的使用管理。积极推动公务用车改革，完善政府机构公务车辆配备配置标准与管理办法。

6. 加强节水改造

安装分水表，开展用水计量监测和考核，采用节水型技术、设备，加强用水设备的日常维护管理。开展中水回用系统、雨水收集系统等试点工作，推广节水灌溉方式，提高水资源综合利用效率。

7. 新建建筑节能评审和全过程监控

新建建筑全面执行现行建筑节能设计标准，对新建大型办公建筑开展节能综合评审试点，并对施工、调试、竣工验收、运行管理实施全过程的节能审查和监督。

8. 建立政府机构能耗统计体系

建立能耗统计指标体系，开展政府机构能耗专项调查、典型建筑的能耗监测，选择高能耗建筑进行分项计量改造，建立能耗统计信息管理平台，将政府机构能源消费纳入国民经济能源统计体系，开展全国性能耗普查工作，对在京中央机关进行年度能耗统计。

(三)配套措施

1. 建立和完善政府机构能源统计、评价和考核体系。

2. 制定和完善政府机构节能管理制度，建立健全政府机构能源管理体系，修订《党政机关办公用房建设标准》，严格控制政府机构办公建筑规模。

3. 完善政府机构节能投资体制和机制，推广合同能源管理等节能投资市场机制。

4. 开展创建节约型政府机关活动。

5. 健全政府机构节能管理组织体系。

6. 开展政府机构节约能源、资源宣传和培训。

(四)组织实施

1. 组织单位：国务院机关事务管理局、中共中央直属机关事务管理局、国家发展改革委、建设部。

2. 实施主体：中央及地方政府机关、相关科研院所。

3. 参与单位：财政部、解放军总后勤部。

十、节能监测和技术服务体系建设工程

(一)现状和问题

我国节能监测(监察)中心和节能技术服务中心现有147家,其中国家级2家,省级(含计划单列市)37家,部属或行业级14家,省会及地市级94家。这些中心已经成为我国节能工作的重要支撑力量,为政府节能监督检查和企业节能技术服务发挥了积极作用。

存在的主要问题:

1. 节能法律法规和监测(检测)技术标准体系不够完善,节能行政执法和技术监测依据不足。

2. 政府投入不足,工作经费难以保障。

3. 检测设备老化落后、配置不全,影响了服务水平和质量。

4. 节能执法和检测人员的业务素质亟待提高。

5. 节能技术服务中心参与市场竞争力弱。

(二)主要内容

1. 节能监测(监察)中心按照节能检测规范和能效标准的技术要求,更新改造节能监测仪器和设备,建立节能数据处理分析系统和信息平台,建立节能监测(检测)流动实验室,提高监测(检测)技术水平。

2. 建设节能监测(检测)标准装置,建立节能监测(检测)计量设备的量值传递标准及量传体系,统一全国量值。

3. 开展重点耗能企业能源审计。

4. 实施能效标识备案及国家监管机制,提高有效监管的能力。

5. 推广合同能源管理等市场化机制,提高节能技术服务中心的服务水平和市场竞争力。

(三)配套措施

1. 完善节能监管体制和机制,制定《节能监测(监察)机构管理办法》、《节能监测(监察)人员培训和考核管理办法》和《节能中心管理条例》等。

2. 完善节能监测法规、标准体系建设。

3. 研究重点耗能行业能耗基线(对标)设定方法。

4. 制定《合同能源管理技术规范》、《节能自愿协议技术规范》以及《节能自愿协议检测与评估方法》等。

5. 完善能效标识制度,强化政府监管能力。

6. 加强节能检测管理和技术人员培训。

(四)组织实施

1. 组织单位:国家发展改革委、国家质检总局,各省(自治区、直辖市)发展改革委员会、经(贸)委、质量技术监督局。

2. 实施主体:各级节能监测(监察)中心、节能技术服务中心。

3. 参与单位:中国机械工业联合会、中国标准化研究院、中国计量科学院、全国节能计量测试技术服务中心、中国节能协会及其节能服务产业委员会。

第三章 保障措施

一、加强组织领导

实施十大重点节能工程是一项系统工程,涉及面广、工作量大,需要有关部门和地方政府

协同配合，共同推动。国务院有关部门、地方政府和企事业单位要加强对节能工作的组织领导，明确十大重点节能工程的实施机构、人员和经费，并将工程实施进度和绩效纳入各级政府和有关企事业单位年度工作考核体系中。各行业协会要积极发挥桥梁纽带作用，加强本行业节能工作的指导。

根据《节能中长期专项规划》和本《实施意见》，各地发展改革委、经（贸）委、各企事业单位要制订本地区、本单位的重点节能工程实施方案和分年度实施计划，并组织实施。

国务院有关部门和地方政府要积极组织协调和解决十大重点节能工程实施过程中出现的问题，确保各项工程按计划完成。

二、建立严格的节能管理制度

（一）健全节能法规和标准，为推动十大重点节能工程的实施创造良好的外部环境

修订《节约能源法》，通过立法建立严格的管理制度，完善各行为主体责任，强化政策激励，明确执法主体，加大惩戒力度。要抓紧制定和完善主要耗能行业能耗准入标准、节能设计规范，主要工业耗能设备、机动车、建筑、家用电器、照明器具等能效标准，以及公共建筑用能设备运行标准。各地区要研究制定本地区主要耗能产品和大型公共建筑单位能耗限额。

（二）强化重点耗能企业节能管理，提高节能降耗改造的积极性

重点耗能企业要开展能源审计，编制节能规划及其实施方案，对标找差距，制定节能目标，建立节能责任制，完善节能管理制度，实施节奖超罚措施。国家采取公报、检查、抽查、通报、交流等方式，对企业节能进行跟踪、指导和监督，对能效水平达不到要求的，政府有关部门依法责令限期整改。

（三）实施强制性能效标准和标识

对终端用能设备实行强制性最低能效标准，对于不符合最低能效标准的用能设备不允许生产和销售。加快实施强制性能效标识制度，扩大能效标识在家用电器、电动机、汽车和建筑上的应用，建立政府监管、社会监督和企业诚信机制，不断提高能效标识的社会认知度，引导社会消费行为，促进企业加快高效节能产品的研发。

三、加大结构调整和技术进步力度

（一）加快淘汰落后工艺、技术和设备

重点淘汰钢铁、有色、化工、建材、电力等高耗能行业的落后生产能力、工艺装备和产品，如水泥土窑、普通立窑和窑径 2.2 米及以下机械化立窑生产线，5000 千伏安以下（1 万吨/年以下）电石炉及开放式电石炉，土法炼焦（含改良焦炉），300 立方米及以下炼铁高炉和 20 吨以下炼钢转炉、电炉，5000 千伏以下铁合金矿热电炉，热扎硅钢片，单机容量 5 万千瓦及以下常规小火电机组，以发电为主的燃油锅炉及发电机组（5 万千瓦及以下）等一大批能耗高、污染重的落后工艺和装备。

（二）加快节能技术开发

各级政府有关部门要把节能技术，尤其是本《实施意见》中急需的关键和共性技术的自主研发和引进消化吸收再创新，作为政府科技投入、推进高新技术产业化的重点领域，加大支持

力度，大力开发节能技术和装备。在十大重点节能工程实施过程中，要优先支持采用自主知识产权解决共性和关键技术的示范项目，增强自主创新能力。加快用高新技术和先进适用技术改造提升传统产业。

（三）大力推广应用节能新技术和新产品

各级政府要积极创造条件，采取多种方式，加快高效节能产品的推广应用。有条件的地方可采取财政补贴方式，对达到超前性国家能效标准、经过认证的节能产品给予适当的支持，积极引导用户和消费者购买节能型产品。通过产品质量国家免检制度，鼓励高效节能产品生产企业做大做强。有关部门要制定和发布节能技术政策，组织行业共性技术的推广。

（四）培育节能技术服务体系

各级各类节能技术服务机构要强化服务意识，拓宽服务范围，增强服务能力，提高服务水平，在竞争中不断做大做强，在十大重点节能工程的实施中发挥重要作用。要加快推行合同能源管理，为企业和用户提供诊断、融资、设计、改造、运行、管理"一条龙"服务，以节能效益分享方式回收投资和取得合理利润，推进企业节能技术改造。

四、制定和实施强化节能的政策机制

（一）加大政府对十大重点节能工程的支持力度

中央和地方各级人民政府要对节能技术与产品推广、示范试点、宣传培训、信息服务等工作给予支持，所需节能经费纳入各级政府财政预算。研究建立节能投入机制，按照突出重点，有所为、有所不为的原则，对本《实施意见》中节能效果显著、推广意义较大的示范项目和重大项目，量大面广用能设备的更新改造，高效节能技术和产品的推广，以及节能管理能力建设等，给予一定的支持，推动十大重点节能工程的实施。"十一五"期间，国家每年安排一定的资金，用于支持十大重点节能工程中的重点项目和示范项目及高效节能产品的推广。

（二）建立多渠道节能融资机制

各类金融机构要切实加大对本《实施意见》中节能项目的支持力度，鼓励设立专门的节能贷款业务。推动和引导社会各方面加强对节能的资金投入。鼓励企业运用清洁发展机制，通过市场直接融资，以及争取国际金融组织、外国政府贷款，加大企业节能降耗技术改造。

（三）制定鼓励节能的税收优惠政策

国家制定并公布《节能产品目录》，重点是高效终端用能设备和产品，对生产和使用列入目录的产品给予税收优惠。严格实施控制高耗能、高污染、资源性产品出口的政策措施。研究制定促进能源节约的燃油税收制度，研究制定控制高耗能加工贸易和抑制不合理消费的有关税收政策。针对不同种类能源矿产资源，抓紧研究计税方法改革方案，并在条件成熟时实施。根据资源条件和市场变化情况，适当提高有关资源税征收标准。

（四）深化能源价格改革

逐步理顺不同能源品种的价格，形成有利于节能、提高能效的价格机制。加强和改进电价管理，建立成本约束机制，促进发电企业降低成本、提高效率；完善峰谷、丰枯电价，引导用户合理用电，节约用电；继续实行差别电价，扩大实施范围，抑制高耗能行业盲目扩张，促进结构调整。落实石油综合配套调价方案，理顺国内成品油价格。继续推进天然气价格改革，建立天然气与可替代能源的价格挂钩和动态调整机制。全面推进煤炭价格市场化改革。研究制定能耗超限额加价的政策。

（五）积极推进城镇供热体制改革

实行将采暖补贴由“暗补”变“明补”，加快推进供热商品化、货币化。同步争取供热计量，推进按用热量计量收费制度，已经实施热改的不能再按面积收费，新建建筑必须实行按用热量计量，促进供、用热双方节能。完善供热价格形成机制，研究制定建筑供热采暖按热量收费的政策，培育有利于节能的供热市场。

（六）推广节能新机制

对于涉及多行业、多部门，具有量大面广特点的重点节能工程，如燃煤工业锅炉（窑炉）节能改造、电机系统节能、建筑节能、绿色照明等工程，要因地制宜地推行合同能源管理、电力需求侧管理、节能产品服务质量承诺、节能自愿协议、大宗采购、设备租赁等行之有效的节能新机制。

五、切实加强项目管理

按照有关规定，切实加强本《实施意见》中项目全过程管理。一是严格按照本《实施意见》确定的投资重点组织申报项目。项目申报单位要如实报送有关项目材料，各省（自治区、直辖市）节能主管部门要根据本《实施意见》确定的投资重点、项目实施单位基本情况和项目申报要求认真审核申报材料，并组织有关论证。二是建立项目库，严格实行专家评审制度。凡企业申请、地方审核同意上报的项目统一纳入备选项目库，实行动态管理。严格执行项目专家评审制度，凡需国家支持的项目，必须经过专家评审。专家评审要做到科学、合理和公正。对于应由国家核准而尚未经国家批准的违规项目，其配套节能项目不安排中央财政资金支持。三是严格规范项目的实施。项目实施单位要根据项目主管部门的有关批复，进一步落实项目有关实施条件，认真组织实施项目。项目的土建、安装、监理和材料、设备采购要按照国家有关规定实行招标投标。项目实施要做到质量、投资和工期“三包干”。四是加强项目跟踪和管理。对中央财政资金支持的重大项目，在项目建设过程中要分阶段定期检查，发现问题及时纠正。五是认真做好项目竣工、验收和后评估工作。项目建成后，各地主管部门要认真组织验收。对验收不合格的项目，立即采取措施整改，确保项目建设投产，如期发挥效益，实现节能目标。对于重大项目和示范项目，要进行后评估。各地主管部门要对项目的实施进度、资金投入情况、领导重视程度、人员素质、实施效果等方面进行评价、监督和检查。

关于组织开展循环经济试点(第一批)工作的通知

发改环资[2005]2199号

有关省、自治区、直辖市和计划单列市人民政府:

为贯彻和落实科学发展观,加快推进循环经济发展,促进经济增长方式转变,按照《国务院关于做好建设节约型社会近期重点工作的通知》、《国务院关于加快发展循环经济的若干意见》(国发[2005]21号、22号)要求,国家发展改革委会同国家环保总局等有关部门和省级人民政府,在重点行业、重点领域、产业园区和省市组织开展循环经济试点工作。经报请国务院同意,现将《循环经济试点工作方案》和国家循环经济试点单位(第一批)印发你们,请参照执行并抓紧组织试点单位编制试点实施方案。

国家发展和改革委员会
国家环保总局
科技部
财政部
商务部
国家统计局
2005年10月27日

循环经济试点工作方案

为贯彻和落实科学发展观,加快推进循环经济发展,促进经济增长方式转变,按照《国务院关于做好建设节约型社会近期重点工作的通知》、《国务院关于加快发展循环经济的若干意见》(国发[2005]21号、22号)要求,现就组织开展循环经济试点工作提出如下方案。

一、开展试点工作的必要性

改革开放以来,我国在推动资源节约和综合利用,推行清洁生产方面,取得了积极成效。但是，传统的高消耗、高排放、低效率的粗放型经济增长方式并未根本转变，资源利用率低，环境污染重。未来15年，我国仍将处于工业化和城镇化加速发展阶段，面临的资源和环境形势更加严峻。为抓住重要战略机遇期，实现全面建设小康社会目标，必须大力发展循环经济，按照“减量化、再利用、资源化”原则，采取各种有效措施，以尽可能少的资源消耗和尽可能小的环境代价，取得最大的经济产出和最少的废物排放，实现经济、环境和社会效益相统一，加快建设资源节约型和环境友好型社会。

推进循环经济发展是一项系统性、综合性很强的工作。近年来，我国在探索、总结循环经济发展模式方面取得了一定进展，但从整体上看，推进循环经济发展还面临思想观念、法制建设、体制机制、激励政策、技术创新等方面的诸多困难和障碍。开展循环经济试点，为全面推进循环经济发展、转变经济增长方式提供实践经验是十分必要的。

二、试点工作的指导思想和总体目标

开展循环经济试点工作，要紧紧围绕实现经济增长方式的根本性转变，以减少资源消耗、降低废物排放和提高资源生产率为目标，以技术创新和制度创新为动力，积极推进结构调整，加快技术进步，加强监督管理，完善政策措施，为建立比较完善的循环经济法律法规体系、政策支持体系、技术创新体系和有效的激励约束机制，制定循环经济发展中长期战略目标和分阶段推进计划奠定基础。

开展循环经济试点工作的总体目标是：在钢铁、有色、化工、建材等重点行业探索循环经济发展模式，树立一批循环经济的典型企业；在重点领域完善再生资源回收利用体系，建立资源循环利用机制；在开发区和产业园区试点，提出按循环经济模式规划、建设、改造产业园区的思路，形成一批循环经济产业示范园区；探索城市发展循环经济的思路，形成若干发展循环经济的示范城市。

三、试点工作的范围和重点内容

（一）重点行业

选择钢铁、有色、煤炭、电力、化工、建材、轻工等行业，依托相关企业开展循环经济试点。通过试点，提出重点行业发展循环经济的有效模式、关键技术领域、重点投资领域、评价指标体系；研究提出各行业与相关产业实现资源循环利用的产业链接模式，研究促进资源循环利用的政策措施；树立一批循环经济典型企业。试点企业资源生产率显著提高，单位产品能源、水、原材料消耗大幅度降低，废物循环利用率大幅度提高，废物产生和排放量大幅度降低。

（二）重点领域

选择再生资源回收利用体系建设、废旧金属再生利用、废旧家电回收利用、再制造等领域，依托有关地方政府和相关企业开展试点。通过试点，建立和完善再生资源回收网络，明确回收处理技术路线，提出再生资源循环利用模式，区别不同领域探索建立生产者责任制，制定法规，完善政策，建立与市场经济体制相适应的再生资源回收利用体系。

（三）产业园区

选择不同类型的工业和农业园区，充分发挥产业集聚和生态效应，围绕核心资源发展相关产业，形成资源循环利用的产业链，提高资源利用率，降低废物最终处置量。通过试点，探索在充分考虑资源条件、产业布局、市场需求以及经济和环境成本的前提下，提出按循环经济模式规划、建设和改造产业园区的思路，并对进入园区的企业提出土地、能源、水资源利用及污染物排放综合控制要求，探索园区集约用地、集中供热和废物集中处理方式。

（四）省市

选择不同类型的省市，依托有关省市政府开展试点。通过试点，提出城市循环经济发展的基本模式；建立循环经济评价指标体系；完善相关政策法规，建立有效的激励和约束机制；探索在市场经济条件下推动循环经济发展，建设资源节约型、环境友好型社会的思路和对策措施。

四、试点工作的组织领导和措施

国家发展改革委会同国家环保总局等有关部门成立循环经济试点工作领导小组，协调解决推进循环经济试点工作中的重大问题，组织、指导和推动循环经济试点工作。同时，成立循环经济试点工作专家组，为试点工作提供技术指导和支持。

有关部门将根据各自职能，从宏观层面上为试点工作创造良好的条件，包括制定促进循环经济发展的政策、规划、法规及相关标准，加大执法监督检查，支持循环经济技术开发和产业化示范及循环经济技术咨询服务体系建设，研究建立循环经济评价指标体系及相关统计制度，对试点方案中的重大项目优先安排并给予必要的资金支持。

各级政府要高度重视和组织实施循环经济试点。有关省（区、市）人民政府、发展改革委（经贸委）会同环保局等有关部门协调解决循环经济试点工作中的问题。

五、对试点工作的要求

（一）加强组织领导

各试点单位要成立循环经济试点工作领导小组和具体实施单位，明确任务，落实责任。

（二）编制实施方案

有关省（区、市）发展改革委（经贸委）会同环保局等有关部门组织试点单位编制循环经济试点工作实施方案，并于 2005 年 12 月底前报送国家发展改革委、环保总局、科技部和商务部备案。国家发展改革委将会同国家环保总局等有关部门组织召开专家论证会对试点方案进行论证。试点单位在制定试点工作方案时，要突出重点，根据资源环境条件，结合自身情况、因地制宜地提出发展循环经济的目标、任务、重点和措施。试点省市要将试点工作纳入当地经济和社会发展规划。

（三）组织实施

试点单位按照试点工作实施方案，抓紧试点工作的组织实施。地方政府及有关部门要加强对试点工作的指导，对有关问题及时研究解决。

（四）重点项目申报

试点单位按照备案的试点工作实施方案，对列入试点工作方案的重大项目要抓紧编制可行性研究报告，并组织专家论证，积极做好项目前期工作和项目的组织实施。国家对循环经济试点重大项目和技术开发项目将予以适当支持。

（五）监督检查和验收

有关省（区、市）发展改革委（经贸委）会同环保局等有关部门要建立试点工作进展情况阶段性监督检查制度，对试点工作组织阶段性评估和监督检查。要及时进行系统总结、评估和验收，采取多种方式对试点经验进行推广。

（六）加强管理

试点单位要切实加强基础工作，建立资源消耗统计和核算制度，试点企业健全资源节约管理制度，加强资源环境核算。

关于组织开展循环经济示范试点（第二批）工作的通知

发改环资[2007]3420号

各省、自治区、直辖市和计划单列市人民政府、新疆生产建设兵团：

为贯彻党的十七大精神，落实科学发展观，加快推进循环经济发展，促进经济发展方式转变，根据《国务院关于印发节能减排综合性工作方案的通知》（国发[2007]15号）要求，国家发展改革委、国家环保总局等有关部门和有关省市人民政府将组织开展第二批国家循环经济示范试点。经报请国务院同意，现将试点单位名单和工作有关事项印发你们，请抓紧组织试点启动工作。

国家发展和改革委员会
国家环保总局
科　技　部
财　政　部
商　务　部
国家统计局
2007年12月13日

一、第二批试点的总体考虑

2005年10月，经国务院同意，国家发展改革委、国家环保总局、科技部、财政部、商务部、国家统计局联合印发了《关于组织开展循环经济试点（第一批）工作的通知》（发改环资[2005]2199号），正式启动国家循环经济试点工作。

自《通知》下发以来，在国务院有关部门、地方各级政府的高度重视下，各地发改委、经贸委会同环保局等有关部门按照试点工作有关要求，积极推进本地区循环经济试点工作，取得了积极进展。在钢铁、有色、化工、建材等重点行业已初步形成了一批企业循环经济的先进典型；在再生金属利用等重点领域初步探索形成了资源循环利用体系；在试点园区探索了重化工产业集聚区和产业园区循环经济发展模式；各试点省市逐步健全了推进循环经济发展的工作机制。在国家循环经济试点工作引导下，全国大部分省市也开展了不同层面的循环经济试点工作，探索不同类型、不同层次的循环经济实践形式，从整体上带动和推进了全国循环经济发展。

循环经济试点工作虽取得了阶段性成果，成效逐步显现，但也面临不少问题和困难，需要继续深化。组织开展第二批循环经济试点的总体考虑是，围绕实现节能减排目标，对第一批试点进行补充和深化。因此，第二批试点工作仍从重点企业、资源综合利用领域、产业园区和省市四个方面开展。重点企业除继续选择资源能源消耗高、污染排放强度大的钢铁、有色、煤炭、电力、化工、建材等行业中重点企业开展试点外，还选择第一批试点尚未涉及、对实现节能减排目标有重要意义的农业、矿产资源、皮革、食品、包装、纺织印染等行业，选择这些行业中有代表性、工作基础比较好、节能减排潜力大的重点企业作为试点单位；资源综合利用领域选择再生资源拆解加工利用集散市场、废旧金属再生利用、装备再制造、废旧电池及城市生活垃圾资源化等有典型示范意义的相关企业和地方政府开展试点；产业园区重点选择资源消耗高、节能减排任务较重的重化工业集聚区、产业关联度高的工业园区和集约型农业生产、农产品加工、农业废弃物综合利用一体化的农业园区，依托园区内骨干企业或已有园区管理部门开展试点，按循环经济发展理念进行规划、建设和改造；省市试点选择以重化工业为支柱产业的资源型城市，能源水资源短缺、资源约束矛盾突出的城市以及依靠高科技、轻型产业结构推进循环经济发展的典型城市或省市，依托有关省、市（直辖市、计划单列市和地县级城市）政府开展试点。

二、试点工作要求

（一）加强组织领导

各试点单位要成立循环经济试点工作领导小组，确定专门机构和具体实施单位，要将试点工作的各项任务，逐级分解落实到有关单位和个人。

（二）编制实施方案

试点单位要抓紧编制循环经济试点实施方案，并于2008年4月底前报送国家发展改革委。试点单位在编制试点方案时，要根据资源环境条件，因地制宜提出发展循环经济的目标、任务、重点和措施。地方发展改革委（经贸委）要会同环保局等有关部门做好方案编制的组织协调和上报工作。国家发展改革委会同国家环保总局等有关部门组织专家对试点方案进行审查论证。

（三）认真组织实施

试点单位按照实施方案，抓紧制定分阶段工作计划，落实各项责任和任务，加快组织实施。要抓好技术攻关和先进适用技术推广应用，协调解决试点工作需要的各项建设条件。各地区要加强对试点工作的跟踪和指导，对试点中出现的新情况、新问题及时研究解决，对一些带有普遍性的政策问题，要在深入调研分析的基础上，及时向国家有关部门提出建议。

（四）重点项目申报

对方案中涉及的需要备案、核准、审批的重大项目，要按照《国务院关于投资体制改革的决定》及配套文件等有关规定，按照相关投资管理程序进行报批。对试点方案审查中确定的中央投资支持的重点项目，要加快编制项目可行性研究报告，积极做好资金、用地、环评等项目前期准备工作。各地区发展改革委、经贸委，要加强项目论证和组织申报工作。国家对循环经济试点重点项目将予以适当支持。

（五）切实加强管理

试点单位要切实加强基础工作，建立资源消耗统计和核算制度，健全资源节约管理制度，加强资源环境核算，从主要原材料、能源、水资源等方面开展全面的能源和物料平衡分析，对资源产出、利用效率、废物产生排放水平与国内同行和国际先进水平进行全方位比较，找出发展循环经济的差距。对试点取得的节能减排效果，要准确统计，及时上报。

（六）监督检查和验收

有关省（区、市）发展改革委、经贸委会同环保局等有关部门要建立试点工作进展情况总结和督查制度，对试点工作组织阶段性评估和监督检查。要及时进行系统总结、评估和验收，采取多种方式推广试点经验。

商务部关于加快再生资源回收体系建设的指导意见

商改发[2006]20号

根据党的十六届五中全会提出的"大力发展循环经济，完善再生资源回收利用体系"的要求和《国务院关于做好建设节约型社会近期重点工作的通知》、《国务院关于加快发展循环经济的若干意见》(国发[2005]21号、22号)精神，为进一步加快建设与发展循环经济相适应的再生资源回收体系，促进再生资源回收行业的健康发展，特提出如下意见。

一、再生资源回收体系建设的指导思想、总体目标

(一) 指导思想

以邓小平理论和"三个代表"重要思想为指导，认真贯彻党的十六大和十六届五中全会精神，树立和落实科学发展观，紧紧围绕国家关于建设节约型社会和发展循环经济的要求，在充分规范整合和利用现有再生资源回收渠道的基础上，结合城乡建设发展规划，合理布局，规范建设，在城市形成以社区回收站点为基础，集散市场为核心，加工利用为目的，点面结合、三位一体的再生资源回收网络体系，逐步提高回收集散加工能力，促进再生资源行业健康、有序发展。

(二) 总体目标

完善再生资源回收的法律、标准和政策，形成再生资源回收促进体系；建立回收企业和个人的从业资格培训体系，使城市回收人员纳入规范化管理；在社区设立规范的回收站点，再生资源进入指定市场进行规范化的交易和集中处理；生产性废旧金属形成集中回收——加工——再生循环链条，建成较为完善的再生资源回收体系，逐步提高再生资源回收率，实现再生资源回收的产业化。

二、再生资源回收体系建设的工作原则

(一)政府引导，市场运作

再生资源回收体系建设是一项涉及方方面面的系统工程，带有社会公益性质，应纳入政府的宏观管理和调控，充分调动发挥各方面的作用，逐步形成政府引导支持、企业投入、市

场运作、社会参与的发展机制。

（二）节约资源，保护环境

要以有利于提高再生资源回收率、有利于保护环境、有利于方便居民生活、有利于行业管理为出发点，以企业和集散市场为载体，逐步形成布局合理、网络健全、设施适用、服务功能齐全、管理科学的再生资源回收网络体系。为建设资源节约型、环境友好型社会发挥应有的积极作用。

（三）示范带动，循序渐进

按照先试点、后推广，先局部、再全局的原则，统一规划、分步实施。在总结示范试点地区经验的基础上，逐步推开，形成辐射带动效应。

（四）加强管理，规范经营

再生资源回收体系建设中要坚持建设与管理并重的原则，建设中加强管理，管理中推进建设。通过健全法制和加强监管，切实解决回收行业环境污染、偷盗销赃、逃避监管和无序竞争等问题。

三、再生资源、回收体系建设的工作重点

（一）制定实施方案

按照发展循环经济和建设节约型社会的要求，各地商务主管部门要在当地政府领导和有关部门支持下，根据本地资源环境条件，因地制宜地提出再生资源回收体系建设的目标、任务、重点和措施，将其列入“十一五”地方城乡建设规划和商业网点建设规划。

（二）完善管理机制

各地商务主管部门要结合城市发展规划，制定再生资源回收体系建设规划；研究并制定再生资源回收行业法规、标准及政策等形成再生资源回收促进体系。可根据本地的实际情况，制定多种形式的回收市场管理措施，同时，充分发挥行业协会等中介机构的作用，加强行业自律。

（三）加强网络建设

一是要加强基层回收网点的建设。合理设置再生资源回收网点，是建设再生资源回收体系的基础工作。首先，要引导回收企业在城市和乡镇社区设立统一规划、统一标志、统一着装、统一价格、统一衡器、统一车辆、统一管理、经营规范的再生资源回收站点。回收分散在社会各角落的生产和生活中产生的再生资源。其次，在回收站点与集散市场之间，设立具备一定规模的回收分拣站，集中各站点回收的各类再生资源，进行分类和初加工。

二是要加强集散市场建设。集散市场是再生资源由回收为加工利用的中间环节，是集中回收分拣、简单分类加工、配置资源流向的集散地。各地要以改造、规范、提升现有集散市场为主，新建为辅，逐步形成布局合理、集散功能分明、科学有序的再生资源市场体系。市场的设立应符合城市总体规划和环保的要求，与居民区相对隔离，且便于运输，具有一定的规模；应同时具有储存、集散、初级加工、交易、信息收集发布等功能。

（四）加快龙头企业发展

在推进再生资源回收体系建设中要充分发挥骨干企业的作用，依靠龙头企业按市场规律收编和规范个体经营户和个人。积极引导

企业运用连锁经营的方式，在社区内设立回收站点，采取上门及网上收购等多种方式进行回收。同时，龙头企业要以资本或生产为纽带，以整合网络资源为基础，以建设项目为核心，以标准化和规范化为手段，以资源化和无害化为目标，有步骤地实施回收体系建设。

（五）加强宣传培训

再生资源回收体系建设需要全社会的共同努力和支持，要大力宣传我国面临的资源和环境的形势，宣传开展再生资源回收的重要意义，通过举办各种形式的宣传教育活动，提高全社会节约资源，保护环境的意识，使全社会都来理解、支持和自觉参与再生资源回收体系建设。要加强对基层收购人员及管理人员从业技能的培训，提高从业人员的素质，要教育从业人员端正经营思想，提高服务水平，严格执行回收的有关政策。

国务院办公厅关于限制生产销售使用塑料购物袋的通知

国办发[2007]72号

各省、自治区、直辖市人民政府，国务院各部委、各直属机构：

塑料购物袋是日常生活中的易耗品，我国每年都要消耗大量的塑料购物袋。塑料购物袋在为消费者提供便利的同时，由于过量使用及回收处理不到位等原因，也造成了严重的能源资源浪费和环境污染。特别是超薄塑料购物袋容易破损，大多被随意丢弃，成为“白色污染”的主要来源。目前越来越多的国家和地区已经限制塑料购物袋的生产、销售、使用。为落实科学发展观，建设资源节约型和环境友好型社会，从源头上采取有力措施，督促企业生产耐用、易于回收的塑料购物袋，引导、鼓励群众合理使用塑料购物袋，促进资源综合利用，保护生态环境，进一步推进节能减排工作，经国务院同意，现就严格限制塑料购物袋的生产、销售、使用等有关事项通知如下：

一、禁止生产、销售、使用超薄塑料购物袋

从2008年6月1日起，在全国范围内禁止生产、销售、使用厚度小于0.025毫米的塑料购物袋（以下简称超薄塑料购物袋）。发展改革委要抓紧修订《产业结构调整指导目录》，将超薄塑料购物袋列入淘汰类产品目录。质检总局要加快修订塑料购物袋国家标准，制订醒目的合格塑料购物袋产品标志，研究推广塑料购物袋快速简易检测方法，督促企业严格按国家标准组织生产，保证塑料购物袋的质量。

二、实行塑料购物袋有偿使用制度

超市、商场、集贸市场等商品零售场所是使用塑料购物袋最集中的场所，而且目前大多免费提供塑料购物袋。为引导群众合理使用、节约使用塑料购物袋，自2008年6月1日起，在所有超市、商场、集贸市场等商品零售场所实行塑料购物袋有偿使用制度，一律不得免费提供塑料购物袋。商品零售场所必须对塑料购物袋

明码标价，并在商品价外收取塑料购物袋价款，不得无偿提供或将塑料购物袋价款隐含在商品总价内合并收取。商务部要会同发展改革委制订商品零售场所塑料购物袋有偿使用的具体管理办法，并切实抓好贯彻落实，逐步形成有偿使用塑料购物袋的市场环境。

三、加强对限产限售限用塑料购物袋的监督检查

质检部门要建立塑料购物袋生产企业产品质量监督机制。对违规继续生产超薄塑料购物袋的，或不按规定加贴（印）合格塑料购物袋产品标志的，以及存在其他违法违规行为的，要依照《中华人民共和国产品质量法》等法律法规，相应给予责令停止生产、没收违法生产的产品、没收违法所得、罚款等处罚。要完善质量监管措施，加大执法力度，严格执行曝光、召回、整改、处罚等制度。

工商部门要加强对超市、商场、集贸市场等商品零售场所销售、使用塑料购物袋的监督检查，对违规继续销售、使用超薄塑料购物袋等行为，要依照《中华人民共和国产品质量法》等法律法规予以查处。商品零售场所开办单位要加强对市场内销售和使用塑料购物袋的管理，督促商户销售、使用合格塑料购物袋。塑料购物袋销售企业要建立购销台账制度，防止不合格塑料购物袋流入市场。

旅客列车、客船、客车、飞机、车站、机场及旅游景区等不得向旅客、游客提供超薄塑料购物袋（包装袋），铁道、交通、民航、旅游等主管部门要切实履行监督检查职责。

四、提高废塑料的回收利用水平

环卫部门要加快推行生活垃圾分类收集和分类处理，切实减少被混入垃圾焚烧或填埋的废塑料数量。废旧物资回收主管部门要加强对废塑料的回收利用管理工作，指导、支持物资回收企业建立健全回收网点，充分利用价格杠杆和提供优质服务等措施促进废塑料的回收，大力推进规模化分拣和分级利用，充分发挥塑料资源的效用。

环保部门要加大对废塑料回收利用过程的环境监管，制订环境准入条件、污染控制标准和技术规范并监督实施，建立废塑料从回收、运输、贮存到再生利用的全过程环境管理体系。

科技部门要加大对废塑料处理处置技术研发的支持力度，开发推广提高废塑料利用附加值的技术和产品，提高废塑料资源利用水平。财政、税务部门要尽快研究制定抑制废塑料污染的税收政策，利用税收杠杆调控塑料购物袋的生产、销售和使用，支持、鼓励废塑料综合利用产业的发展。

五、大力营造限产限售限用塑料购物袋的良好氛围

结合环境日、节能宣传周等活动，充分利用广播电视、报刊杂志、互联网等各种媒体，采取群众喜闻乐见、通俗易懂的方式，重点选择社区、村镇、学校、超市、商场、集贸市场及车站、机场、旅游景点等场所，广泛宣传“白色污染”的危害性，宣传限产限售限用塑料购物袋的重要意义，使广大群众和生产、销售企业牢固树立节约资源和保护环境意识，自觉合理使用塑料购物袋，依法生产、销售合格塑料购物袋。

提倡重拎布袋子、重提菜篮子，重复使用耐用型购物袋，减少使用塑料袋，引导企业简化商

品包装，积极选用绿色、环保的包装袋，鼓励企业及社会力量免费为群众提供布袋子等可重复使用的购物袋，共同营造节制使用塑料购物袋的良好氛围。

六、强化地方人民政府和国务院有关部门的责任

地方各级人民政府负责本地区限产限售限用塑料购物袋工作，要高度重视，加强领导，周密部署，精心组织各职能部门制订具体办法并抓好落实。发展改革、商务、质检、工商等部门要各司其职、各负其责，通力协作、密切配合，确保各项限产限售限用措施落实到位。要加强行政监察和执法监督检查，切实落实执法责任追究制度，强化地方各级人民政府和国务院有关部门的责任。对行政不作为、执法不力的，要依照《中华人民共和国行政许可法》、《中华人民共和国行政处罚法》追究有关主管部门和执法机构主要负责人及相关责任人的责任。

国务院办公厅

二〇〇七年十二月三十一日

关于进口废纸审批和管理有关事项的公告

国家环境保护总局公告 2007年 第61号

为促进产业结构调整，推进造纸行业节能减排，规范进口废纸的加工利用和污染防治，根据《中华人民共和国固体废物污染环境防治法》、国务院《促进产业结构调整暂行规定》、《节能减排综合性工作方案》等法律法规及文件的有关规定，现就进口废纸审批和管理的有关事项公告如下：

一、申请进口废纸作为原料利用的企业，必须符合以下条件

（一）具有利用废纸的生产工艺和设备的造纸企业，具有独立法人资格和增值税一般纳税人资格。

（二）生产工艺、设备符合国家产业政策、相关标准和要求，不属于应淘汰的年产3.4万吨以下草浆生产装置、年产1.7万吨以下化学制浆生产线或排放不达标的年产1万吨以下以废纸为原料的纸厂。

（三）环保手续齐全，具有正常运转、与生产规模相适应的污染防治设施并经环境保护验收合格；水、大气污染物和环境噪声排放长期、稳定达到国家或地方有关排放标准，并符合污染物排放总量控制要求，固体废物的处理处置符合有关法律法规和国家环境保护标准的规定。

二、申请进口废纸作为原料利用的企业，除按照进口固体废物的有关要求提交申请材料外，还须提交以下材料

（一）所在地地（市）级环保部门出具的污染物达标排放的证明文件，证明文件应包括利用单位现有主要生产设备和污染防治设施的名称、规格型号、设计能力、数量，以及最近一年内主要污染物排放监测数据和固体废物处理处置情况（每次申请均须提供）。

（二）首次申请进口废纸的企业和已申请进口废纸但尚未提供以下有关材料的企业，须提供本企业主要生产设施（含新、改、扩建项目）的建设项目环境影响评价和审批文件以及环境保护设施竣工验收批准文件（复印件）。

特此公告。

本公告自2007年11月1日起生效。

二〇〇七年九月二十五日

附件:自动许可进口管理类可用作原料的废纸目录

序号	海关商品编码	名称
1	4707.1000.00	回收(废碎)的未漂白牛皮纸或纸板及回收(废碎)的瓦楞纸和纸板
2	4707.2000.00	回收(废碎)的主要由漂白化学浆制未经本体染色的其他纸和纸板
3	4707.3000.00	回收(废碎)的主要由机械浆制纸或纸板(例如,报纸、杂志及类似印刷品)
4	4707.9000.00	回收(废碎)的其他纸及纸板,包括未分选的

关于做好淘汰落后造纸、酒精、味精、柠檬酸生产能力工作的通知

发改运行[2007]2775号

有关省、自治区、直辖市发展改革委、经贸委(经委)、环保局:

为贯彻落实《国务院关于印发节能减排综合性工作方案的通知》(国发[2007]15号,以下简称《通知》)精神和工作部署,完成"十一五"淘汰落后造纸、酒精、味精、柠檬酸产能(以下简称淘汰落后产能)任务,实现减排化学需氧量(COD)目标,推进行业结构调整,促进产业优化升级,现就做好淘汰落后产能工作有关事项通知如下:

一、工作原则

坚持以邓小平理论和"三个代表"重要思想为指导,全面贯彻科学发展观,按照构建社会主义和谐社会和走新型工业化道路的要求,优化行业存量结构、调整改善产业布局,大力推进节能减排、淘汰落后生产能力,增强持续发展后劲,提高综合竞争能力。工作中遵循如下基本原则:

(一)责任主体原则

认真落实《通知》明确的"地方各级人民政府对本行政区域节能减排负总责,政府主要领导是第一责任人"。强化企业主体责任,企业法人是本企业淘汰落后产能的第一责任人。

(二)目标任务原则

围绕实现"十一五"淘汰落后产能目标,统筹安排计划,量化年度目标,明确各地任务,落实企业名单。要加强部门协作,形成工作合力,分步组织实施,确保按时完成淘汰落后产能任务。

(三)科学管理原则

充分发挥市场机制作用,综合运用法律、经济和必要的行政手段淘汰落后产能。坚持依法行政、依规办事,严格执行政策和标准,不断完善政策和措施。强化各级政府对淘汰落后产能的监督管理。

(四)维护稳定原则

坚持顾全大局意识,树立服从大局观念,准确理解掌握政策,深入细致开展工作,认真研究并妥善解决问题,积极主动化解矛盾,切实维护社会稳定。

二、依据标准

依法对不符合法律法规、产业政策的规定,环保评审不达标、超标或超排污许可证要求排放的落后造纸、酒精、味精、柠檬酸生产能力实施淘汰(包括:落后企业、落后生产线、落后生产工艺技术和装置)。

(一)主要依据

(1)《中华人民共和国水污染防治法》、《中华人民共和国清洁生产促进法》、《中华人民共和国国民经济和社会发展第十一个五年规划纲要》、《国务院关于发布实施〈促进产业结构调整暂行规定〉的决定》(国发[2005]40 号)、《国务院关于落实科学发展观加强环境保护的决定》(国发[2005]39 号)、《国务院关于印发节能减排综合性工作方案的通知》(国发[2007]15 号)等法律、法规。

(2)国家颁布实施的产业政策、行业发展规划,国家环保政策及标准。

(3)地方相关法规。

(二)具体标准

(1)造纸行业主要淘汰年产 3.4 万吨以下草浆生产装置、年产 1.7 万吨以下化学制浆生产线(适用 GB3554－2001《造纸工业水污染物排放标准》)、排放不达标的(适用《环保总局关于修订〈造纸工业水污染物排放标准〉的公告》(环发[2003]152 号))年产 1 万吨以下以废纸为原料的纸厂(东部、中部省份可根据本地实际适当提高淘汰落后制浆造纸产能的标准)。

(2)酒精行业主要淘汰高温蒸煮糊化工艺、低浓度发酵工艺等落后生产工艺装置(适用 GB8978－96《污水综合排放标准》),及年产 3 万吨以下企业(废糖蜜制酒精除外)。《产业结构调整指导目录(2005 年版)》禁止新建的酒精生产线(燃料乙醇项目除外)。

(3)味精行业主要淘汰年产 3 万吨以下生产企业(适用 GB19431－2004《味精工业污染物排放标准》)。《产业结构调整目录(2005 年版)》禁止新建的使用传统工艺、技术的味精生产线。

(4)柠檬酸行业主要淘汰环保不达标生产企业(适用 GB19430－2004《柠檬酸工业污染物排放标准》)。

三、目标任务

依据国务院《节能减排综合性工作方案》,综合各地提报和行业产能布局情况,《2006～2010 年各地淘汰落后造纸、酒精、味精、柠檬酸产能计划》(见附表)下达如下:

(一)总体目标任务

“十一五”期间淘汰落后造纸产能 650 万吨,落后酒精产能 160 万吨,落后味精产能 20 万吨,落后柠檬酸产能 8 万吨;实现减排化学需氧量(COD)124.2 万吨。

(二)分年度目标任务

2006～2010 年:分别淘汰落后造纸产能 210.5 万吨、230 万吨、106.5 万吨、50.7 万吨和 52.3 万吨;减排化学需氧量(COD)47 万吨。

2006～2010 年:分别淘汰落后酒精产能

10.1万吨、40万吨、44.4万吨、35.5万吨和30万吨；减排化学需氧量(COD)64万吨。

2006～2009年：分别淘汰落后味精产能2.8万吨、5万吨、8.7万吨和3.5万吨；减排化学需氧量(COD)10万吨。

2006～2009年：分别淘汰落后柠檬酸产能3.3万吨、2万吨、1.9万吨和0.8万吨；减排化学需氧量(COD)3.2万吨。

四、工作要求

淘汰落后产能是落实国务院关于“十一五”节能减排战略部署的重要措施，是加快行业结构调整的重要内容。各地发展改革、经贸、环保部门必须高度重视，加强领导、落实责任，明确分工、精心组织，密切协作、扎实落实。

(一)提高思想认识，树立全局观念

真正把思想和行动统一到中央关于节能减排的决策和部署上来。落后生产能力是资源浪费、环境污染的源头，影响经济健康发展，对环境的污染严重危害民生，必须坚决予以淘汰。淘汰落后产能工作能否落实直接影响到行业结构调整和全国节能减排目标的实现。要增强责任感、使命感，顾全大局，积极主动地认真做好工作。

(二)加强组织领导，落实工作责任

各省(自治区、直辖市)发展改革、经贸、环保部门要督促市、县政府有关部门落实淘汰落后产能工作，按照已明确的分工，领导负责，明确任务，落实责任。要充分发挥相关部门和行业协会的作用，建立强有力的组织保障体系，密切协作，相互配合，形成高效工作机制。做到属地淘汰落后产能工作情况清楚，层层有人负责，事事有人落实，即时掌握进展、及时解决问题，切实落实已明确的工作目标和责任。

(三)精心周密安排，扎实抓好落实

按照国务院《通知》要求，由省(自治区、直辖市)发展改革委、经贸委(经委)会同环保局制定切实可行的淘汰落后产能工作实施方案，扎实抓好工作落实。

(1)依据《通知》及国家发展改革委、环保总局下达的分年度、分行业淘汰落后产能计划，督促地方政府有关部门进一步确定属地淘汰落后产能企业名单，将计划指标分年度、分行业落实到企业。要与落后产能企业所在地市、县政府有关部门签订淘汰落后生产能力责任书，明确落后产能淘汰时间、淘汰方式(停产、拆除、关闭、转产、重组)和要求，限时按期淘汰。

(2)依据《国务院关于发布实施〈促进产业结构调整暂行规定〉的决定》(国发[2005]40号)和《通知》，对按规定应予淘汰的落后造纸、酒精、味精、柠檬酸产能(包括：落后企业、落后生产线、落后生产工艺技术和装置)，采取措施促其淘汰。各金融机构应停止各种形式的授信支持，并收回已发放的贷款；价格部门对限期淘汰的落后企业在淘汰期限内，应实行差别电价、水价；环保部门对违法排污企业依法按高额实行经济处罚；质检部门应采取有效措施，切实加强生产许可证管理。

(3)对列入淘汰落后产能名单而不按期淘汰的企业(含国家产业政策明令禁止新建的酒精生产线、味精生产线)，由地方政府主管部门依法予以关停。供电部门依法停止供电；质检部门依法吊销生产许可证；环保部门依法吊销排污许可证；工商部门依法吊销营业执照并予以公布或依法办理注销登记。要防止落后产能停而不汰，严禁落后产能异地转移，严把企业重

组、转产的准入关，坚决杜绝落后产能死灰复燃。

(四)加强督促检查，落实监督责任

建立淘汰落后产能工作督查和定期报告制度，落实监督责任。国家发展改革委和环保总局对没有完成淘汰落后产能任务的地区，严格控制国家安排投资的项目，实行项目“区域限批”。省(自治区、直辖市)发展改革、经贸、环保部门要履行对市、县淘汰落后产能工作的督查职责，加大监督执法和处罚力度，公开严肃查处典型违法违规案件，依法追究有关人员责任。地方政府主管部门对属地淘汰落后产能工作实施和计划落实情况要开展经常性检查，对落后企业退出情况进行监督，并按管理渠道每月向上一级报告淘汰落后产能工作情况。国家发展改革委、环保总局将按照国务院部署，对各地淘汰落后产能工作组织专项检查，指导和监督各地落实淘汰落后产能工作，每年向社会公告落后产能的企业名单和各地淘汰落后产能计划执行情况。

(五)联系地方实际，建立长效机制

行业结构调整，产业优化升级是经济和社会发展的客观要求，淘汰落后产能是一项与时俱进的长期任务。要结合淘汰落后产能的实际，在国家法律法规、方针、政策框架下，完善地方性行政法规和政策体系。有条件的地方要安排资金支持落实淘汰落后产能。要研究规律，积累经验，创新模式，建立有效的淘汰落后激励和约束机制、工作联动机制和管理长效机制。国家发展改革委正在会同财政部研究制定中央和地方财政共同促进淘汰落后产能的政策，对淘汰落后产能给予激励和奖惩，实行“奖先罚后”，加大中央财政对经济欠发达地区淘汰落后产能的支持力度。

(六)坚持依法行政，维护安定团结

准确理解和执行国家出台的各项政策，坚持依法行政，依规办事。要注意做好关闭企业的法人和下岗职工的政策解释工作，协调解决好合规企业关停后职工安置、债务处理、设备拆除费用及企业下岗人员再就业等问题，避免矛盾激化，消除不稳定因素，切实维护安定团结。要随时把握工作中的新情况，注意总结淘汰落后产能工作的好做法，及时协调解决有关问题，推广成熟经验，指导和促进淘汰落后产能工作有序进展。

请各地发展改革委、经贸委(经委)、环保局按照有关要求，认真做好淘汰落后产能工作。国家发展改革委、环保总局将会同有关部门对各地工作落实情况组织督查，并将情况向国务院报告。

国家发展和改革委员会

国家环保总局

二〇〇七年十月二十二日

关于严格禁止落后生产能力转移流动的通知

发改产业[2007]2792号

各省、自治区、直辖市及计划单列市、新疆生产建设兵团发展改革委、经贸委(经委):

根据《国务院关于发布实施〈促进产业结构调整暂行规定〉的决定》相关要求和《节能减排综合性工作方案》工作部署,各地政府和有关部门把调整经济结构、转变发展方式作为加强和改善宏观调控的重要举措,采取多种措施,努力淘汰不符合有关法律法规和产业政策、严重浪费资源、污染环境、不具备安全生产条件的工艺技术、装备及产品,淘汰落后工作在不同地区和行业正在取得积极进展。但是,一些已淘汰或拟淘汰的落后工艺技术和装备正在成为部分地区和企业的招商目标。这些地区和企业拟引进、接纳和使用被淘汰的工艺装备在本地重建生产线。这一做法将在不同地区增加新的落后产能,再次产生能源资源浪费和环境污染源,形成落后生产能力的转移和流动,严重干扰和破坏国家淘汰落后产能、促进节能减排工作的总体部署和进程。对此,各地必须予以高度重视,采取坚决措施加以制止。现将有关要求通知如下:

一、统一思想,充分认识淘汰落后生产能力对实现经济可持续发展的重大意义

各地政府及相关主管部门要充分提高思想认识,真正把思想和行动统一到科学发展观上来,按照中央关于节能减排的决策和部署,正确处理经济发展和转变经济增长方式的关系,科学理解淘汰落后与产业转移的重要意义和实现目标。淘汰落后生产能力不仅是调整经济结构、强化节能减排的一项重要措施,也是保护能源资源和生态环境、实现经济和社会可持续发展的历史责任;淘汰落后决不是简单地将落后能力推出门外,甩包袱,而是要彻底消除浪费能源资源和污染环境的源头;产业转移也不是企业装备设施的简单搬迁,生产能力易地,而是在区域经济要素优势变化的情况下,产业在不同地区实现新的发展。

二、积极稳妥推进淘汰落后生产能力工作

国务院《节能减排综合性工作方案》提出了

"十一五"期间淘汰小火电等13个行业落后产能和实现节能减排的具体任务及目标。各地要根据这一任务要求，结合地区实际制订淘汰落后工作规划方案，提出地区年度淘汰落后生产能力数量和具体企业名单，完善措施，落实责任，下大力气，积极稳妥地推进淘汰落后工作，确保完成"十一五"淘汰落后生产能力任务，实现节能减排目标。

三、高度关注落后产能转移的趋向，坚决制止落后装备设施外流

(1)《国务院关于发布实施〈促进产业结构调整暂行规定〉的决定》明确规定，对国家明令淘汰的生产工艺技术、装备和产品，一律不得进口、转移、生产、销售、使用和采用，不得转移落后生产能力。各地在推进淘汰落后工作的进程中，要严格坚持这一原则，彻底废毁落后装备和设施，坚决防止落后生产能力外流。

(2)对可以通过改造实现工艺技术和装备升级、达到国家产业政策和部门、地方相关要求的落后生产线，必须根据地方统一规划停产并限期改造升级。改造完成并达到相关要求，经主管部门组织验收后方可进行重新开工生产。

(3)对不能改造升级的落后工艺装备必须予以淘汰。企业淘汰的主体装备和设施要及时进行拆除和废毁处理，防止死灰复燃；主管部门要组织行业专家对落后装备设施的废毁、有害废弃物的处理过程及效果进行督查验收，符合相关要求并记录在案后方可确认淘汰完成。对已淘汰落后工艺装备的企业名单要在地方主要媒体上公告，提请社会公众进行监督。

(4)各级主管部门要密切关注淘汰的主体装备设施处理方式和去向，对将淘汰的落后主体装备作为生产设备自行出售、转让，形成落后生产能力外流的行为要坚决予以制止。鼓励社会公众监督举报未能按规定彻底淘汰落后工艺装备、出售转移及作假欺骗等行为，对公众举报的情况和行为要进行核实查处，并追究作假或转让行为者责任。认真详实地回复前来招商引资、购买二手生产装备人员的咨询，提醒风险，必要时以适当方式向引进的业主或地方投资主管部门通报装备已属淘汰类实情，消除对方引进意向。

四、严格控制新上项目，坚决禁止引进和新建落后生产能力

(1)各地在招商引资、新建工业生产项目过程中，要站在贯彻落实科学发展观的高度，以超前的眼光，注重工艺技术先进、生产规模适当、有利于节约资源、保护环境和产业结构优化升级、符合新型工业化方向的项目，为促进和带动地方经济社会的健康发展奠定基础。要遵循《国务院关于发布实施〈促进产业结构调整暂行规定〉的决定》的相关要求，严把准入关口，坚决防止以招商引资、产业转移等形式新增落后生产能力。

(2)对采用全新工艺装备的新建项目要严格按照国家产业政策、行业准入条件及其他相关规定进行审核，凡不符合国家产业政策、行业准入条件及其他相关规定的新建项目，投资主管部门不予核准和备案，金融机构不得提供信贷支持。

(3)对采用二手装备新建和改造扩建生产线的项目要进行重点审核，特别是对二手设备的工艺技术及产品水平、消耗和排放指标、装备来源、转让原因等情况要认真审核分析。凡不符合国家产业政策规定要求，以及不能达到部门和地方相关标准的工艺装备、生产线，坚决不

予核准；对虽未列入产业政策淘汰类，但属于行业低端的工艺技术和装备，应引导业主进一步选择调整，走提高工艺技术和产品水平、增强长远竞争能力的经营发展方向。

（4）对引进、接纳、新建落后生产工艺技术和装备的企业，各级人民政府及有关部门应依据有关法律法规责令其停产、关闭，并追究业主及地方管理部门责任。

各地要按照上述要求严格规范淘汰落后和新建项目工作，坚决防止落后生产能力的流动和转移。

国家发展和改革委员会

二〇〇七年十月二十三日

铅锌行业准入条件

国家发展和改革委员会公告 2007年第13号

为加快产业结构调整，促进铅锌工业的持续健康发展，加强环境保护，综合利用资源，进一步提高准入门槛，规范铅锌行业的投资行为，制止盲目投资和低水平重复建设，依据国家有关法律法规和产业政策，我委会同有关部门制定了《铅锌行业准入条件》，现予以公告。

各有关部门在对铅锌矿山、冶炼、再生利用建设项目进行投资核准、备案管理、土地供应、工商注册登记、环境影响评价、信贷融资等工作中要以行业准入条件为依据。

国家发展和改革委员会

2007年3月6日

为加快结构调整，规范铅锌行业的投资行为，促进我国铅锌工业的持续协调健康发展，根据国家有关法律法规和产业政策，制定铅锌行业准入条件。

一、企业布局及规模和外部条件要求

新建或者改、扩建的铅锌矿山、冶炼、再生利用项目必须符合国家产业政策和规划要求，符合土地利用总体规划、土地供应政策和土地使用标准的规定。必须依法严格执行环境影响评价和“三同时”验收制度。

各地要按照生态功能区划的要求，对优化开发、重点开发的地区研究确定不同区域的铅锌冶炼生产规模总量，合理选择铅锌冶炼企业厂址。在国家法律、法规、行政规章及规划确定或县级以上人民政府批准的自然保护区、生态功能保护区、风景名胜区、饮用水水源保护区等需要特殊保护的地区，大中城市及其近郊，居民集中区、疗养地、医院和食品、药品等对环境条件要求高的企业周边1公里内，不得新建铅锌冶炼项目，也不得扩建除环保改造外的铅锌冶炼项目。再生铅锌企业厂址选择还要按《危险废物焚烧污染控制标准》(GB 18484－2001)中焚烧厂选址原则要求进行。

新建铅、锌冶炼项目，单系列铅冶炼能力必须达到5万吨/年(不含5万吨)以上；单系列锌冶炼规模必须达到10万吨/年及以上，落实铅锌精矿、交通运输等外部生产条件，新建铅锌冶炼项目企业自有矿山原料比例达到30%以上。

允许符合有关政策规定企业的现有生产能力通过升级改造淘汰落后工艺改建为单系列铅熔炼能力达到5万吨/年(不含5万吨)以上、单系列锌冶炼规模达到10万吨/年及以上。

现有再生铅企业的生产准入规模应大于10000吨/年;改造、扩建再生铅项目,规模必须在2万吨/年以上;新建再生铅项目,规模必须大于5万吨/年。鼓励大中型优势铅冶炼企业并购小型再生铅厂与铅熔炼炉合并处理或者附带回收处理再生铅。

开采铅锌矿资源,应遵守《矿产资源法》及相关管理规定,依法申请采矿许可证。采矿权人应严格按照批准的开发利用方案进行开采,严禁无证勘查开采、乱采滥挖和破坏浪费资源。国土资源管理部门要严格规范铅锌矿勘查采矿审批制度。按照法律法规和有关规定,严格探矿权、采矿权的出让方式和审批权限,严禁越权审批,严禁将整装矿床分割出让。

新建铅锌矿山最低生产建设规模不得低于单体矿3万吨/年(100吨/日),服务年限必须在15年以上,中型矿山单体矿生产建设规模应大于30万吨/年(1000吨/日)。

采用浮选法选矿工艺的选矿企业处理矿量必须在1000吨/日以上。

矿山投资项目,必须按照《国务院关于投资体制改革的决定》中公布的政府核准投资项目目录要求办理,总投资5亿元及以上的矿山开发项目由国务院投资主管部门核准,其他矿山开发项目由省级政府投资主管部门核准。

铅锌矿山、冶炼、再生利用项目资本金比例要达到35%及以上。

二、工艺和装备

新建铅冶炼项目,粗铅冶炼须采用先进的具有自主知识产权的富氧底吹强化熔炼或者富氧顶吹强化熔炼等生产效率高、能耗低、环保达标、资源综合利用效果好的先进炼铅工艺和双转双吸或其他双吸附制酸系统。新建锌冶炼项目,硫化锌精矿焙烧必须采用硫利用率高、尾气达标的沸腾焙烧工艺;单台沸腾焙烧炉炉床面积必须达到109平方米及以上,必须配备双转双吸等制酸系统。

必须有资源综合利用、余热回收等节能设施。烟气制酸严禁采用热浓酸洗工艺。冶炼尾气余热回收、收尘或尾气低二氧化硫浓度治理工艺及设备必须满足国家《节约能源法》、《清洁生产促进法》、《环境保护法》等法律法规的要求。利用火法冶金工艺进行冶炼的,必须在密闭条件下进行,防止有害气体和粉尘逸出,实现有组织排放;必须设置尾气净化系统、报警系统和应急处理装置。利用湿法冶金工艺进行冶炼,必须有排放气体除湿净化装置。

发展循环经济,支持铅锌再生资源的回收利用,提高铅再生回收企业的技术和环保水平,走规模化、环境友好型的发展之路。新建及现有再生铅锌项目,废杂铅锌的回收、处理必须采用先进的工艺和设备。再生铅企业必须整只回收废铅酸蓄电池,按照《危险废物贮存污染控制标准》(GB 18597－2001)中的有关要求贮存,并使用机械化破碎分选,将塑料、铅极板、含铅物料、废酸液分别回收、处理,破碎过程中采用水力分选的,必须做到水闭路循环使用不外泄。对分选出的铅膏必须进行脱硫预处理(或送硫化铅精矿冶炼厂合并处理),脱硫母液必须进行处理并回收副产品。不得带壳直接熔炼废铅酸蓄电池。熔炼、精炼必须采用国际先进的短窑设备或等同设备,熔炼过程中加料、放料、精炼铸锭必须采用机械化操作。禁止对废铅酸蓄电池进行人工破碎和露天环境下进行破碎作业。禁止利用直接燃煤的反射炉建设再生铅、再生锌项目。

强化再生锌资源的回收管理工作，集中处理回收的镀锌铁皮及其他镀锌钢材，有效回收其中的锌、铅、锑等二次金属。鼓励针对回收干电池中二次金属的研发、建厂工作，工厂生产规模暂不设限。

新建大中型铅锌矿山要采用适合矿床开采技术条件的先进采矿方法，尽量采用大型设备，适当提高自动化水平。选矿须采用浮选工艺。

按照《产业结构调整指导目录(2005 年本)》等产业政策规定，立即淘汰土烧结盘、简易高炉、烧结锅、烧结盘等落后方式炼铅工艺及设备，以及用坩埚炉熔炼再生铅工艺，用土制马弗炉、马槽炉、横罐、小竖罐等进行还原熔炼再以简易冷凝设施回收锌等落后方式炼锌或氧化锌的工艺。禁止新建烧结机一鼓风炉炼铅企业，在 2008 年底前淘汰经改造后虽然已配备制酸系统但尾气及铅尘污染仍达不到环保标准的烧结机炼铅工艺。

三、能源消耗

新建铅冶炼综合能耗低于 600 千克标准煤/吨；粗铅冶炼综合能耗低于 450 千克标准煤/吨，粗铅冶炼焦耗低于 350 千克/吨，电铅直流电耗降低到 120 千瓦时/吨。新建锌冶炼电锌工艺综合能耗低于 1700 千克标准煤/吨，电锌生产析出锌电解直流电耗低于 2900 千瓦时/吨，锌电解电流效率大于 88%；蒸馏锌标准煤耗低于 1600 千克/吨。

现有铅冶炼企业：综合能耗低于 650 千克标准煤/吨；粗铅冶炼综合能耗低于 460 千克标准煤/吨，粗铅冶炼焦耗低于 360 千克/吨，电铅直流电耗降低到 121 千瓦时/吨，铅电解电流效率大于 95%。现有锌冶炼企业：精馏锌工艺综合能耗低于 2200 千克标准煤/吨，电锌工艺综合能耗低于 1850 千克标准煤/吨，蒸馏锌工艺标准煤耗低于 1650 千克/吨，电锌直流电耗降低到 3100 千瓦时/吨以下，电解电流效率大于 87%。现有冶炼企业要通过技术改造节能降耗，在“十一五”末达到新建企业能耗水平。

新建及现有再生铅锌项目，必须有节能措施，采用先进的工艺和设备，确保符合国家能耗标准。再生铅冶炼能耗应低于 130 千克标准煤/吨铅，电耗低于 100 千瓦时/吨铅。

铅锌坑采矿山原矿综合能耗要低于 7.1 千克标准煤/吨矿、露采矿山铅锌矿综合能耗要低于 1.3 千克标准煤/吨矿。铅锌选矿综合能耗要低于 14 千克标准煤/吨矿。矿石耗用电量低于 45 千瓦时/吨。

四、资源综合利用

新建铅冶炼项目：总回收率达到 96.5%，粗铅熔炼回收率大于 97%、铅精炼回收率大于 99%；总硫利用率大于 95%，硫捕集率大于 99%；水循环利用率达到 95%以上。新建锌冶炼项目：冶炼总回收率达到 95%；蒸馏锌冶炼回收率达到 98%，电锌回收率(湿法)达到 95%；总硫利用率大于 96%，硫捕集率大于 99%；水的循环利用率达到 95%以上。

所有铅锌冶炼投资项目必须设计有价金属综合利用建设内容。回收有价伴生金属的覆盖率达到 95%。

现有铅锌冶炼企业：铅冶炼总回收率达到 95%以上，粗铅冶炼回收率 96%以上；总硫利用率达到 94%以上，硫捕集率达 96%以上；水循环利用率 90 %以上。锌冶炼蒸馏锌总回收率达到 96%，精馏锌总回收率达到 94%，电锌总回收率达到 93%以上；硫的利用率达到 96%(ISP 法达到94%)以上,硫的总捕集率达99%以上;水循环利用率90 %以上。现有铅锌冶炼企业通过技术改造降低资源消耗,在"十一五"末达到新建企业标准。

新建再生铅企业铅的总回收率大于97%,现有再生铅企业铅的总回收率大于95%,冶炼弃渣中铅含量小于2%,废水循环利用率大于90%。

铅锌采矿损失率坑采(地下矿)不超过10%、露采(露天矿)不超过5%,采矿贫化率坑采(地下矿)不超过10%、露采(露天矿)不超过4.5%。硫化矿选矿铅金属实际回收率达到87%、选矿锌金属实际回收率达到90%以上,混合(难选)矿铅、锌金属回收率均在85%以上,平均每吨矿石耗用电量低于35千瓦时,耗用水量低于4吨/吨矿,废水循环利用率大于75%。禁止建设资源利用率低的铅锌矿山及选矿厂。国土资源管理部门在审批采矿权申请时,应严格审查矿产资源开发利用方案,铅锌矿的实际采矿损失率、贫化率和选矿回收率不得低于批准的设计标准。

五、环境保护

铅锌冶炼及矿山采选污染物排放要符合国家《工业炉窑大气污染物排放标准》(GB 9078—1996)、《大气污染物综合排放标准》(GB 16297—1996)、《污水综合排放标准》(GB 8978—1996)、固体废物污染防治法律法规、危险废物处理处置的有关要求和有关地方标准的规定。防止铅冶炼二氧化硫及含铅粉尘污染以及锌冶炼热酸浸出锌渣中汞、镉、砷等有害重金属离子随意堆放造成的污染。确保二氧化硫、粉尘达标排放。严禁铅锌冶炼厂废水中重金属离子、苯和酚等有害物质超标排放。待《有色金属工业污染物排放标准——铅锌工业》发布后按新标准执行。

铅锌冶炼项目的原料处理、中间物料破碎、熔炼、装卸等所有产生粉尘部位,均要配备除尘及回收处理装置进行处理,并安装经环保总局指定的环境监测仪器检测机构适用性检测合格的自动监控系统进行监测。

新建及现有再生铅锌项目,废杂铅锌的回收、处理必须采用先进的工艺和设备确保符合国家环保标准和有关地方标准的规定,严禁将蓄电池破碎的废酸液不经处理直接排入环境中。排放废水应符合《污水综合排放标准》(GB 8978—1996);熔炼、精炼工序产生的废气必须有组织排放,送入除尘系统;废气排放应符合《危险废物焚烧污染控制标准》(GB 18484—2001)。熔炼工序的废弃渣,废水处理系统产生的泥渣,除尘系统净化回收的含铅烟尘(灰),防尘系统中废弃的吸附材料,燃煤炉渣等必须进行无害化处理;含铅量较高的水处理泥渣,铅烟尘(灰)必须返回熔炼炉熔炼;作业环境必须满足《工业企业设计卫生标准》(GB Z1—2002)和《工作场所有害因素职业接触限值》(GB Z2—2002)的要求;所有的员工都必须定期进行身体检查,并保存记录。企业必须有完善的突发环境事故的应急预案及相应的应急设施和装备;企业应配置完整的废水、废气净化设施,并安装自动监控设备。再生铅生产企业,以及从事收集、利用、处置含铅危险废物企业,均应依法取得危险废物经营许可证。

根据《中华人民共和国环境保护法》等有关法律法规,所有新、改、扩建项目必须严格执行环境影响评价制度,持证排污(尚未实行排污许可证制度的地区除外),达标排放。现有铅锌采选、冶炼企业必须依法实施强制性清洁生产审核。环保部门对现有铅锌冶炼企业执行环保标准情况进行监督检查,定期发布环保达标生产企业名单，对达不到排放标准或超过排污总量的企业决定限期治理，治理不合格的，应由地方人民政府依法决定给予停产或关闭处理。

严禁矿山企业破坏及污染环境。要认真履行环境影响评价文件审批和环保设施“三同时”验收程序。必须严格执行土地复垦规定，履行土地复垦义务。按照财政部、国土资源部、环保总局《关于逐步建立矿山环境治理和生态恢复责任机制的指导意见》要求，逐步建立环境治理恢复保证金制度，专项用于矿山环境治理和生态恢复。矿山投资项目的环保设计，必须按照国家环保总局的有关规定和《国务院关于投资体制改革的决定》中公布的政府核准投资项目目录要求由有权限环保部门组织审查批准。露采区必须按照环保和水土资源保持要求完成矿区环境恢复。对废渣、废水要进行再利用，弃渣应进行固化、无害化处理，污水全部回收利用。地下开采采用充填采矿法，将采矿废石等固体废弃物、选矿尾砂回填采空区，控制地表塌陷，保护地表环境。采用充填采矿法的矿山不允许有地表位移现象；采用其他采矿法的矿山，地表位移程度不得破坏地表植被、自然景观、建(构)筑物等。

六、安全生产与职业危害

铅锌建设项目必须符合《安全生产法》、《矿山安全法》、《职业病防治法》等法律法规规定，具备相应的安全生产和职业危害防治条件，并建立、健全安全生产责任制；新、改、扩建项目安全设施和职业危害防治设施必须与主体工程同时设计、同时施工、同时投入生产和使用，铅锌矿山、铅锌冶炼制酸、制氧系统项目及安全设施设计、投入生产和使用前，要依法经过安全生产管理部门审查、验收。必须建立职业危害防治设施，配备符合国家有关标准的个人劳动防护用品，配备火灾、雷击、设备故障、机械伤害、人体坠落等事故防范设施，以及安全供电、供水装置和消除有毒有害物质设施，建立健全相关制度，必须通过地方行政主管部门组织的专项验收。

铅锌矿山企业要依照《安全生产许可证条例》(国务院令第 397 号)等有关规定，依法取得安全生产许可证后方可从事生产活动。

七、监督管理

新建和改造铅锌矿山、冶炼项目必须符合上述准入条件。铅锌矿山、冶炼项目的投资管理、土地供应、环境影响评价等手续必须按照准入条件的规定办理，融资手续应当符合产业政策和准入条件的规定。建设单位必须按照国家环保总局有关分级审批的规定报批环境影响报告书。符合产业政策的现有铅锌冶炼企业要通过技术改造达到新建企业在资源综合利用、能耗、环保等方面的准入条件。

新建或改建铅锌矿山、冶炼、再生利用项目投产前，要经省级及以上投资、土地、环保、安全生产、劳动卫生、质检等行政主管部门和有关专家组成的联合检查组监督检查，检查工作要按照准入条件相关要求进行。经检查认为未达到准入条件的，投资主管部门应责令建设单位根据设计要求限期完善有关建设内容。对未依法取得土地或者未按规定的条件和土地使用合同约定使用土地，未按规定履行土地复垦义务或土地复垦措施不落实的，国土资源部门要按照土地管理法规和土地使用合同的约定予以纠正和处罚，责令限期纠正，且不得发放土地使用权证书；依法打击矿山开采中的各种违法行为，构成刑事犯罪的移交司法机关追究刑事责任；对不符合环保要求的，环境保护主管部门要根据有关法律、法规进行处罚，并限期整改。

新建铅锌矿山、冶炼、再生利用的生产能力，须经过有关部门验收合格后，按照有关规定办理《排污许可证》（尚未实行排污许可证的地区除外）后，企业方可进行生产和销售等经营活动。涉及制酸、制氧系统的，应按照有关规定办理《危险化学品生产企业安全生产许可证》。现有生产企业改扩建的生产能力经省级有关部门验收合格后，也要按照规定办理《排污许可证》和《危险化学品生产企业安全生产许可证》等相关手续。

各地区发展改革委、经委（经贸委）、工业办和环保、工商、安全生产、劳动卫生等有关管理和执法部门要定期对本地区铅锌企业执行准入条件的情况进行督查。中国有色金属工业协会协助有关部门做好跟踪监督工作。

对不符合产业政策和准入条件的铅锌矿山、冶炼、再生回收新建和改造项目，投资管理部门不得备案，国土资源部门不得办理用地手续，环保部门不得批准环境影响评价报告，金融机构不得提供授信，电力部门依法停止供电。被依法撤销有关许可证件或责令关闭的企业，要及时到工商行政管理部门依法办理变更登记或注销登记。

国家发展改革委定期公告符合准入条件的铅锌矿山、冶炼、再生铅锌回收生产企业名单。实行社会监督并进行动态管理。

八、附则

本准入条件适用于中华人民共和国境内（港澳台地区除外）所有类型的铅锌矿山、冶炼、再生利用生产企业。

本准入条件也适用于利用其他装备改造成铅锌冶炼设备后从事的冶炼生产行为。

本准入条件中涉及的国家标准若进行了修订，则按修订后的新标准执行。

本准入条件自 2007 年 3 月 10 日起实施，由国家发展改革委负责解释，并根据行业发展情况和宏观调控要求进行修订。

铝行业准入条件

国家发展和政策委员会公告 2007年第64号

为加快产业结构调整，促进铝工业的持续健康发展，加强环境保护，综合利用资源，保证职工安全，进一步提高准入门槛，规范铝行业的投资行为，制止盲目投资，促进节能减排目标的实现，依据国家有关法律法规和产业政策，我委会同有关部门制定了《铝行业准入条件》，现予以公告。

各有关部门在对铝矿山、冶炼、加工、再生利用建设项目进行投资核准、备案管理、土地供应、工商注册登记、环境影响评价、安全许可、信贷融资等工作中要以行业准入条件为依据。

国家发展和改革委员会

2007年10月29日

为加快铝工业结构调整，规范投资行为，促进行业持续协调健康发展和节能减排目标的实现，根据国家有关法律法规和产业政策，制定铝行业准入条件。

一、企业布局及规模和外部条件要求

新建或者改建的铝土矿开采、铝冶炼(电解铝、氧化铝、再生铝)、加工项目必须符合国家产业政策和规划布局要求，符合土地利用总体规划、土地供应政策和土地使用标准的规定，依法做好征地补偿安置、耕地占补平衡和土地复垦工作。必须依法严格执行环境影响评价和环保、安全设施“三同时”验收制度。

各地要根据国家铝冶炼发展的总体规划布局，按照生态功能区划的要求，对优化开发、重点开发的地区研究确定不同区域的铝冶炼生产规模总量，合理选择铝冶炼企业厂址。在国家法律、法规、行政规章及规划确定或县级以上人民政府批准的饮用水水源保护区、基本农田保护区、自然保护区、风景名胜区、生态功能保护区等需要特殊保护的地区，大中城市及其近郊，居民集中区、疗养地、医院和食品、药品、电子等对环境质量要求高的企业周边1公里内，不得新建铝冶炼(电解铝、氧化铝、再生铝)企业及生产装备。

开采铝土矿资源，应依法取得采矿许可证，遵守矿产资源、安全生产法律法规、矿产资源规划及相关政策。采矿权人应严格按照批准的开发利用方案进行开采，严禁无证开采、乱采滥挖和破坏浪费资源。

新建铝土矿开采项目，必须规范设计、正规开采。矿山投资项目，必须按照《国务院关于投资体制改革的决定》中公布的政府核准投资项目目录要求办理，总投资5亿元及以上的矿山开发项目由国务院投资主管部门核准，其他矿山开发项目由省级政府投资主管部门核准。申请核准的矿山投资项目，总生产建设规模不得低于30万吨/年，服务年限为15年以上。

新建氧化铝项目，必须经过国务院投资主管部门核准。利用国内铝土矿资源的氧化铝项目起步规模必须是年生产能力在80万吨及以上，落实铝土矿、交通运输等外部生产条件，自建铝土矿山比例应达到85%以上，配套矿山的总体服务年限必须在30年以上；新建氧化铝企业，必须在矿产资源规划允许的范围内按规定首先申请铝土矿采矿权，按照矿产资源开采登记管理部门批准的开发利用方案，依法开采铝土矿资源，氧化铝生产企业不得收购无证开采的铝土矿。利用进口铝土矿的氧化铝项目起步规模必须是年生产能力在60万吨及以上，必须有长期可靠的境外铝土矿资源作为原料保障，通过合资合作方式取得5年以上铝土矿长期合同的原料达到总需求的60%以上，并落实交通运输等外部生产条件。

新增生产能力的电解铝项目，必须经过国务院投资主管部门核准。近期只核准环保改造项目及国家规划的淘汰落后生产能力置换项目。改造的电解铝项目，必须有氧化铝原料供应保证，并落实电力供应、交通运输等内外部生产条件。对于确需建设的环保改造项目及国家规划的淘汰落后生产能力置换项目，必须经过国家投资主管部门同意开展前期工作后，方可办理项目用地和环评审批手续。

新建再生铝项目，规模必须在5万吨/年以上；现有再生铝企业的生产准入规模为大于2万吨/年；改造、扩建再生铝项目，规模必须在3万吨/年以上。

新建铝加工项目产品结构必须以板、带、箔或者挤压管、工业型材为主。多品种综合铝加工项目生产能力必须达到10万吨/年以上。单一品种铝加工项目生产能力必须达到：板带材5万吨/年、箔材3万吨/年、挤压材5万吨/年以上。

铝矿山、冶炼、再生利用项目资本金比例要达到35%及以上。

二、工艺和装备

新建大中型铝土矿山要采用适合矿床开采技术条件的先进采矿方法，尽量采用大型设备，适当提高自动化水平。

氧化铝项目要根据铝土矿资源情况选择采用拜耳法、联合法等生产效率高、工艺先进、能耗低、环保达标、资源综合利用效果好的生产工艺系统。必须有资源综合利用、节能等设施。设计选用余热回收等工艺及设备必须满足国家《节约能源法》、《清洁生产促进法》、《环境保护法》等法律法规的要求。

报请核准的电解铝淘汰落后生产能力置换项目及环保改造项目，必须采用200KA及以上大型预焙槽工艺，且新建生产线阳极效应系数要小于0.08个/槽日。严禁将已经淘汰的自焙槽重新改造。

禁止湿法工艺生产铝用氟化盐。铝用炭阳极项目必须采用连续混捏技术，禁止建设10万吨/年以下的独立铝用炭素项目。

发展循环经济，提高铝再生回收企业的技术和环保水平，按照规模化、环保型的发展模式回收利用再生资源。禁止利用直接燃煤的反射炉再生铝项目和4吨以下的其他反射炉再生铝项目，禁止采用坩埚炉熔炼再生铝合金。

新建铝加工项目，必须采用连续铸轧或者热连轧等生产效率和自动化程度高、技术先进、产品质量好、综合成品率高的连续加工工艺，严禁利用“二人转”式轧机生产铝加工材。

按照《国务院关于印发节能减排综合性工作方案的通知》（国发[2007]15号）等文件和《产业结构指导目录（2005年本）》、《关于加快铝工业结构调整指导意见的通知》等产业政策规定，淘汰落后电解铝生产能力，杜绝已经淘汰的自焙槽电解铝生产能力死灰复燃，力争在“十一五”末期电解铝行业全部采用160KA以上大型预焙槽冶炼工艺，立即淘汰坩埚炉熔炼再生铝合金工艺及二人转轧机生产铝加工材工艺。

三、能源消耗

按照1千瓦时电力折0.1229千克标准煤的新折标系数，对铝行业能源消耗提出如下准入指标。

铝土矿地下开采原矿综合能耗要低于25千克标准煤/吨矿，露天开采原矿综合能耗要低于13千克标准煤/吨矿。

新建拜耳法氧化铝生产系统综合能耗必须低于500千克标准煤/吨氧化铝，其他工艺氧化铝生产系统综合能耗必须低于800千克标准煤/吨氧化铝。现有拜耳法氧化铝生产系统综合能耗必须低于520千克标准煤/吨氧化铝，其他工艺氧化铝生产系统综合能耗必须低于900千克标准煤/吨氧化铝。

新改造的电解铝生产能力综合交流电耗必须低于14300千瓦时/吨铝；电流效率必须高于94%。现有的电解铝企业综合交流电耗应低于14450千瓦时/吨铝；电流效率必须高于93%。综合交流电耗高于准入水平的不予准入，符合综合交流电耗准入条件的现有企业要通过技术改造节能降耗，在“十一五”末达到新改造企业能耗水平。新建及现有再生铝合金项目，必须有节能措施，采用先进的工艺和设备，确保符合国家能耗标准。

新建铝加工项目铝加工材综合能耗要低于350千克标准煤/吨；综合电耗低于1150千瓦时/吨。现有企业铝加工材综合能耗要低于410千克标准煤/吨；综合电耗低于1250千瓦时/吨。现有企业要通过技术改造节能降耗，在“十一五”末达到新建企业能耗水平。

四、资源消耗及综合利用

铝土矿采矿损失率地下开采不超过12%、露天开采不超过8%；采矿贫化率地下开采不超过10%、露天开采不超过8%。禁止建设资源利用率低的铝土矿山及选矿厂。矿山企业应按照上述要求编制矿产资源开发利用方案报国土资源主管部门审批。铝土矿的实际采矿损失率和选矿回收率不得低于批准的矿产资源开发利用方案规定的指标及设计标准。

新建拜耳法氧化铝生产系统氧化铝综合回收率达到81%以上，新水消耗低于8吨/吨氧化铝，占地面积小于1平方米/吨氧化铝。新建其他工艺氧化铝生产系统氧化铝综合回收率达到90%以上，新水消耗低于7吨/吨氧化铝，占地面积小于1.2平方米/吨铝。现有氧化铝企业要通过技术改造降低资源消耗，在“十一五”末达到新建系统标准。

新改造的电解铝生产能力，氧化铝单耗要低于1920千克/吨铝，原铝液消耗氟化盐低于25千克/吨铝，阳极炭素净耗低于410千克/吨铝，新水消耗低于7吨/吨铝，占地面积小于3平方米/吨铝。现有的电解铝企业，氧化铝单耗要低于1930千克/吨铝，原铝液消耗氟化盐低于30千克/吨铝，阳极炭素净耗低于430千克/吨铝，新水消耗低于7.5吨/吨铝。现有企业要通过提高技术水平加强管理降低资源消耗，在“十一五”末达到新建企业标准。

新建加工企业铝加工材金属消耗要低于1025千克/吨，其中铝型材金属消耗要低于1015千克/吨；铝加工材综合成品率要高于75%，其中加工材成品率高于78%、熔铸成品率高于91%；铝板材加工成品率高于70%、带材加工成品率高于77%、箔材加工成品率高于79%、型材加工成品率高于88%。现有加工企业铝加工材金属消耗要低于1035千克/吨，其中铝型材金属消耗要低于1020千克/吨；铝加工材综合成品率要高于72%，其中加工材成品率高于78%，熔铸成品率高于91%；铝板材加工成品率高于69%、带材加工成品率高于75%、箔材加工成品率高于78%、型材加工成品率高于87%。现有加工企业要通过技术改造降低金属消耗，在“十一五”末达到新建企业水平。

五、环境保护和土地复垦

严禁矿山企业破坏土地及污染环境。要认真履行环境影响评价文件审批和环保设施“三同时”验收程序。必须严格执行土地复垦规定，坚持“谁破坏、谁复垦”原则，履行土地复垦法定义务。按照国土资源部、发展改革委等七部门《关于加强生产建设项目土地复垦管理工作的通知》(国土资发[2006]225号)要求，编制土地复垦方案，将土地复垦费列入生产成本并足额预算，依法缴纳土地复垦费并专项用于土地复垦，努力做到“边开发、边复垦”。按照财政部、国土资源部、环保总局《关于逐步建立矿山环境治理和生态恢复责任机制的指导意见》要求，逐步建立环境治理恢复保证金制度，专项用于矿山环境治理和生态恢复。矿山投资项目的环保设计，必须按照国家环保总局的有关规定和《国务院关于投资体制改革的决定》中公布的政府核准投资项目目录要求由有权限环保部门组织审查批准。必须按照环保、土地复垦和水土保持要求完成矿区环境恢复和土地复垦利用。铝冶炼、加工企业污染物排放要符合国家《工业炉窑大气污染物排放标准》(GB9078－1996)、《大气污染物综合排放标准》(GB16297－1996)、《污水综合排放标准》(GB8978－1996)、工业固废和危险废物处理处置的有关要求及有关地方标准的规定，必须符合经合法批复的环境影响评价文件规定的控制值和总量指标要求。氧化铝厂要做到废水“零排放”，赤泥的最终处置(包括堆场)应当严格按照环评文件批复的要求执行。防止电解铝冶炼氟化物、粉尘等有害物质污染以及氧化铝赤泥随意堆放造成的污染。电解铝项目吨铝外排氟化物(包括无组织排放量)要低于1千克。严禁将电解铝厂的含氟电解渣添加在煤中燃烧。

铝冶炼项目的原料处理、中间物料破碎、冶炼、浇铸、装卸等所有产生粉尘部位，均要配备除尘及回收处理装置进行处理，并安装经环保总局指定的环境监测仪器检测机构适用性检测合格的自动监控系统进行监测。

新建及现有再生铝项目，废杂铝的回收、处理必须采用先进的工艺和设备，禁止采用露天焚烧的方法去除废铝芯电线电缆的塑料、橡胶皮以及废碎料中的杂质；采用火法对废铝芯电线电缆和废铝碎料进行预处理的，其排放的大气污染物应当满足《危险废物焚烧污染控制标准》(GB18484－2001)中有关要求和有关地方标准的规定。

根据《中华人民共和国环境保护法》等有关法律法规，所有新、改、扩建项目必须严格执行环境影响评价制度，持证排污（尚未实行排污许可证制度的地区除外），达标排放。新建铝土矿山、铝冶炼及加工生产能力，须经过有关部门验收合格后，按照有关规定办理《排污许可证》（尚未实行排污许可证的地区除外）后，企业方可进行生产和销售等经营活动。现有生产企业改扩建的生产能力经省级有关部门验收合格后，也要按照规定办理《排污许可证》等相关手续。环保部门对现有铝冶炼企业执行环保标准情况进行监督检查，定期发布环保不达标生产企业名单，达不到排放标准或超过排污总量的企业，应依法开展强制性清洁生产审核。对达不到排放标准或超过排污总量的企业，由环保部门决定限期治理，治理不合格的，由地方人民政府依法决定给予停产或关闭处理。

六、安全生产与职业危害

矿山、冶炼、加工建设项目必须符合《安全生产法》、《矿山安全法》、《职业病防治法》等法律法规规定，具备相应的安全生产和职业危害防治条件，并建立、健全安全生产责任制和各项规章制度；新、改、扩建项目安全设施和职业危害防治设施必须与主体工程同时设计、同时施工、同时投入生产和使用，铝土矿和氧化铝项目安全设施设计、投入生产和使用前，要依法经过安全生产监督管理部门审查、验收。必须建立职业危害防治设施，配备符合国家有关标准的个人劳动防护用品，配备铝液泄漏、爆炸、火灾、雷击及设备故障、机械伤害、人体坠落、灼烫伤等事故防范设施，以及安全供电、供水装置和消除有毒、有害物质设施，建立健全相关制度，并通过地方行政主管部门组织的专项验收。

矿山企业要依照《安全生产许可证条例》（国务院令第 397 号）等有关规定，依法取得安全生产许可证后方可从事生产活动。氧化铝企业赤泥堆场应符合国家有关尾矿库安全管理规定及技术规程。

七、监督管理

新建和改造铝土矿山、铝冶炼及加工项目必须符合上述准入条件。有关部门办理项目的投资管理、土地供应、环境影响评价和融资等手续必须符合产业政策和准入条件的规定。建设单位必须按照国家环保总局有关分级审批的规定报批环境影响报告书，电解铝和氧化铝项目的环评报告书，必须按照规定向国家环保总局报批。符合产业政策的现有企业要通过技术改造达到新建企业在资源综合利用、能耗、环保等方面的准入条件。

新建或改建铝土矿山、铝冶炼（氧化铝、电解铝、再生铝）及加工项目投产前，要经省级以上投资、国土资源、环保、安全监管、劳动卫生、质检等行政主管部门和有关专家组成的联合检查组监督检查，检查工作要按照准入条件要求进行。经检查认为未达到准入条件的，不允许投产。投资主管部门应责令建设单位根据设计要求限期完善有关建设内容。对未依法取得土地或者未按规定的条件和土地使用合同约定使用土地，未按规定履行土地复垦义务或土地复垦措施不落实的，国土资源管理部门要按照土地管理法规和土地使用合同的约定予以纠正和处罚，责令限期纠正，且不得发放土地使用权证书；依法打击矿山开采中的各种违法行为；对不符合安全、环保要求的，安全监管和环境保护主管部门要根据有关法律、法规进行处罚，并限期整改。

各地区发展改革委、经委(经贸委)、工业办和国土资源、环保、工商、安全监管、劳动卫生等有关管理和执法部门要定期对本地区铝矿山、冶炼和加工企业执行准入条件的情况进行督查。中国有色金属工业协会协助有关部门做好跟踪监督工作。

对不符合产业政策和准入条件的铝土矿山、铝冶炼及加工新建和改造项目,投资管理部门不得核准或者备案,国土资源管理部门不得办理建设用地审批手续,环保部门不得批准环境影响评价报告,金融机构不得提供授信,电力部门依法停止供电。依法撤销或责令关闭的企业,要及时到工商行政管理部门依法办理变更登记或注销登记。

国家发展改革委定期公告符合准入条件的铝土矿山、铝冶炼及铝加工生产企业名单。实行社会监督并进行动态管理。

八、附则

本准入条件适用于中华人民共和国境内(港澳台地区除外)所有类型的铝土矿山、铝冶炼和加工行业生产企业。

本准入条件中涉及的国家标准若进行了修订,则按修订后的新标准执行。

本准入条件自发布之日起实施,由国家发展改革委负责解释,并根据行业发展情况和宏观调控要求进行修订。

新能源汽车生产准入管理规则

国家发展和改革委员会公告　2007年第72号

根据《汽车产业发展政策》的有关规定，国家发展和改革委员会制定了《新能源汽车生产准入管理规则》，现予以发布，并从2007年11月1日起实施，请各有关单位遵照执行。

国家发展和改革委员会

2007年10月17日

第一章　总　则

第一条　为促进汽车产品技术进步，保护环境，推进节约能源和可持续发展，鼓励企业研究开发和生产新能源汽车，贯彻《汽车产业发展政策》，制定本规则。

第二条　国家发展和改革委员会(以下简称国家发展改革委)负责新能源汽车生产准入管理工作。

第三条　本规则所称生产准入管理是指企业法人申请，经国家发展改革委审核，准予生产新能源汽车产品的行为。

第四条　在中华人民共和国境内从事制造新能源汽车的企业应当遵守本规则。

第五条　本规则适用于新能源汽车企业及产品的生产准入管理。

第六条　本规则所称新能源汽车系指采用非常规的车用燃料作为动力来源(或使用常规的车用燃料、采用新型车载动力装置)，综合车辆的动力控制和驱动方面的先进技术，形成的技术原理先进、具有新技术、新结构的汽车。

新能源汽车包括混合动力汽车、纯电动汽车(BEV，包括太阳能汽车)、燃料电池电动汽车(FCEV)、氢发动机汽车、其他新能源(如高效储能器、二甲醚)汽车等。

第二章　新能源汽车分类及管理方式

第七条　根据新能源汽车整车、系统及关键总成技术成熟程度、国家和行业标准完善程度以及产业化程度的不同，将其分为起步期、发展期、成熟期三个不同的技术阶段。

起步期产品是指技术原理的实现路径尚处于前期研究阶段，缺乏国家和行业有关标准，尚未具备产业化条件的产品。

发展期产品是指技术原理的实现路径基本

明确，国家和行业标准尚未完善，初步具备产业化条件的产品。

成熟期产品是指技术原理的实现路径清晰，产品技术和生产技术成熟，国家和行业标准基本完备，可以进入产业化阶段的产品。

第八条 国家发展改革委商国家科技行政管理部门，聘任有关专家，组成新能源汽车专家委员会，负责确定和调整新能源汽车产品类别的技术阶段，提出适用于新能源汽车的专项技术条件和检验规范建议。

第九条 对处于不同技术阶段的产品采取不同的管理方式。

起步期产品只能进行小批量生产，在批准的区域、范围和条件下进行示范运行，并以适当的方式对全部车辆的运行状态进行实时监控。

发展期产品允许进行批量生产，只能在批准的区域、期限、条件下销售、使用，并以适当的方式对销售车辆以不低于20%的比例进行运行状态实时监控。

成熟期产品与常规汽车产品的公告管理方式相同，在销售、使用上与常规道路机动车辆相同。

第三章 新能源汽车生产资格

第十条 从事新能源汽车生产的企业，应当获得国家发展改革委的许可方能取得生产资格。新能源汽车生产企业及产品纳入国家发展改革委《车辆生产企业及产品公告》（以下简称《公告》）管理。

第十一条 新能源汽车生产准入条件：

（一）遵守国家法律、法规及有关规章和国家产业政策及宏观调控政策的规定。

（二）应当为《公告》内汽车整车生产企业或改装类商用车生产企业；新建汽车企业或现有汽车生产企业跨产品类别生产其他类别新能源汽车整车产品应按《汽车产业发展政策》的规定完成项目的核准或备案工作。

（三）具有与所生产车辆产品相适应的生产能力。

（四）具备产品的设计开发能力。

（五）具备产品销售和售后服务能力。

（六）所生产的车辆产品符合有关国家标准、规定、车辆产品定型试验规程，适用于新能源汽车的专项技术条件和检验规范的要求。

（七）具备产品生产一致性保证能力。《新能源汽车生产准入条件及考核要求》（以下简称《生产准入条件》）见附件一。

第十二条 生产准入考核的结论分为通过和不通过两种。经考核，符合生产准入条件规定的企业或产品为通过；反之，为不通过。

企业通过新能源汽车生产准入考核，获得生产资格后，汽车整车生产企业可生产同类新能源汽车产品（指与《公告》中已有的常规车辆相同类别的产品，下同）；改装类商用车企业可自制底盘生产同类新能源汽车产品，但自制底盘仅限于本企业自用。

第十三条 国家发展改革委委托中介机构进行新能源汽车生产准入的现场技术审查工作和产品技术审查工作。

第十四条 新能源汽车的产品检测工作，由经过国家试验室认可的、国家发展改革委指定的检测机构承担。

第四章 生产企业及产品管理

第十五条 企业在申报新能源汽车产品时，应当向国家发展改革委提供如下资料：

（一）主要技术参数和主要配置备案表、试验方案；

（二）新能源汽车相关的新技术、新结构原理说明；

（三）产品（包括整车及动力、驱动、控制系统）企业标准或技术规范；

（四）产品（包括整车及动力、驱动、控制系统）检验规范（至少包括试验方法、判定准则、检验项目与样车对应表、路况及里程分配等）；

（五）其他需要说明的情况。

第十六条　企业申报的新能源汽车产品属于起步期或发展期产品的，申请资料还应当包括：

（一）售后服务承诺（内容至少包括产品质量保证承诺，销售和售后服务区域范围，售后服务网络建设，对售后服务人员和产品使用人员的培训，售后服务项目及内容，备件的提供，质量保证期限，整车和零部件（如电池）回收，索赔处理，售后服务过程中发现问题的反馈，产品质量、安全、环保等方面出现严重问题时的召回措施等）；

（二）拟销售区域的说明、产品使用地省级政府主管部门有关示范运行区域的批准文件；

（三）与拟使用单位签订的协议、使用单位车辆运行管理规定、使用数量说明（仅适用于起步期产品）。

第十七条　企业在首次申报新能源汽车新产品时，还应当提交下列有关资料：

（一）《新能源汽车生产准入申请书》（见附件二）；

（二）企业按照《生产准入条件》要求进行自我评估的报告。

第十八条　对于首次申报新能源汽车产品的企业，国家发展改革委委托中介机构对企业提交的资料进行审查，必要时由中介机构组织专家对企业进行现场技术审查，并将审查结果上报国家发展改革委。

现场技术审查内容和判定原则按照《生产准入条件》进行。

第十九条　国家发展改革委对中介机构提交的生产准入审查报告进行审核，符合要求的在国家发展改革委网站上对其进行公示。

第二十条　国家发展改革委根据中介机构上报的生产准入审查报告及公示结果，及时完成新能源汽车企业的审核工作，对符合生产准入条件的企业以《公告》形式公布；不符合生产准入条件的企业，原则上在6个月后方可重新提出生产准入申请。

第二十一条　企业上报的新能源汽车产品的技术资料，由中介机构进行审查，并确认试验方案。检测机构根据企业的委托，按照中介机构确认的试验方案对新能源汽车产品进行检验，并将检验报告提交中介机构。

中介机构组织产品的技术审查，出具审查意见，对符合要求的产品，上报国家发展改革委。

第二十二条　国家发展改革委对中介机构上报的产品审查意见进行审核，对符合要求的产品以《公告》的形式公布。

第二十三条　生产起步期和发展期产品的企业应当按照售后服务承诺的内容，向使用者提供售后服务。企业应当为每一辆车建立相应的档案，并跟踪车辆运行情况，直至车辆停止使用或报废。

起步期产品的生产企业应当与使用者共同向国家发展改革委提交年度示范运行报告。

第二十四条　生产企业如发现产品存在影响安全、环保、节能等严重问题，应当立即停止生产和销售相关车辆产品，对已销售车辆进行召回，并及时向国家发展改革委、产品使用地省级政府主管部门报告。

第五章 附 则

第二十五条 对新能源汽车生产企业及产品的监督管理按照《公告》管理的有关规定执行。

第二十六条 本规则由国家发展改革委负责解释。第二十七条本规则自 2007 年 11 月 1 日起施行。

附件 1:新能源汽车生产准入条件及考核要求

一 生产能力和条件	
1	企业应当有必要的生产场地、存储场地或设施及适宜、整洁的生产环境。
2*	生产设备的加工精度和能力应当与产品特性要求相适合。
二 设计开发能力	
3	企业应当建立产品研究开发机构,统一负责新能源汽车产品设计开发过程中的工作。应当配备与设计开发工作相适应的专业技术人员,能够及时跟踪国内外新能源汽车技术的最新发展情况;能够对国家和行业技术标准、法规进行跟踪、评价和转化;能够完成系统开发、整车匹配等工作。
4	建立适于本企业的产品设计开发工作流程和指导具体设计工作的设计规范及作业指导书,内容至少应当覆盖自主知识产权产品及整车设计全过程、技术文件管理、标准化等内容,且在实际工作中得以应用。
5*	至少掌握新能源汽车车载能源系统、驱动系统及控制系统三者之一的核心技术。
6*	应当具备与所生产的新能源汽车整车、系统及关键总成相适应的试制能力。
7	产品和制造过程设计开发的输入应当充分适宜;产品和制造过程设计开发的输出应当以能针对设计输入进行验证的方式提出,应当对其进行评审、验证和确认,并保存相应记录。
8	在实施产品和制造过程的设计更改(包括由供方引起的更改)前,应当重新进行评审(包括评审设计更改对产品组成部分和已交付产品的影响)、验证和批准,适当时应当征得顾客同意,并满足生产一致性要求和产品追溯性要求。
三 生产一致性保证能力	
9	与产品质量有关的人员应当具备相应的能力,严格按程序文件、作业指导书或相关工艺文件操作。应当建立和落实人员能力评价和考核制度,并保持适当的记录。
10	应当为重要的进货检验、过程检验、最终检验编制检验规程或检验作业指导书,并按规定的项目、方法、频次和限值进行检验和验证,对安全、环保、节能等法规符合性、顾客特殊要求、新能源汽车专项检测项目要求应当特别关注。 对关键工序和特殊过程,应当编制作业指导书,明确工艺要求和控制方法,规范操作,并实施过程监视和测量。
11	应当建立从关键零部件总成供方至整车出厂的完整的产品追溯性体系。当产品质量、安全、环保、节能等方面发生重大共性问题时,应能迅速查明原因,确定召回范围;当顾客需要维修备件时,应当能迅速确定所需备件的技术状态。
12*	产品(整车及零部件总成)应当满足国家强制性标准和经过确认的技术规范的要求;进入正式生产阶段的产品还应当满足生产一致性要求。当企业的生产一致性保证能力(包括人员能力、生产/检验设备、采购的原材料和零部件总成及其供方、生产工艺、工作环境、管理体系等)发生重大变化时,必须有充分的证据表明产品仍能满足原要求。

续表

四 产品销售及售后服务	
13	应当建立完整的文件化的销售和售后服务管理体系，包括人员培训（企业内部人员、特约销售和维修人员、顾客或使用单位的人员）、销售和售后服务网络建设、维修服务提供、备件提供、索赔处理、信息反馈、整车产品召回、整车和零部件（如电池）回收、客户管理等内容，并有能力实施。其中，销售和售后服务网络建设的要求仅适用于成熟期产品。
14	维修服务、备件供应当满足所有客户要求，能保证在产品的使用寿命期限内、在企业承诺的限定服务时间内向顾客提供可靠的备件、维修和咨询服务。对起步期和发展期产品，售后服务承诺内容应当充分适宜，明确传达给有关方面，并严格履行。
15	应当建立质量信息及时反馈机制。 对起步期和发展期产品，企业应当为每一辆车建立档案，并对车辆使用情况进行跟踪、对车辆质量信息进行管理。

注：

1. 表中生产条件要求分为否决项和一般项两类，标注“*”的条款为否决项。

2. 判定原则：

(1)现场考核全部否决项均符合要求，一般项不符合的比例不超过20%，考核结论为通过；

(2)当现场考核结果未达到本注中第(1)条要求时，申请企业可在2个月内针对不符合项进行整改，经验证后达到本注中第(1)条要求的，考核结论为通过；验证未达到第(1)条要求的，结论为不通过，申请企业6个月后方可重新提出申请。整改验证只能进行一次。

附件2：新能源汽车生产准入申请书

申请企业名称（盖章）：____________________　　电　　话：__________

联系地址：____________________　　传　　真：__________

邮政编码：____________________　　电子信箱：____________________

联 系 人：____________________　　填表日期：______年______月______日

职　　务：____________________

填表须知

1. 填写本申请书应确保所填资料真实准确；
2. 本申请书用墨笔或电子方式填写，要求字迹清晰；
3. 本申请所有填报项目（含表格）页面不足时，可另附页面；
4. 请在本申请书所选“□”内打“√”；

企业声明

1. 本企业自愿向国家发展改革委申请新能源汽车生产资格；

2．本企业自愿遵守国家发展改革委《新能源汽车生产准入管理规则》及相关文件的规定；

3．本企业自愿提供申请新能源汽车生产准入现场技术审查、管理、监督所需的信息和资料，并为其审查工作提供方便；

4．本企业保证按要求交纳相关费用。

申请企业法人代表(签名)：

申请企业(盖章)：

年　　月　　日

一、企业基本情况

企业名称 (盖章)			
企业性质	□国有　□集体　□中外合资　□有限公司　□股份公司　□其他		
注册地址			
生产地址	1. 2. 3.		
法人代表			
产品商标		企业《公告》序号	
与新能源汽车产品有关的专业技术人员总数(人)			
与新能源汽车整车及零部件产品相关的资产情况(单位：万元)			
注册资金			
固定资产原值		固定资产现值	
总资产 (不含土地价值)		净资产 (不含土地价值)	
企业及产品简介(包括企业人数、生产能力、企业历史、占地面积、新能源汽车产品研发投入及研发成果、参与国家科研项目情况等内容)：			

新能源汽车产品的技术来源、技术方案和主要特性说明：

新能源汽车产品设计能力及设计开发过程说明(请附流程图)：

新能源汽车产品生产过程、生产条件和能力说明：

新能源汽车产品示范运行及销售情况：

二、主要生产设备和检验设备清单

（一）主要生产设备清单

序号	名称	型号	数量	用途	设备原值(万元)	备注

（二）主要检验设备清单

序　号	名　　称	型　号	数　量	检定日期/有效期	设备原值(万元)	备　注

危险废物污染防治技术政策

环发[2001]199号

各省、自治区、直辖市环境保护局(厅)、经贸委(经委)、科委(科技厅):

为贯彻《中华人民共和国固体废物污染环境防治法》,保护生态环境,保障人体健康,指导危险废物污染防治工作,现批转发布《危险废物污染防治技术政策》,请遵照执行。

国家环境保护总局
2001年12月17日

1 总则

1.1 为引导危险废物管理和处理处置技术的发展,促进社会和经济的可持续发展,根据《中华人民共和国固体废物污染环境防治法》等有关法规、政策和标准,制定本技术政策。本政策将随社会经济、技术水平的发展适时修订。

1.2 本技术政策所称危险废物是指列入国家危险废物名录或根据国家规定的危险废物鉴别标准和鉴别方法认定的具有危险特性的废物。

本技术政策所称特殊危险废物是指毒性大,或环境风险大,或难于管理,或不宜用危险废物的通用方法进行管理和处理处置,而需特别注意的危险废物,如医院临床废物、多氯联苯类废物、生活垃圾焚烧飞灰、废电池、废矿物油、含汞废日光灯管等。

1.3 我国危险废物管理的阶段性目标是:

到2005年,重点区域和重点城市产生的危险废物得到妥善贮存,有条件的实现安全处置;实现医院临床废物的环境无害化处理处置;将全国危险废物产生量控制在2000年末的水平;在全国实施危险废物申报登记制度、转移联单制度和许可证制度。

到2010年,重点区域和重点城市的危险废物基本实现环境无害化处理处置。

到2015年,所有城市的危险废物基本实现环境无害化处理处置。

1.4 本技术政策适用于危险废物的产生、收集、运输、分类、检测、包装、综合利用、贮存和处理处置等全过程污染防治的技术选择,并指导相应设施的规划、立项、选址、设计、施工、运营和管理,引导相关产业的发展。

1.5 本技术政策的总原则是危险废物的减量化、资源化和无害化。

1.6　鼓励并支持跨行政区域的综合性危险废物集中处理处置设施的建设和运营。

1.7　危险废物的收集运输单位、处理处置设施的设计、施工和运营单位应具有相应的技术资质。

1.8　各级政府应通过制定鼓励性经济政策等措施加快建立符合环境保护要求的危险废物收集、贮存、处理处置体系，积极推动危险废物的污染防治工作。

2　危险废物的减量化

2.1　危险废物减量化适用于任何产生危险废物的工艺过程。各级政府应通过经济和其他政策措施促进企业清洁生产，防止和减少危险废物的产生。企业应积极采用低废、少废、无废工艺，禁止采用《淘汰落后生产能力、工艺和产品的目录》中明令淘汰的技术工艺和设备。

2.2　对已经产生的危险废物，必须按照国家有关规定申报登记，建设符合标准的专门设施和场所妥善保存并设立危险废物标示牌，按有关规定自行处理处置或交由持有危险废物经营许可证的单位收集、运输、贮存和处理处置。在处理处置过程中，应采取措施减少危险废物的体积、重量和危险程度。

3　危险废物的收集和运输

3.1　危险废物要根据其成分，用符合国家标准的专门容器分类收集。

3.2　装运危险废物的容器应根据危险废物的不同特性而设计，不易破损、变形、老化，能有效地防止渗漏、扩散。装有危险废物的容器必须贴有标签，在标签上详细标明危险废物的名称、重量、成分、特性以及发生泄漏、扩散污染事故时的应急措施和补救方法。

3.3　居民生活、办公和第三产业产生的危险废物（如废电池、废日光灯管等）应与生活垃圾分类收集，通过分类收集提高其回收利用和无害化处理处置，逐步建立和完善社会源危险废物的回收网络。

3.4　鼓励发展安全高效的危险废物运输系统，鼓励发展各种形式的专用车辆，对危险废物的运输要求安全可靠，要严格按照危险废物运输的管理规定进行危险废物的运输，减少运输过程中的二次污染和可能造成的环境风险。

3.5　鼓励成立专业化的危险废物运输公司对危险废物实行专业化运输，运输车辆需有特殊标志。

4　危险废物的转移

4.1　危险废物的越境转移应遵从《控制危险废物越境转移及其处置的巴塞尔公约》的要求，危险废物的国内转移应遵从《危险废物转移联单管理办法》及其他有关规定的要求。

4.2　各级环境保护行政主管部门应按照国家和地方制定的危险废物转移管理办法对危险废物的流向进行有效控制，禁止在转移过程中将危险废物排放至环境中。

5　危险废物的资源化

5.1　已产生的危险废物应首先考虑回收利用，减少后续处理处置的负荷。回收利用过程应达到国家和地方有关规定的要求，避免二次污染。

5.2　生产过程中产生的危险废物，应积极推行生产系统内的回收利用。生产系统内无法回收利用的危险废物，通过系统外的危险废物交换、物质转化、再加工、能量转化等措施实现回收利用。

5.3 各级政府应通过设立专项基金、政府补贴等经济政策和其他政策措施鼓励企业对已经产生的危险废物进行回收利用，实现危险废物的资源化。

5.4 国家鼓励危险废物回收利用技术的研究与开发，逐步提高危险废物回收利用技术和装备水平，积极推广技术成熟、经济可行的危险废物回收利用技术。

6 危险废物的贮存

6.1 对已产生的危险废物，若暂时不能回收利用或进行处理处置的，其产生单位须建设专门的危险废物贮存设施进行贮存，并设立危险废物标志，或委托具有专门危险废物贮存设施的单位进行贮存，贮存期限不得超过国家规定。贮存危险废物的单位需拥有相应的许可证。禁止将危险废物以任何形式转移给无许可证的单位，或转移到非危险废物贮存设施中。危险废物贮存设施应有相应的配套设施并按有关规定进行管理。

6.2 危险废物的贮存设施应满足以下要求：

6.2.1 应建有堵截泄漏的裙脚，地面与裙脚要用坚固防渗的材料建造。应有隔离设施、报警装置和防风、防晒、防雨设施；

6.2.2 基础防渗层为粘土层的，其厚度应在1米以上，渗透系数应小于1.010^{-7}厘米/秒；基础防渗层也可用厚度在2毫米以上的高密度聚乙烯或其他人工防渗材料组成，渗透系数应小于1.010^{-10}厘米/秒；

6.2.3 须有泄漏液体收集装置及气体导出口和气体净化装置；

6.2.4 用于存放液体、半固体危险废物的地方，还须有耐腐蚀的硬化地面，地面无裂隙；

6.2.5 不相容的危险废物堆放区必须有隔离间隔断；

6.2.6 衬层上需建有渗滤液收集清除系统、径流疏导系统、雨水收集池。

6.2.7 贮存易燃易爆的危险废物的场所应配备消防设备，贮存剧毒危险废物的场所必须有专人24小时看管。

6.3 危险废物的贮存设施的选址与设计、运行与管理、安全防护、环境监测及应急措施、以及关闭等须遵循《危险废物贮存污染控制标准》的规定。

7 危险废物的焚烧处置

7.1 危险废物焚烧可实现危险废物的减量化和无害化，并可回收利用其余热。焚烧处置适用于不宜回收利用其有用组分、具有一定热值的危险废物。易爆废物不宜进行焚烧处置。焚烧设施的建设、运营和污染控制管理应遵循《危险废物焚烧污染控制标准》及其他有关规定。

7.2 危险废物焚烧处置应满足以下要求：

7.2.1 危险废物焚烧处置前必须进行前处理或特殊处理，达到进炉的要求，危险废物在炉内燃烧均匀、完全；

7.2.2 焚烧炉温度应达到1100℃以上，烟气停留时间应在2.0秒以上，燃烧效率大于99.9%，焚毁去除率大于99.99%，焚烧残渣的热灼减率小于5%（医院临床废物和含多氯联苯废物除外）；

7.2.3 焚烧设施必须有前处理系统、尾气净化系统、报警系统和应急处理装置。

7.2.4 危险废物焚烧产生的残渣、烟气处理过程中产生的飞灰，须按危险废物进行安全填埋处置。

7.3　危险废物的焚烧宜采用以旋转窑炉为基础的焚烧技术，可根据危险废物种类和特征选用其他不同炉型，鼓励改造并采用生产水泥的旋转窑炉附烧或专烧危险废物。

7.4　鼓励危险废物焚烧余热利用。对规模较大的危险废物焚烧设施，可实施热电联产。

7.5　医院临床废物、含多氯联苯废物等一些传染性的，或毒性大，或含持久性有机污染成分的特殊危险废物宜在专门焚烧设施中焚烧。

8　危险废物的安全填埋处置

8.1　危险废物安全填埋处置适用于不能回收利用其组分和能量的危险废物。

8.2　未经处理的危险废物不得混入生活垃圾填埋场，安全填埋为危险废物的最终处置手段。

8.3　危险废物安全填埋场必须按入场要求和经营许可证规定的范围接收危险废物，达不到入场要求的，须进行预处理并达到填埋场入场要求。

8.4　危险废物安全填埋场须满足以下要求：

8.4.1　有满足要求的防渗层，不得产生二次污染。

天然基础层饱和渗透系数小于 1.010^{-7} 厘米/秒，且厚度大于 5 米时，可直接采用天然基础层作为防渗层；天然基础层饱和渗透系数为 1.010^{-7}～1.010^{-6} 厘米/秒时，可选用复合衬层作为防渗层，高密度聚乙烯的厚度不得低于 1.5 毫米；天然基础层饱和渗透系数大于 1.010^{-6} 厘米/秒时，须采用双人工合成衬层（高密度聚乙烯）作为防渗层，上层厚度在 2.0 毫米以上，下层厚度在 1.0 毫米以上。

8.4.2　要严格按照作业规程进行单元式作业，做好压实和覆盖，

8.4.3　要做好清污水分流，减少渗沥水产生量，设置渗沥水导排设施和处理设施。对易产生气体的危险废物填埋场，应设置一定数量的排气孔、气体收集系统、净化系统和报警系统。

8.4.4　填埋场运行管理单位应自行或委托其他单位对填埋场地下水、地表水、大气要进行定期监测。

8.4.5　填埋场终场后，要进行封场处理，进行有效的覆盖和生态环境恢复。

8.4.6　填埋场封场后，经监测、论证和有关部门审定，才可以对土地进行适宜的非农业开发和利用。

8.5　危险废物填埋须满足《危险废物填埋污染控制标准》的规定。

9　特殊危险废物污染防治

9.1　医院临床废物（不含放射性废物）：

9.1.1　鼓励医院临床废物的分类收集，分别进行处理处置。人体组织器官，血液制品，沾染血液、体液的织物，传染病医院的临床废物、病人生活垃圾以及混合收集的医院临床废物宜建设专用焚烧设施进行处置，专用焚烧设施应符合《危险废物焚烧污染控制标准》的要求。

9.1.2　城市应建设集中处置设施，收集处置城市和城市所在区域的医院临床废物。

9.1.3　禁止一次性医疗器具和敷料的回收利用。

9.2　含多氯联苯废物：

9.2.1　含多氯联苯废物应尽快集中到专用的焚烧设施中进行处置，不宜采用其他途径进行处置，其专用焚烧设施应符合国家《危险废物焚烧污染控制标准》的要求。

9.2.2 含多氯联苯废物的管理、贮存和处置还需遵循《防止含多氯联苯电力装置及其废物污染环境的规定》的规定。

9.2.3 对集中封存年限超过20年的或未超过20年但已造成环境污染的含多氯联苯废物，应限期进行焚烧处置。

9.2.4 对于新退出使用的含多氯联苯电力装置原则上必须进行焚烧处置，确有困难的可进行暂时性封存，但封存年限不应超过三年，暂存库和集中封存库的选址和设计必须符合《含多氯联苯(PCBs)废物的暂存库和集中封存库设计规范》的要求，集中封存库的建设必须进行环境影响评价。

9.2.5 应加强含多氯联苯危险废物的清查及其贮存设施的管理，并对含多氯联苯危险废物的处置过程进行跟踪管理。

9.3 生活垃圾焚烧飞灰：

9.3.1 生活垃圾焚烧产生的飞灰必须单独收集，不得与生活垃圾、焚烧残渣等其他废物混合，也不得与其他危险废物混合。

9.3.2 生活垃圾焚烧飞灰不得在产生地长期贮存，不得进行简易处置，不得排放，生活垃圾焚烧飞灰在产生地必须进行必要的固化和稳定化处理之后方可运输，运输需使用专用运输工具，运输工具必须密闭。

9.3.3 生活垃圾焚烧飞灰须进行安全填埋处置。

9.4 废电池：

9.4.1 国家和地方各级政府应制定技术、经济政策淘汰含汞、镉的电池。生产企业应按照国家法律和产业政策，调整产品结构，按期淘汰含汞、镉电池。

9.4.2 在含汞、镉的电池被淘汰之前，城市生活垃圾处理单位应建立分类收集、贮存、处理设施，对废电池进行有效的管理。

9.4.3 提倡废电池的分类收集，避免含汞、镉废电池混入生活垃圾焚烧设施。

9.4.4 废铅酸电池必须进行回收利用，不得用其他办法进行处置，其收集、运输环节必须纳入危险废物管理。鼓励发展年处理规模在2万吨以上的废铅酸电池回收利用，淘汰小型的再生铅企业，鼓励采用湿法再生铅生产工艺。

9.5 废矿物油：

9.5.1 鼓励建立废矿物油收集体系，禁止将废矿物油任意抛洒、掩埋或倒入下水道以及用作建筑脱模油，禁止继续使用硫酸/白土法再生废矿物油。

9.5.2 废矿物油的管理应遵循《废润滑油回收与再生利用技术导则》等有关规定，鼓励采用无酸废油再生技术，采用新的油水分离设施或活性酶对废油进行回收利用，鼓励重点城市建设区域性的废矿物油回收设施，为所在区域的废矿物油产生者提供服务。

9.6 废日光灯管：

9.6.1 各级政府应制定技术、经济政策调整产品结构，淘汰高污染日光灯管，鼓励建立废日光灯管的收集体系和资金机制。

9.6.2 加强废日光灯管产生、收集和处理处置的管理，鼓励重点城市建设区域性的废日光灯管回收处理设施，为该区域的废日光灯管的回收处理提供服务。

10 危险废物处理处置相关的技术和设备

10.1 鼓励研究开发和引进高效危险废物收集运输技术和设备。

10.2 鼓励研究开发和引进高效、实用的危险废物资源化利用技术和设备，包括危险废物分选和破碎设备、热处理设备、大件危险废物处理和利用设备、社会源危险废物处理和利用设备。

10.3　加快危险废物处理专用监测仪器设备的开发和国产化，包括焚烧设施在线烟气测试仪器等。

10.4　鼓励研究开发高效、实用的危险废物焚烧成套技术和设备，包括危险废物焚烧炉技术、危险废物焚烧污染控制技术和危险废物焚烧余热回收利用技术等。

10.5　鼓励研究和开发高效、实用的安全填埋处理关键技术和设备，包括新型填埋防渗衬层和覆盖材料、填埋专用机具、危险废物填埋场渗沥水处理技术以及危险废物填埋场封场技术。

10.6　鼓励研究与开发危险废物鉴别技术及仪器设备，鼓励危险废物管理技术和方法的研究。

10.7　鼓励研究开发废旧电池和废日光灯管的处理处置和回收利用技术。

汽车产品回收利用技术政策

国家发展和改革委员会　科学技术部　国家环保总局

公告　2006年第9号

为促进我国循环经济体系的建设和发展，保护环境，提高资源利用率，落实科学发展观，实现社会经济的可持续发展，国家发展改革委、科学技术部和国家环保总局联合制定了《汽车产品回收利用技术政策》（以下简称《技术政策》）。

《技术政策》是推动我国对汽车产品报废回收制度建立的指导性文件，目的是指导汽车生产和销售及相关企业启动，开展并推动汽车产品的设计、制造和报废、回收、利用等项工作。国家将适时建立《技术政策》中提出的有关制度，并在2010年之前陆续开展颁布实施。

国家发展和改革委员会

科学技术部

国家环保总局

2006年2月6日

第一章　总　则

第一条　为保护环境，提高资源利用率，落实科学发展观，实现社会经济的可持续发展，特制定本技术政策。

本技术政策是推动我国汽车产品报废回收制度的建立的指导性文件，目的是指导汽车生产和销售及相关企业启动、开展并推动汽车产品报废回收工作。国家将适时建立本政策中提出的有关制度，并在2010年之前陆续开始实施。

第二条　本技术政策所称汽车，是指《机动车及挂车分类》（中华人民共和国国家标准GB/T15089－2001）中规定的M类和N类机动车辆。

第三条　本技术政策的适用范围，包括在我国境内销售、注册的新车型的设计、生产，以及在用汽车的维修、保养、报废拆解和再利用等环节。

第四条　要综合考虑汽车产品生产、维修、拆解等环节的材料再利用，鼓励汽车制造过程中使用可再生材料，鼓励维修时使用再利用零部件，提高材料的循环利用率，节约资源和有效利用能源，大力发展循环经济。

第五条　汽车的回收利用率，是指报废汽车零部件及材料的再利用和能量再生比率，通常以可回收利用材料占汽车整备质量的百分比衡量。

回收利用率参见《道路车辆可再利用性和可回收利用性计算方法》(GB/T 19515—2004/ ISO 22628:2002)等有关标准。

第六条 国家逐步将汽车回收利用率指标纳入汽车产品市场准入许可管理体系。

第七条 加强汽车生产者责任的管理，在汽车生产、使用、报废回收等环节建立起以汽车生产企业为主导的完善的管理体系。

第八条 政府主管部门将适时制定、修订配套政策、标准，加强指导和监督管理，引导我国汽车产业根据科学发展观，制定科学有效的发展规划，促进材料的高效利用，降低能耗。

建立报废汽车材料、物质的分类收集和分选系统，促进汽车废物的充分合理利用和无害化处理，降低直至消除废物的危害性，不断完善再生资源的回收、加工、利用体系。2012 年左右，建立起比较完善的报废汽车回收利用法律法规体系、政策支持体系、技术创新体系和有效的激励约束机制；建立回收利用经济评价指标体系，制定中长期战略目标和分阶段推进计划。

第九条 国家对从事报废汽车处理业务的企业实行核准管理制度，从事收集、拆解、利用、处置报废汽车的单位，必须申请领取许可证。禁止无许可证从事报废汽车收集、拆解、利用、处置活动。

第十条 汽车产业链各环节要加强开发、应用新技术、新设备，以“减量化、再利用、资源化”为原则，以低消耗、低排放、高效率为基本特征，实施符合可持续发展理念的经济增长模式，力争在 2017 年左右使在我国生产、销售的汽车整车产品的可回收利用率与国际先进水平同步。

第一阶段目标：2010 年起，所有国产及进口的 M2 类和 M3 类、N2 类和 N3 类车辆的可回收利用率要达到 85%左右，其中材料的再利用率不低于 80%；所有国产及进口的 M1 类 N1 类车辆的可回收利用率要达到 80%，其中材料的再利用率不低于 75%；同时，除含铅合金、蓄电池、镀铅、镀铬、添加剂(稳定剂)、灯用水银外，限制使用铅、汞、镉及六价铬。

自 2008 年起，汽车生产企业或销售企业要开始进行汽车的可回收利用率的登记备案工作，为实施阶段性目标作准备。

第二阶段目标：2012 年起，所有国产及进口汽车的可回收利用率要达到 90%左右，其中材料的再利用率不低于 80%。

第三阶段目标：2017 年起，所有国产及进口汽车的可回收利用率要达到 95%左右，其中材料的再利用率不低于 85%。

低速载货汽车、三轮汽车、摩托车以及挂车等车辆，也应参考 M 类和 N 类机动车比照执行，具体目标及实施日期另行确定。

汽车生产、使用、报废各环节应注重对环境的保护，产生的废物的处理和处置要符合国家环境保护标准及相关政策法规要求，减少直至避免对人类生存环境造成损害。

第二章 汽车设计及生产

第十一条 在我国销售的汽车产品在设计生产时，需充分考虑产品报废后的可拆和易拆解性，遵循易于分捡不同种类材料的原则。优先采用资源利用率高、污染物产生量少，以及有利于产品废弃后回收利用的技术和工艺，提高设计制造技术水平。

第十二条 尽量采用小型或质量轻、可再生的零部件或材料，生产用材的选择要最大限度地选用可循环利用的材料，并不断减少所用材料的种类，以利于材料的回收利用。

汽车产品的所有塑料材料的回收及再生利用率要持续增加。

禁用散发有毒物质和破坏环境的材料，减少并最终停止使用不能再生利用的材料和不利于环保的材料。

限制使用铅、汞、镉和六价铬等重金属，上述重金属需依据一个定期复核的清单只在某些特定情况下使用。

企业要对含有害物质和零部件进行标志、编码。

第十三条 汽车零部件配套企业需向汽车生产企业提供其供应配件的材料构成、结构设计或拆解指南、有害物含量及性质、废弃物处理方法等相关信息，以配合整车生产企业核算其产品的可回收利用率。

第十四条 条件成熟时国家将推进汽车生产企业或进口汽车总代理商选择其品牌销售商或特约维修店进行旧零部件的翻新、再制造等业务，翻新、再制造零部件质量必须达到相应的质量要求，并标明翻新或再制造零部件。

第十五条 2010年起汽车生产企业或进口汽车总代理商要负责回收处理其销售的汽车产品及其包装物品，也可委托相关机构、企业负责回收处理其生产、销售的汽车及其包装物品。

汽车产品包装物的设计、制造，应当遵守国家有关清洁生产的规定，符合标准要求。

电动汽车(含混合动力汽车等)生产企业要负责回收、处理其销售的电动汽车的蓄电池。

第十六条 汽车生产企业或进口汽车总代理商要负责其产品回收并进行符合环保、回收利用要求的处理或处置，或按规定缴纳相关回收处理费。

不同类型汽车的回收处理费由有关部门根据我国不同时期报废汽车回收处理技术水平、再生能力、物价、委托处理业务等因素确定、调整。汽车价格因承担回收处理费而调整的，其增长部分不能超过规定的数值或比例。

回收处理费的管理、收支、用途等以公开、公正、公平的原则进行运作，并接受政府、企业及公众监督。

第十七条 汽车生产企业要积极与下游企业合作，向回收拆解及破碎企业提供《汽车拆解指导手册》及相关技术信息，并提供相关的技术培训，共同促进报废汽车回收利用率的不断提高。

第十八条 汽车生产企业要与汽车零部件生产及再制造、报废汽车回收拆解及材料再生企业密切合作，共享信息，跟踪国际先进技术，协力攻关，共同提高汽车产品再利用率和回收利用率。

汽车生产企业或进口总代理商要积极配合政府部门开展课题研究、政策制定等相关工作，主动开展提高汽车产品可回收利用率的科研攻关、技术革新、设备改造等工作。

第三章 汽车装饰、维修、保养

第十九条 汽车装饰、维修和保养过程中，要与汽车生产过程一样，选择和使用可回收利用率高、安全和环保的产品。

第二十条 拆卸及报废零部件，要分类收集存放，妥善保管，在政策允许的前提下，鼓励合格的拆卸零部件重新进入流通，作为维修零部件装车使用；

对报废汽车零部件及维修更换的旧零部件，鼓励有技术、设备、检测条件的企业进行再制造，作为维修备件用于汽车修理；

对已不具备原设计性能，又无再制造价值

的拆解及报废零部件，应分别交给相应的材料再生处理企业进行再生利用，不应以倾倒、抛洒、填埋等危害环境的方式处置。

第二十一条　汽车保养、维修过程中产生的蓄电池、催化转化器、废油、废液、废橡胶（含轮胎）及塑料件等要按规定分类回收、保管和运输，交给相关企业进行加工处理、改变用途使用，或作为能量再生使用。

第二十二条　对含有有毒物质或对环境及人身有害的物质，如蓄电池、安全气囊、催化剂、制冷剂等，必须交由有资质的企业处理。

危险废物的收集、储存、运输、处理应符合《危险废物贮存污染控制标准》、《危险废物填埋污染控制标准》、《危险废物焚烧污染控制标准》等安全和环保要求。

第二十三条　对处理污染废物及有毒物质的企业实行严格的准入管理，加强监督检查，减少进而避免对环境和人身健康造成损害。

取得环境保护部门颁发的经营许可证的单位，方可从事危险废物的收集、利用、储存、运输、处理等经营活动。

第四章　废旧汽车及其零部件进口

第二十四条　除允许进口车用发电机、起动机及微电机进行再制造用于汽车维修外，不得进口废旧汽车零部件直接或经过再制造用于汽车组装生产或维修。

进口旧电机应符合《进口可用作原料的固体废物环境保护控制标准——废电机》（GB16487.8－2005）的要求。

第二十五条　在不违反相关环保要求的条件下，材料生产企业可按规定进口报废汽车（已经成为切屑）及其零部件作为生产原料，但禁止以此类进口件装车及进入流通环节。

禁止从进口废旧汽车上拆卸零部件直接或经过再制造用于汽车组装生产或维修。

第二十六条　禁止进口加工能耗高、效率低、污染重或成本高，以及有毒、损害环境的汽车材料。

第二十七条　在发展资源再生产业的国际贸易中，严格控制汽车废物和其他废物进口。

在严格控制汽车废物和其他有毒有害废物进口的前提下，充分利用两个市场、两种资源，积极发展资源再生产业的国际贸易。

第五章　汽车回收及再生利用

第二十八条　回收拆解及再生利用过程中，要本着程序科学、作业环保、再生高效、低耗的原则，提高再生质量，扩大再生范围，减少废弃物数量。

相关企业要科学进行报废汽车的预处理、拆解、切割、破碎、非金属物处理（可证实的再循环和以后有可能用于能量再生的物质），提高报废汽车零部件及各种物质的再利用、循环利用和回收利用率。

第二十九条　汽车材料、物质生产企业应积极开发可循环利用且环保的新材料，尤其要加大对再生材料和替代材料技术的开发应用，扩大回收材料的再生领域，提高再生产品质量，促进循环经济的快速、健康发展。

回收拆解、材料再生及其他回收利用企业应不断提高技术与管理水平，与汽车产品生产企业协力实现我国汽车产品回收利用率分阶段目标，保证社会效益和经济效益。

第三十条　报废汽车回收拆解及再生利用企业要满足第三章对拆解零部件、废油液、贵金属材料、固体废物等的要求。同时，企业制定的操作规范应符合我国法律、法规、技术标准和法规等要求。

第三十一条 回收拆解企业应有必要的专业技术人员，具备与处理能力相适应的专门设备、场地等。

回收拆解及再生企业要通过结构调整、产业优化、技术改造等措施建立必要条件，增强节约与环保意识，完善处理设施，提高处理能力，逐步实现专业化、规模化作业。

第三十二条 为防止环境污染，实现汽车生产企业或进口总代理商承诺的可回收利用率，报废汽车回收拆解企业应与汽车生产企业或进口总代理商签定协议，提高废旧汽车产品的拆解、再利用能力。

对不能达到或不再具备回收处理协议要求条件的回收拆解企业，汽车生产企业或进口总代理商可依法废止协议。

第六章 促进措施

第三十三条 为有效实现报废汽车产品的回收利用，对提前达到产品可回收利用率或超过当时政策规定限值的企业、在生产中使用再生材料达到一定数值的企业、开发并应用回收利用技术及设备的企业和引进专用处理技术及设备并进行国产化开发的企业，国家将给予必要的优惠政策，以鼓励汽车产品生产和回收利用企业提高汽车产品的回收利用率，主动使用再生材料。

第三十四条 鼓励相关企业通过合资、合作及技术引进等措施，消化、吸收国外先进的产品设计、新型材料及环保产品生产、报废车拆解、旧零部件再制造和材料回收再生技术，开发应用先进的检测试验装置及设备，建立新型、高效生产技术体系，提高汽车回收利用技术与设备的国际竞争力。

第三十五条 政府主管部门将组织研究、开发和推广减少工业固体废物产生量的生产工艺和设备，公布限期淘汰产生严重污染环境的工业固体废物的落后生产工艺、落后设备的名录。

生产者、销售者、进口者或者使用者必须在国务院经济综合主管部门会同国务院有关部门规定的期限内分别停止生产、销售、进口或者使用列入前款规定的名录中的设备。生产工艺的采用者必须在政府有关部门规定的期限内停止采用列入前款规定的名录中的工艺。依照前款规定被淘汰的设备，不得转让给他人使用。

第三十六条 政府主管部门将适时制定汽车限用材料时间表，引导企业积极采用环保、有利于回收利用的材料。

产品在一定时间内达不到可回收利用率要求的汽车生产企业或进口商，将受到相应的处罚，并对其加收环保处理费。

第三十七条 提倡有利于节约资源和保护环境的生活方式与消费方式；鼓励使用绿色产品，如环境标志产品、能效标志产品等。

政府采购汽车产品时，要优先选择可回收利用率高的产品。

报废汽车车主、回收拆解企业等要严格按照国务院2001年颁布的《报废汽车回收管理办法》(第307号令)等相关政策法规交付、回收、拆解、处理报废汽车。

第三十八条 支持汽车发动机等废旧机电产品再制造；建立垃圾分类收集和分选系统，不断完善再生资源回收、加工、利用体系。

第三十九条 汽车生产主管部门及工商、环保等部门应依法加强监管力度，有效提高我国汽车产品的实际回收利用率。

第四十条 完善报废汽车回收利用网络，明确回收处理技术路线，制定促进报废汽车再生利用的法规、政策和措施。

政府有关部门将针对我国汽车产品回收利用情况，组织相关机构、企业等对有关政策、法规进行深入研究，制定、完善各项配套政策，力争如期实现我国汽车产品分阶段回收利用率目标。

附录 术语和定义

本技术政策及工作指南中的术语和定义参考《道路车辆可再利用性和可回收利用性计算方法》(GB/T 19515—2004/ ISO 22628:2002)。

1. 车辆质量

GB/T 3730.2—1996 中规定的整车整备质量。

2. 再使用

对报废车辆零部件进行的任何针对其设计目的的使用。

3. 再利用

经过对废料的再加工处理，使之能够满足其原来的使用要求或者用于其他用途，不包括使其产生能量的处理过程。

4. 回收利用

经过对废料的再加工处理，使之能够满足其原来的使用要求或者用于其他用途，包括使其产生能量的处理过程。

5. 可拆解性

零部件可以从车辆上被拆解下来的能力。

6. 可再使用性

零部件可以从报废车辆上被拆解下来进行再使用的能力。

7. 可再利用性

零部件和/或材料可以从报废车辆上被拆解下来进行再利用的能力。

8. 可再利用率

新车中能够被再利用和/或再使用部分占车辆质量的百分比(质量百分数)。

9. 可回收利用性

零部件和/或材料可以从报废车辆上被拆解下来进行回收利用的能力。

10. 可回收利用率

新车中能够被回收利用和/或再使用部分占车辆质量的百分比(质量百分数)。

11. 危险废物

是指列入国家危险废物名录或者根据国家规定的危险废物鉴别标准和鉴别方法认定的具有危险特性的废物。

12. 处理

是指对废旧物品及物质采用物理、化学等方法进行分解、清洁、组合、加工、再制造、再生等作业，达到再利用、无害化或减少危害程度、环保化要求的活动。

13. 处置

是指将固体废物焚烧和其他改变固体废物的物理、化学、生物特性的方法，达到减少已产生的固体废物数量、缩小固体废物体积、减少或者消除其危险成分的活动，或者将固体废物最终置于符合环境保护规定要求的场所或者设施并不再回取的活动。

14. 汽车产品

包括汽车整车、零部件及其他车用物质；汽车指汽车整车。

15. 汽车生产企业

指汽车整车(含改装)生产企业；汽车产品生产企业包括汽车整车、零部件及其他车用物质的生产企业。

废弃家用电器与电子产品污染防治技术政策

环发[2006]115号

各省、自治区、直辖市环境保护局(厅)、科技厅、信息产业主管部门、商务厅:

为贯彻《中华人民共和国固体废物污染环境防治法》和《中华人民共和国清洁生产促进法》，减少家用电器与电子产品使用废弃后的废物产生量，提高资源回收利用率，控制其在综合利用和处置过程中的环境污染，现发布《废弃家用电器与电子产品污染防治技术政策》，请严照执行。

国家环境保护总局
科学技术部
信息产业部
商务部
2006年4月27日

一、总则

(一)依据和目的

为了减少家用电器与电子产品的废弃量，提高资源再利用率，控制其在再利用和处置过程中的环境污染，根据《中华人民共和国固体废物污染环境防治法》、《中华人民共和国清洁生产促进法》和国家有关环境保护法律、法规，制定本技术政策。

(二)适用范围

本技术政策所称的家用电器是指家用电器及类似用途产品，包括电视机、电冰箱、空调、洗衣机、吸尘器等；电子产品是指信息技术(IT)和通讯产品、办公设备，包括计算机、打印机、传真机、复印机、电话机等。

本技术政策适用于家用电器与电子产品的环境设计、废弃产品的收集、运输与贮存、再利用和处置全过程的环境污染防治，为废弃家用电器与电子产品再利用和处置设施的规划、立项、设计、建设、运行和管理提供技术指导，引导相关产业的发展。

(三)定义

1. 废弃家用电器与电子产品

是指已经失去使用价值或因使用价值不能满足要求而被丢弃的家用电器与电子产品，以及其元(器)件、零(部)件和耗材，包括：

(1)消费者(用户)废弃的家用电器与电子产品；

(2)生产过程中产生的不合格产品及其元(器)件、零(部)件；

(3)维修、维护过程中废弃的元(器)件、零(部)件和耗材;

(4)根据有关法律法规,视为电子废物的。

2. 有毒有害物质

指家用电器与电子产品中含有的铅、汞、镉、六价铬、多溴联苯(PBB)和多溴二苯醚(PBDE)以及国家规定的其他有毒有害物质。

3. 生产者

家用电器与电子产品或元(器)件、零(部)件等品牌(商标)的所有者,包括:

(1)使用自己的品牌(商标),制造和销售家用电器与电子产品或元(器)件、零(部)件;

(2)使用自己的品牌(商标),转售由其他供应商生产的家用电器与电子产品或元(器)件、零(部)件;

(3)家用电器与电子产品进口商。

4. 再使用

指废弃家用电器与电子产品或其中的元(器)件、零(部)件,经简单维修后用于原来用途的任何行为,但不包括废旧家用电器与电子产品转由他人的直接再使用。

5. 再利用

指对废弃家用电器与电子产品或废弃材料的再加工,加工后材料的用途可与以前相同或不同,但不包括对废弃材料直接焚烧进行的热能回收。

6. 处理

指对废弃家用电器与电子产品清除污染、拆解、破碎、再利用的活动。

7. 处置

废弃家用电器与电子产品经处理后,产生的无法进一步再使用、再利用的残余物,采用焚烧、填埋或其他方式,以达到减容、减少或消除其危害性的活动。

(四)指导思想

1. 推行"三化"原则

(1)减量化:通过对家用电器与电子产品的环境友好设计,减少产品中有毒有害物质和材料的使用,延长产品的使用寿命,改善产品再利用特性,从而减少电子废物的产生量和危害性。

(2)资源化:通过对家用电器与电子产品及其元(器)件、零(部)件等的再使用和再利用,提高废弃家用电器与电子产品的再利用率。

(3)无害化:通过采用先进、适用的处理和处置工艺技术,控制废弃家用电器与电子产品再利用和处理处置过程中的环境污染。

2. 实行污染者负责的原则

国家对废弃家用电器与电子产品污染环境防治实行污染者负责的原则。

家用电器与电子产品的生产者(包括进口者)、销售者、消费者对其产生的废弃家用电器与电子产品依法承担污染防治的责任。

(五)目标

(1)国家适时发布、更新产品中禁止、限制使用的有毒有害物质名录,实施产品市场准入制度,推行环境友好产品的政府绿色采购政策,从源头减少和控制产品中有毒有害物质的使用。

(2)建立相对完善的废弃家用电器与电子产品回收体系,采用有利于回收和再利用的方案,逐步提高废弃家用电器与电子产品的环境无害化回收率和再利用率;

(3)规范废弃家用电器与电子产品再利用过程的环境行为,控制污染物排放;再利用过程中产生的危险废物纳入到危险废物处置体系,基本得到安全无害处置。

(六)公众参与

开展公众环境宣传和教育，提高公众的环境保护和资源节约意识，采取措施激励生产者、销售者、消费者和再利用者等各相关方参与废弃家用电器与电子产品的回收和再利用的积极性。

二、环境友好设计

(一)减少有毒有害物质的使用

(1)鼓励家用电器与电子产品中不使用或减少使用有毒有害物质，开发使用安全无毒害、低毒害的替代物质。

(2)国家按家用电器与电子产品种类，分时段逐步限制和禁止有毒有害物质的使用。

(二)延长产品使用寿命

鼓励通过采用模块化设计，元(器)件和零(部)件的寿命趋同设计，易维修、易升级设计等，延长产品的使用寿命。

(三)提高产品的再使用和再利用特性

生产者不应通过特殊设计或者加工工艺故意阻止产品废弃后的再使用，但若该设计或者加工工艺更有利于环境保护和安全的要求时，则不在此限。

鼓励减少使用材料的种类，多使用易回收利用材料，采用国际通行的标志标准对零(部)件(材料)进行标志，采取有利于废弃产品拆解的设计和工艺，提高废弃产品的再利用率。

(四)提高产品零(部)件的互换性

通过标准化使产品的通用零(部)件，在不同品牌或同一品牌的不同型号之间实现互换。

(五)合理使用包装材料

采取易于回收和再利用或易处理的包装材料，提高包装材料的回收和再利用率，限制过度包装，减少废弃包装物的产生量。

三、有毒有害物质的信息标志

(1)在有毒有害物质完全禁止使用之前，逐步推行有毒有害物质的信息标志制度。

生产者应在其产品的元(器)件、零(部)件上按照国际通行的或国家有关的信息标志标准，标明产品中含有毒有害物质的名称或代码，由于体积或功能的限制不能在产品上注明的，应在说明书中予以注明。

(2)生产者宜向家用电器与电子产品再使用者和处理处置者提供相关资料和信息，尤其是含有毒有害物质元(器)件名称和元(器)件装配部位等信息。

四、收集、运输及贮存

(1)鼓励建立多方参与的、符合不同种类和来源的废弃家用电器与电子产品回收系统。在建立回收体系时，应考虑来自政府机构、企事业单位和来自居民家庭的废弃家用电器与电子产品回收的不同特点。

(2)国家鼓励行业协会等非政府组织建立废弃家用电器与电子产品信息系统，为废弃产品的回收提供信息服务。

(3)废弃家用电器与电子产品的回收可采用付费、互换、无偿交易等市场手段，鼓励消费者(用户)将废弃产品交到指定的回收站点或与回收者预约上门收集。

(4)回收者收集的废弃家用电器与电子产品应送往具有相关资质的企业进行专业化、无害化地集中处理处置。

(5)废弃家用电器与电子产品在运输过程中应采取适当的包装措施,避免在运输过程中一些易碎产品或零部件破碎或有毒有害物质的泄漏、释出。

(6)废弃家用电器与电子产品的贮存应使用专门的存放场地,地面防渗漏处理,有防雨淋的遮盖物。

五、再使用

国家鼓励废弃家用电器与电子产品的再使用,但应遵循以下基本要求:

(1)从事废弃家用电器与电子产品再使用的厂商应具备必要的污染防治设施,在再使用过程中应采取必要的污染防治措施。

(2)家用电器与电子产品的再使用不宜采用一些破坏性的操作,导致大量废元(器)件、零(部)件产生,或者一些有毒有害物质的释出。

六、处理处置

(一)处理处置厂的要求

(1)处理处置厂的选址应符合国家及地方的相关规划要求。处理处置厂不应选在自然保护区、风景名胜区、生活饮用水源保护区和人口密集的居住区,以及其他需要特殊保护的地区。

(2)废弃产品中含有毒有害物质元(器)件、零(部)件的破碎、分选都应当在封闭设施中进行,产生的废气、粉尘应收集净化,达标后排放。

(3)处理处置厂应设置废液收集设备与容器,作业场所的地面应采取防渗漏处理,清洗废水进行预处理,达标后排放。

(4)处理处置过程中产生的残渣,以及废水处理过程中产生的污泥,应按照危险废物鉴别标准(GB5085.1－3－1996)进行危险特性鉴别。属于危险废物的,应按照危险废物处置,不得混入生活垃圾。

(二)拆解

1. 废弃家用电器与电子产品无法维修或升级再使用时

应以手工或机械的方式进行拆解,分别进行处理。

对于拆解下的有使用价值的元(器)件、零(部)件,应首先考虑再使用;对于那些无法继续再使用的(元)器件、(零)部件等,应送往专业的再利用厂,回收利用其中的金属、玻璃和塑料等材料。

2. 含下述物质的元(器)件、零(部)件应单独拆除,分类收集

(1)显示器、电视机中的阴极射线管(CRT);

(2)表面积大于 $100cm^2$ 的液晶显示屏(LCD)及气体放电灯泡;

(3)表面积大于 $10cm^2$ 的印刷线路板;

(4)含多溴联苯或多溴二苯醚阻燃剂的塑料电线电缆、机壳等;

(5)多氯联苯电容器及含汞零(部)件;

(6)镉镍充电电池、锂电池等;

(7)废电冰箱、空调器及其他制冷器具压缩机中的制冷剂与润滑油。

(三)含危险物质的零(部)件的处理

1. 阴极射线管(CRT)

(1)彩色阴极射线管含铅玻锥与无铅玻屏应分类收集。含铅玻锥可作为阴极射线管玻壳制造厂的制造原料,或以其他的方式再利用和安全处置。

(2)玻屏上的含荧光粉涂层可采用干法或湿法两种工艺进行清除:

①采用干法工艺清除玻屏上的荧光粉涂层

时，应安装粉尘抽取和过滤装置，并妥善收集荧光粉；

②采用湿法工艺洗涤玻屏上的荧光粉涂层时，产生的洗涤废水需经处理达标后排放，含荧光粉的污泥应进行无害化处置。

2. 液晶显示器(LCD)

(1)便携式电脑及其他表面积大于100cm^{2}的液晶显示屏应以非破坏方式分离，将其中的液晶面板(其包覆的液晶不得泄漏)、背光模组及驱动集成电路拆除。

(2)液晶物质的无害化处理可采用加热析出，催化分解技术。

(3)从背光模组中拆下的冷阴极荧光管可送往专业的汞回收厂回收汞，或者连同其他含汞荧光灯管一起按照危险废物处置。

3. 线路板

(1)加热熔化锡铅焊料拆除线路板上元(器)件、零(部)件时，应使用抽风罩抽取焊料熔化时产生的铅烟(尘)，处理达标后排放。

(2)线路板上拆下的芯片、含金连接器及其他含贵金属的废料可通过溶蚀、酸洗、电解及精炼等工艺方法回收其中的金、银、钯等贵金属，并且回收处理装置应有相配套的环保设施。

禁止采用无环保措施的简易酸浸工艺提取金、银、钯等贵重金属，禁止随意倾倒废酸液和残渣。

(3)线路板上拆下的多氯联苯电容器等危险废物须送危险废物处置厂处置。

(4)被拆除芯片、电容器及其他元(器)件的线路板，可采用破碎、分选的方法回收铜、玻璃纤维和树脂，破碎应在封闭的设施中进行，并配备相应的粉尘处理装置。

4. 含多溴联苯或多溴二苯醚阻燃剂的电线电缆、塑料机壳

(1)含多溴联苯(PBB)和多溴二苯醚(PBDE)的电线电缆、塑料机壳与其他普通的电线电缆和塑料分类收集。

(2)含多溴联苯(PBB)和多溴二苯醚(PBDE)电线电缆中铜、铝等金属的回收宜采用物理方法，且粉碎和分选工艺应在封闭的设施中进行，分离出的电线电缆覆层应进行无害化处置。

禁止露天或使用无环保措施的简易焚烧炉焚烧电线电缆，回收其中的铜、铝等金属。

(3)含多溴联苯(PBB)和多溴二苯醚(PBDE)的塑料机壳，应进行无害化处置。

5. 电池

废弃家用电器与电子产品拆解下的各类电池(蓄电池、充电电池和纽扣电池)的处理处置遵循《废电池污染防治技术政策》及相关规定和标准要求。

(四)处置

(1)为了提高废弃家用电器与电子产品的再利用率，节约资源，在经济合理、技术可行的情况下，优先考虑再使用和再利用，其次再考虑焚烧或填埋处置。

(2)禁止含阴极射线管的计算机显示器和电视机直接进入生活垃圾填埋场和生活垃圾焚烧厂处置。

(3)废弃家用电器与电子产品处理过程中产生的各类危险废物或残余物应采用焚烧、填埋或其他适当的方式进行处置，废水、废气的排放应满足相关的环境保护标准要求。

七、鼓励发展的技术和装备

(1)鼓励研究、开发替代锡/铅焊接生产工艺、替代含溴阻燃剂技术等。

(2)鼓励研究、开发阴极射线管和液晶显示

器的拆解、再利用和处置的成套技术和装备。

(3)鼓励研究、开发各类废弃家用电器与电子产品的破碎、分选及无害化处置的技术和装备。

(4)鼓励开发、利用家用电器与电子产品无害化或低害化的生产原材料和生产技术。

(5)鼓励电冰箱、空调器中的 CFCs 制冷剂和发泡剂替代技术推广应用,采用零臭氧损耗、低温室效应,具备高效能的物质替代 CFCs。

(6)鼓励研究开发废弃电冰箱、空调器及其他制冷器具压缩机中 CFCs 制冷剂的回收技术与装备。

八、鼓励性政策法规及标准

(1)国家制定产品中禁止、限制使用的有毒有害物质名录,分批、分期禁止含有毒有害物质的家用电器与电子产品的销售。

(2)国家建立和完善政府绿色采购政策和相关的采购标准,优先采购环境友好的产品,引导家用电器与电子产品的生产向绿色化方向发展。

政府采取分阶段、逐步推进的方式实施家用电器与电子产品的绿色采购政策,具体实施阶段包括:

——优先采购阶段:分类优先采购符合绿色采购标准的家用电器与电子产品;

——禁止采购阶段:分类禁止采购不符合绿色采购标准的家用电器与电子产品。

(3)政府加强有关技术法规、标准的研究和制定,制订废弃产品拆解、再利用和处置的环保技术规范,产品中有毒有害物质含量限值等标准。

(4)国家研究废弃家用电器与电子产品污染防治有关的技术标准体系,制订产品生态设计标准、再使用产品标准、产品或部件回收利用的标志标准、回收利用率和再利用率计算方法标准等。

钢铁产业发展政策

国家发展和改革委员会令　第35号

《钢铁产业发展政策》业经国务院常务会议讨论通过，经国务院同意，现予以发布，自发布之日起施行。

国家发展和改革委员会主任　马凯

2005年7月8日

钢铁产业是国民经济的重要基础产业，是实现工业化的支撑产业，是技术、资金、资源、能源密集型产业，钢铁产业的发展需要综合平衡各种外部条件。我国是一个发展中大国，在经济发展的相当长时期内钢铁需求较大，产量已多年居世界第一，但钢铁产业的技术水平和物耗与国际先进水平相比还有差距，今后发展重点是技术升级和结构调整。为提高钢铁工业整体技术水平，推进结构调整，改善产业布局，发展循环经济，降低物耗能耗，重视环境保护，提高企业综合竞争力，实现产业升级，把钢铁产业发展成在数量、质量、品种上基本满足国民经济和社会发展需求，具有国际竞争力的产业，依据有关法律法规和钢铁行业面临的国内外形势，制定钢铁产业发展政策，以指导钢铁产业的健康发展。

第一章　政策目标

第一条　根据我国经济社会发展需要和资源、能源及环保状况，钢铁生产能力保持合理规模，具体规模可在规划中解决。钢铁综合竞争能力达到国际先进水平，使我国成为世界钢铁生产的大国和具有竞争力的强国。

第二条　通过产品结构调整，到2010年，我国钢铁产品优良品率有大幅度提高，多数产品基本满足建筑、机械、化工、汽车、家电、船舶、交通、铁路、军工以及新兴产业等国民经济大部分行业发展需要。

第三条　通过钢铁产业组织结构调整，实施兼并、重组，扩大具有比较优势的骨干企业集团规模，提高产业集中度。到2010年，钢铁冶炼企业数量较大幅度减少，国内排名前十位的钢铁企业集团钢产量占全国产量的比例达到50%以上；2020年达到70%以上。

第四条　通过钢铁产业布局调整，到2010年，布局不合理的局面得到改善；到2020年，形成与资源和能源供应、交通运输配置、市场供需、环境容量相适应的比较合理的产业布局。

第五条 按照可持续发展和循环经济理念，提高环境保护和资源综合利用水平，节能降耗。最大限度地提高废气、废水、废物的综合利用水平，力争实现“零排放”，建立循环型钢铁工厂。钢铁企业必须发展余热、余能回收发电，500万吨以上规模的钢铁联合企业，要努力做到电力自供有余，实现外供。2005年，全行业吨钢综合能耗降到0.76吨标煤、吨钢可比能耗0.70吨标煤、吨钢耗新水12吨以下；2010年分别降到0.73吨标煤、0.685吨标煤、8吨以下；2020年分别降到0.7吨标煤、0.64吨标煤、6吨以下。即今后十年，钢铁工业在水资源消耗总量减少和能源消耗总量增加不多的前提下实现总量适度发展。

第六条 在2005年底以前，所有钢铁企业排放的污染物符合国家和地方规定的标准，主要污染物排放总量应符合地方环保部门核定的控制指标。

第二章 产业发展规划

第七条 国家通过钢铁产业发展政策和中长期发展规划指导行业健康、持续、协调发展。钢铁产业中长期发展规划由国家发展和改革委员会会同有关部门制定。

第八条 2003年钢产量超过500万吨的企业集团可以根据国家钢铁产业中长期发展规划和所在城市的总体规划，制定本集团规划，经国务院或国家发展和改革委员会进行必要衔接平衡后批准执行。规划内的具体建设项目国家发展和改革委员会不再审批或核准，由企业办理土地、环保、安全、信贷等审批手续后自行组织实施，并按规定报国家发展和改革委员会备案。

第九条 其他钢铁企业的发展也必须符合钢铁产业发展政策和钢铁工业中长期发展规划的要求。

第三章 产业布局调整

第十条 钢铁产业布局调整要综合考虑矿产资源、能源、水资源、交通运输、环境容量、市场分布和利用国外资源等条件。钢铁产业布局调整，原则上不再单独建设新的钢铁联合企业、独立炼铁厂、炼钢厂，不提倡建设独立轧钢厂，必须依托有条件的现有企业，结合兼并、搬迁，在水资源、原料、运输、市场消费等具有比较优势的地区进行改造和扩建。新增生产能力要和淘汰落后生产能力相结合，原则上不再大幅度扩大钢铁生产能力。

重要环境保护区、严重缺水地区、大城市市区，不再扩建钢铁冶炼生产能力，区域内现有企业要结合组织结构、装备结构、产品结构调整，实施压产、搬迁，满足环境保护和资源节约的要求。

第十一条 从矿石、能源、资源、水资源、运输条件和国内外市场考虑，大型钢铁企业应主要分布在沿海地区。内陆地区钢铁企业应结合本地市场和矿石资源状况，以矿定产，不谋求生产规模的扩大，以可持续生产为主要考虑因素。

东北的鞍山一本溪地区有比较丰富的铁矿资源，临近煤炭产地，有一定水资源条件，根据振兴东北老工业基地发展战略，该区域内现有钢铁企业要按照联合重组和建设精品基地的要求，淘汰落后生产能力，建设具有国际竞争力的大型企业集团。

华北地区水资源短缺，产能低水平过剩，应根据环保生态要求，重点搞好结构调整，兼并重组，严格控制生产厂点继续增多和生产能力扩张。对首钢实施搬迁，与河北省钢铁工业进行重组。

华东地区钢材市场潜力大，但钢铁企业布局过于密集，区域内具有比较优势的大型骨干企业可结合组织结构和产品结构调整，提高生产集中度和国际竞争能力。

中南地区水资源丰富，水运便利，东南沿海地区应充分利用深水良港条件，结合产业重组和城市钢厂的搬迁，建设大型钢铁联合企业。

西南地区水资源丰富，攀枝花—西昌地区铁矿和煤炭资源储量大，但交通不便，现有重点骨干企业要提高装备水平，调整品种结构，发展高附加值产品，以矿石可持续供应能力确定产量，不追求数量的增加。

西北地区铁矿石和水资源短缺，现有骨干企业应以满足本地区经济发展需求为主，不追求生产规模扩大，积极利用周边国家矿产资源。

第四章　产业技术政策

第十二条　为确保钢铁工业产业升级和实现可持续发展，防止低水平重复建设，对钢铁工业装备水平和技术经济指标准入条件规定如下，现有企业要通过技术改造努力达标：

建设烧结机使用面积180平方米及以上；焦炉炭化室高度6米及以上；高炉有效容积1000立方米及以上；转炉公称容量120吨及以上；电炉公称容量70吨及以上。

沿海深水港地区建设钢铁项目，高炉有效容积要大于3000立方米；转炉公称容量大于200吨，钢生产规模800万吨及以上。钢铁联合企业技术经济指标达到：吨钢综合能耗高炉流程低于0.7吨标煤，电炉流程低于0.4吨标煤，吨钢耗新水高炉流程低于6吨，电炉流程低于3吨，水循环利用率95%以上。其他钢铁企业工序能耗指标要达到重点大中型钢铁企业平均水平。

钢铁建设项目要节约用地，严格土地管理，有关部门要抓紧完成钢铁厂用地指标和建筑系数标准修订工作。

第十三条　所有生产企业必须达到国家和地方污染物排放标准，建设项目主要污染物排放总量控制指标要严格执行经批准的环境影响评价报告书(表)的规定，对超过核定的污染物排放指标和总量的，不准生产运行。

新上项目高炉必须同步配套高炉余压发电装置和煤粉喷吹装置；焦炉必须同步配套干熄焦装置并匹配收尘装置和焦炉煤气脱硫装置；焦炉、高炉、转炉必须同步配套煤气回收装置；电炉必须配套烟尘回收装置。

企业应根据发展循环经济的要求，建设污水和废渣综合处理系统，采用干熄焦，焦炉、高炉、转炉煤气回收和利用，煤气—蒸汽联合循环发电，高炉余压发电、汽化冷却，烟气、粉尘、废渣等能源、资源回收再利用技术，提高能源利用效率、资源回收利用率和改善环境。

第十四条　加快培育钢铁工业自主创新能力，支持企业建立产品、技术开发和科研机构，提高开发创新能力，发展具有自主知识产权的工艺、装备技术和产品。支持企业跟踪、研究、开发和采用连铸薄带、熔融还原等钢铁生产流程前沿技术。

第十五条　企业应积极采用精料入炉、富氧喷煤、铁水预处理、大型高炉、转炉和超高功率电炉、炉外精炼、连铸、连轧、控轧、控冷等先进工艺技术和装备。

第十六条　支持和组织实施钢铁工业装备本地化，提高我国钢铁工业的重大技术装备研发、设计、制造水平。对于以国产新开发装备为依托建设的钢铁重大项目，国家给予税收、贴息、科研经费等政策支持。

第十七条 加快淘汰并禁止新建土烧结、土焦(含改良焦)、化铁炼钢、热烧结矿、容积300立方米及以下高炉(专业铸铁管厂除外)、公称容量20吨及以下转炉、公称容量20吨及以下电炉(机械铸造和生产高合金钢产品除外)、叠轧薄板轧机、普钢初轧机及开坯用中型轧机、三辊劳特式中板轧机、复二重式线材轧机、横列式小型轧机、热轧窄带钢轧机、直径76毫米以下热轧无缝管机组、中频感应炉等落后工艺技术装备。

钢铁产业必须严格遵守国家适时修订的《工商领域制止重复建设目录》、《淘汰落后生产能力、工艺和产品的目录》,或依照环保法规要求,淘汰落后工艺、产品和技术。

第十八条 进口技术和装备政策:鼓励企业采用国产设备和技术,减少进口。对国内不能生产或不能满足需求而必须引进的装备和技术,要先进实用。对今后量大面广的装备要组织实施本地化生产。

禁止企业采用国内外淘汰的落后二手钢铁生产设备。

第十九条 特钢企业要向集团化、专业化方向发展,鼓励采用以废钢为原料的短流程工艺,不支持特钢企业采用电炉配消耗高、污染重的小高炉工艺流程。鼓励特钢企业研发生产国内需求的军工、轴承、齿轮、工模具、耐热、耐冷、耐腐蚀等特种钢材,提高产品质量和技术水平。

第五章 企业组织结构调整

第二十条 支持钢铁企业向集团化方向发展,通过强强联合、兼并重组、互相持股等方式进行战略重组,减少钢铁生产企业数量,实现钢铁工业组织结构调整、优化和产业升级。

支持和鼓励有条件的大型企业集团,进行跨地区的联合重组,到2010年,形成两个3000万吨级,若干个千万吨级的具有国际竞争力的特大型企业集团。

大型钢铁企业均要进行股份制改造并支持其公开上市,鼓励包括民营资本在内的各类社会资本通过参股、兼并等方式重组现有钢铁企业,推进资本结构调整和机制创新。

第二十一条 国家支持具备条件的联合重组的大型钢铁联合企业通过结构调整和产业升级适当扩大生产规模,提高集约化生产度,并在主辅分离、人员分流、社会保障等方面给予政策支持。

第六章 投资管理

第二十二条 国家对各类经济类型的投资主体投资国内钢铁行业和国内企业投资境外钢铁领域的经济活动实行必要的管理,投资钢铁项目需按规定报国家发展和改革委员会审批或核准。

第二十三条 建设炼铁、炼钢、轧钢等项目,企业自有资本金比例必须达到40%及以上。

建设钢铁项目除满足环保生态、安全生产等国家法律法规要求外,企业还必须具备较强的资金实力、先进的技术和管理能力,以及健全的市场营销网络,水资源、矿石原料、煤炭和电力能源、运输等外部条件要稳定可靠和基本落实。

钢铁企业跨地区投资建设钢铁联合企业项目,普钢企业上年钢产量必须达到500万吨及以上,特钢企业产量达到50万吨及以上。非钢铁企业投资钢铁联合企业项目的,必须具有资金实力和较高的公信度,必须对企业注册资本进行验资,银行提供资信证明,会计事务所提供业绩报告，有条件的通过招标方式选择项目业主。

境外钢铁企业投资中国钢铁工业，须具有钢铁自主知识产权技术，其上年普通钢产量必须达到1000万吨以上或高合金特殊钢产量达到100万吨。投资中国钢铁工业的境外非钢铁企业，必须具有强大的资金实力和较高的公信度，提供银行、会计事务所出具的验资和企业业绩证明。境外企业投资国内钢铁行业，必须结合国内现有钢铁企业的改造和搬迁实施，不布新点。外商投资我国钢铁行业，原则上不允许外商控股。

第二十四条 对不符合本产业发展政策和未经审批或违规审批的项目，国土资源部门不予办理土地使用手续，工商管理部门不予登记，商务管理部门不批准合同和章程，金融机构不提供贷款和其他形式的授信支持，海关不予办理免税进口设备手续，质检部门不予颁发生产许可证，环保部门不予审批项目环境影响评价文件和不予发放排污许可证。

第二十五条 各金融机构向炼铁、炼钢、轧钢项目发放中长期固定资产投资贷款，要符合钢铁产业发展政策，加强风险管理，向新增能力的炼铁、炼钢、轧钢项目发放固定资产投资贷款需要项目单位提供国家发展和改革委员会出具的相应的项目批复、核准或备案文件。

第二十六条 企业申请首次公开发行股票或在证券市场融资，募集资金投向于钢铁行业，必须符合钢铁产业发展政策，并需向证券监管部门提供由国家发展和改革委员会出具的募集资金投向的文件。

第二十七条 国家鼓励钢铁生产和设备制造企业采用工贸或技贸结合的方式出口国内有优势的技术和冶金成套设备，并在出口信贷等方面给予支持。

第七章 原材料政策

第二十八条 矿产资源属国家所有。国家鼓励大型钢铁企业进行铁矿等资源勘探开发，矿山开采必须依法取得采矿许可证。储量5000万吨及以上铁矿资源的开采建设项目必须经国家发展和改革委员会核准或审批，同时做好矿山规划、安全生产以及土地复垦、水土保持、地下矿井回填等环境保护工作，禁止乱采滥挖行为。未经合法审批手续乱采滥挖的，国土资源部门要收回采矿权，停止非法开采行为。

第二十九条 根据我国富矿少、贫矿多的资源现状，国家鼓励企业发展低品位矿采选技术，充分利用国内贫矿资源。国土资源部门要加大矿产资源勘探力度，保护矿产资源，对滥采乱挖行为，要给予必要处罚和进行整顿。

第三十条 按照优势互补、互利双赢的原则，加强与境外矿产资源国际合作。支持有条件的大型骨干企业集团到境外采用独资、合资、合作、购买矿产资源等方式建立铁矿、铬矿、锰矿、镍矿、废钢及炼焦煤等生产供应基地。沿海地区企业所需的矿石、焦炭等重要原辅材料，国家鼓励依靠海外市场解决。

钢铁协会要搞好行业自律和协调，稳定国内外原料市场。国内多家企业对境外资源造成恶性竞争时，国家可采取行政协调方式，进行联合或确定一家企业进行投资，避免恶性竞争。企业应服从国家行政协调。

限制出口能耗高、污染大的焦炭、铁合金、生铁、废钢、钢坯（锭）等初级加工产品，降低或取消对这些产品的出口退税。

第八章 钢材节约使用

第三十一条 全社会要树立节约使用钢材意识，科学使用，鼓励用可再生材料替代和废钢材回收，减少钢材使用数量。

第三十二条 建设部门要适时组织修订和完善建筑钢材使用设计规范和标准，在确保安全的情况下，降低钢材使用系数。

设计部门要严格按照设计规范和标准进行设计，把研发的经济、节约型产品及时纳入标准设计。

第三十三条 鼓励研究、开发和使用高性能、低成本、低消耗的新型材料，替代钢材。

第三十四条 鼓励钢铁企业生产高强度钢材和耐腐蚀钢材，提高钢材强度和使用寿命，降低钢材使用数量。

通过推广Ⅲ级(400MPa)及以上级别热轧带肋钢筋、各类用途的高强度钢板、H型钢等钢材品种，降低钢材消耗。

开发应用抗硫化氢、抗二氧化碳腐蚀的油井管和管线钢板、耐大气腐蚀钢板和型钢、耐火钢等产品，提高钢材的耐腐蚀性和钢材使用寿命。

第三十五条 随着市场保有钢铁产品数量增加和废钢回收量增加，逐渐减少铁矿石比例和增加废钢比重。

第九章 其 他

第三十六条 咨询、设计、施工单位从事钢铁业活动，必须遵守本产业政策。相关行业协会要建立自律机制，互相监督。违反本产业政策规定的，由国家发展和改革委员会、建设部、工商管理总局等有关部门根据规定对责任人、责任单位进行处罚。

本产业发展政策是对钢铁行业的基本要求，各有关部门和行业协会可根据本产业政策制定和修订有关技术规范和相关标准。

第三十七条 规范市场秩序，维护市场稳定。鼓励钢铁企业与用户建立长期战略联盟，稳定供需关系，提高钢材加工配送能力，延伸钢铁企业服务。

第三十八条 发挥行业协会的作用，行业协会要建立和完善钢铁市场供求、生产能力、技术经济指标等方面信息定期发布制度和行业预警制度，向政府行政部门及时反映行业动向和提出政策建议，协调行业发展的重大事项，加强行业自律，引导企业的发展。

第三十九条 本产业政策由国务院授权发布，各政府行政管理部门都应遵守。对违反本产业发展政策的建设单位和行政单位，各级监察、投资、土地、工商、税务、质检、环保、商务、金融、证券监管等部门要追究其责任。

第四十条 钢铁产业发展政策，由国家发展和改革委员会组织有关部门制定、修订报国务院批准，并监督执行。

注：

1. 本产业发展政策所称钢铁产业的范围包括铁矿、锰矿、铬矿采选，烧结、焦化、铁合金、炭素制品、耐火材料、炼铁、炼钢、轧钢、金属制品等各工艺及相关配套工艺。
2. 跨地区投资指跨国，跨省、自治区、直辖市。
3. 境外企业包括国外和在香港、澳门、台湾地区注册的企业。

造纸产业发展政策

国家发展和改革委员会公告　2007年第71号

为完善造纸产业发展环境，公平市场秩序，推动造纸产业落实科学发展观，建设资源节约型、环境友好型社会，促进可持续发展，加快造纸大国向造纸强国转变，根据经济体制改革的要求，结合相关法律法规，特制定《造纸产业发展政策》，经国家发展改革委主任办公会议审议，现予发布，自发布之日起实施。

国家发展和改革委员会

2007年10月15日

前　言

造纸产业是与国民经济和社会事业发展关系密切的重要基础原材料产业，纸及纸板的消费水平是衡量一个国家现代化水平和文明程度的标志。造纸产业具有资金技术密集、规模效益显著的特点，其产业关联度强，市场容量大，是拉动林业、农业、印刷、包装、机械制造等产业发展的重要力量，已成为我国国民经济发展的新的增长点。造纸产业以木材、竹、芦苇等原生植物纤维和废纸等再生纤维为原料，可部分替代塑料、钢铁、有色金属等不可再生资源，是我国国民经济中具有可持续发展特点的重要产业。

目前，我国造纸工业企业3600家，能力约7000万吨，纸及纸板产量达5600万吨，消费量达5930万吨，生产量和消费量均居世界第二位，已成为世界造纸工业生产、消费和贸易大国。“十五”期间我国造纸工业进入快速发展期，其主要特点：一是政策环境基本建立，林纸一体化发展形成共识；二是生产消费快速增加，行业运行质量显著提高；三是原料结构有所改善，产品结构进一步优化；四是企业重组力度加大，产业集中度有所提高；五是污染防治初见成效，资源消耗进一步降低。但同时我国造纸产业也面临资源约束、环境压力等问题，主要表现在：一是规模不合理，规模效益水平低；二是优质原料缺口大，对外依存度高；三是资源消耗较高，污染防治任务艰巨；四是装备研发能力差，先进装备依靠进口；五是外商投资结构有待优化，统筹协调发展任务紧迫。

近年来，世界造纸产业技术进步发展迅速，由于受到资源、环境等方面的约束，造纸企业在节能降耗、保护环境、提高产品质量、提高经济效益等方面加大工作力度，正朝着高效率、高质量、高效益、低消耗、低排放的现代化大工业方向持续发展，呈现出企业规模化、技术集成化、产品多样化功能化、生产清洁化、资源节约化、林纸一体化和产业全球化发展的趋势。

发展我国造纸产业，必须坚持循环发展、环境保护、技术创新、结构调整和对外开放的基本原则，坚决贯彻落实科学发展观和走新型工业化道路的要求；进一步完善市场环境，加大自主创新，转变发展模式，加快企业重组，加大环境整治力度；促进林纸一体化建设，继续推进《全国林纸一体化工程建设"十五"及2010年专项规划》的实施；以企业为核心，以市场为导向，促进产、学、研、用相结合，提高制浆造纸装备国产化水平；更好体现造纸产业循环经济的特点，推进清洁生产，节约资源，关闭落后草浆生产线，减少污染，贯彻可持续发展方针；全面构建装备先进、生产清洁、发展协调、增长持续、循环节约、竞争有序的现代造纸产业，进一步适应国民经济发展的要求和世界经济一体化的形势。

根据完善社会主义市场经济体制改革的要求，结合相关法律法规，制定本产业发展政策，以建立公平的市场秩序和良好的发展环境，解决造纸产业发展中存在的问题，指导产业健康发展。

第一章 政策目标

第一条 通过政策的制定，建立充分发挥市场配置资源，辅之以政府宏观调控的产业发展新机制。

第二条 坚持改革开放，贯彻落实科学发展观，走新型工业化道路，发挥造纸产业自身具有循环经济特点的优势，实施可持续发展战略，建设中国特色的现代造纸产业。适度控制纸及纸板项目的建设，到2010年，纸及纸板新增产能2650万吨，淘汰现有落后产能650万吨，有效产能达到9000万吨。

第三条 通过产业布局、原料结构、产品结构、企业结构的调整，逐步形成布局合理、原料适合国情、产品满足国内需求、产业集中度高的新格局，实现产业结构优化升级。

第四条 加大技术创新力度，形成以企业为主体、市场为导向、产学研用相结合的技术创新体系，培育高素质人才队伍，研发具有自主知识产权的先进工艺、技术、装备及产品，培育一批制浆造纸装备制造龙头企业，提高我国制浆造纸装备研发能力和设计制造水平。

第五条 转变增长方式，增强行业和企业社会责任意识，严格执行国家有关环境保护、资源节约、劳动保障、安全生产等法律法规。到2010年实现造纸产业吨产品平均取水量由2005年103立方米降至80立方米、综合平均能耗(标煤)由2005年1.38吨降至1.10吨、污染物(COD)排放总量由2005年160万吨减到140万吨，逐步建立资源节约、环境友好、发展和谐的造纸产业发展新模式。

第六条 明确产业准入条件，规范投融资行为和市场秩序，建立公平的竞争环境。

第二章 产业布局

第七条 造纸产业布局要充分考虑纤维资源、水资源、环境容量、市场需求、交通运输等条件，发挥比较优势，力求资源配置合理，与环境协调发展。

第八条 造纸产业发展总体布局应"由北向南"调整，形成合理的产业新布局。

第九条 长江以南是造纸产业发展的重点

地区，要以林纸一体化工程建设为主，加快发展制浆造纸产业。

东南沿海地区是我国林纸一体化工程建设的重点地区；

长江中下游地区在充分发挥现有骨干企业积极性的同时，要加快培育或引进大型林纸一体化项目的建设主体，逐步发展成为我国林纸一体化工程建设的重点地区；

西南地区要合理利用木、竹资源，变资源优势为经济优势，坚持木浆、竹浆并举；

长江三角洲和珠江三角洲地区，特别要重视利用国内外木浆和废纸等造纸，原则上不再布局利用本地木材的木浆项目。

第十条 长江以北是造纸产业优化调整地区，重点调整原料结构、减少企业数量、提高生产集中度。

黄淮海地区要淘汰落后草浆产能，增加商品木浆和废纸的利用，适度发展林纸一体化，控制大量耗水的纸浆项目，加快区域产业升级，确保在发展造纸产业的同时不增加或减少水资源消耗和污染物排放；

东北地区加快造纸林基地建设，加大现有企业改造力度，提高其竞争力，原则上不再布局新的制浆造纸企业；

西北地区要通过龙头企业的兼并与重组，加快造纸产业的整合，严格控制扩大产能。

第十一条 重点环境保护地区、严重缺水地区、大城市市区，不再布局制浆造纸项目，禁止严重缺水地区建设灌溉型造纸林基地。

第三章 纤维原料

第十二条 充分利用国内外两种资源，提高木浆比重、扩大废纸回收利用、合理利用非木浆，逐步形成以木纤维、废纸为主、非木纤维为辅的造纸原料结构。到 2010 年，木浆、废纸浆、非木浆结构达到 26%、56%、18%。

第十三条 加快推进林纸一体化工程建设，大力发展木浆，鼓励利用木材采伐剩余物、木材加工剩余物、进口木材和木片等生产木浆，合理进口国外木浆。到 2010 年，力争实现建设造纸林基地 500 万公顷、新增木浆生产能力 645 万吨的目标。

第十四条 鼓励现有林场及林业公司与国内制浆造纸企业共同建设造纸原料林基地。企业建设造纸林基地要符合国家林业分类经营、速生丰产林建设规划和全国林纸一体化专项规划的总体要求，并且必须符合土地、生态、水土保持和环境保护等相关规定。

第十五条 鼓励发展商品木浆项目。依靠国内市场供应木材原料的制浆项目必须同时规划建设造纸林基地或者先行核准其中的造纸原料林基地建设项目。不得以未经核准的林纸一体化项目的名义单独建设或圈占造纸林基地。承诺依靠国外市场供应木材原料的制浆项目要严格履行承诺。

第十六条 支持国内有条件的企业到国外建设造纸林基地和制浆造纸项目。

第十七条 加大国内废纸回收，提高国内废纸回收率和废纸利用率，合理利用进口废纸。尽快制定废纸回收分类标准，鼓励地方制定废纸回收管理办法，培育大型废纸经营企业，建立废纸回收交易市场，规范废纸回收行为。到 2010 年，使我国国内废纸回收率由目前的 31% 提高至 34%，国内废纸利用率由 32% 提高至 38%。

第十八条 坚持因地制宜，合理利用非木纤维资源。充分利用竹类、甘蔗渣和芦苇等资源制浆造纸，严格控制禾草浆生产总量，加快对现有禾草浆生产企业的整合，原则上不再新建禾草化学浆生产项目。

第十九条 限制木片、木浆和非木浆出口，在取消出口退税的基础上加征出口关税。

第四章 技术与装备

第二十条 坚持引进技术和自主研发相结合的原则。跟踪研究国际前沿技术，发展具有自主知识产权的先进适用技术和装备。鼓励原始创新、集成创新、引进消化吸收再创新。建立国家造纸工程研究中心和国家认定造纸企业技术中心，支持重点科研机构、设计单位、造纸企业、装备制造企业联合开展技术开发和研制，支持行业关键、共性技术成果服务平台与信息网络建设。组织实施重大装备本地化项目，提高技术与装备制造水平。

第二十一条 制浆造纸装备研发的重点为:年产30万吨及以上的纸板机成套技术和设备，幅宽6米左右、车速每分钟1200米、年产10万吨及以上的文化纸机，幅宽2.5米、车速每分钟600米以上的卫生纸机成套技术和设备，年产10万吨高得率、低能耗的化学机械木浆成套技术及设备，年产10万吨及以上的废纸浆成套技术和设备，非木材原料制浆造纸新工艺、新技术和新设备的开发与研究，特别是草浆碱回收技术和设备的开发，以及节水、节能技术和设备。要在现有基础上，加大自主创新力度，尽快形成自主知识产权，实现成套装备国产化。

第二十二条 造纸产业技术应向高水平、低消耗、少污染的方向发展。鼓励发展应用高得率制浆技术，生物技术，低污染制浆技术，中浓技术，无元素氯或全无氯漂白技术，低能耗机械制浆技术，高效废纸脱墨技术等以及相应的装备。优先发展应用低定量、高填料造纸技术，涂布加工技术，中性造纸技术，水封闭循环技术，化学品应用技术以及宽幅、高速造纸技术，高效废水处理和固体废物回收处理技术。

第二十三条 淘汰年产3.4万吨及以下化学草浆生产装置、蒸球等制浆生产技术与装备，以及窄幅宽、低车速的高消耗、低水平造纸机。禁止采用石灰法制浆，禁止新上项目采用元素氯漂白工艺(现有企业应逐步淘汰)。禁止进口淘汰落后的二手制浆造纸设备。

第二十四条 调整制浆造纸装备制造企业结构，培育大型制浆造纸装备制造集团或联合体，建立研究、开发、设计、制造、集成平台，提高成套装备研发和集成能力，鼓励国外设备制造商采用先进技术与国内制浆造纸装备制造企业合资合作，促进装备国产化。

第五章 产品结构

第二十五条 适应市场需求，形成多样化的纸及纸板产品结构。整合现有资源，对消耗高、质量差的低档产品，加快升级换代步伐。

第二十六条 研究开发低定量、功能化纸及纸板新产品，重点开发低定量纸及纸板、含机械浆的印刷书写纸、液体包装纸板、食品包装专用纸、低克重高强度的瓦楞原纸及纸板等产品，积极研发信息用纸、国防及通讯特种用纸、农业及医疗特种用纸等，增加造纸品种。

第二十七条 适时修订《环境标志产品技术要求一再生纸制品》，鼓励造纸企业扩大利用废纸生产新闻纸、印刷书写用纸、办公用纸、包装纸板等再生纸产品。

第二十八条 鼓励企业加大品牌创新力度，实施名牌战略。

第六章　组织结构

第二十九条　建立现代企业制度，完善产业组织形式，改变制浆造纸企业数量多、规模小、布局分散的局面，形成大型企业突出、中小企业比例合理的产业组织结构。

第三十条　支持国内企业通过兼并、联合、重组和扩建等形式，发展10家左右100万吨至300万吨具有先进水平的制浆造纸企业，发展若干家年产300万吨以上跨地区、跨部门、跨所有制的，具有国际竞争力的大型制浆造纸企业集团。

第三十一条　在新建大型木浆生产企业的同时，加快整合现有木浆生产企业，关停规模小、技术落后的木浆生产企业。鼓励发展若干大中型商品木浆生产企业或企业集团；充分利用竹子资源，支持发展一批年产10万吨以上的竹浆生产企业；改变小型废纸浆造纸企业数量过多的现状，促进中小型废纸浆造纸企业扩大规模，提高集中度；原则上不再兴建化学草浆生产企业。

第三十二条　中小型造纸企业要向“专、精、特、新”方向发展，淘汰产品质量差、资源消耗高、环境污染重的小企业，减少小企业数量。

第三十三条　企业组织结构调整，坚持股权多元化，防止恶意并购，避免行业垄断。

第三十四条　努力提高产业集中度水平，到2010年，排名前30名的制浆造纸企业纸及纸板产量之和占总产量的比重由目前的32%提高至40%。

第七章　资源节约

第三十五条　贯彻执行国务院《关于加快发展循环经济的若干意见》，按照减量化、再利用、资源化的原则，提高水资源、能源、土地和木材等使用效率，转变增长方式，建设资源节约型造纸产业。

第三十六条　增强全行业节水意识，大力开发和推广应用节水新技术、新工艺、新设备，提高水的重复利用率。在严格执行《造纸产品取水定额》的基础上，逐步减少单位产品水资源消耗。新建项目单位产品取水量在执行取水定额“A”级的基础上减少20%以上，目前执行“B”级取水定额的企业2010年底按“A”级执行。

第三十七条　严格执行《水法》、《取水许可和资源费征收管理条例》和《取水许可制度实施办法》等有关法律法规的规定，实行取水许可制度和水资源有偿使用制度，全面推行总量控制和定额管理，加强水资源的合理开发、节约和保护。

第三十八条　鼓励企业采用先进节能技术，改造、淘汰能耗高的技术与装备，充分发挥制浆造纸适宜热电联产的有利条件，提高能源综合利用效率。

第三十九条　执行最严格的土地管理制度，节约集约使用土地。严格执行《水土保持法》有关规定，防止水土流失。

第八章　环境保护

第四十条　严格执行《环境保护法》、《水污染防治法》、《环境影响评价法》、《清洁生产促进法》等法律法规，坚持预防为主、综合治理的方针，增强造纸行业的环境保护意识和造纸企业的社会责任感，健全环境监管机制，加大环境保护执法力度，完善污染治理措施，适时修订《造纸产业水污染物排放标准》，严格控制污染物排放，建设环境友好型造纸产业。

第四十一条　大力推进清洁生产工艺技术，实行清洁生产审核制度。新建制浆造纸项目必须从源头防止和减少污染物产生，消除或减少厂外治理。现有企业要通过技术改造逐步实现清洁生产。要以水污染治理为重点，采用封闭循环用水、白水回用，中段废水处理及回收、废气焚烧回收热能、废渣燃料化处理等“厂内”环境保护技术与手段，加大废水、废气和废渣的综合治理力度。要采用先进成熟废水多级生化处理技术、烟气多电场静电除尘技术、废渣资源化处理技术，减少“三废”的排放。

第四十二条　制浆造纸废水排放要实行许可证管理，严格执行国家和地方排放标准及污染物总量控制指标。全面建设废水排放在线监测体系，定期公布企业废水排放情况。制定激励政策，鼓励达标企业加大技术改造和工艺改进力度，进一步减少水污染物排放。依法责令未达标企业停产整治，整改后仍不达标或超总量指标的企业要依法关停。

第四十三条　实行环境指标公告和企业环保信息公开制度，鼓励公众参与并监督企业环境保护行为，积极推行环境认证、环境标志和环境保护绩效考核制度，严格实行环境执法责任制度和责任追究制度。

第四十四条　造纸林基地建设要注重生态保护，加强环境影响评价工作，遵循林业分类经营原则，应用高新技术手段，科学造林，保护生物多样性，严禁毁林造林，防止水土流失。

第九章　行业准入

第四十五条　进入造纸产业的国内外投资主体必须具备技术水平高、资金实力强、管理经验丰富、信誉度高的条件。企业资产负债率在70％以内，银行信用等级AA级以上。

第四十六条　制浆造纸重点发展和调整省区应编制造纸产业中长期发展规划，其内容必须符合国家造纸产业发展政策的总体要求，并报国家投资主管部门备案。大型制浆造纸企业集团应根据国家造纸产业发展政策编制企业中长期发展规划，并报国家投资主管部门备案。

第四十七条　造纸产业发展要实现规模经济，突出起始规模。新建、扩建制浆项目单条生产线起始规模要求达到：化学木浆年产30万吨、化学机械木浆年产10万吨、化学竹浆年产10万吨、非木浆年产5万吨；新建、扩建造纸项目单条生产线起始规模要求达到：新闻纸年产30万吨、文化用纸年产10万吨、箱纸板和白纸板年产30万吨、其他纸板项目年产10万吨。薄页纸、特种纸及纸板项目以及现有生产线的改造不受规模准入条件限制。

第四十八条　单一企业（集团）单一纸种国内市场占有率超过35％，不得再申请核准或备案该纸种建设项目；单一企业（集团）纸及纸板总生产能力超过当年国内市场消费总量的20％，不得再申请核准或备案制浆造纸项目。

第四十九条　新建项目吨产品在COD排放量、取水量和综合能耗（标煤）等方面要达到先进水平。其中漂白化学木浆为10千克、45立方米和500千克；漂白化学竹浆为15千克、60立方米和600千克；化学机械木浆为9千克、30立方米和1100千克；新闻纸为4千克、20立方米和630千克；印刷书写纸为4千克、30立方米和680千克。

第十章　投资融资

第五十条　严格执行国务院《关于投资体制改革的决定》及相关的管理办法、《促进产业结构调整暂行规定》及指导目录、《指导外商投资方向规定》及指导目录。

第五十一条 严格执行项目法人制度、资本金制度和招投标制度。内资项目资本金依照《国务院关于固定资产投资项目试行资本金制度的通知》执行；外资项目注册资金依照《国家工商行政管理局关于中外合资经营企业注册资本与投资总额比例的暂行规定》执行。

第五十二条 鼓励国内企业兼并、收购和重组国内制浆造纸企业和装备制造企业。外商投资企业发生上述行为应按照国家有关外商投资的法律法规及规章的规定办理。

第五十三条 加大投资监管，对违规审批、自行审批、拆分审批、擅自更改批复或备案内容等行为，撤销项目法人投资项目的资格，并追究相关当事人的行政责任。

第五十四条 支持具备条件的制浆造纸企业通过公开发行股票和发行企业债券等方式筹集资金。国内金融机构特别是政策性银行应优先给予国内大型骨干制浆造纸企业建设项目融资支持。

对违规项目，金融机构不得提供贷款。

第十一章 纸品消费

第五十五条 按照建设节约型社会的要求，造纸产业在发展的同时，应积极倡导纸及纸板产品的合理消费，在全社会建立节约用纸的意识。

第五十六条 适时修订造纸产品标准，改变目前社会过度追求高白度等指标的纸产品消费倾向，以节约资源，减少污染，引导理性、绿色消费。

第五十七条 政府采购根据实际用途，在满足基本需求的前提下，要优先采购使用掺有一定比例废纸生产的纸产品；积极推进办公自动化，减少办公环节纸制品的消耗。

第五十八条 新闻出版业在保证健康发展的同时，要合理控制报刊、期刊的发行规模；积极发展以数字化内容、数字化生产和网络化为主要特征的新媒体；严格执行国家技术标准，控制课本用纸克重；鼓励一般图书和期刊的出版降低用纸克重。

第五十九条 倡导节约型模式，实现包装材料和制品的轻量化和减量化生产。在包装制品的设计和生产过程中，鼓励利用掺有废纸的纸及纸板生产包装制品；对于运输包装用纸箱，要发展“低克重、高强度”的瓦楞原纸和纸板；对于销售包装用纸箱和纸盒，降低包装成本，倡导适度包装，避免过度包装。

第六十条 适度加大国内市场需求的纸及纸板进口量，缓解国内造纸原料过度依赖国际市场的局面。

第十二章 其 他

第六十一条 维护国内公平市场秩序，建立造纸产品进出口预警机制，避免贸易纠纷。

第六十二条 加强人才队伍建设，支持企业培养和吸引科技创新人才以及高级管理人才，全面提高企业职工素质。

第六十三条 充分发挥行业协会等中介机构作为政府与企业的桥梁作用，加强产业发展问题的分析与研究，反映产业发展情况，提出产业发展建议。

第六十四条 本产业政策涉及相关的法律、法规、政策、标准等如有修订，按修订后的规定执行。

第六十五条 本产业政策自发布之日起实施，由国家发展改革委负责解释。

附件1:我国造纸工业现状及主要问题

(一)基本情况

我国已成为世界造纸产品的主要生产国和消费国,同时也是世界造纸产品主要进口国,产品自给率达88.7%,基本上满足国内新闻出版、印刷、商品包装等相关行业的消费需求。我国纸及纸板生产企业约有3600家左右,生产能力约7000万吨。2005年我国规模以上纸及纸板企业工业总产值2622亿元,较2000年增长146.7%,年均增长19.8%;资产总计3228亿元,较2000年增长61.9%,年均增长10.1%;销售收入2546亿元,较2000年增长152.1%,年均增长20.0%。"十五"期间,我国造纸工业进入快速发展期,主要呈现以下特点:

1. 政策环境基本建立,林纸一体化发展形成共识

"十五"期间,国家有关部委将纸浆、纸及纸板列入国家《产业结构调整指导目录》和《外商投资产业指导目录》中的鼓励类;为调整不合理的造纸原料结构,解决造纸业可持续发展的瓶颈问题,国务院批准了《关于加快造纸工业原料林基地建设的若干意见》和《全国林纸一体化工程建设"十五"及2010年专项规划》。通过规划的宣传和贯彻落实,全社会逐步形成了林纸一体化发展的共识。随着一批林纸一体化工程项目的有序实施,造纸工业发展进入了一个新的发展期。

2. 生产消费快速增加,行业运行质量显著提高

"十五"期间我国纸及纸板消费和生产快速增长,生产量增长速度高于消费量增速,有效满足了需求。2005年我国纸及纸板消费量为5930万吨,比2000年增长65.9%,年均增长10.7%,人均年消费量从27.8千克增长为45.0千克,超出亚洲人均消费量约10千克,但与世界人均消费量的56.3千克相比仍有相当大的差距;生产量达5600万吨,比2000年增长83.6%,年均增长12.9%。"十五"期间造纸工业运行质量显著提高。纸及纸板总产值为2622亿元,比2000年增长146.7%,年均增长19.8%;增加值由358亿元增至727亿元,增长103.1%,年均增长15.2%;利税总额由95.7亿元增至225.2亿元,增长135.4%,年均增长18.7%;利润总额由43.9亿元增至123.2亿元,增长180.6%,年均增长22.9%;实物劳动生产率由29.6吨/人·年提高至73.4吨/人·年,年均增长19.9%。

3. 原料结构有所改善,产品结构进一步优化

"十五"期间,我国造纸工业充分利用国内外两种资源,原料结构进一步优化。木浆比重有所提高,由19%提高至22%;废纸浆比重快速增长,由41%提高至54%,非木浆比重下降幅度较大,由40%降至24%。"十五"期间通过调整,纸及纸板产品开始向适应消费需求,由数量型向质量型转变。新闻纸、高档文化办公用纸、涂布纸及涂布包装纸板、牛皮箱纸板、中高档生活用纸等市场急需或短缺的产品得到较快发展,缓解了供需矛盾。中高档产品比重由"九五"时期的45%提高到60%以上。

4. 企业重组力度加大,产业集中度有所提高

"十五"期间我国造纸企业重组力度加大,多个有实力的企业在全国范围内进行跨省跨地区收购兼并,向集团化、特色化、多元化方向发展,一批生产技术装备先进、产品信誉好、具有资源整合能力和较强竞争力的现代化造纸企业

脱颖而出。目前在深、沪两地上市的造纸企业有26家，一批龙头企业通过股市融资得到快速发展。与此同时，民营、外资企业的市场占有率和行业影响力不断提高，已成为我国造纸业稳定发展的生力军，形成多元化竞争格局。2005年，年产10万吨以上造纸企业90余家，其中年产能30万吨以上造纸企业25家，年产能100万吨以上的造纸企业7家，行业前二十名企业的产量、销售收入、利税总额占规模以上全部企业上述指标的比重分别为29.2%、32.6%和41.9%。“十五”期间，前二十名企业产量增加量占总产量增加量的44.1%，并呈逐步扩大趋势。

5. 污染防治初见成效，资源消耗进一步降低

“十五”期间，我国造纸企业积极实施清洁生产，加大环境治理力度，环保部门加大了环境监测和对污染问题的查处力度，关停了1500多家能耗高、污染大的制浆造纸企业。在产量增长高达83.6%的情况下，行业废水排放总量仅由2000年的35.3亿吨略增至2005年的36.7亿吨，占全国重点统计企业废水排放总量的比例则由18.6%降至17.0%，其中达标率由53.7%增至91.3%；化学需氧量(COD)排放量由287.7万吨降至159.7万吨，占全国重点统计企业化学需氧量排放总量的比例由44.0%降至32.4%。造纸行业的环境污染问题得到了较大程度的缓解，发展势头良好。“十五”期间，我国造纸工业的资源消耗有所降低，吨浆、纸及纸板平均综合能耗由1.55吨标煤降至1.38吨标煤，吨浆、纸及纸板取水量平均由139吨降至约103吨。由于加大了废纸回收利用，吨纸及纸板消耗原生纸浆由平均541千克降至427千克。

(二)存在的主要问题

1. 规模不合理，规模效益水平低

2005年世界木浆厂(不含中国)平均规模为20万吨，我国拥有木浆制浆能力的企业50余家，平均规模仅为年产10万吨，达到世界平均规模的企业只有4家。世界造纸企业(不含中国)平均规模为年产8万吨，我国造纸企业平均规模仅为1.9万吨，达到世界平均规模的企业只有80余家。与世界前十位的纸业公司比较，我国前十名的造纸企业产量总计仅为其十分之一，销售额总计仅为其百分之四。总体而言，目前我国制浆造纸工业大型集团少、强势企业少，大部分制浆造纸企业规模过小。这种状况使得企业的规模效益无法实现，限制了企业技术水平、装备水平、产品档次的提高和污染的有效防治。

2. 优质原料缺口大，对外依存度高

随着纸及纸板消费的增长和现代造纸工业产能的迅猛增加，国内纤维原料供需矛盾突出，缺口逐年增大。2005年我国纸浆消费总量5200万吨，其中木浆1130万吨，非木浆1260万吨，废纸浆2810万吨，分别占纸浆消费总量的22%、24%和54%。国际造纸工业纸浆消费总量中原生木浆比重平均为63%，而我国木浆消耗中国产木浆比例一直仅为7%左右。从进口依存度看，2005年我国进口木浆759万吨，进口废纸1703万吨，进口木浆和进口废纸占原料总消耗量的比例由2000年的22.6%提高到40.8%。若将进口商品木浆、废纸折合成纸和纸板再加上直接进口的纸和纸板，我国2005年5930万吨的总消费中约47%要依靠进口，影响造纸工业健康持续发展。林纸一体化发展虽已形成共识，但仍属于起步阶段。

3. 资源消耗较高，污染防治任务艰巨

造纸工业不合理的原料结构和规模结构以

及较低的技术装备水平，决定了我国造纸工业的水、能源、物料的消耗较高并成为主要的污染源。就吨浆纸综合能耗和综合水耗来看，国际上先进水平为吨浆纸综合能耗0.9～1.2吨标煤，综合取水量35～50立方米，我国除少数企业或部分生产线达到国际先进水平外，大部分企业吨浆纸综合能耗平均为1.38吨左右标煤，综合取水量平均仍处于103立方米左右高位。

2005年造纸工业废水排放量36.7亿吨，约占全国重点统计企业废水排放总量的17.0%，COD排放量159.7万吨，占全国重点统计企业COD排放总量的32.4%。其中草浆生产线有碱回收装置的产量仅占草浆总产量的30.0%，草类制浆COD排放量占整个造纸工业排放量的60%以上，仍然是主要的污染源。我国造纸工业面临的环保压力依然很大、污染防治任务十分艰巨。

4. 装备研发能力差，先进装备依靠进口

"十五"期间，除了部分适合我国国情的非木纤维制浆技术及装备已具备国际先进水平外，我国制浆造纸技术装备的研究、开发、制造总体水平仍然较低。国内造纸企业与制浆造纸装备制造企业未能成为研发的主体，产、学、研、用未能形成合力，自主创新、集成创新和引进消化吸收再创新的能力很弱。制浆造纸技术装备研究主要以非木浆为主，装备制造业目前仅能提供年产10万吨漂白化学木(竹)浆及碱回收成套设备，年产10万吨以下文化纸机以及年产20万吨箱纸板机等中小型设备。技术水平与国外相比差距很大，大型先进制浆造纸技术装备几乎完全依靠进口。

5. 外资利用结构有待优化，统筹协调发展任务紧迫

"十五"期间，外资企业进入我国造纸产业，促进了结构调整、产品优化、管理水平提高，并缓解了资金压力。在当前我国木浆等造纸原料主要依靠进口，而国内企业在资金实力、管理经验、技术水平与国外大型造纸企业仍有较大差距的情况下，仍应合理利用外资，鼓励外资与中国企业共同在国内建设大型林浆纸一体化项目，鼓励外资企业从国外进口木片原料在国内制浆，加快淘汰小的落后的生产能力，同时防止出现垄断现象。

附件2：我国造纸工业面临的形势

(一)世界造纸工业基本情况与发展趋势

1. 世界造纸产品和纸浆生产情况

2005年世界造纸工业的纸及纸板产量为3.67亿吨，比2000年增长13.3%，年均增长2.5%。2005年纸和纸板产量位居前10位的国家是美国、中国、日本、德国、加拿大、芬兰、瑞典、韩国、法国和意大利，产量合计占世界总产量的72.4%。2005年世界纸浆产量为1.89亿吨，比2000年增长1.0%，年均递增0.2%。其中化学浆占纸浆产量的67.1%，机械浆占18.9%。2005年纸浆产量位居前十位的国家有美国、加拿大、中国、瑞典、芬兰、日本、巴西、俄罗斯、印尼和印度，产量合计占世界总产量82.3%。

2. 世界造纸产品和纸浆消费情况

2005年世界纸和纸板消费量为3.66亿吨，比2000年增长12.9%，年均递增2.5%。人均纸及纸板年消费量为56.3千克，其中以北美人均消费水平最高，为293.0千克，亚洲和非洲最低，分别为35.3千克和6.8千克。2005年世界纸浆消费量为1.88亿吨，比2000年下降0.2个百分点。纸浆消费格局：北美洲占35.6%；欧洲占29.1%；亚洲占28.1%；拉丁美洲占4.7%；大洋洲占1.3%；非洲占1.2%。亚

洲已成为世界最大的商品纸浆输入地区。

3. 世界造纸工业贸易趋势

商品纸浆出口量较大的国家有加拿大、巴西、瑞典、智利、芬兰，2005 年上述五国纸浆净出口量约占世界商品纸浆总产量的 51.0%。2005 年纸浆进口较多的国家有中国、德国、意大利、韩国和日本，净进口量约占世界商品纸浆总产量的 42.0%。中国属净进口国，2005 年纸浆进口量约占世界商品纸浆总产量的 16%。在废纸贸易中，世界废纸进口量 4156 万吨，出口量 3990 万吨，净出口量 2796 万吨。美国是世界最大的废纸供应国，2005 年美国净出口量 1411 万吨。2005 年中国进口废纸 1703 万吨，为世界第 1 位，占世界废纸出口量的 42.7%，占净出口量的 61%。

4. 世界造纸产品和纸浆需求趋势

根据世界经济发展趋势，“十一五”期间世界纸浆、纸及纸板需求总体仍呈增长趋势，预计纸浆年均递增 2%～2.5%，纸及纸板年均递增 2.5%～3.0%，到 2010 年世界纸浆需求量将由 2005 年的 1.88 亿吨增至 2.08 亿～2.13 亿吨。世界纸及纸板需求量将由 2005 年 3.66 亿吨增至 4.15 亿～4.25 亿吨。从长期看，商品纸浆供应趋势在国际贸易中将是短线产品。从纸及纸板供应趋势来看，在国际贸易中需求增长较快的主要品种将是未涂布的化浆纸、涂布与未涂布的含机浆纸以及特种纸。

5. 世界造纸工业的发展特点

近年来，世界造纸工业技术进步发展迅速，由于受到资源、环境、效益等方面的约束，造纸企业立足在节能降耗、保护环境、提高产品质量、提高经济效益等方面加大力度，正朝着高效率、高质量、高效益、低消耗、低排放的现代化大工业方向持续发展，呈现出企业规模化、技术集成化、产品多样化、功能化、生产清洁化、资源节约化、林纸一体化和产业全球化发展的突出特点。

(二)我国造纸工业面临的形势

1. 我国造纸工业仍将保持较快增长

我国造纸工业发展与国民经济及社会发展密切相关，经济的发展将为我国造纸工业发展提供有力支撑，根据纸及纸板消费量指数与 GDP 指数的相关性分析，并综合考虑影响国民经济发展的有关不确定因素和相关产业的发展前景，“十一五”期间，我国造纸工业仍将处于发展增长期，预计 2005～2010 年纸及纸板消费量的年均增长速度为 7.5%，2010 年纸及纸板的消费量将从 2005 年的 5930 万吨增长到 8500 万吨左右，国内自给率保持在 90.0%左右，人均消费量由 45 千克增至 62 千克，超过目前世界人均消费水平。

2. 我国造纸工业资源短缺和环保约束压力增强

造纸工业的产业链条长、涉及面广，涉及水资源、水环境、林业、农业、能源、土地资源等诸多方面。面对我国资源短缺、环境问题日益突出的形势，造纸工业将按照科学发展观和循环经济的原则，创新发展模式，提高发展质量，在坚持发展的前提下，把“节水、节能、降耗、减污、增效”作为主攻目标，通过实施清洁生产、技术进步，使资源高效利用和循环利用，促进造纸工业实现可持续发展。

3. 造纸纤维原料供应矛盾日益突出

我国是世界最大的原生纸浆和废纸进口国，2005 年纸浆进口量约占世界商品纸浆总产量的 16%，废纸进口量占全球废纸净出口总量的 61.0%。我国造纸工业未来的发展仍将很大程度依赖进口纤维原料，世界纤维原料的供应量和供应价格必将在相当程度上影响我国造纸工业的发展，切实保障纤维原料供应是我国造纸工业持续高速发展的关键。因此，积极推进林纸一体化，提高国内废纸回收率和科学合理利用非木材纤维，力争大幅度提高纤维原料的自给水平，是我国造纸工业发展面临的迫切任务。

附件3：名词解释

1. 纸浆

经过制备的可供进一步加工的纤维物料（一般指来源于天然的植物）。

2. 纸浆分类

按浆的原料来源可分为木浆、非木浆和废纸浆；按生产工艺，纸浆可分为化学浆、机械浆和化学机械浆等。

3. 木浆

指以针叶木或阔叶木为原料，以化学的或机械的或两者兼有的方法所制得的纸浆。包括化学木浆、机械木浆和化学机械木浆等。

4. 非木浆

指以禾本科茎秆纤维类（稻草、麦草、芦苇、甘蔗渣、竹子等）、韧皮纤维类（麻类和棉干皮、桑皮、构皮等皮层纤维类）、叶部纤维类（龙须草、剑麻等）和种毛纤维类（棉纤维）为原料，以化学的或机械的或两者兼有的方法所制得的纸浆。包括化学非木浆、化学机械非木浆等。

5. 废纸浆

指以回收的废纸及废纸板为原料制得的纸浆。

6. 化学浆

用化学方法处理植物纤维原料，从植物纤维原料中除去相当大一部分非纤维素成分而制得的纸浆，不需要为了达到纤维分离而进行随后的机械处理。

7. 机械浆

完全用机械的方法从不同的植物纤维原料（主要为木材原料）制得的供制造纸及纸板用的纸浆。如压力磨石磨木浆（PGW），木片热磨机械浆（TMP），爆破法纸浆。

8. 化学机械浆

采用化学预处理结合机械的方法，从不同的植物纤维原料（主要为木材原料）制得的供制造纸及纸板用的纸浆。如化学机械浆（CMP）、化学预处理木片磨木浆（CTMP）、漂白化学热磨机械浆（BCTMP）、碱性过氧化物机械浆（APMP）。

9. 商品纸浆

指在商品市场上经销出售的纸浆（一般加工成纸浆板），不包括企业自用的纸浆。

10. 无元素氯漂白

简称ECF漂白，是指以二氧化氯替代元素氯作为漂白剂的漂白技术。

11. 全无氯漂白

简称TCF漂白，是指整个漂白过程不采用任何含氯化合物的漂白技术，漂白剂主要是过氧化氢及臭氧等。

12. 国内废纸回收率

是指用于制浆造纸工业的国内废纸回收量与纸及纸板消费量的百分比。

13. 国内废纸利用率

是指用于制浆造纸工业的国内废纸回收量与纸及纸板生产量的百分比。

14. 纸及纸板分类

通常是按用途将纸分为文化用纸（新闻纸、印刷书写用纸、复印纸、办公用纸等），包装用纸（商用包装纸、纸袋纸、食品糖果包装用纸等），生活用纸（卫生纸、卫生巾、面巾纸、餐巾纸、尿布纸等）和特种用纸（金融、建材、电气电力、微电子、国防、通讯、食品、医疗等所需要的功能性用纸）。将纸板分为包装用纸板（箱纸板、瓦楞原纸、白纸板等），建筑用纸板（石膏纸板、隔音纸板、防火纸板、防水纸板等），印刷用纸板（字型纸板、封面纸板、封套纸板、票证纸板等）和特种纸板（提花纸板、钢纸纸板、纺筒纸板、制鞋纸板、滤芯纸板、绝缘纸板、高温绝热纸板等）。

15. 定量

纸或纸板每平方米的质量以 g/m^2 表示。通常定量小于 $225g/m^2$ 的被认为是纸，定量为 $225g/m^2$ 或以上的被认为是纸板。随着纸及纸板向低定量方向发展，区分纸及纸板主要是根据其特征及用途而定义。例如定量大于 $225g/m^2$ 的吸墨纸和图画纸通常被称作纸。低定量纸一般指定量低于 $40g/m^2$。

16. 市场份额

是指无论是内资还是外资、合资还是独资企业或集团，计算市场份额时，应包括其所有子公司的总生产能力，并非是该企业或集团单一子公司的生产能力。

千家企业能源利用状况公报
（2007年）

国家发展和改革委员会　国家统计局　2007年第61号公告

2007年9月18日

前　言

我国工业能源消费量占全国能源消费总量的70%左右。高能耗行业中千家企业能源消费量占工业能源消费量的一半，是能源消费大户。为了突出抓好高耗能行业中重点耗能企业的节能工作，强化政府对重点耗能企业节能的监督管理，促进企业加快节能技术改造，国家发展改革委会同国家能源办、国家统计局、国家质检总局、国务院国资委于2006年4月启动了千家企业节能行动。千家企业是指钢铁、有色金属、石油石化、化工、建材、煤炭、电力、造纸、纺织等九个重点耗能行业中年综合能源消费量18万吨标准煤以上的企业，共998家。开展千家企业节能行动，对提高企业节能管理水平，推进企业节能技术进步，提高能源利用效率，增强企业竞争力，缓解经济社会发展面临的能源约束和环境压力，确保实现“十一五”规划目标和可持续发展，具有十分重要的意义。

千家企业节能行动的主要目标是：能源利用效率大幅度提高，主要产品单位能耗达到国内同行业先进水平，部分企业达到国际先进水平或行业领先水平，带动行业节能水平的大幅度提高，“十一五”期间千家重点耗能企业节能1亿吨标准煤左右。

去年以来，国家和地方政府采取一系列措施，积极推进千家企业节能降耗。受国务院委托，国家发展改革委与千家企业签订了节能目标责任书，明确了节能目标和责任；督促千家企业落实节能责任，完善节能管理制度，开展能源审计，加强能源计量和统计，分五个片区召开千家企业工作会议，举办了有关能源统计计量、能源审计、节能规划、先进适用节能技术等内容的培训；下发了《企业能源审计报告和企业节能规划审核指南》等。

为使有关方面了解千家企业节能行动进展情况，反映2006年千家企业能源利用状况，在国家统计局统计数据（954家企业）和千家企业能源审计报告资料（942家企业）的基础上，对千家企业的能源消费状况、单位产品能耗指标水平、能源管理情况及用能技术装备状况等进行了分析汇总，现予以公报。

一、能源消费及构成

(一)能源消费情况

2006年,千家企业能源消费量为7.97亿吨标准煤,比2005年增长8.6%,能源消费量约占全国能源消费总量的三分之一,占工业能源消费量的50%左右。

(二)能源消费品种构成

2006年,千家企业能源消费量中,原煤占36.10%,原油占21.30%,电力占12.97%,焦炭占8.91%,热力占1.91%,天然气占1.48%,其他能源占17.33%。

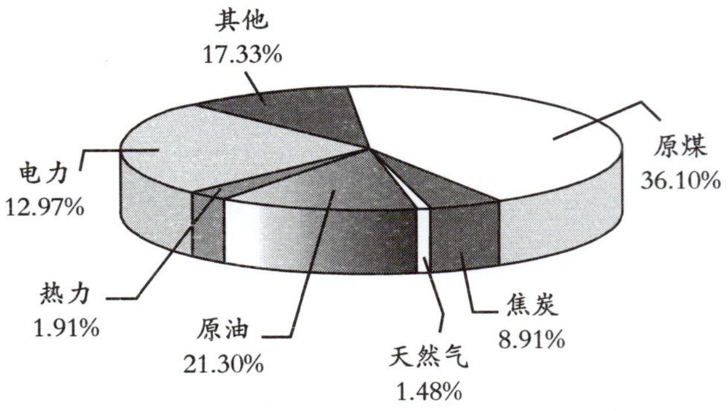

图1 2006年千家企业能源消费品种构成图

(三)能源消费地区构成

2006年,千家企业能源消费量前六位的地区依次是:山东、河北、辽宁、山西、江苏、河南省,能源消费量占千家企业能源消费总量的50.50%。

(四)能源消费行业构成

千家企业能源消费量前四位的行业是钢铁、电力、化工、石油石化等四个行业,占千家企业能源消费量的82%。

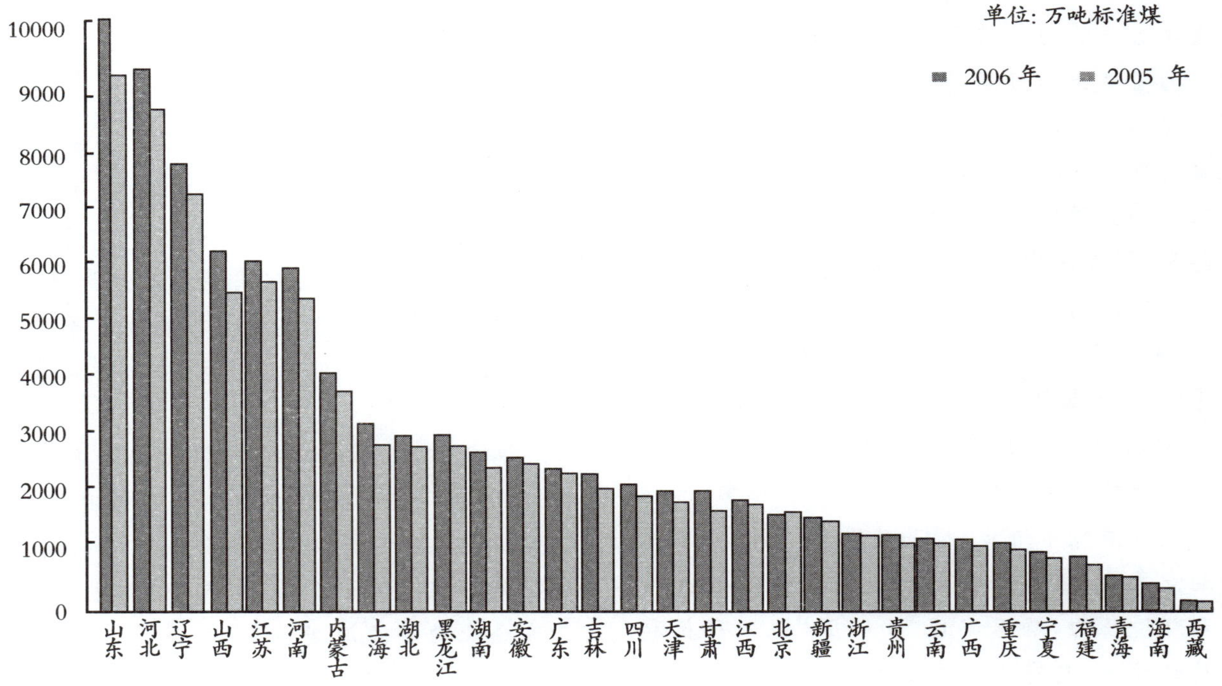

图2 2006年千家企业能源消费地区构成图

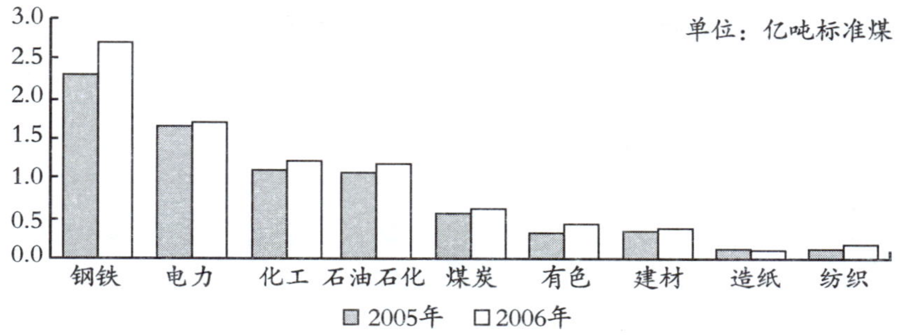

图 3 2006 年分行业千家企业综合能源消费图

表 1 2006 年千家企业能源消费分行业构成表

行业	2005 年		2006 年	
	综合能源消费量(万吨标准煤)	占千家企业能源消费量的比重(%)	综合能源消费量(万吨标准煤)	占千家企业能源消费量的比重(%)
钢铁	22528.63	30.72	26277.45	32.98
电力	16249.64	22.16	16493.17	20.70
化工	10909.29	14.88	11511.00	14.45
石油石化	10581.76	14.43	11089.03	13.91
煤炭	5278.77	7.20	5778.39	7.25
有色	2993.08	4.08	3659.07	4.59
建材	2913.19	3.97	2948.26	3.70
造纸	961.36	1.31	1025.29	1.29
纺织	917.57	1.25	903.54	1.13

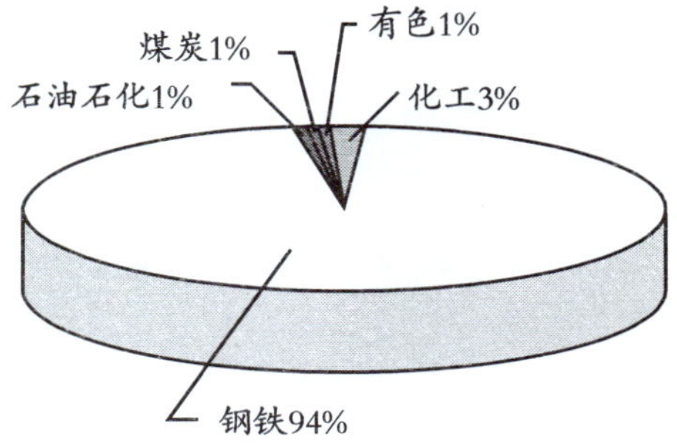

图 5 焦炭

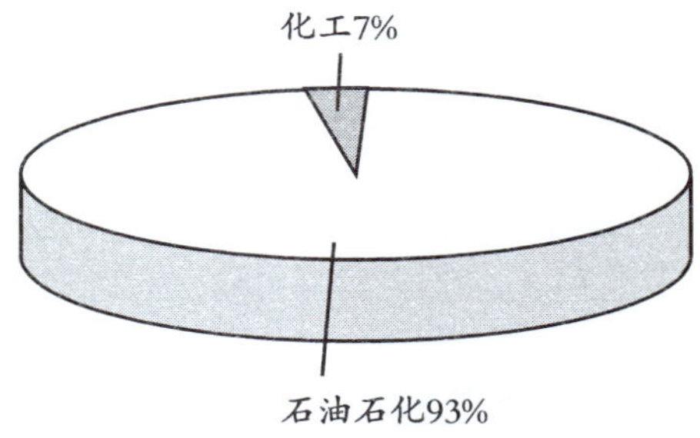

图 6 原油

(五)能源消费分品种行业构成

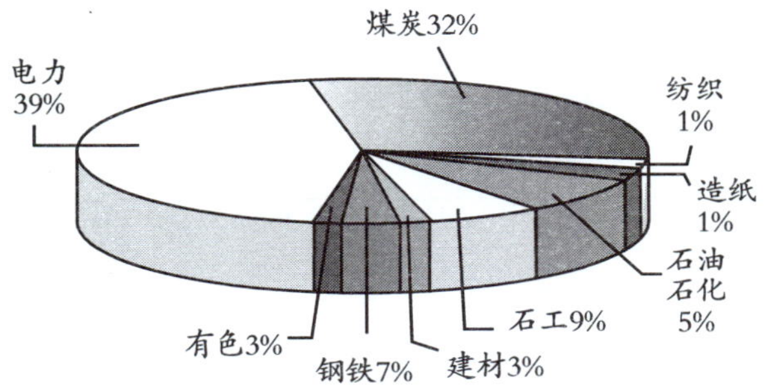

图 4 原煤

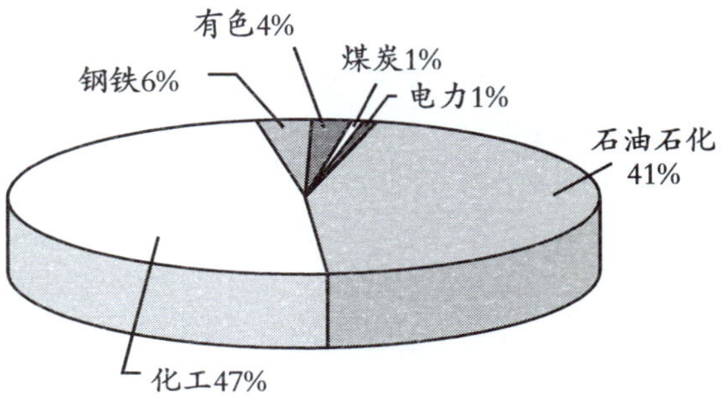

图 7 天然气

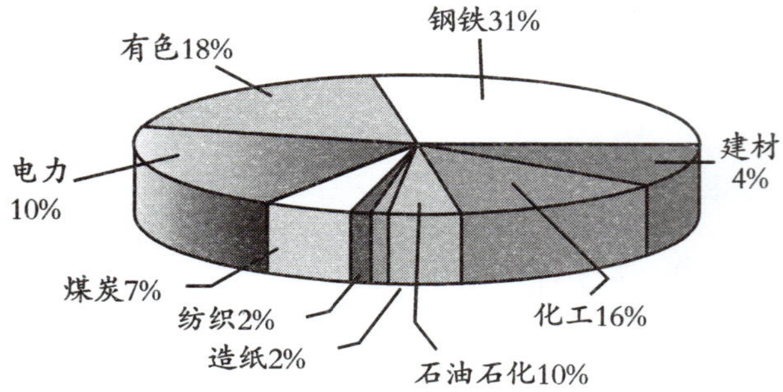

图8 电力

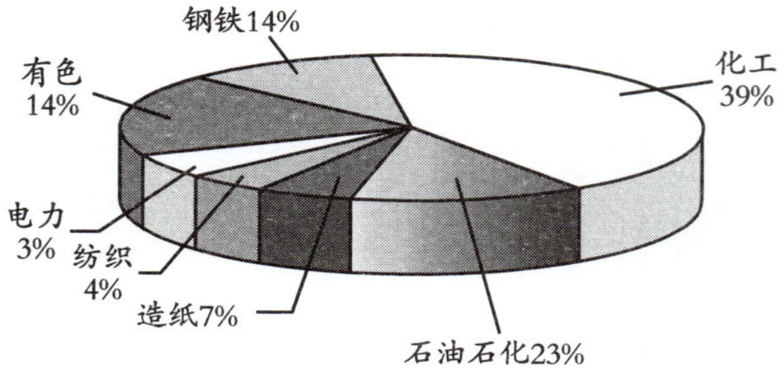

图9 热力

2006年千家企业消耗的主要能源品种是原煤、焦炭、原油、天然气、电力、热力。上图表示这些能源品种在九大行业中的流向。

二、主要产品能耗水平

(一)主要产品单位能耗情况

千家企业主要产品单位能耗指标中，水泥、平板玻璃、原油加工等单位产品能耗指标接近国际先进水平；火电、电解铝、合成氨、电石、烧碱、纯碱等产品单位综合能耗指标好于国内平均水平，但与国际先进水平有一定差距。

图10—19为主要高耗能产品单位综合能耗指标对比图如下（本期为2006年，同期为2005年）。

表2　部分行业主要产品单位能耗指标表

指标名称	单　位	千家企业2006年平均	比2005年下降	国际先进水平	国内平均水平
吨钢综合能耗	千克标准煤/吨	618	3.7%	642	741
吨原煤企业综合耗电量	千瓦时/吨	41	0.3%	56	—
火力发电供电标准煤耗	克标准煤/千瓦时	365	0.8%	312	366
单位铝锭综合交流电耗	千瓦时/吨	14733	0.8%	14100	14795
单位合成氨生产综合能耗	千克标准煤/吨	1453	3.5%	990(气头) 1570(煤头)	1650
单位烧碱生产综合能耗(离子膜法)	千克标准煤/吨	983	3.8%	910	1080
单位烧碱生产综合能耗(隔膜法)	千克标准煤/吨	1373	2.2%	1250	1493
单位纯碱生产综合能耗	千克标准煤/吨	422	0.2%	345	461
单位电石生产综合能耗	千克标准煤/吨	1206	2.8%	1800	2300
原油加工单位综合能耗	千克标准油/吨	77	4.2%	73	104
单位乙烯生产综合能耗	千克标准煤/吨	972	5.7%	786	1003
每吨水泥综合能耗	千克标准煤/吨	113	2.1%	102	156
每重量箱平板玻璃综合能耗	千克标准煤/重量箱	16	4.0%	15	22

注：1. 千家企业单位产品综合能耗指标采用国家统计局千家企业汇总数据，国际国内部分数据来源于有关行业协会、研究报告等。

2. 千家企业主要产品综合能耗指标中，电力折标系数按当量热值折算，即按照0.1229kgce/kWh折算。

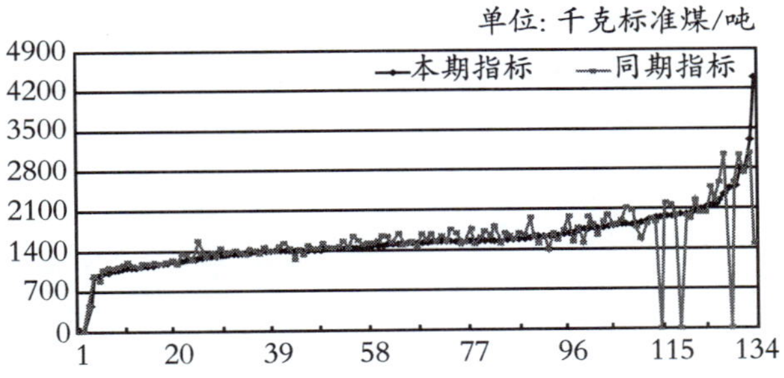

图 10 单位合成氨生产综合能耗图

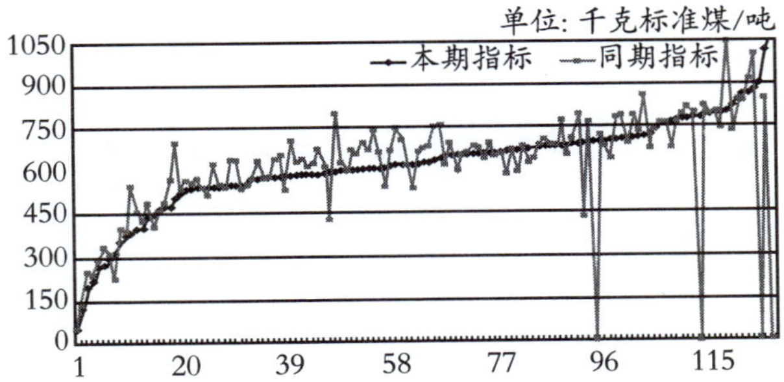

图 11 吨钢综合能耗图

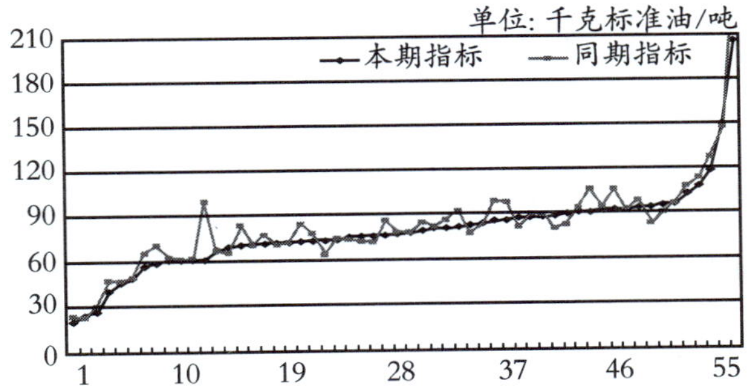

图 12 原油加工综合能耗图

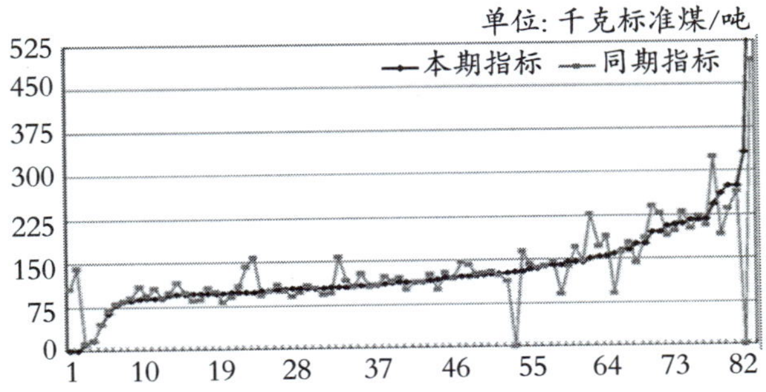

图 13 吨水泥综合能耗图

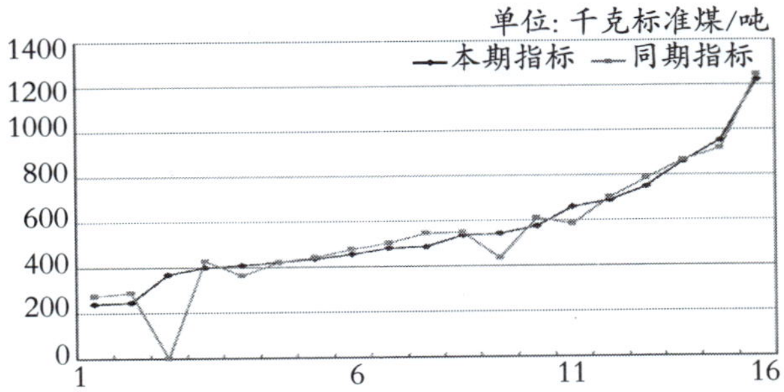

图 14 单位机制纸及纸板综合能耗图

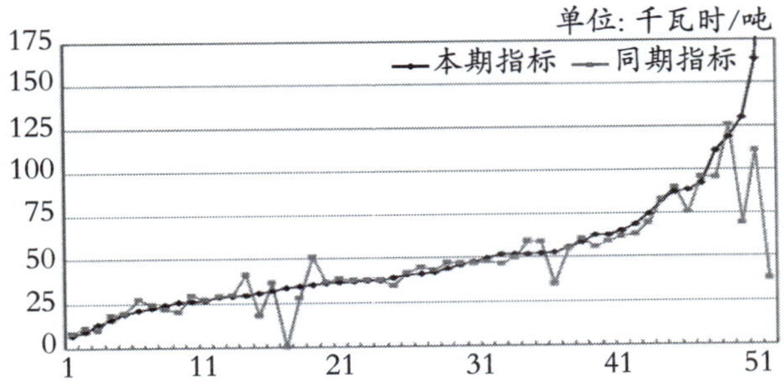

图 15 吨原煤企业综合耗电量图

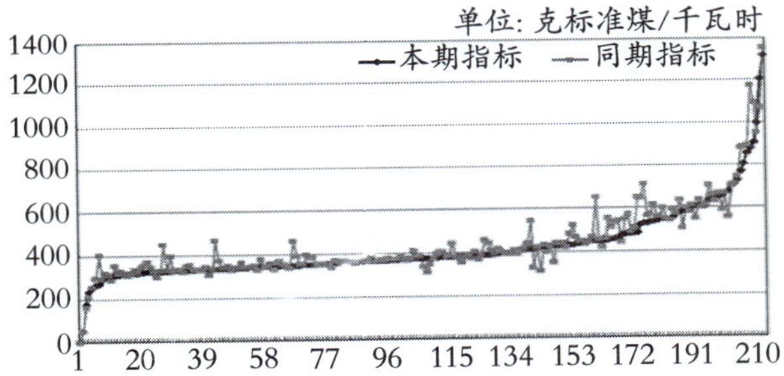

图 16 单位供电标准煤耗图

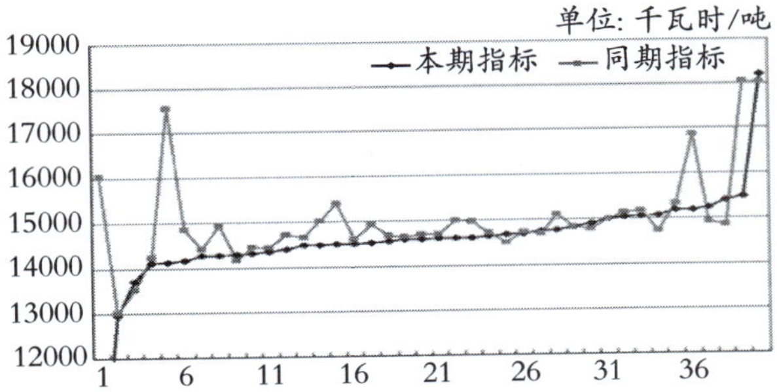

图 17 单位铝锭综合交流电耗图

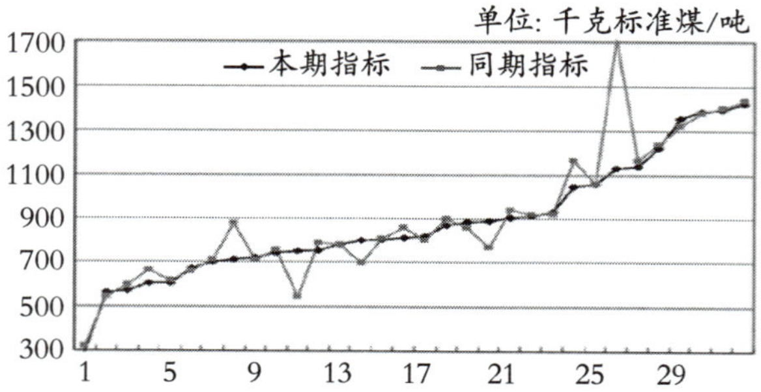

图 18 单位烧碱生产(隔膜法 30%)综合能耗图

(二)2006 年节能量

根据国家统计局 2006 年千家企业主要耗能产品单位能耗指标计算，节能 1492 万吨标准煤。加上企业其他产品节能量，2006 年节能量约 2000 万吨标准煤。

钢铁、化工、电力、石油石化四个行业的节能量占总节能量的 92%。

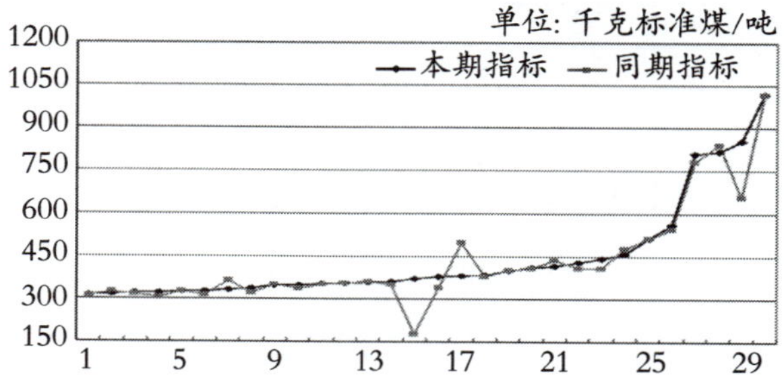

图 19 单位烧碱生产(离子膜法 30%)综合能耗图

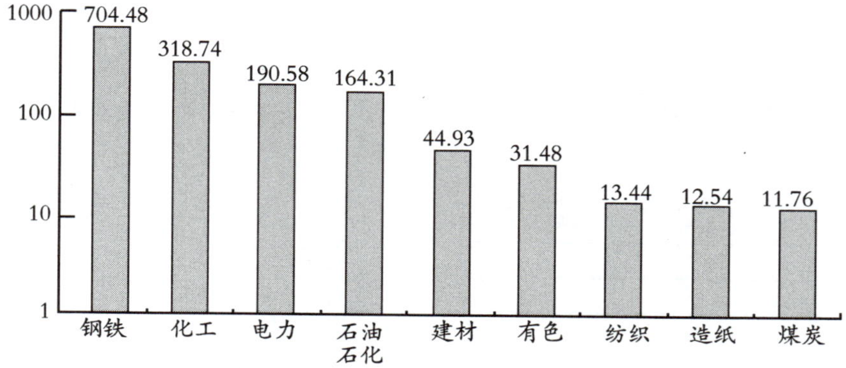

图 20 2006 年千家企业技术节能量行业结构图

表 2 **2006 年千家企业主要耗能产品节能量表**

指标名称	单 位	2006 年	2005 年	节能量（万吨标准煤）
钢 铁				
钢综合能耗	千克标准煤/吨	618.22	642.11	704.48
电 力				
供电煤耗	克标准煤/千瓦时	365.04	367.97	190.58
化 工				
烧碱生产综合能耗(离子膜法 30%)	千克标准煤/吨	488.29	489.84	0.42
烧碱生产综合能耗(离子膜法 98.5%)	千克标准煤/吨	653.03	678.62	0.97
烧碱生产综合能耗(隔膜法 30%)	千克标准煤/吨	868.53	919.93	12.40
烧碱生产综合能耗(隔膜法 42%)	千克标准煤/吨	1191.01	1217.87	2.33
烧碱生产综合能耗(隔膜法 96%)	千克标准煤/吨	1014.68	1071.13	2.25
纯碱生产综合能耗	千克标准煤/吨	421.61	422.48	0.75
电石生产综合能耗	千克标准煤/吨	1205.92	1240.32	5.72
合成氨生产综合能耗	千克标准煤/吨	1453.45	1506.82	293.90

续表

指标名称	单　　位	2006 年	2005 年	节能量（万吨标准煤）
石油石化				
原油（原料油）加工综合能耗	千克标准油/吨	77.20	80.60	128.85
乙烯生产综合能耗	千克标准煤/吨	972.02	1030.86	35.46
煤　炭				
原煤企业综合耗电	千克标准煤/吨	40.52	40.66	11.76
有　色				
铜冶炼综合能耗	千克标准煤/吨	428.78	499.15	10.71
氧化铝综合能耗	千克标准煤/吨	836.57	881.70	46.30
电解铝综合能耗	千克标准煤/吨	1982.05	1923.39	−33.13
铅冶炼综合能耗	千克标准煤/吨	650.96	906.16	5.23
精锌（电锌）综合能耗	千克标准煤/吨	959.51	904.34	−3.58
铜加工材消耗能源量	千克标准煤/吨	1912.05	2199.42	1.38
铝加工材消耗能源量	千克标准煤/吨	415.59	520.58	4.57
建　材				
水泥综合能耗	千克标准煤/吨	112.88	115.26	38.05
平板玻璃综合能耗	千克标准煤/重量箱	15.52	16.17	0.49
浮法平板玻璃综合能耗	千克标准煤/重量箱	15.80	17.03	6.39
造　纸				
机制纸及纸板综合能耗	千克标准煤/吨	558.02	560.25	3.02
机制纸浆综合能耗	千克标准煤/吨	241.34	276.96	9.52
纺　织				
纱（线）混合数全厂生产用电量	千瓦时/吨	2237.66	2287.98	0.89
布混合数全厂生产用电量	千瓦时/百米	16.67	19.30	0.27
印染布用标准煤量	千克标准煤/百米	92.96	107.28	2.49
丝织品用标准煤量	千克标准煤/百米	11.85	12.44	0.01
粘胶纤维用标准煤量（短纤）	千克标准煤/吨	1168.47	1355.32	4.75
粘胶纤维用标准煤量（长丝）	千克标准煤/吨	5516.92	5804.37	1.42
锦纶用标准煤量	千克标准煤/吨	588.09	668.92	0.98
涤纶用标准煤量（短纤）	千克标准煤/吨	163.24	143.48	−2.79
涤纶用标准煤量（长丝）	千克标准煤/吨	216.67	273.80	4.12
腈纶用标准煤量	千克标准煤/吨	927.86	983.67	0.73
维纶用标准煤量	千克标准煤/吨	2183.27	2332.33	0.57
合　　计	—	—	—	1492.26

三、能源管理状况

(一)能源管理状况

能源管理机构及人员：千家企业一般实行厂级、车间和用能装置(设备)三级能源管理，能源管理工作覆盖到了企业生产过程中的各个环节。95%以上的企业都建立了专职或兼职的能源管理机构，配备了相关能源管理人员，能源管理正逐步加强。能源管理人员配置，一般由企业主要领导挂帅，兼任能源领导小组的负责人。在一级能源管理机构中，一般包括生产技术人员、统计人员、计量管理人员；二级能源管理机构中，包括能源统计和综合管理人员；三级能源管理多数为各个生产环节的兼职能源管理员。

企业能源管理制度建设：所有建立了能源管理机构的企业，均建立了相关的能源管理制度，包括能源采购管理制度、能源使用管理制度、各生产工序的定额考核制度等。

(二)能源计量状况

千家企业大多数实行三级能源计量管理，其中一、二级能源计量仪表的配备率较高，分别达 90%、80%以上，而三级能源计量仪表的配备率较低，约 60%左右。

(三)能源统计状况

千家企业中大部分企业对能源采购、运输、贮存、转换、使用、回收利用等各个环节进行了能源统计，能够针对企业自身的特点，编制能源进销存台账、能源消耗台账、能源利用状况报表、产品单耗报表等一系列的台账与报表，可满足企业生产经营活动对能源统计的要求。50%以上的企业能源统计管理基础较好，统计机构健全，统计人员业务素质较高；20%以下的企业能源统计基础较为薄弱。

四、用能技术装备状况

千家企业能源审计报告汇总分析表明，技术装备的先进性是决定能耗水平的关键因素。近年来，由于装备大型化、高效化、自动化水平的提高，技术装备水平与国际先进水平的差距逐步缩小。

(一)钢铁企业

千家企业中钢铁企业 249 家。

干法熄焦、高炉煤气余压透平发电装置(TRT)、轧钢加热炉蓄热式燃烧技术得到推广应用。干法熄焦技术的采用率已达 50%；大中型钢铁企业连铸比高达 98%以上。

烧结工序余热回收得到加强，厚料层操作技术得到推广应用，转炉煤气回收率已提高到 $58m^3/t$ 钢。部分企业大型转炉已实现负能炼钢；重点大中型钢铁企业电炉钢冶炼电耗下降到 387kWh/t，且冶炼周期缩短，电极消耗逐步减少。

$100m^3$ 以下的小型烧结机、转炉模铸已基本淘汰；$300m^3$ 以下小容积高炉正在逐步淘汰。

(二)有色金属企业

千家企业中有色金属企业 70 家。

电解铝生产，160KA 以上的大容量预焙电解槽已成为主导槽型，部分企业已达到国际先进水平，特别是已有 3 个企业采用了国际上最先进的 350KA 电解槽。

氧化铝生产已采用了强化烧结、管道化熔出、选矿拜尔法等一批新技术，装备国产化进展较快，代表了我国氧化铝行业先进水平。

铜熔炼生产，随着引进国际先进的铜冶炼

技术，能耗、电耗大幅度下降。但还有部分落后的鼓风熔炼、反射炉炼铜工艺及装备尚未完全淘汰。

（三）煤炭企业

千家企业中煤炭企业60家。

大部分企业是国有重点煤矿，代表了我国煤炭行业的先进水平。矿井采煤机械化程度为82.7%，高于国内平均水平；以风机、水泵为重点的耗电设备节能改造得到加强；选、洗煤向规模化、机械化方向发展。目前，排水、通风、提升、压气等辅助设备效率仍比国外低10%以上。

（四）电力企业

千家企业中电力企业144家。

企业发电机组全部为燃煤火力发电机组，有单机容量300MW、600MW的大机组电厂，也有单机6MW－12MW的小机组热电厂。300MW以上机组占总装机容量的47%。机、电、炉一体化控制技术和厂级自动化系统得到推广应用。

（五）石油石化企业

千家企业中石油石化企业98家。

原油生产企业机采系统效率达到23%以上，注水系统效率平均在50%左右，集输系统效率43%以上。

原油加工企业代表了我国原油加工的先进水平，有16家企业（69.56%）的常减压蒸馏装置能源单耗接近国内先进水平，有9家企业的催化裂化装置能源单耗接近国内先进水平，有7家企业的延迟焦化装置能源单耗接近国内先进水平。

乙烯生产，在新建及改造项目中，普遍推广了大型化乙烯裂解炉，新建装置裂解炉年产能在10万吨以上。引进了在线烧焦技术，延长裂解炉运行周期；分离系统采用新型高效塔内件，提高了分离效率。

（六）化工企业

千家企业中化工企业238家。

大型合成氨企业能耗水平已接近国际先进水平。中小型合成氨装置通过技术改造，整体工艺技术水平有所提高。

烧碱生产工艺分为隔膜法和离子膜法。隔膜法烧碱生产技术和装备水平比较落后，主要表现在单槽生产能力小；普通隔膜、改性隔膜制备技术落后；还存在国外早已淘汰的石墨阳极。离子膜法烧碱生产基本达到了国际水平。

纯碱生产分为氨碱法和联碱法两种工艺。企业均为规模以上企业，技术装备水平已经接近国际平均水平。

企业中12500KVA以上的大中型电石炉产能约占总产能的80%，还有相当数量的落后小型炉和开放炉。多数电石炉气尚未得到有效利用，电石炉的微机控制、电气系统与国外水平均有一定的差距。

黄磷生产电炉多为小型炉，大多是5000KW，单台电炉年产量2000吨。20000KW以上的大型电炉只占少数。

（七）建材企业

千家企业中建材企业93家。

水泥企业主要采用先进的新型干法工艺，基本上是2000 t/d以上的生产线，代表了我国水泥行业的先进水平。但也有立窑、湿法窑、干法中空窑等高耗能、高排放的落后窑型。

玻璃生产企业均采用了的浮法玻璃工艺，熔窑规模在500吨/日左右，“小平拉”与“垂直引上”等落后工艺生产线已基本淘汰。

(八)纺织企业

千家企业中纺织企业22家。

企业技术装备水平代表了我国纺织行业的先进水平。新增设备中，有一半的装备代表了当前国际先进水平，相关辅助生产设备与国际水平有一定差距。

(九)造纸企业

千家企业中造纸企业24家。

生产规模基本达到了80万吨/年～100万吨/年以上，机制纸每条生产线生产能力在20万吨/年～40万吨/年。整体情况是新建生产线相关技术指标有了明显的提高，技术指标已接近国际水平，小型生产线淘汰的比较快。

《千家企业能源利用状况公报》的说明

本公报为2007年度公报，数据来源于国家统计局2006年千家企业P207报表，并参考了部分2005年数据；公报中的文字资料来源于千家企业能源审计报告的汇总。

本公报所有内容只涉及千家企业，不代表整个行业状况。公报中描述的国内外行业技术水平和指标水平，资料来源于有关行业协会部分统计资料和研究机构的研究报告等。

第八篇

标准篇

一般工业固体废物贮存、处置场污染控制标准

GB 18599－2001

国家环境保护总局　国家质量监督检验检疫总局

2001 年 12 月 28 日发布　2002 年 7 月 1 日实施

前　言

为贯彻《中华人民共和国固体废物污染环境防治法》，防治一般工业固体废物贮存、处置场的二次污染，制定本标准。

本标准规定了一般工业固体废物贮存、处置场的选址、设计、运行管理、关闭与封场，以及污染控制与监测等内容。

本标准为首次发布。

本标准由国家环境保护总局科技标准司提出。

本标准由原冶金部马鞍山矿山研究院负责起草。

本标准由国家环境保护总局于 2001 年 11 月 26 日标准。

本标准由国家环境保护总局负责解释。

1　主题内容与适用范围

1.1　主题内容

本标准规定了一般工业固体废物贮存、处置场的选址、设计、运行管理、关闭与封场，以及污染控制与监测等要求。

1.2　适用范围

本标准适用于新建、扩建、改建及已经建成投产的一般工业固体废物贮存、处置场的建设、运行和监督管理；不适用于危险废物和生活垃圾填埋场。

2　引用标准

下列标准所包含的条文，在本标准中引用而构成本标准的条文，与本标准同效。

GB　5085.1～2	危险废物鉴别标准
GB　8978	污水综合排放标准
GB　16297	大气污染物综合排放标准
GB/T　14848	地下水质量标准
HJ/T　20	工业固体废物采样制样技术规范
GB　5086.1～2	固体废物浸出毒性浸出方法

GB/T 15555.1～12 固体废物浸出毒性测定方法

GB 5750 生活饮用水标准检验方法

GB 15562.2 环境保护图形标志——固体废物贮存(处置)场

当上述标准被修订时,应使用其最新版本。

3 定义

本标准采用下列定义:

3.1 一般工业固体废物

系指未被列入《国家危险废物名录》或者根据国家规定的 GB 5085 鉴别标准和 GB 5086 及 GB/T 15555 鉴别方法判定不具有危险特性的工业固体废物。

3.2 第1类一般工业固体废物

按照 GB 5086 规定方法进行浸出试验而获得的浸出液中,任何一种污染物的浓度均未超过 GB 8978 最高允许排放浓度,且 pH 值在 6～9 范围之内的一般工业固体废物。

3.3 第Ⅱ类一般工业固体废物

按照 GB 5086 规定方法进行浸出试验而获得的浸出液中,有一种或一种以上的污染物浓度超过 GB 8978 最高允放排放浓度,或者是 pH 值在 6～9 范围之外的一般工业固体废物。

3.4 贮存场

将一般工业固体废物置于符合本标准规定的非永久性的集中堆放场所。

3.5 处置场

将一般工业固体废物置于符合本标准规定的永久性的集中堆放场所。

3.6 渗滤液

一般工业固废物在贮存、处置过程中渗流出的液体。

3.7 渗透系数

水力坡降为1时,水穿过土壤、岩石或其他防渗材料的渗透速度,以 cm/s 计。

3.8 防渗工程

用天然或人工防渗材料构筑阻止贮存、处置场内外液体渗透的工程。

4 贮存、处置场的类型

贮存、处置场划分为Ⅰ和Ⅱ两个类型。

堆放第1类一般工业固体废物的贮存、处置场为第一类,简称Ⅰ类场。

堆放第Ⅱ类一般工业固体废物的贮存、处置场为第二类,简称Ⅱ类场。

5 场址选择的环境保护要求

5.1 Ⅰ类场和Ⅱ类场的共同要求

5.1.1 所选场址应符合当地城乡建设总体规划要求。

5.1.2 应选在工业区和居民集中区主导风向下风侧,场界距居民集中区 500m 以外。

5.1.3 应选在满足承载力要求的地基上,以避免地基下沉的影响,特别是不均匀或局部下沉的影响。

5.1.4 应避开断层、断层破碎带、溶洞区,以及天然滑坡或泥石流影响区。

5.1.5 禁止选在江河、湖泊、水库最高水位线以下的滩地和洪泛区。

5.1.6 禁止选在自然保护区、风景名胜区和其他需要特别保护的区域。

5.2 Ⅰ类场的其他要求

应优先选用废弃的采矿坑、塌陷区。

5.3 Ⅱ类场的其他要求

5.3.1 应避开地下水主要补给区和饮用

水源含水层。

5.3.2 应选在防渗性能好的地基上。天然基础层地表距地下水位的距离不得小于1.5m。

6 贮存、处置场设计的环境保护要求

6.1 Ⅰ类场和Ⅱ类场的共同要求

6.1.1 贮存、处置场的建设类型，必须与将要堆放的一般工业固体废物的类别相一致。

6.1.2 建设项目环境影响评价中应设置贮存、处置场专题评价；扩建、改建和超期服役的贮存、处置场，应重新履行环境影响评价手续。

6.1.3 贮存、处置场应采取防止粉尘污染的措施。

6.1.4 为防止雨水径流进入贮存、处置场内，避免渗滤液量增加和滑坡，贮存、处置场周边应设置导流渠。

6.1.5 应设计渗滤液集排水设施。

6.1.6 为防止一般工业固体废物和渗滤液的流失，应构筑堤、坝、挡土墙等设施。

6.1.7 为保障设施、设备正常运营，必要时应采取措施防止地基下沉，尤其是防止不均匀或局部下沉。

6.1.8 含硫量大于1.5%的煤矸石，必须采取措施防止自燃。

6.1.9 为加强监督管理，贮存、处置场应按GB 15562.2设置环境保护图形标志。

6.2 Ⅱ类场的其他要求

6.2.1 当天然基础层的渗透系数大于1.0×10^{-7}cm/s时，应采用天然或人工材料构筑防渗层，防渗层的厚度应相当于渗透系数1.0×10^{-7}cm/s和厚度1.5m的粘土层的防渗性能。

6.2.2 必要时应设计渗滤液处理设施，对渗滤液进行处理。

6.2.3 为监控渗滤液对地下水的污染，贮存、处置场周边至少应设置三口地下水质监控井。一口沿地下水流向设在贮存、处置场上游，作为对照井；第二口沿地下水流向设在贮存、处置场下游，作为污染监视监测井；第三口设在最可能出现扩散影响的贮存、处置场周边，作为污染扩散监测井。

当地质和水文地质资料表明含水层埋藏较深，经论证认定地下水不会被污染时，可以不设置地下水质监控井。

7 贮存、处置场的运行管理环境保护要求

7.1 Ⅰ类场和Ⅱ类场的共同要求

7.1.1 贮存、处置场的竣工，必须经原审批环境影响报告书(表)的环境保护行政主管部门验收合格后，方可投入生产或使用。

7.1.2 一般工业固体废物贮存、处置场，禁止危险废物和生活垃圾混入。

7.1.3 贮存、处置场的渗滤液水质达到GB 8978标准后方可排放，大气污染物排放应满足GB 16297无组织排放要求。

7.1.4 贮存、处置场使用单位，应建立检查维护制度。定期检查维护堤、坝、挡土墙、导流渠等设施，发现有损坏可能或异常，应及时采取必要措施，以保障正常运行。

7.1.5 贮存、处置场的使用单位，应建立档案制度。应将入场的一般工业固体废物的种类和数量以及下列资料，详细记录在案，长期保存，供随时查阅。

(1)各种设施和设备的检查维护资料；

(2)地基下沉、坍塌、滑坡等的观测和处置资料；

(3)渗滤液及其处理后的水污染物排放和大气污染物排放等的监测资料。

7.1.6 贮存、处置场的环境保护图形标志，应按 GB 15562.2 规定进行检查和维护。

7.2 Ⅰ类场的其他要求

禁止Ⅱ类一般工业固体废物混入。

7.3 Ⅱ类场的其他要求

7.3.1 应定期检查维护防渗工程，定期监测地下水水质，发现防渗功能下降，应及时采取必要措施。地下水水质按 GB/T 14848 规定评定。

7.3.2 应定期检查维护渗滤液集排水设施和渗滤液处理设施，定期监测渗滤液及其处理后的排放水水质，发现集排水设施不通畅或处理后的水质超过 GB 8978 或地方的污染物排放标准，需及时采取必要措施。

8 关闭与封场的环境保护要求

8.1 Ⅰ类场和Ⅱ类场的共同要求

8.1.1 当贮存、处置场服务期满或因故不再承担新的贮存、处置任务时，应分别予以关闭或封场。关闭或封场前，必须编制关闭或封场计划，报请所在地县级以上环境保护行政主管部门核准，并采取污染防止措施。

8.1.2 关闭或封场时，表面坡度一般不超过 33%。标高每升高 3m～51TI，需建造一个台阶。台阶应有不小于 1m 的宽度、2%～3%的坡度和能经受暴雨冲刷的强度。

8.1.3 关闭或封场后，仍需继续维护管理，直到稳定为止。以防止覆土层下沉、开裂，致使渗滤液量增加，防止一般工业固体废物堆体失稳而造成滑坡等事故。

8.1.4 关闭或封场后，应设置标志物，注明关闭或封场时间，以及使用该土地时应注意的事项。

8.2 Ⅰ类场的其他要求

为利于恢复植被，关闭时表面一般应覆一层天然土壤，其厚度视固体废物的颗粒度大小和拟种植物种类确定。

8.3 Ⅱ类场的其他要求

8.3.1 为防止固体废物直接暴露和雨水渗入堆体内，封场时表面应覆土二层，第一层为阻隔层，覆 20cm～45cm 厚的粘土，并压实，防止雨水渗入固体废物堆体内；第二层为覆盖层，覆天然土壤，以利植物生长，其厚度视栽种植物种类而定。

8.3.2 封场后，渗滤液及其处理后的排放水的监测系统应继续维持正常运转，直至水质稳定为止。地下水监测系统应继续维持正常运转。

9 污染物控制与监测

9.1 污染控制项目

9.1.1 渗滤液及其处理后的排放水

应选择一般工业固体废物的特征组分作为控制项目。

9.1.2 地下水

贮存、处置场投入使用前，以 GB/T 14848 规定的项目为控制项目；使用过程中和关闭或封场后的控制项目，可选择所贮存、处置的固体固体废物的特征组分。

9.1.3 大气

贮存、处置场以颗粒物为控制项目，其中属于自然性煤矸石的贮存、处置场，以颗粒和二氧化硫为控制项目。

9.2 监测

9.2.1 渗滤液及其处理后的排放水

a. 采样点。采样点设在排放口。

b. 采样频率。每月一次。

c. 测定方法(见表1)

10 标准的实施与监督

本标准由县级以上人民政府环境保护行政主管部门负责监督实施。

表1 大气污染物测定方法

项　目	测定方法	方法来源
颗粒物	重量法	GB/T 15432—1995
二氧化硫	(1)甲醛吸收副玫瑰苯胺分光光度法	GB/T 15262—1994
	(2)四氯汞盐副玫瑰苯胺分光光度法	GB/T 8970—1988

进口可用作原料的固体废物环境保护控制标准——骨废料

GB 16487.1—2008 代替 GB 16487.1—1996
国家环境保护总局　国家质量监督检验检疫总局
2005 年 2 月 1 日发布　2006 年 2 月 1 日实施

前　　言

为贯彻《中华人民共和国固体废物污染环境防治法》，防止境外不能用作原料的固体废物进口，规范可用作原料的固体废物进口审查许可，控制由于进口可用作原料的骨废料造成的环境污染，制定本标准。

本标准是进口固体废物环境保护系列控制标准之一，适用于进口可用作原料的固体废物目录中有关骨废料的进口管理。

本次修订对 GB 16487.1—1996 的名称、前言、范围、引用标准、定义、控制要求等方面作了适当修改。控制要求中主要修订了放射性的控制要求、夹杂物的控制要求，增加了部分禁止夹杂进口的固体废物种类。

按照有关法律，本标准具有强制执行的效力。

本标准由国家环境保护总局科技标准司提出。

本标准由中国环境科学研究院起草。

本标准 1996 年 7 月 29 日第一次发布。

本标准国家环境保护总局 2005 年 11 月 9 日批准。

本标准自 2006 年 2 月 1 日起实施。

本标准由国家环境保护总局解释。

1　范围

本标准规定了进口骨废料的环境保护控制要求。

本标准适用于以下海关商品编号的骨废料的进口管理：

海关商品编号	固体废物名称
0506.9011.10	含牛羊成分的骨废料
0506.9019.10	其他骨废料

2 规范性引用文件

下列文件中的条款通过本标准的引用而成为本标准的条款。凡是注日期的引用文件，其随后所有的修改单(不包括勘误的内容)或修订版均不适用于本标准，然而鼓励根据本标准达成协议的各方研究是否可使用这些文件的最新版本。凡是不注日期的引用文件，其最新版本适用于本标准。

GB 5085 危险废物鉴别标准

SN 0570 进口可用作原料的废物放射性污染检验规程

SN 0573 进口可用作原料的废物检验检疫规程——骨废料

国家危险废物名录

3 定义

本标准采用下列定义：

3.1 非骨废料杂质 Impurities of no-bones

骨头附着物(如肌肉、肌胫等)和进口骨废料以外的骨类。

3.2 夹杂物 Carried-waste

在产生、收集、包装和运输过程中混入进口骨废料中的其他物质(不包括非骨废料杂质、进口骨废料的包装物及在运输过程中需使用的其他物质)。

4 控制标准与要求

4.1 骨废料中禁止混有下列夹杂物(包含在 4.4 条中的废物除外)：

(1)放射性废物；

(2)废弃炸弹、炮弹等爆炸性武器弹药；

(3)根据 GB 5085 鉴别为危险废物的物质；

(4)《国家危险废物名录》中的其他废物。

4.2 骨废料的表面 α、β 放射性污染水平为：表面任何部分的 $300cm^2$ 的最大检测水平的平均值 α 不超过 $0.04Bq/cm^2$，β 不超过 $0.4Bq/cm^2$。

4.3 骨废料中放射性核素比活度应低于表 1 的限值。

表 1 放射性核素比活度限值

核　素	比活度(Bq/g)
^{59}Ni	3×10^3
^{63}Ni	3×10^3
^{54}Mn	0.3
^{60}Co	0.3
^{65}Zn	0.3
^{55}Fe	300
^{90}Sr,	3
^{134}Cs	0.3
^{137}Cs	0.3
^{235}U	0.3
^{238}U	0.3
^{239}Pu	0.1
^{241}Am	0.3
^{152}Eu	0.3
^{154}Eu	0.3
^{94}Nb	0.3
不明成分的 β－γ 混合物	0.3
不明成分的 α 混合物	0.1

4.4 骨废料中应严格限制下列夹杂物的混入，总重量不应超过进口骨废料重量的 0.01%。

(1)具有腐臭味或刺激性异味的骨废料；

(2)石棉废物或含石棉的废物；

(3)废感光材料；

(4)密闭容器；

(5)可以充分说明在进口骨废料的产生、收集、包装和运输过程中难以避免混入的其他危险废物。

4.5 除上述各条所列废物外，骨废料中应限制其他夹杂物(包括废金属、废纸、废塑料、废橡胶、废玻璃、废木等废物)的混入，总重量不应超过进口骨废料重量的1%。

4.6 废料中非骨废料杂质总重量不应超过骨废料的3%。

5 检验

5.1 本标准4.1（3）条、4.1（4）条按照GB 5085规定的方法进行检验。

5.2 本标准4.1（1）条、4.2条、4.3条的检验参照SN 0570规定执行。

5.3 本标准其他条款的检验按照SN 0573规定执行。

进口可用作原料的固体废物环境保护控制标准——废电机

GB 16487.8—2005 代替 GB 16487.8—1996
国家环境保护总局 国家质量监督检验检疫总局
2005年12月14日发布 2006年2月1日实施

前 言

为贯彻《中华人民共和国固体废物污染环境防治法》，防止境外不能用作原料的固体废物进口，规范可用作原料的固体废物进口审查许可，控制由于进口可用作原料的废电机造成的环境污染，制定本标准。

本标准是进口固体废物环境保护系列控制标准之一，适用于进口可用作原料的固体废物目录中有关废电机的进口管理。

本次修订对 GB 16487.8—1996 的名称、前言、范围、引用标准、定义、控制要求等方面作了适当修改。控制要求中主要修订了放射性的控制要求、夹杂物的控制要求，增加了部分禁止夹杂进口的废物种类。

按照有关法律，本标准具有强制执行的效力。

本标准由国家环境保护总局科技标准司提出。

本标准由中国环境科学研究院起草。

本标准1996年7月29日第一次发布。

本标准国家环境保护总局2005年11月9日批准。

本标准自2006年2月1日起实施。

本标准由国家环境保护总局解释。

1 范围

本标准规定了进口废电机的环境保护控制要求。

本标准适用于海关商品编号为 7404.0000.10 的、以回收铜为主的废电机的进口管理。

2 规范性引用文件

下列文件中的条款通过本标准的引用而成为本标准的条款。凡是注日期的引用文件，其随后所有的修改单(不包括勘误的内容)或修订版均不适用于本标准，然而鼓励根据本标准达成协议的各方研究是否可使用这些文件的最新版本。凡是不注日期的引用文件，其最新版本适用于本标准。

GB 5085　　危险废物鉴别标准

GB 13015　　含多氯联苯废物污染控制标准

SN 0570　　进口可用作原料的废物放射性污染检验规程

SN 0577　　进口可用作原料的废物检验检疫规程——废电机

国家危险废物名录

3　定义

本标准采用下列定义：

3.1　夹杂物 Carried-waste

在产生、收集、包装和运输过程中混入进口废电机中的其他物质(不包括进口废电机的包装物及在运输过程中需使用的其他物质)。

4　控制标准与要求

4.1　废电机中禁止混有下列夹杂物(包含在4.4条中的废物除外)：

(1)放射性废物；

(2)废弃炸弹、炮弹等爆炸性武器弹药；

(3)含多氯联苯废物；

(4)根据GB 5085鉴别为危险废物的物质；

(5)《国家危险废物名录》中的其他废物。

4.2　废电机的表面α、β放射性污染水平为：表面任何部分的300cm^{2}的最大检测水平的平均值α不超过0.04Bq/cm^2，β不超过0.4Bq/cm^2。

4.3　废电机中放射性核素比活度应低于表1的限值。

表1　　放射性核素比活度限值

核　素	比活度(Bq/g)
^{59}Ni	3×10^3
^{63}Ni	3×10^3
^{54}Mn	0.3
^{60}Co	0.3
^{65}Zn	0.3
^{55}Fe	300
^{90}Sr,	3
^{134}Cs	0.3
^{137}Cs	0.3
^{235}U	0.3
^{238}U	0.3
^{239}Pu	0.1
^{241}Am	0.3
^{152}Eu	0.3
^{154}Eu	0.3
^{94}Nb	0.3
不明成分的β－γ混合物	0.3
不明成分的α混合物	0.1

4.4　废电机中应严格限制下列夹杂物的混入，总重量不应超过进口废电机重量的0.01%。

(1)石棉废物或含石棉的废物；

(2)废感光材料；

(3)废电机中可剥离的油污；

(4)密闭容器；

(5)可以充分说明在进口废电机的产生、收集、包装和运输过程中难以避免混入的其他危险废物。

4.5　除上述各条所列废物外，废电机中应限制其他夹杂物(包括废木块、废纸、废纤维、废玻璃、剥离铁锈、废塑料、废橡胶等废物)的混入，总重量不应超过进口废电机重量的2%。

5. 检验

5.1 本标准 4.1（3）条的检验按照 GB 13015 规定执行。

5.2 本标准 4.1（4）条、4.1（5）条按照 GB 5085 规定的方法进行检验。

5.3 本标准 4.1（1）条、4.2 条、4.3 条的检验按照 SN 0570 规定执行。

5.4 本标准其他条款的检验按照 SN 0577 规定执行。

进口可用作原料的固体废物环境保护控制标准——废电线电缆

GB 16487.9—2005 代替 GB 16487.9—1996
国家环境保护总局　国家质量监督检验检疫总局
2005 年 12 月 14 日发布　2006 年 2 月 1 日实施

前　　言

为贯彻《中华人民共和国固体废物污染环境防治法》，防止境外不能用作原料的固体废物进口，规范可用作原料的固体废物进口审查许可，控制由于进口可用作原料的废电线、电缆造成的环境污染，制定本标准。

本标准是进口固体废物环境保护系列控制标准之一，适用于进口可用作原料的固体废物目录中有关废电线、电缆的进口管理。

本次修订对 GB 16487.9－1996 的名称、前言、范围、引用标准、定义、控制要求等方面作了适当修改。控制要求中主要修订了放射性的控制要求、夹杂物的控制要求，增加了部分禁止夹杂进口的废物种类和禁止进口的废电线、电缆的种类。

按照有关法律，本标准具有强制执行的效力。

本标准由国家环境保护总局科技标准司提出。

本标准由中国环境科学研究院起草。

本标准 1996 年 7 月 29 日第一次发布。

本标准国家环境保护总局 2005 年 11 月 9 日批准。

本标准自 2006 年 2 月 1 日起实施。

本标准由国家环境保护总局解释。

1　范围

本标准规定了进口废电线电缆的环境保护控制要求。

本标准适用于以下海关商品编号的废电线电缆的进口管理：

海关商品编号	固体废物名称
7404.0000.10	以回收铜为主的废电线、电缆
7602.0000.10	以回收铝为主的废电线、电缆

2 规范性引用文件

下列文件中的条款通过本标准的引用而成为本标准的条款。凡是注日期的引用文件，其随后所有的修改单(不包括勘误的内容)或修订版均不适用于本标准，然而鼓励根据本标准达成协议的各方研究是否可使用这些文件的最新版本。凡是不注日期的引用文件，其最新版本适用于本标准。

GB 5085　危险废物鉴别标准

GB 13015　含多氯联苯废物污染控制标准

SN 0570　进口可用作原料的废物放射性污染检验规程

SN 0580　进口可用作原料废物检验检疫规程——废电线电缆

国家危险废物名录

3 定义

本标准采用下列定义：

3.1　夹杂物 Carried-waste

在产生、收集、包装和运输过程中混入进口废电线电缆中的其他物质(不包括进口废电线电缆的包装物及在运输过程中需使用的其他物质)。

4 控制标准与要求

4.1　废电线电缆中禁止混有下列夹杂物(包含在4.4条中的废物除外)：

(1)放射性废物；

(2)废弃炸弹、炮弹等爆炸性武器弹药；

(3)油封电缆、光缆，铅皮电缆；

(4)含多氯联苯废物；

(5)根据GB 5085鉴别为危险废物的物质；

(6)《国家危险废物名录》中的其他废物。

4.2　废电线电缆的表面α、β放射性污染水平为：表面任何部分的300cm² 的最大检测水平的平均值α不超过0.04Bq/cm²，β不超过0.4Bq/cm²。

4.3　废电线电缆中放射性核素比活度应低于表1的限值。

表1　　放射性核素比活度限值

核　素	比活度(Bq/g)
^{59}Ni	3×10^3
^{63}Ni	3×10^3
^{54}Mn	0.3
^{60}Co	0.3
^{65}Zn	0.3
^{55}Fe	300
^{90}Sr,	3
^{134}Cs	0.3
^{137}Cs	0.3
^{235}U	0.3
^{238}U	0.3
^{239}Pu	0.1
^{241}Am	0.3
^{152}Eu	0.3
^{154}Eu	0.3
^{94}Nb	0.3
不明成分的β—γ混合物	0.3
不明成分的α混合物	0.1

4.4　废电线电缆中应严格限制下列夹杂物的混入，总重量不应超过废电线电缆重量的0.01%。

(1)石棉废物或含石棉的废物；

(2)废感光材料；

(3)密闭容器；

(4)可以充分说明在进口废电线电缆的产生、收集、包装和运输过程中难以避免混入的其他危险废物。

4.5　除上述各条所列废物外，废电线电缆中应限制其他夹杂物(包括废纸、木废料、废玻璃、剥离铁锈等废物)的混入,总重量不应超过进口废电线电缆重量的2%。

5 检验

5.1 本标准4.1(4)条的检验按照GB 13015规定执行。

5.2 本标准4.1(5)条、4.1(6)条按照GB 5085规定的方法进行检验。

5.3 本标准4.1(1)条、4.2条、4.3条的检验按照SN 0570规定执行。

5.4 本标准其他条款的检验按照SN 0580规定执行。

进口可用作原料的固体废物环境保护控制标准——废钢铁

GB 16487.6－2005　代替 GB 16487.6－1996

国家环境保护总局　国家质量监督检验检疫总局

2005 年 12 月 14 日发布　2006 年 2 月 1 日实施

前　言

为贯彻《中华人民共和国固体废物污染环境防治法》，防止境外不能用作原料的固体废物进口，规范可用作原料的固体废物进口审查许可，控制由于进口可用作原料的废钢铁造成的环境污染，制定本标准。

本标准是进口固体废物环境保护系列控制标准之一，适用于进口可用作原料的固体废物目录中有关废钢铁的进口管理。

本次修订对 GB 16487.6－1996 的名称、前言、范围、引用标准、定义、控制要求等方面作了适当修改。控制要求中主要修订了放射性的控制要求，增加了部分禁止夹杂进口的废物种类。

按照有关法律，本标准具有强制执行的效力。

本标准由国家环境保护总局科技标准司提出。

本标准由中国环境科学研究院起草。

本标准 1996 年 7 月 29 日第一次发布。

本标准国家环境保护总局 2005 年 9 月 11 日批准。

本标准自 2006 年 2 月 1 日起实施。

本标准由国家环境保护总局解释。

1　范围

本标准规定了进口废钢铁的环境保护控制要求。

海关商品编号	固体废物名称
7204.1000.00	铸铁废碎料
7204.2100.00	不锈钢废碎料
7204.2900.00	其他合金钢废碎料
7204.3000.00	镀锡钢铁废碎料
7204.4100.00	车、刨、铣、磨、锯、锉、剪、冲加工过程中产生的钢铁废料，不论是否成捆
7204.4900.90	其他钢铁废碎料
7204.5000.00	供再熔的碎料钢铁锭（含废机床、废机车、废机车头等）

本标准适用于上表中海关商品编号的废钢铁的进口管理。

2 规范性引用文件

下列文件中的条款通过本标准的引用而成为本标准的条款。凡是注日期的引用文件，其随后所有的修改单(不包括勘误的内容)或修订版均不适用于本标准，然而鼓励根据本标准达成协议的各方研究是否可使用这些文件的最新版本。凡是不注日期的引用文件，其最新版本适用于本标准。

GB 5085　危险废物鉴别标准

GB 13015　含多氯联苯废物污染控制标准

SN 0570　进口可用作原料的废物放射性污染检验规程

SN 0581　进口可用作原料的废物检验检疫规程——废钢铁

国家危险废物名录

危险化学品名录

剧毒化学品目录

3 定义

本标准采用下列定义：

3.1　夹杂物 Carried-waste

在产生、收集、包装和运输过程中混入进口废钢铁中的其他物质(不包括进口废钢铁的包装及其他在运输过程中需使用的物质)。

3.2　危险化学物质

Hazardous chemical substance

中华人民共和国有关部门公布的《危险化学品名录》和《剧毒化学品目录》中的化学物质。

4 控制标准与要求

4.1　废钢铁中禁止混有下列夹杂物(包含在4.4条中的废物除外)：

(1)放射性废物；

(2)废弃炸弹、炮弹等爆炸性武器弹药；

(3)含多氯联苯废物；

(4)根据GB 5085鉴别为危险废物的物质；

(5)《国家危险废物名录》中的其他废物。

4.2　废钢铁的表面α、β放射性污染水平为：表面任何部分的300cm^{2}的最大检测水平的平均值α不超过0.04Bq/cm^2，β不超过0.4Bq/cm^2。

4.3　废钢铁中放射性核素比活度应低于表1的限值。

表1　　放射性核素比活度限值

核　　素	比活度(Bq/g)
^{59}Ni	3×10^3
^{63}Ni	3×10^3
^{54}Mn	0.3
^{60}Co	0.3
^{65}Zn	0.3
^{55}Fe	300
^{90}Sr,	3
^{134}Cs	0.3
^{137}Cs	0.3
^{235}U	0.3
^{238}U	0.3
^{239}Pu	0.1
^{241}Am	0.3
^{152}Eu	0.3
^{154}Eu	0.3
^{94}Nb	0.3
不明成分的β—γ混合物	0.3
不明成分的α混合物	0.1

4.4　废钢铁中应严格限制下列夹杂物的混入，总重量不应超过进口废钢铁重量

的 0.01%。

(1)石棉废物或含石棉的废物；

(2)废感光材料；

(3)密闭容器；

(4)可以充分说明在进口废钢铁的产生、收集、包装和运输过程中难以避免混入的其他危险废物。

4.5 除上述各条所列废物外，废钢铁中应限制其他夹杂物(包括木废料、废纸、废玻璃、废塑料、废橡胶、剥离铁锈等废物)的混入，总重量不应超过进口废钢铁重量的 2%。

4.6 曾经盛装液态和半固态危险化学物质的容器、管道及其废碎片，应清洗干净方可进口；进口者应向检验机构申报容器、管道曾经盛装或输送过的危险化学物质的主要成分。

5 检验

5.1 本标准 4.1 (3)条的检验按照 GB 13015 规定执行。

5.2 本标准 4.1 (4)条、4.1 (5)条按照 GB 5085 规定的方法进行检验。

5.3 本标准 4.1 (1)条、4.2 条、4.3 条的检验按照 SN 0570 规定执行。

5.4 本标准其他条款的检验按照 SN 0581 规定执行。

进口可用作原料的固体废物环境保护控制标准——废五金电器

GB 16487.10—2005 代替 GB 16487.10—1996

国家环境保护总局　国家质量监督检验检疫总局

2005 年 12 月 14 日发布　2006 年 2 月 1 日实施

前　　言

为贯彻《中华人民共和国固体废物污染环境防治法》，防止境外不能用作原料的固体废物进口，规范可用作原料的固体废物进口审查许可，控制由于进口可用作原料的废五金电器造成的环境污染，制定本标准。

本标准是进口固体废物环境保护系列控制标准之一，适用于进口可用作原料的固体废物目录中有关废五金电器的进口管理。

本次修订对 GB 16487.10—1996 的名称、前言、范围、引用标准、定义、控制要求等方面作了适当修改。控制要求中主要修订了放射性的控制要求、夹杂物的控制要求，增加了部分禁止夹杂进口的废物种类。

按照有关法律，本标准具有强制执行的效力。

本标准由国家环境保护总局科技标准司提出。

本标准由中国环境科学研究院起草。

本标准 1996 年 7 月 29 日第一次发布。

本标准国家环境保护总局 2005 年 11 月 9 日批准。

本标准自 2006 年 2 月 1 日起实施。

本标准由国家环境保护总局解释。

1　范围

本标准规定了进口废五金电器的环境保护控制要求。

本标准适用于以下海关商品编号的废五金电器的进口管理，包括五金电器加工过程中产生的边角料、残次品或不合格品。

海关商品编号	固体废物名称
7204.4900.20	以回收钢铁为主的废五金电器
7404.0000.10	以回收铜为主的废五金电器
7602.0000.10	以回收铝为主的废五金电器

2 规范性引用文件

下列文件中的条款通过本标准的引用而成为本标准的条款。凡是注日期的引用文件，其随后所有的修改单(不包括勘误的内容)或修订版均不适用于本标准，然而鼓励根据本标准达成协议的各方研究是否可使用这些文件的最新版本。凡是不注日期的引用文件，其最新版本适用于本标准。

GB 5085　危险废物鉴别标准

GB 13015　含多氯联苯废物污染控制标准

SN 0570　进口可用作原料的废物放射性污染检验规程

SN 0579　进口可用作原料的废物检验检疫规程——废五金电器

国家危险废物名录

3 定义

本标准采用下列定义：

3.1　夹杂物 Carried-waste

在产生、收集、包装和运输过程中混入进口废五金电器中的其他物质(不包括进口废五金电器的包装物及在运输过程中需使用的其他物质)。

4 控制标准与要求

4.1　废五金电器中禁止混有下列夹杂物(包含在4.4条中的废物除外)：

(1)放射性废物；

(2)废弃炸弹、炮弹等爆炸性武器弹药；

(3)未清除绝缘油材料的变压器、镇流器和压缩机；

(4)含多氯联苯废物；

(5)根据GB 5085鉴别为危险废物的物质；

(6)《国家危险废物名录》中的其他废物。

4.2　废五金电器的表面α、β放射性污染水平为：表面任何部分的300cm^{2}的最大检测水平的平均值α不超过0.04Bq/cm^2，β不超过0.4Bq/cm^2。

4.3　废五金电器中放射性核素比活度应低于表1的限值。

表1　放射性核素比活度限值

核　素	比活度(Bq/g)
^{59}Ni	3×10^3
^{63}Ni	3×10^3
^{54}Mn	0.3
^{60}Co	0.3
^{65}Zn	0.3
^{55}Fe	300
^{90}Sr,	3
^{134}Cs	0.3
^{137}Cs	0.3
^{235}U	0.3
^{238}U	0.3
^{239}Pu	0.1
^{241}Am	0.3
^{152}Eu	0.3
^{154}Eu	0.3
^{94}Nb	0.3
不明成分的β—γ混合物	0.3
不明成分的α混合物	0.1

4.4　废五金电器中应严格限制下列夹杂物的混入，总重量不应超过进口废五金电器重量的0.01%。

(1)石棉废物或含石棉的废物；

(2)废感光材料；

(3)密闭容器；

(4)可以充分说明在进口废五金电器的产生、收集、包装和运输过程中难以避免混入的其他危险废物。

4.5　除上述各条所列废物外，废五金电器中应限制其他夹杂物(包括木废料、废纸、剥离铁锈以及国家禁止进口的废机电产品等废物)的混入，总重量不应超过进口废五金电器重量的2%。

4.6　进口废五金电器可回收利用的材料应不低于废五金电器总重量的80%，其中可利用金属的含量应不低于废五金电器总重量的60%。

5　检验

5.1　本标准4.1(4)条的检验按照GB 13015规定执行。

5.2　本标准4.1(5)条、4.1(6)条按照GB 5085规定的方法进行检验。

5.3　本标准4.1(1)条、4.2条的检验按照SN 0570规定执行。

5.4　本标准其他条款的检验按照SN 0579规定执行。

进口可用作原料的固体废物环境保护控制标准——废纤维

GB 16487.5 代替 GB 16487.5

国家环境保护总局 国家质量监督检验检疫总局

2005 年 12 月 14 日发布 2006 年 2 月 1 日实施

前 言

为贯彻《中华人民共和国固体废物污染环境防治法》，防止境外不能用作原料的固体废物进口，规范可用作原料的固体废物进口审查许可，控制由于进口可用作原料的废纤维造成的环境污染，制定本标准。

本标准是进口固体废物环境保护系列控制标准之一，适用于进口可用作原料的固体废物目录中有关废纤维的进口管理。

本次修订对 GB 16487.5—1996 的名称、前言、范围、引用标准、定义、控制要求等方面作了适当修改。控制要求中主要修订了放射性的控制要求、夹杂物的控制要求，增加了部分禁止夹杂进口的废物种类。

按照有关法律，本标准具有强制执行的效力。

本标准由国家环境保护总局科技标准司提出。

本标准由中国环境科学研究院起草。

本标准 1996 年 7 月 29 日第一次发布。

本标准国家环境保护总局 2005 年 11 月 9 日批准。

本标准自 2006 年 2 月 1 日起实施。

本标准由国家环境保护总局解释。

1 范围

海关商品编号	固体废物名称
5202.1000.00	废棉纱线(包括废棉线)
5202.9900.00	其他废棉
5505.1000.00	合成纤维废料
5505.2000.00	人造纤维废料
6310.1000.10	新的或未使用过的纺织材料制经分拣的碎织物等(包括废线、绳、索、缆及其制品)
6310.9000.10	新的或未使用过的纺织材料制其他碎织物等(包括废线、绳、索、缆及其制品)

本标准规定了进口废纤维的环境保护控制要求。

本标准适用于以下海关商品编号未使用过的废纤维的进口管理：

2 规范性引用文件

下列文件中的条款通过本标准的引用而成为本标准的条款。凡是注日期的引用文件，其随后所有的修改单(不包括勘误的内容)或修订版均不适用于本标准，然而鼓励根据本标准达成协议的各方研究是否可使用这些文件的最新版本。凡是不注日期的引用文件，其最新版本适用于本标准。

GB 5085　危险废物鉴别标准

SN 0570　进口可用作原料的废物放射性污染检验规程

SN 0575　进口可用作原料的废物检验检疫规程——纺织品废料

国家危险废物名录

3 定义

本标准采用下列定义：

夹杂物 Carried-waste

在产生、收集、包装和运输过程中混入进口废纤维中的其他物质(不包括进口废纤维的包装物及在运输过程中需使用的其他物质)。

4 控制标准与要求

4.1 废纤维中禁止混有下列夹杂物(包含在 4.4 条中的废物除外)：

(1)放射性废物；

(2)废弃炸弹、炮弹等爆炸性武器弹药；

(3)除棉籽外的植物种子和具有繁殖能力的植物枝叶；

(4)根据 GB 5085 鉴别为危险废物的物质；

(5)《国家危险废物名录》中的其他废物。

4.2 废纤维的表面 α、β 放射性污染水平为：表面任何部分的 $300cm^2$ 的最大检测水平的平均值 α 不超过 $0.04Bq/cm^2$，β 不超过 $0.4Bq/cm^2$。

4.3 废纤维中放射性核素比活度应低于表 1 的限值。

表 1　放射性核素比活度限值

核　素	比活度(Bq/g)
^{59}Ni	3×10^3
^{63}Ni	3×10^3
^{54}Mn	0.3
^{60}Co	0.3
^{65}Zn	0.3
^{55}Fe	300
^{90}Sr,	3
^{134}Cs	0.3
^{137}Cs	0.3
^{235}U	0.3
^{238}U	0.3
^{239}Pu	0.1
^{241}Am	0.3
^{152}Eu	0.3
^{154}Eu	0.3
^{94}Nb	0.3
不明成分的 β—γ 混合物	0.3
不明成分的 α 混合物	0.1

4.4 废纤维中应严格限制下列夹杂物的混入，总重量不应超过废纤维重量的 0.01%。

(1)棉籽；

(2)石棉废物或含石棉的废物；

(3)废感光材料；

(4)密闭容器；

(5)可以充分说明在进口废纤维的产生、收集、包装和运输过程中难以避免混入的其他危险废物。

4.5　除上述各条所列废物外，废纤维中应限制其他夹杂物(包括废金属、木废料、废纸、废塑料、废橡胶、废玻璃等废物)的混入，总重量不应超过进口废纤维重量的1%。

5　检验

5.1　本标准4.1(4)条和4.1(5)条按照GB 5085规定的方法进行检验。

5.2　本标准4.1(1)条、4.2条、4.3条的检验参照SN 0570规定执行。

5.3　本标准其他条款的检验按照SN 0575规定执行。

进口可用作原料的固体废物环境保护控制标准——废汽车压件

GB 16487.13—2005

国家环境保护总局　国家质量监督检验检疫总局

2005年12月14日发布　2006年2月1日实施

前　言

为贯彻《中华人民共和国固体废物污染环境防治法》,防止境外不能用作原料的固体废物进口,规范可用作原料的固体废物进口审查许可,控制由于进口可用作原料的废汽车压件造成的环境污染,制定本标准。

本标准是进口固体废物环境保护系列控制标准之一,适用于进口可用作原料的固体废物目录中有关废汽车压件的进口管理。

本标准对进口废汽车压件的控制要求作了规定,主要包括放射性的控制要求、夹杂物的控制要求、拆解和压制程度控制要求。

按照有关法律,本标准具有强制执行的效力。

本标准由国家环境保护总局科技标准司提出。

本标准由中国环境科学研究院起草。

本标准国家环境保护总局2005年11月9日批准。

本标准自2006年2月1日起实施。

本标准由国家环境保护总局解释。

1　范围

本标准规定了进口废汽车压件的环境保护控制要求,以及形成压件前对报废汽车拆解和压制程度的控制要求。

本标准适用于海关商品编号为7204.4900.10的废汽车压件的进口管理。

2　规范性引用文件

下列文件中的条款通过本标准的引用而成为本标准的条款。凡是注日期的引用文件,其随后所有的修改单(不包括勘误的内容)或修订版均不适用于本标准,然而鼓励根据本标准达成协议的各方研究是否可使用这些文件的最新版本。凡是不注日期的引用文件,其最新版本适用于本标准。

GB 5085 危险废物鉴别标准

GB 13015 含多氯联苯废物污染控制标准

SN 0570 进口可用作原料的废物放射性污染检验规程

国家危险废物名录

3 定义

本标准采用下列定义：

3.1 废汽车压件 Compressed piece of scrap automobile

丧失使用功能而且经过压制等处理的不可恢复原状的废汽车产品。

3.2 夹杂物 Carried-waste

在收集、包装和运输过程中混入进口废汽车压件中的其他物质(包括驾驶员、乘车者放在车内的生活用品，不包括进口废汽车压件的包装及在运输过程中需使用的物质)。

4 控制标准与要求

4.1 进口废汽车压件应拆除或清除废汽车本身的下列组成，这些组成部分的总重量不应超过废汽车总重量的0.01%。

(1)安全气囊；

(2)蓄电池；

(3)灭火器、密闭压力容器；

(4)机油、齿轮油、燃油及燃气、制动液、冷却液；

(5)制冷剂、催化剂；

(6)轮胎。

4.2 废汽车压件中禁止混有下列夹杂物(包含在4.5条中的废物除外)：

(1)放射性废物；

(2)废弃炸弹、炮弹等爆炸性武器弹药；

(3)含多氯联苯废物；

(4)根据GB 5085鉴别为危险废物的物质；

(5)《国家危险废物名录》中的其他废物。

4.3 废汽车压件的表面α、β放射性污染水平为：表面任何部分的300cm^{2}的最大检测水平的平均值α不超过0.04Bq/cm^2，β不超过0.4 Bq/cm^2。

4.4 废汽车压件中放射性核素比活度应低于表1的限值。

4.5 废汽车压件中应严格限制下列夹杂物的混入，总重量不应超过废汽车压件总重量的0.01%：

(1)石棉废物或含石棉的废物；

(2)废感光材料；

(3)密闭容器；

(4)可以充分说明在进口废汽车压件的收集、处理、包装和运输过程中难以避免混入的其他危险废物。

表1 放射性核素比活度限值

核素	比活度(Bq/g)
^{59}Ni	3×10^3
^{63}Ni	3×10^3
^{54}Mn	0.3
^{60}Co	0.3
^{65}Zn	0.3
^{55}Fe	300
^{90}Sr,	3
^{134}Cs	0.3
^{137}Cs	0.3
^{235}U	0.3
^{238}U	0.3
^{239}Pu	0.1
^{241}Am	0.3
^{152}Eu	0.3
^{154}Eu	0.3
^{94}Nb	0.3
不明成分的β—γ混合物	0.3
不明成分的α混合物	0.1

4.6　除上述各条所列废物外，废汽车压件中应限制其他夹杂物（包括木废料、废纸、废橡胶、热固性塑料、遗留在车上的生活废弃物等）的混入，总重量不应超过进口废汽车压件总重量的1%。

5　检验

5.1　本标准4.2（3）条的检验按照GB 13015规定执行。

5.2　本标准4.2（4）条、4.2（5）条按照GB 5085规定的方法进行检验。

5.3　本标准4.2（1）条、4.3条、4.4条的检验按照SN 0570规定执行。

5.4　本标准其他条款的检验按照质量监督检验相关检验规程执行。

进口可用作原料的固体废物环境保护控制标准——废塑料

GB 16487.12—2005 代替 GB 16487.12—1996

国家环境保护总局　国家质量监督检验检疫总局

2005 年 12 月 14 日发布　2006 年 2 月 1 日实施

前　言

为贯彻《中华人民共和国固体废物污染环境防治法》，防止境外不能用作原料的固体废物进口，规范可用作原料的固体废物进口审查许可，控制由于进口可用作原料的废塑料造成的环境污染，制定本标准。

本标准是进口固体废物环境保护系列控制标准之一，适用于进口可用作原料的固体废物目录中有关废塑料的进口管理。

本次修订对 GB 16487.12—1996 的名称、前言、范围、引用标准、定义、控制要求等方面作了适当修改。控制要求中主要修订了放射性的控制要求、夹杂物的控制要求，夹杂物控制中增加了部分废物种类和部分废塑料种类。

按照有关法律，本标准具有强制执行的效力。

本标准由国家环境保护总局科技标准司提出。本标准由中国环境科学研究院起草。

本标准 1996 年 7 月 29 日第一次发布。

本标准国家环境保护总局 2005 年 11 月 9 日批准。

本标准自 2006 年 2 月 1 日起实施。

本标准由国家环境保护总局解释。

1　范围

本标准规定了进口废塑料的环境保护控制要求。本标准适用于以下海关商品编号的废塑料的进口管理：

海关商品编号	固体废物名称
3915.1000.00	乙烯聚合物的废碎料及下脚料
3915.2000.00	苯乙烯聚合物的废碎料及下脚料
3915.3000.00	氯乙烯聚合物的废碎料及下脚料
3915.9010.00	聚对苯二甲酸乙二酯废碎料及下脚料
3915.9090.00	其他塑料的废碎料及下脚料

2 规范性引用文件

下列文件中的条款通过本标准的引用而成为本标准的条款。凡是注日期的引用文件，其随后所有的修改单(不包括勘误的内容)或修订版均不适用于本标准，然而鼓励根据本标准达成协议的各方研究是否可使用这些文件的最新版本。凡是不注日期的引用文件，其最新版本适用于本标准。

GB 5085 危险废物鉴别标准

SN 0570 进口可用作原料的废物放射性污染检验规程

SN 0625 进口可用作原料的废物检验检疫规程——废塑料

国家危险废物名录

3 定义

本标准采用下列定义：

3.1 废塑料 Waste and scrap of plastics

在塑料生产及塑料制品加工过程中产生的热塑性下脚料、边角料和残次品，或者使用过且经加工清洗干净的热塑性塑料(片状、块状、粒状或粉状)。

3.2 夹杂物 Carried-waste

在产生、收集、包装和运输过程中混入进口废塑料中的其他物质(不包括进口废塑料的包装物及在运输过程中需使用的其他物质)。

4 控制标准与要求

4.1 废塑料中禁止混有下列夹杂物(包含在4.4条中的废物除外)：

(1)放射性废物；

(2)废弃炸弹、炮弹等爆炸性武器弹药；

(3)根据GB 5085鉴别为危险废物的物质；

(4)《国家危险废物名录》中的其他废物。

4.2 废塑料的表面α、β放射性污染水平为：表面任何部分的300cm^2的最大检测水平的平均值α不超过0.04Bq/cm^2，β不超过0.4 Bq/cm^2。

4.3 废塑料中放射性核素比活度应低于表1的限值。

表1 放射性核素比活度限值

核　素	比活度(Bq/g)
^{59}Ni	3×10^3
^{63}Ni	3×10^3
^{54}Mn	0.3
^{60}Co	0.3
^{65}Zn	0.3
^{55}Fe	300
^{90}Sr,	3
^{134}Cs	0.3
^{137}Cs	0.3
^{235}U	0.3
^{238}U	0.3
^{239}Pu	0.1
^{241}Am	0.3
^{152}Eu	0.3
^{154}Eu	0.3
^{94}Nb	0.3
不明成分的β—γ混合物	0.3
不明成分的α混合物	0.1

4.4 废塑料中应严格限制下列夹杂物的混入，总重量不应超过进口废塑料重量的0.01%。

(1)石棉废物或含石棉的废物；

(2)被焚烧或部分焚烧的废塑料，被灭火剂污染的废塑料；

(3)含有感光物质的胶片；

(4)使用过的完整塑料容器；

(5)密闭容器；

(6)可以充分说明在进口废塑料的产生、收集、包装和运输过程中难以避免混入的其他危险废物。

4.5　进口使用过的塑料容器应破碎并清洗至无明显异味和污渍。

4.6　除上述各条所列废物外，进口废塑料中应限制其他夹杂物（包括废木片、废金属、废玻璃、热固性塑料、废橡胶、涂有金属层的塑料薄膜或塑料制品等废物）的混入，总重量不应超过进口废塑料重量的0.5%。

5　检验

5.1　本标准4.1(3)条和4.1(4)条按照GB 5085规定的方法进行检验。

5.2　本标准4.1(1)条、4.2条、4.3条的检验参照SN 0570规定执行。

5.3　本标准其他条款的检验按照SN 0625规定执行。

进口可用作原料的固体废物环境保护控制标准——废有色金属

GB 16487.7—2005 代替 GB 16487.7—1996
国家环境保护总局　国家质量监督检验检疫总局
2005年12月14日发布　2006年2月1日实施

前　言

为贯彻《中华人民共和国固体废物污染环境防治法》，防止境外不能用作原料的固体废物进口，规范可用作原料的固体废物进口审查许可，控制由于进口可用作原料的废有色金属造成的环境污染，制定本标准。

本标准是进口固体废物环境保护系列控制标准之一，适用于进口可用作原料的固体废物目录中有关废有色金属的进口管理。

本次修订对 GB 16487.7—1996 的名称、前言、范围、引用标准、定义、控制要求等方面作了适当修改。控制要求中主要修订了放射性的控制要求、夹杂物的控制要求，增加了进口废有色金属中部分禁止、限制的废物，删掉了试行标准中沉积铜(泥铜)和混合废金属的要求。

按照有关法律，本标准具有强制执行的效力。

本标准由国家环境保护总局科技标准司提出。

本标准由中国环境科学研究院起草。

本标准1996年7月29日第一次发布。

本标准国家环境保护总局2005年11月9日批准。

本标准自2006年2月1日起实施。

本标准由国家环境保护总局解释。

1　范围

海关商品编号	固体废物名称	备　注
7404.0000.90	铜废碎料	不包括废五金电器，废电线电缆，废电机
7503.0000.00	镍废碎料	
7602.0000.90	铝废碎料	不包括废五金电器，废电线电缆，废电机
7902.0000.00	锌废碎料	
8002.0000.00	锡废碎料	
8103.1000.00	钽废碎料	
8101.9700.00	钨废碎料	
8104.2000.00	镁废碎料	
8108.3000.00	钛废碎料	

本标准规定了进口废有色金属的环境保护控制要求。

本标准适用于以下海关商品编号的废有色金属的进口管理：

2 规范性引用文件

下列文件中的条款通过本标准的引用而成为本标准的条款。凡是注日期的引用文件，其随后所有的修改单（不包括勘误的内容）或修订版均不适用于本标准，然而鼓励根据本标准达成协议的各方研究是否可使用这些文件的最新版本。凡是不注日期的引用文件，其最新版本适用于本标准。

GB 5085 危险废物鉴别标准

GB 13015 含多氯联苯废物污染控制标准

SN 0570 进口可用作原料的废物放射性污染检验规程

SN 0571 进口可用作原料的废物检验检疫规程——废有色金属

国家危险废物名录

危险化学品名录

剧毒化学品目录

3 定义

本标准采用下列定义：

3.1 夹杂物 Carried-waste

在产生、收集、包装和运输过程中混入进口废有色金属中的其他物质（不包括进口固体废物的包装物及在运输过程中需使用的其他物质）。

3.2 危险化学物质

Hazardous chemical substance

中华人民共和国有关部门公布的《危险化学品名录》和《剧毒化学品目录》中的化学物质。

4 控制标准与要求

4.1 废有色金属中禁止混有下列夹杂物（包含在4.4条中的废物除外）：

（1）放射性废物；

（2）废弃炸弹、炮弹等爆炸性武器弹药；

（3）含多氯联苯废物；

（4）根据GB 5085鉴别为危险废物的物质；

（5）《国家危险废物名录》中的其他废物。

4.2 废有色金属的表面α、β放射性污染水平为：表面任何部分的300cm^{2}的最大检测水平的平均值α不超过0.04Bq/cm^2，β不超过0.4 Bq/cm^2。

4.3 废有色金属中非天然放射性核素比活度应低于表1的限值。

表1 放射性核素比活度限值

核素	比活度(Bq/g)
^{59}Ni	3×10^3
^{63}Ni	3×10^3
^{54}Mn	0.3
^{60}Co	0.3
^{65}Zn	0.3
^{55}Fe	300
^{90}Sr,	3
^{134}Cs	0.3
^{137}Cs	0.3
^{235}U	0.3
^{238}U	0.3
^{239}Pu	0.1
^{241}Am	0.3
^{152}Eu	0.3
^{154}Eu	0.3
^{94}Nb	0.3
不明成分的β—γ混合物	0.3
不明成分的α混合物	0.1

4.4　废有色金属中应严格限制下列夹杂物的混入，总重量不应超过进口废有色金属重量的0.01%。

(1)石棉废物或含石棉的废物；

(2)废感光材料；

(3)密闭容器；

(4)可以充分说明在进口废有色金属的产生、收集、包装和运输过程中难以避免混入的其他危险废物。

4.5　废有色金属中夹杂的粉状废物(冶炼渣、除尘灰等)总重量不应超过进口废有色金属重量的0.1%。

4.6　除上述各条所列废物外，废有色金属中应限制其他夹杂物(包括木废料、废纸、废塑料、废橡胶、废玻璃、剥离铁锈等废物)的混入，总重量不应超过进口废有色金属总重量的2%。

4.7　曾经盛装液态或半固态危险化学物质的容器、管道及其废碎片，应清洗干净方可进口；进口单位应向检验机构申报容器、管道曾盛装或输送过危险化学物质的主要成分。

5　检验

5.1　本标准4.1(3)条的检验按照GB 13015规定执行。

5.2　本标准4.1(4)条、4.1(5)条按照GB 5085规定的方法进行检验。

5.3　本标准4.1(1)条、4.2条、4.3条的检验按照SN 0570规定执行。

5.4　本标准其他条款的检验按照SN 0571规定执行。

进口可用作原料的固体废物环境保护控制标准——废纸或纸板

GB 16487.4—2005 代替 GB 16487.4—1996

国家环境保护总局 国家质量监督检验检疫总局

2005 年 12 月 14 日发布 2006 年 2 月 1 日实施

前 言

为贯彻《中华人民共和国固体固体废物污染环境防治法》,防止境外不能用作原料的固体废物进口,规范可用作原料的固体废物进口审查许可,控制由于进口可用作原料的废纸或纸板造成的环境污染,制定本标准。

本标准是进口固体废物环境保护系列控制标准之一,适用于进口可用作原料的固体废物目录中有关废纸或纸板的进口管理。

本次修订对 GB 16487.4—1996 的名称、前言、范围、引用标准、定义、控制要求等方面作了适当修改。控制要求中主要修订了放射性的控制要求、夹杂物的控制要求。

按照有关法律,本标准具有强制执行的效力。

本标准由国家环境保护总局科技标准司提出。

本标准由中国环境科学研究院起草。

本标准 1996 年 7 月 29 日第一次发布。

本标准国家环境保护总局 2005 年 11 月 9 日批准。

本标准自 2006 年 2 月 1 日起实施。

本标准由国家环境保护总局解释。

1 范围

本标准规定了进口废纸或纸板(以下简称进口废纸)的环境保护控制要求。本标准适用于以下海关商品编号的废纸的进口管理:

海关商品编号	固体废物名称
4707.1000.00	回收(废碎)的未漂白牛皮纸或纸板及回收(废碎)的瓦楞纸和纸板
4707.2000.00	回收(废碎)的主要由漂白化学浆制未经本体染色的其他纸和纸板
4707.3000.00	回收(废碎)的主要由机械浆制纸或纸板(例如报纸、杂志及类似的印刷品)
4707.9000.00	回收(废碎)的其他纸及纸板,包括未分选的

2 规范性引用文件

下列文件中的条款通过本标准的引用而成为本标准的条款。凡是注日期的引用文件，其随后所有的修改单(不包括勘误的内容)或修订版均不适用于本标准，然而鼓励根据本标准达成协议的各方研究是否可使用这些文件的最新版本。凡是不注日期的引用文件，其最新版本适用于本标准。

GB 5085 危险废物鉴别标准

SN 0570 进口可用作原料的废物放射性污染检验规程

SN 0574 进口可用作原料的废物检验检疫规程——回收(废碎)纸及纸板

国家危险废物名录

3. 定义

本标准采用下列定义：

3.1 夹杂物 Carried-waste

在产生、收集、包装和运输过程中混入进口废纸中的其他物质(不包括进口废纸的包装物及在运输过程中需使用的其他物质)。

4 控制标准与要求

4.1 进口废纸中禁止混有下列夹杂物(包含在4.4条中的废物除外)：

(1)放射性废物；

(2)废弃炸弹、炮弹等爆炸性武器弹药；

(3)根据GB 5085鉴别为危险废物的物质；

(4)《国家危险废物名录》中的其他废物。

4.2 进口废纸的表面α、β放射性污染水平为：表面任何部分的300cm^{2}的最大检测水平的平均值α不超过0.04Bq/cm^2，β不超过0.4 Bq/cm^2。

4.3 进口废纸中放射性核素比活度应低于表1的限值。

表1 放射性核素比活度限值

核素	比活度(Bq/g)
^{59}Ni	3×10^3
^{63}Ni	3×10^3
^{54}Mn	0.3
^{60}Co	0.3
^{65}Zn	0.3
^{55}Fe	300
^{90}Sr,	3
^{134}Cs	0.3
^{137}Cs	0.3
^{235}U	0.3
^{238}U	0.3
^{239}Pu	0.1
^{241}Am	0.3
^{152}Eu	0.3
^{154}Eu	0.3
^{94}Nb	0.3
不明成分的β—γ混合物	0.3
不明成分的α混合物	0.1

4.4 进口废纸中应严格限制下列夹杂物的混入，总重量不应超过进口废纸重量的0.01%。

(1)石棉废物或含石棉的废物；

(2)被焚烧或部分焚烧的废纸，被灭火剂污染的废纸；

(3)废感光材料；

(4)密闭容器；

(5)可以充分说明在进口废纸的产生、收集、包装和运输过程中难以避免混入的其他危险废物。

4.5 除上述各条所列废物外，进口废纸中应限制其他夹杂物(包括木废料，废金属，废玻璃，废塑料，废橡胶，废吸附剂，墙(壁)纸，涂蜡纸，浸蜡纸，复写纸等废物）的混入，总重量不应超过进口废纸重量的1.5%。

5 检验

5.1 本标准4.1(3)条、4.1(4)条按照GB 5085规定的方法进行检验。

5.2 本标准4.1(1)条、4.2条、4.3条的检验参照SN 0570规定执行。

5.3 本标准其他条款的检验按照SN 0574规定执行。

进口可用作原料的固体废物环境保护控制标准——供拆卸的船舶及其他浮动结构体

GB 16487.11—2005 代替 GB 16487.11—1996

国家环境保护总局　国家质量监督检验检疫总局

2005 年 12 月 14 日发布　2006 年 2 月 1 日实施

前　言

为贯彻《中华人民共和国固体废物污染环境防治法》，防止境外不能用作原料的固体废物进口，规范可用作原料的固体废物进口审查许可，控制由于进口可供拆卸的船舶及其他浮动结构体造成的环境污染，制定本标准。

本标准是进口固体废物环境保护系列控制标准之一，适用于进口可用作原料的固体废物目录中有关废船舶的进口管理。

本次修订对 GB 16487.11—1996 的名称、前言、范围、引用标准、定义、控制要求等方面作了适当修改。控制要求中主要修订了放射性的控制要求、夹杂物的控制要求，增加了进口废船舶中部分禁止和限制的废物种类，对进口废船舶本身的石棉材料提出了控制要求。

按照有关法律，本标准具有强制执行的效力。

本标准由国家环境保护总局科技标准司提出。本标准由中国环境科学研究院起草。

本标准 1996 年 7 月 29 日第一次发布。

本标准国家环境保护总局 2005 年 11 月 9 日批准。

本标准自 2006 年 2 月 1 日起实施。

本标准由国家环境保护总局解释。

1　范围

本标准规定了进口供拆卸的船舶和其他浮动结构体（以下简称为废船舶）的环境保护控制要求。

本标准适用于海关商品编号为 8908.0000.00 的废船舶的进口管理。

2　规范性引用文件

下列文件中的条款通过本标准的引用而成为本标准的条款。凡是注日期的引用文件，其随后所有的修改单(不包括勘误的内容)或修订版均不适用于本标准,然而鼓励根据本标准达成协议的各方研究是否可使用这些文件的最新版本。凡是不注日期的引用文件,其最新版本适用于本标准。

GB 3552 船舶污染物排放标准

GB 5085 危险废物鉴别标准

GB 13015 含多氯联苯废物污染控制标准

SN 0570 进口可用作原料的废物放射性污染检验规程

SN 0578 进口可用作原料的废物检验检疫规程——供拆卸的船舶及其他浮动结构体

国家危险废物名录

危险化学品名录

剧毒化学品目录

3 定义

本标准采用下列定义:

3.1 夹杂物(携带物) Carried-waste

进口废船舶中随行船员的生活废物和运输货物的残余物。船舶航行中应使用的物品、海难船所载货物及其残余物除外。

3.2 轻吨 Light tonnage

船舶空载时的排水量,是船舶本身重量的计量单位。

3.3 危险化学物质

Hazardous chemical substance

中华人民共和国有关部门公布的《危险化学品名录》和《剧毒化学品目录》中的化学物质。

4 控制标准与要求

4.1 废船舶中禁止混有下列夹杂物(携带物)(包含在4.5条中的废物除外):

(1)放射性废物;

(2)废弃炸弹、炮弹等爆炸性武器弹药;

(3)含多氯联苯废物;

(4)根据 GB 5085 鉴别为危险废物的物质;

(5)《国家危险废物名录》中的其他废物。

4.2 未经洗舱的废油船禁止进口。

4.3 废船舶的表面 α、β 放射性污染水平为:表面任何部分的 $300cm^2$ 的最大检测水平的平均值 α 不超过 $0.04Bq/cm^2$,β 不超过 $0.4\ Bq/cm^2$。

表 1 放射性核素比活度限值

核 素	比活度(Bq/g)
^{59}Ni	3×10^3
^{63}Ni	3×10^3
^{54}Mn	0.3
^{60}Co	0.3
^{65}Zn	0.3
^{55}Fe	300
^{90}Sr,	3
^{134}Cs	0.3
^{137}Cs	0.3
^{235}U	0.3
^{238}U	0.3
^{239}Pu	0.1
^{241}Am	0.3
^{152}Eu	0.3
^{154}Eu	0.3
^{94}Nb	0.3
不明成分的 β—γ 混合物	0.3
不明成分的 α 混合物	0.1

4.4 废船舶中放射性核素比活度应低于表 1 的限值。

4.5 废船舶中应严格限制下列夹杂物(携带物)的混入,总重量不应超过进口废船舶轻吨的 0.01%。

(1)石棉废物或含石棉的废物(船舶本身的石棉隔热和绝缘材料除外);

(2)废船货舱中油及油泥的残留量；

(3)废感光材料；

(4)密闭容器(船舶自身的密闭容器除外)；

(5)可以充分说明在进口废船舶的产生和运输过程中难以避免混入的其他危险废物。

4.6 废船舶中作为船舶本身的隔热和绝缘材料的石棉含量不应超过其轻吨的0.08%。

4.7 除上述各条所列夹杂物外，采取拖航行形式进口的废船舶中应限制其他夹杂物(携带物)的混入，总重量不应超过其轻吨的0.05%。

4.8 采取自航行进口的废船舶中除上述各条所列的夹杂物外，其他夹杂物(携带物)总重量 $W_{废}$ 应满足以下公式计算要求：

$$W_{废} \leqslant 1.5TN\ (kg)$$

式中：$W_{废}$——船舶废弃物总重量(kg)；

T——船舶入港后停泊时间(天)；

N——船舶应载船员人数(人)；

1.5——系数(kg/人·天)。

4.9 曾经承运过4.1条、4.5条所列货物以及其他危险化学物质专用运输船舶需进行清洗。进口者应向检验机构申报曾经承运过4.1条、4.5条所列物质以及其他危险化学物质的名称及主要成分。

4.10 废船舶污染物排放应符合GB 3552的要求。

5 检验

5.1 本标准4.1(3)条的检验按照GB 13015规定执行。

5.2 本标准4.1(4)条、4.1(5)条按照GB 5085规定的方法进行检验。

5.3 本标准4.1(1)条、4.3条、4.4条的检验按照SN 0570规定执行。

5.4 本标准其他条款的检验按照SN 0578规定执行。

进口可用作原料的固体废物环境保护控制标准——木、木制品废料

GB 16487.3—2005 代替 GB 16487.3—1996

国家环境保护总局　国家质量监督检验检疫总局

2005 年 12 月 14 日发布　2006 年 2 月 1 日实施

前　言

为贯彻《中华人民共和国固体废物污染环境防治法》，防止境外不能用作原料的固体废物进口，规范可用作原料的固体废物进口审查许可，控制由于进口可用作原料的木、木制品废料造成的环境污染，制定本标准。

本标准是进口固体废物环境保护系列控制标准之一，适用于进口可用作原料的固体废物目录中有关木废料的进口管理。

本次修订对 GB 16487.3—1996 的名称、前言、范围、引用标准、定义、控制要求等方面作了适当修改。控制要求中主要修订了放射性的控制要求、夹杂物的控制要求，增加了部分禁止夹杂进口的废物种类。

按照有关法律，本标准具有强制执行的效力。

本标准由国家环境保护总局科技标准司提出。

本标准由中国环境科学研究院起草。本标准 1996 年 7 月 29 日第一次发布。

本标准国家环境保护总局 2005 年 11 月 9 日批准。

本标准自 2006 年 2 月 1 日起实施。

本标准由国家环境保护总局解释。

1　范围

本标准规定了进口木及木制品废料（以下简称木废料）的环境保护控制要求。本标准适用于以下海关商品编号的木废料的进口管理：

海关商品编号	固体废物名称
4401.3000.00	锯末、木废料及碎片，不论是否粘结成圆木段、块、片或类似形状
4501.9000.00	软木废料；碎的、粒状的或粉状的软木

2 规范性引用文件

下列文件中的条款通过本标准的引用而成为本标准的条款。凡是注日期的引用文件，其随后所有的修改单(不包括勘误的内容)或修订版均不适用于本标准，然而鼓励根据本标准达成协议的各方研究是否可使用这些文件的最新版本。凡是不注日期的引用文件，其最新版本适用于本标准。

GB 5085　危险废物鉴别标准

SN 0570　进口可用作原料的废物放射性污染检验规程

SN 0572　进口可用作原料的废物检验检疫规程——木及木制品废料

国家危险废物名录

3 定义

本标准采用下列定义：

夹杂物 Carried-waste

在产生、收集、包装和运输过程中混入进口木废料中的其他物质(不包括进口木废料的包装物及在运输过程中需使用的其他物质)。

4 控制标准与要求

4.1　木废料中禁止混有下列夹杂物(包含在4.4条中的废物除外)：

(1)放射性废物；

(2)废弃炸弹、炮弹等爆炸性武器弹药；

(3)根据GB 5085鉴别为危险废物的物质；

(4)《国家危险废物名录》中的其他废物。

4.2　木废料的表面α、β放射性污染水平为：表面任何部分的300cm^{2}的最大检测水平的平均值α不超过0.04Bq/cm^2，β不超过0.4 Bq/cm^2。

4.3　木废料中放射性核素比活度应低于表1的限值。

表1　　放射性核素比活度限值

核　素	比活度(Bq/g)
^{59}Ni	3×10^3
^{63}Ni	3×10^3
^{54}Mn	0.3
^{60}Co	0.3
^{65}Zn	0.3
^{55}Fe	300
^{90}Sr,	3
^{134}Cs	0.3
^{137}Cs	0.3
^{235}U	0.3
^{238}U	0.3
^{239}Pu	0.1
^{241}Am	0.3
^{152}Eu	0.3
^{154}Eu	0.3
^{94}Nb	0.3
不明成分的β—γ混合物	0.3
不明成分的α混合物	0.1

4.4　木废料中应严格限制下列夹杂物的混入，总重量不应超过进口木废料重量的0.01%。

(1)石棉废物或含石棉的废物；

(2)废感光材料；

(3)密闭容器；

(4)可以充分说明在进口木废料的产生、收集、包装和运输过程中难以避免混入的其他危险废物。

4.5　除上述各条所列废物外，木废料中应限制其他夹杂物(包括废金属、废纸、废塑料、废玻璃、废橡胶、严重腐烂木料等废物)的混入，总重量不应超过进口木废料重量的1.5%。

5　检验

5.1　本标准 4.1(3)条、4.1(4)条按照 GB 5085 规定的方法进行检验。

5.2　本标准 4.1(1)条、4.2 条、4.3 条的检验参照 SN 0570 规定执行。

5.3　本标准其他条款的检验按照 SN 0572 规定执行。

进口可用作原料的固体废物环境保护控制标准——冶炼渣

GB 16487.2—2005 代替 GB 16487.2—1996

国家环境保护总局　国家质量监督检验检疫总局

2005 年 12 月 14 日发布　2006 年 2 月 1 日实施

前　言

为贯彻《中华人民共和国固体废物污染环境防治法》，防止境外不能用作原料的固体废物进口，规范可用作原料的固体废物进口审查许可，控制由于进口可用作原料的冶炼渣造成的环境污染，制定本标准。

本标准是进口固体废物环境保护系列控制标准之一，适用于进口可用作原料的固体废物目录中有关冶炼渣的进口管理。

本次修订对 GB 16487.2—1996 的名称、前言、范围、引用标准、定义、控制要求等方面作了适当修改。控制要求中主要修订了放射性的控制要求、夹杂物的控制要求，增加了部分禁止夹杂进口的固体废物种类。

按照有关法律，本标准具有强制执行的效力。

本标准由国家环境保护总局科技标准司提出。

本标准由中国环境科学研究院起草。

本标准 1996 年 7 月 29 日第一次发布。

本标准国家环境保护总局 2005 年 11 月 9 日批准。

本标准自 2006 年 2 月 1 日起实施。本标准由国家环境保护总局解释。

1　范围

本标准规定了进口冶炼渣的环境保护控制要求。本标准适用于以下海关商品编号的冶炼渣的进口管理：

海关商品编号	固体废物名称
2619.0000.00	熔渣、浮渣，氧化皮及其他废料(冶炼钢铁产生的(粒状熔渣除外))
2620.9990.10	含五氧化二钒大于 10% 的矿灰及残渣

2 规范性引用文件

下列文件中的条款通过本标准的引用而成为本标准的条款。凡是注日期的引用文件，其随后所有的修改单(不包括勘误的内容)或修订版均不适用于本标准，然而鼓励根据本标准达成协议的各方研究是否可使用这些文件的最新版本。凡是不注日期的引用文件，其最新版本适用于本标准。

GB 5085 危险废物鉴别标准

SN 0570 进口可用作原料的废物放射性污染检验规程

SN 0576 进口可用作原料的废物检验检疫规程——冶炼渣

国家危险废物名录

3 定义

本标准采用下列定义：

3.1 夹杂物 Carried-waste

在产生、收集、包装和运输过程中混入进口冶炼渣中的其他物质(不包括进口冶炼渣的包装物及在运输过程中需使用的其他物质)。

4 控制标准与要求

4.1 冶炼渣中禁止混有下列夹杂物(包含在4.4条中的废物除外)：

(1)放射性废物；

(2)废弃炸弹、炮弹等爆炸性武器弹药；

(3)根据 GB 5085 鉴别为危险废物的物质；

(4)《国家危险废物名录》中的其他废物。

4.2 冶炼渣的表面α、β放射性污染水平为：表面任何部分的 $300cm^2$ 的最大检测水平的平均值α不超过 $0.04Bq/cm^2$，β不超过 $0.4\ Bq/cm^2$。

4.3 冶炼渣中放射性核素比活度应低于表1的限值。

表1 放射性核素比活度限值

核素	比活度(Bq/g)
^{59}Ni	3×10^3
^{63}Ni	3×10^3
^{54}Mn	0.3
^{60}Co	0.3
^{65}Zn	0.3
^{55}Fe	300
^{90}Sr,	3
^{134}Cs	0.3
^{137}Cs	0.3
^{235}U	0.3
^{238}U	0.3
^{239}Pu	0.1
^{241}Am	0.3
^{152}Eu	0.3
^{154}Eu	0.3
^{94}Nb	0.3
不明成分的β—γ混合物	0.3
不明成分的α混合物	0.1

4.4 冶炼渣中应严格限制下列夹杂物的混入，总重量不应超过进口冶炼渣重量的0.01%。

(1)石棉废物或含石棉的废物；

(2)废感光材料；

(3)密闭容器；

(4)可以充分说明在进口冶炼渣的产生、收集、包装和运输过程中难以避免混入的其他危险废物。

4.5 除上述各条所列废物外，冶炼渣中应限制其他夹杂物(包括木废料、废纸、废塑料、废橡胶、废玻璃等废物)的混入，总重量不应超过进口冶炼渣重量的1%。

5 检验

5.1 本标准 4.1(3)条、4.1(4)条按照 GB 5085 规定的方法进行检验。

5.2 本标准 4.1(1)条、4.2 条、4.3 条的检验参照 SN 0570 规定执行。

5.3 本标准其他条款的检验按照 SN 0576 规定执行。

废弃机电产品集中拆解利用处置区环境保护技术规范(试行)

HJ/T 181—2005 2005年第38号
国家环境保护总局
2005年8月15日发布 2005年9月1日实施

前 言

为贯彻《中华人民共和国固体废物污染环境防治法》及相关法律和法规,促进资源的循环利用,节约能源,防止废弃机电产品拆解、利用和处置过程中的环境污染,规范废弃机电产品集中拆解、利用处置区的建设,制定本技术规范。

本技术规范由国家环境保护总局向科技标准司提出。

本技术规范由中国环境研究院固体废物污染控制技术研究所起草。

本技术规范由国家环境保护总局2005年8月15日批准。

本技术规范自2005年9月1日起实施。

本技术规范由国家环境保护总局解释。

1 范围

本技术规范适用于废弃机电产品集中拆解利用处置区的规划、建设及运行的污染防治和环境保护管理。

2 规范性引用文件

下列文件中的条款通过在本规范中被引用而成为本规范的条款,与本规范同效。凡是不注明日期的引用文件,其最新版本适用于本规范。

GB 8978 污水综合排放标准
GB 3095 环境空气质量标准
GB 18484 危险废物焚烧污染控制标准
GB 16297 大气污染物综合排放标准
GB 14554 恶臭污染物排放标准
GB 3096 城市区域环境噪声标准
GB 12348 工业企业厂界噪声标准
GB 5085 危险废物鉴别标准

国家危险废物名录

3 术语

废弃机电产品：本规范中废弃机电产品指废五金电器、废电线电缆、废电机以及其他废弃电子电器产品。

4 废弃机电产品集中拆解利用处置区建设基本原则

4.1 废弃机电产品集中拆解利用处置区(以下简称“集中处置区”)的建设应以循环经济和生态工业理论为指导，以充分回收利用资源、节约能源和保护环境为目的，以政府为主导，以市场为导向，合理规划，逐步推进。

4.2 集中处置区的建设应与当地的城市规划相结合，尽量利用现有工业区及各类开发区。

4.3 集中处置区的建设应与发挥当地的区域优势、提高产业层次和市场竞争力相结合。

4.4 集中处置区的建设应与区域环境综合整治相结合。

5 废弃机电产品集中拆解利用处置区规划、设计及建设环境保护要求

5.1 以循环经济和生态工业理论为指导，以废弃机电产品拆解利用企业为依托，建设以废五金电器、废电线电缆和废电机等废弃机电产品的资源循环利用为核心，污染物集中处置设施相配套的废弃机电产品集中拆解利用处置区。

5.2 集中处置区选址时应选择运输便利的区域，尽量靠近危险废物集中处置设施；集中处置区的规划应符合国家和当地的工业区设置规划和要求，不得混杂在城市密集区；集中处置区的规划应与当地土地利用规划、城市总体规划、环境功能区划等相关规划相协调，并注意相关条件的制约。

5.3 集中处置区的建设规模应考虑其服务范围内的废弃机电产品收集量、未来发展趋势等因素的影响，同时考虑到资源的合理配置，不得重复建设；集中处置区的建设应具有一定规模，面积一般不得低于 $80hm^2$。

5.4 集中处置区应设置管理机构(以下称为“集中处置区管理机构”)，管理机构可以由当地政府组建，也可以由企业组建。管理机构应设环境管理部门，负责全区和区内企业的污染防治与环境保护管理。

5.5 集中处置区应鼓励下列类型企业入区：

(1)能够形成工业生态链的企业；

(2)生产高附加值产品的企业；

(3)充分利用当地产业资源和优势能源，与当地产业结构充分结合的企业。

5.6 集中处置区管理机构应严格控制集中处置区的污染物排放总量，不得超出当地的环境容量，确保环境安全。

5.7 建设集中处置区应按国家有关要求进行区域环境影响评价，并报省级人民政府环境保护行政主管部门审批；进区企业应按有关要求填写环境影响报告表，并报当地设区的市级人民政府环境保护行政主管部门审批。

5.8 集中处置区采取分区建设原则，分别集中建设管理区、生产加工区、污染处理区等不同的功能区。

管理区是集中处置区管理机构对进、出集中处置区的原料、产品及废物进行审核、检验、称量、记录等管理，及管理机构和区内的企业进行办公作业和其他管理工作的场所；

生产加工区是集中处置区内的企业对废弃机电产品进行拆解、分类和加工生产的场所；

污染处理区是对集中处置区内产生的污水和不能再利用的残余物进行收集、贮存和集中处置的场所。

5.9 集中处置区内的企业必须具备符合设计规范的厂房和生产设施，并将生产场地的地面硬化，无明显破损现象。

5.10 集中处置区内的企业应建设具有防雨、防风、防渗等功能的专门贮存场地，禁止露天堆放废弃机电产品、拆解部件及残余物。

5.11 集中处置区内的企业应选择对环境无污染的工艺加工废弃机电产品。禁止采用焚烧方式处理废电线电缆。

5.12 集中处置区内的企业如有产生危险废物的拆解加工工艺，必须采用妥善、安全的工艺技术对所产生的危险废物进行无害化处理。

5.13 集中处置区内应建设统一的污水处理厂。

企业拆解加工场地收集的雨水、拆解加工和贮存场地地面的冲洗水和加工过程中产生的废水等要通过管道收集后进入污水处理厂妥善处理。企业拆解利用处置场地不得设置雨水直接排放口。

5.14 集中处置区内应建设专用的废物收集和贮存设施，并适时将产生的生活垃圾、一般废物和危险废物分别进行无害化处理或者送交有资质的专业集中处置设施进行处置。

5.15 集中处置区内企业需要进行供热和采暖，应建设集中供热采暖设施。

6 废弃机电产品集中拆解利用处置区运行环境保护要求

6.1 集中处置区管理机构对区内污染物的排放和污染控制进行统一管理。

6.2 集中处置区管理机构应制定详细的园区环境监测计划，在区内及周边设置环境监测点，对集中处置区及周边的土壤、空气、水质和噪声进行定期监测。每年应向当地环境保护行政主管部门提交集中处置区及周边环境状况报告。

6.3 集中处置区管理机构应建立污染预防机制和处理环境污染事故的应急预案制度。

6.4 当地设区的市级地方人民政府环境保护行政主管部门应对集中处置区和区内企业的污染物排放达标情况进行定期考核，并对企业的环境绩效进行定期评估。

6.5 集中处置区内的企业在拆解过程中禁止采用平地或简易炉、窑等焚烧方式加工废弃机电产品。

6.6 集中处置区内的企业在拆解过程中应按照材料的特性对废弃机电产品进行拆解、分类、加工。

6.7 集中处置区内的企业对废弃机电产品进行拆解时必须采用对环境不造成污染的加工方式，可以使用人工或机械拆解或二者相结合的方式，鼓励采用资源回收利用率更高、固体废物产生量更少的机械拆解方式。

6.8 集中处置区内的企业应将废弃机电产品和拆解部件、各种材料、产生的废物根据类别分别收集，设立明显的区分标志，分区存放。

6.9 集中处置区内的企业应将在拆解过程产生的废油等液态废物应通过有效的设施进行单独收集，并按照危险废物进行管理。

7 污染控制要求

7.1 申请进入集中处置区的企业应采用节能、节水的技术和措施，提高能源和废水的循环使用率;高能耗、高水耗企业一般不允许进入集中处置区。

7.2 集中处置区内的企业应在入区后两年内申请进行清洁生产审核。

7.3 集中处置区的污水排放应按照《污水综合排放标准》(GB 8978)中新建单位的一级排放标准执行;经处理后排入城市管网的水质必须达到《污水综合排放标准》(GB 8978)中污水排放的三级标准。

7.4 集中处置区的空气质量应按照《环境空气质量标准》(GB 3095)中的二级标准执行;采用焚烧方式加工处理废弃机电产品的设施废气排放应按照《危险废物焚烧污染控制标准》(GB 18484)中危险废物焚烧炉大气污染物排放标准执行;集中处置区内企业的其他废气排放应按照《大气污染物综合排放标准》(GB 16297)中新污染源大气污染物排放限值的二级标准执行。

7.5 集中处置区厂界恶臭污染物浓度应按照《恶臭污染物排放标准》(GB 14554)中新、改、扩建企业的二级标准执行。

7.6 集中处置区的噪声应按照《城市区域环境噪声标准》(GB 3096)中的二类标准执行;集中处置区内企业的噪声应按照《工业企业厂界噪声标准》(GB 12348)中的二类标准执行。

集中处置区内各类地点的噪声控制宜采取以隔音为主的噪声治理措施。

7.7 集中处置区内的企业对废弃机电产品进行拆解、加工后,不得将不可再利用的废物自行运出、丢弃或在区内随意存放,应堆存在集中处置区的废物收集和贮存设施内。

7.8 集中处置区内的企业应将在拆解处理过程中产生的废物根据性质分类,在固定地点存放。

7.9 集中处置区内的企业应将在拆解处理过程中产生的废物按照《国家危险废物名录》和《危险废物鉴别标准》(GB 5085)进行特性鉴别。经鉴别属于危险废物的,按照危险废物进行安全处置;不属于危险废物的,按照一般废物进行处置。

集中处置区内的企业产生的生活垃圾和一般废物应集中送交当地环境卫生机构进行统一处理。

集中处置区内的企业产生的危险废物应按照有关标准进行安全处置或者集中送交有资质的企业进行统一处置。

8 进口废弃机电产品集中拆解利用处置区的要求

8.1 进口废弃机电产品加工企业必须以材料回收为目的对废弃机电产品进行彻底拆解。

8.2 集中处置区在选址时应距离进口口岸较近,以降低运输成本,减少环境污染的风险。

8.3 集中处置区应是一个独立性、封闭性较强的区域。一般要求园区仅设一个进口,一个出口。

8.4 集中处置区管理机构应在集中处置区的进、出口处分别设立专门进出通道、电子地磅系统、电子车牌识别系统、集装箱识别系统、视频监控系统、通道式放射性探测系统,并配备其他查验辅助机械设备。

8.5 集中处置区管理机构对集中处置区的进、出口进行严格监控。防止以下废物入区:没有利用价值的废物;不符合环境保护标准的废物;危险废物;其他禁止进口的废物。出区物质的形态只能为原料状态和无法利用的废物。

8.6 集中处置区管理机构必须对进入集

中处置区的废弃机电产品进行检查，以防在运输过程中对其进行拆解、处理。

8.7 集中处置区应建立统一的原料、产品和废物进、出集中处置区的登记和核销制度，采取入区物质集中登记，拆解后分类统计，出区销售核销的办法进行管理。

集中处置区管理机构应记录进、出集中处置区的原料、产品和废物的名称、数量、时间、去向等。

集中处置区内的企业必须建立统一的日常管理台账，记录每批次进、出区的货物的种类、数量、来源、加工拆解后的成分、去向与结存情况，及不可利用的残余物的处置方法和去向等。

集中处置区管理机构及区内企业随时接受当地环保部门的现场检查，并如实提供台账。

8.8 集中处置区应在进口处设置专用监管区，内有查验区域，检验检疫区域，消毒区域，具有防雨、防风、防渗等功能的不合格物品堆存区域。

9 规范监督实施

本技术规范由设区的市级以上地方人民政府环境保护行政主管部门负责监督实施。

报废机动车拆解环境保护技术规范

HJ 348—2007
国家环境保护总局
2007 年 4 月 9 日发布　2007 年 4 月 9 日实施

前　　言

为贯彻《中华人民共和国固体废物污染环境防治法》及相关法律法规，落实《汽车产品回收利用技术政策》，防治报废机动车拆解过程的环境污染，保护环境，促进资源的循环利用，制定本标准。

本标准依法强制执行。

本标准由国家环境保护总局科技标准司提出。

本标准起草单位：中国环境科学研究院固体废物污染控制技术研究所。

本标准国家环境保护总局 2007 年 4 月 9 日批准。

本标准自发布之日起实施。

本标准由国家环境保护总局解释。

1　适用范围

本标准适用于报废机动车拆解和破碎过程的污染防治和环境保护管理。

报废汽车回收企业除应当符合有关法律、行政法规规定的设立企业的条件外，还应符合本标准。

2　规范性引用文件

本标准内容引用了下列文件中的条款。凡是不注日期的引用文件，其有效版本适用于本标准。

GB 8978　污水综合排放标准

GB 12348　工业企业厂界噪声标准

GB 14554　恶臭污染物排放标准

GB 16297　大气污染物综合排放标准

GB 16487.13　进口可用作原料的固体废物环境保护控制标准——废汽车压件

GB 18484　危险废物焚烧污染控制标准

GB 18598　危险废物填埋污染控制标准

GB 18597　危险废物贮存、处置场污染控制标准

GB 18599　一般工业固体废物贮存、处置

场污染控制标准

HJ/T 181　废弃机电产品集中拆解利用处置区环境保护技术规范

3　术语和定义

下列定义适用于本标准。

3.1　报废机动车

指达到国家机动车强制报废标准，或者经检验不符合国家机动车运行安全技术条件或者国家机动车污染物排放标准的机动车，包括汽车、摩托车、三轮汽车、低速载货汽车、电动车和各种工程车辆；以及进口可用作原料的废汽车压件。

3.2　拆解

将报废机动车中不同类型的部件逐一拆除使之分离出来的过程。

3.3　破碎

将报废机动车拆解后剩下的部件破坏成碎片，以利于处置的过程。

4　报废机动车拆解、破碎环境保护基本要求

4.1　报废机动车的拆解、破碎企业的建设与运行应以环境无害化方式进行，不能产生二次污染。

4.2　报废机动车的拆解、破碎应以材料回收为主要目的，应最大限度保证拆解、破碎产物的循环利用。

4.3　报废机动车拆解产生的废液化气罐、废安全气囊、废蓄电池、含多氯联苯的废电容器、废尾气净化催化剂、废油液（包括汽油、柴油、机油、润滑油、液压油、制动液、防冻剂、防暴剂等，下同）、废空调制冷剂等属于危险废物，应按照危险废物的有关规定进行管理和处置。

5　拆解、破碎企业建设环境保护要求

5.1　新建拆解、破碎企业应经过环评审批，选址合理，不得建在城市居民区、商业区及其他环境敏感区内；原有拆解、破碎企业如果在这一区域内，应按照当地规划和环境保护行政主管部门要求限期搬迁。

5.2　拆解、破碎企业应建有封闭的围墙并设有门，禁止无关人员进入。

5.3　拆解、破碎企业内的道路应采取硬化措施，并确保在其运营期间无破损。

5.4　拆解企业的厂区应划分为不同的功能区，包括管理区；未拆解的报废机动车贮存区；拆解作业区；产品（半成品）贮存区；污染控制区（即各类废物的收集、贮存和处理区，下同）。

5.5　拆解企业厂区内各功能区的设计和建设应满足以下要求：

（1）各功能区的大小和分区应适合企业的设计拆解能力；

（2）各功能区应有明确的界线和明显的标志；

（3）未拆解的报废机动车的贮存区、拆解作业区、产品（半成品）贮存区、污染控制区应具有防渗地面和油水收集设施；

（4）拆解作业区、产品（半成品）贮存区；污染控制区应设有防雨、防风设施。

5.6　破碎企业的厂区应划分为不同功能区，包括管理区、原料贮存区、破碎分选区、产品（半成品）贮存区、污染控制区。

5.7　破碎企业厂区内各功能区的设计和建设应满足以下要求：

（1）各功能区的大小和分区应适合企业的设计破碎能力。

(2)各功能区应有明确的界线和明显的标识。

(3)原料贮存区、破碎分选区、产品(半成品)贮存区;污染控制区应具有防渗地面和油水收集设施,并设有防雨、防风设施。

5.8 拆解、破碎企业应实行清污分流,在厂区内(除管理区外)收集的雨水、清洗水和其他非生活废水应设置专门的收集设施和污水处理设施。

5.9 拆解和破碎企业应有符合相关要求的消防设施,并有足够的疏散通道。

5.10 拆解和破碎企业应有完备的污染防治机制和处理环境污染事故的应急预案。

6 拆解、破碎企业运行环境保护要求

6.1 拆解、破碎企业应向汽车生产企业要求获得《汽车拆解指导手册》及相关技术信息。

6.2 拆解、破碎企业应采用对环境污染程度最低的方式拆解、破碎报废机动车。鼓励采用固体废物产生量少、资源回收利用率高的拆解、破碎工艺。

6.3 应在报废机动车进入拆解企业后检查是否有废油液的泄漏。如发现有废油液的泄漏应立即采取有效的收集措施。

6.4 报废机动车在进行拆解作业之前不得侧放、倒放。

6.5 禁止露天拆解、破碎报废机动车。

6.6 报废机动车应依照下列顺序进行拆解:

(1)拆除蓄电池;

(2)拆除液化气罐;

(3)拆除安全气囊;

(4)拆除含多氯联苯的废电容器和尾气净化催化剂;

(5)排除残留的各种废油液;

(6)拆除空调器;

(7)拆除各种电子电器部件,包括仪表盘、音响、车载电台电话、电子导航设备、电动机和发电机、电线电缆以及其他电子电器;

(8)拆除其他零部件。

6.7 在完成第6.6条各项拆解作业后,应按照资源最大化的原则拆解报废机动车的其余部分。

6.8 禁止在未完成第6.6条各项拆解作业前对报废机动车进行破碎处理或者直接进行熔炼处理。

6.9 拆解企业在拆解作业过程中拆除下来的第4.3条中所列的各种危险废物,应由具有《危险废物经营许可证》并可以处置该类废物的单位进行处理处置,并严格执行危险废物转移联单制度。

6.10 报废机动车中的废制冷剂应在专用工具拆除并收集在密闭容器中,并按照第6.9条规定进行处理,不得向大气排放。

6.11 禁止在未获得相应资质的报废机动车拆解、破碎企业内拆解废蓄电池和含多氯联苯的废电容器,禁止将蓄电池内的液体废物倾倒出来。应将废蓄电池和含多氯联苯的废电容器贮存在耐酸容器中或者具有耐酸地面的专用区域内,并按照第6.9条规定进行处理。

6.12 拆解、破碎企业产生的各种危险废物在厂区内的贮存时间不得超过一年。

拆解过程产生的危险废物应按照类别分别放置在专门的收集容器和贮存设施内,有危险废物识别标志、标明具体物质名称,并设置危险废物警示标志。

液态废物应在不同的专用容器中分别贮存。

6.13　拆除的各种废弃电子电器部件，应交由具有资质的处置单位进行处理处置。

6.14　在拆解、破碎过程中产生的不可回收利用的工业固体废物应在符合国家标准建设、运行的处理处置设施进行处置。

6.15　禁止采用露天焚烧或简易焚烧的方式处理报废机动车拆解、破碎过程中产生的废电线电缆、废轮胎和其他废物。

6.16　拆解得到的可回收利用的零部件、再生材料与不可回收利用的废物应按种类分别收集在不同的专用容器或固定区域，并设立明显的区分标志。

6.17　拆解得到的轮胎和塑料部件的贮存区域应具消防设施，并尽量避免大量堆放。

6.18　拆解、破碎企业厂区收集的雨水、清洗水和其他非生活废水等应通过收集管道（井）收集后进入污水处理设施进行处理，并达到排放标准后方可排放。

6.19　拆解、破碎企业应采取隔音降噪措施。

6.20　拆解、破碎企业应按照环境保护措施验收的要求对污染物排放进行日常监测；应建立报废机动车拆解、破碎经营情况记录制度，如实记载每批报废机动车的来源、类型、重量（数量），收集（接收）、拆解、破碎、贮存、处置的时间，运输单位的名称和联系方式，拆解、破碎得到的产品和不可回收利用的废物的数量和去向等。

监测报告和经营情况记录应至少保存三年。

7　污染控制要求

7.1　拆解、破碎过程不得对空气、土壤、地表水和地下水造成污染。

7.2　拆解、破碎企业的污水经处理后直接排入水体的水质应满足 GB 8978 中的 1998 年 1 月 1 日起建设（包括改、扩建）的单位的水污染物的一级排放标准要求；经处理后排入城市管网的水质应满足 GB 8978 中的 1998 年 1 月 1 日起建设（包括改、扩建）的单位的水污染物的三级排放标准要求。

7.3　拆解、破碎过程中产生的危险废物的贮存应满足 GB 18597 的要求。

7.4　拆解、破碎企业产生的工业固体废物的贮存、填埋设施应满足 GB 18599 的要求，焚烧设施应满足 GB 18484 的要求。

7.5　拆解、破碎企业产生的危险废物焚烧设施应满足 GB 18484 的要求，填埋设施应满足 GB 18598 的要求。

7.6　拆解、破碎企业除满足第 7.4、7.5 条规定外，其他烟气排放设施排放的废气应满足 GB 16297中新污染源大气污染物最高允许排放浓度的要求。

7.7　拆解、破碎企业的恶臭污染物排放应满足 GB 14554 中新、改、扩建企业的恶臭污染物厂界排放限值的二级标准要求。

7.8　拆解、破碎企业的厂界噪声应满足 GB 12348中的Ⅱ类标准要求。

8　进口废汽车压件拆解、破碎的环境保护特殊规定

8.1　进口废汽车压件的拆解、破碎除满足本标准其他条款要求外，还应满足本章规定。

8.2　进口废汽车压件的进口、拆解、破碎应满足进口可用作原料的固体废物的审批程序和加工利用管理的相关要求。

8.3　进口废汽车压件应满足 GB 16487.13 的要求。

8.4 从事进口废汽车压件的拆解、破碎活动，应按照所在地的规划要求，在专设的、符合 HJ/T 181 要求的废机电产品集中拆解利用处置区内进行。

9 规范监督实施

本标准由县级以上地方人民政府环境保护行政主管部门负责监督实施。

废塑料回收与再生利用污染控制技术规范(试行)

HJ/T364－2007
国家环境保护总局
2007年9月30日发布　2007年12月1日实施

前　　言

为贯彻《中华人民共和国环境保护法》和《中华人民共和国固体废物污染环境防治法》，在废塑料回收与再生利用过程中保护环境、防治污染，适应管理工作的需要，制定本标准。

本标准就废塑料的回收、贮存、运输、预处理、再生利用等过程中的环境保护相关事项提出了要求，相关企业和管理部门可参照执行。

本标准为首次发布。

本标准为指导性标准。

本标准由国家环境保护总局科技标准司提出。

本标准起草单位：中国环境科学学会、北京化工大学、越谷凯(北京)再生资源科技有限公司。

本标准国家环境保护总局2007年9月30日批准。

本标准自2007年12月1日起实施。

本标准由国家环境保护总局解释。

1　适用范围

本标准规定了废塑料回收、贮存、运输、预处理、再生利用等过程的污染控制和环境保护监督管理的要求。

本标准适用于包括进口废塑料在内的各种废塑料的回收与再生利用，不适用于属于医疗废物和危险废物的废塑料。

2　规范性引用文件

本标准内容引用了下列文件中的条款，凡是不注日期的引用文件，其有效版本适用于本标准。

GB 8978　污水综合排放标准

GB 12348　工业企业厂界噪声标准

GB 14554　恶臭污染物排放标准

GB 16487.12　进口可用作原料的固体废物环境保护控制标准——废塑料

GB 16297　大气污染物综合排放标准

GB 18484　危险废物焚烧污染控制标准

GB 18485　生活垃圾焚烧污染控制标准

GB 18599　一般工业固体废物贮存、处置场污染控制标准

GB/T 2035　塑料术语及其定义

GB/T 16288　塑料包装制品回收标志

GB/T 19466.3　塑料——差示扫描量热法(DSC)第3部分:熔融和结晶温度及热焓的测定

CJ 3082 污水排入城市下水道水质标准

《医疗废物管理条例》(国务院令第380号)

《医疗废物分类目录》(医卫发[2003]287号)

3　术语和定义

下列术语和定义适用于本标准。

3.1　废塑料

是指被废弃的各种塑料制品及塑料材料,包括在塑料及塑料制品生产加工过程中产生的下脚料、边角料和残次品。

3.2　再生塑料制品

是指以废塑料为原料生产的塑料制品及塑料材料。

3.3　废塑料的回收

是指以再生利用为目的,对生活、生产以及其他活动中产生的废塑料进行收集的过程。

3.4　废塑料的贮存

是指将废塑料临时置于特定设施或者场所中的活动。

3.5　废塑料的预处理

是指废塑料在再生利用前经过的分选、清洗、破碎和干燥等处理工序。

3.6　废塑料的再生利用

是指从废塑料中提取或使其转化为可以利用的物质或能源的活动,主要包括材料循环、化学循环和能量回收三类。

3.7　含卤素塑料

是指树脂中含有或在合成和加工过程中加入了卤族元素的塑料。

4　废塑料的回收、运输和贮存要求

4.1　回收要求

4.1.1　废塑料的回收应按原料树脂种类进行分类回收,并严格区分废塑料来源和原用途。不得回收和再生利用属于医疗废物和危险废物的废塑料。

4.1.2　含卤素废塑料的回收和再生利用应与其他废塑料分开进行。

4.1.3　废塑料的分类鉴别采用GB/T 19466.3(熔融和结晶温度及热焓的测定)与红外光谱相结合的方法。

4.1.4　废塑料的回收中转或贮存场所(企业)必须经过当地人民政府环境保护行政主管部门的环保审批,并有相应的污染防治设施和设备。

4.1.5　废塑料的回收过程中不得进行就地清洗,如需进行减容破碎处理,应使用干法破碎技术,并配备相应的防尘、防噪声设备。

4.1.6　废塑料的回收过程中应避免遗洒。

4.2　包装和运输要求

4.2.1　废塑料运输前应进行包装,或用封闭的交通工具运输,不得裸露运输废塑料。

4.2.2　废塑料的包装应在通过环保审批的回收中转场所内进行。

4.2.3　废塑料包装物应防水、耐压、遮蔽性好,可多次重复使用;在装卸、运输过程中应确保包装完好,无废塑料遗洒。

4.2.4　包装物表面必须有回收标志和废塑料种类标志,标志应清晰、易于识别、不易擦掉,并应标明废塑料的来源、原用途和去向等信

息。废塑料回收和种类标志执行GB/T 16288。

4.2.5 不得超高、超宽、超载运输废塑料，宜采用密闭集装箱或带有压缩装置的箱式货车运输。

4.3 贮存要求

4.3.1 废塑料应贮存在通过环保审批的专门贮存场所内。

4.3.2 贮存场所必须为封闭或半封闭型设施，应有防雨、防晒、防渗、防尘、防扬散和防火措施。

4.3.3 不同种类、不同来源的废塑料，应分开存放。

5 废塑料的预处理和再生利用要求

5.1 预处理工艺要求

5.1.1 废塑料预处理工艺主要包括分选、清洗、破碎和干燥。

5.1.2 废塑料预处理工艺应当遵循先进、稳定、无二次污染的原则，应采用节水、节能、高效、低污染的技术和设备；宜采用机械化和自动化作业，减少手工操作。

5.1.3 废塑料的分选宜采用浮选和光学分选等先进技术：人工分选应采取措施确保操作人员的健康和安全。

5.1.4 废塑料的清洗方法可分为物理清洗和化学清洗，应根据废塑料来源和污染情况选择清洗工艺；宜采用节水的机械清洗技术；化学清洗不得使用有毒有害的化学清洗剂，宜采用无磷清洗剂。

5.1.5 废塑料的破碎宜采用干法破碎技术，并应配有防治粉尘和噪声污染的设备。

5.1.6 废塑料的干燥方法可分为人工干燥和自然干燥。人工干燥宜采用节能、高效的干燥技术，如冷凝干燥、真空干燥等；自然干燥的场所应采取防风措施。

5.2 再生利用技术要求

5.2.1 废塑料应按照直接再生、改性再生、能量回收的优先顺序进行再生利用。

5.2.2 宜开发和应用针对热固性塑料、混合废塑料和质量降低的废塑料的新型环保再生利用技术。

5.2.3 含卤素的废塑料宜采用低温工艺再生，不宜焚烧处理；进行焚烧处理时应配备烟气处理设备，焚烧设施的烟气排放应符合GB 18484的要求。

5.2.4 不宜以废塑料为原料炼油。

5.3 项目建设的环境保护要求

5.3.1 废塑料的再生利用项目必须经过县级以上地方人民政府环境保护行政主管部门的环保审批，严格执行环境影响评价和“三同时”制度。未获环保审批的企业或个人不得从事废塑料的处理和加工。

5.3.2 进口废塑料作为生产原料的企业应具有固体废物进口许可证，进口的废塑料应符合GB 16487.12要求。

5.3.3 新建废塑料再生利用项目的选址应符合环境保护要求，不得建在城市居民区、商业区及其他环境敏感区内：现有再生利用企业如在上述区域内，必须按照当地规划和环境保护行政主管部门的要求限期搬迁。

5.3.4 再生利用项目必须建有围墙并按功能划分厂区，包括管理区、原料区、生产区、产品贮存区、污染控制区(包括不可利用的废物的贮存和处理区)。各功能区应有明显的界线和标志。

5.3.6 所有功能区必须有封闭或半封闭设施，采取防风、防雨、防渗、防火等措施，并有足够的疏散通道。

5.3.7 各地应根据本地情况，逐步改造或取缔不符合本标准要求的废塑料回收和加工企业，规划建设规范化的废塑料回收站、再生加工厂和循环经济园区。

5.4 污染控制要求

5.4.1 废塑料预处理、再生利用等过程中产生的废水和厂区产生的生活废水，企业应有配套的废水收集设施。废水宜在厂区内处理并循环利用；处理后的废水排放应按企业所在环境功能区类别，应执行 GB 8978；重点控制的污染物指标包括 COD、BOD5、SS、pH、TN、NH3—N、TP、色度、油类、可吸附有机卤化物、粪大肠杆菌群数。并入市政污水管网集中处理的废水应符合 CJ 3082 要求。

5.4.2 预处理、再生利用过程中产生的废气，企业应有集气装置收集，经净化处理的废气排放应按企业所在环境功能区类别，应执行 GB 16297 和 GB 14554；重点控制的污染物包括颗粒物、氟化物、汞、铬、铅、苯、甲苯、酚类、苯胺类、光气、恶臭。

5.4.3 采用焚烧方式对废塑料进行能量回收时，焚烧设施应具有烟气处理设备，焚烧设施的烟气排放应执行 GB 18485。重点控制的污染物指标包括烟气黑度、烟尘、一氧化碳、氟化氢、氯化氢、氮氧化物、二恶英类。

5.4.4 能量回收过程中，除尘设备收集的焚烧飞灰一般应按危险废物管理。其他气体净化装置收集的固体废物和焚烧炉渣，应按国家危险废物鉴别标准进行鉴别，属于危险废物的按照危险废物管理，否则按一般工业固体废物管理。

5.4.5 预处理和再生利用过程中应控制噪声污染，排放噪声应符合 GB 12348 的要求。

5.4.6 不得在无燃烧设备和烟气净化装置的条件下焚烧废塑料或用焚烧方式处理塑料挤出机过滤网片。

5.4.7 废塑料预处理、再生利用过程中产生的固体废物，包括分选出的不宜再生利用的废塑料，应按工业固体废物处置，并执行相关环境保护标准。

6 废塑料再生利用制品要求

6.1 废塑料再生制品或材料应符合相关产品质量标准，表面应标有再生利用标志，具体要求执行 GB/T 16288。

6.2 不宜使用废塑料制造直接接触食品的包装、制品或材料。原属于食品接触类的塑料包装、制品和材料，经单独回收处理，达到国家食品卫生标准的，可用于制造食品接触类的包装、制品或材料，并应标明为再生塑料制造。

6.3 再生塑料制品或材料在生产过程中不得使用氟氯化碳类化合物作发泡剂；制造人体接触的再生塑料制品或材料时，不得添加有毒有害的化学助剂。

6.4 宜开发可多次循环再生利用的再生塑料制品和材料。

7 管理要求

7.1 废塑料的回收和再生利用企业应建立、健全环境保护管理责任制度，设置环境保护部门或者专(兼)职人员，负责监督废塑料回收和再生利用过程中的环境保护及相关管理工作。

7.2 废塑料的回收和再生利用企业应对所有工作人员进行环境保护培训。

7.3 废塑料的回收和再生利用企业应建立废塑料回收和再生利用情况记录制度，内容包括每批次废塑料的回收时间、地点、来源(包括名称和联系方式)、数量、种类、预处理情况、再生利用时间、再生制品名称、再生制品数量、再生制品流向、再生制品用途，并做好月度和年度汇总工作。

7.4 废塑料的回收和再生利用企业应建立环境保护监测制度，不同污染物的采样监测方法和频次执行相关国家或行业标准，并做好监测记录以及特殊情况记录。

7.5 废塑料的回收和再生利用企业应建立废塑料回收和再生利用企业建设、生产、消防、环保、工商、税务等档案台账，并设专人管理，资料至少应保存五年。

7.6 废塑料的回收和再生利用企业应建立污染预防机制和处理环境污染事故的应急预案制度。

7.7 废塑料的回收和再生利用企业应认真执行排污申报制度，按时缴纳排污费。

8 规范监督实施

本标准由县级以上地方人民政府环境保护行政主管部门负责监督实施。

废纸再利用技术要求

国家质量监督检验检疫总局　中国国家标准化管理委员会
2006年12月1日发布　2007年6月1日实施

前　言

本标准的4.4、4.5、4,6为强制性条款，其余为推荐性条款。

本标准的附录A、附录B和附录c为规范性附录。

本标准由中国轻工业联合会提出。

本标准由全国造纸工业标准化技术委员会(SAC/TC 141)归口。

本标准起草单位：中国制浆造纸研究院、中华人民共和国天津出入境检验检疫局。

本标准主要起草人：陈曦、王华佳、栗建永、崔立国、邱文伦。

本标准由全国造纸工业标准化技术委员会(SAC/TC 141)负责解释。

1　范围

本标准规定了废纸的术语、分类、要求、抽样和试验方法等。

本标准适用于采购废纸及销售废纸。

2　术语和定义

下列术语和定义适用于本标准。

2.1　有害物质

废纸中混入的垃圾和医用垃圾等对人身健康有严重危害的物质。

2.2　禁物

废纸中混入的可能对生产过程及机械设备造成损坏的物质(如金属物、碎玻璃、石子等杂物)，或对废纸处理过程造成危害的物质(如蜡、塑料及胶粘物等)。

2.3　不合格废纸

某类废纸中含有的，不符合该类废纸用途的其他种类的废纸。

2.4　不可利用物

禁物和不合格废纸的总和。

2.5　合同水分

合同中所规定的废纸水分含量。

2.6　实测水分

实际测得的废纸水分含量。

2.7　销售质量

合同中所规定的废纸总质量(含合同水分质量)。

2.8 实测质量

实际测得的废纸总质量(含实测水分质量)。

2.9 质量差百分率

销售质量与实测质量的差值占销售质量的百分率。

2.10 恒重

如果试样烘干后的两次质量之差不大于原试样质量的0.1%,即可认为达到恒重。

2.11 禁物含量

废纸中禁物的质量占废纸总质量的百分率。

2.12 不合格废纸含量

废纸中不合格废纸的质量占废纸总质量的百分率。

2.13 不可利用物含量

废纸中不可利用物的质量占废纸总质量的百分率。不可利用物含量为禁物含量与不合格废纸含量之和。

3 分类

废纸分为以下11类。

3.1 混合废纸

由公众回收的未经分类的各类废纸。

3.2 废包装纸箱

由公众回收的无瓦楞的废包装纸箱。

3.3 废瓦楞纸箱

由公众回收的废瓦楞纸箱。

3.4 特种废纸

由公众回收的含高湿强剂、沥青、热溶胶等化学品的特种废纸。

3.5 废书刊杂志

由公众回收的废杂志、废书刊及类似印刷品。

3.6 废报纸

由公众回收的未受潮、未曝晒、未返黄的废报纸,不应含废杂志和空白纸张。

3.7 废牛皮纸

由公众回收的废牛皮纸及纸袋纸,不含不可利用的衬纸。

3.8 纸箱切边

在纸箱和纸板生产过程中产生的边角料。

3.9 办公废纸

由公众回收的已使用过的办公废纸。

3.10 出版物白纸边

未印刷的出版物白纸边,不含印刷装订切边、有色纸及湿强纸。

3.11 白报纸

未印刷的新闻纸纸页和切边,或其他类似的白色未涂布机械木浆纸。

4 要求

4.1 废纸的实测水分应不大于12%或按合同规定。

4.2 废纸的质量差百分率应不小于(−1)%。

4.3 废纸的包装物质量应不大于其对应的实测质量的1%。

4.4 各类废纸中不应含有有毒有害物质。

4.5 各类废纸中禁物含量应符合表1的规定。

表 1　　各类废纸中禁物含量

各类废纸的名称	禁物含量/(%)
混合废纸	≤1.00
废包装纸箱	≤1.00
废瓦楞纸箱	≤1 00
特种废纸	≤1.00
废书刊杂志	≤0.50
废报纸	≤0.50
废牛皮纸	≤0.50
纸箱切边	≤0.50
办公废纸	≤0.25
出版物白纸边	0
白报纸	0

4.6　各类废纸中不可利用物含量应符合表 2 的规定。

表 2　　各种废纸中不可利用物含量

各类废纸的名称	不可利用物含量/(%)
混合废纸	≤3.00
废包装纸箱	≤3.00
废瓦楞纸箱	≤3.00
特种废纸	≤2.50
废书刊杂志	≤2.50
废报纸	≤2.50
废牛皮纸	≤2.00
纸箱切边	≤2.00
办公废纸	≤2.00
出版物白纸边	≤1.00
白报纸	≤1.00

5　抽样

5.1　散装废纸每批应不多于 50t，每批抽样量为销售质量的 0.1%，但抽样量至少应不低于 50kg；成包废纸每批应不多于 500t，每批抽样量为 2 包。

5.2　判定

5.2.1　若全部项目检验合格，则判该批合格。

5.2.2　若 4.4、4.5、4.6 中有一项不合格，则判定该批不合格。

5.2.3　若 4.1、4.2、4.3 中有不合格项，允许在同批中双倍抽样进行复检。复检时若验验合格，则判该批合格；若复检时仍有不合格项，则判该批不合格。

6　试验方法

6.1　水分按附录 A 测定。

6.2　质量差百分率按附录 B 测定。

6.3　禁物含量和不可利用物含量按附录 C 测定。

附录 1(规范性附录)
水分的测定

A.1　原理

在规定温度下，将废纸烘干至恒重时，测定试样所减少的质量，并计算该质量与原质量之比。

A.2　仪器设备

A.2.1　天平，感量 0.001g。

A.2.2　干燥器。

A 2.3　烘箱，温度可控制在(105±2)℃。

A.3　试验步骤

分别从所抽取废纸的中间位置选取约 500g 样品，使之混合。然后从中准确称取两份 100g 试样，分别将试样放入(105±2)℃的烘箱中，烘干至恒重。

A.4　结果计算

水分含量应按式(A.1)进行计算，以两份试样的平均值来表示水分的测定结果，并准确至 0.1%。

$$X=\frac{m_1-m_2}{m_2}\times100\% \quad (A.1)$$

式中：

X——水分含量，%；

m_1——烘干前试样质量，单位为克(g)；

m_2——烘干后试样质量，单位为克(g)。

附录2(规范性附录)
质量差百分率的测定

B.1　仪器

磅秤为所用仪器。

B.2　试验步骤

测定每批废纸的实际总质量。

B.3　结果计算

质量差百分率应按式(B.1)进行计算，测定结果准确至0.1%。

$$C=\frac{m_1-m_2}{m_2}\times 100\% \qquad (B.1)$$

式中：

C——质量差百分率，%；

m_1——废纸的实测质量，单位为千克(kg)；

m_2——废纸的销售质量，单位为千克(kg)。

附录3(规范性附录)
禁物含量和不可利用物含量的测定

C.1　仪器

磅秤为所用仪器。

C.2　试验步骤

C.2.1　随意抽取2包废纸作为样品，称量样品的总质量。然后从样品中分别捡出所有的禁物和不合格废纸，再分别进行称量。

C.2.2　重复C.2.1，进行第二次测定。

C.3　结果计算

C.3.1　禁物含量或不合格废纸含量分别按式(C.1)进行计算.

$$A=\frac{m_2}{m_1}\times 100\% \qquad (C.1)$$

式中：

A——禁物含量或不合格废纸含量，%；

m_1——样品的总质量．单位为千克(kg)；

m_2——禁物的质量或不合格废纸的质量，单位为千克(kg)。

C.3.2　不可利用物含量按式(C.2)进行计算。

$$B=\frac{m_3}{m_1}\times 100\% \qquad (C.2)$$

式中：

B——不可利用物含量，%；

m_1——样品的总质量，单位为千克(kg)；

m_3——不可利用物的质量，单位为千克(kg)。

注：不可利用物含量为禁物含量与不合格废纸含量之和。

C.4　结果表示

禁物含量和不可利用物含量可分别以两次测定结果的平均值表示，并准确至1%。

进口废物标准

第一类:废电机

(1)90%以上废工业电机,非工业电机<5%,有色金属含量>5%,电机以外的废钢铁附属件<10%。

(2)90%以上的非工业电机,有色含量>5%,电机以外的废钢铁附件<10%。

第二类:变压器

不含油的变压器,有含 PBC 物质,生产期应在 1973 年以后。

第三类:废电线

(1)同一种型号、同一种金属芯的废导线,不含其他废物。

(2)不同种型号、同一种金属芯的废导线,不含其他废物。

(3)同一型号、同一种金属芯的废导线,含其他废物<2%。

(4)不同型号、同一种金属芯的废导线,含其他废物<2%。

第四类:废电缆

(1)同一型号、同一金属芯,不含其他废物。

(2)不同型号、同一金属芯,不含其他废物。

第五类:废配电盘(开关、控制柜)

此类废料为经过破坏的废配电盘,不允许夹杂其他废物。

第六类:废仪器仪表

(1)同一品种,不含其他废物。

(2)不同品种,不含其他废物。

第七类:废散热器

(1)同种金属,允许带有焊接镶嵌的废钢铁件,但不应>10%,不含其他夹杂物(水垢除外),不含油、水等液体。

(2)不同种金属的混合散热器,允许带有焊接镶嵌的废钢铁件,但不应>10%,不含其他夹杂物(水垢除外),不含油、水等液体。

第八类：废机械零件

（1）同一种废零件，无夹杂物，零件本身镶嵌的钢铁件除外。

（2）同一种废零件，其他废金属夹杂物＜5％，零件本身镶嵌的钢铁件除外。

（3）不同种类的废零件，无夹杂物，零件本身镶嵌的钢铁件除外。

（4）不同种类的废零件，其他废金属夹杂物＜5％，零件本身镶嵌的钢铁件除外。

第九类：废线路板

（1）废铜线路板，不含下角料，无其他夹杂物。

（2）废铜线路板，不含下角料，含夹杂物＜2％。

第十类：废家用电器（目前国内禁止进口）

（1）废空调及制冷设备。

（2）废电脑。

（3）其他废办公设备。

禁止条件：

（1）废土、橡胶、轮胎、电池、玻璃、陶瓷器、废纤维、废纸等夹杂物品2％以上。

（2）密封的废容器。

（3）塑料及塑料附件，单个尺寸为15cm×15cm以下。

（4）废油、废水等液体废物。

（5）复合材料制造的塑料等不能再生的塑料，即使是单一品也不行。

（6）有恶臭、腐烂、放射性、有毒废物。

（7）与医疗设备有关系的废料。

（8）易燃、易爆、武器等。

（9）进口废物不能违反中国环保部门的有关规定。

国外相关标准

日本废钢铁分类标准

1. 使用范围

本标准使用与所有的废铁和废钢。

2. 废铁

2.1 用途 废铁根据其用途大体可分为熔炼用和杂用。

2.2 种类 熔炼用废铁根据其质量和形状分为以下几种：

2.2.1

A种 高级废铁(机械或工具等)。

B种 普通废铁(锅、锅炉、炉篦以及其他诸如此类的废铁)。

C种 可锻铸铁废料。

2.2.2

甲类 每块废铁的重量在20kg以下。

乙类 通过破碎、熔切等方法易加工成甲类的废铁。

丙类 铁切屑(铁切屑，未混入杂质)，丙类废铁不分级。

2.3 杂用废铁不分种类。

3. 废钢

3.1 用途 废钢根据其用途可分为熔炼用、再轧制用及杂用。

3.2 熔炼用废钢的种类，熔炼用废钢根据其质量和形成，可分为以下几种：

3.2.1

A种 碳素钢废钢。

B种 低铜碳素钢废钢(Cu：0.20%以下)。

C种 低磷、低硫、低铜碳素钢废钢(P：0.025%以下，S：0.025%以下，Cu：0.15%以下)。

D种 合金钢废钢。

E种 杂用废钢。

3.2.2

甲类

特1号：厚度6mm以上，长度600mm以下，宽度或高度400mm以下，重量600kg以下。

特2号：厚度3～6mm，长度600mm以下，宽度或高度400mm以下。

1号：厚度6mm以上，长度1200mm以下，宽度或高度500mm以下，重量1000kg以上。

2号：厚度3～6mm，长度1200mm以下，

宽度或高度 500mm。

3 号：厚度 3mm 以下，长度 1200mm 以下，宽度或高度 500mm 以下。

乙类　易切碎加工成上述形状的废钢

丙类　压缩废钢

1 号：钢板切边。

2 号：脱锡镀锡板度钢。

3 号：普通废钢。

4 号：切屑。

丁类　钢切屑

在上述的废钢分类中，根据与用户的协议，如果废钢的尺寸和重量不影响使用，则可以不受上述规定的限制。

美国废钢铁标准

（1991 年）

（一般标准）

要求：

（1）清洁。所有等级废钢都必须无污垢，不含有色金属或任何异物，不能有过多的铁锈和腐蚀，然而，“无污垢，无有色金属或任何异物”的措辞并不意味着不得含偶然混入极少量的夹杂物。因为在正常加工和搬运特定品种废钢中，显然，有极少量的夹杂物是不可避免的。

（2）等外物料。在交货的特定品种的废钢铁中含有极少量的尺寸略微超过规定范围以及在质量和种类方面略微不能满足规定的要求的物料时，如果能证明在正常加工和搬运中这种品种废钢铁中含这种等外物料是不可避免的话，则不应该改变交货废钢铁的分类等级。

（3）残余合金元素。在本标准分类中，只要用“无金属元素术语”之处，系特钢中所含的残余合金元素，并非为炼合金钢而加入的元素。当残余金属元素不超过以下百分比时，可以认为是无合金元素废钢：

镍：0.45％　钼：0.10％　铬：0.20％　锰：1.65％

除锰外的所有残余元素的总量不得超过 0.60％。

（4）偏差。与废钢铁一般分类标准中的任何偏差，由买卖双方协商解决。

分类：

200　1 号熔炼用重废钢。废锻钢或废钢，厚度≥1/4 英寸，单块尺寸不得超过 60×24 英寸（装料箱尺寸），需加工成能确保压实装料作业。

201　1 号熔炼用重废钢，3 英尺×18 英寸，废锻铁或废钢，厚度≥1/4 英寸，单块尺寸不得超过 36×18 英寸（装料箱尺寸），需加工成能够保证压实装料作业。

202　1 号熔炼用重废钢，5 英尺×18 英寸。废锻铁或废钢，厚度≥1/4 英寸，单块尺寸不得超过 60×18 英寸（装料箱尺寸），需加工成能确保压实装料作业。

203　2 号熔炼用重废钢，废锻铁和/或废钢，无涂层的和镀锌的，厚度≥1/8 英寸，装料规格包括不适合作 1 号熔炼用重废钢的物料，需加工成能确保压实装料作业。

204　2 号熔炼用重废钢。废锻铁或废钢，无涂层的和镀锌的，最大尺寸为 36×18 英寸，可包括所有经适当加工的汽车废钢。

205　2 号熔炼用重废钢，3 英尺×18 英寸。废锻铁和废钢，无涂层的和镀锌的，最大尺寸为36×18英寸。可包括经适当加工的汽车废钢，但不含薄铁板和轻薄料。

206　2 号熔炼用重废钢，5 英尺×18 英寸，废锻铁和废钢，无涂层的和镀锌的，最大尺寸为 60×18 英寸。可包括经适当加工的汽车废钢，但不含薄铁板和轻薄料。

207　1号边角废钢。清洁废钢，任何尺寸不得超过12英寸。包括工厂新的边角废钢(例如薄钢板切边和冲压废料等)，不得包括旧汽车本身和护泥板，不含镀层，加衬和搪瓷的薄板及硅含量大于0.5%的电工钢板废料。

207A　新的无涂层薄钢板切边废钢。供直接装料用，最大尺寸为8英尺×18英寸。无旧汽车本身和挡泥板，无镀层，加衬和搪瓷薄板及硅含量大于0.5%的电工钢板废料。必须能合适地平放在汽车里。

208　1号打包废钢。新的无涂层薄钢板废钢——切边或冲裁残料骨架废钢经压缩或人工打包至装料箱尺寸，重量不小于75磅每立方英尺(人工打包要牢固，以便用磁铁搬运)。可包括STANLEY球料、用总棒缠绕的卷料或冲裁残料骨架的卷料，要确保牢固，可包括化学脱锡废钢。不可包括旧汽车本身和挡泥板。无镀层、加衬和搪瓷薄板及硅含量大于0.5%的电工钢板废料。

209　2号打包废钢。旧的无涂层薄钢板和镀锌的钢板废料，经液压压缩至装料箱尺寸，重量不小于75磅每立方英尺，不可包括镀锡、镀铅和搪瓷板废料。

210　切碎废钢。经切碎后用磁力分选出的均质废钢铁，来源于旧汽车、未加工的1号和2号废钢、各种打包用料和薄板废钢。平均密度50磅/英尺^3。

211　切碎废钢。经切碎后用磁力分选出的均质废钢铁，来源于旧汽车、未加工的1号和2号废钢，各种打包用料和薄板废钢，平均密度70磅/英尺^3。

212　切碎的边角废钢。1000系列的碳钢的切碎边角废钢或薄钢板。废钢料的平均密度60磅/英尺^3。

213　重熔用切碎的镀锡板罐头盒。切碎的镀锡板或镀铬薄板罐头盒，可含铅顶盖，但不能含铅罐，有色金属(罐头盒结构中的除外)，和任何非金属杂物。

214　3号打包废钢。废旧薄钢板，压缩至装料箱尺寸，重量不小于75磅/英尺^3。可包括不适合作2号打包废钢的所有镀层废钢。

215　焚烧压块废钢。镀锡板罐头盒废料，经压缩至装料箱尺寸，重量不小于75磅/英尺^3。废罐头盒需通过公认的垃圾焚烧炉处理。

216　镀铅锡合金钢板打包废钢。新的镀铅锡合金废钢板—切边或冲裁残料骨架废钢，经压缩或人工打包至装料箱尺寸，重量不小于75磅/英尺^3(人工打包要牢固，以便用磁铁搬运)。可包括STANLEY球料，用芯棒缠绕的卷料或冲裁残料骨架卷料，要确保牢固。

217　1号打包废钢，废锻铁和/或废钢，厚度大于等于1/8英寸，压缩至装料箱尺寸，重量不小于75磅/英尺^3。无各种金属镀层材料。

218　2号打包废钢。废锻铁和/或废钢，无涂层的和镀锌的，厚度大于等于1/8英寸，压缩至装箱尺寸，重量不小于75磅/英尺^3。气割或人工拆卸的汽车本身和挡泥板，按重量计最多可占60%(此百分比由汽车本身、底盘、传动轴和挡板组成)，应无各种镀层材料，而汽车上原有的除外。

俄罗斯及欧洲废钢标准

1. GOST 分类

1.1　次铁金属分为：

1.1.1　含碳——分为两个等级;废铜和废钢。

1.1.2　含有合金元素——分为两类;A——碳,B——处理过的合金。

1.1.3　质量分类－28种类型。

1.1.4 含有合金元素—67 组。

1.2 通过等级、种类、类型以及相应的名称和代码来描述次铁金属如下：

等级 种类	类型	代码	代称
废钢 A	1 号废钢	1	1A
A,B	2 号废钢	2	2A,2B
A,B	3 号废钢	3	3A,3B
A,B	4 号废钢	4	4A,4B
A,B	超标废钢	5	5A,5B

2. 技术要求

2.1 送入炉内的次铁金属要按种类、组别或等级以及相应的标准要求进行分门别类，这些金属要使机器能够正常运作。

2.2 含碳废钢(包括含锰和硅的低合金废钢，但不包括在此标准中处理过的合金废钢类型里)，要与处理过的合金废钢、废铁，有色金属及合金分开。合金化的废钢与含碳废钢，有色金属及合金分开。

2.3 因其化学成分不同的合金化废钢要与不合规格的废钢区分开来。

2.4 不允许将标准尺寸与超标准尺寸的混合物出售给买主。可熔的各种次铁金属及各种熔化设备一览化。

2.5 次铁金属 5 次铁金属安全运输、处理、熔炼、不含易燃及放射性物质。从化工生产线上拆下的废料需不含化学物质。

2.6 如果最终买方有更高的标准要求，与已确立的技术标准文件一致的次铁金属的供给将受到影响。

3. 标志、包装、运输、存储

3.1 每批次铁金属都应有相应文件证明其与所需废钢标准相符。

3.1.1 船运公司的说明。

3.1.2 种类、型号、组别或等级，所给每批废钢的总量和金属的重量。

3.1.3 装运日期。

3.1.4 船箱的数量。

3.1.5 通过实际分析得出合金元素的组成及含量(对合金化合金而言)，对重工业纯铁来讲，还要有碳、磷的含量及镍和铜的最大含量分析。

船运证明应包括此条目：对合金化的废钢而言，“合金化的废钢可再熔化”或“合金化的废钢可再处理”；对含碳废钢而言，“含碳废钢可再熔”或“含碳废钢可再处理”。

1 号＝废钢级别 08KP，08，05KP，08YU，08PS 和 08FKP 含铬不超过 0.1%；不同其他的含碳废钢。

2 号＝应最终买方的要求，废钢中硫和磷的含量各自不超过 0.05%。

3 号＝含杂质不超过 5%的废钢在装运时不得与其他的废钢混合装运。

4 号＝要适合吸尘炉的大小，提高的废钢大小至少为 30×30×30mm。

5 号＝含杂质不超过 5%的废钢在装运时不得与其他废钢混合装运，提供含杂质超过 5%的废钢要经双方的同意才行。

1 号废钢

不含有色金属。含碳废钢不可与合金化废钢混在一起。

金属不可有严重的烧过酸化过或腐蚀过的痕迹。(但允许有一层薄锈)。含有的无害不纯的杂质不超过 2%。

块的大小应不超过 300×200×150mm，每块重至少 0.5kg，但不超过 40kg。

块状废钢，便于熔炼的重工业纯铁。

金属丝和金属物除外。

2号废钢

不含有色金属。合金化的废钢不可与含碳废钢混合，而且必须是一组或一等级的合金钢。金属不可有严重的烧过酸化过或腐蚀过的痕迹。(但允许有一层薄锈)。含有的无害不纯的杂质不超过2%。

块的大小应不超过600×350×250mm，如双方同意，废弃的重型工业纯铁和合金化重铁可至少为8mm。直块长不超过100mm，管状外直径不超过150mm，壁厚至少为8mm。管状直径较大的应用生产线轧平或切断，块重至少为2kg。

便于熔炼的块状废钢及碎钢。

金属丝和金属物除外。

3号废钢

不含有色金属。合金化的废钢不可与含碳的废钢混合，而且必须是一组或一等级的合金钢。金属不可有严重的烧过酸化过或腐蚀过的痕迹。(但允许有一层薄锈)。含有的无害不纯的杂质不超过1.5%。

块的大小应不超过800×500×500mm，如双方同意，金属片最大不超过1000mm，厚度至少为6mm，壁厚大于4mm小于6mm弯管和棒状的废钢数量不超过整批的20%，管的外直径不超过150mm，壁厚至少为6mm。管的最大直径应用生产线轧平或切断，直块长不超过100mm，弯块偏差不超过250mm，块重至少为1kg。

便于熔炼的小块的废金属及其他生产线上的碎金属(长钉、螺钉、螺母等)。

金属丝和金属物除外。

4号废钢

不含有色金属。合金化的废钢不可与含碳的废钢混合，而且必须是一组或一等级的合金钢。金属不可有严重的烧过酸化过或腐蚀过的痕迹。(但允许有一层薄锈)。含有的无害不纯的杂质不超过0.5%。

块的大小不超过200×150×100mm，厚度至少为6mm，块重至少为0.025kg，但不超过20kg，便于熔炼的块状废钢及碎钢。金属丝和金属物除外。

超长超重废钢

不含有色金属。合金化的废钢不可与含碳的废钢混合，而且必须是一组或一等级的合金钢。金属不可有严重的烧过酸化过或腐蚀过的痕迹。(一层薄锈可接受)。含有的无害不纯的杂质不超过3%。

美国废旧纸板、纸箱回收标准

在美国的每个城市，每天早晨都有许多大型专用卡车沿街收集在路边的黄纸袋，而黄纸袋里面装的就是废纸品。应该说，美国的每个州和每个城市的管理部门都在想方设法立下许多规矩并创造更多的便利条件，以利于废纸品的回收与再利用，因此美国成为世界上出口废纸最多的国家之一。有消息说，在1995年全美废纸回收就达到了3600万吨，其中有1000多万吨出口到了亚洲和欧洲，几乎占其废纸出口总量的1/3。更有资料称，美国1998年废纸品回收已接近1亿吨，而且据悉到20世纪末美国的废纸品回收利用率上升到了50%以上；联邦政府更是明确地提出意见，要求在全国范围内推广使用再生纸张，以此带动废旧资源的回收与利用，达到环保与节约的双重目的。美国现虽无类似于欧共体国家那样严密全面的包装法令，但作为世界工业大国，美国在1973年颁布了《MIL－HDBK742军用包装材料废弃处理标准》，在90年代初又制订了《资源保护与回收利用法》。在美国颁布的《废纸回收标准》中详尽列举了各种纸产品回收标准，在此挑选出与瓦楞纸箱生产行业相关的回收规定和标准，供广大包装纸张生产企业参考。

旧瓦楞纸箱

旧瓦楞纸箱，其面层为仿箱板纸浆；麻浆或牛皮木浆、打包供货。杂物不得超过1%。不合格废纸总量不得超过5%。

经双重拣选的旧瓦楞纸箱

经双重拣选的旧瓦楞纸箱，货源自超级市场、工/商业机构；其面层为仿箱板纸浆、麻浆或牛皮木浆；经特别拣选，不含碎片、外国制瓦楞纸、胶或腊。打包供货，杂物不得超过0.5%。不合格废纸总量不得超过2%。

双挂面牛皮瓦楞纸新边角料

瓦楞纸边角料，其挂面层为麻浆或牛皮浆、或仿箱板纸浆，打包供货。不允许有不溶性胶粘剂、变形卷筒纸、凹入或凸出的芯层等混入。其芯层或面层均应未经表面处理的，不允许有杂物混入，不合格废纸总量不得超过2%。

制纸箱用纸板边角料

在制造折叠纸盒、瓦楞纸箱和其他同一类型的纸板制品过程中的新边角料，打包供货。杂物不得超过0.5%。不合格废纸总量不得超过2%。

废杂纸

由不同质量的废纸混合组成，不受包装方式或纤维组成的限制。杂物不得超过2%。不合格废纸总量不得超过10%。

高级废杂纸

由经过拣选的不同质量的废杂纸混合组成，打包供货。此类废纸（涂布或未经涂布）的磨木浆含量不得超过10%。杂物不得超过0.5%。不合格废纸总量不得超过3%。

旧褐色牛皮纸

旧褐色牛皮纸袋，打包供货。没有不适当的衬里，袋里不得装有物品。不允许混有杂物。不合格废纸总量不得超过0.5%。

牛皮纸混合边角料

由褐色牛皮纸新边角料、牛皮纸、纸袋等混合组成，打包供货。纸袋上不得带有缝线。不允许混有杂物。不合格废纸总量不得超过1%。

新彩色牛皮纸

由彩色牛皮纸及其新边角料和纸袋组成，打包供货。纸张不得带有缝线。不允许混有杂物。不合格废纸总量不得超过1%。

杂货包装袋废料

由褐色牛皮纸袋新边角料、牛皮袋纸、印刷出差错的纸袋组成，打包供货。不允许混有杂物。不合格废纸总量不得超过1%。

多层牛皮纸袋废料

由新的多层褐色牛皮纸袋废料和袋纸组成，包括印刷出差错的纸袋。纸张不得带有缝线。不允许混有杂物。不合格废纸总量不得超过1%。

褐色牛皮信封新边角料

由褐色牛皮信封新边角料和信封纸组成。

不带印刷油墨。打包供货。不允许混有杂物。不合格废纸总量不得超过 1%。

含磨木浆的混合废纸边

杂志、目录本和同类印刷品的切边，打包供货。可以含有磨木浆，也可以是涂布加工的。允许掺有带印刷油墨的封面和插页。也可以掺有色纸以及经过深色印刷的纸张。不允许混有杂物。不合格废纸总量不得超过 2%。

软质涂布白纸边

由亚硫酸浆和硫酸盐浆制得的各种白色印刷纸和纸边，涂布和未经涂布。打包供货。不带印刷油墨。可以含有少量磨木浆。不允许混有杂物。不合格废纸总量不得超过 1%。

附录

大　事　记

2007年中国再生资源综合利用十大新闻

国家发展改革委发布《"十一五"资源综合利用指导意见》

为促进循环经济发展，加快建设资源节约型、环境友好型社会，近日，国家发展和改革委员会发布了《"十一五"资源综合利用指导意见》。《"十一五"资源综合利用指导意见》在分析我国资源综合利用现状的基础上，提出了2010年资源综合利用目标、重点领域、重点工程和保障措施。这是我国"十一五"期间资源综合利用工作的指导性文件，也是引导投资及决策重大项目的依据。

国务院召开全国节能减排工作电视电话会议

2007年4月27日，国务院召开全国节能减排工作电视电话会议，动员和部署加强节能减排工作。中共中央政治局常委、国务院总理温家宝作了重要讲话，他强调，要认真贯彻落实科学发展观，统一认识，明确任务，加强领导，狠抓落实，以更大的决心、更大的气力、更有力的措施，确保"十一五"节能减排目标的实现，促进国民经济又好又快发展。

中共中央政治局委员、国务院副总理曾培炎主持会议。国务委员兼国务院秘书长华建敏出席会议。

国内首条废家电机械化拆解线在津建成

被列为国家废旧家电回收利用示范工程的我国第一条废家电机械化拆解线，日前在天津宝坻九园工业园区建成，并经过丹麦、日本专家的现场技术培训，进入了试生产阶段。此举标志着国内现有的废家电手工业、作坊式的拆解方式发生了历史性变化。该项目总投资1.1亿元，建成后将形成年处理废家电33万台的能力，可回收铜、铝、废钢铁及塑料等1万多吨，并将利用拆解出的废杂铜生产铜材及铜合金制品。

《再生资源回收管理办法》5月1日起施行

由商务部联合国家发展改革委、公安部、建设部、工商总局、环保总局共同制定《再生资源回收管理办法》，自2007年5月1日起施行。

我国再生资源回收行业存在着回收网点缺

乏规划、回收体系不健全、回收秩序混乱等问题，这不仅造成回收率低、技术进步缓慢、处理再利用企业“无米下锅”等行业问题，甚至引发了危害社会治安、污染环境、损害劳动者身体健康等一系列社会问题。再生资源回收是发展循环经济的重要环节，为规范再生资源回收行业的发展，节约资源，保护环境，实现经济与社会可持续发展，商务部作为再生资源回收的行业主管部门，联合有关部门，共同制定了《办法》。这是规范管理再生资源回收行业的第一部全国性规章，从网点规划、经营者备案、生产性废旧金属回收登记等多环节入手，全面完善了再生资源回收环节的各项制度，可以为各地再生资源回收管理工作提供指导，同时为规范行业秩序发挥积极作用。

循环经济发展得到政策鼓励

2007年8月27日，十届全国人大常委会第二十九次会议首次审议了《循环经济法(草案)》。该法对钢铁、有色金属、煤炭、电力等高能耗企业明确提出节能减排的约束性要求，同时规定了促进循环经济发展的激励措施。这些激励措施包括建立循环经济发展专项资金，对循环经济重大科技攻关项目实行财政支持，对促进循环经济发展的活动给予税收优惠以及实行有利于循环经济发展的价格、收费等。再生资源类产业作为发展循环经济的和重要内容其鼓励和支持发展的税收措施将出台。

2007年CFC削减方案和CFC储存方案出台

根据“中国CFC加速淘汰计划”的规定，CFC淘汰的时间表由2010年1月1日提前至2007年7月1日。CFC工作组在统筹考虑由于CFC加速淘汰企业的利润损失和CFC储存的风险基础上，本着资金补偿合理化和企业风险最小化的原则，为合理有效利用CFC生产行业计划资金，制定了2007年度CFC削减方案和CFC储存方案。

CFC削减方案分为两部分内容：一部分是为达到“CFC加速淘汰计划协议”规定的生产量上限所实现的淘汰量及其补偿方案；另一部分为满足“CFC加速淘汰计划协议”基础上再增加削减1577吨ODP的CFC所实现的淘汰量及其补偿方案。国家计划在2006年和2007年储存3500吨CFC并给予企业相应的资金补偿，国家对该部分储存的CFC拥有所有权，用于满足CFC停止生产后2008～2010年国内制冷维修行业和药用气雾剂行业、实验室用途和不要用途的合理消费需求。

再生资源回收体系图徽标志启用

2007年8月16日，再生资源回收体系图徽标志正式启用。

2006年9月，商务部商业改革司向全社会公开征集了“再生资源回收体系”图徽标志，受到社会各界广泛关注，投稿积极踊跃，共收到有效的应征作品307件。中国物资再生协会受商务部委托组织开展了图徽标志的评选工作。经过专家评审论证和部领导审定，最终确定了中标方案，并在国家工商行政管理总局申请了“官方标志”备案。

“标志”属商务部所有，由标准图形和“再生资源回收体系”中英文文字组成，图形可单独使用，也可与文字组合使用。商务部对“标志”的使用实行统一监督和管理。商务部验收合格的再生资源回收体系建设项目可以在社区回收亭、集散市场、流动回收车、说明书、装潢、广告宣传及互联网等场所或媒介使用“标志”。未被验收的再生资源回收体系建设项目，不得使用“标志”。

再生铝门槛提高

2007年10月10日，国家发展改革委发布的《铝行业准入条件》规定，新增的电解铝项目，必须经过国务院投资主管部门核准。从企业布局和规模、外部条件、工艺设备、能源资源消耗、环境保护等方面提高铝行业的进入门槛。包括新建再生铝项目规模年产必须在5万吨以上；改造、扩建再生铝项目，规模必须在每年3万吨以上。铝矿山、冶炼、再生利用项目资本金比例要达到35%及以上等。通过进一步提高准入门槛，促进产业结构调整，加强行业整合以及淘汰产能、设备落后的企业。

第二批循环经济示范试点工作启动

2007年11月20日，国家发展改革委组织开展的循环经济示范试点（第二批）工作启动。组织开展第二批循环经济试点，是围绕实现节能减排目标，对第一批试点进行补充和深化。第二批试点工作仍从重点企业、资源综合利用领域、产业园区和省市四个方面开展。

第一次全国污染源普查再生资源产排污系数核算工作完成

为配合第一次全国污染源普查工作，提供全国工业污染源产排污系数，受国家环保总局委托，中国物资再生协会承担了再生资源行业的产排污系数核算工作。2007年12月24日，经过专家论证认为，产排污系数基本上涵盖了相应行业的产品、工艺、规模、原材料，以及末端治理技术设备等不同因素的组合，反映了该行业污染物产生和排放的主要特点和现状，核算出了该行业产排污系数，可用于全国第一次污染源普查中相应行业污染物产生量和排放量的工作。

2007年中国物资再生协会大事记

刘坚民会长当选中国物流与采购联合会第二届纪律检查委员会委员

2007年1月25日，中国物流与采购联合会召开了第二次党代会，经过采取无记名投票差额选举方式，选举王波、毛洪、刘能文、何黎明、崔本中、崔忠付、温亚震、蔡进、戴定一9名同志为中共中国物流与采购联合会第二届委员会委员。选举毛洪、王春明、刘坚民、杨凤玉、裴桂珍5名同志为中共中国物流与采购联合会第二届纪律检查委员会委员。

国家发展改革委环资司召开废旧轮胎回收处理座谈会

为贯彻落实国务院领导批示精神，促进资源循环利用，规范废旧轮胎回收利用行为，国家发展改革委环资司于2007年2月2日邀请有关协会、生产企业及废旧轮胎利用企业等方面人士召开了废旧轮胎回收处理座谈会。本次座谈会旨在听取有关方面意见和建议，并研究起草《废旧轮胎回收利用管理条例》。

“2006年中国再生资源行业年度报告”编制工作开始运行

商务部商业改革发展司拟开展“2006年中国再生资源回收行业发展报告”的研究，并委托我协会牵头完成“报告”。编制工作从2007年2月9日召开第一次编制工作会议开始，到2007年4月20日以前编写完成，并由商务部组织有关领导和专家进行报告评审。

中国物资再生协会再制造专业委员会获准成立

近日，中国物资再生协会再制造专业委员会已获得国务院国有资产监督管理委员会批准，民政部注册正式成立。

龙少海副会长随商务部考察团赴日本学习考察

由商务部市场体系建设司组成的“中国汽车流通法规建设专题研修班”，于2007年2月26日离开北京，赴日本进行为期15天的学习考察。

本次赴日学习考察由商务部市场体建设司李文明副司长亲自带队，蔡勇副处长参加。我协会常务副会长龙少海同志及有关部门负责同志一同前往。

“中国汽车流通法规建设专题研修班”赴日研修圆满结束

根据中日经济产业交流研修项目谅解备忘录，按照商务部人事司的安排，2007年2月27日—3月14日商务部市场体系建设司组织“中国汽车流通法规建设专题研修班”赴日本进行了为期15天的学习。

研修班成员一致认为，本次研修培训针对性强，内容丰富翔实，日本在二手车方面的经验和做法对促进和规范我国二手车市场的发展具有重要的借鉴意义。

中国物资再生协会承办第四次再生资源回收体系建设试点实施方案评审会

由商务部会同国家发展改革委、建设部等部委组织，中国物资再生协会承办的第四次再生资源回收体系建设试点实施方案评审会，于2007年3月19日在北京召开。以中国科学院院士费维扬任组长的五位专家对5个试点城市的实施方案进行了评审。

报废汽车拆解企业授赠CFC—12回收设备供应商变更

根据制冷维修行业CFC整体淘汰计划，国家环境保护总局外经办对全国报废汽车拆解企业配备CFC—12的回收设备，同时要求收益企业承担起CFC—12的回收任务，并签署了设备监管维护的承诺书。

相关设备由国家进行统一采购，并逐步分配到各省市中心点。根据此次中标结果，“鉴别仪”的供应商变更为“ASADA Cooperation”。设备将于六月份前分配到各地。

刘坚民会长出席安徽鑫港股份有限公司再生资源加工工业园运营典礼

2007年5月4日，协会会长刘坚民出席了安徽鑫港股份有限公司再生资源加工工业园运营典礼。中国物资再生协会副会长、安徽省物资再生协会会长汪齐虎，当地有关领导及来自全省再生资源回收、加工、利用企业的300多名嘉宾一同出席。

新落成的安徽鑫港股份有限公司再生资源加工工业园占地53亩，计划总投资10亿元，先期投资1.2亿元(已投2000万元)，投资的项目为：高精度锡磷青铜大卷重铜带生产线。一期投资完成后，产值5.2亿元，利税2100万元。全部投资分五期实施。

2007中国国际回收大会在天津成功召开

2007年5月30至31日，由中国物资再生协会主办的2007中国国际回收大会在天津召开。国内外再生资源产业的专家、学者、企业代表500余人参加了这次盛会。会议以“促进国内外贸易交流和市场拓展”为主旨，由回收利用政策、体系建设、环境友好主论坛，市场、贸易分论坛，钢铁、有色金属分论坛，废塑料论坛，贵金属、电子废弃物分论坛和场外展示六部分组成。

各省市协会负责人工作座谈会议结束

2007年6月5至9日，协会在安徽省黄山市召开了各省市协会负责人工作座谈会议，除云南、贵州、湖南、陕西省协会没有参加外，来自全国各省级协会、部分市协会代表70多人参加了会议。会议认为，近年来，国家把“大力发展循环经济，建设资源节约型、环境友好型社会”定为基本国策，为加快再生行业发展提供了良好的契机。在国家政策引导下，全国各省、市再生行业协会的建设也在不断加强，为本地区再生资源行业的发展起到了积极的推动作用。

首届再生资源高级鉴定评估师认证资格考试培训在北京大学百年讲堂开学

由中国物资再生协会与人事部人才流动中心专业人才库联合举办的“首届再生资源高级鉴定评估师认证资格考试培训”，2007年7月26日在北京大学百年讲堂举行开学典礼。

2007年报废汽车CFC－12回收数据统计工作开始

随着制冷维修行业CFC整体淘汰计划逐步推进，报废汽车行业CFC－12回收已经进入全面开展阶段。根据项目的要求，自2007年第一季度起，CFC－12回收数据统计及申报工作正式开始。

协会承担全国污染源普查工业污染源任务

为全面落实科学发展观，切实加强环境监督管理，提高科学决策水平，实现《国民经济和社会发展第十一个五年规划纲要》确定的主要污染物排放总量减少10％的目标，国务院决定从2008年1月1日始开展第一次全国污染源普查。为配合第一次全国污染源普查工作，提供全国工业污染源产排污系数，受国家环保总局委托，协会承担全国污染源普查工业污染源任务。普查对象为中华人民共和国境内所有排放污染物的工业源、农业源、生活源和集中式污染治理设施。

商务部再生资源政府考察团和再生行业考察团圆满结束对美国、加拿大的访问回京

以商务部商业改革发展司门晓伟副司长为团长的商务部再生资源政府考察团圆满结束了对美国、加拿大的访问，已于2007年9月29日晚回到北京，协会会长刘坚民随团出访在美期间，考察团与美国商务部、美国国家环境保护总署的官员就再生资源回收利用的法律、法规、政府主导行为等问题交流了相互的情况；并与美国废料加工工业协会进行了座谈，参观了美国再生资源回收加工企业。在加拿大期间，与再生资源回收工业协会和魁北科省环保局的官员进行了座谈，并参观了加拿大最大的再生资源回收加工企业。

与此同时，由副秘书长高延莉为团长的再生行业考察团，圆满顺利地完成了对美国的考察访问，于2007年9月25日晚回到北京。

全国污染源普查(再生资源)组召开内部动员大会

2007年9月4日上午，中国物资再生协会组织召开了全国污染源普查(再生资源)组内部动员大会，刘坚民会长就开展再生资源行业产排污系数核算工作进行了动员。刘坚民会长首先阐述了项目的重要意义、工作的重要性以及协会承担的工作任务和责任，要求所有项目参加人员都要认真、努力、全力以赴克服困难，保证项目的顺利完成。

刘强副会长带领产排污系数核算课题组到马鞍山和临沂调研

为保证项目的顺利进行，课题领导小组决定由协会先行垫付资金来完成项目的调研试点工作。2007年9月至10月，由刘强副会长兼秘书长带队考察安徽省马鞍山和山东临沂两个较大的再生资源集散市场，以取得经验，为全面展开工作提供指导。

第七期至第十二期报废汽车回收拆解职业资格培训班圆满完成培训任务

2007年4月21日至10月28日，中国物资再生协会分别在黑龙江哈尔滨、广东广州、新疆自治区、河南郑州等地举办了第七期至第十二期报废汽车回收拆解职业资格培训班。来自全国各地从事报废汽车回收拆解工作的同志参加了培训。经过专门知识的学习和严格考试，学员们取得了良好成绩。

第二期“中国再生资源高级鉴定评估师资格认证考试”培训结束

中国物资再生协会与人事部中国人才流动中心合作，旨在共建再生资源专业人才库，同时组建国家级再生资源行业专家库，在国家再生资源领域建立一套国际化先进的认证体系，对再生资源行业的专业人员进行系统化、规范化专业认证管理，以帮助在行业内的企业迅速与国际接轨。2007年10月15日在北京大学，对拟入选国家级再生资源行业专家库的人员，举办了“第二期中国再生资源高级鉴定评估师资格认证考试”培训。

中国物资再生协会第四届三次理事会(扩大)会议在海口市闭幕

2007年12月9日至11日，中国物资再生协会在海口市召开了第四届三次理事(扩大)会议，常务理事和理事以及各有关方面人士200多人出席了会议。

会议邀请国家有关部门领导、专家介绍有关政策、行业动态。中国物资再生协会会长刘坚民在会上作了题为“以科学发展观为指导，积极开创再生资源回收领域新天地”的工作报告，他本着协会以服务为宗旨，“提供服务、反映诉求、规范行为”，回顾总结了一年来的工作，并安排布置今后工作重点。中国物资再生协会常务副会长龙少海、副会长兼秘书长刘强先后主持了会议。

会上，部分企业进行了经验交流。会议还研究了再生行业发展及政策方面的事宜。

第一次全国污染源普查再生资源产排污系数核算工作完成

中国物资再生协会承担了再生资源行业的产排污系数核算工作。进行了国民经济行业分类43大类“废弃资源和废旧材料回收加工业”中4310小类“金属废料”及4320小类“非金属废料”的产排污系数核算。再生资源行业产排污系数核算工作共组织483人全面开展课题工作。分三个调查实测小组先后奔赴再生资源回收利用比较集中地区的12个省、直辖市，进入18个再生资源工业园区和集散市场(其中园区11个，市场7个)，直接调查521家企业，从中选择61个企业进行实测，其中现场实测企业42家，历史实测企业19家。2007年12月24日，经过专家论证认为，产排污系数基本上涵盖了相应行业的产品、工艺、规模、原材料，以及末端治理技术设备等不同因素的组合，反映了该行业污染物产生和排放的主要特点和现状，核算出了该行业产排污系数，可用于全国第一次污染源普查中相应行业污染物产生量和排放量的工作。

报废汽车回收拆解企业名单(第一批)

国家经济贸易委员会公告　2003年第16号

根据《报废汽车回收管理办法》(国务院令第307号)、国家经贸委、监察部、公安部、工商总局《关于贯彻〈报废汽车回收管理办法〉的实施意见》(国经贸资源[2001]900号)以及国家经贸委《报废汽车回收企业总量控制方案》(国经贸资源[2001]773号)精神,现将经各省、自治区、直辖市经贸委认定的报废汽车回收拆解企业名单(第一批)予以公布。

国家经济贸易委员会

2003年2月20日

地　区	总量	序号	企业名称	企业地址	法人代表
天　津	1	1	天津金世纪报废汽车回收拆解有限公司	保税区空港物流加工区	寇建中
河　北	12	1	沧州市物资再生利用总公司	沧州市东外环北路	蒋永志
		2	保定市报废汽车专营有限公司	保定市东风东路57号	赵宗权
		3	河北省报废汽车拆解中心	石家庄市西外环北路	卢鹏飞
		4	石家庄废旧汽车专营公司	石家庄市丰收路39号	马志耕
		5	唐山市冀东报废汽车回收拆解中心	唐山市路南区人民道11号	代　忠
		6	秦皇岛市废旧机动车拆解中心	秦皇岛市海港区东王岭韩庄南	张　力
		7	张家口市物资再生利用总公司	张家口市张宣公路玉宝墩	景秋恒
		8	河北省衡水市物资回收公司	衡水市建设大街51号	吴广正
		9	承德市奥联资源再生利用有限公司	承德市翠桥南2号	商金廷
		10	河北省邢台市金属回收总公司	邢台市新兴东大街18号	张凤悟
		11	邯郸市第一物资再生利用总公司	邯郸市渚河路47号	刘福岭
		12	廊坊市亚通报废汽车回收有限公司	廊坊市建设路4号	刘　顺
山　西	12	1	长治市物资再生利用公司	长治市长邯路5号	代晓斌
		2	忻州市报废汽车拆解中心	原平市京原南路	郑怀金
		3	晋城市报废汽车回收拆解中心	晋城市连川柑东二级路南	李卫林
		4	朔州市物通再生利用有限责任公司	朔州市府东街东端	牛开平
		5	晋中市金利物资再生利用有限公司	晋中市榆次区东郊南街16号	韩宝福
		6	阳泉市物资再生利用总公司	阳泉市洪城路79号	李金贵

续表

地区	总量	序号	企业名称	企业地址	法人代表
山西	12	7	临汾市物资再生利用公司	临汾市鼓楼北大街586号	王书元
		8	山西省吕梁地区物资再生利用公司	离石新华街70号	董亚伟
		9	山西省物资再生利用总公司	太原市胜利西街236号	刘进唐
		10	太原市物资再生利用有限公司	杏花岭区大同路27号	毛玉田
		11	运城市物资再生利用总公司	运城市红旗西街664号	陈振镒
		12	大同市报废汽车回收拆解公司	大同市大庆路16号(车管所西新旧汽车交易大厅)11	任希杰
内蒙古	12	1	内蒙古物集金属回收有限责任公司	呼和浩特市110国道509公里处	李建国
		2	呼和浩特市金属材料再生利用总公司	呼和浩特市回民区钢铁路326号	李志强
		3	包头市物回报废汽车回收拆解有限责任公司	包头市九原区	师东明
		4	乌海市万众金属回收有限责任公司	乌海市新华西街62号	常雄志
		5	鄂尔多斯市通九物资有限责任公司	东胜区鄂尔多斯东街2号	杨风鸣
		6	通辽市祥源金属回收有限责任公司	通辽市新工2路东侧	贾景祥
		7	兴安盟利宝报废汽车回收有限公司	乌兰浩特市铁西北大路43号	李相义
		8	锡盟物资贸易总公司	锡林浩特市察哈尔街	焦　毅
		9	巴盟再生资源综合开发公司	临河市	韩　镖
		10	阿盟金属回收公司	阿盟巴彦浩特镇额鲁特西路2号	李忠财
		11	呼伦贝尔市金属回收有限责任公司	海拉尔区建设大街7号	王永辉
		12	乌盟兴业报废汽车回收有限责任公司	察右前旗平地泉工业园区	燕　霞
辽宁	15	1	沈阳市报废汽车回收公司	沈阳市东陵区文储西路8号	王在柱
		2	东北物资再生利用沈阳公司	沈阳市东陵区文官街三委	陆恩友
		3	鞍山市汽车回收厂	鞍山市千山区高官岭村矿工路	胡海鸥
		4	抚顺市金属回收总公司	抚顺市新抚区中央大街15—2号	张忠义
		5	本溪市报废汽车接收站	本溪市平山区千金街	姜成爱
		6	丹东市金属回收总公司	丹东市振兴区人民路桃南小区2号	常　安
		7	营口市物资再生利用总公司	营口市西市区水场街安禄里1号	汤　波
		8	阜新市金回报废汽车回收(拆解)有限公司	阜新市海州区振兴路143号	赵云鹏
		9	铁岭市物资再生利用有限责任公司	铁岭市银州区城南	杨青春
		10	锦州金属回收联营公司	锦州市凌河区菊园街兰花里103号	王旭澜
		11	辽宁金属回收集团辽阳有限责任公司	辽阳市小南门草仓街4号	王维连
		12	朝阳市金属再生利用中心	朝阳市友谊大街3段33号	龙淑萍
		13	葫芦岛市再生资源利用有限责任公司	葫芦岛市	李明哲
		14	盘锦市报废汽车回收有限责任公司	盘锦市双台子区双绕河北	刘殿良
		15	大连市报废车辆回收拆解有限公司	大连市后盐	李建军
吉林	10	1	吉林省金属回收有限责任公司报废汽车回收中心	长春市宽城区长农公路零公里	马志忠
		2	长春市报废汽车回收中心	长春市绿园区青岗路65号	臧春来
		3	吉林市开源报废汽车回收有限责任公司	吉林市船营区北京路63—4号	顾维成
		4	辽源市金属回收总站汽车报废中心	辽源市西宁大路132号	李洪伟
		5	通化市金属回收公司	通化市建设大街89号	藏再华
		6	白山市金属回收有限责任公司	白山市八道江区红旗街20号	别振宇

续表

地　区	总量	序号	企业名称	企业地址	法人代表
吉　林	10	7	松原市物资再生利用有限责任公司	松源市宁江区石化街 40 号	张　策
		8	四平市立海老旧汽车拆解股份有限公司	四平市铁东区南五伟路 48 号	张兴武
		9	延边顺达再生利用有限公司	延吉市延南路 65 号	张崇顺
		10	吉林省白城市东利物资再生利用有限责任公司	白城市白平公路 35 号	贾凤鸣
黑龙江	14	1	哈尔滨市天华报废汽车回收有限公司	哈尔滨市民益街 39 号	陈剑秋
		2	哈尔滨市金回报废汽车回收有限公司	哈尔滨市西五道街 42 号	郭树伟
		3	齐齐哈尔市龙齐报废汽车回收有限责任公司	齐齐哈尔市龙沙区平阳街 2 号	苗润龙
		4	牡丹江市报废汽车回收有限责任公司	牡丹江爱民区东新荣街米厂路 45—3 路	张洪波
		5	佳木斯三江报废汽车回收有限公司	佳木斯市友谊路中段	陈　刚
		6	大庆市冠宇报废汽车回收中心	大庆市让胡路区方晓中心村	薛世明
		7	鸡西市宏昌报废汽车回收中心	鸡西市鸡冠区腾飞二段	呼官忠
		8	双鸭山市双达报废汽车回收中心	双鸭山市尖山区长安路	龚亚斌
		9	伊春市西钢报废汽车回收中心	伊春市西林区新兴街 121 号	林春茂
		10	七台河市寰宇报废汽车回收中心	七台河新兴区	尤德满
		11	鹤岗市龙源报废汽车回收有限责任公司	鹤岗市工农区西解放路 84 号	张力军
		12	绥化市聚峰报废汽车回收有限公司	绥化市中直北路 159 号	丁　峰
		13	黑河市双利报废汽车回收中心	黑河市东郊 202 国道边	贾春发
		14	大兴安岭天成报废汽车回收有限公司	大兴安岭地区长青大街 75 号	周桂宏
上　海	4	1	上海机动车回收服务中心	上海市虹桥路 2297 号	王忠明
		2	上海宝钢钢铁资源有限公司	上海市牡丹江路 1325 号	曹至能
		3	上海交运巴士拆车有限公司	上海宝山区联谊路 388 号	刘　毅
		4	上海华东拆车有限公司	上海沪太路 4059 弄 198 号	张霞光
江　苏	13	1	徐州市物资再生利用有限公司	徐州市淮海西路诸达巷 5 号	庄荣福
		2	连云港市物资再生利用拆船总公司	连云港市解放东路 178 号	张尧成
		3	盐城市盛悦物资再生有限公司	盐城市建军东路 78 号	还征鸿
		4	宿迁市淮海报废汽车金属回收有限公司	宿迁市市区发展大道	王　刚
		5	泰州市金属回收公司	泰州市江洲南路 18 号	王金枝
		6	扬州广发物资再生有限公司	扬州市徐凝门路 3—6 号	党　正
		7	镇江市华东物资再生利用有限责任公司	镇江市京杭小路 31 号	薛其银
		8	淮安市报废汽车专营有限公司	淮安市清河区西安路	封振亚
		9	江苏苏物再生利用有限公司	南京市中山北路 283 号	候本阳
		10	无锡市金恒物资有限公司	无锡市中山路 199 号	陈国良
		11	常州常联报废汽车回收拆解有限公司	常州市关河东路 10 号	姚津德
		12	苏州市苏协报废汽车回收拆解有限责任公司	苏州北园路 17 号	卢源伟
		13	南通报废汽车回收拆解有限公司	南通市任港路 67 号	陈　安
浙　江	9	1	嘉兴市物资再生利用有限公司	嘉兴市越秀北路 1143 号	杨德荣
		2	湖州物资汽车设备更新回收有限公司	湖州红丰四路 8 号	奚晓明
		3	绍兴市物资再生利用有限公司	绍兴市云东路 413 号	陈天佑
		4	温州浙南汽车设备回收有限公司	温州市葡萄棚 104 号国道边	林为民

续表

地区	总量	序号	企业名称	企业地址	法人代表
浙江	9	5	宁波市废旧汽车回收集团公司	宁波市环城北路453号	徐益敏
		6	舟山市华日物资再生利用有限公司	舟山市青垒头路55号	吴建跃
		7	衢州市金属回收有限公司	衢州市区松园2号	郑绍华
		8	台州市浙东废旧汽车回收有限公司	台州市椒江区工人路29号	蒋友星
		9	金华市物资再生综合利用公司	金华市工业园区宾虹路西	张建树
安徽	18	1	安徽省华隆资源再生有限公司	合肥市芜湖路258号	陆国富
		2	合肥皖中报废汽车回收有限责任公司	合肥市新安江路22号	盛诗信
		3	淮北市众合报废汽车回收拆解有限责任公司	淮北市相阳路东侧	池礼军
		4	亳州市报废车辆回收有限责任公司	涡阳县城东涡蒙立路交桥	陈长春
		5	宿州市报废汽车回收拆解有限责任公司	宿州市206国道宿怀段3.5公里处	齐秋影
		6	蚌埠市报废汽车拆解有限责任公司	蚌埠市燕山路6号	孙大林
		7	阜阳市新华报废汽车回收拆解有限责任公司	阜阳市新华办事处李洼村乔庄	张　毅
		8	淮南市同盛报废汽车回收拆解有限责任公司	淮南市田家庵区赵店村	姜　明
		9	凤阳县物资再生综合利用有限公司	凤阳县府城镇洪武路42号	何仁国
		10	六安易达再生资源利用有限责任公司	六安市磨子潭路36号	王　刚
		11	马鞍山市五环报废汽车回收拆解有限责任公司	金家庄区慈湖沙地	肖建平
		12	芜湖市报废汽车回收有限责任公司	芜湖市九华山路168号	俞运山
		13	铜陵市华盛物资再生利用有限责任公司	铜陵市经济技术开发区	周义英
		14	宣城市金鹏报废车辆回收有限责任公司	宣城市宣州区南郊张家桥	胡　鹏
		15	池州市物资回收有限责任公司	池州市清风路黄窑	汪玉龙
		16	安庆市宜路通汽车拆解有限责任公司	安庆市开发区7—(1)—6	王　敏
		17	黄山市物资再生利用有限责任公司	屯溪区长干东路139号	方梦华
		18	巢湖市报废汽车回收有限责任公司	庐江县合铜公路七里岗	张先文
福建	11	1	福建省物供报废汽车回收拆解有限公司	福州市五四路239号	姚宏秀
		2	厦门市金属回收有限公司	厦门市夏禾路819号	李栋武
		3	厦门市物资回收公司	厦门市开元路252号	郑国强
		4	漳州市报废汽车回收拆解有限责任公司	漳州市芗城区漳华路8号	李金福
		5	泉州市联发报废汽车回收有限责任公司	泉州市丰泽区坪山路	黄衍亮
		6	宁德市凯达报废汽车回收利用有限公司	宁德市蕉城南路105号	马忠衡
		7	三明市报废汽车回收拆解有限公司	三明市三元区城东乡荆东村本点	韩德和
		8	南平市裕源报废汽车拆解有限公司	南平市八一路419号	谢思云
		9	莆田市兴业报废汽车回收有限公司	莆田市城厢区华亭下花民营工业小区	刘源海
		10	龙岩市龙物报废汽车回收拆解有限公司	龙岩市新罗区营溪镇月山村	钟浩亨
		11	福州物供再生资源有限责任公司	福州市台江区六一中路378号	陈　旭
山东	16	1	烟台万通汽车回收拆解有限公司	烟台市新桥五路14号	隋振华
		2	东营市报废汽车回收拆解有限公司	东营区西四路98号	李贺龙
		3	枣庄市汽车拆解中心	枣庄市中区北环路东首	戴宗新

续表

地区	总量	序号	企业名称	企业地址	法人代表
山东	16	4	山东通利报废机动车回收拆解有限公司	济南市济兖路488号	赵　华
		5	青岛市联合报废汽车回收有限公司	青岛市顺昌路8号	王　骏
		6	青岛市交联机动车报废更新有限公司	青岛市仙家寨836号	杜明春
		7	淄博市社会福利综合厂	淄博市潘南西路4号	赵培浩
		8	潍坊市鸢飞机动车回收有限公司	潍坊市北海路218号	吉华庚
		9	济宁市鲁南金属回收有限责任公司	济宁市三里营路25号	李　敏
		10	泰安市泰山拆车有限公司	泰安市粥店	江　伟
		11	日照市物资再生综合利用公司	日照南路48号	梁　波
		12	威海市报废汽车拆解有限公司	威海市高新区槐云村	丛秀明
		13	德州市汽车设备更新回收拆解中心	德城区健康路9号	贾洪涛
		14	莱芜市报废汽车回收拆解有限公司	莱芜市鹏泉大街73号	李传法
		15	滨州鲁物废车拆解金属回收有限公司	滨州市黄河六路510号	王明福
		16	聊城市开航金属回收有限公司	聊城市东外环路中段	王志勇
江西	12	1	江西省车辆报废回收有限公司	南昌市洪都北大道409号	郝明龙
		2	南昌市报废车辆回收有限公司	南昌市青云路中段	李建华
		3	江西省宜春市物资再生利用总公司	宜春市宜万路204号	彭　军
		4	抚州市盛华报废汽车回收(拆解〕有限公司	抚州市大公路102号	黄志强
		5	鹰潭市腾飞物资再生利用有限公司	鹰潭市金谷园五楼	朱瑞刚
		6	九江市报废汽车回收拆解中心	九江市长虹北路30号	邓成芳
		7	新余市物资再生利用公司	新余市仙来东大道53号	周　峰
		8	上饶市金利机动车辆报废回收拆解责任有限公司	上饶市信州区罗桥公路13号	程敬意
		9	景德镇市金属回收公司	景德镇市珠山中路14号	曹小小
		10	萍乡市报废汽车回收有限公司	萍乡市安源区	王　瑜
		11	吉安市报废车辆回收有限公司	吉安市鹭洲东路1号	陈小平
		12	赣州市南方报废汽车回收(拆解)有限公司	赣州市红旗大道21号	许　强
河南	18	1	焦作市金属回收总公司	焦作市新园路7号	赵晓明
		2	商丘市金属再生利用有限公司	商丘市长征南路27号	刘明刚
		3	开封市金属回收总公司	开封市经济开发区高屯	米　健
		4	三门峡市金属回收有限责任公司	三门峡市大岭路北段7号	冯柳生
		5	平顶山市金属回收总公司	平顶山市五条路9号	宋有中
		6	南阳市再生资源有限责任公司	南阳市百里奚路279号	张启敏
		7	许昌市金回物贸(集团〕有限公司	许昌市南环路西段	杨保证
		8	濮阳市金属回收总公司	濮阳市石化路	雷志刚
		9	鹤壁市金属回收总公司	鹤壁市铁西路南段63号	王录林
		10	新乡市金属回收管理总公司	新乡市建设路14号附5号	李国文
		11	河南省日杂物回有限责任公司	郑州市丰产路91号	韩明辽
		12	信阳中南金属回收有限责任公司	信阳市工区路304号	易明相
		13	驻马店市物华再生资源有限公司	驻马店市乐山路北段	杨世民
		14	安阳市报废机动车回收(拆解)中心	安阳市相西路南段路东	杨志平

续表

地　区	总量	序号	企业名称	企业地址	法人代表
河　南	18	15	周口市交通汽车修理厂	周口市大庆路南段	苑志刚
		16	漯河市物资再生利用有限公司	漯河市郊大荆庄	樊国英
		17	郑州市物利金属回收有限责任公司	郑州市中原西路129号	候胜利
		18	洛阳市金属回收总公司	洛阳市老城区环城西路16号	李清振
湖　北	13	1	武汉鑫汇报废汽车回收有限公司	武汉桥口区井南路常码头441号	蔡正汉
		2	武钢金属资源有限公司	武汉市青山区厂前	高　凯
		3	黄石市物资再生利用有限公司	黄石市沿湖路566号	马建实
		4	荆州市物资再生利用管理总公司	荆州市沙市区北湖路33号	邱健明
		5	襄樊市金属回收管理公司	襄樊市红光路1号	杨文英
		6	孝感市物资再生利用总公司	孝感市城站路58号	王忠良
		7	咸宁市物资再生利用公司	咸宁市温泉马桥路9号	毛长全
		8	鄂州市报废汽车回收公司	鄂州红碧路新火车站旁	胡映水
		9	宜昌物产报废车辆回收拆解有限公司	宜昌佰家岗区白沙路	杨世洪
		10	黄冈市安发拆车厂	黄冈市黄州区余家湾村	刘　征
		11	恩施自治州金属回收总公司	恩施市后山湾路48号	陈胜斌
		12	十堰市慎远报废汽车回收拆解有限责任公司	十堰市人民南路35号	张盛良
		13	随州市报废车辆回收(拆解)中心	随州市交通大道	黄海明
湖　南	12	1	湘潭市报废汽车回收(拆解〕有限责任公司	湘潭市岳塘区东湖西路	陈少光
		2	郴州市金属回收有限公司	郴州市苏仙北路23号	曹贵中
		3	株州市报废汽车回收(拆解〕有限责任公司	株州市荷塘区桂花路	彭吉春
		4	益阳市金物报废汽车回收有限公司	益阳市赫山区	邹云曲
		5	张家界市报废汽车回收有限公司	张家界大桥路	李世健
		6	岳阳市鑫汇报废汽车回收拆解有限公司	岳阳市青年中路	余育才
		7	湘西自治州金源报废汽车回收有限责任公司	吉首市光明西路8号	杨玉芹
		8	怀化市金属回收总公司	怀化市人民北路85号	刘支蛟
		9	长沙报废汽车回收有限公司	浏阳市永安镇红旗村	谭业将
		10	长沙汇金报废汽车回收有限公司	长沙市天心区滑油塘3号	邓大鸣
		11	娄底市报废汽车回收拆解有限公司	娄底市扶青路	易志光
		12	衡阳市双利报废汽车回收有限公司	衡阳市雁城路76号	胡星恒
广　东	22	1	广东省金属回收公司	广州市天河区东圃黄村	何卫国
		2	广东省华物报废汽车回收有限公司	广州市中山一路水均南街6号	谢健准
		3	深圳市机动车回收有限公司	深圳市南山区龙珠大道龙珠三路	杨勇志
		4	珠海市物资再生利用公司	珠海市前山路造贝工业区	高志明
		5	汕头市物资再生利用总公司	汕头市光华路69号	陈少康
		6	韶关市金属回收公司	韶关市工业东路28号	刘亚进
		7	河源市报废车辆金属回收公司	河源市东源县徐洞工业区	潘福东
		8	梅州市物资总公司老旧汽车回收站	梅州市环市路张七四	李幕南
		9	惠州市金属回收公司	惠州市东平半岛	朱碧辉

续表

地　区	总量	序号	企业名称	企业地址	法人代表
广　东	22	10	汕尾市报废汽车回收有限公司	汕尾市区通航路中	林志凡
		11	东莞市物资再生利用公司	东莞市东城区温矿年丰山庄	袁浩成
		12	中山市物资再生利用有限公司	中山市西区岐港公路大窖口	郑胜昌
		13	江门市物资股份有限公司	江门市建设路35—37号	张慕娟
		14	佛山市金属回收公司	佛山市佛罗公路41号	郭明佳
		15	阳江市物资再生利用公司	创业北路龙涛开发区A区之一	李计着
		16	湛江市物资再生利用公司	湛川大道西三路6号	李中杰
		17	茂名市金属回收有限公司	茂名市计量路30号	杨桥生
		18	肇庆市金属回收公司	肇庆市站前西路	朱伟其
		19	清远市金属回收公司	清远市北江二路物资大厦	王立邱
		20	潮州市金属回收公司	潮州市新详路市农行隔壁	谢振平
		21	揭阳市金属回收公司	揭阳市东山区1号街国税大楼西附楼	黄得辉
		22	云浮市金属回收公司	云浮市星岩二路57号	刘超荣
广　西	15	1	桂林市国联车船回收有限公司	桂林市八里街开发区	唐湘平
		2	广西梧州市报废车船回收拆解有限公司	梧州市莲花山骨鱼冲	郭火贵
		3	贺州地区金达废旧物资回收有限公司	贺州市河南路	岳家康
		4	柳州永固车船回收有限公司	柳州市柳石路	莫　伟
		5	柳州市双回车船回收拆解有限责任公司	柳州市柳太路11号	周树华
		6	广西钦州市金港车船回收拆解有限公司	钦州市物资大厦四楼	卫耀锋
		7	广西河池更新报废车辆回收拆解有限公司	河池市新建路288号	刘　延
		8	防城港市港发物资回收有限公司	防城区群星大道	陆伟群
		9	百色地区金属回收管理总公司	百色市城北玉屏巷9号	黄文旋
		10	南宁市新金物报废车回收拆解有限公司	南梧二级公路七公里处	张文雄
		11	广西金属回收有限责任公司	南宁市地梧路263号	申开保
		12	南宁地区桂金回车船回收拆解有限公司	南梧公路322线897公里处	黄干兵
		13	玉林市金物金属物资回收有限公司	玉林市玉公公路1号	彭维瑞
		14	北海市利宝金属回收有限责任公司	北海市上海路	陈贤裕
		15	贵港市物吉车船回收有限公司	贵港市北环路中段	李晓方
海　南	2	1	海南统原物资再生利用有限公司	海口市龙华路18号	林　海
		2	三亚嘉越再生资源回收有限公司	三亚市祥泰大厦五楼A、F	温华亮
重　庆	2	1	重庆金属回收有限责任公司	渝中区华福巷51号	蔡贵鹏
		2	重庆钢铁(集团)有限责任公司	重庆大渡口大堰三村路口	唐民伟
四　川	22	1	攀枝花市新开源物资再生环保产业有限公司	攀枝花市江南二路三村	崔大为
		2	绵阳市金属回收总公司	绵阳市会仙路4号	扶政权
		3	乐山市金属回收公司	乐山市柏杨路212号	王雪林
		4	泸州市物资产业有限公司报废汽车回收分公司	泸州市江阳中路一号楼	邹为民
		5	内江市金属再生利用有限公司	内江市宴家湾82号	陈　立
		6	达州市金属回收总公司	达州市南外达万路15号	陈　帆
		7	南充市金属回收有限公司	南充市仪凤街228号	王　渝

续表

地　区	总量	序号	企业名称	企业地址	法人代表
四　川	22	8	资阳市再生资源回收利用有限责任公司	资阳市入城线华凌车业公司	于　江
		9	眉山市金属回收有限公司	眉山市东坡镇庄店开发区兴乐街口	常永川
		10	雅安市旧车辆回收有限公司	雅安市沙湾迎新街	朱廷军
		11	甘孜州金属回收公司	康定县西大街 141 号	李宁康
		12	凉山州金属回收公司	西昌市龙井街 2 号	龙庭清
		13	阿坝州金属回收公司	郫县红光镇八里村	刘　剑
		14	宜宾市金特报废汽车回收有限责任公司	宜宾苗圃路 161 号	王　林
		15	广元市金属回收有限责任公司	广元市蜀门南路 288 号	张会军
		16	自贡市报废汽车专营有限公司	自贡市马吃水盐都大道南侧	卢应书
		17	广安市金属回收公司	广安市开发区五湖西路	万慧珍
		18	遂宁市金属回收公司	遂宁市城区开善东路 570 号	周正明
		19	德阳市旌龙再生物资有限公司	德阳市西外街 2 号	龙正林
		20	巴中市物资再生利用有限责任公司	巴中市江北新区	陈通武
		21	成都报废汽车专营有限公司	成都市龙泉驿区十陵镇农家村	侯力强
		22	四川省报废机动车专营有限公司	成都市署袜北一街 93 号	苟世清
贵　州	10	1	贵州省黔南州金属回收公司	贵州省都匀市剑江南路 147 号	罗继光
		2	贵州省遵义地区金属回收公司	遵义市万里路 204 号	熊全生
		3	贵州省黔东南州金属回收公司	贵州省凯里市北京西路 65 号	杨其全
		4	黔西南州金属回收公司	兴义市盘江路 103 号	李明祥
		5	贵阳诚诚金冶报废汽车回收专营有限公司	贵阳市西南环线柏蜡山 19 号	李　智
		6	贵阳金物报废汽车回收拆解专营有限公司	贵阳市中华北路 84 号	肖道华
		7	六盘水市金属回收公司	六盘水市钟山区德坞镇	石　岩
		8	安顺市金属回收公司	安顺市外环西南路 4 号	王玉国
		9	毕节地区金属回收公司	毕节市环城路	蒋发奎
		10	铜仁地区物资再生利用总公司	铜仁市新华北路 1 号	王培育
云　南	17	1	云南物联报废汽车回收专业有限公司	昆明市环城西路 139 号	毛启人
		2	云南省云供老旧汽车回收拆解有限责任公司	昆明市东风西路 143 号	单昆生
		3	云南省昭通市金属回收公司	昭通市龙泉路 164 号	李国良
		4	大理州物资再生利用公司	大理市下关环城南路 119 号	苏光勋
		5	云南省红河州资源再生利用有限责任公司	个旧市建设路 184 号	吴昌贵
		6	曲靖市物资再生利用有限责任公司	曲靖市麒麟北路 323 号	杨洪杰
		7	保山市物资再生利用有限责任公司	隆阳区建设路下段	刘　奇
		8	文山州金胜物贸再生资源有限公司	文山县建禾东路 70 号	陈兴明
		9	玉溪市物资（集团）物资再生利用有限公司	玉溪市玉江路 33 号	李保能
		10	楚雄州万顺物资再生利用有限公司	楚雄市北浦路文体巷三号	李延玉
		11	思茅地区金属回收公司	思茅市振兴北路 29 号	张英学

续表

地　区	总量	序号	企业名称	企业地址	法人代表
云　南	17	12	云南省西双版纳傣族自治州金属回收公司	景洪市(小曼么)外物资公司货场	武跃云
		13	德宏州物资总公司	潞西市团结大街130号	张前红
		14	临沧地区物资再生利用总公司	临沧县凤翔镇洪桥路1号	杨登华
		15	怒江州金属回收公司	六库镇茬桥坝	肖卫东
		16	迪庆建工集团总公司物资再生利用公司	香格里拉县长征路4号	松永明
		17	丽江地区物资总公司金属回收分公司	丽江县大研镇长水路	秦国建
西　藏	1	1	西藏自治区物资再生利用公司	拉萨市林廓北路5号	徐廷松
陕　西	10	1	陕西鼎合报废汽车回收拆解有限责任公司	西安市红光路中段16号	王永安
		2	陕西(西安)金辉报废汽车回收有限责任公司	西安市西郊丰收路2号	张仙菊
		3	榆林市华源报废汽车回收拆解有限责任公司	榆林榆阳区南郊军分区农场院内	马永祯
		4	延安市报废汽车回收有限责任公司	延安市七里铺街64号	白希贤
		5	宝鸡市金马报废汽车回收有限责任公司	宝鸡市东风路31号	靳志军
		6	渭南市新达报废汽车回收(拆解)有限责任公司	渭南市站北路3号	杜宝华
		7	铜川市铜兴报废汽车回收拆解有限责任公司	铜川市黄堡镇河东沟	贺炳巨
		8	汉中市石马报废汽车回收有限责任公司	汉中市汉台区北郊石马坡韩家湾	王建明
		9	安康市鑫源报废汽车回收(拆解)有限公司	安康市金川街143号	方明升
		10	商洛市磊宝报废汽车回收(拆解)有限责任公司	商洛市商州区北新街157号	张世荣
甘　肃	11	1	天水怡通物资再生利用有限公司	天水市秦城区滨河西路28—2号	李忠祥
		2	定西地区物兴金属回收有限公司	定西县中华路72号	郭　智
		3	庆阳地区天马物资有限责任公司	西峰区康复路107号	罗生福
		4	平凉地区东兴物资有限责任公司	平凉市宝塔路40号	贾亚军
		5	白银市物资再生利用公司	白银区水川路64号	吴永平
		6	嘉峪关市物资再生利用公司	嘉峪关市兰新西路34号	段桂云
		7	酒泉地区物资贸易再生利用有限责任公司	酒泉市北大街164号	于晓东
		8	张掖地区物资再生利用公司	张掖市东街125号	陆建国
		9	陇南地区宏昶报废车辆回收有限公司	武都县东江镇	赵　芳
		10	临夏回族自治州泰隆物资再生利用有限责任公司	临夏州环城西路	罗世龙
		11	武威市物资再生利用有限责任公司	武威市西关街新建路15号	张学东
青　海	5	1	海东地区报废汽车回收有限公司	平安县平安镇互助路59号	马　智
		2	民和南通物资回收有限公司	民和县西环城路398号	冶振英
		3	青海省海南州长风物资有限公司	海南州共和县恰卜恰镇长风路127号	李仁杰
		4	格尔木物资再生利用有限责任公司	格尔木市青年路5号	康玉斌
		5	海北州创新工贸有限责任公司	海北州西海镇	才市旦

续表

地 区	总量	序号	企业名称	企业地址	法人代表
宁 夏	4	1	灵武市兴捷报废汽车回收公司	灵武市东环路与307国道交汇处	张彦林
		2	宁夏物资产业(集团)公司物资配送回收公司	银川市凤凰北街3号	孙丽华
		3	石嘴山市恒大回收有限公司	石嘴山区河溪街钢铁北路4号	王旭冉
		4	宁夏供销社再生资源有限公司	银川市民族北街20号	张顺琪
新 疆	11	1	新疆金业汽车回收(拆解)有限公司	乌市北站路14号	范洪涛
		2	伊犁物资回收有限公司	伊宁市解放路4巷1号	张 平
		3	阿勒泰地区盛华物资再生利用有限公司	阿勒泰北屯镇	刘慎华
		4	吐鲁番地区物资再生利用公司	吐鲁番市新站	张居平
		5	哈密地区再生利用有限责任公司	哈密市天山北路16号	张英明
		6	昌吉州金业报废汽车回收(拆解)有限公司	昌吉榆树沟工业园区	牛学敏
		7	博州物资再生利用有限责任公司	博乐市北京路392号	张长青
		8	巴州万方物资再生利用有限公司	库尔勒市新城区	陶均春
		9	阿克苏地区物资再生利用有限责任公司	阿克苏市天山北路8号	蒋新民
		10	喀什地区物华再生利用报废汽车回折解有限责任公司	喀什市机场路3巷2号	陈子伟
		11	和田地区物资再生利用公司	和田市和田路35号	努尔买买 提
新疆兵团	5	1	新疆兵团物资再生利用总公司	乌鲁木齐北站路25号	田泽民
		2	新疆兵团农一师茶畜日杂公司	阿克苏市东大街8号	李 成
		3	新疆兵团七师物资再生利用公司	奎屯市团结北路	马进华
		4	新疆石河子新大兴物资再生利用有限公司	石河子东二路38小区62栋	王 晖
		5	新疆兵团九师物资再生利用公司	额敏县桥南	赵建国
合 计	339				

报废汽车回收拆解企业名单(第二批)

国家经济贸易委员会公告　2003年第28号

根据《报废汽车回收管理办法》(国务院令第307号)、国家经贸委、监察部、公安部、工商总局《关于贯彻〈报废汽车回收管理办法〉的实施意见》(国经贸资源[2001]900号)以及国家经贸委《报废汽车回收企业总量控制方案》(国经贸资源[2001]773号)精神,现将经有关省经贸委认定的报废汽车回收拆解企业名单(第二批)予以公布。

国家经济贸易委员会

2003年3月11日

认定地区	数量	序号	企业名称	企业地址	法人代表
江　苏	2	1	常熟市物资再生利用总公司	常熟市海虞南路87号	王德胜
		2	宜兴市再生金属回收有限公司	宜兴市宜城镇宜北路133号	秦建平
浙　江	4	1	浙江省再生资源有限公司	杭州市清泰街486号	汪路平
		2	浙江元通物资再生拆船有限公司	杭州市凯旋路441号	王亚贞
		3	杭州市物资再生利用总公司	杭州市绍兴路191号	曾建明
		4	浙江新世纪再生资源开发有限公司	杭州市半山路132号	王　敏
山　东	2	1	济南市泉联废旧机动车回收拆解有限公司	济南市历城区彩石镇	李　强
		2	菏泽市经纬报废汽车回收拆解有限公司	菏泽市中华东路华般巷	张翠莲
湖　北	2	1	荆门市报废汽车回收拆解公司	荆门市月亮湘北路28号	高　峰
		2	潜江市金属回收公司	潜江市环城路102号	吴培高
湖　南	3	1	永州市报废汽车回收拆解有限公司	永州市冷水滩区零陵南路179号	文运礼
		2	常德东方金属回收有限责任公司	常德市武陵区西郊落路口	孟正华
		3	邵阳市金属回收有限责任公司	邵阳市红旗路92号	严青云
广　东	2	1	广州市金属回收公司	广州市纸行路福地巷54号	陈燕烈
		2	汕头市广汕物资机动车辆报废回收有限公司	广东省汕头市泰山路	陈年强
青　海	2	1	青海省金属回收有限责任公司	西宁市朝阳东路36号	刘虔民
		2	西宁市再生资源开发总公司	青海省西宁市东大街27号	陆青安
合　计	17				

批准建设的国家生态工业示范园区名单

序号	名称	批准文号	批准时间
1	贵港国家生态工业(制糖)建设示范园区	环函[2001]170号	2001年8月14日
2	南海国家生态工业建设示范园区暨华南环保科技产业园	环函[2001]293号	2001年11月29日
3	包头国家生态工业(铝业)建设示范园区	环函[2003]102号	2003年4月18日
4	长沙黄兴国家生态工业建设示范园区	环函[2003]115号	2003年4月29日
5	鲁北国家生态工业建设示范园区	环函[2003]324号	2003年11月18日
6	天津经济技术开发区国家生态工业建设示范园区	环函[2004]112号	2004年4月26日
7	抚顺矿业集团国家生态工业建设示范园区	环函[2004]113号	2004年4月26日
8	大连经济技术开发区国家生态工业建设示范园区	环函[2004]114号	2004年4月26日
9	苏州高新区国家生态工业建设示范园区	环函[2004]115号	2004年4月26日
10	苏州工业园区国家生态工业建设示范园区	环函[2004]116号	2004年4月26日
11	烟台经济技术开发区国家生态工业示范园区	环函[2004]426号	2004年11月22日
12	贵阳市开阳磷煤化工国家生态工业示范基地	环函[2004]418号	2004年11月29日
13	潍坊海洋化工高新技术产业开发区国家生态工业示范园区	环函[2005]99号	2005年3月31日
14	郑州市上街区国家生态工业示范园区	环函[2005]144号	2005年4月21日
15	包头钢铁国家生态工业示范园区	环函[2005]536号	2005年12月8日
16	山西安泰国家生态工业示范园区	环函[2006]198号	2006年5月18日
17	青岛新天地工业园(静脉产业类)国家生态工业示范园区	环函[2006]347号	2006年9月11日
18	张家港保税区暨扬子江国际化学工业园国家生态工业示范园区	环函[2006]411号	2006年10月24日
19	昆山经济技术开发区国家生态工业示范园区	环函[2006]412号	2006年10月24日
20	福州经济技术开发区国家生态工业示范园区	环函[2006]417号	2006年10月24日
21	无锡新区国家生态工业示范园区	环函[2006]467号	2006年11月22日
22	绍兴袍江工业区国家生态工业示范园区	环函[2006]481号	2006年12月4日
23	日照经济开发区国家生态工业示范园区	环函[2006]525号	2006年12月29日
24	上海市莘庄工业区国家生态工业示范园区	环函[2007]30号	2007年1月19日
25	青岛高新区市北新产业园国家生态工业示范园区	环函[2007]166号	2007年5月16日
26	扬州经济开发区国家生态工业示范园区	环函[2007]167号	2007年5月16日

注:批准日期截至2007年底。

国家循环经济试点单位(第一批)

一、重点行业	(一)钢铁	鞍本钢铁集团、攀枝花钢铁集团有限公司、包头钢铁集团有限公司、济南钢铁集团有限公司、莱芜钢铁集团有限公司
	(二)有色	金川集团有限公司、中国铝业公司中州分公司、江西铜业集团公司、株洲冶炼集团有限责任公司、包头铝业有限责任公司、河南省商电铝业集团公司、云南驰宏锌锗股份有限公司、安徽铜陵有色金属(集团)公司
	(三)煤炭	淮南矿业集团有限责任公司、河南平顶山煤业集团有限公司、新汶矿业集团公司、抚顺矿业集团、山西焦煤集团西山煤矿总公司
	(四)电力	天津北疆发电厂、河北西柏坡发电有限责任公司、重庆发电厂
	(五)化工	山西焦化集团有限公司、山东鲁北企业集团有限公司、四川宜宾天原化工股份有限公司、河北冀衡集团公司、湖南智成化工有限公司、贵州宏福实业有限公司、贵阳开阳磷化工集团公司、山东海化集团有限公司、新疆天业(集团)有限公司、宁夏金昱元化工集团有限公司、福建三明市环科化工橡胶有限公司、烟台万华合成革集团有限公司
	(六)建材	北京水泥厂有限责任公司、内蒙古乌兰水泥厂有限公司、吉林亚泰集团股份有限公司
	(七)轻工	河南天冠企业集团公司、贵州赤天化纸业股份有限公司、山东泉林纸业有限公司、宜宾五粮液集团有限公司、广西贵糖(集团)股份有限公司、广东省江门甘蔗化工(集团)股份有限公司
二、重点领域	(一)再生资源回收利用体系建设	北京市朝阳区中兴再生资源回收利用公司、石家庄市物资回收总公司、吉林省吉林市再生资源集散市场、湖南汨罗再生资源集散市场、广东清远再生资源集散市场、深圳报业集团
	(二)废旧金属再生利用	天津大通铜业有限公司、上海新格有色金属有限公司、河南豫光金铅集团有限责任公司、江苏春兴合金集团有限公司、深圳东江环保公司、广东新会双水拆船钢铁有限公司
	(三)废旧家电回收利用	浙江省、青岛市、广东贵屿镇
	(四)再制造	济南复强动力有限公司、北京金运通大型轮胎翻修厂
三、产业园区		天津经济技术开发区 苏州高新技术产业开发区 大连经济技术开发区 烟台经济技术开发区 河北省曹妃店循环经济示范区 内蒙古蒙西高新技术工业园区

续表

三、产业园区		黑龙江省牡丹江经济技术开发区 上海化学工业区 江苏省张家港扬子江冶金工业园 湖北省武汉市东西湖工业园区 四川西部化工城 青海省柴达木循环经济试验区 陕西省杨凌农业高新技术产业示范区
四、省市		北京市、辽宁省、上海市、江苏省、山东省、重庆市（三峡库区） 宁波市、铜陵市、贵阳市、鹤壁市

国家循环经济试点单位(第二批)

一、重点行业	(一)钢铁	宝山钢铁股份有限公司、太原钢铁(集团)有限公司、马鞍山钢铁股份有限公司、福建三钢(集团)有限责任公司、重庆钢铁(集团)有限责任公司
	(二)有色	葫芦岛有色金属集团有限公司、广西河池市南方有色冶炼有限责任公司、云南铜业股份有限公司、云南锡业集团(控股)有限责任公司、新疆有色工业(集团)稀有金属有限责任公司
	(三)煤炭	山西潞安矿业(集团)有限公司、内蒙古伊东煤炭集团有限责任公司、内蒙古庆华集团有限公司、铁法煤业(集团)有限责任公司、黑龙江龙煤矿业集团有限责任公司(鸡西分公司)、安徽皖北煤电集团有限责任公司
	(四)电力	江苏宜兴协联热电有限公司、深圳南山热电股份有限公司
	(五)化工	山西丰喜肥业(集团)股份有限公司、山西安泰集团股份有限公司、浙江巨化集团公司、广东云浮硫铁矿企业集团公司、云天化集团有限责任公司
	(六)建材	江西华春企业集团公司、四川国栋建设股份有限公司
	(七)造纸	湖南泰格林纸集团有限责任公司
	(八)纺织(印染)	河北唐山三友集团化纤有限公司、青岛凤凰印染有限责任公司、四川宜宾丝丽雅集团有限公司、福建凤竹纺织科技股份有限公司
	(九)机械制造	中钢集团西安重型有限公司
	(十)农产品加工	内蒙古塞飞亚集团有限公司、江苏省南通鑫缘茧丝绸集团股份有限公司、山东菱花集团有限公司、山东香弛粮油有限公司、贵州茅台酒厂有限责任公司、中粮新疆屯河股份有限公司
	(十一)农业(林业)	北京市密云县十里堡镇、黑龙江省望奎县望奎镇、安徽省阜阳市阜南县、河南省沈丘县付井镇、黑龙江伊春市朗乡林业局
二、重点领域	(一)再生资源加工利用基地	天津子牙工业园、河南省大周镇再生金属回收加工区、辽宁省沈阳市再生资源产业基地、江苏省吴江市再生资源回收利用有限公司、江苏中再生投资开发有限公司、安徽省界首市田营循环经济工业区、湖南省郴州市永兴县、陕西省西安市物资回收利用总公司
	(二)再生金属回收利用	宁波金田铜业股份有限公司、山东金升有色集团有限公司、厦门钨业股份有限公司
	(三)废电子、废轮胎、废电池回收利用	伟翔环保科技发展(上海)有限公司、青岛天盾橡胶有限公司、深圳市格林美高新技术有限公司、湖北金洋冶金股份有限公司
	(四)包装物回收利用	盈创再生资源有限公司、四川绵阳长鑫新材料发展有限公司

续表

三、产业园区（重化工集聚区）	天津市临港工业区、大连松木岛化工园区、吉林省四平循环经济示范区、上海莘庄工业园区、苏州工业园、扬州经济开发区、浙江绍兴滨海工业园区、福建泉港石化工业园区、江西永修云山经济开发区、湖北宜昌经济开发区、湖北武汉市青山区、湖南株洲市清水塘工业区、广州经济技术开发区、广东银洲湖纸业基地、海南省昌江循环经济工业区、四川成都市青白江工业集中发展区、重庆长寿化工产业园区、青海省西宁市经济技术开发区、宁夏宁东能源化工基地、新疆库尔勒经济开发区
四、省市	天津市、山西省、浙江省、河南省、甘肃省 青岛市、深圳市、邯郸市、阜新市、白山市、七台河市、淮北市、萍乡市、荆门市、榆林市、石嘴山市、石河子市

国家发改委等五部门确定的实施节能行动千家企业名单

序　号	地　区	法人代码	企业名称	所属行业
1	北　京	101120001	首钢总公司	钢　铁
2	北　京	633796053	中国石化北京燕化石油化工股份有限公司	石油石化
3	北　京	746132018	北京东方石油化工有限公司	化　工
4	北　京	802763501	中国石化股份公司北京燕山分公司	石油石化
5	北　京	102746487	北京市琉璃河水泥厂	建　材
6	北　京	633797849	北京化二股份有限公司	化　工
7	北　京	710924494	蓝星化工新材料股分有限公司	化　工
8	北　京	801125110	中国石化长城润滑油集团有限公司	石油石化
9	北　京	722601879	北京京能热电股份有限公司	电　力
10	北　京	742600793	北京首钢超群电力有限公司	电　力
11	天　津	10306869X	天津天铁冶金集团有限公司	钢　铁
12	天　津	727507793	天津荣程联合钢铁集团有限公司	钢　铁
13	天　津	103063805	中石化集团天津石化公司	石油石化
14	天　津	103609732	天津渤海化工有限责任公司天津碱厂	化　工
15	天　津	722958405	中石化股份有限公司天津分公司	石油石化
16	天　津	BT0367908	中国石油天然气股份有限公司大港油田公司	石油石化
17	天　津	103607112	天津大沽化工有限责任公司	化　工
18	天　津	758104022	天津渤天化工有限责任公司	化　工
19	天　津	761268220	蓝星石化有限公司天津石油化工厂	石油石化
20	天　津	104313327	天津钢管有限责任公司	钢　铁
21	天　津	103068702	天津天钢集团有限公司	钢　铁
22	天　津	103060065	大港油田集团有限责任公司	石油石化
23	天　津	741365162	天津市众冶钢铁有限公司	钢　铁
24	天　津	724495870	中国石油天然气股份有限公司大港石化分公司	石油石化
25	天　津	73035277X	天津天丰钢铁有限公司	钢　铁
26	天　津	700468296	天津钢管还原铁厂	钢　铁

续表

序　号	地　区	法人代码	企业名称	所属行业
27	天　津	75814215X	天津市正丰源焦炭有限公司	钢　铁
28	天　津	BT0440933	中海石油(中国)有限公司天津分公司	石油石化
29	天　津	103070773	天津吉华化工有限公司	化　工
30	天　津	103069318	天津海豚炭黑有限公司	化　工
31	天　津	10307132X	天津市飞雁水泥有限公司	建　材
32	河　北	104792823	唐山钢铁(集团)有限责任公司	钢　铁
33	河　北	105566107	邯郸钢铁集团有限责任公司	钢　铁
34	河　北	106181022	宣化钢铁集团有限责任公司	钢　铁
35	河　北	105785910	邢台钢铁有限责任公司	钢　铁
36	河　北	601074048	唐山国丰钢铁有限公司	钢　铁
37	河　北	106510690	承德钢铁集团有限公司	钢　铁
38	河　北	721610976	河北津西钢铁股份有限公司	钢　铁
39	河　北	104744522	开滦(集团)有限责任公司	煤　炭
40	河　北	601250857	唐山建龙实业有限公司	钢　铁
41	河　北	104365784	石家庄钢铁有限公司	钢　铁
42	河　北	104365768	新兴铸管股份有限公司	钢　铁
43	河　北	104323197	石家庄焦化集团有限责任公司	钢　铁
44	河　北	105528725	邯郸矿业集团有限公司	煤　炭
45	河　北	108078774	河北敬业集团	钢　铁
46	河　北	700795828	河北唐山半壁店钢铁集团公司 (唐山宝业集团有限公司)	钢　铁
47	河　北	723374559	河北滦河实业集团有限公司	钢　铁
48	河　北	105670924	峰峰集团有限公司	煤　炭
49	河　北	804322435	中国石油天然气股份公司华北油田分公司	石油石化
50	河　北	105914765	邢台德龙钢铁实业有限公司	钢　铁
51	河　北	601165396	河北普阳钢铁有限公司	钢　铁
52	河　北	74540750X	河北文丰钢铁有限公司	钢　铁
53	河　北	715833831	河北新金钢铁有限公司	钢　铁
54	河　北	104793172	唐山三友碱业集团	化　工
55	河　北	235660628	河北威远集团有限公司	化　工
56	河　北	735602993	唐山港陆钢铁有限公司	钢　铁
57	河　北	700714223	沧州大化集团有限责任公司	化　工
58	河　北	721627612	唐山市兴业工贸有限公司	钢　铁
59	河　北	715804184	唐山市松汀钢铁有限公司	钢　铁
60	河　北	748485175	石家庄东方热电集团有限公司	电　力
61	河　北	743405607	滦南县华瑞钢铁有限公司	钢　铁
62	河　北	804322363	中国石油天然气股份有限公司华北石化分公司	石油石化
63	河　北	104364503	唐山冀东水泥股份有限公司	建　材
64	河　北	104990168	唐山贝氏体钢总厂	钢　铁
65	河　北	734344144	承德建龙钢铁有限公司	钢　铁
66	河　北	750290836	中国昊华集团宣化有限公司	化　工

续表

序　号	地　区	法人代码	企业名称	所属行业
67	河　北	106606350	中国石油化工股份有限公司沧州分公司	石油石化
68	河　北	740187835	迁安市联钢燕山钢铁有限责任公司	钢　铁
69	河　北	741515458	迁安联钢轧一联成钢铁有限公司	钢　铁
70	河　北	721609588	唐山恒安实业有限公司（唐山市乐亭县诚信线材有限公司）	钢　铁
71	河　北	743415792	鹿泉东方鼎鑫水泥有限公司	建　材
72	河　北	746874054	秦皇岛首秦金属材料有限公司	钢　铁
73	河　北	700945515	河北奎山水泥集团公司	建　材
74	河　北	754036552	唐山不锈钢有限责任公司	钢　铁
75	河　北	745420296	唐山市丰南瑞丰钢铁有限公司	钢　铁
76	河　北	737361353	河北前进钢铁集团有限公司	钢　铁
77	河　北	766609602	石家庄金石化肥有限责任公司	化　工
78	河　北	743403273	河北东山冶金工业有限公司	钢　铁
79	河　北	75244398X	唐山市荣程钢铁有限公司	钢　铁
80	河　北	10795148X	河北新化股份有限公司	化　工
81	河　北	723383543	滦南县鹏程实业公司	钢　铁
82	河　北	745448467	邯郸纵横钢铁有限公司	钢　铁
83	河　北	106602149	河北沧州化工实业集团有限公司	化　工
84	河　北	10500506X	唐山粤丰钢铁有限公司	钢　铁
85	河　北	60139923X	崇利制刚有限公司	钢　铁
86	河　北	105434796	秦皇岛市昌黎化工总厂	化　工
87	河　北	hb0065879	华能国际电力股份有限公司石家庄分公司	电　力
88	河　北	109972647	景县化肥厂	化　工
89	河　北	750262317	迁安市兆丰冶炼有限责任公司	钢　铁
90	河　北	105743927	文安市西城钢铁厂	钢　铁
91	河　北	700792686	迁安化肥股份有限公司	化　工
92	河　北	74017935X	邢台龙海钢铁集团有限公司	钢　铁
93	河　北	104862369	唐山永顺炼焦制气有限公司	钢　铁
94	河　北	236043023	石家庄化纤有限责任公司	化　工
95	河　北	746858644	唐山市荣义炼焦制气有限公司	钢　铁
96	河　北	104322397	华北石油管理局	石油石化
97	河　北	741535782	迁安联钢九江钢铁有限公司	钢　铁
98	河　北	10967384X	东光县化工有限公司	化　工
99	河　北	805525306	中国国电集团公司邯郸热电厂	电　力
100	河　北	109798271	河北冀衡集团有限公司	化　工
101	河　北	746882935	涞源奥宇钢铁有限公司	钢　铁
102	河　北	700949778	河北省邢台市兴泰发电有限责任公司	电　力
103	河　北	718364268	唐山新联钢铁有限公司	钢　铁
104	河　北	737377750	河北太行华信建材有限责任公司	建　材
105	河　北	601905657	石家庄诚峰热电有限公司	电　力
106	河　北	601110408	河北国华定洲发电有限公司	电　力
107	河　北	806316389	大唐国际发电股份有限公司张家口市发电厂	电　力

续表

序号	地区	法人代码	企业名称	所属行业
108	河北	743446230	唐山丰润区宝泰钢铁有限公司	钢铁
109	河北	750252784	承德盛丰钢铁有限公司	钢铁
110	河北	105738271	武安市鑫山钢铁有限公司	钢铁
111	河北	71582285X	唐山市丰南区泰丰钢铁有限公司	钢铁
112	河北	100013968	中国耀华玻璃集团公司	建材
113	河北	746889061	涉县天利煤化有限责任公司	钢铁
114	河北	804791805	大唐国际陡河发电厂	电力
115	河北	700611419	秦皇岛发电有限责任公司	电力
116	河北	601218347	邯郸市天源钢铁有限公司	钢铁
117	河北	104365522	河北金源化工有限公司	化工
118	河北	700959343	石家庄市新世纪焦化公司	钢铁
119	河北	743429887	迁安市联钢津安钢铁有限公司	钢铁
120	河北	713187645	河北热电有限责任公司	电力
121	河北	740199975	唐山市丰南区旺达福利耐火材料厂	建材
122	河北	108081965	石家庄平山县东回舍镇正元化肥有限公司	化工
123	河北	737384950	河北大唐国际唐山热电有限责任公司	电力
124	河北	107891923	藁城市化肥总厂	化工
125	河北	748499075	冀州市银海化肥有限责任公司	化工
126	河北	741532995	唐山福丰钢铁有限公司	钢铁
127	河北	745408326	武安市鑫汇冶金工业有限公司	钢铁
128	河北	721687586	峰峰矿区彭楠焦化有限公司	钢铁
129	河北	757511056	唐山津丰钢铁有限公司	钢铁
130	河北	730287402	唐山邦力大银化工有限公司	化工
131	河北	748492826	唐山市征楠焦化有限公司	钢铁
132	河北	10594733X	保定天鹅化纤集团有限公司	纺织
133	河北	805943583	河北省保定热电厂	电力
134	河北	766632597	河北瀛州化工有限公司	化工
135	河北	10735049X	邢台鑫磊建材集团股份有限公司	建材
136	河北	601107540	秦皇岛浅野水泥有限公司	建材
137	河北	72339930X	唐山建源钢铁有限公司	钢铁
138	河北	700715920	石家庄常山纺织股份有限公司	纺织
139	河北	755486280	唐山市汇丰炼焦制气厂	钢铁
140	河北	107179979	永年县化肥厂	化工
141	河北	805525330	河北马头发电有限责任公司	电力
142	河北	107779149	河北辛集化工集团有限责任公司	化工
143	河北	601167076	河北邯峰发电有限责任公司	电力
144	山西	743547162	山西焦煤集团西山煤矿总公司	煤炭
145	山西	110114391	太原钢铁(集团)有限公司	钢铁
146	山西	113904479	山西省海鑫钢铁有限公司	钢铁
147	山西	736335903	中国铝业股份有限公司山西分公司	有色
148	山西	729675037	山西金海洋洁净煤有限公司	煤炭
149	山西	11005638X	长治钢铁集团有限公司	钢铁

续表

序号	地区	法人代码	企业名称	所属行业
150	山西	715902382	山西美锦煤炭气化股份有限公司	钢铁
151	山西	112699709	山西中阳钢厂	钢铁
152	山西	713610204	山西新临钢钢铁有限公司	钢铁
153	山西	113091746	霍州市煤电集团有限责任公司	煤炭
154	山西	110900130	天脊煤化工集团有限公司	化工
155	山西	701013437	山西省丰喜肥业(集团)股份有限公司	化工
156	山西	110112812	太原化学工业集团有限公司	化工
157	山西	112731529	汾西矿业集团	煤炭
158	山西	113873561	山西阳光焦化集团有限公司	钢铁
159	山西	757281502	朔州中煤平朔能源有限公司	煤炭
160	山西	111051847	山西常平集团有限公司	钢铁
161	山西	111208461	山西兰花煤炭实业集团有限公司	煤炭
162	山西	713631013	天脊集团晋城化工股份有限公司	化工
163	山西	701196552	山西关铝股份有限公司	有色
164	山西	764697338	霍州煤电集团吕梁市煤电有限公司	煤炭
165	山西	110025153	山西焦化集团有限公司	钢铁
166	山西	11076540X	山西省潞安矿业(集团)有限公司	煤炭
167	山西	739322980	山西金业煤焦化集团古交有限公司	钢铁
168	山西	731924522	山西宏阳钢铁有限责任公司	钢铁
169	山西	701099699	五台县化肥厂	化工
170	山西	602162488	山西新大钢铁有限公司	钢铁
171	山西	110055862	山西三维集团股份有限公司	化工
172	山西	602161688	大同煤矿集团有限责任公司	煤炭
173	山西	111200363	山西晋城无烟煤矿业集团有限责任公司	煤炭
174	山西	112791345	山西榆社化工股份有限公司	化工
175	山西	113035162	山西省介休市茂胜煤化有限公司	钢铁
176	山西	602309312	长信钢铁有限公司	钢铁
177	山西	70107060X	阳煤集团	有色
178	山西	113872809	山西振兴集团有限公司	钢铁
179	山西	602964894	山西太兴集团	钢铁
180	山西	112640109	山西大土河焦化有限责任公司	钢铁
181	山西	11245033X	山西金晖煤焦化工有限公司	钢铁
182	山西	111983265	原平化学工业集团有限责任公司	化工
183	山西	602257719	山西阳泉铝业股份有限公司	有色
184	山西	739336477	山西曙光煤焦集团有限公司	煤炭
185	山西	11135694X	山西高平申家庄矿业有限公司	煤炭
186	山西	113300595	霍州市化学工业有限责任公司	化工
187	山西	113872155	山西三联技术产业集团有限公司	钢铁
188	山西	719804886	太原狮头水泥集团	建材
189	山西	715943424	太原市东盛焦化煤气有限公司	钢铁
190	山西	743513886	襄汾县星原钢铁集团有限公司	钢铁
191	山西	110391196	大同水泥集团有限公司	建材

续表

序号	地区	法人代码	企业名称	所属行业
192	山西	110014497	山西中条有色金属集团有限公司	有色
193	山西	602003081	阳城国际发电有限责任公司	电力
194	山西	111353503	高平市赵庄煤矿	煤炭
195	山西	746021182	海威钢铁有限公司	钢铁
196	山西	602460012	平朔煤炭工业公司	煤炭
197	山西	11039029X	山西合成橡胶集团有限责任公司	化工
198	山西	111411515	神头第一发电厂	电力
199	山西	602124000	太原市通荣煤化有限公司	钢铁
200	山西	741056562	怀仁中安化工有限责任公司	化工
201	山西	813703037	中国电力投资集团公司永济热电厂	电力
202	山西	602003890	山西省介休市三佳煤化有限公司	钢铁
203	山西	734024263	山西宇晋钢铁有限公司	钢铁
204	山西	757272147	山西省晋能集团金光铁合金有限公司	钢铁
205	山西	110962884	山西省磊鑫电力硅镁有限公司	化工
206	山西	113638887	南风化工集团股份有限公司	化工
207	山西	719842137	山西省漳泽电力有限股份公司漳泽发电厂	电力
208	山西	11001469X	大唐太原第二热电厂	电力
209	山西	728187154	山西静乐煤焦化有限公司	钢铁
210	山西	113036931	山西省介休市安泰集团股份有限公司	钢铁
211	山西	113690167	山西舜都集团有限公司	化工
212	山西	728169028	古交一一煤焦有限公司	钢铁
213	山西	113907223	山西闻喜银光镁业有限公司	有色
214	山西	113901331	山西晋丰煤化工有限责任公司闻喜分公司	化工
215	山西	72590762X	交口县天马能源实业有限公司	钢铁
216	山西	715910243	河津市东方冶金有限公司	有色
217	山西	715946123	古交市岚峰钢铁有限公司	钢铁
218	山西	748577037	山西燎原钢铁有限公司	钢铁
219	山西	701165879	长治市郊区西白兔乡霍家工业总公司	化工
220	山西	748565925	潞城市兴宝钢铁有限责任公司	钢铁
221	山西	731905305	山西华大铸化集团	钢铁
222	山西	754069725	长治市瑞宝钢铁有限公司	钢铁
223	山西	731936259	河津市龙门集团总公司	钢铁
224	山西	110391065	国电电力发展股份有限公司大同第二发电厂	电力
225	山西	110391196	大同水泥股份有限公司	建材
226	山西	110901459	山西省潞城市潞宝焦化有限责任公司	钢铁
227	山西	748566653	山西华强钢铁有限公司	钢铁
228	山西	112373151	众心钢铁有限公司	钢铁
229	山西	701109551	山西省稷山县华宇实业有限公司	有色
230	山西	110014454	太原煤炭气化集团公司	钢铁
231	山西	602841421	洪洞县宏达实业公司	钢铁
232	山西	701001444	山西太一发电有限责任公司	电力
233	山西	602812639	侯马市大利焦化有限责任公司	钢铁

续表

序　号	地　区	法人代码	企业名称	所属行业
234	内　蒙	114392559	包头钢铁(集团)有限责任公司	钢　铁
235	内　蒙	114394909	包头铝业(集团)有限责任公司	有　色
236	内　蒙	114670766	神华集团海勃湾矿业有限责任公司	煤　炭
237	内　蒙	11411214X	内蒙古天野化工(集团)有限责任公司	化　工
238	内　蒙	72017771X	内蒙古星光煤炭集团有限责任公司	煤　炭
239	内　蒙	740146937	东方希望包头稀土铝业有限责任公司	有　色
240	内　蒙	701464975	内蒙古包钢钢联股份有限公司	钢　铁
241	内　蒙	114671005	神华集团乌达矿业有限责任公司	煤　炭
242	内　蒙	701396626	内蒙古蒙电华能热电股份有限公司丰镇发电厂	电　力
243	内　蒙	11452024X	神华包头矿业有限责任公司	煤　炭
244	内　蒙	115792052	通辽发电总厂	电　力
245	内　蒙	720142672	内蒙古乌拉山化肥有限责任公司	化　工
246	内　蒙	114670379	内蒙古西水创业股份有限公司	建　材
247	内　蒙	114179096	内蒙古大唐托克托发电有限责任公司	电　力
248	内　蒙	70147230X	乌兰浩特钢铁有限责任公司	钢　铁
249	内　蒙	115793872	内蒙古通顺铝业股份有限公司	有　色
250	内　蒙	70125242X	神华集团准格尔有限责任公司	煤　炭
251	内　蒙	701419883	内蒙古国华准格尔发电有限责任公司	电　力
252	内　蒙	114121054	内蒙古蒙达发电有限责任公司 (北方联合电力有限责任公司达拉特发电厂)	电　力
253	内　蒙	701378479	锡林郭勒苏尼特碱业有限公司	化　工
254	内　蒙	114127106	内蒙古三联化工股份有限公司	化　工
255	内　蒙	626590217	内蒙古蒙西高新材料股份有限公司	建　材
256	内　蒙	72015434X	内蒙古白雁湖化工股份有限公司	化　工
257	内　蒙	701241296	内蒙古蒙电华能热电股份公司包头第二热电厂	电　力
258	内　蒙	701423559	鄂旗三维铁合金有限责任公司	钢　铁
259	内　蒙	114671590	内蒙古海勃湾电力股份有限公司	电　力
260	内　蒙	114124810	包头明天科技股份有限公司	化　工
261	内　蒙	701438320	乌海市新世纪铁合金有限公司	钢　铁
262	内　蒙	62647534X	内蒙古海吉氯碱化工股份有限责任公司	化　工
263	内　蒙	701392318	内蒙古乌兰水泥有限责任公司	建　材
264	内　蒙	114393412	内蒙古蒙电华能热电股份有限公司 包头第一热电厂	电　力
265	内　蒙	114670985	内蒙古乌达区发电集团有限责任公司	电　力
266	内　蒙	114863701	内蒙古平庄煤业(集团)有限责任公司	煤　炭
267	内　蒙	764494047	内蒙古吉兰泰碱业有限责任公司	化　工
268	内　蒙	814190106	中国石油天然气股份有限公司呼和浩特分公司	石油石化
269	辽　宁	241420014	鞍山钢铁集团公司	钢　铁
270	辽　宁	119726263	本溪钢铁(集团)有限责任公司	钢　铁

续表

序号	地区	法人代码	企业名称	所属行业
271	辽宁	71960098X	中国石油天然气股份有限公司抚顺石化分公司	石油石化
272	辽宁	701696207	中国石油辽阳石化分公司	石油石化
273	辽宁	716484362	中国石油天然气股份有限公司辽河油田分公司	石油石化
274	辽宁	719643728	盘锦辽河化工(集团)有限公司	化工
275	辽宁	716459108	中国石油天然气股份有限公司锦州石化分公司	石油石化
276	辽宁	716947734	中国石油天然气股份有限公司大连石化分公司	石油石化
277	辽宁	604821942	大连西太平洋石油化工有限公司	石油石化
278	辽宁	732291640	抚顺矿业集团有限责任公司	煤炭
279	辽宁	701755932	凌源钢铁股份有限公司	钢铁
280	辽宁	119413443	抚顺铝厂	有色
281	辽宁	729061625	中国石油天然气股份有限公司辽河石化分公司	石油石化
282	辽宁	242332155	抚顺新抚钢有限责任公司	钢铁
283	辽宁	60389287X	华能国际电力股份有限公司丹东电厂	电力
284	辽宁	744332913	葫芦岛有色金属集团有限公司	有色
285	辽宁	118562201	大化集团有限责任公司	化工
286	辽宁	603973637	锦州东港电力有限公司	电力
287	辽宁	118126047	沈阳煤业(集团)有限责任公司	煤炭
288	辽宁	716427237	中国石油天然气股份有限公司锦西石化分公司	石油石化
289	辽宁	123814696	铁法煤业(集团)有限责任公司	煤炭
290	辽宁	122565835	辽河石油勘探局	石油石化
291	辽宁	738795516	五矿营口中板有限责任公司	钢铁
292	辽宁	119215009	中国石油抚顺石油化工公司	石油石化
293	辽宁	70181332X	抚顺特殊钢股份有限公司	钢铁
294	辽宁	123716201	锦化化工集团有限责任公司	化工
295	辽宁	122433701	盘锦北方沥青股份有限公司	石油石化
296	辽宁	123713457	锦西天然气化工有限责任公司	化工
297	辽宁	723465178	国电电力公司大连开发区热电厂	电力
298	辽宁	70152806X	鞍山宝得轧钢有限公司	钢铁
299	辽宁	604606521	沈阳沈海热电有限公司	电力
300	辽宁	119730238	辽宁工源水泥集团有限责任公司	建材
301	辽宁	121515860	阜新矿业(集团)有限责任公司	煤炭
302	辽宁	243490155	沈阳惠天热电股份有限公司	电力
303	辽宁	701755932	凌源钢铁集团有限责任公司	钢铁
304	辽宁	749771659	东北特殊钢有限公司	钢铁
305	辽宁	725673536	锦州铁合金股份有限公司	钢铁
306	辽宁	747107658	辽阳钢铁有限公司	钢铁

续表

序　号	地　区	法人代码	企业名称	所属行业
307	辽　宁	243490075	沈阳化工股份有限公司	化　工
308	辽　宁	24203000X	金城造纸股份有限公司	造　纸
309	辽　宁	242652597	沈阳石蜡化工有限公司	石油石化
310	辽　宁	118312800	大连水泥集团有限公司	建　材
311	辽　宁	744342062	海城市西洋钢铁有限公司	钢　铁
312	辽　宁	242667940	国电辽宁节能环保开发有限公司	电　力
313	辽　宁	123716682	中国石油锦西炼油化工总厂	石油石化
314	辽　宁	122852690	辽宁清河发电有限责任公司	电　力
315	辽　宁	123726813	辽宁渤海水泥(集团)有限责任公司	建　材
316	辽　宁	120715537	辽宁南票电厂	电　力
317	辽　宁	604800797	大连华能一小野田水泥有限公司	建　材
318	辽　宁	12010586X	丹东化学纤维(集团)有限责任公司	纺　织
319	辽　宁	740798417	抚顺罕王直接还原铁有限公司	钢　铁
320	辽　宁	736737267	本溪北营钢铁集团有限公司	钢　铁
321	吉　林	717174219	中国石油股份有限公司吉林石化分公司	石油石化
322	吉　林	243846350	吉林龙华热电股份有限公司	电　力
323	吉　林	717104464	通化钢铁集团有限责任公司	钢　铁
324	吉　林	737003062	延吉沃华铝业有限公司	有　色
325	吉　林	71717338X	中国石油天然气股份有限公司吉林油田分公司	石油石化
326	吉　林	125115792	国电双辽发电厂	电　力
327	吉　林	244431683	大唐长山热电厂	电　力
328	吉　林	732561524	吉林长山化肥集团有限公司	化　工
329	吉　林	726760930	吉林市建龙钢铁有限责任公司	钢　铁
330	吉　林	732541785	吉林铁合金有限公司	钢　铁
331	吉　林	243844398	吉林亚泰水泥有限公司	建　材
332	吉　林	702201691	吉林炭素有限责任公司	化　工
333	吉　林	730751498	长春建工住宇混凝土有限公司	建　材
334	吉　林	244076116	吉林化纤有限责任公司	纺　织
335	吉　林	723141712	辽源热电有限责任公司	电　力
336	吉　林	244433152	吉林石油集团有限责任公司	石油石化
337	吉　林	729584186	吉林燃料乙醇有限公司	化　工
338	吉　林	125491835	通化化工股份有限公司	化　工
339	吉　林	124795036	吉林铝业公司	有　色
340	吉　林	125617696	吉林电力股份有限公司浑江发电公司	电　力
341	吉　林	717170197	中国石油天然气股份有限公司前郭石化分公司	石油石化
342	吉　林	702267682	延边石岘白麓纸业股份有限公司	造　纸
343	吉　林	729588400	延边晨鸣纸业有限公司	造　纸
344	吉　林	72489146X	四平市闽航钢铁有限公司	钢　铁
345	吉　林	124475104	吉化集团公司	化　工
346	黑龙江	716675409	大庆油田有限责任公司	石油石化

续表

序　号	地　区	法人代码	企业名称	所属行业
347	黑龙江	716676129	中国石油天然气股份有限公司大庆石化分公司	石油石化
348	黑龙江	73690458X	鸡西矿业集团有限责任公司	煤　炭
349	黑龙江	130053485	七台河矿业精煤有限责任公司	煤　炭
350	黑龙江	129110892	鹤岗矿业集团有限责任公司	煤　炭
351	黑龙江	X06584158	中国石油天然气股份有限公司大庆炼化分公司	石油石化
352	黑龙江	245610237	黑龙江黑化集团有限公司	钢　铁
353	黑龙江	721322093	鸡西北方制钢有限公司	钢　铁
354	黑龙江	129540614	西林钢铁集团有限公司	钢　铁
355	黑龙江	744436173	鸡东县乐贤焦化有限责任公司	钢　铁
356	黑龙江	128511918	东北特钢集团北满特殊钢有限责任公司	钢　铁
357	黑龙江	130301565	牡丹江水泥集团有限责任公司	建　材
358	黑龙江	769212838	华电能源股份有限公司哈尔滨第三发电厂	电　力
359	黑龙江	129310130	大庆石油管理局	石油石化
360	黑龙江	828467153	齐化集团有限公司	石油石化
361	黑龙江	71844994X	中国石油天然气股份有限公司哈尔滨石化分公司	石油石化
362	黑龙江	749673100	七台河宝泰隆煤化有限责任公司	钢　铁
363	黑龙江	73967082X	黑龙江宝泰隆焦化有限公司	钢　铁
364	黑龙江	129218174	国电双鸭山发电有限公司	电　力
365	黑龙江	746996078	牡丹江热电有限公司	电　力
366	黑龙江	127043796	哈尔滨水泥厂	建　材
367	黑龙江	725309320	牡丹江顺达电石有限责任公司	化　工
368	黑龙江	129315441	黑龙江石油化工厂	石油石化
369	黑龙江	128935390	鸡西华光热电厂	电　力
370	黑龙江	718483240	哈尔滨气化工厂	化　工
371	上　海	631696382	宝山钢铁股份有限公司	钢　铁
372	上　海	132212291	中国石化上海石油化工股份有限公司	石油石化
373	上　海	132207601	宝钢集团上海第一钢铁有限公司	钢　铁
374	上　海	834486537	中国石油化工股份有限公司上海高桥分公司	石油石化
375	上　海	132284914	上海焦化有限公司	钢　铁
376	上　海	132202405	宝钢集团上海五钢有限公司	钢　铁
377	上　海	607200180	上海氯碱化工股份有限公司	化　工
378	上　海	703293946	上海三钢有限责任公司	钢　铁
379	上　海	832206159	上海吴泾化工有限公司	化　工
380	上　海	132200450	中国石化上海高桥石油化工公司	石油石化
381	上　海	631188775	上海电力股份有限公司	电　力
382	上　海	133385792	上海市卡博特化工有限公司	化　工
383	上　海	132230684	上海宝钢化工有限公司	化　工
384	上　海	132215775	上海中远化工有限公司	化　工
385	江　苏	249770713	扬子石油化工股份有限公司	化　工

续表

序　号	地　区	法人代码	企业名称	所属行业
386	江　苏	134789270	江苏沙钢集团有限公司	钢　铁
387	江　苏	134872859	上海梅山钢铁股份有限公司	钢　铁
388	江　苏	134774255	南京钢铁集团有限公司	钢　铁
389	江　苏	721730177	中国石油化工股份有限公司金陵分公司	石油石化
390	江　苏	607984202	江阴兴澄特种钢铁有限公司	钢　铁
391	江　苏	142194488	江苏永钢集团有限公司	钢　铁
392	江　苏	139452917	南京钢铁集团江苏淮钢有限公司	钢　铁
393	江　苏	137759149	江苏苏钢集团有限公司	钢　铁
394	江　苏	625908297	中国石化仪征化纤股份有限公司	纺　织
395	江　苏	134750616	徐州矿务集团有限公司	煤　炭
396	江　苏	134751600	中国石化集团南京化学工业有限公司	化　工
397	江　苏	608835858	金东纸业(镇江)有限公司	造　纸
398	江　苏	134780487	大屯煤电(集团)有限公司	煤　炭
399	江　苏	250137739	无锡锡兴钢铁股份有限公司	钢　铁
400	江　苏	136371652	徐州钢铁总厂	钢　铁
401	江　苏	74373729X	南通长江燃料油净化有限公司	石油石化
402	江　苏	608289842	华新金猫水泥(苏州)有限公司	建　材
403	江　苏	138263305	江苏吴江丝绸集团有限公司	纺　织
404	江　苏	134757332	江苏双龙集团有限公司	建　材
405	江　苏	142829332	江苏灵谷化工有限公司	化　工
406	江　苏	834764058	中国石化南京化学工业有限公司连云港碱厂	化　工
407	江　苏	138131126	昆山锦港实业集团公司	化　工
408	江　苏	722256892	江苏铁本钢铁有限公司	钢　铁
409	江　苏	251551202	江苏华尔润集团公司	建　材
410	江　苏	142172000	华芳集团有限公司	纺　织
411	江　苏	714103044	吴江市鹰翔化纤有限公司	纺　织
412	江　苏	141429142	江苏索普(集团)有限公司	化　工
413	江　苏	142210265	江苏三房巷实业集团总公司	纺　织
414	江　苏	71093588X	南京帝斯曼东方化工有限公司	化　工
415	江　苏	139005543	江苏德邦化学工业集团有限公司	化　工
416	江　苏	608243801	金华盛纸业(苏州工业园区)有限公司	造　纸
417	江　苏	141864312	泰州陵光石化集团	石油石化
418	江　苏	135903880	无锡格林艾普化工股份有限公司	化　工
419	江　苏	134884120	中国石化集团金陵石油化工有限责任公司	化　工
420	江　苏	834905076	中国水泥厂有限公司	建　材
421	江　苏	251503630	江苏华昌(集团)有限公司	化　工
422	江　苏	142232229	江苏华西集团公司	钢　铁
423	江　苏	714948717	盘固水泥集团有限公司	建　材
424	江　苏	140716633	江苏扬农化工集团	化　工
425	江　苏	704009513	姜堰市化肥有限责任公司	化　工
426	江　苏	142560919	江苏磊达股份有限公司	建　材
427	江　苏	738887402	南京三龙水泥有限责任公司	建　材

续表

序号	地区	法人代码	企业名称	所属行业
428	江苏	727996531	江苏恒盛化肥集团有限公司	化工
429	江苏	134753374	中国石化集团江苏石油勘探局	石油石化
430	江苏	250420278	江阴市西城钢铁有限公司	钢铁
431	江苏	141850316	江苏梅兰化工集团有限公司	化工
432	江苏	749432542	江苏天鸿化工有限公司	化工
433	江苏	138299113	南通江山农药化工股份有限公司	化工
434	江苏	739584067	溧阳市新港制钢有限公司	钢铁
435	江苏	137701035	江苏苏化集团有限公司	化工
436	江苏	608927605	江南一小野田水泥有限公司	建材
437	江苏	720591953	溧阳市金峰水泥有限公司	建材
438	江苏	732252465	江苏江东化工股份有限公司	化工
439	江苏	834754351	中国国电集团公司谏壁发电厂	电力
440	江苏	135899420	江苏锡钢集团公司	钢铁
441	江苏	139433337	江苏安邦电化有限公司	化工
442	江苏	766524465	中联巨龙淮海水泥有限公司	建材
443	江苏	608930716	嘉新京阳水泥有限公司	建材
444	江苏	834754343	徐州发电有限公司	电力
445	江苏	608248696	芬欧汇川(常熟)纸业有限公司	造纸
446	江苏	137744596	江苏常熟发电有限公司	电力
447	江苏	608784747	新浦化学工业(泰兴)有限公司	化工
448	江苏	608309823	南通醋酸纤维有限公司	纺织
449	江苏	73224772X	常州中天炼铁有限公司	钢铁
450	江苏	608307684	南通宝钢新日制钢有限公司	钢铁
451	江苏	703661390	苏州宝化炭黑有限公司	化工
452	江苏	142650535	江苏兴达钢帘线股份有限公司	钢铁
453	浙江	144384170	中国石化镇海炼油化工股份有限公司	石油石化
454	浙江	143049039	杭州钢铁集团	钢铁
455	浙江	142913112	浙江巨化集团	化工
456	浙江	704573026	浙江华东铝业有限公司	有色
457	浙江	610253873	宁波中华纸业有限公司	造纸
458	浙江	710996922	光宇集团有限公司	建材
459	浙江	848881618	台州发电厂	电力
460	浙江	739918063	浙江红狮水泥股份有限公司	建材
461	浙江	751180487	浙江三狮集团长兴金钉子建材有限公司	建材
462	浙江	147874562	浙江江山虎球水泥有限公司	建材
463	浙江	733823311	建德海螺水泥有限责任公司	建材
464	浙江	749819608	衢州元立金属制品有限公司	钢铁
465	浙江	734507564	浙江金圆水泥有限公司	建材
466	浙江	740505784	桐庐三狮建材有限公司	建材
467	浙江	146484765	浙江嘉化实业股份有限公司	化工
468	浙江	144602510	宁波舜江水泥有限公司	建材
469	浙江	14789378X	江山市何家山水泥有限公司	建材

续表

序　号	地　区	法人代码	企业名称	所属行业
470	安　徽	610400837	马鞍山钢铁股份有限公司	钢　铁
471	安　徽	150820039	淮北矿业(集团)有限责任公司	煤　炭
472	安　徽	713982868	中国石油化工股份有限公司安庆分公司	石油石化
473	安　徽	150224667	安徽淮化集团有限公司	化　工
474	安　徽	610420256	淮北国安电力有限公司	电　力
475	安　徽	725538799	池州海螺水泥股份有限公司	建　材
476	安　徽	151118225	安徽铜陵海螺水泥有限公司	建　材
477	安　徽	149105214	合肥钢铁集团有限公司	钢　铁
478	安　徽	748920392	芜湖新兴铸管有限责任公司	钢　铁
479	安　徽	704941730	安徽枞阳海螺水泥股份有限公司	建　材
480	安　徽	849383055	芜湖发电厂	电　力
481	安　徽	851103622	铜陵发电厂	电　力
482	安　徽	153423311	安徽省宁国水泥厂	建　材
483	安　徽	705081189	安徽临泉化工股份有限公司	化　工
484	安　徽	150230004	淮南矿业集团公司	煤　炭
485	安　徽	713906670	安徽荻港海螺水泥股份有限公司	建　材
486	安　徽	705022576	安徽巢东水泥股份有限公司	建　材
487	安　徽	153584043	安徽皖维高新材料股份有限公司	化　工
488	安　徽	151105774	铜陵有色金属(集团)公司	有　色
489	安　徽	740899007	安徽昊源化工有限责任公司	化　工
490	安　徽	744891598	涡阳县润丰精细化工有限责任公司	化　工
491	安　徽	610436282	铜陵钢铁股份有限公司	钢　铁
492	安　徽	149225486	合肥四方化工集团有限责任公司	化　工
493	安　徽	151115024	铜陵化学工业集团有限公司	化　工
494	安　徽	758504851	安徽省六安市建来化工有限公司	化　工
495	安　徽	149395725	海螺集团芜湖白马山水泥厂	建　材
496	安　徽	719934293	安徽长江钢铁有限责任公司	钢　铁
497	安　徽	151312204	中国石化集团安庆石油化工总厂	石油石化
498	安　徽	149105142	安徽氯碱化工集团有限责任公司	化　工
499	安　徽	744882317	安徽省怀宁海螺水泥有限公司	建　材
500	安　徽	760821872	安徽华龙水泥有限公司	建　材
501	安　徽	713958972	中橡(马鞍山)化学工业有限公司	化　工
502	安　徽	705074499	安徽丰原集团有限公司	化　工
503	福　建	158143618	福建省三钢(集团)有限责任公司	钢　铁
504	福　建	158143773	福建石化集团三明化工有限责任公司	化　工
505	福　建	731869447	福建三安钢铁有限公司	钢　铁
506	福　建	158141671	福建炼油化工有限公司	石油石化
507	福　建	158142658	福建水泥股份有限公司	建　材
508	福　建	158157497	福建省青山纸业股份有限公司	造　纸
509	福　建	158150236	福建南纸股份有限公司	造　纸
510	福　建	158166289	福建纺织化纤集团有限公司	纺　织
511	福　建	158143319	福建省南平铝业有限公司	有　色

续表

序号	地区	法人代码	企业名称	所属行业
512	福建	727934314	永安市智胜化工有限公司	化工
513	福建	157100843	福建省顺昌富宝实业有限公司	化工
514	福建	612034957	翔鹭石化企业(厦门)有限公司	化工
515	福建	705101063	福建省东南电化股份有限公司	化工
516	福建	154413991	福州市耀隆化工集团公司	化工
517	江西	763385260	华能国际电力股份有限公司井冈山电厂	电力
518	江西	159872513	江西新余发电有限责任公司	电力
519	江西	16011447X	江西省贵溪火力发电厂	电力
520	江西	15930206X	国电九江发电厂	电力
521	江西	158295873	江西丰城发电有限责任公司	电力
522	江西	159860053	新余钢铁有限责任公司	钢铁
523	江西	159066415	萍乡钢铁有限责任公司	钢铁
524	江西	158373579	南昌钢铁有限责任公司	钢铁
525	江西	159066642	萍乡矿业集团公司	煤炭
526	江西	161047934	丰城矿务局	煤炭
527	江西	716522330	中国石化股份有限公司九江分公司	石油石化
528	江西	158790006	景德镇市焦化煤气总厂	钢铁
529	江西	70559374X	江西昌九生物化工股份有限公司江氨分公司	化工
530	江西	159881516	江西第二化肥厂	化工
531	江西	NJ2051545	江西亚东水泥有限公司	建材
532	江西	158323299	江西省万年青水泥股份有限公司万年水泥厂	建材
533	江西	158308339	九江化纤股份有限公司	纺织
534	江西	158323133	江西化纤化工有限责任公司	纺织
535	江西	158264065	江西铜业公司	有色
536	山东	723856718	中国石化胜利油田有限公司	石油石化
537	山东	16953055X	莱芜钢铁集团有限公司	钢铁
538	山东	710921218	中国石化齐鲁股份有限公司	石油石化
539	山东	163148157	济南钢铁集团总公司	钢铁
540	山东	713786752	青岛广源发集团公司	化工
541	山东	168091276	山东信发铝电集团有限公司	有色
542	山东	166120002	兖矿集团有限公司	煤炭
543	山东	73817367X	中国铝业股份有限公司山东分公司	有色
544	山东	733510673	青岛钢铁控股集团有限责任公司	钢铁
545	山东	613588986	山东晨鸣纸业集团	造纸
546	山东	723267788	中国石油化工股份有限公司齐鲁分公司	石油石化
547	山东	167206000	山东魏桥创业集团有限公司	纺织
548	山东	264387499	济南山水集团有限公司	建材
549	山东	169595636	新汶矿业集团有限责任公司	煤炭
550	山东	16944191X	南山集团	纺织
551	山东	168262442	山东沂州水泥集团总公司	建材
552	山东	613999830	山东恒通化工股份有限公司	化工
553	山东	745668929	淄博宏达焦化有限公司	钢铁

续表

序　号	地　区	法人代码	企业名称	所属行业
554	山　东	167197685	山东齐星集团有限责任公司	电　力
555	山　东	163580003	青岛发电厂	电　力
556	山　东	OS4390292	山东泰山钢铁集团	钢　铁
557	山　东	169270022	山东省东明县石化集团有限公司	石油石化
558	山　东	750855956	日照钢铁控股集团有限公司	钢　铁
559	山　东	167414117	山德齐龙化工集团有限公司	化　工
560	山　东	706206553	山东海化股份有限公司	化　工
561	山　东	165442384	山东海化集团有限公司	化　工
562	山　东	614071479	山东鲁西化工股份有限公司第一化肥厂	化　工
563	山　东	164108130	淄博矿业集团有限责任公司(淄博矿务局)	煤　炭
564	山　东	725424206	山东金城石化集团有限公司	石油石化
565	山　东	164446228	兖矿鲁南化肥厂	化　工
566	山　东	164446404	枣庄市矿业集团有限责任公司	煤　炭
567	山　东	164109053	张店钢铁总厂	钢　铁
568	山　东	163445805	济南明水化肥厂	化　工
569	山　东	164162911	万杰集团公司	纺　织
570	山　东	710926094	中国石油化工股份有限公司济南分公司	石油石化
571	山　东	167279170	山东华鲁恒升集团有限公司	化　工
572	山　东	755406930	山东聊城鲁西化工第二化肥厂	化　工
573	山　东	164961887	华泰集团有限公司	造　纸
574	山　东	166602028	肥城矿业集团有限责任公司	煤　炭
575	山　东	165718782	山东联盟化工集团	化　工
576	山　东	166121013	山东峄山化工集团有限公司	化　工
577	山　东	166640833	山东省瑞星化学工业集团总公司	化　工
578	山　东	726242893	山东石横特钢有限公司	钢　铁
579	山　东	167071441	山东鲁北企业集团总公司	化　工
580	山　东	165520565	潍坊钢铁集团公司	钢　铁
581	山　东	168263576	临沂矿务局	煤　炭
582	山　东	164600969	山东枣庄榴园水泥有限公司	建　材
583	山　东	706094280	山东太阳纸业股份有限公司	造　纸
584	山　东	169439377	山东丛林集团公司	建　材
585	山　东	167965920	山东临清银河纸业集团有限公司	造　纸
586	山　东	725411165	济南庚辰钢铁有限公司	钢　铁
587	山　东	625905205	华能国际电力股份有限公司德州电厂	电　力
588	山　东	728609855	山东禹城润田化工有限公司 (山东禹城中农润田化工有限公司)	化　工
589	山　东	168846325	山东省金沂蒙集团有限公司	化　工
590	山　东	166605368	山东省肥城市化肥厂	化　工
591	山　东	740210513	山东莱钢永锋钢铁有限公司	钢　铁
592	山　东	723856718	胜利油田有限公司	石油石化
593	山　东	166926751	山东滨化集团有限责任公司	石油石化
594	山　东	167282716	德州晶华集团有限公司	建　材

续表

序号	地区	法人代码	企业名称	所属行业
595	山东	613660116	大宇水泥(山东)有限公司	建材
596	山东	163043531	山东黄台火力发电厂	电力
597	山东	16669978X	山东蓝星玻璃(集团)有限公司	建材
598	山东	720742774	山东晨鸣纸业集团齐河板纸有限责任公司	造纸
599	山东	267171511	山东红日阿康化工股份有限公司	化工
600	山东	723850535	济南化肥厂有限责任公司	化工
601	山东	706404920	青岛海湾集团有限公司	化工
602	山东	758258259	潍坊山水水泥有限公司	建材
603	山东	613590875	济宁中银电化有限公司	化工
604	山东	767758781	中联鲁宏水泥有限责任公司	建材
605	山东	164100104	山东玻璃总公司	建材
606	山东	735783384	泰安鲁邦大河热电有限公司	电力
607	山东	167313869	山东德州石油化工总厂	化工
608	山东	706397513	山东博汇纸业股份有限公司	造纸
609	山东	16568034X	山东省寿光巨能电力集团有限公司	电力
610	山东	165440805	山东潍坊海龙股份有限公司	纺织
611	山东	168292086	临沂江舜矿冶有限公司	钢铁
612	山东	745670615	淄博宏达钢铁有限公司	钢铁
613	山东	163537371	山东聊城鲁西化工集团总公司平阴化肥厂(平阴鲁西化工第三化肥厂有限公司)	化工
614	山东	731724256	烟台巨力化肥有限公司	化工
615	山东	720776827	山东金塔王股份有限公司(山东金鲁城有限公司)	建材
616	山东	613561732	潍坊亚星化学股份有限公司	化工
617	山东	164720901	山东石大科技集团有限公司	石油石化
618	山东	26459683X	青岛昌华集团股份有限公司	化工
619	山东	164108405	中国石化集团齐鲁石化公司	石油石化
620	山东	866156823	华电国际电力股份有限公司邹县电厂	电力
621	山东	723882676	华电国际电力股份有限公司莱城发电厂	电力
622	山东	738188564	山东海化金星化工有限公司	化工
623	山东	745667408	济宁市恒力化工有限公司	化工
624	山东	730676133	东营区龙源石油化工有限责任公司	石油石化
625	山东	163446509	章丘第二化肥厂(山东日月化工有限责任公司)	化工
626	山东	165770118	山东海化集团潍坊振兴焦化有限公司	钢铁
627	山东	168299480	临沂市庆云山水泥有限公司	建材
628	山东	743359815	山东海化煤业化工有限公司	钢铁
629	山东	718060379	青岛市恒光热电有限公司	电力
630	山东	163576944	中国石化集团青岛石油化工有限责任公司	石油石化
631	山东	720743873	山东泰和东新股份有限公司	建材
632	山东	166120520	山东鲁南铁合金总厂	钢铁
633	山东	166560016	山东飞达化工科技有限公司	化工
634	山东	164442075	山东安厦水泥集团有限公司	建材

续表

序　号	地　区	法人代码	企业名称	所属行业
635	山　东	165240379	山东玲珑橡胶有限公司	化　工
636	山　东	165003824	烟台万华合成革集团有限公司	化　工
637	山　东	163569824	青岛海晶化工集团有限公司	化　工
638	山　东	163592821	青岛热电集团有限公司	电　力
639	河　南	706780942	安阳钢铁集团有限责任公司	钢　铁
640	河　南	737441935	中国铝业股份有限公司河南分公司	有　色
641	河　南	169991946	平顶山煤业(集团)有限责任公司	煤　炭
642	河　南	174284832	许昌龙岗发电有限责任公司	电　力
643	河　南	171489218	洛阳新安电力集团有限公司	电　力
644	河　南	719176285	中国石油化工股份有限公司中原油田分公司	石油石化
645	河　南	737427535	中国铝业股份有限公司中州分公司	有　色
646	河　南	173525171	焦作市万方铝业股份有限公司	有　色
647	河　南	706549409	伊川电力集团总公司	电　力
648	河　南	170012071	河南豫联能源集团有限责任公司	有　色
649	河　南	171077109	中国石油化工股份有限公司洛阳分公司	石油石化
650	河　南	177470403	河南济源钢铁(集团)有限公司	钢　铁
651	河　南	172191923	安阳化学工业集团有限责任公司	化　工
652	河　南	173954996	中原石油化工有限责任公司	化　工
653	河　南	716734456	商丘商电铝业集团公司	有　色
654	河　南	719138510	安阳永兴钢铁有限责任公司	钢　铁
655	河　南	173950899	河南省中原大化集团有限责任公司	化　工
656	河　南	170517790	登封电厂集团有限公司	电　力
657	河　南	170487691	巩义市第二电厂	电　力
658	河　南	173859710	沁阳市铝电集团公司	有　色
659	河　南	176882588	安钢集团公司信阳钢铁厂	钢　铁
660	河　南	174723276	三门峡天元铝业集团有限公司	有　色
661	河　南	739082120	周口隆达发电有限公司	电　力
662	河　南	169951928	中国石化工股份有限公司河南油田分公司	石油石化
663	河　南	706575279	舞阳钢铁有限责任公司	钢　铁
664	河　南	725820997	河南省骏马化工集团有限公司	化　工
665	河　南	175822284	项城市热电厂	电　力
666	河　南	172631458	鹤壁煤业(集团)有限责任公司	煤　炭
667	河　南	174841416	河南渑池中迈铝电实业有限公司	有　色
668	河　南	175030025	河南神火集团	煤　炭
669	河　南	170010463	河南省永煤集团	煤　炭
670	河　南	173471038	焦作煤业(集团)有限责任公司	煤　炭
671	河　南	169989205	河南省贝利石化集团股份有限公司	石油石化
672	河　南	C06222023	浚县善堂丕山水泥厂	建　材
673	河　南	614410741	河南豫港集团公司	钢　铁
674	河　南	169996667	河南鑫旺集团有限公司	有　色
675	河　南	173156644	河南省新乡化肥总厂 (河南心连心化工有限公司)	化　工

续表

序 号	地 区	法人代码	企业名称	所属行业
676	河 南	176640765	河南省淅川铝业(集团)有限公司	有 色
677	河 南	172965191	新乡白鹭化纤集团有限责任公司	纺 织
678	河 南	752280172	河南省林州市中升钢铁有限公司	钢 铁
679	河 南	175411354	周口裕隆发电有限公司	电 力
680	河 南	169991110	郑州煤炭工业(集团)有限责任公司	煤 炭
681	河 南	173241830	辉县市孟电集团热力有限公司	电 力
682	河 南	17001182－9	义马煤业(集团)有限责任公司	煤 炭
683	河 南	173472997	焦作电厂	电 力
684	河 南	173797687	武陟县绿宇化电股份有限公司	化 工
685	河 南	614410741	豫港(济源)焦化有限公司	钢 铁
686	河 南	739067174	河南凤宝实业有限公司	钢 铁
687	河 南	169958441	中国洛阳玻璃集团有限责任公司	建 材
688	河 南	740735993	舞钢市中加钢铁有限公司	钢 铁
689	河 南	170001516	河南省银鸽实业投资股份有限公司	造 纸
690	河 南	16995423X	中国神马集团	化 工
691	河 南	PH334016X	濮阳市林州钢铁有限公司	钢 铁
692	河 南	176643552	淅川县玉典化冶公司	钢 铁
693	河 南	731339577	濮阳三强热电有限责任公司	电 力
694	河 南	173174009	新乡新亚集团股份有限公司	造 纸
695	河 南	715608386	河南金山化工有限责任公司	化 工
696	河 南	727010015	河南省郸城财鑫集团有限责任公司	钢 铁
697	河 南	74577449X	洛阳骏马化工有限公司	化 工
698	河 南	17751009X	禹州市第一火力发电厂	电 力
699	河 南	75074843X	河南朝阳钢铁有限公司	钢 铁
700	河 南	17427292X	许昌市天健热电有限公司	电 力
701	河 南	719174001	河南省商丘市丰源热电股份有限公司	电 力
702	河 南	614914528	河南新中益电力有限公司	电 力
703	河 南	268086503	郑州永通特钢有限责任公司	钢 铁
704	河 南	706783692	河南豫源热电有限公司(河南豫源化电有限公司)	电 力
705	河 南	760211417	鸿源(许昌)焦化有限公司	钢 铁
706	河 南	176031142	河南蓝天集团有限公司遂平化工厂	化 工
707	河 南	614828363	河南商都集团有限责任公司	化 工
708	河 南	174880597	陕县热电厂	电 力
709	河 南	169951928	中国石化集团河南石油勘探局	石油石化
710	河 南	706681290	桐柏县安棚碱矿有限责任公司	化 工
711	河 南	71262599X	郑州中岳电力有限公司	电 力
712	河 南	725129274	汝州市天瑞集团水泥有限公司	建 材
713	河 南	721864597	河南省大通物产有限公司	化 工
714	河 南	728676927	昊华宇航化工有限责任公司	化 工
715	河 南	171754632	平顶山姚孟发电有限责任公司	电 力
716	河 南	173351028	延津县化肥厂(河南延化化工有限责任公司)	化 工

续表

序 号	地 区	法人代码	企业名称	所属行业
717	河 南	758358583	长葛市恒光热电有限责任公司	电 力
718	河 南	876884875	河南信阳市平桥电厂	电 力
719	河 南	270220687	大唐信阳华豫发电有限责任公司	电 力
720	河 南	614711149	郑州新力电力有限公司	电 力
721	湖 北	177681913	武汉钢铁集团公司	钢 铁
722	湖 北	177713567	武汉大重锻造有限责任公司	钢 铁
723	湖 北	177597420	国电长源电力股份有限公司	电 力
724	湖 北	70691922X	武钢集团鄂城钢铁有限责任公司	钢 铁
725	湖 北	706806882	华新水泥股份有限公司(黄石母公司)	建 材
726	湖 北	179122795	湖北宜化集团有限责任公司	化 工
727	湖 北	706803542	湖北双环科技股份有限公司	化 工
728	湖 北	178430884	湖北新冶钢有限责任公司	钢 铁
729	湖 北	30024252X	武汉华能发电有限公司	电 力
730	湖 北	714644238	中国石油化工股份有限公司荆门分公司	石油石化
731	湖 北	182222973	汉江丹江口铝业有限责任公司	有 色
732	湖 北	757045833	湖北新冶钢有限公司	钢 铁
733	湖 北	735209235	中国石油化工股份有限公司江汉油田分公司	石油石化
734	湖 北	71463710X	宜昌兴发集团有限责任公司	化 工
735	湖 北	880115630	葛洲坝股份有限公司水泥厂	建 材
736	湖 北	744607454	当阳市华强化工有限公司	化 工
737	湖 北	271892354	武汉晨鸣汉阳纸业股份有限公司	造 纸
738	湖 北	70708069X	湖北华盛铝电有限责任公司	有 色
739	湖 北	714645484	中国石油化工股份有限公司湖北化肥分公司	化 工
740	湖 北	177740418	武汉市葛化集团有限公司	化 工
741	湖 北	722009808	湖北楚星化工股份有限责任公司	化 工
742	湖 北	178411464	大冶有色金属公司	有 色
743	湖 北	74179336X	枣阳化工工业有限公司	化 工
744	湖 北	300256673	中国石化集团武汉石油化工厂	石油石化
745	湖 北	753437098	湖北金源化工股份有限公司	化 工
746	湖 北	178960359	国电沙市热电厂	电 力
747	湖 北	707088077	湖北华能苏家湾发电有限责任公司	电 力
748	湖 北	178987789	沙隆达集团公司	化 工
749	湖 北	741766636	湖北阳新鸿骏铝业有限公司	有 色
750	湖 北	179395494	湖北襄樊发电有限责任公司	电 力
751	湖 北	179122795	湖北宜化集团有限责任公司	电 力
752	湖 北	179510237	襄樊市热电厂	电 力
753	湖 北	732714236	华新宜昌水泥有限公司	建 材
754	湖 北	753431083	襄樊巨力化工实业有限公司	化 工
755	湖 北	714610572	湖北松源发电有限责任公司	电 力
756	湖 北	182660666	湖北三宁化工股份有限公司	化 工
757	湖 北	615789116	湖北荆州发电有限公司	电 力
758	湖 南	184682551	湘潭钢铁集团有限公司	钢 铁

续表

序号	地区	法人代码	企业名称	所属行业
759	湖南	187403271	涟源钢铁集团有限公司	钢铁
760	湖南	717052342	中国石化股份有限公司长岭分公司	石油石化
761	湖南	712108079	中国石化集团巴陵石化有限公司	石油石化
762	湖南	187092899	湖南益阳发电有限责任公司	电力
763	湖南	616650239	华能湖南岳阳发电有限责任公司	电力
764	湖南	755813966	湖南智成化工有限公司	化工
765	湖南	710926094	中国石油化工股份有限公司巴陵分公司	石油石化
766	湖南	72798395X	大唐石门发电有限责任公司	电力
767	湖南	18752089X	冷水江钢铁总厂	钢铁
768	湖南	616777117	湖南株洲冶炼集团有限责任公司	有色
769	湖南	187524348	湖南金信化工有限责任公司	化工
770	湖南	730538873	湖南创元铝业有限公司	有色
771	湖南	70733483X	湖南泰格林纸集团有限责任公司	造纸
772	湖南	763251190	湖南华银电力股份有限公司金竹山发电分公司	电力
773	湖南	187770055	郴州化工集团有限公司	化工
774	湖南	185001877	衡阳市氮肥厂	化工
775	湖南	730529897	湖南铁合金有限责任公司	钢铁
776	湖南	184299552	株洲化工集团有限公司	化工
777	湖南	185440001	水口山有色金属有限责任公司	有色
778	湖南	190000131	韶峰水泥集团有限公司	建材
779	湖南	712192602	湖南天润化工发展股份有限公司	化工
780	湖南	185013798	湖南衡阳钢管集团有限公司	钢铁
781	湖南	730531962	株洲市海达化肥有限责任公司	化工
782	湖南	743163222	华润电力鲤鱼江有限公司	电力
783	湖南	184734649	湖南湘潭发电有限责任公司	电力
784	湖南	732883240	郴州东江金磊水泥集团有限责任公司	建材
785	湖南	189201323	湖南省湘维有限公司	纺织
786	广东	191521916	广东省韶钢集团有限公司	钢铁
787	广东	722484553	中国石化股份有限公司茂名分公司	石油石化
788	广东	721928327	中石化股份有限公司广州分公司	石油石化
789	广东	618402247	广州钢铁股份有限公司	钢铁
790	广东	61792844X	广东塔牌集团有限公司	建材
791	广东	617855340	云浮市亨达利水泥制品有限公司	建材
792	广东	194921042	中国石化集团茂名石油化工公司	石油石化
793	广东	618418169	广州珠江钢铁有限责任公司	钢铁
794	广东	728740802	珠海市斗门镇旭日陶瓷有限公司	建材
795	广东	739363125	中国石油化工股份有限公司润滑油茂名分公司	石油石化
796	广东	617688669	东莞玖龙纸业有限公司	造纸
797	广东	618066431	佛冈建滔实业有限公司	有色
798	广东	72242362X	深圳中金岭南股份有限公司韶关冶炼厂	有色

续表

序号	地区	法人代码	企业名称	所属行业
799	广东	708594625	中海石油(中国)有限公司深圳分公司	石油石化
800	广东	618332373	东莞理文造纸厂有限公司	造纸
801	广东	617402632	广东广合电力有限公司	电力
802	广东	194922141	茂名石化实华股份有限公司	化工
803	广东	618116689	东莞德永佳纺织制衣有限公司	纺织
804	广东	728778317	中海石油湛江燃料油有限公司	石油石化
805	广东	618413376	广州造纸股份有限公司	造纸
806	广东	618424163	广东南方制碱有限公司	化工
807	广东	455882281	广东省南华水泥有限公司	建材
808	广东	740822982	阳江市宏大钢铁有限公司	钢铁
809	广东	708172377	佛山市新中源陶瓷有限公司	建材
810	广东	618161914	东莞福安纺织印染有限公司	纺织
811	广东	618788688	番禺锦兴纺织漂染有限公司	纺织
812	广东	731486219	广东省电力发展股份有限公司沙角A电厂	电力
813	广西	198585373	广西柳州钢铁(集团)公司	钢铁
814	广西	737615325	中国铝业股份有限公司广西分公司	有色
815	广西	19823053X	广西柳州发电有限责任公司	电力
816	广西	723064200	柳州化学工业集团有限公司	化工
817	广西	899790396	大唐桂冠合山发电有限公司	电力
818	广西	200887558	广西河池化学工业集团公司	化工
819	广西	199882548	广西八一铁合金(集团)有限责任公司	钢铁
820	广西	742076047	桂林康密劳铁合金有限公司	钢铁
821	广西	732229580	广西华润红水河水泥有限公司	建材
822	广西	200660716	广西田东电厂	电力
823	广西	711427641	广西鱼峰水泥股份有限公司	建材
824	广西	272971046	柳州华锡集团有限责任公司	有色
825	广西	718845643	广西百色银海铝业有限公司	有色
826	广西	756530693	广西维尼纶集团有限责任公司	化工
827	广西	708731343	南宁化工股份有限公司	化工
828	广西	199825869	广西鹿寨化肥有限责任公司	化工
829	海南	721234704	中海石油化学有限公司	化工
830	海南	730086213	海洋石油富岛股份有限公司	化工
831	重庆	202852965	重庆钢铁股份有限公司	钢铁
832	重庆	202803768	中国石化集团四川维尼纶厂	石油石化
833	重庆	203296251	中国核工业建峰化工总厂	化工
834	重庆	202856659	重庆市电力公司	电力
835	重庆	X21900091	华能重庆珞璜发电有限责任公司	电力
836	重庆	709423449	重庆腾辉地维水泥有限公司	建材
837	重庆	747451379	重庆永荣矿业有限公司	煤炭
838	重庆	202899536	重庆鑫腾冶金炉料有限责任公司	钢铁
839	重庆	709440134	重庆长寿化工有限责任公司	化工
840	重庆	203142308	重庆碱胺实业总公司	化工

续表

序号	地区	法人代码	企业名称	所属行业
841	重庆	756210702	重庆南桐矿业有限责任公司	煤炭
842	重庆	709343916	重庆市东升铝业有限公司	有色
843	重庆	747479312	重庆天府矿业有限责任公司	煤炭
844	重庆	203644033	重庆市富丰水泥集团有限责任公司	建材
845	四川	709001617	四川省川威集团有限公司	钢铁
846	四川	737737605	攀钢集团成都钢铁有限责任公司	钢铁
847	四川	620738698	自贡鸿鹤化工(集团)有限责任公司	化工
848	四川	204351339	攀枝花钢铁有限责任公司	钢铁
849	四川	204732502	泸天化股份有限公司	化工
850	四川	204354847	攀枝花煤业(集团)有限责任公司	煤炭
851	四川	206359481	四川美丰化工股份有限公司	化工
852	四川	210253460	四川省达州钢铁集团有限责任公司	钢铁
853	四川	US9997940	中国石油天然气股份有限公司西南油气田分公司	石油石化
854	四川	621881285	川化集团有限责任公司	化工
855	四川	714474283	四川广元启明星铝业有限责任公司	有色
856	四川	738335587	四川省启明星铝业有限责任公司	有色
857	四川	205111863	四川金路树脂有限公司	化工
858	四川	729807108	西昌新钢业有限责任公司	钢铁
859	四川	206959401	四川川投峨眉铁合金(集团)有限公司	钢铁
860	四川	214329557	四川川投长城特殊钢(集团)有限责任公司 (攀钢集团四川长城特殊钢有限责任公司)	钢铁
861	四川	20885067X	宜宾天原股份有限责任公司	化工
862	四川	207464451	峨眉山市铝业(集团)有限公司 (四川其亚铝业集团有限公司)	有色
863	四川	206955128	四川金顶(集团)股份有限公司	建材
864	四川	214307032	四川双马水泥投资集团有限公司	建材
865	四川	742251212	四川美丰化工股份有限公司绵阳分公司	化工
866	四川	709150276	四川川投电冶有限公司	化工
867	四川	207261806	仁寿县人民水泥有限责任公司	建材
868	四川	709057346	四川宜宾昌宏化工有限责任公司	化工
869	四川	205367869	四川宏达集团有限公司	有色
870	四川	21432801X	四川巴蜀电力开发公司江油发电厂	电力
871	四川	207355079	四川省犍为电力集团有限公司	电力
872	四川	62160157	四川红华实业总公司	化工
873	四川	207106953	四川德胜集团钢铁有限公司	钢铁
874	四川	205267075	四川龙蟒集团有限责任公司	化工
875	四川	738328184	汶川县跃发冶炼有限责任公司	化工
876	四川	910753570	国电华莹山发电厂	电力
877	四川	207355028	四川嘉阳电力有限责任公司	电力
878	四川	716001017	成都玖源化工有限公司	化工
879	四川	208850987	宜宾纸业股份有限公司	造纸

续表

序号	地区	法人代码	企业名称	所属行业
880	四川	733402920	四川省乐至县兴乐化工有限公司	化工
881	四川	207310559	四川金象化工股份有限公司	化工
882	四川	204560712	四川圣达能源股份有限公司	钢铁
883	四川	201919152	四川石油管理局	石油石化
884	四川	206417530	中国华电集团内江发电总厂	电力
885	贵州	736615163	中国铝业股份有限公司贵州分公司	有色
886	贵州	214650586	水城钢铁(集团)有限责任公司	钢铁
887	贵州	214650738	水城矿业(集团)有限责任公司	煤炭
888	贵州	21440027X	贵州赤天化集团有限责任公司	化工
889	贵州	214405564	贵州化肥厂有限责任公司	化工
890	贵州	709571548	贵州省施秉县恒盛有限公司	有色
891	贵州	722197845	威宁县二塘福利铁业责任有限公司	钢铁
892	贵州	214810535	遵义铝业股份有限公司	有色
893	贵州	214780161	贵州遵义碱厂	化工
894	贵州	215470640	毕节地区毕化有限责任公司	化工
895	贵州	722173261	贵州开磷集团都匀氮肥厂	化工
896	贵州	722199664	贵州省安顺黄果树铝业有限公司	有色
897	贵州	722180410	水城县双牌铝业有限责任公司	有色
898	贵州	722103167	贵州水晶有机化工股份有限公司	化工
899	贵州	745738253	贵州西电黔北发电总厂	电力
900	贵州	745729285	贵州省安龙县华虹化工有限责任公司	化工
901	贵州	722102025	贵州黔能天和磷业有限公司	化工
902	贵州	214650279	盘江煤电(集团)有限责任公司	煤炭
903	云南	757160292	昆明钢铁股份有限公司	钢铁
904	云南	917926518	中国国电集团公司小龙潭发电厂	电力
905	云南	21658149X	云南铝业股份有限公司	有色
906	云南	291993726	云天化股份有限公司	化工
907	云南	719402131	云南云维集团有限公司	化工
908	云南	738073484	四川德胜集团楚雄钢铁有限公司	钢铁
909	云南	73431106X	云南解化集团有限公司	化工
910	云南	217290790	云南云峰化学工业有限公司	化工
911	云南	431783836	云南省富源矿厂(云南省中安监狱)	钢铁
912	云南	734323140	云南锡业集团有限责任公司	有色
913	云南	750656287	云南新平仙福矿冶有限公司	钢铁
914	云南	741452717	云南滇能个旧铝业有限公司	有色
915	云南	291980300	云南云维股份有限公司	化工
916	云南	217871878	云南红磷化工有限责任公司	化工
917	云南	216860827	昆明神龙汇丰化肥有限责任公司	化工
918	云南	73807687X	云南省玉溪市洛河钢铁有限公司	钢铁
919	云南	741452231	安宁市永昌钢铁有限公司	钢铁
920	云南	713464526	云南驰宏锌锗股份有限公司	有色
921	云南	713455347	云南东源实业股份有限公司	煤炭

续表

序号	地区	法人代码	企业名称	所属行业
922	云南	217681070	玉溪市刘总旗活发钢铁厂	钢铁
923	云南	75357210X	泸西县伟洪吉宇化工有限责任公司	化工
924	云南	709705745	云南铜业股份有限公司	有色
925	云南	713457975	云南省曲靖化学工业有限公司	化工
926	云南	745282938	云南玉溪市太标钢铁有限公司	钢铁
927	云南	719402000	昆明钢铁集团有限责任公司	钢铁
928	陕西	220592466	陕西宝鸡第二发电有限责任公司	电力
929	陕西	735370547	陕西龙门钢铁(集团)有限责任公司	钢铁
930	陕西	22350058X	延安石油化学工业集团延长油矿管理局	石油石化
931	陕西	294207284	陕西陕化化肥股份有限公司	化工
932	陕西	220530513	陕西省渭河煤化工集团有限责任公司	化工
933	陕西	220603110	西安西化热点化工有限责任公司	化工
934	陕西	727334028	陕西汉中钢铁有限公司	钢铁
935	陕西	755211359	陕西省略阳钢铁有限责任公司	钢铁
936	陕西	221148439	铜川鑫光铝业有限公司	有色
937	陕西	294201659	陕西秦岭水泥股份有限公司	建材
938	陕西	294195068	陕西秦岭化肥总厂	化工
939	陕西	223505698	延炼实业集团公司	石油石化
940	陕西	71009796X	长庆油田公司	石油石化
941	陕西	727375006	中国石油天然气公司长庆石化分公司	石油石化
942	陕西	294207364	陕西兴化化学股份有限公司	化工
943	陕西	223937204	榆林天然气化工有限公司	化工
944	陕西	222160683	韩城矿务局	煤炭
945	陕西	709902861	陕西城化股份有限公司	化工
946	陕西	71009796X	长庆石油勘探局	石油石化
947	陕西	221461011	岐山县岐星水泥厂(宝鸡从喜水泥有限公司)	建材
948	陕西	220603110	西安热电有限责任公司	电力
949	陕西	709974718	陕西秦岭发电有限责任公司	电力
950	甘肃	224641202	酒泉钢铁(集团)有限责任公司	钢铁
951	甘肃	712756957	中国石油天然气股份有限公司兰州石化分公司	石油石化
952	甘肃	224762442	白银有色金属公司	有色
953	甘肃	224690952	金川集团有限公司	有色
954	甘肃	710375480	兰州铝业股份有限公司	有色
955	甘肃	224597571	兰州连城铝业有限责任公司	有色
956	甘肃	712722124	中国石油天然气股份有限公司玉门油田分公司	石油石化
957	甘肃	750914434	腾达西北铁合金有限责任公司	钢铁
958	甘肃	224372022	甘肃刘化(集团)有限责任公司	化工
959	甘肃	224592631	永登祁连山水泥有限公司	建材
960	甘肃	224740630	甘肃金昌化工(集团)有限责任公司	化工
961	甘肃	224369878	甘肃华能平凉发电有限责任公司	电力
962	甘肃	745850843	兰州新西部维尼纶有限公司	纺织

续表

序　号	地　区	法人代码	企业名称	所属行业
963	甘　肃	719093535	兰州大通河水泥股份有限公司	建　材
964	青　海	710494041	中国铝业股份有限公司青海省分公司	有　色
965	青　海	710495888	青海桥头铝电股份有限公司	电　力
966	青　海	710587504	中国石油天然气股份有限公司青海油田分公司	石油石化
967	青　海	226884195	青海西部矿业百河铝业有限责任公司	有　色
968	青　海	226593945	西宁特殊钢股份有限公司	钢　铁
969	青　海	22690095X	青海华电铁合金股份有限公司	钢　铁
970	青　海	62450053X	青海长青铝业公司	有　色
971	青　海	710472854	青海山川铁合金有限责任公司	钢　铁
972	宁　夏	710664792	中国石油天然气股份有限公司宁夏石化分公司	化　工
973	宁　夏	228311710	青铜峡铝业集团有限公司	有　色
974	宁　夏	735972927	宁夏煤业集团有限责任公司	煤　炭
975	宁　夏	750840439	宁夏加宁铝业有限公司	有　色
976	宁　夏	227681461	宁夏丰友化工有限公司	化　工
977	宁　夏	71063346X	宁夏惠冶镁业有限公司	有　色
978	宁　夏	715010034	宁夏金昱元化工集团有限公司	化　工
979	宁　夏	227693163	宁夏英力特化工股份有限公司	化　工
980	宁　夏	227695003	宁夏美利纸业股份有限公司	造　纸
981	宁　夏	227682712	中国石油宁夏大元炼油化工有限责任公司	石油石化
982	宁　夏	227693649	宁夏金旌矿冶有限公司	钢　铁
983	宁　夏	228168950	宁夏兴平冶金化工股份有限公司	钢　铁
984	宁　夏	710626489	宁夏东方企业有限公司	钢　铁
985	宁　夏	710659790	宁夏赛马实业股份有限公司	建　材
986	宁　夏	710627078	国电宁夏石嘴山发电有限责任公司	电　力
987	宁　夏	735962024	宁夏英力特河滨冶金有限公司	钢　铁
988	宁　夏	710615720	宁夏荣盛铁合金集团有限公司	钢　铁
989	宁　夏	71507250X	宁夏天能(集团)天达冶炼有限公司	有　色
990	宁　夏	735975204	宁夏大地冶金化工有限公司	钢　铁
991	新　疆	715597998	中国石油天然气总公司新疆油田分公司	石油石化
992	新　疆	718902097	中国石油天然气乌鲁木齐石化分公司	石油石化
993	新　疆	71554911X	中国石油天然气股份公司塔里木油田分公司	石油石化
994	新　疆	712998841	中国石油天然气总公司独山子分公司	石油石化
995	新　疆	710883856	中国石化集团西北石油局	石油石化
996	新　疆	228601101	新疆八一钢铁(集团)有限责任公司	钢　铁
997	新　疆	718901908	中国石油天然气股份有限公司吐哈油田分公司	石油石化
998	新　疆	726984969	中国石油天然气总公司克拉玛依石化分公司	石油石化
999	新　疆	722318862	新疆八一钢铁股份有限公司	钢　铁
1000	新　疆	228900005	新疆石油管理局	石油石化
1001	新　疆	228735599	乌鲁木齐环鹏有限公司	化　工
1002	新　疆	722317210	新疆新化化肥有限责任公司	化　工
1003	新　疆	228601080	国电红雁池发电有限责任公司	电　力
1004	新　疆	718900147	天富热电股份公司	电　力

续表

序 号	地 区	法人代码	企业名称	所属行业
1005	新 疆	722355102	阜康市天龙矿业股份有限公司	有 色
1006	新 疆	710886440	新疆天山水泥股份有限公司	建 材
1007	新 疆	731836311	新疆中泰化学股份有限公司	化 工
1008	新 疆	722332867	新疆屯河水泥有限责任公司	建 材

排 行 榜

世界可再生能源资源潜能排行榜

单位:10^{15}焦耳/年

排 行	能源种类	技术潜能	理论潜能
1	地 热	5000	140000000
2	太阳能	1600	3900000
3	风 能	600	6000
4	生物质能	>250	2900
5	水 能	50	150
6	海洋能	10	7400
总 计		>7500	>143000000

世界可再生能源资源潜力巨大,但成本和技术因素使得其利用率非常低。水能、生物质能的应用相对成熟;风能、地热能、太阳能由于政策的支持近年来发展比较迅速。海洋能(包括潮汐能、波浪能、温差能、盐差能等)尚处于研究阶段,距商业化应用还有一段距离。

"十一五"十大重点节能工程

燃煤工业锅炉(窑炉)改造工程

区域热电联产工程

余热余压利用工程

节约和替代石油工程

电机系统节能工程

能量系统优化工程

建筑节能工程

绿色照明工程

政府机构节能工程

节能监测和技术服务体系建设工程

2007 中国可再生能源产业蓝天排行榜

(排名不分先后)

中国可再生能源产业十大扶持政策

中华人民共和国可再生能源法

清洁发展机制项目运行管理办法

可再生能源发电价值和费用分摊管理试行办法(发改委价格(2006)7 号)

可再生能源发展专项资金管理暂行办法(财建(2006)237 号)

可再生能源发电有关管理规定(发改能源(2006)13 号)

促进风电产业发展实施意见(发改能源(2006)2535 号)

农村沼气建设国债项目管理办法(试行)

电网企业全额收购可再生能源电量监督办

法(电监会令第25号)

可再生能源产业发展指导目录(发改能源(2005)2517号)

关于调整农业产品增值税税率和若干项目征免增值税的通知((94)财税字第004号)

中国可再生能源产业十大技术服务机构

国家发改委能源所可再生能源发展中心

中国可再生能源学会

中国广州能源所

深圳国际能源与环境技术促进中心

国际小水电中心

中科院电工所可再生能源研究部

农业部沼气科学研究所

国家风电发电工程技术研究中心

清华大学核能与新能源技术研究院

上海交通大学能源研究院

中国可再生能源产业十大亮点城市

北京市——绿色奥运

广东省深圳市——可再生能源在市政上的应用

内蒙古自治区赤峰市——风力发电领跑全国

云南省昆明市——太阳能建筑一体化率高

江苏省无锡市——中国最大的光伏产业生产和出口基地

广东省乳源县——小水电开发全国领先

广东省汕头市——南澳海岛风电开发前景广阔

河北省保定市——新能源设备产业集群

西藏自治区当雄区——羊八井地热资源利用

河南省南阳市——生物乙醇推广项目

太阳能热水器十大制造企业

山东皇明太阳能集团有限公司

山东力诺瑞特新能源有限公司

北京清华阳光能源开发有限责任公司

江苏太阳雨热水器制造有限公司

山东桑乐太阳能有限公司

江苏省华扬太阳能有限公司

山东亿家能太阳能有限公司

北京天普太阳能工程有限公司

江苏桑夏太阳能产业有限公司

浙江美大太阳能工业有限公司

太阳能光伏设备十大制造企业

无锡尚德太阳能有限公司

常州天合光能有限公司

保定天威英利新能源有限公司

中电电气(南京)光伏有限公司

江西赛维 LDK 有限公司

河北晶澳太阳能有限公司

江苏林洋新能源有限公司

宁波太阳能电源有限公司

上海太阳能科技有限公司

江苏阿特斯科技有限公司

中国太阳能光伏发电十大工程

深圳国际园林花卉博览园并网光伏系统

上海崇明岛并网光伏发电系统

新建青藏铁路格拉段太阳能发电站

首都博物馆并网光伏发电系统

无锡国家工业设计园光伏发电系统

上海浦东并网光伏发电系统

北塔山太阳能光伏电站

北京路灯管理处光伏发电站

西藏山南地区哲古镇光伏发电站

河北廊坊并网光伏发电系统

中国十大风力发电场

宁夏青铜峡邵岗风电场

内蒙古克什克腾旗塞罕坝风电场

新疆达坂城柴窝堡风电场

河北围场红松洼风电场

内蒙古察右中旗辉腾锡勒风电场

甘肃玉门三十里井子风电场

河北尚义大满井风电场

内蒙古克什克腾旗达里风电场

河北张北白不洛风电场

内蒙古翁牛特旗孙家营风电场

风力发电设备十大整机制造企业

中国金风科技有限公司

丹麦维斯塔斯公司

西班牙歌美飒公司

美国通用电气风能

中国华锐风电科技有限公司

中外合资南通航天万源安迅能风电设备制造有限公司

德国恩德公司

中国浙江运达风力发电工程有限公司

印度苏司兰能源公司

中国东方汽轮机厂

中国风力发电十大投资企业

龙源电力集团公司

中国大唐集团公司

中国华能集团公司

宁夏发电集团有限责任公司

中国节能投资公司

国华能源投资有限公司

河北承德红松风力发电有限公司

广东省粤电集团有限公司

辽宁能源投资(集团)有限责任公司

北京能源投资(集团)有限公司

中国垃圾焚烧十大发电厂

上海江桥生活垃圾焚烧厂

深圳宝安区老虎坑垃圾焚烧发电厂

天津市双港垃圾焚烧发电厂

重庆同兴垃圾发电厂

广州李坑垃圾焚烧发电厂

东莞横沥垃圾焚烧发电厂

郑州荥锦垃圾焚烧发电厂

江苏苏能垃圾发电有限公司

上海浦东御桥生活垃圾发电厂

惠能垃圾热电工程

中国生物液体燃料十大生产企业

安徽丰原集团

吉林燃料乙醇公司

河南天冠企业集团公司

古杉集团

黑龙江华润乙醇

无锡华宏生物燃料有限公司

柳州明惠生物燃料有限公司

福建龙岩卓越新能源开发有限公司

浙江东江能源科技有限公司

河南星火生物工程公司

垃圾填埋场十大沼气发电项目

西安江村沟垃圾填埋场沼气发电站

南京水阁垃圾填埋场沼气发电站

济南市无害化处理厂沼气发电站

广州大田山垃圾填埋场沼气发电站

苏州七子山垃圾填埋场沼气发电站

湖南长沙桥驿垃圾填埋场沼气发电站

广州兴丰垃圾填埋场沼气发电站

梅州龙丰垃圾填埋场沼气发电站

杭州天子岭垃圾填埋场沼气发电站
无锡桃花山垃圾填埋场沼气发电站

中国农村沼气利用十强省

广西
云南
海南
四川
江西
湖北
湖南
贵州
河北
重庆

小水电设备十大制造企业

浙江金轮机电实业有限公司
杭州杭发集团公司
昆明电机有限责任公司
四川东风电机厂有限公司
浙江临海电机有限公司
浙江乐清机械厂
南宁发电设备总厂
河南瑞发水电设备有限责任公司
四川省洪雅水轮机厂
杭州南望自动化技术有限公司

中国小水电设备十大出口企业

南宁发电设备总厂
四川东风电机厂有限公司
河南瑞发水电设备有限责任公司
杭州杭发集团公司
浙江金轮机电实业有限公司
昆明电机有限责任公司
浙江临海电机有限公司
四川省洪雅水轮机厂
浙江乐清机械厂
赣州发电设备成套制造有限公司

中国小水电十大强县

广东省乳源县
四川省石锦县
四川省汶川县
云南省盈江县
湖南省汝城县
福建省尤溪县
云南省麻栗坡县
甘肃省张掖市甘州区
四川省理县
四川省峨边县

国内外相关机构

中国物资再生协会(CRRA)
中国资源综合利用协会(CARCU)
中国再生资源回收利用协会
国际回收局(BIR)
美国废料回收工业协会(ISRI)
欧洲水协(EWA)
德国废弃物管理、城市清洁和冬季服务协会(VKS)
德国水、污水和废弃物处理协会(DWA)
德国燃气和水科技协会(DVGW)
国际固体废弃物协会(ISWA)
德国化学学会水化学分会(GDCh)

商务部确定的26个再生资源回收体系建设试点城市名单

省市	试点城市				省市	试点城市
直辖市	北京	上海	天津	重庆	河南省	郑州
河北省	石家庄				安徽省	合肥
山西省	太原				贵州省	贵阳
辽宁省	沈阳				湖北省	武汉
吉林省	吉林市				湖南省	汨罗
黑龙江省	哈尔滨				广东省	清远
山东省	济南				广西区	南宁
江苏省	南京				四川省	成都
浙江省	宁波		永康		云南省	昆明
福建省	福州				陕西省	西安
江西省	南昌				新疆区	乌鲁木齐

全国部分省市再生资源公司及市场废旧物资行情价格表(2007年1月)

单位:元/吨

	北京		上海		天津		台州		汨罗团山市场		重庆		济南		临沂有色金属城		石家庄		西安	
	收购价	供应价	收购价	供应价	收购价	供应价	收购价	供应价	收购价	供应价	收购价	供应价	收购价	供应价	收购价	供应价	收购价	供应价	收购价	供应价
紫杂铜	52000	54000	50000	52000	52000	54000	46000	48000	56000	57000	55000	56000	53000	54000	53000	53300	52000	54000	48000	50000
黄杂铜	33000	35000	30000	31500	28000	30000	31000	33000	36000	37000	30000	31000	36000	37000	37200	37500	33000	35000	30000	32000
废熟铝	13000	15000	13300	14000	13000	14000	14500	15500	16700	16900	16000	17000	17000	18000	15000	15200	16000	17000	17000	17800
废生铝	12000	13000	12800	13300	12000	13000	13500	14500	16200	16600	16000	17000	16000	17000	17000	17300	14000	14500	12000	12500
软杂铅	8000	9000	7500	8000	8000	9000	7500	8000			9000	10000	11500	12500	12500	12700			10000	11000
硬杂铅	6000	7000	7000	7500	6000	7000	7000	7500			9000	10000	11000	11500	11600	11900			10000	11000
极板铅	3500	4500	3000	4000	3500	4500	4000	4500			6000	7000	10000	11500	7800	8000				
废　锌	13000	14000	12500	13200	15000	18000	13800	15000			15000	16000	18500	19500	30000	32000			16000	17000
不锈钢炉料	14000	15000	14000	15300	15000	16500	15000	16000	15500	16500	19000	20000	15600	16500	16800	17100	14000	15000	16000	20000
重型废钢	2050	2150	2000	2050	1900	2050	2030	2080	2150	2200	1800	1850	2020	2130	1900	2000	1800	1850	1700	1750
中型废钢	2050	2150	1950	2000	1900	2050	2000	2050	2100	2150	1800	1850	1900	2000	1800	1900	1700	1800	1600	1700
统料废钢	1800	1900	1750	1800	1700	1800	1700	1750	2000	2050	1700	1750	1750	1900	1750	1850	1500	1600	1300	1400
轻薄料	1600	1700	1450	1500	1500	1600	1300	1350	1700	1850	1700	1750	1450	1600	1680	1770	1300	1400		
灰口铁	1800	1900	1750	1800	1700	1800	1950	2000	1850	1950	1700	1750	1450	1650			1600	1700		
白口铁	1500	1600	1650	1700	1600	1700	1500	1550	1750	1 850	1700	1750	1450	1550			1500	1600		
黄板纸	800	900	850	950	800	900	880	930	850	950	700	800	900	950			800	850	700	800
旧报纸	1300	1400	1100	1250	1250	1350	1050	1100	900	1000	1300	1400	1100	1200			1200	1250	1300	1350
书　本	1200	1300	900	1000	1000	1200	1050	1100	1000	1100	1300	1400	1100	1200			1200	1250	1200	1270

全国部分省市再生资源公司及市场废旧物资行情价格表(2007年2月)

单位:元/吨

	北京		上海		天津		台州		汨罗团山市场		重庆		济南		临沂有色金属城		石家庄		西安	
	收购价	供应价	收购价	供应价	收购价	供应价	收购价	供应价	收购价	供应价	收购价	供应价	收购价	供应价	收购价	供应价	收购价	供应价	收购价	供应价
紫杂铜	50000	52000	42000	43500	50000	52000	46000	48000	53000	54000	48000	49000	53400	54500	50200	50300	32000	33000	32000	32500
黄杂铜	30000	32000	27000	28000	28000	30000	31000	33000	36000	37000	28000	29000	36000	36300	35600	36000	22000	23000	20000	20500
废熟铝	13000	14000	15500	16500	13000	14000	14500	15500	16500	16600	16000	17000	18200	18500	15000	15200	14000	14500	14500	14800
废生铝	12000	13000	13400	14500	12000	13000	13500	14500	16000	16300	16000	17000	15400	15600	17000	17300	9500	10000	12000	12600
软杂铅	8000	9000	7500	8000	8000	9000	7500	8000			10000	10500	10700	11200	12800	13000			7500	8000
硬杂铅	6000	7000	7000	7500	6000	7000	7000	7500			10000	10500	10000	10200	11800	12000			8000	9500
极板铅	3500	4500	3000	4000	3500	4500	4000	4500			15000	16000	11000	11500	7900	8150				
废锌	16000	17000	12500	13200	16000	18000	13800	15000			23000	24000	20000	20200	30500	32800			9800	10400
不锈钢炉料	15000	16000	14000	15300	15000	16500	15000	16000	16500	17500	1850	1900	16000	17000	17300	17500	10500	11000	8000	9000
重型废钢	2050	2150	2050	2100	1900	2050	2100	2150	2050	2100	1850	1900	2010	2180	1950	2050	1800	1850	1500	1650
中型废钢	2050	2150	2000	2050	1900	2050	2050	2100	2000	2050	1800	1850	2000	2110	1850	2000	1700	1800	1550	1650
统料废钢	1700	1800	1800	1850	1700	1800	1750	1800	1900	1950	1750	1800	1950	2010	1750	1850	1500	1600	1550	1650
轻薄料	1500	1600	1450	1500	1500	1600	1350	1400	1700	1800	1750	1800	1500	1600	1700	1780	1300	1400		
灰口铁	1700	1800	1800	1850	1700	1800	2000	2050	1800	1900	1750	1800	1530	1650			1600	1700		
白口铁	1500	1600	1700	1750	1600	1700	1550	1600	1600	1700	1750	1800	1550	1600			1500	1600		
黄板纸	800	900	850	950	800	900	880	930	850	950	700	800	950	1000			800	850	700	800
旧报纸	1300	1400	1100	1250	1300	1400	1050	1100	1000	1100	1300	1400	1000	1100			1400	1450	1200	1300
书本	1200	1300	900	1000	1000	1200	1050	1100	1000	1100	1300	1400	1100	1200			1200	1250	1100	1200

全国部分省市再生资源公司及市场废旧物资行情价格表(2007年3月)

单位:元/吨

	北京		上海		天津		台州		汨罗团山市场		重庆		济南		临沂有色金属城		石家庄		西安	
	收购价	供应价	收购价	供应价	收购价	供应价	收购价	供应价	收购价	供应价	收购价	供应价	收购价	供应价	收购价	供应价	收购价	供应价	收购价	供应价
紫杂铜	42000	43000	50000	52000	52000	54000	46000	48000	53000	54000	52000	53000	49800	50400	53500	54000	50000	53000	40000	42000
黄杂铜	26000	27000	30000	32000	28000	30000	31000	33000	32000	33000	30000	31000	35000	36000	36800	37000	29000	32000	28000	30000
废熟铝	14000	15000	14000	16000	13000	14000	14500	15500	16400	16500	16000	17000	18000	18200	15000	15200	14000	14500	16000	16300
废生铝	12000	13000	13000	13500	12000	13000	13500	14500	15800	16000	16000	17000	16400	16500	17000	17300	9500	10000	13500	13700
软杂铅	8000	9000	7500	8000	8000	9000	7500	8000			10000	11000	10300	10500	12800	13000			10000	10500
硬杂铅	6000	7000	7000	7500	6000	7000	7000	7500			10000	11000	11000	11500	11800	12000			8000	9500
极板铅	3500	4500	3000	4000	3500	4500	4000	4500			15000	16000	11000	11500	8000	8250				
废锌	17000	18000	13000	14000	16000	18000	13800	15000			22000	23000	20300	20500	30000	31800			16000	16500
不锈钢炉料	16000	17000	14000	15000	15000	16500	15000	16000	19000	20000	22000	23000	17400	17500	17000	17100	10500	11000	4500	5000
重型废钢	2050	2150	2020	2070	1900	2050	2150	2200	2000	2050	1900	1950	1970	2020	2050	2100	1800	1850	1600	1630
中型废钢	2050	2150	1970	2020	1900	2050	2100	2150	2000	2050	1900	1950	1940	1980	1900	2000	1700	1800	1700	1750
统料废钢	1800	1900	1770	1820	1700	1800	1800	1850	1950	2000	1750	1800	1860	1950	1750	1850	1500	1600	1300	1330
轻薄料	1500	1600	1420	1470	1500	1600	1400	1450	1700	1800	1750	1800	1450	1550	1700	1780	1300	1400		
灰口铁	1800	1900	1770	1820	1700	1800	2050	2100	1800	1900	1750	1800	1850	1910			1600	1700		
白口铁	1600	1700	1670	1720	1600	1700	1600	1650	1600	1700	1750	1800	1750	1860			1500	1600		
黄板纸	800	900	800	900	800	900	880	930	950	1000	750	950	1000	1100			800	850	700	800
旧报纸	1300	1400	1100	1200	1300	1400	1050	1100	1100	1200	1300	1400	1100	1200			1400	1450	1200	1300
书本	1200	1300	900	1000	1000	1200	1050	1100	1200	1300	1300	1400	1100	1200			1200	1250	1100	1200

全国部分省市再生资源公司及市场废旧物资行情价格表(2007 年 4 月)

单位:元/吨

	北京		上海		天津		台州		汨罗团山市场		重庆		济南		临沂有色金属城		石家庄		西安	
	收购价	供应价	收购价	供应价	收购价	供应价	收购价	供应价	收购价	供应价	收购价	供应价	收购价	供应价	收购价	供应价	收购价	供应价	收购价	供应价
紫杂铜	46000	48000	54000	56000	50000	53000	45000	47000	54000	55000	55000	56000	49600	50200	57000	57300	53000	54000	55000	56000
黄杂铜	26000	27000	32000	34000	28000	30000	30000	32000	37000	38000	30000	31000	35300	36500	39000	39500	33000	35000	34000	35000
废熟铝	15000	16000	15500	16000	14000	16000	14500	15500	16600	16700	16500	17500	17950	18300	15000	15200	16000	17000	16000	16500
废生铝	13000	14000	14000	14500	12000	13000	13500	14500	16000	16200	16000	16500	16550	16800	17000	17300	12000	13500	14000	15000
软杂铅	8000	9000	7500	8000	8000	9000	9500	10500			10000	11000	14950	15500	12500	12800			12000	12500
硬杂铅	6000	7000	7000	7500	6000	7000	6000	6800			10000	11000	14500	15000	11800	12000			12000	12500
极板铅	3000	4000	3000	4000	3500	4500					15000	16000	13000	13500	8000	8300				
废锌	18000	20000	16000	17000	16000	18000	13800	15000			22000	23000	29600	30200	29500	30000			17000	18000
不锈钢炉料	17000	18000	15000	16000	15000	17000	13000	14000	20000	21000	22000	23000	18400	19500	16500	17000	27000	29000	25000	26000
重型废钢	2100	2250	2120	2170	1900	2050	2100	2150	2000	2050	1950	2000	2020	2240	2120	2200	2100	2150	1700	1800
中型废钢	2100	2250	2070	2120	1900	2050	2050	2100	2000	2050	1950	2000	1940	1980	2000	2050	1700	1800	1600	1750
统料废钢	1900	2000	1870	1920	1700	1800	1700	1750	1950	2000	1750	1800	1950	2050	1780	1800	1750	1900	1400	1500
轻薄料	1600	1700	1520	1570	1500	1600	1350	1400	1750	1850	1750	1800	1700	1800	1700	1750	1500	1600		
灰口铁	1900	2000	1870	1920	1700	1800	2000	2050	1850	1950	1750	1800	1960	2010			1700	1800		
白口铁	1600	1700	1770	1820	1600	1700	1500	1550	1650	1750	1750	1800	1950	2050			1700	1800		
黄板纸	800	900	850	950	800	900	880	930	900	1000	750	950	1100	1200			800	850	700	800
旧报纸	1300	1400	1100	1250	1300	1400	1050	1100	1000	1100	1300	1400	1100	1200			1200	1250	1200	1300
书本	1200	1300	900	1000	1100	1250	1050	1100	1100	1200	1300	1400	1000	1100			1200	1250	1100	1200

全国部分省市再生资源公司及市场废旧物资行情价格表(2007 年 5 月)

单位:元/吨

	北京		上海		天津		台州		汨罗团山市场		重庆		济南		临沂有色金属城		石家庄		西安	
	收购价	供应价	收购价	供应价	收购价	供应价	收购价	供应价	收购价	供应价	收购价	供应价	收购价	供应价	收购价	供应价	收购价	供应价	收购价	供应价
紫杂铜	53000	54000	56000	57000	51000	53000	45000	47000	61000	62000	60000	61000	55900	56500	61500	62000	55000	56000	52000	53000
黄杂铜	34000	35000	35000	36000	29000	31000	30000	32000	42000	43000	35000	36000	38200	39000	40000	40300	32000	35000	35000	36000
废熟铝	15000	16000	16000	17000	15000	16000	14500	15500	16600	16800	16000	16500	19200	20000	15000	15200	13000	14000	16000	16500
废生铝	13000	14000	14000	14500	13000	14000	13500	14500	16700	17000	16000	16500	18500	19500	17000	17300	12000	12500	14000	15000
软杂铅	8000	9000	7500	8000	8000	9000	9500	10500			12000	13000	16000	16300	12500	12800			11500	12000
硬杂铅	6000	7000	7000	7500	6000	7000	9000	10000			12000	13000	15800	16000	11800	12000			12000	12500
极板铅	3000	4000	3000	4000	3500	4500	6000	6800			15000	16000	14500	15000	8000	8300				
废 锌	18000	20000	16000	17000	19000	21000	13800	15000			17000	18000	31000	32000	29500	30000			17000	18000
不锈钢炉料	18000	19000	15000	16000	18000	19000	13000	14000	23500	24000	28000	29000	21000	22000	18500	19000	22000	23000	23000	25000
重型废钢	2100	2250	2120	2170	2100	2200	2150	2200	2200	2250	2000	2100	2200	2350	2300	2400	1800	1900	1700	1900
中型废钢	2100	2250	2070	2120	2000	2200	2100	2150	2100	2150	2000	2100	2150	2250	2150	2200	1700	1800	1650	1850
统料废钢	1900	2000	1870	1920	1900	2000	1750	1800	2000	2050	1800	1850	2100	2150	1900	1950	1500	1600	1550	1700
轻薄料	1600	1700	1520	1570	1500	1600	1400	1450	1800	1900	1800	1850	1950	2100	1820	1900	1200	1300		
灰口铁	1900	2000	1870	1920	1900	2000	2050	2100	1850	1950	1800	1850	2050	2150			1500	1600		
白口铁	1600	1700	1770	1820	1700	1800	1550	1600	1700	1800	1800	1850	2100	2200			1600	1700		
黄板纸	800	900	800	900	800	900	880	930	1000	1050	800	900	1000	1100			800	850	700	800
旧报纸	1300	1400	1100	1250	1300	1400	1050	1100	1000	1100	1300	1400	1100	1100			1250	1300	1200	1300
书 本	1200	1300	900	1000	1100	1250	1050	1100	1050	1150	1300	1400	1000	1200			1200	1250	1100	1200

全国部分省市再生资源公司及市场废旧物资行情价格表(2007年6月)

单位:元/吨

	北京		上海		天津		台州		汨罗团山市场		重庆		济南		临沂有色金属城		石家庄		西安	
	收购价	供应价	收购价	供应价	收购价	供应价	收购价	供应价	收购价	供应价	收购价	供应价	收购价	供应价	收购价	供应价	收购价	供应价	收购价	供应价
紫杂铜	53000	54000	55000	56000	53000	54000	43000	45000	58000	59000	60000	61000	55200	55700	60000	60500	54000	56000	52000	53000
黄杂铜	32000	33000	33500	34500	32000	34000	28000	30000	40000	41000	35000	36000	38700	39200	39000	39600	34000	35000	33000	33500
废熟铝	15000	16000	16500	17200	15000	16000	14500	15500	16600	16800	16500	17000	19200	20000	15000	15200	15000	16000	16000	16500
废生铝	13000	14000	15000	15500	13000	14000	13500	14500	16800	17100	16500	17000	18500	19500	17000	17400	15000	16000	14000	15000
软杂铅	8000	9000	8000	8500	8000	9000	10000	11000			15000	15500	16000	16850	12500	12800			12000	13000
硬杂铅	6000	7000	7100	7600	6000	7000	9500	10500			15000	15500	15800	16000	1 1800	12000			14000	15000
极板铅	3000	4000	3000	4000	3500	4000	6500	7300			15500	16000	15000	15500	8200	8500				
废　锌	18000	20000	17000	18000	18000	20000	15000	16000			17000	18000	29600	30100	30000	31000			17000	18000
不锈钢炉料	18000	19000	15000	16000	18000	19000	13000	14000	24000	24500	25000	26000	26000	27000	17000	17500	16000	17000	23000	25000
重型废钢	2100	2250	2220	2270	2100	2200	2150	2200	2250	2300	2000	2100	2250	2350	2400	2500	1700	1800	1800	1950
中型废钢	2100	2250	2170	2220	2000	2200	2100	2150	2100	2150	2000	2100	2150	2250	2200	2250	1600	1700	1650	1850
统料废钢	1900	2000	1920	1970	1900	2000	1750	1800	2050	2100	1800	1850	2100	2150	2000	2050	1600	1700	1600	1700
轻薄料	1600	1700	1570	1620	1500	1600	1400	1450	1800	1900	1800	1850	1950	2100	1750	1800	1300	1400		
灰口铁	1900	2000	1920	1970	1800	1900	2050	2100	1850	1950	1800	1850	1550	1650			1600	1700		
白口铁	1600	1700	1820	1870	1700	1800	1550	1600	1700	1800	1800	1850	1500	1550			1300	1400		
黄板纸	800	900	800	900	800	900	880	930	900	1000	800	900	1100	1200			850	900	700	800
旧报纸	1300	1400	1100	1250	1300	1400	1050	1100	900	1000	1300	1400	1000	1100			1450	1550	1200	1300
书　本	1200	1300	900	1000	1200	1300	1050	1100	1000	1100	1300	1400	1100	1200			1350	1500	1100	1200

全国部分省市再生资源公司及市场废旧物资行情价格表（2007年7月）

单位：元/吨

	北京		上海		天津		台州		汨罗团山市场		重庆		济南		临沂有色金属城		石家庄		西安	
	收购价	供应价	收购价	供应价	收购价	供应价	收购价	供应价	收购价	供应价	收购价	供应价	收购价	供应价	收购价	供应价	收购价	供应价	收购价	供应价
紫杂铜	54000	56000	53500	55000	52000	54000	53000	55000	55000	56000	57000	58000	50500	52000	58500	59000	54000	56000	54000	57000
黄杂铜	34000	35000	32500	33500	32000	34000	28000	30000	37000	38000	34000	35000	37000	38000	38000	38200	34000	35000	33000	35000
废熟铝	15000	16000	15000	16000	15000	16000	14500	15500	16000	16500	16500	17000	18500	19400	15000	15200	15000	16000	15000	16000
废生铝	14000	15000	14000	14800	13000	14000	13500	14500	15000	16000	16500	17000	17500	18500	17000	17200	15000	16000	13000	14000
软杂铅	9000	11000	8000	8500	8000	9000	10000	11000			14000	15000	15500	16200	13500	13900			7000	8000
硬杂铅	7000	8000	7000	7500	6000	7000	9500	10500			14000	15000	16200	17000	13000	13300			9000	10000
极板铅	3000	4000	3000	4000	3500	4000	6500	7300			15000	16000	15000	16000	9000					
废锌	20000	21000	14000	15000	18000	20000	15000	16000			17000	18000	25000	26000	26800	27200			16000	17000
不锈钢炉料	18000	19000	15000	16000	18000	19000	13000	14000	18500	19500	19000	20000	22000	22500	15000		16000	17000	18000	20000
重型废钢	2100	2300	2170	2220	2100	2200	2150	2200	2200	2250	1900	2000	2300	2360	2400	2500	1800	1900	1800	1950
中型废钢	2100	2300	2120	2170	2000	2200	2100	2150	2100	2150	1900	2000	2250	2300	2200	2250	1600	1700	1700	1800
统料废钢	2000	2100	1870	1920	1900	2000	1750	1800	2000	2050	1700	1750	2100	2200	1950	2020	1600	1700	1500	1600
轻薄料	1700	1800	1520	1570	1500	1600	1400	1450	1800	1900	1700	1750	2000	2100	1700		1300	1400		
灰口铁	2000	2100	1870	1920	1800	1900	2050	2100	1900	2000	1700	1750	1950	2050			1600	1700		
白口铁	1700	1800	1770	1820	1700	1800	1550	1600	1750	1850	1700	1750	1900	2000			1300	1400		
黄板纸	900	1000	850	950	800	900	880	930	1000	1050	800	850	1000	1100			850	900	700	800
旧报纸	1300	1400	1100	1200	1300	1400	1050	1100	1050	1150	1300	1350	1000	1100			1450	1550	1300	1400
书本	1200	1300	1000	1100	1200	1300	1050	1100	1100	1200	1300	1350	1000	1100			1350	1500	1200	1300

全国部分省市再生资源公司及市场废旧物资行情价格表(2007年8月)

单位:元/吨

	北京		上海		天津		台州		汨罗团山市场		重庆		济南		临沂有色金属城		石家庄		西安	
	收购价	供应价	收购价	供应价	收购价	供应价	收购价	供应价	收购价	供应价	收购价	供应价	收购价	供应价	收购价	供应价	收购价	供应价	收购价	供应价
紫杂铜	54000	55000	54500	56000	54000	56000	43000	45000	60000	61000	57000	58000	52500	55450	59500	60000	54000	56000	52000	55000
黄杂铜	34000	35000	31500	32500	33000	35000	28000	30000	41000	42000	34000	35000	39000	40700	39000	39500	30000	35000	33000	35000
废熟铝	15000	16000	15500	16500	15000	16000	13500	14500	16500	17000	16500	17000	17000	18000	15000	15300	14000	15000	15000	16000
废生铝	14000	15000	14500	15500	13500	14500	12500	13500	16000	16500	16500	17000	16000	17000	17000	17400	13000	14000	13000	14000
软杂铅	10000	11000	8000	8500	10000	12000	11000	12000			14000	15000	22000	23000	12800	13000			12000	14000
硬杂铅	7000	8000	7000	7500	7000	8000	10500	11500			14000	15000	21000	22000	11800	12000			11000	13000
极板铅	3000	4000	3000	4000	4000	5000	7500	8300			15000	16000	15000	16000	8500	8800				
废 锌	20000	21000	14500	15500	20000	22000	16000	17000			17000	18000	23000	24000	28000	29000			18000	22000
不锈钢炉料	18000	19000	14000	15000	18000	19000	10000	11000	17000	18000	15000	16000	23000	23500	15500	16000	11500	12000	19000	21000
重型废钢	2200	2300	2220	2270	2100	2300	2300	2350	2200	2300	2000	2050	2200	2400	2400	2500	1800	2000	1800	1950
中型废钢	2200	2300	2170	2220	2000	2200	2250	2300	2150	2200	2000	2050	2250	2300	2200	2250	1700	1800	1700	1800
统料废钢	2000	2100	1920	1970	1900	2000	1900	1950	2000	2050	1900	1950	2100	2200	2000	2100	1700	1800	1500	1600
轻薄料	1700	1800	1570	1620	1600	1800	1550	1600	1900	2000	1900	1950	1800	1900	1800	1880	1400	1500		
灰口铁	2000	2100	1920	1970	1800	1950	2200	2250	2000	2100	1900	1950	2050	2150			1700	1800		
白口铁	1700	1800	1820	1870	1700	1850	1700	1750	1850	1950	1900	1950	2000	2100			1300	1400		
黄板纸	900	1000	850	950	800	950	1000	1050	1000	1050	850	900	900	1000			850	900	700	800
旧报纸	1300	1400	1100	1200	1300	1400	1300	1350	1100	1200	1300	1350	1000	1100			1450	1550	1300	1400
书 本	1200	1300	1000	1100	1200	1300	1300	1350	1200	1300	1300	1350	1000	1100			1350	1500	1200	1300

全国部分省市再生资源公司及市场废旧物资行情价格表(2007年9月)

单位:元/吨

	北京		上海		天津		台州		汨罗团山市场		重庆		济南		临沂有色金属城		石家庄		西安	
	收购价	供应价	收购价	供应价	收购价	供应价	收购价	供应价	收购价	供应价	收购价	供应价	收购价	供应价	收购价	供应价	收购价	供应价	收购价	供应价
紫杂铜	54000	55000	54500	56000	54000	56000	43000	45000	60000	61000	57000	58000	52500	55450	59500	60000	54000	56000	52000	55000
黄杂铜	34000	35000	31500	32500	33000	35000	28000	30000	41000	42000	34000	35000	39000	40700	39000	39500	30000	35000	33000	35000
废熟铝	15000	16000	15500	16500	15000	16000	13500	14500	16500	17000	16500	17000	17000	18000	15000	15300	14000	15000	15000	16000
废生铝	14000	15000	14500	15500	13500	14500	12500	13500	16000	16500	16500	17000	16000	17000	17000	17400	13000	14000	13000	14000
软杂铅	10000	11000	8000	8500	10000	12000	11000	12000			14000	15000	22000	23000	12800	13000			12000	14000
硬杂铅	7000	8000	7000	7500	7000	8000	10500	11500			14000	15000	21000	22000	11800	12000			11000	13000
极板铅	3000	4000	3000	4000	4000	5000	7500	8300			15000	16000	15000	16000	8500	8800				
废锌	20000	21000	14500	15500	20000	22000	16000	17000			17000	18000	23000	24000	28000	29000			18000	22000
不锈钢炉料	18000	19000	14000	15000	18000	19000	10000	11000	17000	18000	15000	16000	23000	23500	15500	16000	11500	12000	19000	21000
重型废钢	2200	2300	2220	2270	2100	2300	2300	2350	2200	2300	2000	2050	2200	2400	2400	2500	1800	2000	1800	1950
中型废钢	2200	2300	2170	2220	2000	2200	2250	2300	2150	2200	2000	2050	2250	2300	2200	2250	1700	1800	1700	1800
统料废钢	2000	2100	1920	1970	1900	2000	1900	1950	2000	2050	1900	1950	2100	2200	2000	2100	1700	1800	1500	1600
轻薄料	1700	1800	1570	1620	1600	1800	1550	1600	1900	2000	1900	1950	1800	1900	1800	1880	1400	1500		
灰口铁	2000	2100	1920	1970	1800	1950	2200	2250	2000	2100	1900	1950	2050	2150			1700	1800		
白口铁	1700	1800	1820	1870	1700	1850	1700	1750	1850	1950	1900	1950	2000	2100			1300	1400		
黄板纸	900	1000	850	950	800	950	1000	1050	1000	1050	850	900	900	1000			850	900	700	800
旧报纸	1300	1400	1100	1200	1300	1400	1300	1350	1100	1200	1300	1350	1000	1100			1450	1550	1300	1400
书本	1200	1300	1000	1100	1200	1300	1300	1350	1200	1300	1300	1350	1000	1100			1350	1500	1200	1300

全国部分省市再生资源公司及市场废旧物资行情价格表(2007年10月)

单位:元/吨

	北京		上海		天津		台州		汨罗团山市场		重庆		济南		临沂有色金属城		石家庄		西安	
	收购价	供应价	收购价	供应价	收购价	供应价	收购价	供应价	收购价	供应价	收购价	供应价	收购价	供应价	收购价	供应价	收购价	供应价	收购价	供应价
紫杂铜	57000	59000	57000	58000	55000	57000	42000	44000	57000	58500	59000	60000	56000	57500	60200	60500	56000	58000	53000	54000
黄杂铜	35000	37000	36000	37000	35000	37000	27000	29000	39500	41000	35000	36000	41000	42000	39600	40000	35000	36000	36000	37000
废熟铝	15000	17000	15500	16500	18000	19000	14000	15000	16500	17000	16000	17000	18500	19500	15000	15200	14000	15000	14500	15500
废生铝	14000	16000	14500	15200	15000	16000	13000	14000	16000	16500	16000	17000	18000	18500	17000	17400	13000	14000	14000	15000
软杂铅	10000	11500	8000	8500	11000	12000	14000	15000			17000	18000	19000	20000	13200	13500			17000	18000
硬杂铅	7000	8500	7000	7500	7000	8000	13000	14000			17000	18000	19000	20000	12000	12600			21000	21000
极板铅	3000	4500	3000	4000	4000	5000	10000	11000			17500	18500	16500	18500	8800	9000				
废锌	21000	22000	16000	17000	20000	22000	16000	17000			18000	19000	30000	31000	29500	30000			14000	15000
不锈钢炉料	17500	19500	17000	18000	18000	19000	10500	11500	18500	19000	20000	21000	22000	23000	16800	17200	11500	12000	20000	21000
重型废钢	2350	2550	2500	2580	2250	2350	2500	2550	2250	2300	2200	2300	2300	2400	2500	2600	1900	2100	2000	2150
中型废钢	2350	2550	2450	2530	2200	2300	2450	2500	2200	2250	2200	2300	2350	2450	2250	2300	1800	1900	2000	2100
统料废钢	2000	2200	2200	2280	2000	2100	2100	2150	2000	2100	2000	2100	2100	2150	2050	2100	1800	1900	1700	1800
轻薄料	1700	1900	1850	1930	1680	1800	1750	1800	2000	2100	2000	2100	1890	2000	1700	1800	1500	1600		
灰口铁	2100	2300	2200	2280	2000	2200	2400	2450	2300	2400	2000	2100	2150	2250			1700	1800		
白口铁	1700	1900	2100	2180	1900	2000	1900	1950	2200	2300	2000	2100	2100	2200			1300	1400		
黄板纸	800	1000	850	950	900	1000	1050	1100	1100	1150	800	900	900	1000			850	900	700	800
旧报纸	1200	1400	1100	1250	1300	1400	1400	1450	1200	1300	1250	1300	1100	1200			1450	1550	1300	1400
书本	1100	1300	1000	1100	1200	1300	1400	1450	1300	1350	1250	1300	1100	1200			1350	1500	1200	1300

全国部分省市再生资源公司及市场废旧物资行情价格表(2007年11月)

单位:元/吨

	北京		上海		天津		台州		汨罗团山市场		重庆		济南		临沂有色金属城		石家庄		西安	
	收购价	供应价	收购价	供应价	收购价	供应价	收购价	供应价	收购价	供应价	收购价	供应价	收购价	供应价	收购价	供应价	收购价	供应价	收购价	供应价
紫杂铜	57000	59000	54000	55000	54000	56000	42000	44000	56000	57500	59000	60000	54200	55600	59200	59500	54000	55000	52000	52500
黄杂铜	35000	37000	32000	33000	34000	36000	27000	29000	38500	40000	35000	36000	38000	39500	39400	39800	35000	36000	37000	38000
废熟铝	15000	17000	13000	13800	15000	17000	14000	15000	15500	16000	15000	16000	16000	17000	14800	15000	10000	11000	14500	15500
废生铝	14000	16000	12500	13300	15000	16000	13000	14000	15000	15500	15000	16000	15500	16500	16600	17000	12000	13000	13000	13500
软杂铅	10000	11500	8000	8500	10000	12000	14000	15000			17000	18000	19000	20000	13000	13300			11000	12000
硬杂铅	7000	8500	7000	7500	7000	8000	13000	14000			17000	18000	18500	19500	12000	12300			16500	17500
极板铅	3000	4500	3000	4000	4000	5000	10000	11000			17000	18000	16000	17000	8800	9000				
废锌	21000	22000	15000	16000	20000	21000	16000	17000			18000	19000	24000	25000	29000	29600			14000	15000
不锈钢炉料	17500	19500	17000	18000	18000	19000	10500	11500	16500	17000	21000	22000	22000	23000	17000	17500	11500	12000	20000	21000
重型废钢	2400	2600	2500	2580	2300	2450	2600	2650	2350	2400	2500	2650	2500	2600	2750	2850	2000	2100	2000	2100
中型废钢	2400	2600	2450	2530	2300	2400	2550	2600	2300	2350	2500	2650	2450	2550	2400	2500	1800	1900	1900	2000
统料废钢	2100	2300	2200	2280	2000	2100	2200	2250	2100	2200	2300	2400	2300	2400	2200	2250	1600	1700	1600	1800
轻薄料	1800	2000	1850	1930	1600	1800	1850	1900	2100	2200	2300	2400	1780	1900	1900	2000	1600	1700		
灰口铁	2200	2400	2200	2280	2000	2100	2500	2550	2400	2500	2300	2400	2200	2300			1600	1700		
白口铁	1800	2000	2100	2180	1800	1900	2000	2050	2300	2400	2300	2400	2250	2400			1400	1500		
黄板纸	900	1100	800	900	900	1000	1050	1100	1100	1150	900	1000	1100	1200			900	950	700	800
旧报纸	1300	1500	1100	1250	1300	1400	1400	1450	1200	1300	1300	1350	1000	1100			1600	1650	1300	1400
书本	1200	1400	900	1000	1200	1300	1400	1450	1300	1350	1300	1350	1000	1100			1400	1450	1200	1300

全国部分省市再生资源公司及市场废旧物资行情价格表(2007年12月)

单位:元/吨

	北京		上海		天津		台州		汨罗团山市场		重庆		济南		临沂有色金属城		石家庄		西安	
	收购价	供应价	收购价	供应价	收购价	供应价	收购价	供应价	收购价	供应价	收购价	供应价	收购价	供应价	收购价	供应价	收购价	供应价	收购价	供应价
紫杂铜	54000	55000	48000	49000	52000	54000	38000	40000	52000	53500	53000	54000	54000	55000	54500	55000	54000	55000	42000	42500
黄杂铜	34000	35000	30000	31500	32000	34000	24000	26000	36000	37500	34000	35000	40000	41000	38800	39000	35000	36000	33000	34000
废熟铝	15000	17000	12500	13500	13000	14000	13500	14500	15400	16000	15000	16000	16700	17400	14200	14500	11000	12000	14000	15000
废生铝	14000	16000	12000	12700	13000	13800	12500	13500	15000	15500	15000	16000	16500	17000	16500	16800	12000	13000	12500	13000
软杂铅	10000	11500	8000	8500	9000	10000	14000	15000			16500	17000	21000	22000	12600	13000			15000	16000
硬杂铅	7000	8500	7000	7500	7000	8000	13000	14000			16500	17000	21000	22000	12000				17000	17500
极板铅	3000	4500	3000	4000	4000	5000	10000	11000			16500	17000	17000	18000	8500	8900				
废　锌	21000	22000	16000	17000	17000	19000	17000	18000			17000	18000	24000	25000	27600	28000			13000	14000
不锈钢炉料	17500	19500	17000	18000	18000	19000	11100	12000	15000	15500	20000	21000	22000	23000	17000	17500	11500	12000	17000	19000
重型废钢	2400	2600	2550	2630	2400	2600	2700	2750	2750	2800	2650	2750	2700	2800	2750	2850	2000	2100	2000	2100
中型废钢	2400	2600	2500	2580	2400	2600	2650	2700	2700	2750	2650	2750	2600	2700	2400	2450	1800	1900	1900	2000
统料废钢	2100	2300	2250	2330	2000	2200	2300	2350	2400	2500	2600	2700	2500	2600	2200	2300	1600	1700	1600	1800
轻薄料	1800	2000	1900	1980	1800	2000	1950	2000	2300	2400	2600	2700	2000	2100	2000		1600	1700		
灰口铁	2200	2400	2250	2330	2000	2400	2600	2650	2500	2600	2600	2700	2600	2700			1600	1700		
白口铁	1800	2000	2150	2230	2000	2200	2100	2150	2400	2500	2600	2700	2650	2750			1400	1500		
黄板纸	900	1100	800	900	900	1100	1050	1100	1100	1150										
旧报纸	1300	1500	1100	1300	1300	1500	1400	1450	1200	1300										
书　本	1200	1400	900	1000	1200	1400	1400	1450	1300	1350										

《中国资源综合利用》杂志社

经济日报出版社
Economic Daily Press
经济日报出版社定位 ——
服务政商两界
我
我们愿像鹰

引导经济生活
们愿像鹰一样，用锋利的爪，猎取每一个机遇与希望；
像鹰一样，用丰满的羽翼，在广袤的天空中自由翱翔；
，历经风雨洗礼，而愈加目光如炬，向着梦想执着前行！
地址：北京市宣武区右安门内大街65号弘棉大厦（100054）
电话：010-63516783
网址：www.edpbook.com